AF131669

Leo Reinisch

**Die Quarasprache in Abessinien**

Leo Reinisch

**Die Quarasprache in Abessinien**

ISBN/EAN: 9783742894557

Hergestellt in Europa, USA, Kanada, Australien, Japan

Cover: Foto ©Thomas Meinert / pixelio.de

Manufactured and distributed by brebook publishing software
(www.brebook.com)

Leo Reinisch

**Die Quarasprache in Abessinien**

WIEN, 1885

IN COMMISSION BEI CARL GEROLD'S SOHN

BUCHHÄNDLER DER KAIS AKADEMIE DER WISSENSCHAFTEN.

Der Agaudialect, der in den nachfolgenden Blättern zur Darstellung kommt, wird in der abessinischen Provinz Quara gesprochen und ich bezeichne demnach denselben mit dem Ausdrucke Sprache von Quara oder mit der einheimischen Benennung *Qūārasā* [1] quarisch, welcher Ausdruck in einem Briefe des Falascha Beru an Herrn M. Flad gebraucht erscheint. Auch Th. Lefébvre bezeichnet dasselbe Idiom mit patois Djweressa [2] und J. Halévy mit langue de Kwara. [3] Die Benennung Falasha Language, welche M. Flad gebraucht, [4] ist aus dem Grunde nicht glücklich gewählt, weil die Falascha auch über andere Districte Abessiniens, nämlich über Alafa, Dagusa, Dembea, Dschelga, Armatschocho, Woggera und Simien ausgebreitet sind und sonach nicht alle die gleiche Mundart sprechen, ferner weil mit dem Ausdrucke Falascha nach abessinischem Sprachgebrauch nicht so sehr ein bestimmter Volksstamm, als vielmehr nur die Bekenner des mosaischen Glaubens bezeichnet und daher, wie angeblich z. B. in der Provinz Simien manche Gemeinden von Amharern und Tigré zu den Falascha gezählt werden, da sie dem alttestamentlichen Ritus anhangen; es gibt

---

[1] Ueber diese Adjectivbildung auf -*sā* vgl. §. 140, Note zum Wort *jūba-sā*.

[2] Voyage en Abessinie, III, 405.

[3] Essay sur la langue Agaou. Le dialecte des Falachas. Paris 1873 (in: Actes de la Société philologique).

[4] A short description of the Falasha and Kamants in Abyssinia, together with an outline of the elements and a vocabulary of the Falasha-Language. Chrishona 1866, 8⁰.

1

demnach so wenig eine Falaschasprache, wie man von einer christlichen oder mohammedanischen Sprache reden könnte.

Unter den Vorarbeiten zur Kenntniss der Quarasprache sind nur die bereits erwähnten Schriften von M. Flad und J. Halévy anzuführen, da aus diesen wenigstens im Grossen und Ganzen der Bau der genannten Sprache ersichtlich wird, während Beke[1] und Lefébvre lediglich nur ziemlich dürftige Wörterverzeichnisse bieten. Zwar hat auch J. Halévy etwas eingehender nur den Dialect der Agau von Dembea behandelt und, was seine Arbeit eigentlich werthvoll macht, hierzu auch Texte beigebracht (Uebersetzung des Buches Jonas in die Sprache von Dembea mit Interlinearversion), während er die Mundart von Quara ebenfalls nur im kleinen seiner Abhandlung angefügten Vocabular berücksichtigt hat; doch wird aus dieser lexikalischen Gegenüberstellung von Vocabeln der Idiome von Dembea und Quara dieses eine Ergebniss sofort augenscheinlich, dass das Quara in sehr nahen verwandtschaftlichen Beziehungen zum Agau von Dembea stehe.

Das Büchlein von M. Flad, wenn auch in der grammatischen Partie mager und dürftig, enthält doch ein ausgiebigeres Vocabular, das insofern meiner Arbeit in phonetischer Hinsicht sehr förderlich war, als der verdiente Herausgeber bei der Sammlung der Vocabel sich der Hilfe des Falascha Beru bediente, desselben Mannes, von welchem ich durch M. Flads gütige Vermittlung die im zweiten Theil dieser Schrift zum Abdruck gelangenden Texte, sowie die Uebersetzung des Evangelium Marci in die Quarasprache erlangt habe. Diese Texte haben mich allein in Stand gesetzt, tiefer in das grammatische Gefüge der Quarasprache Einblicke zu gewinnen, als dies bisher möglich gewesen war. Die genannten Texte, welche ich der Thätigkeit Berus verdanke, sind folgende: Capitel XXVII der Genesis, Capitel I des Buches Rut, Capitel II des Evangelium Johannis, Gespräche und Redensarten in der Quarasprache mit gegenüberstehender amharischer Uebersetzung, das Numerale im Quara, endlich das gesammte Evangelium Marci. Mit Ausnahme dieser letztgenannten Uebersetzung, welche zu veröffentlichen der Rahmen einer akademischen Abhandlung

---

[1] In den Transactions of the Philolog. Society, London 1845.

nicht gut ermöglichte, sind die übrigen erwähnten Stücke
sämmtlich in den zweiten Theil dieser Schrift aufgenommen
worden. Dem Quaratext von Capitel XXVII der Genesis und
Capitel I Rut habe ich auch die gegenüberstehende Uebersetzung ins Bilin beigegeben, welche ich im Jahre 1876 zu
Keren im Bogos unter Beihilfe von Johannes Atoschim ange-
fertigt habe. Für die Zwecke der Syntax ist diese Gegenüberstellung lehrreich, daher nicht ganz ohne Interesse. Vielleicht
sind diese beiden Bilintexte auch für immer die letzten, welche
zur Veröffentlichung gelangen können, da durch den im Jahre
1884 zu Adua zwischen England und Abessinien abgeschlos-
senen Vertrag das kleine Völkchen der Bilin der unvermeid-
lichen Vernichtung überantwortet ist.

## Lautlehre.

### 1. Die Sprachlaute.

1) Die uns in der Sprache von Quara vorliegenden Texte
sind in äthiopischen Schriftzeichen abgefasst und es ist sonach
wohl anzunehmen, dass im Allgemeinen die Aussprache der-
selben mit der heutigen amharischen übereinstimmen wird.
Weitere Anhaltspunkte zur Fixirung der Aussprache dieser
Zeichen geben die Varianten der Schreibung ein und desselben
Wortes an verschiedenen Stellen der Texte selbst, ferner die
Vergleichung solcher Wörter mit den Aufzeichnungen von
M. Flad in seinem Outline of the elements of the Falasha-Lan-
guage. Mittelst dieser Behelfe wollen wir es versuchen den
Lautbestand der Sprache von Quara festzustellen.

#### A. Die Vocale.

2) Da die äthiopische Schrift nur Sillabare (Consonant
mit einem folgenden inhärenten Vocallaut) kennt, so existiren
in derselben entsprechend dem Charakter des Ge'ez und der
semitischen Sprachen überhaupt keine selbständigen Vocale wie
in den indogermanischen Sprachen. Das Amharische ist hierin
einen Schritt weitergegangen, indem es die mater lectionis zwar
in der Schrift beibehalten, in der Aussprache der silbenanlau-
tenden Vocale aber fast durchgehends das Hamzah abgeworfen
hat, demnach z. B. አ = a, ኢ = i, ኡ = u u. s. w., nicht:

'a, 'i, 'u u. s. w. Nach dieser amharischen Art werden auch
in der Sprache von Quara wort- und silbenanlautende Vocale
zur Darstellung gebracht, demnach z. B. አበ: *abā* (nicht *'abā*)
Vater, ፈንቲአው: *fantiaw* er streckte aus (Marc. 3, 5; nicht:
*fantiʾaw*, bei Flad: *fantiaw*); ፌአው: *fēaw*, nicht *fēʾaw* (*feow*
bei Flad) er ging hinaus u. s. w. Wie im Amharischen አ und
ዐ in der Aussprache vollkommen gleich lauten, so werden diese
Zeichen auch im Quaresa unterschiedslos mit einander verwechselt, z. B. እንትንአ: (Rut 1, 22) und ዐንትንዐ: (Rut 1,
19), እንትነው: (Marc. 7, 32) sie kamen; ይሽአ: (Genes. 27,
19) und ይሽዐ: (Genes. 27, 37) ich machte; አን: (Marc. 1, 13;
4, 13; 6, 16 u. a.) und ዐን: (Rut 1, 17. 19 u. a.) dieser u. s. w.

3) Der Vocal der ersten äthiopischen Ordnung wird als
reines helles *a* (wie unser *a* in Wasser) in den in der Chamir-
sprache §. 9 bezeichneten Fällen gesprochen; demnach:

a) Im Anlaut, wie: አበላ: *abalā* (*abela* Fl.) Sichel, አብን:
*aben* (*āben* Fl.) Fremder, አደልው: *adelû* (*adelo* Fl.) er theilte,
አጅው: *ajû* (*atshoo* Fl.) viel, አለንግ: *alang* (*aleng* Fl.) Peitsche,
አሙ: *amū* (*amoo* Fl.) Dorn, አመሪ: *amarī* (*ameri* Fl.) morgen,
አን: *an* (*an* Fl.) ich, አንኽ: *anχ* (*anch* Fl.) Mädchen, አርፕ:
*arp* (*ārp* Fl.) Grab, አሱ: *asū* (*asu* Fl.) falsch, አት: *ate* (*āte* Fl.)
wo, አው: *aû* (*a-u* Fl.) wer u. s. w. Auch im Silbenanlaut, wie:
አጣአት: und ኃጣአት: (*hatiat* Fl.) Sünde, ቤአው: *bēaû* (*beaw*
Fl.) er liess, ሰጌአትና: (*segeatĭnā* H.) betet nicht an u. s. w.
Aus dieser Ursache wird in solchen Fällen häufig አ für grammatisch allein richtiges ዐ geschrieben, indem man helles *a* mit
langem *ā* vermengt, wie: አሜአ:, d. i. *amēā* (*ameya, amia* Fl.)
Jahr, ቢአ:, d. i. *bīā* (*bia* Fl.) Erde, ፌአ:, d. i. *fēā* gehet!
ፋሬአ:, d. i. *farēā* (*ferea* Fl.) Richter, ሜዜአ:, d. i. *mezēā* (*mesia* Fl.) Mahlzeit, ናቤአ:, d. i. *nabēā* (*nabea* Fl.) Mitte, ሰአአ:,
d. i. *sāā* (*saea* Fl.) Honig, ዚአ:, d. i. *zēā* (*sia* Fl.) Fleisch
u. s. w.

b) Nach Hauch- und K-Lauten, wie: ሀንበ: *hanbā* (*hamba*
Fl.) Rinde, ሀሞት: *hamōt* (*hamot, amot* Fl.) Galle, ጋብ: *gab*
(*gab* Fl.) Seite, ጋመርው: *gamarû* (*gamero* Fl.) er sprach, ጋና:
*ganā* (*gana* Fl.) Mutter, ጋሽ: *gaš* (*gaš, gish* Fl.) Gesicht, ከቤው:
*kabû* (*kabeo* Fl.) er fällte, ከለብትው: *kalabtû* (*kalebtu* Fl.) er
nahm, ከማ: *kamā* (*kama* Fl.) Rind u. s. w. Daraus erklären
sich in den Texten (bei Verwechslung von hellem *a* und langem *ā*)

Schreibungen, wie: ጓሺንትው፡ und ኻሺንትው፡ (*chashantu* Fl.)
er stahl, ጓይል፡ und ኃይል፡, ኀይል፡ Kraft, ጓጢኣት፡ und
ኃጢኣት፡, auch አጢኣት፡ (§. 2, a) Sünde, ገሾው፡ und ጋሾው፡
(*gasho* Fl.) er wuchs, wie anderseits *a* statt grammatisch rich-
tigem *ā*, als: ጀሕ፡, i. e. *jahā* trinket! u. s. w., vgl. oben ፈኣ፡
für *fēā* im §. 3, a. Doch erfährt wie im Chamir (vgl. Chamirspr. §. 9, b) das *a* nach *K*-Lauten auch schon Brechung zu *u*,
wie: ከበራ፡ *kabarā* (*kebera* Fl.) Strick, ከከርትû፡ *kakartû* (*ke-
kerto* Fl.) er hing, ገረዋ፡ *garâwā* (*gerowa* Fl.) Weg, ገሬሾው፡
*garēšû* (*gereshow* Fl.) er belästigte, ገር፡ያው፡ *gar-yāû* (*gereau*
Fl.) schwach, ገርሰን፡ *garsan* (*gersen* Fl.) wenn es möglich ist
u. s. w.

c) Auch vor Hauch- und *K*-Lauten, wie: ደኃ፡ *daχūā* (*dachwa* Fl.) Thon, Lehm, ጀኽሾው፡ *jaχšû* (*tshachshow*) er bewäs-
serte, ጀኽው፡ *jaχû* (*tshachow* Fl.) er trank, ለኀትው፡ *laχetû*
(*lachetow* Fl.) er spie, ነኃስ፡ *naχās* (*nahas* Fl.) Kupfer, ሰኾን፡
*saχûan* (*sachon* Fl.) Durst, ተኽላ፡ *taχūlā* (*tachola* Fl.) Wolf,
ሰኾጅ፡ *saǰûatī* (*saroti* Fl.) Woche, ለገዛ፡ *lagūzā* (*lagusa* Fl.)
lang, hoch, መጋዝ፡ *magūz* (*maguz* Fl.) Säge, ነጓድጓድ፡ *nagūād-
gūād* (*naguatguat* Fl.) Donner, መኪኣ፡ *makīā* (*makeeya* Fl.)
Mund, መከራ፡ *makarā* (*makara* Fl.) Sorge, መቀስ፡ *maqas* (Fl.
id.) Scheere, ሰኰና፡ *sakûanā* (*sukona* Fl.) Ferse, ተከኩ፡ *takakū*
(*takaku* Fl.) es scheint, ተከላው፡ *takalû* (*takalo* Fl.) er pflanzte,
ተከዝው፡ *takzû* (*takso* Fl.) er bereute u. s. w. Daher wird in
solchen Fällen oft *ā* für *a* geschrieben, wie: ዳኽርው፡ neben
ደኽርው፡ (G. ደሕረ፡, Cham., Bil. *daχor*) er entliess die Frau,
ጀኽው፡ und ጀኽው፡ er trank, ማኽርው፡ (A. መከረ፡) er rieth,
ታኽተላው፡ und ተኽተላው፡ er folgte nach.

d) Auch in Verbindung mit den starken Explosivlauten
*ṭ*, *ṣ*, sowie dem aus diesen entstandenen *š* wird *a* meist hell
und rein gesprochen, wie: ጠበይ፡ *ṭabāy* (*tabay* Fl.) Charakter,
ጠራጠራው፡ *ṭarāṭarû* (*tarataro* Fl.) er zweifelte, ዛጋ፡ *ṣagū* (*zaga*
Fl.) Anmuth, መጽሐፍ፡ *mashaf* (*mazhaf* Fl.) Buch, መሻ፡ und
ማሻ፡ *mašā* (*masha* Fl., Ty., Ti. መጻ፡, A. መጣጣ፡) Essig,
ነሽ፡ und ናሽ፡ *naš* (*nāsh* Fl., Cham. *ńaẓ*, Bil. *nāž*) Knochen,
ሻንፓ፡ und ሻንፓ፡ *šanpā* (*shanpa* Fl., Cham. *ṣabū*, A. ጭአም፡
*çammā*) Fusssohle, Sandale u. s. w..

e) Vor und nach einem *u*, *w* wird *a* wie *o* gesprochen
und ich umschreibe ein solches aus *a* verdumpftes *o* mittelst *â*,

als: ደወራ፡ *dewârâ* (*deora* Fl.) Esel, ፈአው፡ *fëâw* (*feow* Fl.)
er stieg hinauf, ገረዋ፡ *garâwâ* (*gerowa* Fl.) Weg, ሙረፕ፡ *ma-râwâ* (*marowa* Fl.) Schlange, አወላ፡ *awâlâ* (*aola* Fl.) nass u. s. w.
In den Fällen, in denen nach *w* ein *a* rein gesprochen werden
soll, schreibt man ፕ, wie: ፕደፈ፡ gross, ፕኽርትው፡ er spielte,
ፕንኽርው፡ er fragte u. s. w. Nur im Wort- oder Silbenanlaut
und nach Hauchlauten bewahrt *a* auch vor folgendem *w* bisweilen die reine Aussprache, wie: አው፡ *aû* (*a-u* Fl.) wer,
በአው፡ *bëaû* (*beaw* Fl.) er gestattete, ፈንቲአው፡ *fantūaû* (*fan-tiaw* Fl.) er streckte aus, ቀውን፡ (*qawin* Fl.) Anfang u. s. w.
Häufig wird *a* mit folgendem *w*, *u* zu *ô* zusammengezogen, wie:
ከው፡ und ኽ፡ (Bil. *kaû*) Stadt, ፅው፡ und ፅ፡ Stirn, ሙውትንቃ፡
(*motanta* Fl.) Träger, ኽትው፡ *kôtû* (Bil. *kaûruχ*) er wärmte sich.
Da auch ein dem *a* vorangehendes *u* jenes zu *o* verdumpft, so
erklären sich hieraus Schreibungen, wie: ኹ፡ und ኽ፡ Stadt,
ኹትው፡ und ኽትው፡ er wärmte sich u. s. w. und so wird in
*u*-hältigen Gutturalen die erste Form regelmässig wie *o* ge-
sprochen, als: ጐብን፡ und ጎብን፡ Schwägerin, ጐደልው፡ (*go-delo* Fl.) er schädigte, ጐሴው፡ und ጎሴው፡ (*goleau* Fl.) er
trennte, ጐንደልው፡ und ጎንደልው፡ (*gondelo* Fl.) er entbehrte,
ጐር፡ und ጎር፡ taub, ጐዘንቃ፡ und ጎሰንቃ፡ (*gosenta* Fl.) Ackersmann, ጐጓጐ፡ und ጎጓጐ፡ (*gosgu* Fl.) Bauch, ኹርቻ፡ und
ኽርቻ፡ (*koretsha* Fl.) Sattel, ኹልር፡ (*koser* Fl.) der Arm, ብኹ፡
(*bekona* Fl.) Nebel. In der Umschrift wollen wir auch diesen
Laut mit *ô* bezeichnen, als: *gâbân, gâdalû* u. s. w.

4) In allen übrigen Fällen wird der Vocal der ersten
äthiopischen Ordnung wie das unbetonte *a* im Portugiesischen
gesprochen (vgl. Chamirspr. §. 4, Bilinspr. §. 18, Kunamaspr.
§. 7): ich umschreibe dasselbe mittelst *a*, wie: ደብው፡ *dabeû*
(*debeo* Fl.) er begrub, ደብትፈ፡ *dabtarâ* (*debtera* Fl.) Gelehrter,
ደብአ፡ *dabiâ* (*debia* Fl.) Gürtel, ፈፈአ፡ *farêâ* (*ferea* Fl.) Richter,
ገሙርው፡ *gamarû* (*gamero* Fl.) er sprach, ጀዋው፡ *jahâû* (*tsheho-o* Fl.) er verschmachtete, ጀፈብው፡ *jarabû* (*tsherebow* Fl.)
er suchte, ኹዘን፡ *kâzanâ* (*kosena* Fl.) Stuhl, ለበኽ፡ *labakâ* (*lebeku* Fl.) Herz, ለምደ፡ *lamdâ* (*lemda* H., *lambda* Fl.) Schatten,
ሙልትው፡ *maltû* (*meltow* Fl.) er bewahrte u. s. w.

5) Das Ka'ib wird wie in der äthiopischen Schrift als *a*
gesprochen, wie: አሙ፡ *amû* (*amu* Fl.) Dorn, አሱ፡ *asû* (*asu* Fl.)
falsch, አ.ሱ፡ *isu* (*ishu* Fl.) selbst, ብፈንደ፡ *brandô* (*brando* Fl.)

rohes Fleisch, ጐም: χūm (*choom* Fl.) Hals, Nacken, ከንቱ: *kantū* (*kantu* Fl.) vergeblich, ሉድዝ: *lūdez* (*ludes* Fl.) innerhalb, ሙጫ: *mūçā* (*mutsha*) Gummi u. s. w.

6) Salis lautet wie im Acthiopischen *ĭ*, als: እንቢ: *embī* nein, ዋሲ: *wasī* höre, ይሢ: *yšī* mache, ጒ: *gūī* steh auf, ዋስቲ: *wāstī* sie hörte, ዋሰቲ: *wāsatī* sie hört u. s. w. Häufig wird auch kurzes *ĭ* mittelst Salis bezeichnet, z. B. እዜዉ: (Marc. 1, 14; 5, 43; 6, 8 u. a.) und እዝዉ: (Marc. 8, 15) er befahl, አዐንሺ: (Marc. 4, 1), አአንሺ: (ib. 15, 5), እኸንሺ: (ib. 3, 10) und አዐንሽ: (Joh. 2, 10: Genes. 27, 44), አአንሽ: (Marc. 8, 17), እኸንሽ: (ib. 4, 32. 37 u. a.) bis zu u. s. w., vgl. §. 15, k. In der Umschrift bezeichne ich die Länge mit *ī*, die Kürze mit *i*.

7) Rab'i ist das gedehnte *ā*, wie ዋሰ: *wāsā* höret, ይሽ: *yšā* machet u. s. w. Wie schon oben im §. 3, a und b erwähnt worden ist, vermengt das Quaresa häufig gedehntes *ā* mit hellem *a*.

8) Hamis wird im Amharischen meist *ĭē* gesprochen, woraus auch im Quaresa auf die gleiche Lautung zu schliessen wäre. Und in der That lehrt auch M. Flad betreff dieses Lautes, den er mit *ê* umschreibt, also: „*ê* to be pronounced as in german *j* in jedermann‘ (Outline of the Falasha-Language, pag. 22). In den uns vorliegenden Texten ist wohl in einigen Fällen die Lautung *ĭē* evident; vgl. z. B. ፍንጊያ[1] Wind: vor Casussuffixen geht *ā* in *a* über, also: *fingiya-s* den Wind; diese Form wird nun graphisch mittelst ፍንጊስ: bezeichnet (vgl. Marc. 4, 37. 39. 41; 13, 27). Ebenso መጥመቂስ: Acc. von መጥመቂይ: die Kelter; ደብጊ: im Gürtel, von ደብይ:, እንጊይ: *ingiyā* = Bil. *engerá*[2] der Rücken, aber እንጌ: und der Rücken; ኪን: = Cham. *kiyán*, Bil. *kejān* Hochzeit u. s. w. So lautet die secunda singul. präsentis im Quaresa auf *-êkū*, z. B. ዋሲኩ: du hörst = Bil. ዋሰረኩ: *wās-ra-kū*. Im Quaresa wurde *-ra* zu *ya* mouillirt, daher *wās-ya-kū*. In der Mehrzahl der Fälle ist aber die Aussprache von Hamis im Quaresa = *ē*, wie: እፀል: *awea* Fl. Kopf; አሜአ: *ameya* Fl. Jahr; አሬሸዉ: *areshow* Fl. er versöhnte; ገሬሸዉ: *gereshu* Fl. er belästigte u. s. w. Häufig wird

---

[1] Nicht *fingīyā* zu umschreiben, da das dem *y* vorangehende *i* nur graphisch nicht phonetisch mittelst Salis bezeichnet ist.

[2] *r* in *ingerá* ist im Quaresa zu *y* mouillirt, vor welchem vorangehendes *e* in *i* überging.

Hamis gebraucht, um den Laut *u* auszudrücken, vgl. z. B. die
Schreibung von *šab* (Cham. *ṣab*, Bil. *hab*) machen, bald als
ኻ·ን (Marc. 5. 32: 6, 5. 7. 14 u. a.), bald als ኽ·ን (Marc. 5,
33: 6, 21: 8, 25; 11, 17: 14, 9 u. a.) u. s. w.; vgl. auch Chamirspr. §. 12.

9) Sadis vertritt sowohl das kurze *i* als auch *e*, zugleich
aber auch das Schewa quiescens. Die Aussprache von *e* ist im
Quaresa die vorherrschende, was man leichtlich aus den tran-
scribirten Formen bei Flad ersehen kann; die Aussprache von
*i* ist meist nur durch Färbung von *e* zu *i* vor folgendem *ī* oder
*y* bewirkt, wie *ingiyā* für *engeyā* (= Bil. *engerā*) Rücken; *biyā*
(ቢ.ያ: geschrieben), aus *beyā* = Bil. *berá* Erde u. s. w. Färbung
von *e* zu *o*, *u* durch nachfolgende *u*-hältige Gutturale ist im
Quaresa äusserst selten; vgl. hierüber §. 32. Häufiger tritt solche
Verdumpfung von *e* ein vor folgendem *w* und *m*, wie: ጺ.ርዋ :
*diruwā* (aus *direwā*) Huhn, ጉርዋ: (bei Fl. *gerowa* und *gerewa*)
Mann, ይ.ዋዒ: (*yuwuā* Fl.) Weib u. s. w., ጉም·በሬ.: (*gumbera*
Fl.; Nabel, ጉም፥: (*gumfā* Fl.) Erkältung u. s. w. Ebenso nach
vorangehendem *w*, wie: ው·ሪ: *wari* (*woori* Fl.) oder, ው·ር:ያ :
*wur-yā* (*worea* Fl.) heilig u. s. w.

10) Sab'i hat wie im Amharischen die Lautung *o*; in den
Fällen, wo dieser Laut durch Zusammenziehung aus *a* + *u* entstanden ist, umschreibe ich denselben mit *ô*, z. B. ዋስ: *wās-ô* =
Bil. *wās-aṅ*, Cham. *wâz-auk* die, welche hören (relat. präs. plur.),
dagegen ዋሶ: *wasō* (Bil. id.) er hörend, partic. singularis. Ueber
den Laut *å* vgl. §. 3, c.

11) Die Halbvocale ይ *y* und ው *w* werden gesprochen
wie englisches *y* und *w*; in der Pausa lauten sie wie *i* und *u*;
ich umschreibe ይ jedesmal mittelst *y*, das *w* in der Pausa aber
mit *å*, weil in diesem letztern Fall die Schreibung *w* zu einem
Missverständniss Anlass geben könnte.

## B. Die Consonanten.

12) Die consonantischen Laute des Quaresa stimmen mit
denen des Chamir vollkommen überein, nur unterscheidet jenes
in den Labialen zwei Explosive, nämlich ፕ *p* und ጰ *p̣*, wenigstens nach der Schrift; doch finde ich dieses letztere Lautzeichen nur in amharischen Lehnwörtern, aber niemals in einheimischen Ausdrücken vor. Ferner unterscheidet das Quaresa

in der Schrift ⲗ z und ⲅ ž; da aber beide Lautzeichen häufig untereinander und auch mit ⲏ s verwechselt werden, so scheint dem ⲗ wie ⲅ nur der gleiche Laut z (unser s in lesen, Hase) zuzukommen. Das Chamir unterscheidet ferner š und ž ganz deutlich, während ich hierfür im Quaresa nur das Zeichen ⲛ š angewendet finde; da auch das Bilin beide Laute, š und ž besitzt, beide aber graphisch nur mittelst ⲛ bezeichnet, so ist es wohl wahrscheinlich, dass auch im Quaresa beide Laute zwar vorhanden, graphisch aber nicht unterschieden werden. Diese Vermuthung wird unterstützt durch Formen, wie: ⲛ⳽ꞓ Schwester (Bil. žānī) gegenüber ⳽ꞓ꞉ (Bil. dān, Cham. zin) Bruder, ⲛ⳽ꞓ꞉ demnach wohl = žēn (aus žain = žanī) u. a. Es ist wenig wahrscheinlich, dass ein Erweichungslaut aus ⲗ oder ⲅ zusammenfallen sollte mit dem Erweichungslaute š aus ⲭ oder ⲯⲃ, wie ⲛⲅꞓ꞉ = G. ⲭⲍ꞉ Blume, ⲛⲅꞓ꞉ = A. ⲯⲋꞓ꞉, G. ⲭⲟⲋꞓ꞉ satteln u. s. w. Wir erhalten sonach folgende Tabelle consonantischer Laute in der Quarasprache:

| | Explosive | | Fricative | | Liquiden | Nasale |
|---|---|---|---|---|---|---|
| | tonl. | tön. | tonl. | tön. | | |
| Dentale: ꞌ | ꞇ t | ꞔ d | ꞁ s | ⲗ, ⲅ z | ꞃ l ꞓ r | ꞅ n |
| Präacuminale: | ꞇ ṭ | — | ⲛ š | (ž) | — | — |
| Mediopalatale: | ꞣ k | ꞟ g | ꞥ ẋ | ⲛ ġ | — | ꞟ n̈ |
| Postpalatale: | ꞡ q | — | | q̇ | — | — |
| Palatale: | ꞓ c | ꞣⲃ c̣ | ꞓ j | ⲭ ṣ | ꞡ y | ꞥ ñ |
| Laryngale: | — | — | ꞕ ḥ | ⳙ h | — | — |
| Labiale: | ꞇ p (ⲭ p̣) | ꞏꞁ b | ꞡ f | ⲙ w | — | ꞟ m |

## 2. Lautveränderungen.

### A. Die Vocale.

13) Der Vocal a, a kommt grammatisch in Anwendung: a) als Bindevocal im Präsens zwischen dem Stamm und der Personalendung, wie: wās-a-kū (Bil. wās-ă-kŭn) ich höre u. s. w., wās-a-lī (Bil. wās-ă-lī) ich höre nicht u. s. w.; b) in den Conditionalendungen, wie: wās-an (Bil. wás-an) wenn ich höre u. s. w.; c) auslautendes ā im Verb oder Nomen geht vor folgenden Suffixen meist in a, a über, z. B. wāsalā er hört nicht, aber wāsalamā hört er nicht? abā der Vater, aber aba-š dem Vater.

14) Das ā kommt grammatisch vor: a) im Auslaut des negativen Präsens und Perfectums, wie: wāsalā er hört nicht,

*wāsilā* er hörte nicht; b) im Ausgang des Imperativs pluralis, wie: *wās-ā* höret, *wās-tenā* höret nicht! c) im Ausgang des Jussivs, wie: *ayinā* es geschehe, *astawālenā* er verstehe, *amennā* wir wollen (sollen) glauben u. s. w.; d) im Relativ tertiae sing. masc. aus *āū* verkürzt, wie: *wāsā*, neben *wās-āū;* jene Form namentlich stets vor Suffixen, wie: *wās-ā-s* den welcher hört; e) im Nominalausgang, wie: *enkerá* Seele, *adarā* Herr u. s. w. Ueber die Verkürzung dieses *ā* zu *a*, *a* vgl. §. 13, c; f) vor abgefallenen Hauch- und *K*-Lauten, wie: *ād* (G. እሕደ፡ ᎓ لأحد) Sonntag, *āz* (G. አኅዝ፡) nehmen, *adā* (Bil. *aday*) zurücklassen u. s. w. Ueber unorganische Schreibung von *ā* für *a* und umgekehrt vgl. §. 3, a und b.

15) Langes *ī* kommt grammatisch vor: a) in der tertia singul. fem. gen. präs. und perfecti der positiven Form, als: *wāsatī* sie hört, *wāsitī* sie hörte; b) in der prima präs. und perfecti der negativen Form, als: *wāsalī* ich höre nicht, *wāsilī* ich hörte nicht; c) in der secunda sing. und plur. perfecti der positiven und negativen Form, als: *wās-ī-ū* du hörtest, *wās-ī-lā* du hörtest nicht, *was-ī-nū* ihr hörtet, *wās-ī-nlā* ihr hörtet nicht. In diesen Formen ist *ī* aus *y = r* mouillirt, s. §. 23; d) im Subjunctiv der ersten Person sing., als: *wās-ī-wā* dass ich höre; e) im Imperativ secundae sing., als: *wās-ī* höre! f) im Constructus der zweiten Person sing. und der der dritten sing. fem. gen., als: *wās-ī* du hörend, sie hörend und der zweiten plur., als: *wās-ī-n* ihr hörend (in allen drei Fällen *ī* aus *y, r* mouillirt, §. 23, b); g) in den Ausgängen des negativen Particips, als: *was-gī* ich nicht hörend u. s. w.; h) im Nominalausgang auf -*ī*, als: *amarī* der Morgen u. s. w.; i) als Genetivendung vieler Nomina auf -*ā*, vgl. §. 116; k) Häufig kommt *ī* für *i* in Anwendung, um dieses graphisch als *i*-Laut besser zu markiren, z. B. አርፒሊ፡ *arpi-lī* neben አርፕሊ፡ im Grabe (von አርፕ፡ *arp* das Grab), aus *arpe-lī*, worin *e* der kurze Bindevocal, der durch folgendes *ī* in *lī* zu *i* gefärbt wurde. Wie hier *e* zu *i* (graphisch *ī*) gefärbt wurde, so kann auch *a* in gleichen Fällen so gefärbt werden, z. B. በኩኒሊ፡ *bekāni-lī* aus der Wolke, von በኩኍ፡ die Wolke; -*ā* geht vor Suffixen in *a* über, በኩኍስ፡ die Wolke (Accusativ); dieses *a* ging dann vor -*lī* in *i* über; ebenso በኩኒፈ፡ und eine Wolke, aus *bekā-na-rī* u. s. w.

16) Der Laut *ê* kommt grammatisch in Anwendung: a) in
der secunda präs. sing. und plur. in der positiven wie negativen Form, als: *wās-ê-kū* (d. i. *wās-ya-kū*, Bil. *wās-ra-uk*) du
hörst, *wās-ê-kūn* ihr höret, *wās-ê-lā* du hörst nicht, *was-ê-nlā* ihr
hört nicht; b) in der secunda des Conditionals, als: *wās-ê-n*
wenn du hörst, *wās-ê-nan* wenn ihr hört; c) in der tertia sing.
fem. gen. des Relativs, als: *wās-ê* die welche hört. In allen
diesen Formen ist *ê* = *ya* durch Mouillirung aus *ra* hervor-
gegangen. Hamis = *a*, vgl. §. 8. Hamis kann aber auch zu *ī*
übergehen, wie z. B. in der secunda plur. relativi obliqui praesentis temporis *wās-ê-nā* neben *wās-ī-nā* = Cham. *wâz-r-naû*, Bil.
*wās-da-nāuχ* der von welchem ihr höret, so dass Quar. *ê* i. e. *ya*
aus *ra, da, ta* mouillirt erscheint. Die einradicaligen Verba des
Quaresa zeigen noch diese ältere Form, vgl. z. B. *yi-ta-nā*, Bil.
*yi-da-nāuχ*, Cham. *yi-r-naû* der von welchem ihr sprechet. —
Uebergang von *ē* zu *ī* zeigen auch *mīlā* (aus *mēlū*) = Cham.
*maylā*, Amh. **ᎷᎦᎵ:** (vgl. Chamirspr. §. 48) Andropogon sorghum; *mīz* = G. **ᎷᎭ:** Honigwein u. s. w.

17) Der Vocal *ō* zeigt sich grammatisch in den Endungen
des Particips, *wās-ō* (Bil. id.) ich hörend u. s. w., ferner im
Relativum directum tertiae plur. praes., wie: *wās-ō* die welche
hören, *wās-ag-ō* die welche nicht hören. Wie die entsprechenden
Bilinformen: *wās-aû* und *wās-ag-aû* zeigen, ist letzteres *ō* ein *ô*
aus *aû* entstanden. In dieser Weise entstandenes *ô* ist vorhanden in: *bô* (Cham. *baû, bô*, vgl. Chamirspr. §. 174, Note 1)
Stirn, *kô* = Bil. *kaû* Tribus, *mô* (aus *maû* = *ma[g]ū*, Cham.
*magū* und *migū*) Mörser, *môzīt* (A. **Ꮇ᎒᎔Ꭲ:**) Amme u. s. w.,
vgl. auch §. 3, c.

18) Langes *ū* zeigen die Ausgänge des Präsens und Perfects, wie: *wās-a-kū* (Cham. *waz-a-kūn*, Bil. *wās-â-kūn*) ich höre
u. s. w., worin Quaresa *ū*, wie an einem andern Orte gezeigt
werden wird, gegenüber Cham. und Bil. *ŭ* die ältere Form
bewahrt hat; doch kommt auch im Quaresa schon die Kürze
neben der Länge vor, nämlich **᎙** neben **Ꮒ**. Im Perfect ist
*wās-ū* (Cham. *waz-ūn* [graphische Länge bei Kürze in der Aussprache, Chamirspr. §. 26], Bil. *wās-gūn*) ich hörte u. s. w.,
augenscheinlich aus ursprünglichem *kū, kūn* übrig geblieben. Im
Wortschatz kommt *ū* fast ausschliesslich nur in Lehnwörtern vor,
wie: *bārūd* Pulver, *brūndō* rohes Fleisch, *dūr* Wald, *mūçū*

2*

Gummi u. s. w. Ein *a* für *ō* zeigen: *kūt* = Bil. *kōt* gleicher Werth; *sūm* = G. A. ጸሐ፡ fassen. Schwer erklärbar ist *ü* in *amū* (Bil. *agüm* und *eyǔm*) Dorn, und *semü* neben *semō* (Bil. *sekum*) Gerste; vielleicht ist *semō* aus *sema[k]ǔ* entstanden, vgl. Agaum. *simeki* (G. ስግም፡). Ueber *entū* (= A. አንተን፡ und አንተን፡) Jemand, *zūfāñ* (= A. ዚፋኝ፡) Thron vgl. Chamir-spr. §. 59.

## B. Die Consonanten.

### a) Die *T*-Laute.

19) In den meisten Fällen entspricht einem Quar. *t* auch im Bilin und Chamir der gleiche Laut, wie: *bet* = Bil. *bit* satt, reich sein: *betā* = Bil. *bitá*, Cham. *bettá* Laus; *batan* = Bil. *batan*, Cham. *biten* ausbreiten; *ent* = Bil. *int*, Cham. *et* kommen; *enta* = Bil. *inti* du; *fantū* = Bil. *fantuy* ausdehnen; *lañatā* = Bil. *lañatu*, Cham. *lañetá*, *lañdā* sieben; *sâgâtā* = Bil. *saǧñatá*, Cham. *sohâtā* acht: *tak* = Bil., Cham. *tak* gleichen: *telā* = Bil. *tillá*, Cham. *tellá* Arzenei; *tuw* = Bil., Cham. *tuw* eintreten; *tayrī* = Bil. *tejrí*, Cham. *tayir* Tante u. s. w. In einigen wenigen Fällen erscheint im Quaresa *t* für *ṭ*, wie: *entar* = Bil. *enṭar* hassen; *finterā* = Bil. *finṭirā* (Cham. *fiçerá*) Ziege: *wet* (Fl., in den Texten ፀት፡ geschrieben, da ወት፡ wie *wut* gesprochen werden könnte, vgl. §. 9) = Bil. *qŭeṭ*, *qŭṭ*, Cham. *qŭṭ* nass sein; *tabak* = Bil. *ṭaqab* neben *takab* (G. Ty. ጠቀብ፡) nähen: *tām* = Bil. *ṭām* neben *tām*, Cham. *ṭam* (A. ጠሐ፡) kosten u. s. w.

20) Ebenso entspricht regelmässig Quar. *d* dem gleichen Laut im Bilin und Chamir, wie: *dī* = Bil. *dī* mit; *dab* = Bil. *dab*, Cham. *dib* begraben; *deber* = Bil. *diber* verwerfen; *dād* = Bil. *dād*, Cham. *dad* treten; *dagrā* = Bil. *dajrá*, Cham. *dejrá* Dreck; *dehüarā*, *dewârā* = Bil. *duǧárā*, Cham. *duǧárā* Esel; *dakar* = Bil., Cham. *daqar* (G. ደኀረ፡) scheiden die Frau; *dengā* = Bil. *dinyā* Ader; *dereñ* = Bil. *driñ* kurz sein: *diruwā* = Bil. *diruwá* Huhn; *duw* = Bil. *duw*, Cham. *duy (deqŭ)* sprechen; *dâw* = Bil. *dakü*, *dañk*, Cham. *dikü* vorbeigehen; *adarā* = Bil., Cham. *adará* Herr; *hedā* = Cham. *qadaq* (A. ቀዳ፡, G. ቀደሐ፡) schöpfen; *yid* = Bil. *id* Thüre u. s. w. Selten zeigt sich *d* für *t*, wie: *deker* = Bil. *tigirá* Hungersnoth; *gâd* = Bil. *gŭat* beschädigen; oder *d* für *ṭ*, wie: *ad* — G. ኀጠን፡ überreden, verführen; *daj* = A. መየ፡ Honigwein.

21) Die beiden schnalzend explosiven Laute *ṭ* und *ṣ*, sowie das *ẓ* (unser *z*, *ts*) kommen wie im Bilin lediglich nur in
semitischen Lehnwörtern vor; dasselbe gilt auch vom schnalzend
explosiven *č̣*; in jenen Lehnwörtern, welche bereits eingebürgert
worden sind, erscheinen die genannten Laute als *š*, wie: *šē* (aus
*šay* = *šaq*, vgl. §. 29) = Bil. *šaq̇*, Cham. *ṣaq*, G. **ጽህቀ**: anfassen; *šebkā* = Bil. *šebkà*, Cham. *ṣefqà* Haar (G. **ጸፈቀ**:, A.
**ቈጐፈቀ**: dicht sein, vom Haar); *šegŭ*, *šṳg* = Bil. *šṳg*, Cham.
*ṣeqŭ*, G. **ጠቀቀ**: klein sein; *šeqā* = Cham. *ṣiyà*, G. **ጽጌ**: Blume;
*šūm* = Bil. *šūm*, Cham. *ṣūm*, G. A. **ጸመ**: fasten; *šemel* = Bil.
*šimer*, G. Ti. **ሰምዒ**: ein Paar; *šān* = Bil. *ṣa'an*, Cham. *ṣan*,
A. **ጐዚ**:, G. **ጸዐነ**: aufladen; *šangabā* = Bil. *šàngab*, Cham.
*ṣagib*, G. **ፀጋም**: die linke Seite; *šenga-t* = G. **ተሰጓቀቀ**:
scrutari; *šarab* = Bil. *šarab*, Cham. *ṣareb*, Demb. *ṣarab*, G.
**ጸረበ**: hacken; *šūwā* = Bil. *šuwà*, Cham. *č̣uwà*, Ti. **ጬው**: Ty. A.
**ጬወ**:, G. **ጼወ**: Salz; *šāy* = Cham. *ṣar*, Bil. *ṣà'ed*, G. **ጸዐደ**:
weiss sein; *enšewā* = Bil. *inšuwà*, Cham. *ečuwà*, G. **አንጸቀ**:
Maus; *enšaw* = Bil. *inšaw*, Cham. *ezuw* = G. **ዐጸወ**: binden;
*ašib* = Bil. *ašib*, G. **ዐጸፈ**:, **ዐመጸ**: verdoppeln; *ašed* = Bil.
*ašer*, G. **ዐዐደ**: schneiden; *baluš* = Ty. **በለጸ**:, A. **በለጠ**: vorzüglicher sein; *fanšar* = A. **ፈነጸረ**: verbreiten; *gaš* = Bil.
*gaš*, Cham. *gaṣ*, Ti. G. **ገጸ**: Gesicht; *laš* = Bil. *līš*, A. **ላጨ**:,
Ti. **ለጸ**:, G. **ላጸየ**: rasiren; *hešī* = G. **ሰጼ**: (Bil. *qešà*, Cham.
*ḥesà*) Wurm; *māšā* = Ti. Ty. **መጸ**:, A. **መጠጠ**: Essig u. a.;
*š* = *c* haben wir in *šegar* = A. **ጭጋር**: Elend; *šekàl* = A.
**ጭኰለ**: eilen. Wechsel zwischen Dentalen und Zischlauten
kenne ich nur in *azar* (**አዝር**:) = Cham. *adìr*, Bil. *atàr* (Ti.
G. **ዐተር**:) Kichererbsen.

22) Der Laut *j* ist entstanden aus *di*, wie: *awàj* = A.
**አዋጅ**:, G. **አዋዲ**: Herold; *ganj* = Bil. *ganj* ruhen, cf. Ti. **ገንደ**:,
G. **ጐንደየ**: bleiben; doch wechselt im Quaresa *j* auch mit
früherem **ዘ**, **ሰ** (aus *zi*, *si*), wie *fījā* = **ፈሰከ**: Ostern (Bil. *fà-
jegà*); *bejā* = A. **በዘ**: wachsen; *jaref* = A. **ዘርፍ**: Fransen;
*jib* = G. **ዘበየ**: kaufen; *jaχ* = Bil. *ji*, Cham. *siqŭ* trinken;
*jargūā* (Bil. id.) = Cham. *ziruwà* (aus *zirjŭā*) Weizen, zu **ዘጕር**:,
**ሥርዐት**: gehörig, vgl. Chamirspr. §. 41. Auch *š* = *s* in: *dàû-
šā* = A. **ዳጐሰ**: Eleusine tocusso; *aχŭ-daûšā* = Cham. *dàqusà*
Frosch (cf. A. **ደቴሰ**: stampfen, treten, ,Wasser treten'?) *enkeš*
(Bil. *inšaχ*) Lanze, cf. G. **ነሰከ**:: *šīgem* *y* schweigen, cf. G. **ሰገመ**:

Auch innerhalb des Quaresa wechselt *s* mit *š* in *beseĝā* und *bešeĝā* (Bil. *biçiĝā*) der Speichel.

23) Uebergang von *t*, *ṭ*, *d* zu *l*, *r*, wie solcher im Bilin und Chamir so aussergewöhnlich häufig vorkommt, ist zwar im Quaresa wenigstens nach den mir vorliegenden Quellen nicht zu beobachten. In vielen Fällen zeigt hier das Quaresa noch die ursprünglichen *t*-Laute gegenüber den Liquiden des Bilin und Chamir, wie: *daχŭā* gegenüber Cham. *roqŭā* Thon, Lehm; *ašed* gegenüber Bil. *ašar*, Cham. *ayer* schneiden; *gô-t* gegenüber Bil. *gaû-r*, Cham. *giû-r* segnen; *kô-t* gegenüber Bil. *kaû-r* sich wärmen; *kalab-t* gegenüber Bil. *kalab-r* in Empfang nehmen; *mô-t* (Cham. *mut*) gegenüber Bil. *muĝû-r* sich auflasten; *sanbat* gegenüber Bil. *sánbar* (Cham. *sinbít*) Sabat; *šemd* gegenüber Bil. *šímer* ein Paar u. s. w. Dagegen zeigt das Quaresa sehr häufig für ursprüngliche *t*-Laute ein *y*, welches auf dem Mittelweg

a) theils über *c*, *ç*, *j* zu *š*, *ž* und von da zu *y* sich abgeschwächt hat (vgl. Chamirspr. §. 47 und 48), wie: *iyen* = Cham. *eçin*, A. ቀጭን : Ti. ቀጢን : klein, zart; *mīlā* (zunächst aus *mēlā*) = Cham. *máylā*, A. ማሽላ : Sorghum; *farē* (aus *faray*) = A. ፈረድ : Urtheil, Gerichtsspruch; *gálē* = Bil. *gallaṭ*, Nebenform *giliç y* und *gili' y* abbiegen, abwenden; *láwē* = Bil. *lawaṭ*, Cham. *laîṭ*, Ty., A. ለወጠ : wechseln; *anbīā* (zunächst aus *anbēā*, *anbayā*) = G. A. እንበጣ : Heuschrecke; vgl. G. ቀመጠ : (קמט, קמיy) und ·ነመየ :; חרט, חריָן, חרשׁ und ኸረየ :, ·ነረወ : u. s. w.

b) theils über *r* zu *y* (vgl. Chamirspr. §. 51) wie: *amēā* (aus *amay-ā*) = Bil.' *amará*, plur. *amút*, A. እመት :, G. ዓመት : Jahr; *ayyā* = Cham. *arayá*, Ti. Ty. እጸ.ይ : Markt; *damiyā* = Bil. *dimmirā*, G. ድመት : Katze; *yebē* = Bil. *yebár*, plur. *gefát*, A. ገበታ : Holzschüssel; *gŭiyā* = Cham. *gŭryá*, A. ጌ.ይ : Herr (Chamirspr. §. 51 und Wörterbuch s. v.); *nay* (aus *nagay*, vgl. Chamirspr. §. 72) = Cham. *ñer*, Bil. *langar* (aus *lagar*), G. ነገደ : Handelsreisen machen; *šāy* = Cham. *ṣar*, Bil. *ça'ed*, G. ጸዓደወ : weiss sein; *ṭey* = Bil. *ṭir*, A. ጥጥ : Baumwolle. Dieselben Lautwandlungen zeigen einige reflexive Verba, wie: *entē* (aus *enta-y*) = Bil. *inta-r*, Cham. *iet-et* kommen; *enχ̆ē* = Bil. *enqa-r*, Cham. *eqa-t* sich waschen; *ieχ̆ē* (aus *ieχ̆ŭa-y*) und *ieχ̆ŭ-ī* = Bil. *enqŭa-r*, Cham. *ieqŭa-t* lachen; *fē* = Bil. *fa-r*, Cham. *fi-t* weggehen;

*kā-y* = Bil. *kā-r*, Cham. *ka-t* übersetzen den Fluss; *kī, kiy* =
Bil. *ki-r*, Cham. *ki-t* sterben; *mī, me-y* = Bil. *mejī-r*, Cham. *mi-t*
vergessen; *sē* = Bil. *sa-r*, Cham. *si-t* sich bekleiden (*sa-r-ánā*
Kleid). In derselben Weise ist auch entstanden die Nominalendung -*nē* (aus -*nay*) = Bil. -*nār*, G. ፦፡, —ና፦፡ (Bilinspr.
§. 119, Chamirspr. §. 179), wie: *adar-në* = Bil. *adar-nār* Herrschaft; *bār-nē* = A. ባርነት፡ Knechtschaft; *mesker-nē* = A. ምስ
ከርነት፡ Zeugniss u. s. w. (vgl. §. 97) sowie die Nominalendung
-*ē* und -*ay* = G. Ti. A. -*at*, wie: *qŭrbē* = Cham. *qŭrbir*, A.
ቍርባት፡ Haut; *qelbē* = A. ቀለባት፡ Ring; *bāltī* und *bāltē* (aus
*bāltay*) = A. ባልቲት፡ Witwe. Hieraus erklären sich auch
Formen, wie: *aray* = Bil. *arāt* (Ti. አራት፡, G. ዐራት፡) Angareb; *bahiyā* (für *bahiyāû* relativ) = G. ብሕትው፡ allein, solus;
*ǵātē* = A. ጕተት፡ ziehen; *mayā* = A. ማይጸ፡ Aussenseite; *mēnā*
neben *matanā* wegen; *mōrē* = A. ምዐሬ፡ Feile; *peleyā* = Cham.
*feltā*, Bil. *filūtā* Floh: *sagē* = G. A. ሰገደ፡ anbeten; *senbē* und
*senbi* = A. ሰንበት፡ bleiben. Auch gehört hieher die Personsbe-
zeichnung der zweiten Person in den Tempora und Modi *y, ī* =
Bil., Cham. *r* (ursprünglich *t*, vgl. die secunda futuri und subjunctivi im Bilin und Chamir und secunda subj. im Quar.), wie:
*wās-ya-kū* = Bil. *wás-ra-uk*, Cham. *wáz-ra-uk* du hörst; *wās-i-û* =
Bil. *wás-r-uχ*, Cham. *wáz-r-u* du hörtest; *wās-y-an* = Bil. *wās-r-an*,
Cham. *wáz-r-an* wenn du hörst; *wās-ī-ar* = Cham. *waz-r-ar*, Bil.
*wās-rá-ǵer* der du hörst, und in der secunda der diesen an-
geführten Singularformen entsprechenden Pluralen. Doch zeigt
noch umgekehrt in der tertia subjunctivi mascul. gener. das
Quaresa ein *d* (*t* im Cham.) gegenüber *r* im Bilin, wie: *wās-d-ō*
(Plur. *wās-de-nō*), Bil. *wás-r-ō* (Plur. *wās-di-nō*) damit er höre.
Die ursprüngliche Form *t* für die secunda in allen Zeiten und
Modi gegenüber *r* im Bilin und Chamir hat aber das Quaresa
noch bewahrt in den einradicaligen Verben, wie z. B. *yi-ta-kū*
(Bil. und Cham. *yi-ra-uk*) du sagst; *yi-t-ū* (Cham. *yi-r-u*, Bil. *yi-
r-uχ*) du sagtest; *yi-t-an* (Bil. und Cham. *yi-r-an*) wenn du sagst;
*yi-t-ār* (Cham. *yi-r-ar*, Bil. *yi-rā-ǵer*) der du sagst u. s. w. und
ebenso in den Pluralen *yi-ta-kūn* (Bil. *yi-ta-nauk*, Cham. *yi-r-
nauk*) ihr sagt; *yi-t-ūn* (Bil. *yi-de-nnχ*, Cham. *yi-r-nu*) ihr sagtet
u. s. w.

24) Quaresa *y* = früherem *r* zeigen auch Formen, wie:
*ahŭē* und *awē* (aus *ahŭay*) = Bil. *ajŭar*, Cham. *aûr* Kopf; *in-*

*giya* = Bil. *engera*, Cham. *egrà* Rücken ,,*ay-â* = Bil. ᛃ *i-uχ*
alius; *aymiya* = Cham. *aymirà* Silber; *bē* (Demb., Agaum. *bay*) =
Cham. *bar*, Bil. *bār* lassen; *biyā* = Bil. *berà* Erde; *derò* =
Cham. *dray*, Bil. *derìr* (Ti. ዬፈርጽ፥) Abendessen; *gē* = Bil. *grā*
ausser, nur; *gūēb* = Bil. *gārāb*, Cham. *gūrāb* Morgen; *garē* =
Bil. *gara-r* sich abmühen; *māy* = Bil. *mār*, Cham. *mar* (A.
ማስ፥, Ti. G. ማእስ፥ Schlauch;[1] *sayā* = Cham. *sarā*, Bil. *saqarā*
Honig; *wāngiyā* = Bil. *wānkirā* Eber. Als Erweichungslaut von
*l* erscheint *y* in: *bē* (aus *bay*) = Ti. betA፥, G. ·በUA፥ sagen;
*dabiyā* = Bil. *deblà* Leibgürtel. Aus dieser Erweichung der
Dentallaute und Liquiden zu *y* erklärt sich auch endlich der
völlige Abfall derselben, wie in *kaš* Schulter, *qaî* anführen,
anfangen, *ašā* Blatt, *yš* verfluchen; vgl. Chamirspr. §. 52 und 54.

25) Innerhalb der Liquiden findet Wechsel statt zwischen
*r* und *l* in: *dehārā (dewārā)*, Plur. *dehâl (dewâl)*, Bil. *duqārā*,
Plur. *duqâl* Esel: *sīmgar*, Plur. *sīmagal-tan*, Bil. *sīmgar*, Plur.
*sīmagal* (Ti. Ty. A. ሽዓግግሌ፥) Adeliger; *gar*, fem. *gal-tī* (Bil.
id.) Kalb: *kal* (Cham. *kil*) und Bil. *kar* brechen; *lōbā* u. A.
ርብ፥ Mittwoch; *terbā* (Cham. *trbâ*) und A. ተልበ፥ der Lein,
vgl. auch Chamirspr. §. 49. Zwischen *l* und *n* zeigen Wechsel:
*lay, le* (Agaum. *yaq*) und Cham. *naq*, Bil. *nāq* geben; anderseits *niñ* und Bil. *liñ* Haus, vgl. Chamirspr. §. 50. Vor Labialen
geht *n* in der Aussprache meist in *m* über, wenn auch in der
Schrift *n* beibehalten wird, wie: *embelow* (Fl.) = እንበለው፥
(Texte) heiss sein: *ambu* (Fl.) = እንበ፥ Berg; *emfera* (Fl.) =
እንፈራ፥ Diener; *amp* (Fl.) = እንፕ፥ Schooss; *hamba* (Fl.) =
ሐንበ፥ Rinde (wohl zu ቀረበ፥ gehörig) u. s. w. Zu *m* ist *n* übergegangen in *kūm* = Bil., Cham. *kän* am Abend thun; dagegen
zeigt Quar. *u* für *m* in: *kñankü*, Bil. *küamküam*, aber G. ጕንኰ፥
congerere. Abfall von *n* zeigt sich in *gumfā* = A. ግምፉን፥ Erkältung. Secundäres *n* erscheint in *kumb* neben *kab* (Cham. *kib*,
Bil. *kuab*, kalt sein; *šangabā* = G. በንም፥ linke Seite u. a.

## b) Die K-Laute.

26) In der Regel entsprechen einem Quar. *k*, *g* die gleichen Laute in den übrigen Agausprachen, wie: *ki* = Bil. *ki*,

---

[1] *r = s*, cf. *saran* = A. ሰስን፥ unkeusch sein; *yaber* = A. ገብስ፥ Gerste;
*gebar* Hälfte, zu ገመስ፥ gehörig; vgl. Chamirspr. §. 15. Ebenso *y = s*
in *yiu* Desaoca *sin* jener.

Cham. *kŭn* die Nacht zubringen; *kū* = Cham. *kŭ*, Bil. *kŭn* sein,
esse; *kāb* = Bil., Cham. *kāb* helfen; *kab* = Bil., Cham. *kab*
bauen; *kal* = Cham. *kil*, Bil. *kar* brechen; *kiyan* = Cham.
*kiyán*, Bil. *keján* Hochzeit; *kô* = Bil. *kaû*, Cham. *kiû* Tribus;
*labakā* = Bil. *labaká* Herz; *lagaz* = Bil. *lagad*, Cham. *ligez*
gross werden; *šebkā* = Bil. *šebká*, Cham. *ṣefʼá* Haar; *tak* =
Bil., Cham. *tak* scheinen; *gabā* = *gabá*, Cham. *gebá* Seite;
*gābā* = Bil. *gábā*, Cham. *gábā* Wort; *gam* = Bil. *gam*, Cham.
*gim* herabsteigen; *šangabā* = Bil. *šángab*, Cham. *ṣagib* linke
Seite; *šingruwā* = Bil. *šingruwá*, Cham. *ṣegluwá* Stern u. s. w.
Selten steht für *k* ein *g* und umgekehrt, wie: *deker* = Bil.
*tigirá* Hungersnoth; *kemb* = Bil. *genbí*, Cham. *gib* Stock; *gerkā*
neben häufigerem *geryā* Tag u. s. w.

27) Wechsel zwischen den *k-* und Quetschlauten ist im
Quaresa nach den vorhandenen Texten nicht zu beobachten.
Zwischen den *k-* und Zischlauten ist Wechsel nur erweisbar in
*enš* = Bil. *enk*, Cham. *iek, ek* öffnen; vielleicht ist auch *beš-ā*
(aus *beš-āû*) nackt auf G. **ብከ:** zu beziehen.

28) Dagegen ist Uebergang von den *k-* zu den Hauchlauten ungemein häufig zu beobachten, wie: *χŭ* = Bil. *qŭí*,
Cham. *χŭ* essen; *hedā* = Cham. *qadaq* (A. **ቀጻ:**, G. **ቀድሐ:**)
schöpfen; *χal, hal* = Bil. *qŭāl*, Cham. *qŭal, qal, χal* sehen;
*humbā* = Bil. *qŭnbá* Nase; *χīr* = Bil. *qīr*, Cham. *χār* Nacht;
*ḫūrā* = Bil. *qírā*, Cham. *χar* Geruch; *χŭrā* = Bil. *qŭrá*,
Cham. *χŭrá* Kind; *χajawīnā* = Bil. *kaǧalúnā*, Cham. *qalúnā*
Ei; *aχŭ* = Bil. *'auq*, Cham. *auq* Wasser; *anχā* = Bil. *anqí*
Mädchen; *enχá* neben *enqí* = Bil. *unquwá* Ohr; *anχalχalā* =
A. **እንቀቀለ:** Eidechse; *jaχ* = Cham. *suq*, Bil. *jiʼ* trinken;
*laχ* = Bil. *laq* Mehl; *lānḫ* = Bil. *lánqī*, Cham. *laq* Zunge; *saχŭā* = Bil. *sâqŭáy* Tiefe; *sesχā* = Bil. *sidíq* Schweiss; *wanχar* = Bil. *wânqar*, Cham. *wiqer* fragen u. s. w. Wie aus diesen
und zahlreichen anderen Beispielen zu ersehen, führen die
Hauchlaute des Quaresa auf *q* zurück, und nur in Lehnwörtern
erscheinen Quar. Hauchlaute gleich früherem *k*, wie *maχar* =
Ty. **መኸረ:**, G. **መከረ:** rathen; *māχalā* der Gefährte, zu G.
**አከለ:** gehörig; wogegen statt der semitischen Hauchlaute im
Quaresa nicht selten *k* und *g* erscheinen, wie: *kabarā* = G.
**ኀብር:** Strick; *kīz* = G. **ኄሰ:** besser sein; *šekla* = A. **ሸሀለ:**
Schüssel; *gŭmbrā* = G. Ti. **ሕንብርት:** Nabel; *gamar* sprechen,

cf. G. አመሬ፡ أصل, ‏אֵם‎; *yana* (Bil. id., Cham. *jená*) und A. እናት፡ Mutter.

29) Ein weiterer Uebergang findet statt zu *y*, wie: *aday* verlassen; zurückbleiben = Cham. *ieday, eday*, G. ኘይ፡, A. እዪግ፡ *yer* (ይር፡), plur. *ey, ī* = Bil. *ejí-r*, plur. *ik*, Cham. *ieji-r*, *eji-r*, plur. *ik* Mensch, Mann; *ay* = Bil., Cham. *aj* werden, sein; *ymāy* = Demb. *imay*, Damot *imaq*, Cham. *iemqŭ, emqŭ*, G. አም·ነ፡ küssen; *aray* (vor Suffixen *arē*) = Cham. *areq*, Bil. *arak*, G. 0ረከ፡, 0ረቀ፡ versöhnen; *bēlā* (aus *baylā*) = Bil. *baqlā*, G. Ti. በቅል፡ Maulthier; *bāyrā* = Bil. *baqirā* Kette; *dayā* = A. ይጋ፡ hoch, Hochland; *day* (mit Postpositionen *day-lī, day-z*) = Bil. *dāg, dág-lī* auf, über; *gī* (aus *gē, gay*) = Bil. *gīχ* Horn; *gŭay-in* = Demb. *gŭay-in*, Bil. *gŭ'-i* Furcht, Demb. *gŭayin-t; gŭayin-t* = Bil. *gŭ'ī-t* sich fürchten; *jēlā* (aus *jaylā*) = Bil. *jaqalá* Vogel; *lay* (vor consonant. Suffixen *lē*) geben, *la-š* (aus *lē-š, lay-š*, Causativ) bringen = Cham. *naq* (vor consonant. Suffixen *nay*, Bil. *nāq*) geben, *na-z* (aus *nē-s, nay-s* = *naq-s*), Bil. *nāq-s* bringen; *kiyan* (ኪን፡) = Cham. *kiyán*, Bil. *keján* Hochzeit; *mezē* = G. ምሰሕ፡ Mahlzeit; *nabayā* = Bil. *nabaká* (G. ነፍቅ፡) Mitte; *nabē-l* = Bil. *nabak-il* mitten, zwischen; *niy* (*naye*, Fl., in den Texten ንይ፡, ንኢ፡ und ንዐይ፡) = Bil. *niki* heute; *ziyā* (*sia* Fl., ዊአ፡ Texte), *zīā* aus *zēa*, *zayā* = Bil. *zejá*, Cham. *ziyá*, G. ሥጋ፡ Fleisch; *šē* (aus *šay*) = Bil. *šāq*, Cham. *ṣaq*, G. ጽሀቀ፡ anfassen; *tē-t* = Bil. *taja-t*, Cham. *ṭaqe-t* sich nahen; *wayā* = A. ወጋ፡ Preis, Werth; *wuyā* = Cham. *wiká*, Bil. *wáká* Hyäne; *yawī* = G. ሐቈ፡ Hüfte.

Anmerkung. Doppelte Zusammenziehung zeigen: *mey* (aus *meyy*) = Bil. *meji-r*, Cham. *mi-t* (aus *mī-t, miy-t*) vergessen; *nay* = Cham. *niyar*, G. ነገደ፡ Handelsreisen machen; *šāy* = Cham. *ṣar*, Bil. *ça'ed*, G. ጸዐወ፡ weiss sein; *sayā* = Cham. *sará*, Bil. *saqará* Honig, vgl. §. 23. In *fājā* (Bil. *fājijā* = G. ፋሲክ፡) Ostern, aus *fajiyā* ist *y* von *j* absorbirt worden.

30) Die Existenz der Laute *j̇, q̇* (vgl. Chamirspr. §. 64, Bilinspr. §. 6 f.) auch im Quaresa steht ausser aller Frage, nur ist die schriftliche Bezeichnung derselben in den Quellen eine verschiedene. Flad umschreibt diese Laute meist mit *r* (wie es auch Waldmeier in seiner Agausprache thut), stellenweise scheint er dieselben ganz überhört zu haben; Beke umschreibt mit *gh*, in den Texten finden sich hiefür, und zwar in ein und

demselben Worte an verschiedenen Stellen bald ·ጎ, ሐ, ህ auch ኽ, bald በ, አ und ይ gesetzt. Bei näherer Betrachtung der Stellung dieser Laute im Worte ist zu ersehen, dass, wenn dem *ĝ, q̇* ein bestimmter Vocal folgt, diese Laute nun deutlich als *ĝ, q̇* gesprochen werden, wenn sie aber im Sadis stehen, dann entweder in *y* übergehen oder gänzlich ausfallen, wofür dann meist der Vocal der dem abgefallenen *ĝ, q̇* vorangehenden Silbe gedehnt wird; vgl. z. B. von *adaĝ* (Cham. *iedaĝ*, A. አደገ፥, G. ·ገደገ፥): አይኸላ፥ es bleibt nicht übrig (Marc. 13, 12), aber አዳይተ፥ sie blieb zurück (Rut 1, 3; Marc. 3, 5), አዳሰው፥ i. e. *adaŭŭ* er blieb (Marc. 2, 6), አዳሸላ፥ er hinterliess nicht (Marc. 12, 20); bei Flad: *ada-ow* er blieb, aber *adarangna*, i. e. *adaĝañā* Ueberbleibsel; vgl. Cham. *iedaĝ-un* ich blieb, aber *ieda-ru* du bliebst. — Von *aĝ* (Bil., Cham. id.) werden, sein: አኽኩ·፥ es ist, wird sein, አኻላ፥ oder አአላ፥ *aghala* (B.) es ist nicht, aber አይላ፥ und አላ፥ *ala* (Fl.) es war, geschah nicht, አይው·፥ es war, geschah. — Von *ensaĝ* (Bil. id., G. ወጽሐ፥ ጀደ', ፻ርን) anfüllen: እንሳኸተ፥ sie füllt an, እንሳአ፥ füllet an! እንሳነው·፥ sie füllten an. — Von *enšaĝ* (Bil. id., Cham. *iesaq*) senden: ይንሸኽንተስ፥እንሸኽኩ·፥ *y nešĝanta-s enšaĝa-kū* ich sende meinen Boten; እንሸ·ኽስ፥ den der mich gesendet hat (Marc. 9, 37), aber እንሸነው·፥ sie schickten; bei Flad: *ensharana* Bote, aber *enshangna* (i. e. *enša-ñā*) Botschaft. — ጓኢ፣ጸ፥, *guaregne* Fl. Furcht. — ማነን፥ *maren* und *maen* (Fl.) Mühlstein. — ነኽን፥ (Bil. *laj-ān*), *naren* Fl., *naghin* Bk. Geschwür, Wunde. — ሰኸ·፣·፥, *sorota* Fl. acht, ሰኸ·ተ፥, *saroti* Fl. Woche. *Takataleo* (Fl. to follow), i. e. *takatale-û* er folgte nach, scheint ebenfalls im Quaresa raphaisirt gesprochen zu werden, vgl. ታኸተልው·፥ (Marc. 1, 36; 3, 7; 5, 24) er folgte, ታ·ሰተልንው·፥ (Marc. 1, 17) und ታኸተልንው·፥ (Marc. 2, 15 u. a.) sie folgten, ታአተልቲ፥ (Rut 1, 14) sie folgte u. s. w. — Ueber *ĝ-* und *q̇-*Laute, die im Quaresa durchaus in *y* übergegangen sind, wie *šē* = *šaĝ* u. s. w. vgl. §. 29.

31) Ausfall von *k-* und Hauchlauten zeigt sich in: *ad* = G. ·ጌጠ፥, كاد überreden, verführen; *ad* = G. አህ·ይ·፥ Sonntag; *adal* (Cham. *adey*, A. አይላ፥) = Saho *hadil* theilen, zerstückeln, zu جذر ,جزل ,خزل gehörig; *az* (Bil. *ad*, A. ይዘ፥) = G. አገዘ፥ nehmen; *asŭ* = G. ሐሰው·፥ falsch; *wā* gross (relativ) aus *hwā* für *hw-āŭ* = Cham. χαwô, χαô aus χαw-aŭ zu G. በብየ፥ gehörig;

*mesan* neben *mesyan* in Ansehen stehen; *wān* (Bil. id., Cham.
*wu*, Saho, 'Afar *mār*) = A. ዋለ፡, G. ወዐለ፡ sein, bleiben u. s. w.
Gegenüber Bil. *ery* zeigt Quar. *gery* den Tag zubringen (*gergā*,
Bil. id. Tag) im Anlaut noch erhaltenes *y*; vgl. auch *gamar*
reden und G. አመረ፡, אמר, ـمل.

32) Die *u*-haltigen Gutturale behalten wie im Chamir den
Vocal *u* in der Regel nach dem Guttural, abweichend vom
Bilin, wie: *achow* Fl., አኸ፡ und አኍ፡ *aχū* (Texte) = Bil. 'auy,
Cham. *aqū* und *auy* Wasser; *enyū* = Bil. *unyū-i*, *ungī* Brustwarze; አንፄ፡, i. e. *enqū*, *encho* Fl. = Bil. *unqūwā* Ohr; በኩና፡,
*bekona* Fl. = Bil. *bokūinā* (በኽና፡) Wolke; ለኩ፡, *leku* Fl. =
Bil. *luk* Bein; ስርጎ፡, *sergo* Fl. = Bil. *surg-i* Braut; ቱኽላ፡,
*tuchola* Fl. = Bil. *tāglā* Wolf; ሸጓ፡, *sheyua* Fl. klein u. s. w.
Nur ganz vereinzelt kommt Versetzung des *u*-Lautes oder Färbung des dem *u* vorangehenden *a*, *e* vor, wie: ሾኰለው፡, *shokalo* Fl. er eilte (A. ፆኰለ፡), also *šākal* aus *šakūal*: እንጉኰ፡,
*onchoro* Fl., i. e. *onχūrū* er setzte (Cham. *ieqūr* und *oqūr*, in
Dembea *enχur* bei Halévy, setzen, stellen): ለንጓ፡, *lungua* Fl.,
i. e. *lungūā* (Bil. *lehungūā*, Ti. ንህጸ፡, collect. ንህጉ፡, A. ጉግ፡)
guizotia oleifera: ለጓም፡, *loguam* Fl., i. e. *logūām* Zaum: መ
ጐጐ፡ *mogoyo* Fl. (A. ምጐጐ፡) Ofen u. a. Eine ähnliche Färbung
auch in *loba* Fl. Mittwoch = A. ሮብ፡ aus ሰብዕ፡.

33) Auch die *u*-haltigen *k*-Laute erfahren Abschwächung
zu *h* und schliesslich auch Verflüchtigung von *h*, wie: አኽ፡
und አየ፡ = Bil. *ajūar*, Cham. *aūr* Kopf; *aχū-daūšū* (*ahodau-
sha* Fl.) = Cham. *daqūsa* Frosch („Wasser-treter"? cf. A. ደፄለ፡);
በውንተው፡ es floss aus, zerfloss, *bunto* zerfliessen Fl., i. e.
*beūnte-û* es floss, denominatives Verb im Reflexiv aus *beū-n-t*
(= Bil. *boq-t*, በቁት፡ idem, Cham. *mau*, G. ምዐወ፡, בֵּץ), wovon Flad ein Causativ *boronso* to shed, i. e. በኽንሰው፡ *boχūn-
seû* neben *beonsow* to pour out, i. e. በውንሰው፡ angibt; ferner
als Subst. *bo-onta* stream, eigentlich eine Relativform = በው
ንያ፡ = Bil. *boqt-auχ* welcher fliesst (Marc. 5, 25: 14, 24).
ደሟሬ፡ neben ደወሬ፡, *deora* Fl. = Bil. *duqarā* Esel; — ዲ
ርዋ፡, *diroa* Fl. = Demb. bei Halévy *dirhua*, plur. *dirku*, Bil.
*dirawā*, Cham. *jirawā*, plur. *jirkū*, G. ደርሆ፡ Huhn; — ደው፡
*duw* (Bil. id.) = Cham. *duqū* sprechen; — ዳው፡ *dāw* = Bil.
*dākū*, Cham. *dikū* vorbeigehen; — ዳውሽ፡ = A. ዳጐስ፡ Eleusine tocusso; — ፈነ፡ ruhet aus! (Marc. 6, 31) aber ፈወን፡

Ruhe (Rut 1, 9) aus *fihŭ-an* = Bil. *fŭĝ*, Cham. *faŭ* aus *fahŭ*
ausruhen; — ይ·ው·ተ·ን·ው· : sie flohen (Marc. 14, 50; 16, 8) von
*jeŭ-t* reflexives Verb, bei Flad: *tsherogn* escape, i. e. *jeĝŭ-ŭ*,
wovon er ein Verb *tsherogno* to escape bildet = Bil. *edgir*, i. e.
*e-dgi-r* reflex. Verb: fliehen, entwischen, cf. G. ሰኮየ : ; — ·ነ·ራ· :
neben እ·ነ·ራ· : und እው·ራ· : = Bil. *qŭrá* und *ŭqrá* Sohn; —
ም·ር·ኩ·ዝ : = A. ም·ር·ኩ·ስ : Stock; — *mosit* Fl. Amme, i. e. *môzĭt* aus *maûzĭt* = A. መ·ጉ·ዚ·ት : oder ጥ·ግ·ዚ·ት : ; — መ·ው·ይ : =
G. ጥ·ጊ·ይ : Welle; — ም·ው·ት : , *mot* Fl. (Cham. *mu-t*) = Bil.
*muĝŭ-r* sich auflasten; — ሲ·ኣ· : , ·ሣ·ኸ· : und ሲ·ፕ· : , *sioa* Fl. =
Bil. *saĝŭá*, Cham. *šakŭá* drei; — *sorta* Fl. = G. ስ·ጉ·ር·ት· :
Zwiebel; — ·ተ·ኣ· : und ·ፒ·ፕ· : Licht; — ይ·ራ·ፕ· : = Bil. እ·ራ·ኣ· :
Gefäss; — ይ·ተ·ው· : , *itegno*, i. e. *ite-ŭ-ŭ* denom. adject. few und
*yetowo* little, Fl., *ŭtu* Beke = Cham. *wit-ŭ*, Bil. *ŏqt-ŭχ*, Dembea
bei Halévy *yitog* (Radix ቀ·ነ·ት· : , cf. G. ·ነ·ጠ·ጠ· : , ው·ነ·ይ· : ) klein,
wenig; — ፒ·ተ·ው· : [1] er benetzte = Bil., Cham. *qŭeṭ*, *qŭṭ* nass
sein, *qŭṭ-án* Nässe, nass, *hutani* Beke, wet, moist (Falascha) u. a.
Vgl. hiezu noch den Ausfall von *ĝ* im Perfect gegenüber dem
*k* im Präsens, z. B. von *wās* hören:

| Quaresa | | Bilin | |
| --- | --- | --- | --- |
| Präsens | Perfect | Präsens | Perfect |
| 1) *wās-a-kŭ* | *wās-ŭ* | *wās-ā-kŭn* | *wās-ĝŭn* |
| 2) *wās-ya-kŭ* | *wās-ĭ-ŭ* | *wās-ra-ŭk* | *wās-r-ŭχ* |
| 3) *wās-a-kŭ* | *wās-ŭ* | *wās-a-ŭk* | *wās-ŭχ* |

u. s. w.

Auch im Perfect findet sich im Quaresa vereinzelt noch
*h* oder *ĝ* (?) geschrieben, z. B. ሸ·ው·ነ·ት· : (Marc. 5, 10) neben
ሸ·ው·ው· : (Marc. 5, 18) er bat; ebenso ይ·ን·ኸ· : sie sprachen
(Marc. 1, 36) neben gewöhnlichem ይ·ን·ው· : .

34) Der Laut *ŭ* (vgl. hierüber Chamirspr. §. 58, Bilinspr.
§. 1 und 16) ist im Quaresa ebenfalls vorhanden, obwohl er
vielfach aus den divergirenden Bezeichnungen in den Quellen
schwer zu constatiren ist. Flad umschreibt ihn bald durch *ngn*,
bald durch *ng* und *gn*; in den Texten wird derselbe sonder-
barer Weise stets mittelst ዐ oder ኸ, auch ይ und ኸ und ንገ
bezeichnet und nur in den beiden Wörtern *liŭā* zwei und *laŭatā*

---

[1] ፒ hier = *wĕ*, denn die Schreibung ው· würde *ŭu* oder *ŭ* lauten.

sieben, septem, wird derselbe im Evangelium Marci neben
selteneren **ኸ** fast regelmässig mittelst des Bilincharakters **ገ**
ausgedrückt. Zur Erklärung dieses letzteren Umstandes soll
erwähnt werden, dass dem Uebersetzer des Evangelium Marci
in die Quarasprache (Falascha Beru) meine Bilinübersetzung,
die ihm Herr Flad übermittelt hatte, vorlag. Wir wollen einige
Beispiele folgen lassen: **ዳንሺኸ፣** (Marc. 15, 31), *danshengna*
Fl. Rettung, Heil; — *deonngqnow* to end, Fl. (= Bil. **ይዕኁ**
**ኹ፣** er beendete); in den Texten: **ይመ፣** (Marc. 13, 7) Ende,
wohl = *deñā*, und **ይኹ፣**, im Satze: **ግዲ፣ሺትላግ፣ይኹስን፣**
(Marc. 4, 38) hast du keine Macht, indess wir zu Ende gebracht
werden; dann in der Nominalform **ይንገ፦ት፣** Ende; endlich
(Marc. 9, 8), ferner eine Relativform im Satze: **ሺኸ፣ዳንገ፦ግ፣** [1]
**ኸነስ፣** (A. **ብርት፣ሰሬ፣ነመ፣ሽግኽ፣**) ist er ein Eisenarbeiter oder
ein Weber? Vgl. bei Flad: *shachadangwa* smith; — *dergna* adj.
short, *derengsho* to shorten Fl. Im Bilin dafür *driñ* kurz werden,
— sein; in den Quaratexten: **ይን፣ወሬቲ፣ይርሰሺገን፣** (Marc. 13,
20) hätte er jene Zeit nicht abgekürzt; und: **ይን፣ወሬት፣ይር**
**ኸኹ፣** (ibid.) jene Zeit wird kurz (abgekürzt) — demnach:
*dereñ-š* abkürzen, *dereñ* kurz werden, und *ñ* = **ዐ** und **ኸ**. —
**ጋሰመ፣** (Marc. 5, 13) er lief = Bil. **ጋ፝ኹ፣** Flad hat hier *gaow*
to run, und *gagna* (Bil. *gāñ-ā* Lauf) run. — *gesengn* Hund, Fl.
(Bil. *gidiñ*, Cham. *giziñ*); in den Texten die Pluralform **ግዝንኸ፣**
(Marc. 7, 28) und **ግዝሰኸን፣** (ib. 7, 27) Hunde. — *tshigna* news,
und *tshengna* report, Fl. (Bil., Cham. *jiñā* Erzählung, Neuigkeit)
= **ጀኸ፣** (Marc. 13, 7) und **ይይ፣** (ibid. 1, 28), ferner: **ጀሰሺንመ፣**
(Marc. 5, 14) sie erzählten, i. e. *jiñ-še-nû* (causatives Perfect).
— *kergna* Fl. Stein (Bil., Cham. *kriñā*), in den Texten: **ኸርኸ፣**
der Stein, **ኸርይ፣** Steine, **ኸርኹስ፣** den Stein, i. e. *kreñā, kreñ,
kreña-s*. — *lēgna* Fl., in den Texten: **ለኸ፣** und **ለኽ፣** (Bil.
*lañā*) zwei. — *langeta* Fl., in den Texten: **ለኸታ፣** und **ለገታ፣**
(Bil. *lañatā*) sieben. — *negn* house, auch *nang* in *tsheli nang*
nest (Vogelhaus) und *shegue nang* hut (kleines Haus) Fl.: in
den Texten: **ነሰ፣** und **ነኸ፣** (Bil. *liñ*) Haus. — **ሬስ፣** (Rut 1, 3)
= Bil. *rāñ* Gatte. — **ሽመ፣** = Bil. *šuñ* Name; Flad's *sheow* s.
name, ist Verb = Bil. *šuñ-uχ* er nannte.

---

[1] Für **ዳንንግ፣**, **ገ፦** wegen suffigirtem **ግ፣**; *dangñā* oder vielmehr *daññā*
aus *daññ-ññ* = Bil. *duñ-āuχ* welcher fertig macht, verfertigt.

Der Laut ñ, A. ኝ kommt lediglich in amharischen Lehnwörtern vor, wie: ምቀኝኊ: = A. መቀኝነት: Neid u. s. w.

## c) Die *P*-Laute.

35) Der Laut ፕ *p* kommt nur an ganz vereinzelten Stellen
vor; ich kenne denselben nur in እርፕ:, *arp* Fl. Grab (Bil.
*arb*, plur. *arf*), vielleicht im Zusammenhang mit ቀበረ: ferner
in እንፕ: Achselhöhle (Bil. *hibṭ*), dann im Verb ሰፕር: (A.
ሰፈረ:), Marc. 4, 32, sich lagern; endlich in ሻንፕ: Sandalen
(Marc. 6, 9; 12, 36) neben ሻንብ: (Marc. 1, 7) = Bil. *žánfī*,
plur. *žánfúf* id., *shanpa* foot Fl. Bei Flad finden sich noch die
Formen: *pelea* floh (= Bil. *fílútā*, Cham. *feltá*); *kanper* = G. A.
ክንፈር: Lippe; *shamp* allein, dessen Herkunft mir unbekannt
ist, ferner noch *sempi* (= G. ስናፕ: င္လာ2π:), wofür aber Marc. 4,
31 die amharische Form ስናፍጭ: vorkommt.

36) Die regelmässig vorkommenden Lippenlaute sind *b*,
*f*, *w* und *m*. Das በ wird im Bilin und Chamir im Anlaut, wie
unser *b*, nach einem Vocal aber, wie unser *w* gesprochen; für
das Quaresa gibt Flad hierin keine Anhaltspunkte, indem er
im An- wie Inlaut *b* setzt. Im Dialect von Dembea ist aber
die Aussprache wie im Bilin und Chamir, indem Halévy das በ
im Anlaut mit *b*, im Inlaut aber mit *v* umschreibt, wie: *bo*
Stirn, *bedel* täuschen, *beqwel* wachsen u. s. w., aber *asev* denken, *devei* Gürtel, *devre* Berg, *gulvie* Knie, *hezve* Volk, *kevera*
Strick u. s. w.

37) Innerhalb der Labialen sind im Quaresa wenig laut-
liche Vorgänge zu beobachten. Wechsel zwischen *b* und *f* zeigt
sich in: *jāb* (ጃብ:), *tshab* Fl. = A. ዓጽፍ: Ast; *kanb*, *kamb* =
Bil. *kanfe*, Cham. *kiff*, G. A. ክንፍ: Flügel; *wantab* (Bil. *wántab*,
Cham. *watíb*) = A. ወንጠፍት:, G. መንጠፍት: Sieb. Zwischen
*b* und *w*, *û* in: *lulaw*, *laluû* = A. ለበለበ: schwätzen; *suwā*
(*soa* Fl.), Bil., Cham. *zuwá* Regen, aus *zów* = A. ዘነበ:, G.
ዘነመ: regnen (vgl. Chamirspr. §. 59); *wā* gross, zu ዐብይ:
gehörig, vgl. §. 31 und Chamirspr. §. 68 und 80; *yuw* (ይው:),
Bil. *'uw* (እው:) = Ti. ሀበ:, G. ወሀበ: geben; χ*ŭa-š*, *hă-š*, Bil.
*qŭā-s* Salbe geben, zu A. ቀባ:, G. ቀብአ: unguere, gehörig.
Ausfall von *w* ist vorhanden in *aχ*, *ah* und *āχ* wissen, zu A.
እወቀ:, G. ያቀ: gehörig; ferner in *mār* blind, aus *māúr* =
መዓውር:. Zwischen *b*, *w* und *m* zeigt sich Wechsel in: *anab*

und G. አጎመ፡ ( בֶּאֱ, ـگ) weben: *kaban* (Bil. id.) und Agaum.
*kaman* gebären; *kabarā* (Cham. *qabrá*, G. ኀበረ፡) und Bil. *ga-*
*mar* Strick; *kawa* Fl. (wohl *qāwā*) Ameise, cf. G. ቀዊዕ፡; *qaw*
voran sein und ቀደመ፡ (vgl. Chamirspr. §. 52); *šangab* (Bil.
id., Cham. *šagib*) und G. ፀጋም፡ linke Seite. Anderseits *mir*
und Bil. *wâr*, Ti. ወሰ፡, A. ወሰሰ፡ rauben; *masabā* und Bil.
*wânšibā*, A. ወንቀፈ፡ = G. ቀነፈ፡ Schleuder.

38) Metathesis von Consonanten kenne ich im Quaresa
nur: *kâzar* (ኮዘረ፡), *koser* Fl., Arm, Elle, gegenüber Cham.
*kûarz*, Bil. *kûârad*, und *tabak* = Bil. *ṭaqab* und *takab*, G. መቀ
ነ፡, A. መቀመ፡ nähen, heften. Hinsichtlich der Assimilation
von *n* an folgende Labiale vgl. §. 25.

## Formenlehre.

### I. das Verbum.

#### 1. Eintheilung des Verbs; Wurzelformen.

39) Die Verba im Quaresa sind entweder ein-, oder zwei-,
drei- und mehrradicalige und theilen sich ein in primitive und
in denominative Verba.

### A. Primitive Verba.

40) Von den primitiven Verben sind wie im Bilin und
Chamir (Bilinspr. §. 24, Chamirspr. §. 85) die folgenden einradicalig: *bi* entbehren, nicht können, *fi* ausgehen, *gi* reifen,
*gǎi* aufstehen, *χǎi* essen, *ki* die Nacht zubringen, *yi* sagen.
Einige andere einradicalig erscheinende Verba, sämmtlich mit
auslautendem langen Vocal versehen, sind nachweislich aus
zwei- und dreiradicaligen Stämmen entstanden, wie: *bē* sagen,
*bē* lassen, *kī* sterben, *kū* sein, *lē* geben, *sē* sich bekleiden, *sǟ*
haben u. s. w.; vgl. hierüber das Wörterbuch.

41) Die gewöhnlichen, eigentlichen Quaresaverba bestehen,
wie im Bilin und Chamir der Fall ist, aus zweiradicaligen
Wurzeln, wie: *aj* werden, sein, *ar* finden, *bel* sieden, *bez* öffnen,
*bet* satt werden, *dab* begraben, *dâd* treten, *dâw* vorbeigehen,
*duw* sprechen, *fōz* säen, *gam* herabsteigen, *gan* sein, *gǎñ* laufen,
*gar* mühevoll sein, *gǎz* ackern, *jâb* voran sein, *jaj* beleidigen,
*jaχ* trinken, *χuǎl*, *χǎl*, *hǎl* sehen, *kǎb* helfen, *kab* füllen, *kǎg*

verdorren, *kal* zerbrechen, *küm* Abend sein, *kes* Morgen sein,
*kez* verkaufen, *kâz* hinzufügen, *küt* verhüllen, *kuw* tödten, *lab*
fallen, *māl* werfen, *mir* rauben, *sab* stechen, *saj* nähen, *šab*
machen, *šar* schwören, *teb* verdeckt sein, *tak* scheinen, *tuw* eintreten, *tāy* schlagen, *wān* sein, *wās* hören, *yš*, *yeš* machen. Viele
zweiradicalige Verba, wie: *dān* retten, *dez* verschwinden, *gâd*
schädigen, *jib* kaufen, *qaw* voran sein, *šān* beladen, *šāy* weiss
sein u. s. w. sind aus dreiradicaligen verkürzt; vgl. s. v. im
Wörterbuch.

42) Die drei- und mehrradicaligen können sammt und
sonders als semitische Lehnwörter angesehen werden, wenn
auch eine grosse Anzahl derselben eingebürgert worden ist,
in welchem Fall dann stets gewisse der Agauzunge weniger
geläufige Laute eine dieser angemessene Umbildung erfahren
haben, wie: *ašed* (Bil. *ašer*, Cham. *ayer*) = Ti. **ዐፀደ፡**, G. **ዐፀደ፡**
schneiden; *bejā* = A. **ቦሐ፡** wachsen; *bulaš* = Ty. **ባለፀ፡**, A.
**ባለጠ፡** vorzüglicher sein u. s. w. Zu bemerken ist noch, dass
im Quaresa bei Verben, welche auf dem Wege der Redupli-
cation zu dreiradicaligen geworden sind, diese letztere mittelst
Wiederholung des ersten Radicals bewerkstelligt wird; vgl. z. B.
*beber* = Bil. *birbir*, Saho *bolol*, A. **ባለባለ፡** brennen; *dadab*
= A. **ደበደበ፡** misshandeln; *fafaq* = A. **ፈቀፈቀ፡** glätten; *fafar*
= A. **ፈረፈረ፡**, **ፈለፈለ፡** hervorsprudeln; *gagaz* = G. **ገሰሰ፡**
fegen; *kakar* = Bil. *karkar* hängen, baumeln; *lalam* = A. **ለመ**
**ለመ፡** grün sein; *lalaw* = A. **ለበለበ፡** schwatzen; *tetaù* = A.
**ጦጠ፡** flechten u. s. w.

## B. Denominative Verba.

43) Denominative Verba werden gebildet, indem man an
die Nominalform *-š* zur Bildung activer, *-t* zur Bildung reflexiver
und *-s* zur Bildung passiver Verba anfügt; z. B. *deker* Hunger,
daher *deker-š* hungern lassen, *deker-t* hungern; *derā* alt, daher
*derā-t* alt werden; *gār* Arbeit, Mühe, daher *gar-š* Mühe machen,
*gar-ē*[1] sich abmühen, *gar-s* ermöglicht werden; *gâzgū* Bauch,
daher *gâzgŭ-š* schwängern, *gâzgŭ-t* schwanger werden; *jiù* Bericht, daher *jiù-š* erzählen; *kin* Sitte, daher *kin-š* lehren, *kin-t*
lernen, *kin-s* unterrichtet werden; *hašen* Dieb, daher *hašen-t* ein

---

[1] Vgl. §. 24 und Bilinspr. §. 28.

Dieb sein; *laχ* Gespei, daher *laχ-et* speien: *mesan* Lob, daher
*mesan-š* loben; *wājar* Spiel, daher *wājar-t* spielen; *wayā* Preis,
Werth, daher *way-t* kaufen. Diese Suffixe können auch an verbale Nominalformen angesetzt werden, wie: *bewu-n-t* ausfliessen,
zerfliessen (*behŭ*, *bew* fliessig sein); *gŭāg-in-t* sich fürchten, *gŭag-
in-s* gefürchtet werden; *jāb-en-t* voran sein (*jāb* Vorderseite, *jāb-
en* Anfang); *qawi-n-t* voran sein, den Führer machen; *kāz-en-t*
sich setzen (*kāz-en* Stuhl): *kār-iñ-š* erzürnen, zornig machen (*kāriñ* Zorn); *besja-t* ausspeien (*besy-ā* Speichel); *sesy-a-t* schwitzen
(*sesyā* Schweiss): *sāw-a-t* fett werden (*sāw-ā* Fett); *χīr-š* riechen,
Geruch einathmen (*χīr-ā* Geruch); *tezāz-t* gehorchen (*tezāz* Befehl).

44) Eine weitere Kategorie abgeleiteter Verba wird gebildet, indem an die abstracte Nominalform das Verb *y* sagen,
angesetzt wird (vgl. Bilinspr. §. 74, Chamirspr. §. 89), wie:
*embī y* sich weigern, *das y* sich freuen, *gedd y* zwingen, *kaf y*
hoch sein, *mey y* (Bil. *mil y*) verrückt sein, *zem y* schweigen,
*sat y* sich beruhigen, *šigem y* schweigen, *wâr y* rein sein u. s. w.

45) Synonym mit *y* wird *bē* sagen (vgl. §. 24) gebraucht,
doch mit dem grammatischen Unterschied, dass dieses stets an
den Constructus des Hauptverbs angefügt wird, wie: *ay bē*
sein, *ent bē* kommen, *asab bē* sich erinnern, *fī bē* ausgehen,
*fe-z bē* hinausführen, *gŭi bē* aufstehen, *gŭ-z bē* aufrichten, *gâzent
bē* schwanger werden, *kārt bē* sich entfernen, *senbī bē* sein, *šē
bē* halten, *tēt bē* nahen, *tuw bē* eintreten, *wās bē* hören, *y bē*
sagen, *yimey bē* küssen u. s. w.

### 2. Stammformen des Verbs.

46) Gleich dem Bilin und Chamir bildet auch das Quaresa
aus der Grundform des Verbs eine Reihe von Ableitungs- oder
Stammformen, um die verschiedenen Arten des Verbs, Causativ,
Reflexiv, Passiv u. s. w. auszudrücken. Es sind dies folgende
Formen:

### A. Der Steigerungs- oder Wiederholungsstamm.

47) Diese Stammform, welche im Bilin (vgl. Bilinspr.
§. 30 f.) fast von jedem Verb gebildet werden kann, im Chamir aber nur mehr sehr sporadisch im Gebrauche ist (vgl.
Chamirspr. §. 91), ist im Quaresa nach den mir vorliegenden
Materialien nur erweisbar in: ስሰሰር፡ም፦ ፡ (Marc. 16, 5) sie

erschracken sehr, ሰበበርትሩ ፡ (Marc. 16, 6) erschrecket nicht
also! neben der einfachen Form ሰበርነው ፡ (Marc. 6, 50; 9, 15)
sie erschracken. Die im §. 42 angeführten Reduplicativa sind
im Quaresa in der einfachen Stammform nach den vorhandenen
Materialien nicht mehr nachweisbar.

## B. Der Causativstamm.

48) Die gewöhnliche Causativbildung wird bewerkstelligt
mittelst Anfügung von -*š* (Bilin und Chamir -*s*) an den Grundstamm des Verbs, wie:

| | | | |
|---|---|---|---|
| *aχ-š* wissen lassen | von | *aχ* | wissen |
| *dād-š* treten lassen | „ | *dād* | treten |
| *jaχ-š* tränken | „ | *jaχ* | trinken |
| *χāl-š* zeigen | „ | *χāl* | sehen |
| *kat-š* verführen | „ | *kat* | irren |
| *kūt-š* verdecken | „ | *kūt* | bedeckt sein |
| *la-š* bringen | „ | *lē* | geben |
| *nab-š* säugen | „ | *nab* | saugen |
| *tak-š* den Schein geben | „ | *tak* | scheinen |
| *wăntar-š* zurückgeben | „ | *wăntar* | umkehren. |

Anmerkung. Verba mit auslautendem *aǧ, aǫ́*, werfen vor
den Stamm-Charakteren *ǧ, ǫ́* ab und dehnen dafür das vorangehende *a* zu *ā* (vgl. Chamirspr. §. 96), wie: *adā-š* zurücklassen (*adaǫ́* zurückbleiben); *enšā-š* senden lassen (*enšaǫ́* senden).
Verba mit auslautendem *w* verändern dasselbe in *û*, wie *jelû-š*
herumführen (*jeluw* die Runde machen).

49) Einige Verba bilden das Causativ auf -*z* (ዝ, Bilin -*d, z̧*,
vgl. Bilinspr. §. 37), wie: *enše-z* losbinden (*enš* offen sein), *behū-z*
ausraufen, kahl machen (*behū-* kahl sein), *fe-z* hinausführen, (*fe,
fi* hinausgehen), *gŭ-z* neben *gŭ-š* aufheben (Bil. *gŭ-d*, von *gŭi*
aufstehen), *gam-z* herabheben (Bil. *gam-d*, von *gam* herabsteigen),
*let-z* in Ordnung bringen (*let* gerade, recht sein, G. ርትዐ ፡).
Anmerkung. Ein zweites Causativ, wie es im Bilin und
Chamir gebildet wird, ist im Quaresa nach den vorliegenden
Materialien nicht erweisbar.

## C. Der Reflexivstamm.

50) Das Reflexiv wird gebildet mittelst Anfügung von -*t*
an den Grundstamm, wie:

| | | |
|---|---|---|
| *bez-t* aufgehen | von | *bez* öffnen |
| *kab-t* zusammenbrechen | „ | *kab* füllen |
| *kal-t* brechen (intrans.) | „ | *kal* brechen (activ) |
| *kŭankŭ-t* sich versammeln | „ | *kŭankŭ* sammeln |
| *kô-t* sich wärmen | „ | *kaî* heiss sein |
| *mô-t* tragen | „ | *mô* rad. imus. |
| *šenga-t* wankend werden | = | A. ✝ሰናቀቀ። |
| *teb-t* verborgen sein | von | *teb* verstecken |
| *tē-t* sich nahen | „ | *tay, tē* nahe sein |
| *tām-t* süss werden | „ | *tām* schmecken. |

Anmerkung 1. Manche solche Bildungen haben passive Bedeutung, wie: *dab-t* begraben werden, *gamaz-t* zerstückelt werden, *kakar-t* gehängt werden und hängen (intrans.) u. s. w.

Anmerkung 2. Ueber jene Verba, welche im Reflexiv den Mouillirungslaut *·y* = Bil. *·r*. Cham. *·t* zeigen, vgl. oben §. 23, b.

## D. Der Passivstamm.

51) Das Passiv wird regelmässig gebildet mittelst Anfügung von *-s* (Bil. *-s*, Cham. *-š*) an den Grundstamm, wie: *adal-s* getrennt werden, *amen-s* geglaubt werden, *entar-s* gehasst werden, *bi-s* beraubt werden, *enšeñ-s* gebunden werden, *deñŭ-s* vernichtet werden, *fôz-es* (u. *fôz-t*) gesäet werden, *fatun-s* erprobt werden, *gâlē-s* getrennt werden, *χal-s* gesehen werden, *kaban-s* geboren werden, *marat-s* auserwählt werden, *nāq-s* missachtet werden, *sab-s* gezählt werden, *sabak-s* gepredigt werden, *taqam-s* gewonnen, genützt werden, *tamaq-s* getauft werden u. s. w.

Anmerkung. Einige solcher Bildungen haben reflexive Bedeutung, wie: *akan-s* sich versammeln und versammelt werden, *asab-s* sich erinnern und erinnert werden, *galat-s* erscheinen, sich zeigen, *samār-s* weiden, grasen = A. ✝ሡማሬ። u. s. w.

52) Einige Verba zeigen in der Passivform ein *-st* (vgl. Bilinspr. §. 50 f), wie: *aχ-est* bekannt gemacht werden, *behū-st* entwurzelt, ausgerauft werden, *yeš-est* und *yeš-ešt* verflucht werden, *enš-ist* losgebunden werden u. s. w. Die Form *aš-est* geschnitten werden (von *ašed*) steht wohl für *ašed-s* und umgesetzt: *aše-st*, vgl. Bilinspr. §. 49.

### E. Der reciproke oder Gegenseitigkeitsstamm.

53) Das Reciprocum wird wie im Chamir (vgl. Chamirspr. §. 108) gebildet mittelst Anfügung des Passivcharakters an den reduplicirten Grundstamm, wie: *χal-χal-s* und *χala-χal-s* sich gegenseitig ansehen, *nāq-nāq-s* sich gegenseitig verachten, *enta-tar-s* sich gegenseitig hassen. Doch wird auch die einfache Passivform als Reciprocum gebraucht, wie: ኒሴዕስ፡ አዶልስንው፡ እበሬ፡ ማልስንው፡ (Marc. 15, 24) seine Kleidung theilten sie unter sich *(adal-s-enû)* und sie warfen das Los unter sich *(māl-s-enû)*.

54) Hiernach erhalten wir für das Quaresa folgende Verbalstämme:

| | | | |
|---|---|---|---|
| 1) Grundform: | *χāl, sabar* u. s. w. | Reflexivform: | *bez-t* |
| 2) Steigerungsform: | *sababar* | Passivform: | *χāl-s* |
| 3) Causativform: | *χāl-š, behū-z* | Reciprocum: | *χāla-χāl-s* |

55) Aus dem Semitischen entlehnte Verba werden in der Regel und besonders wenn sie eingebürgert sind, wie einheimische Themen behandelt und an dieselben die Bildungselemente des Agau angefügt, z. B. von ለመደ፡ lernen, *lamad-š-û* er unterrichtete. Sonst behalten semitische Themen ihre eigenen Elemente, wie z. B. *a-zagājû* er bereitete zu, *ta-zagājû* es wurde bereitet (von A. ዘጋጀ፡). Bisweilen werden die semitischen Bildungselemente abwechselnd mit denen des Agau verwendet, wie: *a-çanaq-û* oder *çanaq-š-û* (von ጨነቀ፡) er veranlasste ein Gedränge. Nicht selten werden semitische und Quaresa-Bildungselemente pleonastisch mit einander verbunden, wie: *tāzaz-s-akūn* (ታዘዘ፡ von አዘዘ፡) sie gehorchen; vgl. auch Bilinspr. §. 61 und Chamirspr. §. 111.

## 3. Tempora des Verbums.

56) Während das Bilin und Chamir drei Zeiten: Präsens. Perfect und Futurum unterscheiden, kennt das Quaresa nur zwei Temporalformen, nämlich die eine für werdende Handlungen oder Zustände, entsprechend dem semitischen Imperfect, die andere für fertige, abgeschlossene Verbalactionen oder das Perfect. Formell entspricht im Quaresa die eine Temporalform dem Präsens des Bilin und Chamir, die andere dem Perfect,

wie: *was-a-ku* er hört oder er wird hören = Bil. *wás-a-uk*,
Cham. *wáz-a-uk* er hört; *wās-u* = Bil. *wás-uχ*, Cham. *wáz-u* er
hat gehört. Die erstere Temporalform wollen wir im Quaresa
mit Präsens-Futurum, die letztere mit Perfect bezeichnen. Da
diesen einfachen Zeitformen meist aoristische Bedeutung inne-
wohnt, so wird um ein duratives Präsens-Futurum oder Perfect
auszudrücken, das Hauptverb in der Participial- oder Relativform mit einem Hilfsverb verbunden, wie: *wāsō senbakū* er hört
zu, wird zuhören, *wāsō sinbīū* er hat zugehört; vgl. §. 104,
Anmerkung.

57) Conjugationen sind im Quaresa zwei nachweisbar,
welche sich darin von einander unterscheiden, dass in der einen
der Personscharakter der zweiten Person beider Zahlen in den
Tempora und Modi durch den Mouillirungslaut *y* (= Bil.,
Cham. *r*, nach Liquiden und Nasalen noch *d* lautend == ursprünglichem *t*), in der andern aber mittelst des ursprünglichen
Zeichens der zweiten Person, nämlich *t* ausgedrückt wird. Zu
dieser letztern Conjugation gehören nur nachweislich alle auf
*y* endigenden Stämme *farē* (aus *faray* = ፈረየ፡) richten, *sagē*
(ሰገየ፡) anbeten u. s. w., vgl. §. 23, sowie diejenigen Reflexiva
auf *y*, wie: *kī* (aus *ki-y* = Bil. *ki-r*, Cham. *ki-t*) sterben u. s. w.,
vgl. §. 50, Anm. 2; endlich folgende einradicalige Verba: *be*
(Bil. und Cham. *bi*, aber Saho, 'Afar *way*) entbehren, nicht
können, und *yi* (Bil., Cham. id., 'Afar *ī*, vor folgenden Vocalen
*iy*, Somali *ay*, cf. Amh. ኣለ፡) sagen; ob nicht auch noch andere
einradicalige Verba in dieser Weise flectirt werden, lässt sich
nach den vorhandenen Materialien nicht entscheiden, da von
denselben eine zweite Person in den Texten nicht vorkommt
mit Ausnahme von *χūe* essen, und *ke* die Nacht zubringen,
welche nach der Conjugation I flectirt vorkommen, nämlich
ትበ፡ du wirst essen (Genes. 27, 40) und ኽበ፡ du wirst die
Nacht zubringen (Gespr.). Einige andere Unregelmässigkeiten
ohne sonderliche Bedeutung, welche in der Flexion einiger
weniger Verba noch vorkommen, werden an betreffenden Stellen
der Grammatik und im Wörterbuch verzeichnet werden.

58) Das Quaresa unterscheidet ferner im Verb eine positive, dann eine negative Form in der Flexion, und für beide
Arten auch ein Interrogativum. Die Frage wird durch ein an
die Flexionselemente angefügtes *-mā* ausgedrückt, vor welchem

ein unmittelbar vorangehendes *ā* zu *a* oder *a* verändert wird. Die Negation wird auf dieselbe Weise, wie im Bilin (Bilinspr. §. 65) mittelst Negationssuffixen ausgedrückt; als: ኻሌኩ፡ (Bil. *qŭāl-da-ųk*) du siehst; ኻሌኩማ፡ (Bil. *qŭāl-da-ųk-má* und häufiger in der Relativform *qŭāl-dă-ŭųŭ-n*) siehst du? ኻሌላ፡ (Bil. *qŭāl-állā*) du siehst nicht; ኻሌለማ፡ (Bil. *qŭāl-álla-mā*) siehst du nicht?

59) Zur sichern Ermittelung der Flexionselemente wollen wir die in den Texten vorkommenden Formen hier zusammengetragen folgen lassen:

## 1. Präsens-Futurum.

### *a) Positive Form.*

#### α) Conjugation I.

Sing. 1) ለሸኩ፡[1] ich bringe, Genes. 27, 12. 45. አ*ያ*ንኩ፡ ich glaube, Marc. 9, 24. አኽኩ፡ ich verstehe, Gespr. አፈረሰኩ፡ ich zerstöre, M. 14, 58. እንሰኽኩ፡ ich sende, M. 1, 2. ኻለኩ፡ ich sehe, M. 8, 24. ሺርሸኩ፡[2] ich beschwöre, M. 5, 7. ሸበኩ፡ ich mache, G. 27, 9; M. 1, 17. ተክዘኩ፡ ich habe Mitleid, M. 8, 2. ይከለኩ፡ ich will, M. 1, 41. ዋንኩ፡ ich bin, R. 1, 2. ዙወኩ፡ ich werde tödten, M. 14, 27; G. 27, 41. ዴብተኩ፡ ich werde begraben werden, R. 1, 17. ዻንኩ፡ ich werde gesund werden, M. 5, 28. ጀረበኩ፡ ich wünsche, M. 6, 25. ጐዘኩ፡ ich ackere, Gespr. ኋይንተኩ፡ ich fürchte, G. 27, 12. *araku* Fl. I shall be (= *aų-a-kū*).

Sing. 2) ኻሌኩ፡ du siehst, M. 5, 31. ኻሌኩማ፡ siehst du? Gespr. ሰራሴኩ፡ du wirst dienen, G. 27, 40. ተወሺኩ፡ du wirst hineinbringen, G. 27, 10. አኄኩ፡ du weisst, M. 10, 19. አሑኩማ፡ weisst du? Gespr. አዜኩ፡ du befiehlst, Gespr. ክቴኩ፡ du wirst verleugnen, M. 14, 30. 72. ኪንሺዥ፡ du lehrst, M. 12, 14. ዋኔዥ፡ du bist, M. 14, 37. ይከሌኩ፡ du willst, M. 4, 12. ገርሺኩ፡ du kannst, M. 1, 40. ጐዜኩማ፡ ackerst du? Gespr. *areku* Fl. thou wilt be (= *aų-iē-kū* oder *aų-ya-kū*).

Sing. 3) masc.: ሑንሕለኩ፡ er erwürgt, M. 4, 19. ል*ቶ*ዘኩ፡[3] er bringt in Ordnung, M. 9, 12. ማለኩ፡ er wirft, M. 8, 35. ሰማረኩ፡ er schämt sich, M. 8, 38. ሺበሰኩ፡ es wird gemacht,

---

[1] Causat. von ሌ፡ (Bil. *nāq̇*, Cham. *naq̇*) geben, davon im Causat. *la-š*, Cham. *na-s*, Bil. *nāq-s*, vgl. Chamirspr. §. 69.

[2] Bil. ሸሪዴዡን፡.

[3] Vgl. §. 49.

M. 6, 14. በርሰኩ፡ er sendet, M. 4, 29; 11, 3; 13, 27. በኰለኩ፡ er wächst, M. 4, 27. ቋሚተኩ፡ es wird gewürzt, M. 9, 49. ተከኩ፡ es gleicht, Genes. 27, 22 und ተከኵ፡ id., M. 14, 70. ተገበኩ፡ es geziemt sich, M. 13, 7 und ተገበኵ፡ id., ib. 13, 10. እንቴኩ፡[1] er kommt, M. 1, 7; 2, 20; 4, 15. 22; 12, 9. አከነኩ፡ es wird gesammelt, M. 13, 27. አኸኩ፡ es geschieht, M. 2, 21; 4, 19; 10, 7. አጪኔቀኵ፡ er drängt, M. 5, 31. ይወኩ፡ er gibt, M. 2, 26; 12, 9; 13, 12. ይውሰኩ፡ es wird gegeben, M. 10, 33; 14, 41. ክለኵ፡ es bricht, M. 2, 22. ክሸኸኩ፡ er ruft M. 10, 49; 15, 35. ክበርሰኩ፡ er ehret, M. 7, 6. ኪዘኩ፡ es ist besser, M. 9, 43. 45. 47; 12, 33. ክገኩ፡ er verdorrt, M. 9, 18. ኳንኰተኵ፡ es wird versammelt, M. 10, 21. ዸርኸኵ፡ er kürzt ab, M. 13, 20. ዸዘኩ፡ es wird vernichtet, M. 2, 22. ዷነኵ፡ er wird gerettet, M. 13, 13; 16, 16. ዷንሸኩ፡ er rettet, M. 8, 35. ይጠኩ፡ er geht vorüber, M. 13, 31. ዸውሰኵ፡ es wird verkündet, M. 14, 19. ዾረበኵ፡ er sucht, M. 11, 3. ዷበሰኵ፡ er geht voran, M. 16, 17. ገለበሰኵ፡ es wird verschüttet, M. 2, 22. ገርሰኩ፡ es ist möglich, M. 9, 23; 14, 36. ጋንዾኵ፡ er schläft, M. 4. 26. ፈረሰኩ፡ es wird zerstört, M. 13, 2. *araku* Fl. he will be (≐ *aǵ-a-ku*). *ni guaenteka* Fl. he fears (= *gŭayn-t-a-kū*, Bil. *gŭ'i-t-a-uk*). *yerki kêku*[2] Fl. all men die (= *yir-kī ki-ya-kū*, Cham. *iejír inkī ki-r-a-ūk*, Bil. *eǵīr-ik ki-r-a-ūk*).

Sing. 3) fem.: ለሸቲ፡[3] sie bringt, M. 4, 28. ተመቲ፡ sie wird finster, M. 13, 24. ተከቲ፡ sie gleicht, M. 4, 30. ቋኸተለቲ፡ sie folgt, M. 16, 17. እንሳኸቲ፡ sie füllt an, M. 4, 28. አኸቲ፡ sie wird sein, M. 12, 23. ዋነቲ፡ sie ist, Rut 1, 13; M. 5, 39. *aratee* Fl. she will be (= *aǵ-a-tī*).

Plur. 1) ዾረብነኩ፡ wir wünschen, M. 10, 35. ገርሸነኩ፡[4] wir sind im Stande, M. 10, 39. ጓዪንተነኵ፡ wir fürchten, M. 11, 32. *aranaku* Fl. we will be (= *aǵa-na-kū*).

---

[1] Bil. *ent-ar-a-uk*, Cham. *iet-et-a-uk*. Ebenso ኸተኵ፡ (M. 2, 21) es zerreisst, von *χatat*; unorganisch und unrichtig: ኸልሸኵ፡ (M. 14, 15) er wird zeigen, i. e. *χūl-š-a-kŭ*, dann ሐርሼኩ፡ (M. 9, 18) er macht knirschen, i. e. *her-š-a-kū*, ዸሸኩ፡ (M. 12, 9) er wird vernichten = *de-š-a-kū*, Bil. *dih-is-a-uk*, dann ጋሸኵ፡ (M. 4, 27) er wächst = *gūš-a-kū*.

[2] Von *ki-y* = Bil. *ki-r*, Cham. *ki-t* (reflex. Verb) sterben, vgl. Chamirspr. §. 43, a.

[3] Für ለሸቲ፡ *la-š-a-tī*, vgl. §. 59, Note 1 und 4. Ebenso: ዾረቡሰቲ፡ (M. 10, 21) sie wird gesucht, i. e. *jarab-s-a-ti*.

[4] Für ገርሸነኩ፡.

Plur. 2) **መልᎅክ·ንᎣ**: werdet ihr warten? Rut 1, 13.
**ስᎣኚኩ·ንᎣ**: bleibt ihr? R. 1, 13. **ሺቤኩ·ን**: ¹ ihr machet, M. 7,
13. **ታሴኩ·ን**: ihr werdet geschlagen werden, M. 13, 9. **ይክሊ
ኩ·ንᎣ**: wollt ihr? M. 15, 9. **አᎄኩ·ን**: ihr werdet sein, M. 13,
12. **አፈኩ·ን**: ihr werdet finden, M. 11, 2. **ፐኚኩ·ን**: ihr seid,
M. 8, 18. **ኩ·ቲኩ·ን**: ihr irret, M. 12, 27; 14, 27. **ኻሊኩ·ን**: ihr
werdet sehen, M. 14, 62: 16, 7. **ገመፈኩ·ን**: ihr werdet reden,
M. 13, 11. **ገርሺኩ·ን**: ihr könnt, M. 14, 6. **ገርሺኩ·ንᎣ**: könnt
ihr? M. 10, 38. **ጃሐኩ·ን**: ihr werdet trinken, M. 10, 39. **ይፈ
ቤኩ·ን**: ihr suchet, M. 16, 6. **ጠመቀሴኩ·ን**: ihr werdet getauft
werden, M. 10, 39. — *arekun* Fl. you will be (= *aj-ĕ-kŭn*).

Plur. 3) **ለሺንኩ·ንᎣ**: zünden sie an? M. 4, 21. **ለበኩ·ን**:
sie fallen, M. 13, 25. **ስፈኻኩ·ን**: sie regieren, M. 10, 42. **ስፈ
ሰኩ·ን**: sie werden regieret, dienen, Genes. 27, 29. **ሽ·መኩ·ን**:
sie fasten, M. 2, 18. 20. **ሽበኩ·ን**: sie machen, M. 4, 20. **ሺኩ·ን**: ²
sie fangen, M. 16, 18. **ሽነኩ·ን**: sie legen auf, M. 16, 18. **ሺ·ን
ቃ·ተኩ·ን**: sie werden wankend, M. 4, 17. **በተንስኩ·ን**: sie
werden sich zerstreuen, M. 14, 27. **ታዞዘስኩ·ን**:: sie gehorchen,
M. 1, 27. **አለገ·ተኩ·ን**: sie werden verspotten, M. 10, 34. **አም
ነኩ·ን**: sie glauben, M. 7, 7. **አኸኩ·ን**: sie werden sein, M. 10,
8 und **አዕኩ·ን**: id., ib. 10, 31. **ይወኩ·ን**: sie geben, M. 13, 33
und **ይወኩ·ን**: id., ib. 13, 9. **ፐተኩ·ን**: sie werden anspeien,
M. 10, 34. **ፐነኩ·ን**: sie sind, M. 12, 23. **ኩ·ወኩ·ን**: sie werden
tödten, M. 9, 31. **ኻለኩ·ን**: sie sehen, M. 13, 26. **ፆነኩ·ን**: sie
werden gesund werden, M. 16, 18. **ይ·ኖኩ·ን**: sie werden verschmachten, M. 8, 3. **ይፈበኩ·ን**: sie suchen, M. 1, 37; 3, 32.
**ይ·ወ·ተኩ·ን**: sie fliehen, M. 13, 14. **ገመፈኩ·ን**: sie reden, M. 16,
17. **ገርሽኩ·ንᎣ**: können sie? M. 2, 19. **ገፈፈኩ·ን**: sie werden
peitschen, M. 10, 34. **ፈፈኩ·ን**: ³ sie werden verurtheilen, M. 10,
34. — *arekun* Fl. they will be (= *aj-a-kūn*).

Wenn wir demnach das Verb *wās*, hören, für die Flexion
zu Grunde legen, so erlangen wir nachstehendes Schema für
das positive Präsens-Futurum der Conjugation I:

---

¹ Für **ሽቤኩ·ን**: von *šab*, Cham. *gab*, Bil. *hab* machen; vgl. §. 8.
² Von *šē* = *šay*, Bil. *šūq*.
³ Von *farē* = *faray* (aus **ፈፈይ**:), vgl. §. 23, a; ebenso **ስዘኩ·ን**: sie
werden anbeten (Genes. 27, 29) von **ስገይ**:, **አን·ቲኩ·ን**: sie kommen,
M. 13, 6, von *entē* = Bil. *int-ar*, Cham. *ict-ct* kommen. Fehlerhaft: **3ይ·ን·ቲ
ኩ·ን**: (M. 4, 41) sie fürchten sich, für: *gŭäyint-a-kūn*.

| | | Quara | Chamir | Bilin |
|---|---|---|---|---|
| Sing. | 1) | *wās-u-kū* | *wáz-ă-kŭn* | *wás-ă-kŭn* |
| „ | 2) | *wās-yu-kū* | *wáz-ra-uk* | *wás-ra-un* |
| „ | 3) {m. | *wās-u-kn* | *wáz-a-uk* | *wás-a-uk* |
| | {f. | *wās-a-tī* | *wáz-a-e* | *wās-á-tī* |
| Plur. | 1) | *wās-na-kū* | *wáz-nă-kŭn* | *wăs-nă-kŭn* |
| „ | 2) | *wās-ya-kūn* | *waz-ŕ-nauk* | *wás-da-náuk* |
| „ | 3) | *wās-a-kūn* | *waz-ña-uk* | *wás-a-náuk* |

Mit diesem Schema möge man nun das Paradigma bei
Flad S. 30 vom denominativen und reflexiven Verb *kemamt*
i. e. ﾃﾞﾝ : in Ehren stehen, vergleichen:

## Present and Future.

| | | | | | |
|---|---|---|---|---|---|
| I am, shall be honourable: | *kemam taku* | i. e. | *kemam-t-a-kū* |
| thou art, wilt be hon. | *kemam têku* | „ | *kemamt-ê-kū* |
| fem. | *kemam têti* | „ | *kemamt-a-tī* [1] |
| he is, will be hon. | *kemam teku* | „ | *kemamt-a-kū* |
| fem. | *kemam têti* | „ | *kemamt-a-tī* |
| we are, shall be hon. | *kemam teneku* | „ | *kemamte-na-kū* |
| you are „ „ | *kemam têkun* | „ | *kemamt-ê-kūn* |
| they „ „ „ | *kemam tākun* | „ | *kemamt-a-kūn* |

Anmerkung. Von den Verben *fe* hinausgehen, *gŭe* aufstehen und *χŭe* essen sind im Präsens-Futurum folgende Unregelmässigkeiten zu verzeichnen: ﾃﾞﾝ : (M. 7, 19. 21. 23) er
geht hinaus, ﾃﾞﾝ : (M. 4, 32) sie geht hinaus, ﾃﾞﾝ : (M. 4, 26;
9, 31; 13, 8) er steht auf, ﾃﾞﾝ : (M. 7, 5. 28) sie essen, für
*f-a-ku, f-a-tī, gŭ-a-kū, χŭ-a-kūn*. Im Bilin zeigen die Verba *bi*
nicht können, *fi* ausgehen, *gi* reifen, *gŭi* aufstehen und *qŭi* essen
(Bilinspr. S. 66, C) in der prima und tertia singularis und in
der tertia plur. ebenfalls an betreffender Stelle *ā* für *a, a*; im
Quaresa sind nur die oben angeführten Formen belegbar.

## b) Negative Form.

60) Für das negative Präsens-Futurum finden sich aus
der Conjugation I folgende Belegstellen:

---

[1] Die Existenz einer secunda feminini kann ich aus meinen Texten nicht
belegen, bezweifle aber keineswegs die Richtigkeit derselben, da auch
im Chamir eine Femininform vorhanden ist, vgl. Chamirspr. §. 164 u. 165.

Sing. 1) አኸሊ: *aχ-a-lī* ich weiss nicht, Gencs. 27, 2; M. 14, 68. ከተሊ: *kat-a-lī* ich verleugne nicht, M. 14, 29. 31. ፎረበሊ: *jarab-a-lī* ich will nicht, Gencs. 27, 46. Sing. 2) ጓሴሊ: *χal-ê-lā* du siehst nicht, M. 12, 14. ስማ ሬሊ: *semār-ê-lā* du scheust dich nicht, M. 12, 14. አሰቤሊ: *asab-ê-lā* du denkst nicht, M. 8, 33. ወንተርሺሊማ: *wântar̆s-ê-la-mā* antwortest du nicht? M. 14, 60; 15, 4.

Sing. 3) masc.: ተበከሊ: *tabak-a-lā* er heftet nicht an, M. 2, 21. ትወሊ: *tuw-a-lā* er geht nicht hinein, M. 10, 15. ተገበሊ: *tagab-a-lā* es geziemt sich nicht, M. 1, 7; 6, 18; 12, 14. ናቅሰሊ: *nāq-s-a-lā* er wird nicht verachtet, M. 6, 4. አኸሊ: (M. 10, 43; 13, 7) und አአሊ: (M. 13, 19; 14, 2) i. c. *aj-a-lā* es wird nicht sein (vgl. §. 30). አደኸሊ: *adaǵ-a-lā* es bleibt nicht übrig, M. 13, 2. ከለብተሊ: *kalab-t-a-lā* er nimmt nicht auf zu sich, M. 9, 37. ይወሊ: *yuw-a-lā* er wird nicht geben, M. 13, 24. ይውሰሊ: *yû-s-a-lā* es wird nicht gegeben werden, M. 8, 12. ይወሊ: *dâw-a-lā* es wird nicht vorübergehen, M. 13, 31. ፎረበሊ: *jarab-a-lā* er will nicht, M. 2, 17. ገርሰሊ: *gar-s-a-lā* es ist unmöglich, M. 3, 24. 25; 5, 3; 9, 29; 10, 27.

Für die tertia feminini generis, sowie für die prima pluralis finden sich in den Texten keine Belegstellen vor; für die secunda pluralis aber: አኌንሊ: *aχ-ên-lā* ihr wisset nicht, M. 10, 37; 13, 33. 35. አሰቤንላማ: *asab-ên-la-mā* denkt ihr nicht? M. 8, 18. ኸሴንላማ: *χal-ên-la-mā* seht ihr nicht? M. 8, 18. ዋሴንላማ: *wās-ên-la-mā* hört ihr nicht? M. 8, 18.

Plur. 3) ሹመንሊ: *šūm-an-lā* sie fasten nicht, M. 2, 18. ትውሺንሊ: [1] *tû-š-an-lā* sie werden nicht heiraten (heimführen scil. eine Frau), M. 12, 25. ትውሰንሊ: sie werden nicht geheiratet werden, ibid.

Wir gelangen hiernach zu folgendem Schema für das negative Präsens-Futurum der ersten Conjugation:

|         |    | Quara | Bilin |
|---------|----|----------|----------|
| Sing. 1) |   | *wäs-a-lī* | *wās-á-llī* |
| „ 2) |   | *wäs-ya-lā* | *wās-á-llā* |
| „ 3) | m. | *wäs-a-lā* | *wās-á-llā* |
|         | f. | — | *wās-á-llā* |

---

[1] Fehlerhafte Schreibung für ትውሺንሊ:, vgl. §. 8, Causativ von *tuw* eintreten, *tû-š* einführen in das Haus, d. i. heiraten (der Mann), Pass. *tû-š* eingeführt werden in das Haus, d. i. heiraten (von der Frau gesagt).

| Plur. | | Quara | Bilin |
|---|---|---|---|
| | 1) | [wās-na-lí] | wās-ná-lli |
| „ | 2) | wās-yan-lā | wās-dán-ni |
| „ | 3) | wās-an-lā | wās-án-nī |

β) Conjugation II.

61) Für die Conjugation II in der positiven Form existiren in den Texten folgende Belege:

Sing. 1) እንፈኩ፥[1] ich werde kommen, Gespr. ሺኩን፥[2] ich werde fangen, Gespr. ፈኩ፥[3] ich gehe, Rut 1, 6. የኩ፥ (M. 5, 41; 9, 1; 11, 23. 24. 29. 30) und የዮ፥ (M. 2, 11) ich sage.

Sing. 2) እንፈተኩመ፥ wirst du kommen? Gespr. ይተኩመ፥ du sagst? M. 5, 31.

Sing. 3) masc.: ነየኩመ፥[4] macht er Handelsreisen? Gespr. Antwort: ነየኩ፥[5] er reist. ቤኩ፥ er verlässt, M. 10, 7. እንፈኩ፥ er kommt, M. 1, 7: 2, 20; 4, 15. 22; 9, 12; 12, 9. ኽፈኩ፥[6] es zerreisst, M. 2, 21. ፈኩ፥ er geht, M. 4, 25.

Sing. 3) fem.: ፈፂ፥ (M. 5, 42) und weniger richtig: ፈፂ፥ (M. 6, 24. 25; 16, 10) sie geht.

Plur. 1) ፈኹኩ፥ (für ፈኹኩ፥, vgl. Note 3) Rut 1, 10 und sogar ፍኹኩ፥ wir gehen, M. 10, 33.

Plur. 2) ሺተኩን፥ ihr haltet fest, M. 7, 8. ይተኩን፥ ihr sagt, M. 7, 11.

Plur. 3) ሺዞን፥ sie fangen, M. 16, 18. ሰዝኩን፥[7] sie beten an, (Genes. 27, 29. ቤኩን፥[8] sie sagen, M. 7, 8. ፈፈኩን፥[9] sie werden verurtheilen. የኩን፥ sie sagen, Rut 1, 2; M. 8, 28; 9, 11.

Wir gelangen sonach zu folgendem Schema:

---

[1] Bil. int-ar-â-kūn, Cham. iet-et-â-kūn.
[2] Aus šay-a-kū (Bil. šāq-â-kūn, Cham. ẓaq-â-kūn), vgl. §. 29.
[3] Bil. ja-r-â-kūn, Cham. ji-t-â-kūn.
[4] Amh. Uebersetzung: ይነግዳልን፥.
[5] Amh. ይነግዳ፥, Bil. langar-a-uk, Cham. ñer-a-uk; Bil. langar = Agaum. lingid (aus lijid, nijid) = A. ነገደ፥.
[6] Bil. qadad, Cham. qaded, Ty., A. ቀደደ፥.
[7] Von ሰገደ፥.
[8] Von Ti. በለ፥, G. ብህለ፥.
[9] Von ፈረደ፥.

|          | Quara       | Bilin       | Chamir      |
|----------|-------------|-------------|-------------|
| Sing. 1) | y-a-kū      | y-á-kŭn      | y-á-kŭn      |
| „    2)   | yi-ta-kū    | yi-rá-uk     | yi-ra-uk     |
| „    3) {m. | y-a-kū    | y-a-uk       | y-a-uk       |
|        {f. | y-a-tī    | y-á-tī       | y-a-c        |
| Plur. 1) | yi-na-kū    | yi-nă-kŭn     | yi-nă-kŭn     |
| „    2)   | yi-ta-kūn   | yi-da-nauk   | yi-r-nauk    |
| „    3)   | y-a-kūn     | y-a-nauk     | yi-ñ-auk     |

62) Für die negative Form stehen nur ganz wenige Beispiele zu Gebote; nämlich: **ሸ.ለ.፡** (M. 10, 40) und fehlerhaft
**ሽለ.፡** (Genes. 27, 11), *sheli* Fl. ich habe nicht. **የለ፡** er sagt
nicht, M. 11, 25. 26. **በተንለ፡**[1] ihr gestattet nicht, M. 7. 12.
**ሽንለ፡** sie haben nicht. M. 4, 17; 8, 2. **ፈ_ንለ፡** sie gehen nicht.
M. 7, 5. Daraus das Schema:

| Quara |  | | Bilin | | |
|-------|---|---|-------|---|---|
| Sing. 1) | y-a-lī | plur. [yi-na-lī] | y-á-llí | plur. | yi-na-llí |
| „    2) | [yi-ta-lā] | „ yi-tan-lā | y-a-llā | „ | yi-dan-nı |
| „    3) | y-a-lā | „ y-an-lā | y-a-llā | „ | y-an-nı̄ |

## 2. Perfect.

63) Für das Perfect der ersten Conjugation stehen aus-
reichende Belege zu Gebote; und zwar für die positive Form:
Sing. 1) **መለተወ፡** *malt-û* ich beobachtete, M. 10, 20.
**ሽቦ፡** *sab-û* ich machte, Genes. 27, 37. **አሁወ፡** *ah-û* ich erkannte, weiss, M. 1, 23. **ይሽአ፡** *yiš-û* ich machte, Genes. 27,
19 und **ይሽቦ፡** id., ib. 27, 37. **ይፈሰተቦ፡** ich wurde alt,
Gen. 27, 2.

Sing. 2) **መለቲወ፡** *malt-ī-û* du hast aufbewahrt, Joh. 2,
10. **እንቲወ፡** *ent-ī-û* du bist gekommen, M. 1, 23. **ጋመረወ፡**
*gamar-ī-û* du hast geredet, M. 12, 32.

Sing. 3) masc.: **ሕ.ንሕለወ፡** *hinhel-û* er erwürgte, M. 4, 7.
**ለበወ፡** er fiel, M. 1, 40; *lab-o* Fl. *lev-og* II. **ለሽወ፡** (Genes.
27, 13) und **ለሽ.ወ፡** (M. 9, 17) *laš-û* oder *laš-ŋ̂* er brachte.
**ማገለወ፡** (M. 9, 20. 20), *mal-ow* Fl., *mal-og* II. er warf. **ቍተወ፡**
(M. 2, 12) oder **ይፘወ·ተወ·፡** (ib. 9, 19), *mawt-ow* Fl. er trug.

---

[1] Richtig nur: **ቤ·ተንለ፡** von *bē* (aus *bay*) = Bil. *bär* lassen, gestatten.

ስብስው: *sab-s-û* es ward gezählt, M. 15, 28. ሸበው: (M. 3,
14; 8, 25) und ሸበኪ: (Joh. 2, 15) auch ሸቢው: (M. 7, 37)
er hat gemacht.[1] ሸርዐው: er schwor, M. 6, 23; *sher-ow* Fl.
ሸነው: *šau-û* er legte auf, M. 7, 33; 8, 23. 25. በርሰው: er
schickte, M. 1, 43; 8, 26. ብበርዐው: es verbrannte, M. 4, 6.
በኩልው: er wuchs, M. 4, 5. ብጸዐው: er wuchs, Genes. 27,
11. ብገዐ: er öffnete, Joh. 2, 11, *bezeu* Fl. ብገትው: es
ward geöffnet, M. 7, 35; 9, 4. በተነኪ: er streute aus, Joh. 2, 15.
ቤተው: (M. 14, 45) oder ቤተዐ: (Genes. 27, 22) er trat heran,
ቤሸዐ:[2] er brachte, Genes. 27, 31, *tesho-ow* Fl. ተከልው: er
pflanzte, M. 12, 1; *takalu* Fl. ተውው: (M. 1, 21; 2, 26; 3, 1; 7,
24; 8, 13), auch ተውዐ: (M. 2, 1), ተውኪ: (Genes. 27, 18)
und ተዐዐ: (Genes. 27, 30) er trat ein.[3] ጸየው: er schlug,
M. 14, 47; *tayoo* beat, *tayow* strike, *tāiow* whip Fl., *tay-og* H.
ወነሸርዐው: er fragte, M. 5, 9; 8, 5. 23. 27 u. a., *wankero* Fl.
ወሰው: er hörte, M. 6, 14, auch ወሰዐ: Genes. 27, 6, *waso* Fl.,
*wasiog* H. የውው: er gab, M. 4, 8, auch የኪዐ: Genes. 27,
13, und የዐዐ: Genes. 27, 37; *yiwao* Fl., *yew-og* H. አሀው:
er erkannte, M. 12, 15. አሺው: (M. 2, 27) und አየው: (M. 1,
9) oder አየዐ: (Rut 1. 1; M. 2, 23) es geschah.[4] አንተው:
(M. 1, 9. 13; 6. 28. 48; 10, 50), አንተዐ: (M. 1, 11) und አን
ተጸው: (M. 14, 37) er kam.[5] አረው: (M. 5, 1; 14, 40), አረዐ:
(Genes. 27, 20) und አረኪ: (Joh. 2, 14) er fand.[6] ከበው: er
schlug ab, M. 6, 17; 14, 47, *kabeo* Fl. (Bil. *káb-uχ*). ኩኩተዐ:
er schauderte, Genes. 27, 33, ኩኩሸው:[7] er schüttelte, M. 1,
26. ከገው: er verdorrte, M. 4, 6; 5, 29 auch ከዘው: M. 11,
20 (*kag-eog* H.). የረአተው: er wurde alt, Genes. 27, 4.
የውው: er meldete, M. 13, 23 (*du-og*) H. የውው: er ging
vorüber, M. 6, 35, *dow-ow* Fl. (*dák-uχ*, የኩኪ: im Bilin).
የውሰ: es wurde erfüllt, M. 1, 15 (Bil. *dúu-ist-uχ*). ያሸው:

---

[1] Bil. *hab-i-uχ*, Cham. *sab-û*; ebenso: አገው: (M. 8, 15) und አዘ.ው:
(ib. 5, 43; 6, 8; 8, 6. 7) er befahl. ወንተርሸው: (M. 5, 9; 7, 6; Joh. 2,
19), auch ወንተርሸዐ: (Genes. 27, 39) und ወንተርሺው: (M. 3, 33;
6, 36; 8, 29; 9, 12 u. a.), *wontershow* Fl., Bil. *wánta-s-uχ* er antwortete.
[2] Radix *tē* aus *tay* = Bil. *taj* nahe sein, Caus. *tē-š*, Refl. *tē-t*.
[3] Bil. ተውኪ: *tuw-uχ*, Cham. *tuw-û*.
[4] Bil. *ág-uχ*, Cham. *á-wī*, vgl. Chamirspr. §. 71, a.
[5] Bil. *int-uχ*, Cham. *iet-ū*.
[6] Bil. *ár-uχ*.
[7] *kûakûa-t* reflexiv, *kûakûa-š* causativ.

er wuchs, M. 4, 8; *gasho* Fl. ፍ፡ወ፡ወ፡ ፡ er weinte, M. 7, 34; 14,
72; *fewo* Fl. ፍ፡ወ፡ስ፡ወ፡ ፡ er heilte, M. 6, 5.

Sing. 3) fem.: ስ፡ብ፡ተ፡ ፡ sie fiel, M. 7, 25 (Bil. *láb-tī*). ስ፡ሸ፡ተ፡ ፡
sie brachte, Genes. 27, 15. 42 (Cham. *ná-s-ac*, Bil. *nāq-s-itī*,
Causat. von *nāq*, Quar. *lē* geben). ሀ፡ስ፡ተ፡ ፡ (Rut 1, 18) und
ኻ፡ስ፡ተ፡ ፡ (M. 14, 69) sie sah (Bil. *qŭál-tī*, Cham. *qŭál-ec*). ማ፡ል፡ተ፡ ፡
Marc. 12, 42. 44 sie warf (Bil. *mǔl-tī*, Cham. *māl-ec*). ስ፡ሸ፡ተ፡ ፡ sie
bekleidete, Genes. 27, 15 (Bil. *su-s-itī*, Cham. *sí-s-ec*). ስ፡ል፡ሸ፡ተ፡ ፡
sie bereitete zu, Genes. 27, 14. ሸ፡ቢ፡ተ፡ ፡ M. 14, 8 und ሺ፡ቢ፡ተ፡ ፡
M. 14, 6 sie machte (Bil. *habi-tī*, Cham. *ṣáb-ec*). ቢ፡ተ፡ ን፡ተ፡ ፡ sie
streute aus, M. 5, 26. ፡ ታ፡እ፡ተ፡ል፡ተ፡ ፡ sie folgte nach, Rut 1, 14.
እ፡ገ፡ተ፡ ፡ sie wusste, M. 5, 29. እ፡ረ፡ተ፡ ፡ sie fand, M. 7, 30 (Bil. *ár-tī*).
እ፡ን፡ተ፡ዐ፡ተ፡ ፡ sie kam, M. 14, 41 und እ፡ን፡ተ፡ ተ፡ ፡ M. 5, 27; 12, 42;
14, 3 (Bil. *int-itī*). አ፡ደ፡ይ፡ተ፡ ፡ sie blieb, Rut 1, 3; M. 3, 5. ከ፡ሸ፡እ፡ተ፡ ፡
sie rief, Genes. 27, 41. ኩ፡ኩ፡ተ፡ተ፡ ፡ sie zitterte, M. 5, 33. ከ፡ገ፡ተ፡ ፡
sie verdorrte, M. 11, 21. ዋ፡ስ፡ተ፡ ፡ sie hörte, Genes. 27, 5 (Bil.
*wás-tī*, Cham. *wáz-ec*). ወ፡ን፡ተ፡ር፡ሸ፡ተ፡ ፡ sie antwortete, M. 7, 28.
ይ፡ማ፡ይ፡ተ፡ ፡ sie küsste, Rut 1, 9. ይ፡ወ፡ተ፡ ፡ sie gab, M. 6, 28 (Bil.
*'ŭ-tī*, Cham. *iŭ-e*). ይ፡ብ፡ር፡ተ፡ ፡ sie warf hin, M. 12, 43 (Bil. *dibir-tī*).
ይ፡ዋ፡ተ፡ ፡ sie meldete, M. 5, 33; 16, 10 (Bil. *dŭ-tī*, Cham. *duq-ec*).
ጀ፡መ፡ር፡ተ፡ ፡ sie begann, M. 14, 69. ጃ፡ብ፡ሺ፡ተ፡ ፡ sie hat vorher-
gemacht, M. 14, 2. ገ፡ስ፡ቢ፡ሀ፡ተ፡ ፡ sie schüttete aus, M. 14, 3. ዝ፡ይ፡
ን፡ተ፡ተ፡ ፡ sie fürchtete sich, M. 5, 33 (Bil. *gŭ'i-ti-tī*).

Plur. 1) ታ፡ኸ፡ተ፡ል፡ን፡ወ፡ ፡ wir ̄sind nachgefolgt, M. 10, 28.
አ፡ሀ፡ን፡ወ፡ ፡ wir haben erfahren, wir wissen, M. 12, 14. ዋ፡ስ፡ን፡ወ፡ ፡
wir hörten, M. 14, 58. ገ፡ብ፡ን፡ኹ፡ ፡ (für zu erwartendes ገ፡ብ፡ን፡ወ፡ ፡
von *gab*) wir haben verhindert, M. 9, 38.

Plur. 2) አ፡ገ፡ን፡ወ፡ ፡ ihr habt erfahren, ihr wisset, M. 10,
42. ዋ፡ስ፡ን፡ወ፡ ፡ ihr habt gehört, M. 14, 64. ፈ፡ሺ፡ን፡ወ፡ ፡ ihr habt
genommen, M. 8, 19.

Plur. 3) ሐ፡ል፡ን፡ወ፡ ፡ M. 16, 5 und ኻ፡ል፡ን፡ወ፡ ፡ M. 5, 15; 16, 4
sie sahen, Bil. *qŭāl-nuχ*. ሀ፡ብ፡ሺ፡ን፡ወ፡ ፡ sie erhoben, M. 15, 17,
Bil. *kibb-si-nuχ* (von *kibb* y, Quar. *hub* y aufstehen). ፕ፡ሸ፡ን፡ዐ፡ ፡
sie salbten, M. 6, 13, Bil. *qŭā-s-nuχ*. ስ፡ሸ፡ን፡ወ፡ ፡ M. 1, 32 und
ስ፡ሺ፡ን፡ወ፡ ፡ M. 2, 4; 8, 21; 10, 13; 12, 16; 15, 22 sie brachten,
Bil. *nāq-s-inuχ*, Cham. *na-s-uŭ*. ስ፡ስ፡ወ፡ን፡ወ፡ ፡ sie beschwätzten,
M. 15, 11 (Amh. ስ፡በ፡ስ፡ ፡). ስ፡ሺ፡ን፡ወ፡ ፡ sie bekleideten, M. 15, 17.
20, Bil. *sa-s-nuχ*, Cham. *si-s-uŭ*. ስ፡ል፡ሺ፡ን፡ወ፡ ፡ sie bereiteten, M. 14,
16. ሺ፡ብ፡ን፡ወ፡ ፡ M. 9, 13 und ሸ፡ቢ፡ን፡ወ፡ ፡ M. 11, 17 sie machten.

Bil. *hab-nuχ*, Cham. *ṣab-uñ*. በርስነው፡ sie schickten, M. 12, 3. II. 13. ብተነው፡ sie wurden satt, M. 6, 42; 8, 8; Bil. *bit-nuχ*. ብሕ፡ግነው፡ sie rauften aus, M. 2, 4, Bil. *bāqñ-s-inūχ*. ታኸተ ልነው፡ sie folgten, M. 2, 15; 6, 1. ትውነው፡ sie traten ein, M. 1, 20; 5, 13, Bil. *tû-nuχ*, Cham. *tuw-uñ*. ታይነው፡ sie schlugen, M. 12, 3. 4. 5. አምንነው፡ Joh. 2, 11 und አምንንአ፡ Joh. 2, 22. 23 sie glaubten, Bil. *amen-nuχ*, Cham. *amen-uñ*. አሰብነው፡ M. 2, 6; 11, 31 und አሰብንአ፡ Joh. 2, 17. 21 sie dachten, *asevnog* II., Bil. *ásab-nuχ*. አሪነው፡ sie fanden, M. 11, 4, Bil. *ár-nuχ*. እንሳዕንአ፡ Joh. 2, 7 und እንሳዕነው፡ Joh. 2, 9 sie füllten an, Bil. *insáj-nuχ*. እንሽነው፡ sie schickten, M. 3, 31, Bil. *inšáq-nuχ*. እንሽ.ግነው፡ sie banden los, M. 11, 4, Bil. *ink-is-nuχ*, Cham. *ek-s-uñ*. እንትነው፡ sie kommen, M. 2, 18; 6, 29; 7, 32; 16, 2. Bil. *ínti-nuχ*. አከነው፡ *akan-nñ* sie riefen zusammen. M. 15, 16. አከንስነው፡ sie versammelten sich, M. 4, 1; 6, 33; 14, 53; 15, 1. አይልስነው፡ sie theilten unter sich, M. 1, 21. 27; 10, 24 (Amh. አይለ፡). ከርዕሽ.ነው፡ sie erregten Zorn, M. 15, 2. ከብነው፡ sie fällten, M. 11, 8, Bil. *kab-nuχ*. ዝውነው፡ sie tödteten, M. 12, 5. 8, Bil. *kû-nuχ*, Cham. *kuw-uñ*. ዋስነው፡ M. 11, 14, 18; 14, 58 und ዋሲነው፡ M. 14, 64 sie hörten, Bil. *wás-nuχ*, Cham. *waz-uñ*. ወንተርሽንአ፡ Joh. 2, 18 und ወንተ ርሽነው፡ M. 8, 4. 28 sie antworteten, Bil. *wânta-s-nuχ*, Cham. *watr-s-uñ*. ይውነው፡ M. 15, 1. 23 sie gaben, Bil. ' *û-nuχ*, Cham. *iuw-uñ* ይብርነው፡ sie warfen hin, M. 14, 46, Bil. *dibir-nuχ*. ይውነው፡ sie meldeten, M. 5, 16; 6, 30; 16, 13, *dewnog* II., Bil. *dû-nuχ*, Cham. *duq-uñ*. ጃሕነው፡ sie tranken, M. 14, 23, Bil. *jû-nuχ*. Cham. *süy-uñ* (Stam. *suq*, *seqû*) ይውተነው፡ *jeû-t-uñ* (Bil. *e-dy-ir-nuχ*) sie flohen, M. 14, 50; 16, 8. 3ይንተነው፡ sie fürchteten sich, M. 5, 15; 9, 32; 12, 12, Bil. *gû'i-t-nuχ*. ንትነው፡ sie segneten, M. 2, 12, Bil. *gaw-ir-nuχ*. ፍውነው፡ sie weinten, Rut 1, 9.

Wenn wir hiernach das Verb *wās*, hören, als Paradigma auswählen, so gelangen wir für die Conjugation I zu folgendem Schema:

*Positives Perfect.*

|  | Quara | Chamir | Bilin |
|---|---|---|---|
| Sing. 1) | *wās-ñ* | *waz-án* | *wās-ujñ̃n* |
| „ 2) | *wās-ī-ñ* | *wâz-r-ú* | *wás-r-uχ* |
| „ 3) {m. | *wās-ñ* | *waz-ú* | *wás-uχ* |
| {f. | *wās-ti* | *wáz-ee* | *wás-ti* |

# Uebersichtstabelle zur Bildung der Tempora und Modi des Quara-Verbums.

| Zahl | : | Praesens | Perfect | Subjunctiv | Imperativ | Jussiv | Conditional | Particip | Constructus | Relativum I Praesentis | Perfecti | Relativum II Praesentis | Perfecti |
|---|---|---|---|---|---|---|---|---|---|---|---|---|---|

**Conjugation I, Stamm wâs hören**

| | | | | | | | | | | | | | |
|---|---|---|---|---|---|---|---|---|---|---|---|---|---|
| Sing. 1 | | wâs-a-kä | wâs-ä | wâs-iwä | | [wâs-in] | wâs-uu | wâs-ô | wâs | wâs-ä-r | | wâs-ä | wâs-â |
| " 2 | | wâs-ya-kä | was-i-ä | wâs-tö | wâs-+ | | wâs-y-an | wâs-y-u | wâs-t | wâs-g-â-r | | wâs-y-ä | wâs-i-ä |
| " 3 m. | | wâs-a-kä | wâs-ä | wâs-di | | wâs-in | wâs-an | wus-ô | wâs | wâs-â-û | wâs-i-û | wâs-ä | wâs-â |
| " 3 f. | | wâs-a-ñ | wâs-iû | wâs-tö | | [wâs-t-n?] | wâs-y-an | [wâs-y-ô] | wâs-t | wâs-y-ô | | wâs-y-ä | wâs-i-ä |
| Plur. 1 | | wâs-as-kä | wâs-nû | wâs-nö | | wâs-a-in | [wâs-n-an] | [wâs-n-ô] | wâs-in | | | wâs-n-ä | wâs-n-ä |
| " 2 | | was-ya-käu | wâs-t-nñ | wâs-tönö | wâs-ä | | [wâs-yan-an] | wâs-in-ô | [wâs-in] | wâs-yunä | | wâs-yun-ä | wâs-in-ä |
| " 3 | | wâs-a-käu | wâs-inñ | wâs-tönö | | ? | wâs-an-an | wâs-n-ô | wâs-in | wâs-ñ | wâs-â-û | wâs-an-ñ | wâs-n-ä |

| | | | | | | | | | | | | | |
|---|---|---|---|---|---|---|---|---|---|---|---|---|---|
| Sing. 1 | | wus-a-li | wâs-li | [wâs-g-lnä] | | | [wâs-ag-an] | wâs-g-i | | [wus-ag-â-r?] | [wus-g-â-r?] | [wâs-ag-ä] | wâs-g-â |
| " 2 | | wâs-ya-lä | wâs-i-lä | ? | wâs-lä | wie im | [wâs-ag-y-an] | wâs-k-i | wie das | wâs-ak-â-r | wâs-g-â-k | [wâs-ag-y-ä] | wâs-k-ä |
| " 3 m. | | wâs-a-lä | wâs-lä | wâs-g-lnä | | Sub- | wâs-ag-an | wus-g-i | negn- | wâs-ag-â-ñ | wâs-g-â-ñ | wâs-ag-ä | wâs-g-ä |
| " 3 f. | | wâs-ya-lä | wâs-i-lä | ? | | junctiv | [wâs-ag-y-an] | [wâs-g-y-ä] | tive | [wâs-ag-y-ä] | wus-g-y-ä | [wâs-ny-yä] | ? |
| Plur. 1 | | wâs-na-li | wâs-i-n-li | wâs-ug-enä | wâs-tenä | | [wâs-ag-n-an] | [wâs-ye-n-i] | Relati- | [wâs-age-n-âr] | [wâs-ge-n-âr] | [wâs-agn-ñ] | wâs-g-en-â |
| " 2 | | wâs-yan-lä | wâs-in-lä | wâs-uk-nä | wâs-tanä | | wâs-akn-an | wâs-ken-? | vum I | [wâs-aken-âr] | [wâs-ken-âr] | wâs-aku-ä | wâs-ken-â |
| " 3 | | wâs-an-lä | wâs-in-lä | wâs-ag-anä | | | wâs-ag-n-an | wâs-ge-n-? | | wâs-ng-ô | wâs-g-ô | ? | wâs-g-en-â |

**Conjugation II, Stamm y sagen**

| | | | | | | | | | | | | | |
|---|---|---|---|---|---|---|---|---|---|---|---|---|---|
| Sing. 1 | | y-a-kä | yi-ü | | | | y-an | y-ô | yi | [y-â-r] | | y-ä | y-â |
| " 2 | | yi-ta-kä | yi-t-ä | wie in | wie in | | [yi-t-an] | yi-t-ô | yi-t | [yi-t-â-r] | | yi-t-ä | yi-t-ä |
| " 3 m. | | y-a-kä | y-ä | der | der | | y-an | yi-t-ô | yi | y-â-ñ | | y-ä | y-â |
| " 3 f. | | y-a-ñ | yi-ti | Conju- | Conju- | | yi-t-an | yi-t-ô | yi-t | yi-t-ñ | | yi-t-ä | yi-t-â |
| Plur. 1 | | yi-na-kä | yi-nä | gation I | gation I | | yi-n-an | [yi-n-ô] | yi-n | ? | | yi-n-ä | yi-n-â |
| " 2 | | yi-ta-kon | yi-ta-nñ | | | | [yi-tan-an] | yi-tan-ô | yi-ten | [yi-tanä] | | yi-tan-ä | yi-ten-â |
| " 3 | | y-a-kön | yi-nñ | | | | y-an-an | y-n-ô | yi-n | y-â-ñ | | y-an-ä | yi-n-â |

| | | | | | | | | | | | | | |
|---|---|---|---|---|---|---|---|---|---|---|---|---|---|
| Sing. 1 | | y-a-li | yi-li | | | | | | | | | | |
| " 2 | | yi-ta-lä | yi-ta-lä | wie in | wie in | | | | | | | | |
| " 3 m. | | y-a-lä | yi-lä | der | der | | wie in | | | | | | |
| " 3 f. | | yi-ta-lä | yi-ta-lä | Conju- | Conju- | | der Conju- | | | | | | |
| Plur. 1 | | yi-na-li | yi-n-li | gation I | gation I | | gation I | | | | | | |
| " 2 | | yi-tan-lä | yi-tan-lä | | | | | | | | | | |
| " 3 | | y-an-lä | yi-n-lä | | | | | | | | | | |

| | Quara | Chamir | Bilin |
|---|---|---|---|
| Plur. 1) | wās-nû | waz-n-ún | wās-n-ujŭn |
| „ 2) | wās-i-nû | waz-ý-nu | wás-di-nuχ |
| „ 3) | wās-inû | waz-uṅ | wás-nuχ |

Anmerkung 1. Vor dem Auslaut -û scheint im Quaresa
wahrscheinlich noch ein leichter Hauchlaut gesprochen zu
werden, wie aus folgenden Schreibungen erschlossen werden
dürfte: ሺ.ሞ፡ጐ፡ M. 5, 10 neben ሺ.ሞ-ሞ፡ Marc. 5, 18 er bat,
*sheow* Fl. *šewoy* H., Bil. *šūw-iuχ*. አአኹ፡ M. 13, 19 neben gewöhnlichem አይ.ሞ፡ es geschah, Bil. *áj-uχ*, Cham. *á-wi*. ከሽህ ሁ፡
M. 6, 7; 7, 14 und ከ ሺ.ሕ ሁ፡ M. 3, 13 neben ከ ሽ ዕ አ.፡ Genes. 27,
1, auch ከ ሽ ዕ ሠ ፡ M. 3, 23; Joh. 2, 9, ከ ሺ.ዕ ሠ ፡ M. 1, 20, ከ ሺ.ዕ ሞ ፡
M. 8, 1; 10, 42 und ከ ሺ አ ሞ ፡ M. 12, 43 er rief, *cashgnegno* Fl.
i. e. *kašeṅ-o* oder *kašiṅ-û*. ጐ.ኹ ፡ M. 4, 39 neben ጐ.ሞ ፡ M. 2,
11 er stand auf, Bil. *gŭi-uχ*. ጐ ብ ን ኹ ፡ wir hinderten, M. 9, 38
(Bil. *gab-nujŭn*). ይ.ን ኹ ፡ M. 1, 37 neben regelmässig vor-
kommendem ይ.ን ሞ ፡ sie sprachen, Bil. *yi-nuχ*.

Anmerkung 2. Mit obigem Schema im Quaresa vgl. das
Paradigma bei Flad pag. 30 vom reflexiven Verb *kemam-t* in
Ehren stehen:

| | | | |
|---|---|---|---|
| Sing. 1) | | *kamamtow* | *kemamt-û* |
| „ 2) | m. | *kemamtiow* | *kemamt-ī-û* |
| | f. | *kemamteti* | *kemamte-tī* |
| „ 3) | m. | *kemamtow* | *kemamt-û* |
| | f. | *kemamteti* | *kemamte-tī* |
| Plur. 1) | | *kemamtenow* | *kemamte-nû* |
| „ 2) | | *kemamtinow* | *kemamt-ī-nû* |
| „ 3) | | *kemamtinow* | *kemamti-nû* |

64) Für die negative Form des Perfects der ersten
Conjugation finden sich folgende Belege:
Sing. 1) አሰ.፡ ich war nicht, M. 14, 7, Bil. *áj-li* und *á-li*.
እንትለ.፡ ich bin nicht gekommen, M. 2, 17, Bil. *inti-li*.
Sing. 2) አይለ፡ du warst nicht, M. 12, 34, Bil. *aj-ri-llā*.
አ ዳ ሺ ለ ማ ፡ hast du nicht zurückgelassen? Genes. 27, 36.
Sing. 3) masc.: ስ ን በ.ለ ፡ (*sinbī-lā*, Stamm *sinbī*) er blieb
nicht, M. 8, 14. አለ፡ Genes. 27, 12; M. 1, 22; 2, 27; 7, 27; 10,
27; 12, 27 und አይለ፡ Joh. 2, 12 er war nicht, *ala* Fl., Bil.
*áj-lā*. አለማ፡ war er nicht? M. 6, 3; 11, 17, Bil. *àj-la-má*. አሀለ፡

4

er erkannte nicht, Genes. 27, 23; M. 9, 6; Joh. 2, 9. **እንትላ፡**
M. 10, 45, auch **እንትእላ፡** M. 7, 19 und **እንትዐላ፡** Joh. 2, 4 er
ist nicht gekommen, Bil. *ïnti-lä*. **አዳሽላ፡** (zu lesen: *alāšī-lä*)
er hinterliess nicht, M. 12, 20. **ከለብትላ፡** er nahm nicht auf,
M. 15, 23, Bil. *kalabir-lä*. **ወንተርሺላ፡** (zu lesen: *wântarsï-lä*)
er antwortete nicht, M. 14, 61; 15, 3. 5, Bil. *wântás-lä*. **ይከላ፡**
*yikal-lä* er wollte nicht, M. 6, 26; 9, 30, Bil. *inkál-lä*. **ይፈርላ፡**
er wagte nicht, M. 12, 34 (Amh. **ይፈረ፡**). **ይዋላ፡** er redete
nicht, M. 4, 34, Bil. *dawi-lä*. **ገርሸላ፡** M. 7, 24, und **ገርሸላ፡**
M. 15, 31 er konnte nicht, Bil. *garas-lä*. **ጠቀምሰላ፡** *taqamsï-lä*
es wurde kein Nutzen erzielt, M. 5, 26.

Sing. 3) fem.: **ገርሸላ፡** sie konnte nicht, M. 6, 19, Bil.
*garas-ri-lä*.

Plur. 1) **ገርሸንለ፡** wir konnten nicht, M. 9, 28, Bil. *ga-rus-ïnnī*.

Plur. 2) **አይንላ፡** ihr seid nicht gewesen, M. 13, 11, Bil.
*aǰ-dïnnī*. **እኗንላ፡** ihr habt nicht erfahren, ihr wisset nicht,
M. 12, 24. **እሒንለ*ም*፡** wisst ihr nicht? M. 7, 18. **አስተዋላን**
**ለም፡** habt ihr nicht verstanden? M. 8, 17. 21. **አነበቢንለም፡**
habt ihr nicht gelesen? M. 2, 25; 12, 10. 26.

Plur. 3) **አዕንላ፡** sie waren nicht, M. 10, 8, Bil. *aǰ-ïnnī*.
**እም*ን*ንላ፡** sie glaubten nicht, M. 16, 11. 13. 14, Bil. *amen-ïnnī*.
**አፈንላ፡** sie fanden nicht, M. 6, 31, Bil. *ar-ïnnī*. **አስበንላ፡** sie
dachten nicht, M. 6, 52, Bil. *asab-ïnnī*. **አስተዋልሺንላ፡** sie begriffen nicht, M. 9, 32. **ኻልንላ፡** sie sahen nicht, M. 9, 8, Bil.
*qūäl-ïnnī*. **ገመርንላ፡** sie redeten nicht, M. 16, 8. **ገርሸንላ፡** sie
konnten nicht, M. 9, 18, Bil. *garas-ïnnī*.

Mit Zugrundelegung von *wās* erhalten wir folgendes Schema:

|        |        | Quara | Bilin |
|--------|--------|-------|-------|
| Sing.  | 1)     | *wās-lï* | *wás-lï* |
| „      | 2)     | *wās-ï-lä* | *wās-rí-llä* |
| „      | 3) m.  | *wās-lä* | *wás-lä* |
|        | f.     | *wās-ï-lä* | *wās-rí-llä* |
| Plur.  | 1)     | *wās-in-lï* | *wās-ín-nī* |
| „      | 2)     | *wās-īn-lä* | *wās-dín-nī* |
| „      | 3)     | *wās-in-lä* | *wās-ín-nī* |

65) Die zweite Conjugation unterscheidet sich im Wesent-
lichen von der ersten dadurch, dass im Ausdruck für die zweite

Person statt *ī* (aus *y* = früherem *r* und dieses = *t*) der ursprüngliche Charakter *t* erhalten geblieben ist. Für die positive Form stehen folgende Belege zu Gebote: Sing. 2) በተው፡ du hast verlassen, M. 15, 34 (statt *bē-t-û* aus *bay-t-û*, Bil. *bār-d-uχ*). ይተው፡ du hast gesagt, M. 15, 2, Bil. *yi-r-uχ*. Die dritte Person lautet wie die erste und regelmässig gleich den betreffenden Personen der ersten Conjugation. Nur die Verba mit auslautendem *-ē* im Stamme zeigen in der tertia masculini generis statt zu erwartendem *-û* meist ein *-aû* in der Endung, wie: ሌአከ፡ er gab, Genes. 27, 20, *leiog* II., Bil. *nây-uχ*, Cham. *nay-û*. ሰጊአው፡ er fiel zu Füssen, M. 5, 6; 10, 17, Bil. *ságad-uχ*. ቤአው፡ er liess, verliess, M. 1, 31; 15, 15, bei Flad: *bee-aw* abstain und *biou* abandon, Bil. *bár-uχ*, Cham. *bar-û*. ኸተአው፡ er zerriss, M. 14, 63, (Bil, *qádad-uχ*), doch im Passiv regelmässig: ኸተሰው፡ er wurde zerrissen, M. 15, 38, Bil. *qadád-s-uχ*. ጸሰአው፡ er berührte, M. 1, 41; 7, 33, auch ጸሰአሰ፡ Genes. 27, 22: *daseaw* Fl. ፈአው፡ er ging, M. 1, 35; 14, 33, Bil *fâ-r-uχ*, Cham. *fi-t-û*. ፈንተአው፡ er streckte aus, M. 3, 5; *fantiaw* Fl., Bil. *fantay-uχ*. Doch auch: ሸው፡ er ergriff, M. 5, 41, Bil. *sấj-uχ*, Cham. *say-û*. ቤው፡ er sagte, Genes. 27, 13. 35. 42; Rut. 1, 13; Marc. 1, 9. 31 u. a. (Ti. በለ፡, G. ኈበለ፡) ኈሌው፡ er trennte, M. 7, 33, *golean* Fl., Bil. *gállaṭ-uχ*. Die übrigen Stämme sind regelmässig, wie in der Conjugation I. wie: ይው፡ er sprach, Bil. *y-uχ*, u. s. w. Ebenso das Feminin: ሰጊ፡ sie fiel zu Füssen, M. 5, 33 u. s. w. Die erste pluralis lautet mit der tertia gleich, ይኈው፡ wir, sie sprachen, Bil. *yi-nûjûn* wir sprachen, *yi-nuχ* sie sprachen u. s. w. Nur die zweite pluralis bietet statt *-înû* der ersten Conjugation die Endung *-tenû*, ይተኈው፡ ihr sagtet (Gespr.), Bil. *yidinuχ*. Hiernach lautet z. B. vom Verb. *yi*, sagen, das positive Perfect:

| | | Quara | Chamir | Bilin |
|---|---|---|---|---|
| Sing. | 1) | *y-û* | *y-un* | *y-uyûn* |
| „ | 2) | *yi-t-û* | *yi-r-û* | *yi-r-uχ* |
| „ | 3) m. | *y-û* | *y-u* | *y-uχ* |
| | f. | *yi-tī* | *yi-c* | *yi-tī* |
| Plur. | 1) | *yi-nû* | *yi-nún* | *yi-n-uyûn* |
| „ | 2) | *yi-te-nû* | *yi-r-nu* | *yi-di-nuχ* |
| „ | 3) | *yi-nû* | *y-uû* | *yi-nuχ*. |

4*

66) Die negative Form unterscheidet sich von derjenigen der ersten Conjugation einfach darin, dass hier für das Personszeichen *ī* statt *t* erscheint; wir besitzen hier folgende Belege: Sing. 1) እ.ለ.: M. 10, 40 auch እ.ለ.: Genes. 27, 11, *sheli* Fl. ich habe nicht, eigentlich: ich habe nicht erlangt, Bil. *sáq-lī*. Sing. 2) እ.ተ.ለ.ማ: hast du nicht erlangt? M. 4, 38, Bil. *sáq-ri-lla-má*. ይ.ተ.ለ.ማ: sagtest du nicht? Gespr., Bil. *yi-rī-lla-má*. Sing. 3) masc.: ለ.ሳ: er gab nicht, Gespr., Bil. *náq-lā*. ቤ.ሳ: er gestattete nicht, M. 1, 34; 5, 19; 10, 29; 11, 16; 12, 20, Bil. *bär-lā*. Sing. 3) fem.: ለ.ተ.ሳ: (für ሉ.ተ.ሳ:) sie gab nicht, Gespr. Bil. *náq-rí-llā*. ኸ.ተ.ሳ: sie ist nicht gestorben, M. 5, 39 (cf. ኸ.ተ.: sie starb, M. 5, 35: 12, 22, für *kī-tī*, cf. ኸ.ው.: M. 9, 26; 12; 20 und ኸ.ስዐ.: Rut 1, 3 er starb; von *kī* = Bil. *kī-r* sterben), Bil. *kir-dí-llā*.

Plur. 1) ለ.ጸ.ኀ.ለ.: wir änderten nicht, Gespr. (Amh. ለ.ው.ጠ.:). እ.ኀ.ለ.: wir haben nicht, eigentlich: wir haben nicht erworben, M. 8, 17. *seinli* H., Bil. *sáq-innī*. ይ.ኀ.ለ.: wir sagten nicht, Gespr.

Plur. 2) እ.ተ.ኀ.ለ.: ihr habt nicht gefangen, M. 14, 49, Bil. *sáq-dínnī..* ይ.ተ.ኀ.ለ.: ihr sagtet nicht, Gespr.

Plur. 3) እ.ኀ.ለ.: sie haben nicht erlangt, M. 4, 17: 8, 2 auch እ.ኀ.ለ.: Joh. 2, 3, Bil. *sáq-ínnī*. ቤ.ኀ.ለ.: sie liessen nicht, M. 12, 20. 22, Bil. *bär-ínnī*.

Mit Zugrundelegung von *yi*, sagen, gelangen wir also zu folgendem Schema des negativen Perfects der Conjugation II:

|  |  | Quara | Bilin |
|---|---|---|---|
| Sing. | 1) | *yi-lī* | *yi-lī* |
| „ | 2) | *yi-te-lā* | *yi-rí-llā* |
| „ | 3) {m. | *yi-lā* | *yi-lá* |
| | {f. | *yi-te-lā* | *yi-rí-llā* |
| Plur. | 1) | *yi-n-lī* | *yi-n-nī* |
| „ | 2) | *yi-ten-lā* | *yi-dín-nī* |
| „ | 3) | *yi-n-lā* | *yi-n-nī* |

## 4. Die Modi.

67) In den Modi zeigt das Quaresa etwas mehr Einfachheit, als das Chamir und Bilin. Es besitzt folgende Modi: 1) den

Indicativ, 2) den Subjunctiv, 3) den Imperativ, 4) den Jussiv,
5) den Conditional, 6) den Synchronos, 7) den Constructus,
8) das Particip, 9) das Perfectum subordinatum, 10) die Relativa, 11) das Verbalnomen.

### A. Der Indicativ.

68) Die Formen desselben sind bereits in den · vorangehenden Schemata §. 59—66 angegeben worden. Der Indicativ wird nur in Hauptsätzen gebraucht und kann in keinem abhängigen Satze angewendet werden, in welch' letzterem Falle
je nach der Art der Abhängigkeit die verschiedenen Formen
der abhängigen Modi gesetzt werden.

### B. Der Subjunctiv und Consecutiv.

69) Der Gebrauch desselben beschränkt sich auf die
Nebensätze des Zweckes und der Folge. Die Formen desselben
sind in beiden Conjugationen gleich, mit dem einzigen Unterschiede, dass die Verba mit auslautendem Stammes-ē an dieses in
der prima singularis die Endung -wā ohne Bindevocal anfügen.
Mit Zugrundelegung von wās, hören, lauten die Formen also:

|          |     | Quaresa | Bilin | Chamir |
|----------|-----|---------|-------|--------|
| Sing. | 1) | wās-iwā | wās-iyā | wáz-jā |
| „ | 2) | wās-tō | wǎs-tō | wás-tā |
| „ | 3) {m. | wās-dō | wás-rō | wás-tā |
|  | f. | wās-tō | wás-tō | wás-tā |
| Plur. | 1) | wās-nō | wás-nō | wáz-nā |
| „ | 2) | wās-tenō | wǎs-tinŏ | wàs-tená |
| „ | 3) | wās-denō | wǎs-dinŏ | waz-íñtā |

An diese angegebenen Endungen kann auch die Postposition 제 z bei, oder auch መተና፡ (Varianten መጠ፡ und
ማጌ፡) wegen, angefügt werden; bisweilen werden beide Postpositionen -z-matanā an obige Formen angesetzt.
Beispiele. ፪ራ፡ ሸበ.ዋ፡ ሊጎክ.፡ ዳጎግኔስ፡ ወረሲዋ፡ መተና፡
(M. 10, 17) was soll ich thun, damit ich das ewige Heil erbe?
ተሸራ፡ ፪ራ፡ ሸበ.ዋ፡ (Genes. 27, 37) und dir was soll ich thun?
Bil. wurá habiyá-lkā? Vgl. auch Marc. 10, 36. ዕናዋ፡ ተፈ፡ ዳስ
ሲ.ዋ፡ ይዐራ.ዩ፡ (ib. 27, 21) komm' hieher mein Sohn, auf dass

ich dich anfühle! Bil. *nara taĵati y' uĵrá dahasas-iyá-ka!* ይንጌ ፧
ተገበላ ፧ ኂሻንብ ፧ አኽርስ ፧ እንሽ.ዚ.ዋ ፧ መተና ፧ (M. 1, 7) und mir
geziemt es nicht, dass ich seiner Sandalen Riemen auflöse *(enš-
iz-iwa* = Bil. *ink-is-iyā)* ተ፡ፈ፡ ቢ.ሽ ዋ ፧ ፈ.ኝ ፧ ይ.ንስ.ፈ ፧ ይ.መሽ ፧ ክ.ን
ሽ.ዋ ፧ መተና ፧ (M. 1, 38) wir wollen in's benachbarte Gebiet
ziehen, damit ich auch dort lehre (Bil. *kin-s-iyā).* ወርክስ ፧ ኽልሽ ፧
ኽሰ.ዋ ፧ መተና ፧ (M. 12, 15) zeigt mir eine Münze, auf dass ich
sie besichtige (Bil. *qŭ̄al-iyā).* ይ.ክሌኩንሣ ፧ አይ.ሁ.ድ ፧ ንጉ.ሥ.ሥ ፧
ቢ.ዋ ፧ መተና ፧ (M. 15, 9) wollt ihr, dass ich den Judenkönig
frei lasse (Bil. *bār-iyā).* ግይ ፧ ይ.ጐ ፧ ቢ.ዋ ፧ መተና ፧ ፈ.ዋ ፧ መተና ፧
(Rut 1, 16) nöthige (mich) nicht, dass ich (dich) verlasse und
dass ich gehe (Bil. *bār-iyā, far-iyā).*

     ይ.ፈብነከ ፧ ሽ.ውናስ ፧ ይ.ሽፎ ፧ መተና ፧ (M. 10, 35) wir wünschen,
dass du thuest uns was wir dich bitten (Bil. *is-i-tō).* ኈ.ፎ ፧ መጠን ፧
(M. 14, 12) auf dass du essest (Bil. *qŭ-tō).* ተገበላ ፧ ክ.ዘን ፧ ይ.ዋ
ኝ.ፈ ፧ ፈ.ሽ.ፎ ፧ መተና ፧ (M. 6, 18) es geziemt sich nicht, dass du
deines Bruders Weib nehmest (Bil. *fá-s-tō).* አን ፧ አዘው ፧ ኂሰ. ፧
ኝ.ፎ ፧ መተና ፧ (M. 9, 25) ich befehle (dir), dass du aus ihm aus-
fahrest (Bil. *fi-tō).* ይ.ክልፎ ፧ መተና ፧ (M. 12, 33) dass du liebest.
ተግፎ ፧ መተና ፧ (M. 14, 37) dass du wachest.

     ያበ ፧ ጐ.ትይ ፧ ኂሁ.ፈ ፧ ዳሽን.ታሰ. ፧ ሁ.ይ. ፧ (Genes. 27, 31) dass
mein Vater sich erhebe und von seines Sohnes Jagdbeute esse
(Bil. *yŭ-rō, qŭ-rŏ).* ዋሳዕ ፧ እንቴ ፧ ሽዕ ፧ ዋስይ ፧ (M. 4, 9) wer ein
hörendes Ohr hat, der möge hören. ሽው.ንው.ፈ ፧ ኂኝስ ፧ ሽንይ. ፧
መተና ፧ (M. 7, 32) und sie baten (ihn), dass er seine Hände
auflegen möge (Bil. *ça'án-dō).* ዎ.ሚ.ኝ ፧ የክ.ን ፧ ጸ.ር ፧ ኤ.ልያስ ፧ ጀ.ብ
ንፎ ፧ እንትይ. ፧ መተና ፧ ተገበአ ፧ (M. 9, 11) warum sagen die
Gelehrten, es sei erforderlich, dass Elias zuvor komme (Bil.
*int-ro).* ዎንክርይ. ፧ ይ.ፈ.ርሰ ፧ (M. 12, 34) er wagte nicht zu fragen
(Bil. *wánqăr-dō).* ክ.አብሽፈ ፧ ኂ.ዕአ ፧ ተው.ሽኩ ፧ ጐ.ትይ.ግ ፧ መተና ፧
(Gen. 27, 10) und deinem Vater wirst du das Essen hineinbringen, auf dass er (dich) segne, Bil. *gaûr-dó-kā.* ፈ.አው ፧ ዳሽ
ንት ፧ ፈ.ሽይ.ግ ፧ ሚ.ኝ ፧ (Genes. 27, 5) er zog aus, auf dass er
Jagdbeute nehme (Bil. *fá-s-rō).* ፈ.ዕው ፧ ዎ.አብ ፧ ቢ.ሰ. ፧ ተንኰስ
ሥ.ይ.ግ ፧ (Rut 1, 1) er wanderte aus, um sich im Moablande
niederzulassen. ይ.ብ.ዋ ፧ ፈ.አው ፧ ጸለይ.ይ. ፧ መተና ፧ (M. 6, 46) er
ging in die Wüste, um zu beten (Bil. *çalây-rŏ).* ሰ.ይ.ዋ ፧ ማልው ፧
እኈ.ወፈ ፧ ኩ.ው.ይ.ግ ፧ (M. 9, 22) ins Feuer warf er (ihn) und ins
Wasser, um (ihn) zu tödten, Bil. *kâ-ro-lū,* እን ፧ ሰ.ኺ. ፧ ሰ.ዕ ፧ ድ.ፈ

ምሊ ፡ በለሻዕ ፡ ክዝትዶጊ ፡ አአ ፡ ስንቢ.ው ፡ ድኀነገሪ ፡ ይውስዶጊ ፡
መቱና ፡ (M. 14, 5) dieses war da, um über 300 Drachmen verkauft und an die Armen hingegeben zu werden (Bil. *kid-s-rö,
'ŭ-st-rö*). ግርሪ ፡ ለሺንው ፡ ዳሊዶ ፡ መቱና ፡ ሺውንው ፡ (M. 8, 22;
cf. 6, 56) und sie brachten einen Kranken und baten, dass er
(ihn) berühre, Bil. *dahasas-rö-lū.* ከንሺ.ኽሪ ፡ ይመርው ፡ ይር ፡
ኍሪ ፡ አጅው ፡ መከሪ ፡ ከለብትዶ ፡ መቱና ፡ ተገበአ ፡ ‥ ናቅስዶሪ ፡
ከዶሪ ፡ መቱና ፡ ‥ ከ.ይሊ ፡ ጐዶ ፡ መቱና ፡ (M. 8, 31) und er begann zu lehren, es sei nöthig, dass der Menschensohn viel Leid
auf sich nehme, und dass er verachtet werde und dass er sterbe
und vom Tod auferstehe (Bil. *kalab-ir-dō, màq-s-rō, kir-dō, yü-
rö*). ይዋትንው ፡ ሺግም ፡ ይዶ ፡ ሚና ፡ (M. 10, 48) sie herrschten
ihn an, auf dass er schweige (Bil. *segím yi-rö*). የዶሪ ፡ እንተዺ ፡ ሳሁ ፡
ሽብዶ ፡ (Rut. 1, 8) damit Gott mit euch Erbarmen habe (mehr).

ስንበትዝ ፡ ሽሪዕ ፡ ሺብአ ፡ ተገበኵ-ም ፡ ውሪ ፡ ድኸ ። እንክሪ ፡
ዳንቶም ፡ ውሪ ፡ ከ.ቶ ፡ (M. 3, 4) muss man am Sabbat Gutes oder
Böses thun; dass die Seele errettet werde oder sterbe? (Bil.
*dahan-tō, kir-tō*). ከ.ናንስ ፡ ሻኂ ፡ ዳንቶ ፡ ሚና ፡ (M. 5, 23) lege (ihr)
deine Hand auf, damit sie gesund werde. ጐ-ቲ ፡ ጥአብ ፡ ቢ.ለ. ፡
ወንተርቶዝ ፡ (Rut 1, 6) sie brach auf, um aus dem Moablande
heinzukehren (Bil. *wàntàr-tō*). ቲሽለ ፡ ይ0ሪ ፡ ደሽንለ ፡ ጐ.ዋ ፡
ይዕንክሪ ፡ ጐ-ትቶ ፡ (Genes. 27, 25) bring mir, mein Sohn, von
der Jagdbeute, auf dass ich esse und dass meine Seele (dich)
segne (Bil. *qŭ-iyā, gawir-tö-kā*). ይዋ ፡ ጐ.ቶ ፡ (M. 5, 43) gebet,
damit sie esse (Bil. *qŭ-tō*). ከዋቶ ፡ ይረቤንን ፡ ስንቢ.ቲ ፡ (M. 6, 19)
sie trachtete, damit sie [ihn] tödte.

ቤ ፡ ወንጋዋ ፡ ትው-ዋ ፡ መቱና ፡ (M. 5, 12) gestatte, dass wir
in die Heerde fahren (Bil. *tû-nō*). ቤአ ፡ ኽልና ፡ (M. 15, 36) lasst
auf dass wir sehen (Bil. *qŭàl-nō*). ፈዋግ ፡ ሊአ ፡ ሊዕዝ ፡ ድሪም
ዝሪ ፡ አሪ ፡ ጅብና ፡ ይውዋሪ ፡ ኃንአ ፡ (M. 6, 37) sollen wir hingehen und für 200 Drachmen Brod kaufen und geben wovon
sie essen? (Bil. *fár-nō, jib-i-nō, 'û-nō*). አት ፡ ፈና ፡ ይካሊኵ ፡ ሰል
ሺና ፡ መቱና ፡ ፋ.ጅስ ፡ ጐ-ቶ ፡ መጠን ፡ (M. 14, 12) wo willst du dass
wir hingehen und das Pesach zubereiten damit du essest?
ኃአ ፡ ፈና ፡ (M. 14, 42) steht auf, damit wir gehen! ለዋ ፡ ከ-ው-ዋ ፡
(M. 12, 7) kommt, auf dass wir (ihn) tödten! Bil. *kû-nō.* ሚኂ ፡
ዳዘ ፡ ሰርና ፡ (M. 9, 5) [befehle] dass wir drei Hütten bauen!
ዋሚና ፡ አነን ፡ ገርሺንለ. ፡ ናግና ፡ መቱና ፡ (M. 9, 28) warum waren
wir nicht im Stande, (sie) auszutreiben, Bil. *fi-d-nō*.

ጃሕትፍ፡ መተና፡ ገርሺኩንንማ፡ (M. 10, 38) seid ihr im
Stande zu trinken? (Bil. *ji̯-tino̯*). አሀትፍ፡መተና፡ይር፡ኑሬ፡ስ
ልጣን፡ሽነአ፡ኃጠ.እት፡ወር፡ይሸዶ፡መተና፡ (M. 2, 10) damit
ihr wisset, dass der Menschensohn die Macht habe, Sünde aus-
zutilgen. የዶ.ሬ፡ሕግስ፡በትንው፡እንተ፡ሕግስ፡መልትትፍገ፡
(M. 7, 9) Gottes Gesetz habt ihr verlassen, damit ihr euer Gesetz beobachten möget. ሬኑው፡ይሁዲዋ፡ወንተርድፍገ፡ (Rut 1, 8) sie gingen, um
nach Judäa heimzukehren (Bil. *wăntăr-dino̯*). በአ፡ኑርላ፡ይዋ፡
እንትድፍ፡ (M. 10, 14) lasset, dass die Kinder zu mir kommen
(Bil. *inti-dino̯*). በ፡ኑርላ፡ብትድፍ፡ጃብለ.፡ (M. 7, 27) lasse, dass
die Kinder vorher satt werden (Bil. *biti-dino̯*). እንተን፡ይዋ፡
ኑድፍ፡ (M. 6, 37) gebt ihr [ihnen], damit sie essen (Bil. *qŭ-
dino̯*). ሽ.ቱ፡ጅብንው፡እንትድፍገ፡ኒትሬ፡ፍሺድፍገ፡ (M. 16, 1)
sie kauften Specereien, damit sie kämen und ihn salbten (Bil.
*inti-dino̯, qŭa-s-dino̯*). ገመርድፍ፡መተና፡በላ፡ (M. 1, 34) er liess
sie nicht reden. ዋንኻርንው፡ይርገ፡ተገበኩማ፡ኒዌንቲ፡ዶኻርዶ፡
መተና፡ሬተንድፍገ፡ (M. 10, 2) sie fragten [ihn], um [ihn] zu
versuchen: ist es dem Manne erlaubt, sein Weib zu entlassen?
(Bil. *daqăr-do̯, fatăn-dino̯*). ዋአ፡ሺድፍ፡መተና፡ጀረበነን፡ስንቢ.
ንው፡ሁውድፍገ፡መተና፡ (M. 14, 1) sie suchten, wie sie [ihn]
fangen könnten, um [ihn] zu tödten (Bil. *săq-dino̯, kŭ-dino̯*).
መጽሐፍተን፡ሺረስድፍ፡መተና፡ገን፡ (M. 14, 49) es ist, damit
die Schriften erfüllt werden.

Anmerkung 1. Wenn der Wortstamm auf einen Doppel-
consonanten auslautet, so wird die Subjunctivendung mittelst
des Bindevocals *ĭ* oder *ĕ* an den Wortstamm angesetzt; daher
die Schreibungen, wie: ይሽድፍ፡ M. 3, 6 und ይሺድፍ፡ M. 11,
18, damit sie [ihn] verderben. ሬሽዶ፡ Genes. 27, 5 und ሬሺዶ፡
M. 12, 2, 19; 13, 15. 16 dass er nehme. እንትዶ፡ M. 9, 11 und
እንትዕዶ፡ M. 10, 32 dass er komme u. s. w. Vgl. hiermit den
Subjunctiv von *kemam-t* in Ehren stehen, bei Flad pag. 31:

| Sing. | 1) | *kemamtŭwa* | i. e. | *kemamt-ŭwā* |
|---|---|---|---|---|
| „ | 2) | *kemamteto* | „ | *kemamt-e-tō* |
| „ | 3) | *kemamtedo* | „ | *kemamt-e-dō* |
| Plur. | 1) | *kemamteno* | „ | *kemamt-e-nō* |
| „ | 2) | *kemamtetnos* | „ | *kemamt-e-tnō[-z]* |
| „ | 3) | *kemamtetno* | „ | *kemamt-e-dno̯.* |

Anmerkung 2. Der Subjunctiv wird auch bisweilen statt des Jussivs gebraucht, wie: ኪ.ይሽና፡ይዳግሊ.፡ኣይ.፡ (Genes. 27, 13) dein Fluch sei über mir! vgl. auch ib. 27, 8. 29; M. 7, 10; 8, 34 u. a.

‧ 70) Die Formen des Subjunctivs werden auch gebraucht, um den Consecutiv auszudrücken, wofür im Bilin und Chamir die Futuralformen mit nachgesetztem -si-k in Anwendung kommen; nur wird im Quaresa den Subjunctivformen in der Regel die Objectivpostposition ሽ፡ oder ሺ.፡ oder das Wort ኣኸ ንሽ፡ oder ኣኸንሺ.፡ ajan-ši (wörtlich: aj-an-ši zum Sein) nachgesetzt, wie: ኪ.ጸላተንስ፡ኪ.ልኩ፡ሻንፐሊ.፡ድ-ብሪዋ፡ኣኣእንሺ.፡ (M. 12, 36) bis ich deine Feinde unter deine Fusssohle geworfen habe (Bil. dibirdi-sik). ኂ፡እይስ፡ኣሰናበትይ.ሽ፡ (M. 6, 45) bis er die Leute verabschiedet habe. ኳንዙ.ት3ው፡መካኂ፡ገሽሊ.፡ ዋናዕ፡ስብሪ፡ሺንክይ.፡ኣኸንሺ.፡ (M. 2, 2) sie drängten sich heran, so dass der Platz vor der Thüre zu enge ward. ጀ.ዕሺ.ኣ፡ዋ.ሽ ርሺ.ኣሪ፡ጀመርው፡የሱስ፡ኮዋ፡ገለጥሊ.፡ትው.ኣ፡ብይ.ሺ.፡ (M. 1, 45) er begann zu berichten und zu verkündigen, so dass Jesus nicht öffentlich in die Stadt eintreten konnte. ይንሊ.ሪ፡ኣጀ.ው.፡ ግርጋ፡ተንከስግ.ኪ.ዘን፡ካርይ፡ወንተርይ.፡ኣዕንሽ ።ኪ.ዘን፡ካርይ፡ ወንተርይ.ሽ፡ኂት፡ሽበ.ያስ፡ምይይ.ሽ፡ይንሊ.ሪ፡እንሻይ.፡ለሽኩ፡ (Genes. 27, 44) dort nun bleib viele Tage, bis deines Bruders Zorn sich gewendet hat! und bis deines Bruders Zorn sich gewendet und er vergessen hat, was du ihm gethan, werde ich [dich] von dort durch einen Boten holen. ኣው.ሊ.ኪ.ሪ፡ንእሊ.፡ ትዋና፡ይንሊ.፡ኣኣ፡ይንሊ.ሪ፡ፍትና፡ኣኸንሽ፡ (M. 6, 10) in welches Haus ihr immer eintretet, dort bleibt, bis ihr von dannen ziehet! ናይ.፡ጋሽድናሽ፡መልቲኩን9፡ምኩተን፡ኣይ.ድናሽ፡ት.ው. ሽክኂ፡ስግኂኩን9፡ (Rut 1, 13) werdet ihr warten, bis sie erwachsen sind und werdet ihr unvermählt bleiben, bis sie mannbar geworden sind? እንሊ.፡ት3በ.ው.፡ዋነኩን፡ኪ.ኸስ፡ታመ6.የ ይ.ሪ.፡መን9ፖ-ትስ፡ኸልድና፡ኣኸንሺ.፡ናይ.ልግ፡እንትይ.ሽ፡ (M. 9, 1) es sind viele hier, die den Tod nicht schmecken werden, bis sie das Gottesreich gesehen haben und dasselbe mit Macht gekommen ist. ይ.ር፡ኣከንስው.፡ኣረስ፡ይ.ሪ.፡ኸ-ይ.ዝ፡ገርሺ.ኣ፡ብ ድ.ና፡ኣኸንሽ፡ (M. 3, 20) es versammelte sich die Menge, so dass sie ihre Mahlzeit nicht halten konnten.

71) Der negative Subjunctiv ist im Quaresa nur in der tertia singularis masc. gener., sowie in den drei Personen des

Plurals belegbar. Die Bildung desselben entspricht der im Bilin;
vgl. አአ፥ ፡ አው·ክ, ፡ ከ·ት·ሺ, ጊ፥ን·አ ፡ (*kat-ši-gnä*, M. 13, 5) seht zu,
dass [euch] Niemand verführe! Für die prima plur. vgl. bei
Halévy: *yedera deri aseven dizegena* [1] und wenn Gott sich erinnerte, auf dass wir nicht zu Grunde gehen. Für die secunda
plur. vgl. ጸለይ ፡ መከሪዋ ፡ ት·ወክነ·አ ፡ (M. 14, 38) betet, damit ihr
nicht in das Verderben eingehet! Für die tertia plur. vgl. አጅ·ው· ፡
ይ·ዋ·ት·ው· ፡ ·በዘ·ግነ·አ ፡ (M. 3, 12) er gebot [ihnen] sehr, auf dass sie
[ihn] nicht offenbar machen sollten. አዘ.ው·ሪ ፡ ገሪዋ·ዝ ፡ ዌርክ, ፡
ሪ.ሽ·ግነ·አ ፡ (M. 6, 8) und er befahl, sie sollten nichts auf den
Weg nehmen. የሱ·ስዘ ፡ አ.ዋ·ት·ው· ፡ አው·ሽ.ክ,ሪ ፡ ዌርክ,ሪ ፡ ገመረግ
ነ·አ ፡ (M. 8, 30; cf. ib. 7, 36; 9, 9) Jesus aber verbot, irgend
Jemanden etwas zu sagen. ዛአርይ·ተ·ን·ስሪ ፡ ይ·ው· ፡ ሽ·ጌ ፡ ታ·ን·ኻ ፡
ለሽ.ዶ·ዋ ፡ መ·ተ·ና ፡ ይ·ር ፡ ·ብ·ጆ·አ ፡ መ·ተ·ና ፡ ሽ.በ·ብ·ሽ·ግነ·አ ፡ (M. 3, 9)
und zu seinen Jüngern sprach er, sie sollten ein kleines Schiff
nehmen, auf dass sie wegen der Menschenmenge nicht ins Gedränge kämen. አዘ.ው· ፡ አ·ን·ስ ፡ አ·ሽ.ክ, ፡ አ·ሕ·ሽ·ግነ·አ ፡ (M. 5, 43) er
befahl, sie sollten dies Niemanden wissen lassen. አ·ስ·ተ·ወል·ሽ.
ግነ·አ ፡ (M. 4, 12) damit sie es nicht verstehen.

Mit Zugrundelegung von *wās*, gelangen wir demnach zu
folgendem Schema des negativen Subjunctivs:

|  |  | Quaresa | Bilin | Chamir |
|---|---|---|---|---|
| Sing. | 1) | [*wās-g-īnā*] | *was-g-īn* | *waz-i-kā* |
| „ | 2) | ? | *wās-gi-r-ín* | *waz-i-rá* |
| „ | 3) | *wās-g-īnā* | *wás-g-īn* | *waz-i-yī* |
| Plur. | 1) | *wās-age-nā*[2] | *wās-gi-n-in* | *waz-i-nā* |
| „ | 2) | *wās-ak-nā* | *wās-gi-dn-in* | *waz-i-rnā* |
| „ | 3) | *wās-age-nā* | *wās-gi-n-in* | *waz-i-ńā* |

Anmerkung. Diese Subjunctivformen stehen auch für den
Jussiv (vgl. §. 69, Anm. 2), wie: ት·ው·ጊ.ን·አ ፡ (M. 13, 15) er

---

[1] Pag. 173, 15, eigentlich: *yadarā deri asaban dizegenā*, i. e. *diz-ĕ-genā*.
Ebenso ibid. pag. 174: *en yerzi enkera dizegena*, d. i. *en yer-zi enkerā
dizegenā* auf dass wir nicht [wegen der] Seele dieses Mannes umkommen.
[2] Das Quaresa zeigt im Plural gegenüber dem Bilin *g* ein vollständigeres
Negationswort *ag*, vgl. G. አክ፥ nicht. In der secunda plur. dürfte *-ak
nā* (in *was-ak-nā*) aus *ag-gnā* stehen, worin wahrscheinlich *-gnā* aus *dnā*
durch Assimilation an vorangehendes *ag* entstanden sein dürfte. Das auslautende *-ā* ist wohl mit der emphatischen Partikel *-ā* im Bilin identisch;
vgl. auch unten, §. 73.

trete nicht ein! **ወንተርጊጎኽ** ፦ (ibid.) er kehre sich nicht um!
**ገም ጊጎኽ** ፦ (ib.) er steige nicht herab! **የደራ ፡ ከበጎኽ** ፦ (Gespr.,
A. **እገዚአብሔር ፡ የርዳህ** ፤) helf' dir Gott! **የደራ ፡ ገጠምስ ፡ ይር ፡**
**ነቤጊጎኽ** ፦ (M. 10, 9) was Gott zusammengefügt hat, trenne der
Mensch nicht! **አውኪ ፡ ኩሊ ፡ ፍራ ፡ ነ ጊጎኽ ፡ ሲ ጎከ** ፤ (M. 11, 14)
Niemand esse von dir jemals eine Frucht!

## C. Der Imperativ.

72) Der Imperativ in der positiven Form wird ganz wie
im Bilin (vgl. Bilinspr. §. 84) gebildet, indem für den Singular -ī,
im Plural -ā an den Verbalstamm angesetzt wird. Die negative
Form des Imperativs aber stimmt durchaus mit der im Chamir
überein und wird demnach gebildet, indem im Singular -tā, im
Plural -tenā an den Verbalstamm angefügt wird (vgl. Chamirspr.
§. 136). Das Schema lautet hiernach:

|          |        | Quaresa | Bilin | Chamir |
|----------|--------|---------|-------|--------|
| Posit.,  | sing.  | wās-ī   | wás-ī | waž    |
| „        | plur.  | wās-ā   | wás-ā | wás-ten |
| Negat.,  | sing.  | wās-tā  | wás-i-y | wás-ta |
| „        | plur.  | wās-tenā | wás-y-ā | wás-tenā |

Beispiele: Positiver Imperativ singularis ፦ **ለበ** ፦ falle (M. 11,
23.) **ኽለ** ፦ schaue (M. 13, 1; 15, 4), *hali*! (Fl.) · · **ሽበ** ፦ mache
(Genes. 27, 4). **ሽበሎ** ፦ mache mir (ib. 27, 7). **ተተ** ፦ [1] nähere dich
(Genes. 27, 26), **ተሽ** ፦ bringe, nähere (M. 1, 14), **ተሽሎ** ፦ [2] bringe
mir (Genes. 27, 4. 25). **ተጦ** ፦ trete ein (Gespr.). **ዋሲ** ፦ höre
(Genes. 27, 13). **ወንተራ** ፦ kehre um (Rut 1, 15). **አምኁ** ፦ glaube
(M. 5, 36). **ከበርሽ** ፦ erweise Ehre (M. 7, 10; 10, 19). **ዳንሽ** ፦ [3]
rette (M. 15, 29). **ጐ** ፦ stehe auf (M. 2, 9; 5, 41), **ጐዚ** ፦ [4] hebe
auf (M. 2, 11). **ጐተ** ፦ [5] segne (Genes. 27, 34). **ገምዪ** ፦ steig' herab
(M. 15, 32). **ገመራ** ፦ rede (M. 14, 15). **ራተንሽ** ፦ [6] lass' untersuchen
(M. 1, 44) u. a.

[1] Bil. *taja-ti*, Cham. *ṭaq-ec*.
[2] Bil. *taja-si*, Cham. *ṭaq-eš*; Quar. **ተሽሎ** ፦ für **ተሽሎ** ፦. Solche Verkür-
zungen auch in: **አስ** ፦ empfange (Gespr.), **የሽ** ፦ mache (Gespr.); vgl.
auch unten Note 6.
[3] Bil. *da'an-di*, Causativform von *da'an*, G. **ደኘ**፣, A. **ዳኘ** ፦.
[4] Bil. *gŭ-i* steh' auf, *gŭ-d-i* heb' auf!
[5] Bil. *yaŭ-r-ī*.
[6] Für **ራተንሽ** ፦.

Positiver Imperativ pluralis: ለሸ : ¹ bringet (M. 11, 2).
ጋእ : ² esset (M. 14, 22). ሕፃእ : schöpfet (Joh. 2, 8). 'ክሳ : sehet
(M. 4, 24), 'ክልሸ : zeiget (M. 12, 15). እሰ : (Gespr.), አ'ሣ : (M. 14,
22) nehmet! እስተዋልሸ : verstehet (M. 7, 14). እያ : ³ saget (Rut 1,
20). አምና : (M. 1, 15), *améná* (Halévy, pag. 179) glaubet! እን
ሳእ : ¹ füllet an (Joh. 2, 7). እፈረሸ : zerstöret (Joh. 2, 19). ከብሸ :
vernehmet (M. 7, 14). ይሸ : machet (Joh. 2, 8). ይጠ : gebet
(Joh. 2, 5). ወንተፈ : kehret um (Rut. 1, 8. 11. 12). ጀሕ : ⁵
trinket (M. 14, 23). ንእ : steht auf (M. 14, 42). ፓንጀ : schlafet
(M. 14, 41). ፈሸ : ergreift (M. 14, 44).

Negativer Imperativ singularis: ግዩ : ይተ : ⁶ nöthige nicht
(Rut 1, 16). ገመርተ : sage nichts (M. 1, 43; 8, 26). እመነሐርተ ።
ትወተ ። 'ክሸንትተ ። እሰ : መሰከርተ ። ክርዕስተ : (M. 10, 19) hure
nicht, tödte nicht, stehle nicht, gib kein falsches Zeugniss, be-
leidige nicht! ይሸተ : mache nicht (Gespr.).

Negativer Imperativ pluralis: ሸብትና : ⁷ machet nicht
(Joh. 2, 16). እሰብትና : denket nicht (M. 13, 11). አምንትና :
(M. 13, 21), *amentóná* (Halévy, pag. 180) glaubet nicht! ከለክ
ልትና : wehret nicht ab (M. 9, 38). ይትና : saget nicht (Rut 1,
20. 21; M. 13, 11). ይከልትና : begehret nicht (Rut 1, 13). ደን
ጥትና : erschrecket nicht (M. 13, 7). ገብትና : hindert nicht
(M. 10, 14).

Anmerkung. Verba mit auslautendem *ê* (aus *ay* entstanden)
zeigen im Singular der positiven Form den reinen Stamm (ohne
folgendes *-i*), im Plural setzen sie regelmässig *ā* (meist nur እ
geschrieben) an, wie : ሴ : gib (Gespr., Bil. *náq-i*, Cham. *nay*,
aus *naq*). ቤ : lasse (M. 5, 12; 7, 27: Bil. *bár-i*, Cham. *bar*),
plur. ቤእ : (M. 10, 14; 15, 36: Bil. *bár-ā*, Cham. *bár-ten*). ፈ :
geh' (Gespr., Bil. *fá-r-i*, Cham. *fi-e* aus *fi-ti*), plur. ፈእ : (M. 11,
2). ፈንቲ : strecke aus (M. 3, 5); demnach ሴ : eine Verkürzung
aus *lay-i*, ebenso ቤ : aus *bay-i*, ፈ : aus *fay-i*; ፈንቲ : aus *fan-
tay-i* u. s. w., vgl. §. 29, Anmerkung.

¹ Bil. *náq-s-ā*, Cham. *ná-s-ten*.
² Für ጋ:, Bil. *qú-á*.
³ Bil. *y-ā*.
⁴ Bil. *ensáq-ā*.
⁵ Für ጀሕ:, vgl. §. 3, *b*, Bil. *ji-ā*.
⁶ Von *gidd y* zwingen.
⁷ Vgl. *oyoy adera šertóná* macht keinen anderen Gott (Halévy, pag. 180).

# D. Der Jussiv.

73) Von der positiven Form des Jussiv ist in den Texten nur die dritte Person der Einzahl belegbar, welche gleich dem Bilin (vgl. Bilinspr. §. 85) auf -*in* (auch -*īn* geschrieben), endigt; auch wird diesem -*in* bisweilen gleich wie im Chamir (Chamirspr. §. 137) ein -*ā* angefügt; vgl. hierüber oben §. 71, Note 2. Die mir bekannten Belegstellen sind folgende: ዋስን: er höre (M. 4, 23 neben der als Jussiv gebrauchten Subjunctivform ዋስይ: M. 4, 9; vgl. oben §. 69, Anm. 2). እን: ጽወቲ:ይሊ:ደውሺን: (M. 14, 36) diesen Becher an mir er führe vorüber! የደረገ፡ሃይማኖት፡እንተዝ፡አሰንአ: (M. 11, 22) möge der Glaube an Gott bei euch sein! ዳንግኔ፡ኩግ፡አይንአ: (M. 15, 18) Heil sei dir! አነበሰ፡አስተዋልንዓ: (M. 13, 14) wer es liest, begreife es! የደራ፡ከቢንአ: (Gespr., Amh. እግዚአብ ሔር:ይርዳህ: möge Gott helfen! ፈወን፡ይውንተት: (Rut 1, 9) er gebe euch Ruhe! [1] Für die prima pluralis: ኩት:አምንንአ: (M. 15, 32) wir wollen an dich glauben! Auch bei Halévy pag. 174 folgendes Beispiel: *eṣa malamalsin* [2] lasst uns das Los werfen (vielleicht verschrieben für *malamals-n-in*, [3] Reciprocum aus *māl* werfen).

74) Die negative Form des Jussiv stimmt wie im Bilin und Chamir mit der des Subjunctivs überein, vgl. oben §. 71, Anmerkung. Auch im Idiom von Dembea (bei Halévy, pag. 177) erscheint die gleiche Form des Jussivs im Satze: *yir deri, kem deri, werwer deri thamgin, kem deri feigin, aẓu deri jaẓgin* Mensch und Vieh geniesse nichts, das Vieh soll nicht ausgehen

---

[1] Verkürzt aus ይውን:እንተት: oder ይውን:ንተት: *yuwin enta-t* er gebe euch.

[2] Die übrigen Jussivformen, die bei Halévy (Dialect von Dembea) vorkommen, sind eigentlich nur Subjunctive, so: *yir ensese deri naqes dayidwo, yedere wo mihretzi wĕgdeńwo, yir deri yizim geroeli waute rdwo* (pag. 177, 2 ff.) Mensch und Vieh ziehe den Sack an und sie sollen zu Gott um Erbarmen rufen und der Mensch kehre vom bösen Wege um! Solche Subjunctivformen auch ebendaselbst: *dwi entedara* (zu lesen: *ente-dwa*) sag', dass er komme! *dwi entedewwa* sag', dass sie kommen! Die Endungen -*dwo* oder -*dwa* plur. -*denwo* oder -*denwa* entsprechen dem Quar. -*dō* plur. -*denō*, wohl entstanden aus -*d-wā* plur. -*den-wā*, demnach z. B. *wanter-d-wo* = umkehren — er — zum. d. i. damit er umkehre.

[3] Vgl. jedoch Chamirspr. §. 138, Anmerkung.

und kein Wasser trinken! Neben diesen Formen kommen aber auch für den negativen Jussiv noch folgende in den Texten vor: ጥአ&C;*C:ተክጎአ፡ (Genes. 27, 12) ich soll nicht als Betrüger erscheinen *(tak-ag-ā)*. ጃ'ክጎአ: M. 14, 25 nicht soll, werde ich trinken *(jaẓ-ag-ā)*. አን:አን:ይርስ:ይተናዕስ:አ'ክጎአ: (M. 14, 71) ich mag von diesem Menschen, von dem ihr redet, nichts wissen! ኒዋይ.:ይዘጎአ: (M. 9, 41) sein Lohn gehe nicht verloren *(dez-ag-ā)*. አን:ተው-ልይ:ይ.ወጎአ: (M. 13, 30) dieses Geschlecht soll nicht vorübergehen *(dâw-ag-ā)*. Die gleichen Formen erscheinen auch für den negativen Subjunctiv, wie: በ.ሰጎአ: Genes. 27, 45 damit ich nicht beraubt werde *(bis-ag-ā*, von *bi* entbehren, das Passiv). አንት'ክጎአ: (wohl für አንተጎአ: von *ent* kommen, M. 13, 36) damit er nicht komme. አወክስአ: አአጎአ: (M. 14, 2) damit nicht ein Aufruhr entstehe. ሺው-ኑ: ከ°ሊ.:መይዋ:ሺ'ሚጎአ: (M. 5, 10) er bat, dass er (ihn) nicht aus der Stadt hinaus treiben möge. ሺዋ:አንተ:ይ.ው:ሻይ.ገ: አአጎአ: (M. 13, 18) bittet, dass eure Flucht nicht im Winter geschehe! አው-ሪ:አ'ክጎአ:ይ.ከልው: (M. 7, 24) und er wollte, dass es Niemand wisse. Der gleiche Ausfall von *-in* zeigt sich in der ersten Person singularis des negativen Subjunctivs im Chamir: *qids-i-k-ā* (= Bil. *quddas-g-in*) für *qids-i-k-in-ā*; über *-in* vgl. Chamirspr. §. 125, Anmerkung.

## E. Der Conditionalis.

75) In Gebrauch und Form stimmt dieser Modus durchaus mit dem im Bilin und Chamir überein, nur mit dem Unterschied, dass das Personalsuffix *r* des Bilin und Chamir im Quaresa bei den Verben der ersten Conjugation zu *y* sich erweicht. Bei den Verben der zweiten Conjugation steht jedenfalls für Bilin und Chamir *r* noch das ursprüngliche *t*, leider kommen aber in den Texten für diesen letztern Fall keine Beispiele vor. Für den positiven Conditionalis finden sich in den Texten folgende Belege:

Sing. 1) ከበንን: *kaban-an* Rut 1, 13 wenn ich gebären würde. ተስፉ.:ይሽን: *iš-an* Rut 1, 13 wenn ich Hoffnung hätte. ባርሰን: *bârs-an* M. 8, 3 wenn ich fortschicke.

Sing. 2) ተዋን: *tuw-ên, tuw-y-an*, M. 9, 43. 45. 47 (Bil., Cham. *tû-r-an*) wenn du eingehst. ይ.ከሊ.ን: wenn du willst, M. 12, 33 (Bil. *inkâl-dan*, Cham. *ieqân-dan*).

Sing. 3) masc.: ትዉን : *tuw-an* M. 7, 15. 18 (Bil., Cham. id.)
wenn er eingeht. ቲሽን: Genes. 27, 46 wenn er einführt d. i.
die Frau ins Haus, sie heiratet (Bil., Cham. *tû-s-an*, Causat.
von *tû*). ሀለን: *hal-an* Genes. 27, 12 (Bil. *qŭál-an*, Cham. *χŭál-
an*) wenn er sieht. አረን : *ar-an* M. 11, 13 (Bil. *ár-an*) wenn, ob
er fände. እንታርስን: *entâr-s-an* M. 3, 26 wenn er sich auflehnt. አኽን: *aj-an* M. 9, 22. 23 auch አዐን: Rut 1, 17, አየን:
Genes. 27, 21, አኣን: M. 3, 2 (Bil. *áj-an* und *â'-an*, Cham. *ay-an*)
wenn es ist. አይልሰን: M. 3, 24 wenn getheilt wird. ወር : ይሽን :
*wár-iš-an* Gespr., wenn er reinigt. ጎሌሰን: *gâlē-s-an* M. 3, 26
(Bil. *gallaṭ-s-an*) wenn er sich trennt. ገርሰን: *gar-s-an* M. 13,
22 (Bil. id.) wenn es möglich ist. Auch Hamis für Ge'es in:
ዓለምስኪ : ተረፍሽን : ኒንክረስሪ : ጎንዴልሽን : d. i. *alam-s-kī ta-
raf-š-an, nī inkra-s-rī gândal-š-an* (M. 8; 36, vgl. §. 8) wenn
er die ganze Welt gewinnt, seine Seele aber schädigt.

Sing. 3) fem.: ከትሽን: *katš-ên, katš-y-an* M. 9, 43. 45. 47
wenn sie Aergerniss bereitet. ኻሌን : wenn sie hinsieht, M. 14, 67.

Plur. 1) ሺራስ : ገን : እንሊ : ተንኮስምነን : (M. 9, 5) es ist
gut, wenn wir hier bleiben.

Für die secunda pluralis finden sich in den Texten zwar
keine Belege, sonder Zweifel aber stimmt die secunda pluralis
mit der secunda singularis in Bezug des Personenzeichens überein. Für die tertia pluralis sind folgende Beispiele zu finden:
አኣነን: M. 12, 6 (Bil. *âj-an-án* und *â'-an-án*) wenn sie sind.
ከተነን: *kat-an-an* M. 14, 29 wenn sie verläugnen. ጃሽነን: *jaχ-
an-an* M. 16, 18 (Bil. *jì'-an-án*, Cham. *siy-an-án*) wenn sie trinken.

Wir gelangen hiernach zu folgendem Schema des positiven
Conditionalis I für die erste Conjugation:

|  | | Quaresa | Bilin | Chamir |
|---|---|---|---|---|
| Sing. | 1) | *wās-an* | *wás-an* | *wáz-an* |
| „ | 2) | *wās-y-an* | *wás-r-an* | *wáz-r-an* |
| „ | 3) m. | *wās-an* | *wás-an* | *wáz-an* |
|  | f. | *wās-y-an* | *wás-r-an* | *wáz-r-an* |
| Plur. | 1) | [*wās-n-an*] | *wás-n-an* | *wáz-n-an* |
| „ | 2) | [*wās-yan-an*] | *wãs-ran-án* | *waz-iֹn-an* |
| „ | 3) | *wās-an-an* | *wãs-an-án* | *wáz-n̂-an* |

76) Für die zweite Conjugation finden sich folgende Beispiele: ዳስን : *dāsy-an* M. 5, 35 vgl. §. 8 wenn ich berühre.

**ብ፣** : *by-an* M. 15, 11 (Bil., *bár-an*, Cham. *bár-an*) wenn er frei-
gibt. **ክ፣** : *ky-an* M. 12, 19 (Bil., Cham. *kir-an*) wenn er stirbt.
**ይ፣** : *y-an* M. 11, 3; 13, 21, Bil., Cham. id., wenn er sagt. **ይሕ፣** :
*yi-n-an* M. 11, 31. 32, Bil., Cham id., wenn wir sagen. Das
Schema dürfte also lauten:

|  | | Quaresa | Bilin | Chamir |
|---|---|---|---|---|
| Sing. | 1) | *y-an* | *y-an* | *y-an* |
| „ | 2) | *[yi-t-an]* | *yi-r-ín* | *yi-r-án* |
| „ | 3) m. | *y-an* | *y-an* | *y-an* |
| | f. | *yi-t-an* | *yi-r-án* | *yi-r-án* |
| Plur. | 1) | *yi-n-an* | *yi-n-án* | *yi-n-án* |
| „ | 2) | *[yi-tan-an]* | *yi-ran-án* | *yi-rn-an* |
| „ | 3) | *[y-an-an]* | *y-an-án* | *yi-n-án* |

77) Für den negativen Conditionalis finden sich in den
Texten nur wenige Stellen, nämlich: **ሼጎ፣** : *šē-g-an* M. 4, 6,
Bil. *šāj-ag-an* wenn er nicht besitzt. **ስንበጎ፣** : *senb-ag-an* M. 4, 5,
Bil. *sañ-ag-an* wenn nicht vorhanden ist, war. **ገርሽጎንን፣** : *garš-
ag-n-an* M. 2, 4 wenn sie nicht im Stande waren. **ታእተለጎን፣** :
M. 9, 38 wenn er nicht nachfolgt. In allen diesen Fällen kommt
übrigens der Conditionalis als Causalis in Anwendung, vgl. **ስር፣** :
**ሼጎን፣ ከገዉ፣** : (M. 4, 6) weil er nicht Wurzel hatte, so verdorrte
er; — und so in den andern Fällen. Rein conditional: **አዪአይ፣** :
**የከንን፣** : M. 11, 26 wenn ihr nicht verzeihet. Das Schema ist
wohl folgendes:

|  | | Quaresa | Bilin | Chamir |
|---|---|---|---|---|
| Sing. | 1) | *[wās-ag-an]* | *wās-ag-ín* | *waz-i-k-an* |
| „ | 2) | *[wās-ag-y-an]* | *wās-ág-r-an* | *waz-i-r-an* |
| „ | 3) m. | *wās-ag-an* | *wās-ag-ín* | *waz-i-y-an* |
| | f. | *[wās-ag-y-an]* | *wās-ág-r-an* | *waz-i-r-an* |
| Plur. | 1) | *[wās-ag-n-an]* | *wās-ge-n-ín* | *waz-i-n-an* |
| „ | 2) | *wās-akn-an* | *wās-ag-dan-án* | *waz-i-rn-an* |
| „ | 3) | *wās-ag-n-an* | *wās-ág-n-an* | *waz-i-ñ-an* |

Anmerkung. Im Bilin und Chamir ist noch ein Conditionalis II im Gebrauch, welcher nur im conditionalen Nachsatz
angewendet wird, um auszudrücken, dass ein Ereigniss nicht
stattfinden kann oder konnte, weil die hierzu erforderliche Be-
dingung nicht eingetreten ist. Dieser Conditionalis II wird im

Bilin wie Chamir gebildet, indem man an die Futuralformen das Objectszeichen -d, Cham. -s ansetzt. Im Quaresa wird für diesen Nachsatz die bestimmte Zeit, Präsens oder Perfect gebraucht: z. B. ᎍᏃᎯ᎐Ꭸ : ᏴᎡᎠᏃ : ᎦᎤᎲᎥ : Ꭸ᎐ᏃᎩᏮ : (M. 8, 3) und wenn ich [sie] nach ihrem Hause entsendete, so würden (werden) sie auf dem Wege verschmachten. ᎭᎭᎠ : ᎠᏃᏴᎤ : ᎭᏴᏃᎠᎩᏴ : ᎨᏴ : ᎨᏟ : (M. 14, 21) es wäre (war) besser, wenn jener Mensch nicht geboren wäre. Nur für den negativen conditionalen Nachsatz findet sich ein Beispiel analog der Bildung im Bilin, nämlich: ᎨᎨᎠ : ᎨᏴ : ᎤᎠᎡᎢ : ᎨᏟᎣᏂᎩᏴ : ᎺᎠ : ᎠᎠᎭᎢ : ᎨᏴᎩᏁ᷄ : (M. 13, 20) wenn Gott jene Zeit nicht abkürzte, so würde alles rothe Fleisch nicht errettet werden (dān-ga-šī, Bil. da'an-g-ī-d).

## F. Das Particip.

78) Die Bildung desselben stimmt durchaus mit der im Bilin überein, nur mit dem Unterschied, dass wo im Bilin *r* oder *d* als Personszeichen erscheint, dafür im Quaresa für die erste Conjugation *y*, für die zweite dagegen *t* gebraucht wird. Für die erste Conjugation finden sich folgende Belege:

Sing. 1) ᎨᎤᎨ : *damaš-ō* M. 1, 38 ich hinzufügend (Bil. dàm-is-ó).

Sing. 2) ᎭᎠᎨ : *χal-y-ō* Gespr., du sehend (Bil. *qŭál-d-ō*).

Sing. 3) masc.: ᎠᏃᎨ : *ent-ō*, M. 14, 37; 15, 36 er kommend (Bil. *int-ó*.) ᎭᎠᎧ : *χāl-ō*, M. 6, 48; 8, 24 er sehend (Bil. *qŭál-ō*). ᎢᎤᎨ : *tû-š-ō*, Genes. 27, 33 er hereinbringend (Bil. *tû-s-ō*, Caus. von *tû* eintreten). ᎨᎤᎨ : *damaš-ō*, Genes. 27, 31 er hinzufügend. ᎨᎭᎡ : *dakar-ō* M. 10, 11 er verstossend (seine Frau, Bil. *dàqar-ó*). ᎤᎭ : *gu-z-ō*, Genes. 27, 38 er erhebend (Bil. *gŭ-d-ó*, Caus. von *gŭi* aufstehen). ᎨᎨᎤᎧ : Genes. 27, 33 (Bil. *gŭ'i-t-ō*) er sich fürchtend. ᎡᎨ : M. 6, 17 er ergreifend. ᎠᏃᎨᏢ : *enšaw-ō*, M. 6, 17 (Bil. *inšaw-ó*) er bindend, gebunden habend.

Für die tertia feminini gen., sowie für die prima pluralis fehlen Belege zur ersten Conjugation.

Plur. 2) ᎠᏃᎨᏂᎬ : *enš-iz-īn-ō*, M. 11, 2 ihr losgebunden habend (Bil. *ink-is-din-ó*).

Plur. 3) ᎭᎬ : ᎨᎨᎬ : *kaf iš-n-ō* Rut 1, 9 sie erhebend, beginnend. ᎢᏃᎭᏴᎹᎬ : *tankā-sem-n-ō* Joh. 2, 14 sie sitzend. ᎠᎡ ᎭᎠᎬ : *barak-si-n-ō* M. 15, 19, sie auf die Knie sich niederlassend.

ይመሸኝቍ : *dama-ši-n-o* M. 7, 28 sie wiederholend. ,ንጀቍ : M. 14, 37 und ,ንጀኙቍ : M. 14, 40 sie schlafend (Bil. *gànj-in-ó*). ተት ኝቍ : M. 14, 65 sie zudeckend.

Das Schema des positiven Particips für die erste Conjugation lautet demnach:

| | | Quaresa | Bilin |
|---|---|---|---|
| Sing. | 1) | *wās-ō* | *wás-ō* |
| „ | 2) | *wās-y-ō* | *wás-r-ō* |
| „ | 3) {m. | *wās-ō* | *wás-ō* |
| | {f. | *[wās-y-ō]* | *wás-r-ō* |
| Plur. | 1) | *[wās-n-ō]* | *wás-n-ō* |
| „ | 2) | *wās-in-ō* | *wàs-din-ó* |
| „ | 3) | *wās-n-ō* | *wás-n-ō* |

79) Für die zweite Conjugation liegen folgende Beispiele über das Particip vor:

Sing. 1) ቤው : i. e. *bē-ō* oder *be-aû* Rut 1. 13 ich sagend (von Ti. በለ :, G. ·ብሀለ :).

Sing. 2) በፉ : *ba-t-ō* Genes. 27, 19, 20; M. 11, 23 du sagend.

Sing. 3) masc.: findet sich keine Belegstelle vor.

Sing. 3) fem.: በፉ : *ba-t-ō* M. 7. 25 sie sagend; በፉ : *ba-t-ō* (Bil. *bár-d-ō*) M. 10, 11 sie verlassen habend.

Plur. 1) ist ohne Beleg.

Plur. 2) በተኑቍ : *ba-ten-ō* M. 7, 8. 13 (Bil. *bàr-din-ó*) ihr verlassen habend. ኝተኑቍ : *šē-ten-ō* M. 14, 48 ihr haltend.

Plur. 3) ይቍ : *yi-n-ō* sie sagend M. 12. 36 (Bil. *yi-n-ó*). ኝቍ : *šē-n-ō* M. 14, 43 sie haltend.

Wir gelangen hiernach zu folgendem Schema des positiven Particips der zweiten Conjugation:

| | | Quaresa | Bilin |
|---|---|---|---|
| Sing. | 1) | *y-ō* | *y-ō* |
| „ | 2) | *yi-t-ō* | *yi-r-ó* |
| „ | 3) {m. | *[y-ō]* | *y-ō* |
| | {f. | *yi-t-ō* | *yi-r-o* |
| Plur. | 1) | *[yi-n-ō]* | *yi-n-ó* |
| „ | 2) | *yi-ten-ō* | *yi-din-ó* |
| „ | 3) | *yi-n-ō* | *yi-n-ó* |

Anmerkung. Ueber den Gebrauch des Particips gilt auch im Quaresa, was im Bilin (B. §. 99) erwähnt worden ist.

80) Die negative Form stimmt mit der im Bilin überein. In den Texten kommt dieses Negativ nur sehr sporadisch vor: ይዕንክሬ፡ጐ፡ቱአ፡ኪጊ፡ (Genes. 27, 4. 7) damit meine Seele [dich] segne, ehe ich sterbe. ኒሊኪ፡ሁሻዕ፡እንት፡እንትኪ፡ Genes. 27, 33 wovon er [mir] zu essen gab, ehe du kamst. ኒ፡አሀጊ፡ (M. 4, 27) ohne dass er es weiss. ዲርዊ፡ሊጆ፡ጊዛ፡ ዋዕጊ፡ (M. 14, 30. 72) ehe der Hahn zweimal gekräht hat. ትው ስክኒ፡ስሜኩንማ፡ (Rut 1, 13) ohne euch zu verheiraten bleibt ihr? ናናንስ፡እንኒግኒ፡ኳንላ፡ (M. 7, 3) sie essen nicht, ohne sich die Hände gewaschen zu haben. ናንዕወሬ፡በርሰን፡ኑግኒ፡ (M. 8, 2) wenn ich sie heimschicke, ohne dass sie gegessen haben.

Das Schema würde hiernach lauten:

| | | Quaresa | Bilin |
|---|---|---|---|
| Sing. | 1) | *wās-g-ī* | *wás-g-ī* |
| „ | 2) | *wās-k-ī* | *wȁs-gi-r-í* |
| „ | 3) | *wās-g-ī* | *wás-g-ī* |
| Plur. | 1) | [*wās-ge-n-ī*] | *wȁs-gi-n-í* |
| „ | 2) | *wās-ken-ī* | *wās-gi-dn-í* |
| „ | 3) | *wās-ge-n-ī* | *wȁs-gi-n-í* |

## G. Der Constructus oder das Particip II.

81) Es wurde bereits im Bilin (Bilinspr. §. 101) auf den Umstand hingewiesen, dass dasselbe der Adverbien und Partikeln entbehre und statt dieser das Participium verwende, um gewisse nähere Bestimmungen des Hauptverbums auszudrücken. Ganz dasselbe ist im Quaresa der Fall, nur mit dem Unterschiede, dass hierzu statt des vollen Participiums, wie solches im Bilin für diese Fälle noch in Anwendung kommt, verkürzte Formen desselben gebraucht werden. Im Chamir werden diese verkürzten Formen durchwegs sowohl für das eigentliche Particip, als auch für den Constructus angewendet. Den Namen Constructus entlehne ich Isenberg, welcher für die genannten Functionen im Amharischen diese Benennung in Anwendung gebracht hat. Formell unterscheidet sich der Constructus vom Particip in beiden Conjugationen, dass in jenem das auslautende -ō des Particips abgeworfen wurde. Die Entstehung des Constructus aus dem Particip auf dem genannten Wege zeigt sich deutlich in gleichlautenden Sätzen, in welchen bald der Constructus bald das Particip gebraucht wird, z. B. ጇብንት፡እን

ተክ፡ er kommt vorher (M. 9, 12) und ዳብንቶ፡እንትዶ፡መ
ተሂ፡ dass er vorher komme (M. 9, 11). ሸረስ፡ከ.ው፡ er ist
schon gestorben (M. 9, 26). ሸረስ፡እንተው፡ er ist schon gekommen (M. 9, 13). እን፡ሸረስ፡ድረስቶሁ፡ ich bin schon alt
geworden (Genes. 27, 2) und ሸረሶ፡አመነዘርው፡ (M. 10, 11) er
ist schon ein Hurer geworden = vollendet geworden ist er
u. s. w. ወልስን፡ገብስነው፡ schnell liefen sie herbei (M. 6, 32)
und ወልስዖ፡ፍነው፡ schnell gingen sie fort (Bil. ወለዖዖዖ፡
ፍንኮ፡ sich beeilend gingen sie fort, M. 16, 8).

Beispiele. Sing. 1) እንት፡ዋነከ፡ (M. 1, 38) ich bin da =
ich gekommen existire (Bil. *int-ó wān-ā-kūn*). ተውስትሂ፡ሂዘ
ስራ፡ዖውሸ፡ዋነከ፡ (Rut 1, 12) und die Zeit des geheiratet
werdens vorüber gekommen ich bin = habe ich überschritten
(Bil. *daū-s-ó wānākūn*). ዳብሸ፡ዖውው፡ (M. 13, 23, eigentlich:
*jābšī*, wegen *bš* der kurze Vocal nöthig) ich habe es vorausgesagt (Bil. *jābis-ō dūwiujūn*). ከ.ንት፡ዋነከ፡ (Gespr., Amh.
ተምሬእስሁ፡) ich lerne. Bil. *kin-t-ó wānākūn*. እየአ፡ዖር፡እዖ፡
ቤው፡ (Rut 1, 21) viel Besitz habe ich erworben (*ay bē-ū* ich
bin geworden, wörtlich: geworden ich bin, sage, Bil. *aj-ó himb-
ākūn*). ጉዝጉት፡ቤው፡ (Rut 1, 13) ich bin schwanger.

Sing. 2) እንት፡ጋንዳ፡ዋነከ፡ (M. 14, 37) du schläfst, bist
schlafend (Bil. *gánj-r-ō hinbrauk*). ከ.ንቲ፡ዋነከመ፡ (Gespr.,
Amh. ተምሬየልን፡) lernst du? Bil. *kin-t-r-ó hinbrāujū-n*. ሁራ፡
ከስዜ፡ዋነከመ፡ (Gespr., Amh. ልዬ፡ወዖየልን፡) hast du ein
Kind gezeugt? ዋንሸ፡እዖ፡በቶ፡ዳንግዬዋ፡ትዌን፡ከ.ዘከ፡ (M. 9,
43) ein Lahmer geworden du seiend zum Heile, wenn du eingehst, ist es besser. ከ.መኬስ፡ልጉሚ፡በቶ፡ዜስ፡ራ፡ (M. 1, 25)
halt dein Maul und fahre aus ihm aus! በሕጕቲ፡በቶ፡በርዋ፡
ለስ፡ (M. 11, 23) entwurzle dich und stürze dich ins Meer!
ጉ፡በቶ፡ዖዘንዋ፡ላብንዋ፡ራ፡ከራንዋ፡ (Genes. 27, 42) erhebe
dich und ziehe zu meinem Bruder Laban nach Haran! ጉ፡
በቶ፡ተንከስሚ፡ (Genes. 27, 19) richte dich auf und setze dich!
ዊእ፡ወልሲ፡በቶ፡እንስ፡አራሰ፡ (Genes. 27, 20) wie fandest du
das so schnell?

Sing. 3) masc.: ጉትሳራ፡እዖ፡ስመከ፡ (Genes. 27, 33) und
ein Gesegneter geworden bleibt er (Bil. *aj-ó himbauk*). ዌራ፡
እዖ፡ዋናዕ፡ከቲውዖ.ከ.፡ wesshalb verkehrt er mit allerhand
Heiden? Bil. *aj-o wānāuz*. ጋንዬ፡ስንበው፡ (M. 4, 38, Bil. *ganj-ō
hinbuz*) er schlief, auch ጋንዬ፡ቤው፡ id., M. 2, 4. ከ.ንት፡ዋነ

ኩ᎐ᎋ᎓ (Gespr., A. ተምርዋን᎓) lernt er? ኌትኪ᎐ራ᎓ ብዘ᎓ካል
ው᎓ (M. 8, 25) und Alles sah er recht, offen. እን᎓ ᎓ባስራ᎓
ብዘ᎓ቤው᎓ ገሞራ᎓ ስንቢ᎐ው᎓ (M. 8, 32) das sagte er öffentlich.
አጀው᎓አይ᎓ዳንሽ᎓ስንቢ᎐ው᎓ (M. 3, 10) er heilte viele Menschen
(eigentl.: *dānšī sinbūū̌*, ī̃ wegen *nš*). ዝም᎓ይ᎓ስንቢ᎐ው᎓ (M. 14,
61) er schwieg. ደርዝ᎓እን᎓ይC᎓የደራ᎓እኍራ᎓ስንብ᎓ዋነኮ᎓
(M. 15, 39) wahrlich dieser Mann ist Gottessohn. ብኮኌራ᎓ ᎓ሠ
ወC᎓ስንቢ᎐ው᎓ (M. 9, 7) und eine Wolke verdeckte [sie]. ዳፍስ᎓
ዋነኩ᎓ (M. 14, 27) es steht geschrieben. Auch mit *i*: ዳፍሊ᎓
ስንቢ᎐ው᎓ (M. 15, 26) es war aufgeschrieben. እንተ᎓ለበኪ᎐᎓ገነᎋ᎓
ደነደን᎓ዋናዕ᎓ (M. 8, 17) ist euer Herz noch verstockt? ደውሽ᎓
ይዋዕ᎓ (M. 3, 19, Bil. *daû-s-ō ʾuwáuǯ*) welcher überantwortet,
wörtlich: hinüberführend welcher gibt; wegen *š* auch *i* in:
ደውሽ᎐᎓ይወዮ᎓ (M. 13, 12) er überantwortet; auch ደውሽ᎐᎓
ይውዮዘ᎓ (M. 14, 10) dass er überantworte. ሽንተው᎓ M. 6,
28 er brachte (= *šē entû*, Bil. *šáj-ō íntuǯ* genommen habend
er kam). እንተዕ᎓ዋነኩ᎓ (M. 4, 29 *ente* für *ent* wegen *nt*) er ist
da = gekommen er ist. ይቤው᎓ er sprach (Genes. 27, 42;
M. 6, 23; 8, 5; von *y* sagen und *bē* aus ብላ᎓ sagen, sein).
ይው᎓ቤው᎓ er gab (M. 12, 1), ዋስ᎓ቤው᎓ er hörte (M. 2, 17),
እንት᎓ቤው᎓ er kam (Genes. 27, 35), ተተ᎓ቤው᎓ er näherte
sich (M. 1, 31), ሽቤው᎓ er ergriff (M. 1, 31), አሳብ᎓ቤው᎓ er
erinnerte sich (M. 11, 21), ራቤው᎓ er ging (M. 6, 27), ስንብ᎓
ቤው᎓ er war, ወልስ᎓ቤው᎓ er eilte (Rut 1, 19); vgl. §. 45.

Sing. 3) fem.: እንተ᎐ኺ᎓ቤቶ᎓ሰጌኺ᎓ (M. 5, 33), auch እንኺ᎓
ቤቶ᎓ኌልኩዝ᎓ለብኺ᎓ (M. 7, 25) sie kam und fiel ihm zu Füssen;
wörtlich: gekommen sie seiend u. s. w. እንክራ᎓ደሞሽ᎐᎓ካሊኺ᎓
(M. 14, 69) und abermals sah [ihn] eine Magd, Bil. *dum-is-r-ó*
*quāltī-lā*. ጋንጀ᎓ዋነኺ᎓ (M. 5, 39) sie schläft, Bil. *ganj-r-ó wānátī*.
ኍራ᎓ትዊ᎓በቶ᎓ካዘገተ᎓ (M. 6, 22) die Tochter trat ein und
tanzte: wörtlich: sie eingetreten seiend, Bil. *tû-r-ō sāu̇-r-ō*. ብC
ሌስራ᎓ካሊ᎐᎓በቶ᎓ኌአዊ᎓ዳግሊ᎐᎓ገለቢᎀ᎐ተ᎓ (M. 14, 3) und sie zerbrach das Glas und goss es über seinem Haupte aus. ጉዘ᎐ዝ᎓
ለቢ᎐᎓ስንቢ᎐ኺ᎓ (M. 1, 30) sie war in eine Krankheit gefallen. ይኌ
ክራ᎓ተክዘ᎐᎓ዋነኺ᎓ (M. 14, 34) meine Seele ist betrübt. ወልስ᎐᎓
ራኺ᎓ (M. 6, 25) sie ging schnell. ኪ᎐ይዝ᎓ተኺ᎓ዋነኺ᎓ (M. 5, 23)
sie ist am Tode. ኌᎋጌና᎓ዋሊ᎐᎓ዋነኺ᎓ (M. 7, 25) sie hatte von
ihm gehört. ይተ᎓ዋነኺ᎓ (M. 5, 28) sie hatte gesagt. በለስ᎓አሽ᎓
ሽተ᎓ስንቤ᎓ (M. 11, 13) ein Feigenbaum, welcher Blätter hatte.

Plur. 1) አንን፡ኂትክ.፡በን፡በኛ፡'ታ'ከተልንው፡ (M. 10, 28) wir haben alles verlassen und sind [dir] gefolgt.

Plur. 2) ፈትን፡'ኸላ፡ (M. 6, 38 von ፈ፡ = Bil. *fa-r*, Cham. *fi t*) sehet hin = ihr hingehend sehet! ይል፡ሺትን፡ዋኔኩን፡ (M. 8, 18) ihr besitzet Augen.

Plur. 3) ሽን፡እንትንው፡ (M. 7, 32) sie brachten = sie genommen habend kamen. ሺን፡ፈንው፡ (M. 15, 16) sie schleppten fort = gefangen habend sie gingen (beachte: ሽን፡ = ሺን፡). ሠወርስን፡ዋንክርንው፡ (M. 13, 3) sie fragten [ihn] heimlich; wörtlich: sich versteckend fragten sie. ለኃታክ.፡ይዋና፡ሺብን፡ ዋነኩን፡ (M. 12, 23) alle sieben sind mit ihr verheiratet = sie sind [sie] zum Weibe gemacht habend. አመ፡ዘወድስ፡ትታዕን፡ ቤኛ፡ኂዳግዘ፡ሁ-ብሺ.ንው፡ (M. 15, 17) sie flochten eine Dornenkrone und setzten sie ihm auf. አንኂ.፡ከበንን፡ዋነኩን፡ (Gespr., A. አምስት፡ወልይዋል፡) sie haben fünf [Kinder] gezeugt. ሞአብ፡ ቢዋ፡እንትን፡ተንኩስምንው፡ (Rut 1, 2) sie übersiedelten nach dem Land Moab = kommend liessen sie sich nieder. እንትን፡ ቤኛ፡'ኸ-ንው፡ (M. 4, 4) sie kamen und frassen. ኔአቃልስ፬፡ ይመሽን፡ናወንዝ፡ከና፡ይሽንዐ፡ (Rut 1, 14) und sie erhoben nochmals ihre Stimmen im Weinen. ይው-ሺን፡ይወ፦ን፡ (M. 13, 9) sie werden [euch] überantworten. ይው-ሺን፡ይው-ና፡ዚዘዝ፡ (M. 13, 11) wann sie [euch] überantworten. ኂበይንስ፬፡ጉ-ዝን፡ቤኛ፡አር ፒ.ለ.፡ተው-ሽንው፡ (M. 6, 29) und sie nahmen seinen Leichnam und begruben [ihm]. ኃእ.ንትን፡ስንቢ.ንው፡ (M. 16, 8) oder ኃእ. ንትን፡ግርግንው፡ (M. 11, 18, Bil. *gü'il-nō erginuχ*) sie fürchteten sich. ናይልተን፬፡ኃ'ከሺ.ን፡ስንቢ.ንው፡ (M. 14, 40) und ihre Augen waren schwer. ኂ.ንኑ-ትን፡ስንቢ.ንው፡ (M. 1, 33, Bil. *ekibbsino saûanauk*) sie waren versammelt. አሀን፡ስንቢ.ንዐ፡ (Joh. 2, 9) sie wussten. ሽ-ምን፡ስንቢ.ንው፡ (M. 2, 18) sie fasteten.

Das Schema des Constructus lautet demnach also:

| | Quaresa | | Chamir | Bilin |
|---|---|---|---|---|
| | Conjug. I | Conjug. II | | |
| Sing. 1) | *wâs* | *yi* | *waz* | *wâs-o* |
| „ 2) | *wâs-i* | *yi t* | *waz ir* | *wâs r-ö* |
| 3) m. | *wâs* | *yi* | *waz* | *wâs-o* |
| f. | *wâs-i* | *yi-t* | *waz-ir* | *wâs-r-o* |

---

[1] Von ቢ.ቢ.ው፡ (vgl. M. 11, 52) er hat verlassen; das erstere ቢ.፡ = Bil. *bār*, Cham. *bar* verlassen, das zweite — Ti. በለ፡ sagen; sein.

| | Quaresa | | Chamir | Bilin |
|---|---|---|---|---|
| Plur. | Conjug. I | Conjug. II | | |
| 1) | *wās-in* | *yi-n* | *waz-in* | *wàs-n-ò* |
| „ 2) | *[wās-īn]* | *yi-ten* | *waz-ỳne* | *wàs-din-ò* |
| „ 3) | *wās-in* | *yi-n* | *waz-íñ* | *wàs-n-ō*. |

Anmerkung. Das Negativ des Constructus lautet gleich mit dem negativen Relativ I, wie: **የሱስዛ፡እምነ፡፡ስእምብ.ኡ፡** (Joh. 2, 24) Jesus aber glaubte [ihnen] nicht; vgl. §. 84.

## II. Der Synchronos.

82) Der formalen Bildung nach stimmt derselbe mit dem gleichen Modus im Chamir überein (Ch. §. 146), mit dem Unterschiede, dass an die Conditionalendungen -*engùā*, statt des -*dɛ* im Chamir, angesetzt wird. Dieses -*engùā* [1] erscheint häufig mit der Objectspostposition -*si* versehen, von welchem das auslautende -*ā* von *engùā* zu *engùa, engà* verkürzt wird. Der Synchronos des Bilin (vgl. B. §. 93) weicht vom Quaresa und Chamir ab und dürfte sich wahrscheinlich aus dem Participium durch Verdumpfung des auslautenden -*ō* zu -*ū* entwickelt haben; dagegen stimmt wiederum im Synchronos das Idiom von Dembea mit dem Quaresa und Chamir überein, wie aus ein Paar Beispielen bei Halévy zu ersehen ist. In den Texten finden sich für diesen Modus folgende Belegstellen:

Sing. 1) *yi agar-li wanĕngoši* (H. 177) und *yi agar-li wanengwaši* (H. 174) während ich in meinem Lande weilte (wohl: *wān-an-ngà-ši*).

Sing. 2) bisher unbelegt.

Sing. 3) masc.: **ኪ.አв፡ኪ.ዘንዘ.፡ዬሳውሽ፡ድወንን፡ዋስ፡ የፅንጉሽ፡** (Genes. 27, 6) ich hörte, wie dein Vater zu deinem Bruder Esau redete, indem er sagte. **የፉ.ሰሴ.ም.ሴ፡ዋነፅንጉራ፡**

---

[1] Bil. *ungū*, seltener *wàū*, auch mit dem Objectszeichen: *ungū-sɪ* (B. §. 94). Die Herkunft dieses Wortes ist dunkel; es findet sich noch in *inawùā* heuer, dieses Jahr = *inà ùñ-ì* (aus *uññ-i*) mit dem femininen -*ɪ* versehen, Bilinspr. §. 131. Vielleicht steht das Wort im Zusammenhange mit Amh. **አሁን፡** jetzt. Ohne -*engùā* findet sich der Synchronos mittelst des einfachen Conditional ausgedrückt vor bei Halévy, pag. 174: *etxes deri male malxinen Yonasli levoy* (= *eɣa-s deri mālamāl-sɪ-n-an Yōnàs-li laləŋ*) und wie sie unter sich das Los warfen, fiel es auf Jonas.

(Joh. 2, 23) und während er in Jerusalem weilte. ‹ወሃንንን፡› und
‹ወነአንን፡› solange er bleibt (M. 2, 19). እኩሊ፡ፈንን፡ ¹ሰዐይተን፡
ᎃተስንን፡ ኂልዉ፡ መንፈስ፡ ቅዱስረ፡ ርግብ፡ ሰና፡ ሃዳግሊ፡ ገሙ
ንገሸ፡ (M. 1, 10) während er aus dem Wasser stieg, sah er den
Himmel sich öffnen und den heiligen Geist wie eine Taube
herabschweben. ገሊሊ፡በርዝረ፡ገብዝ፡ፈንን፡ (M. 1, 16, Bil.
ፈፉ፡) als er am galiläischen Seeufer wandelte. ድምፅረ፡ሰማ
ይሊ፡እንተዉ፡እነዋ፡የንን፡ (M. 1, 11; vgl. auch 1, 14. 23. 25;
15, 4. 9 u. a.) und eine Stimme kam vom Himmel indem sie
sprach. ክበሃሊ፡ስንበ ዉ፡ዓርበ፡ግር ፡ሰይጣንሊረ፡ፈተንስንን፡
(M. 1, 13) in der Wüste blieb er vierzig Tage, während er vom
Teufel versucht wurde. ኢረ፡ተወንን፡ (M. 1, 32) während die
Sonne unterging. ᎃንን፡ M. 2, 16 während er ass. ፄረበንን፡
indem er bat, M. 1, 40. ያወንን፡ als er vorüberging, M. 2, 14.
ቀረጠንን፡ während er Zoll einhob, M. 2, 14. ሂበንን፡ während
es Morgen ward, M. 15, 1. በረ፡ዳገዝ፡እንፄኽንን፡ während er
auf dem Meere wanderte, M. 6, 49. እንቲንን፡ während er kommt,
M. 14, 62; 15, 21. ርዘንን፡ während er säete, M. 4, 3. ገሙረ
ንን፡ während er redete, M. 5, 35; 14, 43. ወንተተረንን፡
während er herumwandelte, M. 11, 27.

Sing. 3) fem.: ናገ፡ስረሊንን፡ während sie sie bediente,
M. 1, 31. ሸዋንን፡ indem sie bat, M. 7, 26. ፄረበንን፡ während
sie suchte, M. 6, 19. እነዋ፡ይተንን፡ሸዉቲ፡ sie bat, indem sie
also sprach, M. 6, 25.

Plur. 1) ግይ፡ሸተለግ፡ድኩስነንን፡ macht es dir nichts,
während wir untergehen? M. 4, 38.

Plur. 2) አሰቤነንን፡ während ihr nachdachtet, M. 9, 33.

Plur. 3) ፈተነንእንን፡ während sie auf die Probe stellten,
M. 8, 11. ተክዘንን፡ናወነንን፡ während sie trauerten und
weinten, M. 16, 10. መረመረነንን፡ während sie untersuchten,
M. 9, 10. ᎃነንን፡ während sie assen, M. 16, 14. ቀዘናሕገ፡ሸነ
ክስነንን፡ während sie beim Rudern in Bedrängniss waren,
M. 6, 48. እይስ፡ከኂ፡ሰና፡ፈኃእንን፡ᎃላኩ፡ ich sehe die Leute
wie Bäume wandeln, M. 8, 24. የነንእንን፡ indem sie sagten,
M. 10, 49; 11, 9. ገሙነንን፡ während sie herabstiegen, M. 9, 9.

Das Schema ist wie in §. 75 und 76, indem jenen Formen
*-nguā* angefügt wird, wie: *was-an-nguā* u. s. w.

¹ Sonst meist ፈንን፡ M. 2, 23; 6, 18 u. a.

Anmerkung. Die negative Form ist in den Texten nicht belegbar.

## I. Die Relativa.

### a) Die Relativa der directen Casus.

83) Für das directe Relativ des Präsens der ersten Conjugation finden sich in den Texten folgende Belegstellen: Positive Form, Sing. 1) ንይ፡ንተኩ፡ዋእሪርቻር፡[1]ተከገአ፡ (Genes. 27, 12) ich fürchte, nicht etwa zu erscheinen als Betrüger (der ich betrüge). ጐሉሳር፡አዐን፡ኪ፡ይዝ፡አገዳ፡ (Rut 1, 17) wenn ich [eine Person] bin, die getrennt wird nur durch den Tod. እንተ፡ይጐፋ፡፡ገን፡ይከላር፡ (M. 1, 11) du bist mein Sohn, ich [bin], der [dich] liebt.

Sing. 2) እንተ፡የዴፋ፡መንጐሥተለ፡ከርተአር፡አይላ፡ (M. 12, 34) du bist nicht fern vom Reiche Gottes.[2] ይብተረስ፡አፋረሳዕ፡አየ፡ሲኋሲ፡ግርኂግራ፡ሰሪአር፡[3] o der da den Tempel niederreisst und der du [ihn] am dritten Tage aufbaust (M. 15, 29). ዳንግ፡ግርኂአርማ፡ hast du den Tag gut zugebracht? (Gespr., A. እንዴት፡ዋልሀ፡) = guten Abend! ዳንግ፡ከአርማ፡[1] hast du die Naçht gut zugebracht? = guten Morgen! (Gespr., A. እንዴት፡አደርሀ፡).

Sing. 3) masc.: ዋሰዕ፡እንቄ፡ዋናው፡ዋስን፡ (M. 4, 23) wer ein Ohr hat das hört, der höre![5] ኩት፡ይሸሸ፡ይሸሸታዕ፡አይዶ፡

---

[1] Reflexivum von ዋእሪር፡, Nebenform ዋኸር፡ (M. 1, 27. 45; 15, 20), *wayertu* to play, Fl. = *wājar-t-ù* er hatte sein Spiel.

[2] Wörtlich: du bist nicht, der du fern bist, von *kār-t* fern sein, sich entfernen.

[3] Von *sar* (A. ሠፋ፡), ሰርው፡ er baute, M. 12, 1.

[4] *dankèrma* good morning! Fl., *dankierma* comment vous portez-vous? (Halévy, pag. 162), von *dany* Heil Gesundheit; wohl, gut, und *ki* (Bil. *ki*, Cham. *ci*) die Nacht zubringen.

[5] Welcher [habend] ist, von *wän*, sein; vgl. ዋሰዕ፡እንቄ፡ሸዕ፡ዋስየ፡ (M. 4, 9; 7, 16), von *šē* = Cham. *say* und *say*, Bil. *šāq* erwerben, haben. Daneben: ሰምጽ፡ሸው፡ (M. 1, 40) ein Aussätziger, neben ሰይጣን፡ ሸዕ፡ይር፡ (M. 1, 23) ein Besessener. Auch: ኂተከ፡ሸመታአ፡የዴፋ፡ (Rut 1, 20) der allgewaltige Gott und ኂተከ፡ግርስታው፡አዴፋ፡ (R. 1, 21) der allmächtige Herr, እንሽውሰው፡ M. 15, 6 und እንሽ ውሰዕ፡ M. 5, 4 ein Gefangener. Die volle Endung -*āù* ist im Quaresa selten, dafür meist -*ā* (auch -*ā'*ዕ፡ geschrieben), wie z. B. von *wän* neben obigem *wän-āù* auch: ዋኂ፡አፋ፡ዋናዕ፡ (M. 8, 5) wie viel Brod, das vorhanden? ቀጽርግራ፡ዋና፡ንዕዋ፡ገምኂንአ፡ (M. 13, 15) wer auf

ኩት ፡ ጕታዕ ፡ ጕትሳ ፡ አይዶ ፡ (Genes. 27, 29) wer dir flucht, ein Verfluchter sei er, wer dich segnet, sei gesegnet! ይምዕ ፡ ከበ ፡ ኀገ ፡ ዋአዕ ፡ (M. 1, 3) eine Stimme, welche in der Wüste ruft. እንዘ ፡ ጐርኬሊ ፡ ሳበ ፡ ይሺውዝ ፡ ከለብታዕ ፡ ይትሬ ፡ ከ፡ዞ ፡ ከለብትዑ ፡ ከለብታሬ ፡ ይት ፡ ከለብተላ ፡ እንሻሻክ ፡ አገዱ ፡ (M. 9, 37) wer von diesen Kindern eines in meinem Namen aufnimmt, der hat auch mich aufgenommen, und wer aufnimmt, hat nicht mich aufgenommen, sondern den, der [mich] gesendet hat. አው ፡ ከር ፡ ኰስ ፡ አርኂ ፡ መይሊ ፡ ገለቢዘዕ ፡ (M. 16, 3) wer, der den Stein von des Grabes Eingang wegwälzen wird? አው ፡ ገርሻዕ ፡ (M. 2, 7: S. 4: 10.ξ26) wer vermag? አውኀ ፡ በሬታዕ ፡ (M. 2, 9) was ist schwerer? ይለበከ ፡ ይዳንግኀዝ ፡ ገሬ ፡ ያው ፡ (Genes. 27, 46) meine Seele ist meines Lebens überdrüssig. እንተሊ ፡ ዋዕ ፡ አኦ ፡ ይከላዕ ፡ (M. 10, 43) wer von euch der grosse sein will. ጃሕሻዕከ ፡ (M. 9, 41) wer immer [euch] zu trinken gibt. ይርከ ፡ ጃበሊ ፡ ሽሬዕ ፡ ሚዝከ ፡ ለሽኵ ፡ ሰከርኜ ፡ ገዘ ፡ ይንሊዕ ፡ ተዋሬድሳስ ፡ (Joh. 2, 10) Jedermann bringt zuerst den guten Wein, wann sie aber trunken sind, den minderen. ናለበከ ፡ ይሊ ፡ ከርታዕ ፡ (M. 7, 6) ihr Herz ist fern von mir. ለገዘዕ ፡ ይብዋ ፡ (M. 9, 2) auf einen hohen Berg, ለገዛ ፡ ሴዕገ ፡ (M. 12, 38) in langem Gewande. ትውሻዕ ፡ (M. 10, 11) welcher heiratet, ከርቤዷ ፡ አበሬሳዕ ፡ ወይን ፡ (M. 15, 23) Wein mit Myrrhen vermischt, አኽስታዕ ፡ ግርኃ ፡ (M. 6, 21) ein bekannter Tag, ኩአ ፡ ኃበ ፡ (M. 16, 18) eine tödtliche Sache u. s. w.

Anmerkung. Verba mit auslautendem Hamis setzen -âû, -â an dieses an, wie: አው ፡ ይሴዕስ ፡ ዷሴአው ፡ (M. 5, 30. 31) wer hat mein Kleid berührt? ሴአዕ ፡ welcher gibt (M. 11, 28), ቤአዕ ፡ welcher freilässt (M. 15, 6), ሴአስ ፡ welcher ein Kleid trägt (M. 14, 51) u. s. w., nur ሽ ፡ haben, zeigt stets ሽው ፡ oder ሽዕ ፡

Sing. 3) fem. generis zeigt auslantendes Hamis, das in diesem Falle von Flad mit ệ umschrieben wird, wie: *gosguitê*

der Mauer sich befindet, steige nicht ins Haus hinab! ጕዚዋ ፡ ዋኜሬ ፡ ኀእንገዋ ፡ ዋንትርጊኀአ ፡ (M. 13, 16) und wer auf dem Felde ist, kehre nicht um! Bei Flad finden sich dafür die Endungen: -aw, wie: *wanaw* lebend (ዋኜው ፡). *fraw* (ፈአው ፡ und ፈአዕ ፡) abwesend, *kraaw* Leichnam (ከአው ፡ welcher gestorben , *letaw* (ለታዕ ፡) eifrig, *tebtaw* ተብታዕ ፡) verborgen u. s. w., auch: -*au*, wie: *dajarau* (ይፈሬዕ ፡) kühn, *gûritau* (ኃሬታዕ ፡) Arbeiter, *gegaa* (ግኃው ፡) unreif u. s. w., in der Mehrzahl der Fälle aber nur -*â* wie: *dera* (ይሬዕ ፡) alt, *gerea* (ገሬ ፡ ያዕ ፡) schwach, *karta* (ከርታዕ ፡) fern, *lelama* (ለለማዕ ፡) saftig, *semya* (ዝይም ፡ ያዕ ፡) schweigend, *shaya* (ሻያዕ ፡) weiss u. s. w.

pregnant (ጉዝጉኍቲ ፥), *gerua shetê* a married woman (ግርዋ ፥ ሼቲ ፥ einen Mann habend), demnach wohl nach amharischer Regel mit *ié* zu sprechen. Etymologisch ist dieses aus *yē* entstanden, vgl. ፇሊ ፥ = Cham. *waz-r-ay* (aus *waz-r-ayi*) und verkürzt *waz-r-é*, Bil. *wās-rá-ri* die welche hört, *y* aus *r* erweicht. Beispiele: ሞአብ ፥ ቢ.ሊ. ፥ ወንተሬ ፥ (Rut 1, 22) welche aus Moab zurück-kehrte. ንዕሊ. ፥ ስምቤ ፥ ሽሬ ፥ ሴእቲ ፥ ለሽቲ ፥ (Genes. 27, 15) sie brachte das schöne Kleid, das im Hause war. ለይ ፥ ጐተን ፥ ባሔግ ፥ ኩሽ ፥ ፇዔ ፥ (Genes. 27, 38) ist's nur ein Segen allein, welcher dir ist? እንተ ፥ ገሽፇ ፥ ፇኔ ፥ ኰፇ ፥ ፈኣ ፥ (M. 11, 2) geht ins Dorf, das vor euch liegt! በለስ ፥ እሻ ፥ ሽት ፥ ስንቤ ፥ (M. 11, 13) ein Feigenbaum, der Blätter hatte (habend war). ፃዔት ፥ መንግ ሥት ፥ ምዘንሲ ፥ ገን ፥ (M. 11, 9) gepriesen sei Davids Reich (masc. ምዘንዕ ፥ M. 11, 9). ታኽተሊ ፥ ታምፈት ፥ (M. 16, 20) darauf fol-gendes Zeichen. ሽጄ ፥ ኍፈ ፥ (M. 7, 25, Bil. *šuy-rá-ri* *qürä* aus *šigü-ra-ri*) ein kleines Mädchen, ሽጄ ፥ ይኍፈ ፥ (M. 5, 23) meine jüngste Tochter, ሽጄ ፥ ታንኽ ፥ (M. 3, 9) ein kleines Schiff u. s. w.

Plur. 1) ist in den Texten unbelegt. Für die secunda findet sich folgendes Beispiel: እንተን ፥ ገመፈኔ ፥ እይንላ ፥ (M. 13, 11) nicht ihr seid es, die ihr reden werdet. Das erste Hamis ist hier etymologisch aus *ya*, das letzte aus *ē = ay* (aus *ay*) ent-standen, vgl. §. 24 und 29, demnach das Schema: *wās-yanē* = Cham. *waz-ina-k*, Bil. *wās-daná-jer*.

Plur. 3) zeigt regelmässig -*ô*, nur sehr sporadisch -*aû*, wie ናጸሎትስ ፥ ለገሽ ፥ (M. 12, 40) welche ihre Gebete verlängern. ከዘስ ፥ ፄበውስ ፥ ፍግኣ ፥ ፄመርወ ፥ (M. 11, 15) er begann die Verkäufer und Käufer auszutreiben. ይኍፈስ ፥ ስግፈወ ፥ እኣነን ፥ (M. 12, 6, Sing. ስግፈዕ ፥ M. 8, 38) ob sie solche sind, die meinen Sohn respectiren werden. ኀዳ ፥ ፇሞ ፥ (M. 2, 25) seine Gefährten = die mit ihm seienden. ሺምስ ፥ (M. 1, 32; 3, 15; 6, 5 u. a., Sing. ሺምሰዕ ፥ M. 2, 4 u. a. und ሺምሰወ ፥ M. 2, 17) die Kranken, ነብሽ ፥ (M. 13, 17) die Säugenden, ለሽ ፥ (M. 10, 13) die welche bringen, ፇስ ፥ (M. 4, 20) welche hören, ኻሎ ፥ (M. 5, 17; 15, 40 u. a.) welche sehen, መልፉ ፥ (M. 5, 14 u. a.) die Wächter, ተንኰስሞ ፥ (M. 2, 9 u. a.) die beisitzenden, ከለ ብፉ ፥ (M. 4, 20) welche aufnehmen, ጐትኣ ፥ und ጐፉ ፥ (M. 12, 38 u. a.) welche danken, ስፈስ ፥ (Joh. 2, 9) die Diener, ከፉ ፥ (M. 15, 28) die Heiden u. s. w., nur ዠ essen, zeigt ኣወ ፥ (M. 6, 44; 12, 40 u. a.) gegenüber Sing. ኣዕ ፥

Wir gelangen hiernach zu folgendem Schema des Relativum I praesentis positivum.

|  | | Quaresa | Chamir | Bilin |
|---|---|---|---|---|
| Sing. | 1) | *wās-ā-r* | *waz-á-r* | *wās-á-ǧer* |
| „ | 2) | *wās-y-á-r* | *waz-rá-r* | *wās-rá-ǧer* |
| „ | 3) {m. | *wās-ā-û* | *waz-á-û* [1] | *wās-á-uχ* |
|  | {f. | *wās-y-ē* | *waz-rá-y* [2] | *wās-rá-rī* |
| Phr. | 1) | *[wās-nē?]* | *waz-ná-k* | *wās-ná-ǧer* |
| „ | 2) | *wās-yanē* | *waz-ṛna-k* | *wās-danú-ǧer* |
| „ | 3) | *wās-ô* | *wáz-a-uk* | *wás-a-û.* |

84) Die negative Form ist nur in der dritten Person beider Zahlen mascul. generis belegbar, welche ziemlich genau mit dem Bilin übereinstimmt, so: አይነ.ጎб: (Joh. 2, 23) welcher nicht glaubt. ገመረ.ጎб : ሰዶ.ጥን : (M. 9, 17) und ገመረ.ጎб : ጋኽን : (M. 9, 25) ein sprachloser Dämon, *gamaraga* stumm, Fl., d. i. *gamar-a-gā.* ኽለብተ.ጎб : (M. 10, 15) welcher nicht aufnimmt. ዾረበ.ጎб : (Joh. 2, 25) welcher nicht begehrt. ዿዛ.ጎ : ለዾዋ : (M. 9, 45) und ለዾ : ዿዛ.ጋዋ : (M. 9, 43. 44) ins nicht verlöschende Feuer. ኊለበኺ. : ጠረ.ጠርስ.ጎб : (M. 11, 23) dessen Herz nicht wankelmüthig ist. Eine alterthümliche Schreibung zeigt: ገርኺ.ጎዑ. : i. e. *garšu-gā-hū* (M. 9, 3) neben ገርኺ.ጎб : (M. 5, 4) welcher nicht vermag. In ኽኺ : ኺ.ጎ : (M. 9, 48) dessen Wurm nicht sterblich ist, ኺ.ዋዘ : ታ°ዒ.ጎб : ኽኺ.ዾ. : (M. 9, 50) wenn aber das Salz geschmacklos wird, — ist Hamis wohl *iš (ya)* zu sprechen, demnach *kiy-a gā, tamy-a-gā.* Die Formen bei Flad stimmen mit den obigen Formen genau, so: *meltega* unbeschützt (= መልተ.ጎб :), *semeraga* (= ስ°ገረ.ጎб :) schamlos, *tagabaga* (ተገበ.ጎб :) ungeziemend u. s. w. Der Plural zeigt auslautendes *ô* gegenüber Bilin *-aû*, als: ዋሰን : (M. 6, 11) = Bilin *wās-a-y-aû* welche nicht hören, ተመን : (M. 9, 1) welche nicht schmecken, ኽለብተን : (M. 6, 11) welche nicht aufnehmen u. s. w.

85) Für das Perfect existiren nur in der dritten Person beider Zahlen und zwar ganz vereinzelt besondere Formen, welche gebildet werden, indem für den Sing. masc. generis die Endung *-û* mittelst *ĭ* (häufig *i* geschrieben), im Plural aber mittelst Hamis oder Salis mit dem Wortstamm verbunden wird,

---

[1] Und *waz-ô.*

[2] Und *waz-r-ē.*

vgl. ሻብሲዉስ ፡ አኂአገ ፡ መተሩ ፥ (M. 5, 33) weil sie wusste was
geschehen war *(šubs-i-û-s)*; ebenso ኣሬመ፦ welcher fand (M. 9,
21), እንቲኣ፦ welcher gekommen ist (M. 2, 13), ይትኣ፦ Joh. 2,
12 oder ይትመ፦ M. 1, 19; 2, 1 u. a. welches wenig, ኣቾኣ፦
Joh. 2, 23 oder ኣቾዐ፦ Genes. 27, 34 oder ኣቾመ፦ M. 16, 2. 4
welches viel, vermehrt worden ist, ኣይመ፦ M. 10, 11. 12 u. a.
und ኣይኹ፥ M. 1, 34 (Bil. *ari-uχ*) anderer u. s. w. Im Plural
haben wir: ዋሲመ፦ welche gehört haben (Rut 1, 6), ጉሕመ፦
Besessene (M. 1, 32), እንኲመ፦ welche gekommen sind (M. 1,
45), ተንቢመ፦ welche dastanden (M. 9, 1; 15, 35) oder ተንቤ
መ፦ (M. 14, 47), ኪመ፦ M. 12, 26. 29 oder ኪዐ፦ Rut 1, 8
welche gestorben sind, ኣምኗመ፦ M. 9, 42; 10, 24 welche ihr
Vertrauen auf Jemanden gesetzt haben, ከከርኲመ፦ M. 15, 32
welche gekreuzigt worden sind, መረጥሲመ፦ M. 13, 22 neben
መረጥስ፦ ib., welche auserwählt worden sind, ፎገኲመ፦ M. 4,
16 neben ፎገፉ፦ M. 4, 18. 20 u. a. und ፎዝስ፦ M. 4, 16 die
gesäet worden sind, ጐገጉመ፦ M. 13, 17 die Schwangern, ስን
ቢመ፦ M. 5, 40 welche gewesen sind, ጸሬመ፦ M. 11, 18 neben
ጸር፦ M. 9, 11 die Gelehrten. In der Regel aber werden die
Präsensformen auch für das Perfect gebraucht, wie: ኻላዕ፦
welcher sieht, oder sehen wird, und der gesehen hat, ebenso
plur. ኻሎ፦ welche sehen, sehen werden und die gesehen haben
u. s. w. Da, wo der Sinn unbedingt eine Perfectform verlangt
um eine Undeutlichkeit zu vermeiden, wird wie im Chamir
(Ch. §. 159, Anm. 3) das Relativum praesentis von *senbī* oder
*wān* (eigentlich: gewesen sein) mit dem Particip des Hauptverbs verbunden, wie: በለስ ፡ አሻ ፡ ሽት ፡ ስንቢ ፥ (M. 11, 13) ein
Feigenbaum, der Blätter hatte.

Anmerkung. Die zweite Conjugation unterscheidet sich im
Präsens und Perfect von der ersten nur dadurch, dass für obiges
*y* im Personalpronomen ein *t* eintritt; z. B. ሊ᎒ተሬ ፡ ንሺ ፡ ሰና ፡
ይቲ ፡ እን ፡ ገን ፡ (M. 12, 31) das zweite Gebot, welches diesem
gleich lautet, ist dieses. Dagegen ያመ፦ welcher sagt (M. 11,
23), ያመ፦ welche sagen (M. 12, 18) wie in der Conjugation I.

86) Das Negativum scheint aber im Perfect, gleich dem
Bilin und Chamir, in allen Personen vorhanden zu sein. Belegbar sind: Sing. 2: ኣዕከር፦ *a-kār* der du nicht geworden bist
(Genes. 27, 21), Sing. 3: እንተ ፡ ዳገገ ፡ እ᎑ኪ ፡ (M. 9, 40) wer
immer, der nicht gegen euch (ist geworden ist). እንትዕጋዕ፦

*ente-gā* welcher nicht gekommen ist. አ.ኖ.ጋው: *ay-gaŭ* was nicht
geschehen ist (M. 13, 19), ስንበ.ኖ: *senbī-gā* welcher nicht vorhanden war (M. 4, 5), ሰርስ.ጋö: *sarse-gā* welcher nicht gebaut
worden ist (M. 14, 58), አም̈ን.ኖ: *amen-gā* welcher nicht geglaubt hat (M. 9, 19, cf. አም̈ን.ጋö: welcher nicht glaubt); vgl.
bei Flad: *ge-g-au* unreif, *was-g-au* dumm, *waste-ga* unerhört,
*amen-se-ga* ungeglaubt, *rab-se-ga* ungebraucht, u. s. w. Plur. 1
ist unbelegt, dagegen Plur. 2: አክናርም̈: (M. 12, 24) seid ihr
nicht geworden? Plur. 3: ሺን: welche nicht erlangt haben
(M. 6, 36). Wir gelangen hiernach zu folgendem Schema des
Relativum I perfecti negativum:

| | | Quaresa | Bilin | Chamir |
|---|---|---|---|---|
| Sing. | 1) | *[wās-g-ār?]* | *wās-g-á-ǵer* | *waz-í-ker* |
| „ | 2) | *wās-k-ār* | *wās-g-rá-ǵer* | *waz-í-ya-r* |
| „ | 3) | *wās-g-ā-û* | *wās-g-á-uχ* | *waz-i-ya-û* |
| Plur. | 1) | *[wās-ge-n-ār?]* | *wās-g-iná-ǵer* | *waz-í-na-k* |
| „ | 2) | *wās-ken-ār* | *wās-gi-dná-ǵer* | *wazí-rna-k* |
| „ | 3) | *wās-g-ô* | *wás-g-a-û* | *waz-i-ya-uk* |

Für die zweite Conjugation finden sich in den Texten
keine Belegstellen vor.

*b) Die Relativa der obliquen Casus.*

87) Das Quaresa unterscheidet hier Relativa für das
Präsens-Futurum und für das Perfect, und zwar für die erste
wie für die zweite Conjugation.[1] Für das Relativum II praesentis der ersten Conjugation in der positiven Form finden sich
in den Texten folgende Belege vor:
Sing. 1) ጃሐö:ጊዘ: (M. 14, 25) zur Zeit, in welcher ich
trinken werde. ይመ̈አአ:ኊ:ገን: (M. 14, 44) der, den ich küssen
werde, der ist's. አን:አዘ:ጋበ.ዝ: (Genes. 27, 8) nach dem
Worte, das ich befehle. አን:ይክአለ:አሳ: (M. 14, 36) nicht wie
ich will. ተሸሉ:ኊአö: (Genes. 27, 4) bring' mir, wovon ich
esse! ሁአስ:ሸበ.ሉ:ኍቤዐ:ጕተአ: (Genes. 27, 4) bereite mir
zu eine Speise (wörtlich: was ich esse), in Folge welcher ich
sie gegessen habend [dich] segne! አን:ገመ̈ረ.ስ:ፀስ.: (Genes. 27,

---

[1] Wahrscheinlich werden auch im Relativum I beide Conjugationen unterschieden, leider kommen für die zweite Conjugation des Relativum I in
den Texten keine Belege vor.

13) höre, was ich [dir] sagen werde! አዊን ፡ አኸንሺ ፡ ምውታዕ ፡ (M. 9, 19) wie lange soll ich tragen? አዊን ፡ አኸንሺ ፡ እንተዲ ፡ ስግዕ ፡ (ibid.) wie lange soll ich bei euch bleiben? ጃሕትሶ ፡ መተና ፡ ገርሼኩንማ ፡ አን ፡ ጃሓዕ ፡ ጽወስ ፡ (M. 10, 38) könnt ihr trinken den Becher, den ich trinken werde? እንድሪ ፡ ድወሊ ፡ ዌር ፡ ስልጣንዝ ፡ እንስ ፡ ሼበአ ፡ (M. 11, 33) auch ich sage es nicht, durch wessen Macht ich dieses thue. አትኂ ፡ ፈሐን ፡ ስብሪ ፡ ፋጀስ ፡ ኍናዕ ፡ (M. 14, 14) wo ist der Ruheplatz, an welchem ich das Pesach essen werde? Für das Femininum: ጸውቲ ፡ አን ፡ ጃሐቲ ፡ ጃሐኩን ፡ (M. 10, 39) den Becher, den ich trinken werde, werdet ihr trinken. ጠመቅሴኩንማ ፡ አን ፡ ጠመቅሴ ፡ ጥምቀቲ ፡ (M. 10, 38) werdet ihr getauft werden mit der Taufe, mit welcher ich getauft werde?

Sing. 2) ዌራ ፡ ምልክት ፡ ኸልሺዕ ፡ አን ፡ ጋርስ ፡ ሺቤአ ፡ (Joh. 2, 18) welches Zeichen zeigst du, wornach du das thuest? አን ፡ ይከ ላአ ፡ አላ ፡ እንት ፡ ይከሴአ ፡ ዝ ፡ (M. 14, 36) nicht wie ich will, sondern wie du willst. እንስ ፡ ዌራ ፡ ስልጣን ፡ ሺቤአዕ ፡ (M. 11, 28) durch wessen Macht thust du das? አሀንው ፡ ድርጋ ፡ ገመሬአ ፡ (M. 12, 14) wir wissen, dass du wahrhaftig redest.

Sing. 3) masc: ዊሜና ፡ መምርስ ፡ ገረሻዕ ፡ (M. 5, 35) warum belästigt er den Meister? ስሞ ፡ አሽስታአ ፡ ጊዘሊ ፡ እንጊያ ፡ (Rut 1, 24) nach der Zeit, in der die Gerste geschnitten wird. ዊሜና ፡ ጀረባዕ ፡ (M. 8, 12) warum verlangt er? ዌራ ፡ ጀረብሳዕ ፡ (M. 14, 63) was ist es, das er suchen lässt? አሰብንኡ ፡ ጸፍሲ ፡ ዋነአስ ፡ (Joh. 2, 17) sie dachten an das, was geschrieben steht. አን ፡ ወንዜል ፡ ሰበክሳዝከ ፡ ዓልምዝኪ ፡ (M. 14, 9) wo immer in der Welt das Evangelium gepredigt werden wird. ዌራ ፡ አይ ፡ ዋናዕ ፡ ኻዕ ፡ ጃሓዕ ፡ ከቲውዲከ ፡ (M. 2, 16) was lebt, isst und trinkt er mit allerlei Abtrünnigen?

Sing. 3) fem.: ፈወሴአ ፡ ዳንቶ ፡ ሜና ፡ (M. 5, 23) damit sie gesund werde zu ihrer Gesundheit. ቲሽሴ ፡ ኻዕአ ፡ ይዕንክሪ ፡ ኍቲአ ፡ (Genes. 27, 4) bring' mir zu essen, in folge dessen meine Seele [dich] segnen wird!

Plur. 1) ጃብሺሶ ፡ ዌራ ፡ ወንተሺናዕ ፡ ይትና ፡ (M. 13, 11) sagt nicht, was werden wir zuerst antworten. ጀረብነኩ ፡ ሺውናስ ፡ ይሽፉ ፡ መተና ፡ (M. 10, 35) wir wünschen, dass du thuest, um was wir [dich] bitten werden.

Plur. 2) ኻላ ፡ ዌራ ፡ ዋሴና ፡ (M. 4, 24) sehet zu, was ihr hören werdet! ደሜሰኩ ፡ እንተገ ፡ ዋሴዝዝ ፡ (ibid.) es wird zu-

gegeben euch, die ihr es höret. ዋሜራ፡ፈተኔናሶ፡ (M. 12, 15)
warum versucht ihr [mich]? ዋሜራ፡አሰቤናሶ፡ (M. 2, 8) und
አሰቤና፡ (M. 8, 17) aus was, wornach ihr denket — warum
denkt ihr? ዋሜራ፡እነዋ፡ሺቤናሶ፡ (M. 11, 3) warum thut ihr
so? ዋሜራ፡ገረሺናሶ፡ (M. 14, 6) warum belästigt ihr? ዌራ፡ዮረ
ቤናሶ፡ (M. 9, 16) und ዌራ፡ዮረቤና፡ (M. 10, 36) was ist das,
was ihr wünschet? ዋሜና፡ድውሴና፡ፍሲናሶረ፡ (M. 5, 39) warum
seid ihr vernichtet und weinet? ዌራ፡ሺቤናሶ፡ድወረ፡እውረስ፡
እንሺዜናሶ፡ (M. 11, 5) was macht ihr und warum bindet ihr
das Eselsfohlen los? ዋሜና፡እንትን፡እነዋ፡ንይንቴናሶ፡ (M. 4,
40) warum fürchtet ihr euch so? እንተዝ፡ዮውስ፡ዋነኩ፡የዴራ፡
መንግሥት፡ምስጤርስ፡አሐነአ፡ (M. 4, 11) euch ist es gegeben,
wodurch ihr das Geheimniss des Gottesreiches wisset. ከሲሲ፡
ታብማ፡ኤና፡ዳውሽ፡ (Gespr.) ist's Tef oder Dagussa, das ihr
vom Niederlande esset (beziht)? ገመሬናዝ፡አሰብትና፡ (M. 13,
11) denket nicht, was ihr reden werdet! ሺዌናስ፡አኔንላ፡ (M. 6,
23) ihr wisset nicht, um was ihr bittet. ሺዌናስከ፡ (M. 11, 24)
um was ihr immer bitten werdet.

Plur. 3) ያቤ፡ንዕስ፡ከዘና፡ለዌና፡ንሶ፡ሽብትና፡ (Joh. 2, 16)
macht meines Vaters Haus nicht zu einem Hause, in welchem
man verkauft und wechselt! ነርስረ፡ዋሰነአ፡ሺቤሙ፡ድድስረ፡
ገመረነአ፡ (M. 7, 35) den Tauben hat er gemacht, wodurch sie
hören und den Stummen, wodurch sie reden. ኪዘንከ፡ኪዝ፡ባረ፡
አዕነአ፡ዮኡኡ፡ (Genes. 27, 37) seine Brüder alle gab ich ihm
[in der Stellung], in welcher sie ihm Sklaven sein werden. ግዪ፡
ዮዉ፡መርከቢዋ፡ተወነአ፡ለንጅወረ፡ቀደመነአ፡ (M. 6, 45) er
legte ihnen die Nöthigung auf, in Folge welcher sie in ein
Schiff gehen und vor ihm hinüber fahren sollten. እዪ፡ኔናስ፡
ሃዕንዝ፡ማለነአ፡ (M. 12, 41) er sah zu wie die Leute ihr Geld
in den Geldstock warfen. ወንተርሺለማግ፡እንዘ፡ኩዝ፡ዌራ፡መስ
ከረናሶ፡ (M. 14, 60) antwortest du nicht auf das, was diese gegen
dich bezeugen? ወንተርሺናስ፡አኸነ፡ስንቢንሙ፡ (M. 14, 40) sie
wussten nicht was sie antworten sollten. ኄናሶ፡ሺን፡ስንቢንሙ፡
(M. 6, 36) sie hatten nicht, wovon sie essen sollten. ኄናሶ፡ስን
ቢላ፡ (M. 8, 1) es war nichts vorhanden, wovon sie essen konnten.
ኄናረ፡ሺንላ፡ (M. 8, 2) und sie hatten nichts zu essen. እረ፡
ጅብጥ፡ዮውናረ፡ኄነአ፡ (M. 6, 37) [willst du], dass wir Brod
kaufen und [ihnen] geben, wovon sie essen könnten? አወከሰ
ናስ፡ኻልሙ፡ (M. 5, 38) er sah, wie sie verwirrt wurden. ሺበ

ናስ ፡ ኻሊ. ፡ (M. 2, 24) siehe was sie machen! ዊነ ፡ ከበኒን ፡ ዋንና ፡ (Gespr.) wie viele [Kinder] sind es, welche sie gezeugt habend sind?

Hiernach gelangen wir für die Conjugation I zu folgendem Schema des Relativum II praesentis positivum:

|  | Quaresa | Chamir | Bilin |
|---|---|---|---|
| Sing. 1) | wās-ĭ | wáz-a-ŭ | wás-ā-uχ |
| „ 2) | wāsi-y-ā | wáz-ra-ŭ | wás-rā-uχ |
| „ 3) m. | wās-ā | wáz-a-ŭ | wás-ā-uχ |
| „ 3) f. | wāsi-y-ā | wáz-ra-ŭ | wás-rā-uχ |
| Plur. 1) | wāse-n-ā | wáz-na-ŭ | wás-nā-uχ |
| „ 2) | wās-yen-ā | waz-ŕna-ŭ | wā̀s-daná-uχ |
| „ 3) | wās-an-ā | waz-ína-ŭ. | wās-aná-uχ |

Anmerkung. Der feminine Ausgang ist auf Hamis, als: wās-i-ē (aus wās-ī-ē oder wās-y-ē) = Cham. waz-r-ē, Bil. wás-rá-rī, vgl. oben §. 87, Sing. 1: ጀሐ. ፡, ጠመቅሴ ፡.

88) Vom obigen Schema unterscheidet sich das der Conjugation II nur darin, dass für das Personalsuffix y ein t eintritt, d. i. in der zweiten Person beider Zahlen und in der tertia feminini generis. Vom Relativum II praesentis positivum der zweiten Conjugation kommen folgende Belegstellen vor:

Sing. 1) እን ፡ ኬኣዕ ፡ ጊዘስ ፡ እኽሲ. ፡ (Genes. 27, 2) die Zeit, in der ich sterben werde, weiss ich nicht. እን ፡ ያስ ፡ ይዋ ፡ ለሽ ፡ (Genes. 27, 13) bringe mir, was ich sage.

Sing. 2) ከታኣ ፡ ስብሪሊ.ኪ. ፡ እንድሪ ፡ ኬኮ ፡ (Rut 1, 17) an dem Orte, wo immer du sterben wirst, sterbe auch ich. ፊ.ፖ ው-ኪ. ፡ ፊ.ኮ ፡ (Rut 1, 16) wo immer du hingehst, dahin gehe ich. ጀሪበኮ ፡ ናን ፡ ለተኣ ፡ (M. 6, 25) ich wünsche, dass du [mir] jetzt bringest.

Sing. 3) ሺዊእስ ፡ ሌኣ ፡ ይቤው ፡ (M. 6, 23) er sagte, dass er geben werde, um was sie bitten würde. እኔንሳ ፡ ገን ፡ በለ ፡ ቤት ፡ አዊን ፡ እንቲኣ ፡ (M. 13, 25) ihr wisst ja nicht, wann der Hausherr kommt. ኊያስ ፡ ይሽ ፡ (Joh. 2, 5) thuet, was er sagen wird!

Plur. 2) ዊሟጌና ፡ ይዲ. ፡ ፊ.ተና ፡ (Rut 1, 11) warum geht ihr mit mir? እን ፡ እን ፡ ይርስ ፡ ይተናዕስ ፡ እኽገኣ ፡ (M. 14, 71) ich will vom Mann, von dem ihr redet, nichts wissen.

Plur. 3) ያቤ፡ንዕስ፡ከዘኅ፡ለዌኅ፡ንዕ፡ሸብተኅ፡ (Joh. 2,
16) macht meines Vaters Haus zu keinem Verkaufs- und
Wechselhaus!

Das Schema des Relativum II praesentis positivum der
zweiten Conjugation lautet demnach:

|  | | Quaresa | Chamir | Bilin |
|---|---|---|---|---|
| Sing. | 1) | *y-ā* | *y-a-û* | *y-ā-uχ* |
| „ | 2) | *yi-t-ā* | *yi-rá-û* | *yi-rá-uχ* |
| „ | 3) | *y-ā* | *y-a-û* | *y-ā-uχ* |
| Plur. | 1) | *yi-n-ā* | *yi-ná-û* | *yi-ná-uχ* |
| „ | 2) | *yi-tan-ā* | *yi-rna-û* | *yi-daná-uχ* |
| „ | 3) | *y-an-ā* | *yi-ná-û* | *y-aná-uχ.* |

89) Die negative Form wird wie im Bilin gebildet, indem
man zwischen den Wortstamm und die Personalendungen das
negative *ag* (*a* Präsenszeichen + *g* negativum) einschiebt. In
den Texten kommen Belege nur vor für die secunda pluralis,
als: ዌአ፡አምነክኅ፡ (M. 11, 31) warum glaubt ihr nicht? Bil.
*wariuχ amen-gi-daná-ĵer.*

90) Für das Perfectum positivum der ersten Conjugation
bieten die Texte folgende Belegstellen:

Sing. 1) ዮሐንስ፡አን፡ኂኣኈስ፡ከበዕ፡እን፡ግን፡ (M. 6, 16)
Johannes, dessen Kopf ich abschlug, der ist's. አንኚ፡አሪ፡
አንኚ፡ሸኾበገ፡ገሞዛዕ፡ጊዘ፡ (M. 8, 19) zur Zeit, in welcher ich
die fünf Brode an die fünftausend vertheilte.

Sing. 2) አዜአገ፡ሰኅ፡ይሸአ፡ (Genes. 27, 19) ich that,
wie du befohlen hast. ትንኮስሞጊያለ.ክ.፡ተንኮስሞኮ፡ (Rut 1,
16) wo immer du dich sesshaft gemacht haben wirst, bleibe
ich. ከከርኂአለ.፡ገሚ፡ (M. 15, 30. 31) steige vom Kreuze! =
[von der Stelle], auf welcher du aufgehängt worden bist. ይከ
ለ.አስከ.፡ሺዌ፡ (M. 6, 22) verlange, was immer du willst (in
Liebe erfasst hast). ዌሪ፡ኂረቢአ፡ (M. 10, 51) was verlangtest
du? ዌሪ፡አሐአ፡ (Gespr.) was hast du kennen gelernt (weisst
du)? ደብተሪ፡እን፡እንትሟ፡ሲዌስ.፡ግርኂገ፡ኑዘአዕ፡ (Joh. 2,
20) dieser Tempel da, den du am dritten Tage aufgerichtet
hast? ኂት፡ሸበ.ያስ፡ምይደሸ፡ (Genes. 27, 45) bis er vergessen
hat, was du ihm angethan hast. ኄዕ፡ሸበ፡ይከለአስ፡አኺ.ያስ፡
(Genes. 27, 4) bereite mir ein Essen, von welchem du weisst,
dass ich es liebe. Mit femininem Ausgang: ይሸ.ሺ፡በለስ፡

ከጊፋ፥ (M. 11, 21) der Feigenbaum, den du verflucht hast, ist verdorrt.

Sing. 3) masc.: የደራ፥ፊጠራዕ፥ፍጥረትሊ፥ጀመር፥ንዕሊ፥ አኸንሽ፥ (M. 13, 19) vom Anfang der Schöpfung, welche Gott geschaffen hat, bis auf heute. ኂኣዛስ፥አኔኩ፥ (M. 10, 19) du weisst, was er befohlen hat. ኂናን፥ሰለላው፥ይርስራ፥ይው፥ (M. 3, 3) und er sprach zum Manne, dessen Hand gelähmt war. ይዐ ረዝ፥ኂሐራ፥ጕዚ፥ሐራ፥የደራ፥ጕታዕ፥ (Genes. 27, 27) meines Sohnes Geruch ist Geruch des Ackers, den Gott gesegnet hat. ኂገነራ፥ኣስ፥ሰልሸፕ፥ኂኣባ፥ይክላስ፥ (Genes. 27, 14) und seine Mutter bereitete ein Essen, welches sein Vater liebte. መጸፍገራ፥ አምንንኡ፥ጋቢዝራ፥የሱስ፥ገመራስ፥ (Joh. 2, 22) sie glaubten an die Schrift und das Wort, das Jesus geredet hatte. አሰብንኡ፥ እንስ፥ይ፥ስምበአ፥ (Joh. 2, 21) sie dachten an das, was er gesagt hatte. የደራ፥ገጠማግስ፥ይር፥ጎሉጊንአ፥ (M. 10, 9) was Gott zusammengefügt hat, trenne der Mensch nicht! Mit femininer Endung: አን፥ኂሸክር፥ምጅምር፥የሱስ፥ሸቤ፥ (Joh. 2, 11) dies ist das erste Wunder, das Jesus gewirkt hat. ሸቤ፥ሸክርፕ፥ ኻልፍ፥ጊዛ፥ (Joh. 2, 23) als sie das Wunder sahen, das Jesus gewirkt hatte.

Sing. 3) fem.: ሸቢኣስ፥ኻላዕ፥ስንቢው፥ (M. 5, 32) er sah nach ihr, die das gethan hatte. ኂራ፥ኻሊኣ፥አምንንላ፥ (M. 16, 11) sie glaubten nicht, was sie gesehen hatte. ሸብሲውስ፥አኂ አገ፥መፕና፥ (M. 5, 33) weil sie wusste, was geschehen war. ሸቢኣ፥ድውሰኩ፥ (M. 14, 9) es wird gemeldet werden, was sie gethan hat. ሸዋኣስ፥ሌኣ፥ይቢው፥ (M. 6, 23) er hatte gesagt, dass er geben werde, um was sie gebeten haben würde. ዋሲኣ፥ ጊዛ፥ (M. 5, 26) als sie gehört hatte. ጕራ፥ዋንያ፥ስብረወራ፥ ትውው፥ (M. 5, 40) und er trat ins Gemach, in welchem das Mädchen sich befand. Mit femininer Endung: ርገፕ፥ጊዛ፥ (M. 4, 31) wann es (das Senfkorn) gesäet worden ist. አጅው፥ቢ፥ ክሴራ፥ሐሪገ፥ጕው፥ (M. 1, 35) am frühen Morgen, noch bei Nacht, stand er auf.

Plur. 1) unbelegt.

Plur. 2) ዋሲፍ፥ጊዛ፥ (M. 13, 7) wann ihr gehört habt. ኻሊፍ፥ጊዛ፥ (M. 13, 14. 29) wann ihr gesehen habt. የደራ፥ እንተዲ፥ሰሁ፥ሸብዶ፥ይዳኻ፥ኪዐ፥ይዑርዲ፥እንተን፥ሸቢነአ፥ (Rut 1, 8) Gott segne euch für das, was ihr mir und meinen verstorbenen Söhnen thatet. ምወረናገ፥ምወረንተገ፥ምወረነ

ከ፡ (M. 4, 24) nach dem Mass, womit ihr gemessen habt, wird man euch messen.

Plur. 3) ዋስና፡ዚሃ፡ (M. 3, 8; 6, 29 u. a.) als sie gehört hatten. ኽልና፡ዚሀገ፡ (M. 6, 49) und ኽልሳዕ፡ዚሀገ፡ (M. 2, 16; 3, 11) auch ኽልነ፡ሰበ፡ (M. 4, 12) als sie gesehen hatten. አገ ርዋ፡ትውና፡ዚሀገ፡ (Rut 1, 19) als sie in die Stadt eingezogen waren. ሰክርና፡ዚሃ፡ (Joh. 2, 10) wann sie trunken geworden sind. ከክርስዕ፡ዚሀገ፡ (M. 15, 24) als sie ihn gekreuzigt hatten. ትውስትና፡ዚሀስረ፡ደውሽ፡ዋነክ፡ (Rut 1, 12) und die Zeit, in welcher sie (Mädchen) geheiratet werden, habe ich überschritten. ይከልሳስከ፡ረ፡ሽብነው፡ (M. 9, 12) sie thaten, was sie nur wollten. ላኽ፡እንሼውሳው፡ቤአዕ፡ስንቢ፡ው፡ይከልሳስ፡ (M. 15, 6) er pflegte einen Gefangenen loszulassen, welchen sie begehrten. ተንክውስምሳዕ፡ስብሪለ፡፡ረቲ፡ (Rut 1, 7) sie zog ab vom Orte, wo sie gewohnt hatten. አሳጸ.ዐን፡ሳቅሳዕ፡ክርይ፡ (M. 12, 10) der Stein, den die Werkleute missachtet haben. ፈትረ፡ደው ንው፡ሽብሳስከ፡ረ፡ከ.ንሺሳስረ፡ (M. 6, 30) sie meldeten ihm, was sie alles gethan und gelehrt hatten. ፈረረርናለ፡፡ኽከን፡ (M. 7, 28) sie leben von den Resten (von dem was man übrig gelassen). ኽሎ፡ስንቢነው፡አት፡እንኑርነአ፡ (M. 15, 47) sie hatten gesehen, wohin sie ihn gelegt. እንደክ.፡ስብረ፡ፈት፡እንኑርሳው፡ (M. 16, 6) siehe den Ort, wohin sie ihn gelegt haben! Das Schema lautet hiernach also:

| | | Quaresa | Bilin | Chamir |
|---|---|---|---|---|
| Sing. | 1) | wās-ā, -ā-ū | wás-ā-uχ | wáz-a-ū |
| „ | 2) | wās-ī-a | wás-rā-uχ | wáz-ra-ū |
| „ | 3) {m. | wās-ā | wás-ā-uχ | wáz-a-ū |
| | f. | wās-ī-ā | wás-rā-uχ | wáz-ra-ū |
| Plur. | 1) | [wās-n-ā] | wás-nā-uχ | wáz-na-ū |
| „ | 2) | wās-īn-ā | wās-dinā-uχ | waz-ŋna-ū |
| „ | 3) | wās-n-ā | wás-nā-uχ | waz-iña-ū. |

Anmerkung. Zum positiven Perfect der zweiten Conjugation fehlen für die abweichenden Personen, secunda sing. und plur. und tertia sing. die Belege. Nach den bisher bekannten Gesetzen kann vom Schema in §. 88 nur die secunda pluralis abweichen, indem dieselbe yi-teu-ā statt des Präsens yi tau ā lauten muss.

91) Für das negative Perfect des zweiten Relativs kommen in den Texten vor die tertia masc. und die secunda und tertia pluralis, nämlich: ድኖሪ፡እኑረስ፡ኣሬኩን፡ይርሊ፡ኣውኪ፡ተን ኮስምጋው፡ (M. 11, 2) ihr werdet ein Eselsfohlen finden, auf welchem kein Mensch je gesessen = auf welchem irgend einer von den Menschen nicht gesessen. እን፡ምሳሌስ፡ኣስተዋልክ ኔማ፡¹ዊኣሪ፡ምሳሌስኪ፡ኣስተዋሌነኣ፡ (M. 4, 15) versteht ihr dieses Gleichniss nicht? wie also werdet ihr alle Gleichnisse begreifen = seid ihr [in der Lage], nach welcher ihr nicht begriffen habt? እነወሪ፡እንትንሪ፡ኣስተዋልክና፡ኣሒንለማ፡ (M. 7, 10) so habt ihr also nicht begriffen und verstanden? ዊኣ፡ የይማኖት፡ሼክኔማ፡ (M. 4, 40) wie so habt ihr keinen Glauben (erworben)? ኻልና፡ሰበ፡ኣስተዋልሼግነኣ፡ (M. 4, 12) als sie sahen, wie sie es nicht begriffen hatten. Das Schema ist demnach wohl folgendes:

|  | Quaresa | Bilin | Chamir |
|---|---|---|---|
| Sing. 1) | *wās-q-ā* ² | *wás-g-ā-uχ* | *waz-íy-a-û* |
| „ 2) | *wās-k-ā* | *wás-g-rā-uχ* | *waz-i-ra-û* |
| „ 3) | *wās-g-ā* | *wús-g-ā-uχ* | *waz-íy-a-û* |
| Plur. 1) | *wās-ge-n-ā* | *wàs-gi-nā-uχ* | *waz-í-na-û* |
| „ 2) | *wās-ken-ā* | *wàs-gi-duā-uχ* | *waz-i-rna-û* |
| „ 3) | *was-y-en-ā* | *wās-gi-nā-uχ* | *waz-i-ña-û.* |

92) Das Relativum II wird im Quaresa auch verwendet, um auszudrücken:

## K. Das Perfectum subordinatum.

Gewöhnlich werden den Formen des Relativum II die Wörter ጊዘ፡ Zeit oder ጊዘገ፡ zur Zeit, ሰበ፡ Zeit, እንጊያ፡ Rücken, nach, ስና፡ Art, wie u. s. w. nachgesetzt. Von den zahlreichen Beispielen mögen hier nur einige folgen: ኪኣሊ፡ ኑ፡ጊዘገ፡ wann ich vom Tode auferstanden sein werde. ኣII. ኣገ፡ሰና፡ይሽኡ፡ (Genes. 27, 19) ich that, wie du befohlen hast. ድክርታ፡ጊዘገ፡ (M. 2, 25) als er hungrig geworden war. ሰንበትሪ፡ይዋ፡ጊዘገ፡ (M. 16, 1, Bil. ሰንበርር፡ይኩ፡ይምቤ፡) nachdem der Sabbat vorübergegangen war. (ሰናፍጭ፡ክንታ፡)

---

¹ Das Hamis in ኔ ist hier *a* zu sprechen, aus *ā* geschwächt, wegen folgenden Affixes -ማ፡ vgl. die folgenden zwei Beispiele.

² Oder voll: *wās-g-ā-ñ.*

ርኔተ፡ዝኀ፡ (M. 4, 31) nachdem das Senfkörnchen gesäet worden ist. ?·ና፡ዝ‖ገ፡ (M. 11, 25) wenn ihr aufgestanden seid. ቀስና፡ስበ፡ (M. 4, 12) nachdem sie gehört hatten. Wegen enger Verbindung mit dem nachfolgenden Nomen kann auslautendes *-ā* vom Relativum II auch zu *a* verkürzt werden, wie: ና፡ወ፡ስበ፡ indem er weinte (M. 9, 24), ïïስ\፡ስበ፡ nachdem sie gesehen (M. 4, 12) u. s. w. Hieraus erklärt sich auch die Herkunft des Perfectum subordinatum im Bilin und Chamir, wie aus dem Schema ersichtlich ist:

| | | Quaresa | Bilin | Chamir |
|---|---|---|---|---|
| Sing. | 1) | *wās-ā* | *wās-ǽ* [1] | *waz-á* |
| „ | 2) | *wās-y-ā* | *wās-r-ǽ* | *waz-r-á* |
| „ | 3) | *wās-ā* | *wās-ǽ* | *waz-á* |
| Plur. | 1) | *wās-n-ā* | *wās-n-ǽ* | *waz-n-á* |
| „ | 2) | *wās-īn-ā* | *wā̃s-din-ǽ* | *waz-yn-ǽ* |
| „ | 3) | *wās-n-ā* | *wās-n-ǽ* | *waze-n-o'* |

Anmerkung 1. Die zweite Conjugation unterscheidet sich vom obigen Schema nur, dass für personales *-y*, *-ī* ein *t* eintritt.

Anmerkung 2. Wie das Perfectum subordinatum, so scheint sich auch das Participium (-*ô* aus -*āâ* abgeschwächt) und im Bilin auch der Modus synchronos (-*ū* aus -*ô* verdumpft) aus dem Relativum entwickelt zu haben. Derselben Herkunft ist ohne Zweifel auch der Subjunctiv, wie dies aus den Endungen desselben zu ersehen ist. Schon im Chamir (Ch. §. 125, Anm.) haben wir gesehen, dass dieser Modus mit den Futuralformen im Zusammenhang stehe, diese aber sich aus dem Relativ entwickelt haben (Ch. §. 113, Anm. und B. §. 199, Anm.) Das Quaresa hat ein selbständiges Futurum noch nicht ausgebildet, indem hier wie in den semitischen Sprachen für werdende Handlungen oder Zustände noch die gleichen Formen (PräsensFuturum) angewendet erscheinen.

## L. Die Verbalnomina.

93) Das eigentliche Verbalnomen stimmt durchaus mit dem Verbalstamm überein, wie: *asab* das Denken, Trachten, die Gedanken, Bestrebungen (M. 4, 19; 7, 21) und denken,

---

[1] Und noch: *wās-ā*, *wās-rā* u. s. w., vgl. B §. 95.

trachten; *farē* Gericht, das Richten (M. 10, 34; 12, 40 u. a.)
und richten; *gaš* das Wachsen, Wachsthum (M. 4, 32) und
wachsen; *gŭeb* das Tagen, der Morgen (M. 13, 36) und morgen
werden, tagen; *kārt* die Ferne (M. 5, 6; 8, 3; 11, 13 u. a.) und
sich entfernen, ferne sein; *makar* das Ernten, die Ernte (M. 4,
29) und ernten; *šŭm* das Fasten (M. 9, 29) und fasten u. s. w.

94) Durch Anfügung von -*ā* an den Verbalstamm erhält
man die Bezeichnung eines concreten Gegenstandes oder einer
speciellen Eigenschaft, die einem bestimmten Objecte anhaftet,
wie: *adaj-ā* Rest, Ueberbleibsel, *adal-s-ā* [1] Stück, Theil, *aχŭ-
daŭš-ā* [2] Frosch, *embālâw-ā* Funke, *anab-ā* Weber, *asab-ā* Streber,
bestrebt, *awâl-ā* Nässe, nass, *buwunt-ā* Strom, *faray-ā* [3] Richter,
*gāb-ā* Wort, *gamazt-ā* [4] Stück, Theil, *gāñ-ā* Lauf, *gaš-ā* Vornehmer, gross, gewachsen, *kārt-ā* fern, *maš-ā* Essig, sauer,
*maχal-ā* [5] Genosse, *sagay-ā* [6] Anbeter, *šebk-ā* Haar, *šalay-ā* [7]
Schärfe, Messer, *tehŭ-ā* Licht, *tell-ā* Arznei u. s. w. Zweifellos
ist diese Nominalbildung auf -*ā* nichts anderes, als das Relativ
der dritten Person singularis masc. generis (vgl. §. 83), demnach:
*adaj-ā* das was übrig geblieben, *adāl-s-ā* getheiltes u. s. w.

95) Mittelst Anfügung von femininem -*t* an die obige
Endung, welche durch den Einfluss von folgendem *t* zu *a* und
*a* gekürzt wird, werden Abstracta gebildet, wie: *duw-â-t* Rede,
*faš-a-t* Wegnahme, *gŭ-a-t* Auferstehung u. s. w. Diese Nominalbildung kommt im Quaresa nur sehr sporadisch noch vor und
wird durch die Endung -*ē* (aus -*ay* = früherem -*ar*, -*at*, vgl.
§. 23, b) vertreten, wie: *bār-ē* Knechtschaft, *dez-ē* Untergang
(von *dez*), *kes-ē* Morgendämmerung (von *kes*), entsprechend den
Formen: *bāltē* Witwe, *qilbē* Ring, *qŭrbē* Haut, in §. 23, b; vgl.
die Femininendung -*ē* in §. 83 und 87.

96) Mittelst des Suffixes -*nā* wird wie im Bilin und Chamir (B. §. 118, Ch. §. 175) eine Art Infinitiv gebildet, der
auch als abstractes Nomen gebraucht wird und Postpositionen

---

[1] Passiv von *adal* theilen.
[2] ,Wassertreter', A. **ደቀበ**: stampfen, treten, vgl. §. 33.
[3] Von **ፈፈ**: = G. Ty. A. **ፈፈደ**: richten, vgl. §. 23, a.
[4] Passiv von *gamaz* theilen.
[5] Bil. *mā̆'kal-ú*.
[6] G. Ty. A. **ስገደ**:, vgl. §. 23, a.
[7] A. **ስለተ**:.

annimmt, wie: **ገብነስ፡ይከላ፡** *gab-nu-s*[1] *yikal-lā* (M. 6, 26) er
wollte nicht verweigern. **ፈ�፡ገርሸስ.**: (Gespr.) ich vermag
nicht zu gehen. **ይሸ�፡ለሸኩ**: (Genes. 27, 12) ich ernte Fluch;
und so: *dez-nā* unterzugehen, Untergang, *aχ-nā* zu wissen, das
Wissen, *sem-nā* bleiben, Aufenthalt, *wās-nā* hören, Gehör u. s. w.
Seiner Herkunft nach scheint diese Nominalbildung aus der
dritten Person pluralis des Relativ II perfecti sich herausgebildet zu haben, vgl. z. B. *akab-te-nā* Versammlung (M. 13, 9),
d. i. ⸢Ort⸣, an welchem Leute sich versammelt haben; *aχ-nā*
Kenntniss, d. i. was Leute erfahren haben; *farafar-nā* Ueberbleibsel, Rest, d. i. was man übrig gelassen hat[2] u. s. w.

97) Das Suffix -*nē* (aus -*nay* = Bil. -*nār*, Cham. -*nat*,
vgl. §. 23, b) ist die Femininform zu obigem *ɛnā* und bildet
abstracte Nomina aus Verbal- und häufiger aus Nominalstämmen,
wie: *deχ-nē* Armuth, *adar-nē* Herrschaft, *bār-nē* Knechtschaft,
*dāи-nē* Heil, *gŭaje-nē* Furcht, *gebaz-nē* Heuchelei, *kemam-nē*
Reichthum, *mesker-nē* 'Zeugniss, *yizem-nē* Widerspenstigkeit
u. s. w.

98) Die Nominalbildung mittelst des Suffixes -*иā* (vgl.
Chamirspr. §. 176) steht mit der obigen mittelst -*nā* auf gleicher
Stufe; über die graphische Darstellung von *и* vgl. oben §. 34.
Wie -*nā* bildet -*иā* Infinitive und Abstractnomina, wie: **ኢጎሸ.**
**ሽራ፡ይመርው**: (M. 8, 31) und er fing an zu lehren, **ኢጎሸኡ፡**
**ይመርው**: (M. 4, 1) er fing an zu lehren.[3] **ይኢ፡ይመርው**:
(M. 10, 47) oder **ይኡ፡ይመርው**: (M. 10, 28; 12, 1; 13, 5; 14, 69)
er begann zu sagen. **ይወኡ፡ይመርው**: (M. 10, 32) er begann
zu verkünden. **ናጎኡ፡ይመርው**: (M. 11, 15) er begann auszutreiben. **ተከራኮርስኡ፡ይመርኑው**: (M. 8, 11) sie begannen
auszufragen u. s. w., vgl. den Infinitiv auf: -*ingi* bei Wald-
maier im Agau von Agaumeder. Als Nomen abstractum begegnen wir dieser Bildung in zahlreichen Beispielen: wie:
**መጎጎኽስ፡ኽለው**: (M. 12, 28) er sah die Tauglichkeit, das
Zutreffende.[4] **ኢ.ኽስ፡ተመጎ**: (M. 9, 11) welche den Tod[5] nicht

---

[1] Von *gab-nā*; vor Postpositionen wird *ā* meist zu *a, u* gekürzt.
[2] **ፈ.ረ.ፈ.ርናስ.፡ኊኩጎ**: (M. 7, 28) sie essen von den Ueberbleibseln,
eigentlich: was sie übrig gelassen haben.
[3] Vgl. *kinshingua* instruction, Fl.
[4] Von **መጎጎጎ**: gewürzt werden, M 9, 19.
[5] Vgl. *keegna* dead, Fl.

schmecken werden. ቀዘና፡ሐ.ገ ፡ 'ሸጎክሰጎጎ ፡ ኻሎ ፡ (M. 6, 48) er
schend, wie sie beim Rudern in Bedrängniss waren u. s. w.
Mittelst Abwerfung von *ā* können Plurale gebildet werden, wie:
ይም፡ተ፡ò ፡ M. 6, 20 oder ይም፡ተ፡ይ. ፡ M. 4, 16 Freudensausbrüche,
-äusserungen, *yemteng* joi, Fl.; ሲ.ò ፡ oder ሲ.ኋ ፡ (*see-egn* Fl., Cham.
*sir-iñ*) Kleidungsstücke u. s. w. Wenn nach §. 96 die Nominalbildung auf -*nā* aus der Relativendung der tertia plur. erstarrt
ist, so muss wohl auch die Bildung auf -*ñā* gleicher Herkunft
sein; vgl. hiernach die Personalendung der tertia plur. auf -*ñ*
im Chamir.

99) Das Suffix -*anā* bildet wie im Chamir und Bilin
(Ch. §. 177, B. §. 123) Nomina actionis und in übertragener
Bedeutung auch Concreta, wie: *dād-anā* Fussspur, *dez-anā* Ver-
geudung, *dabalt-anā* Umgürtung, Gürtel, *enšāj-anā* Sendung,
Auftrag, Bote, *fal-anā* Kamm, *faz-anā* Nachkommenschaft, *gñat-
anā* Segen, * χŭ-anā* Speisung, Speise, *kāb-anā* Hilfe, *kin-š-anā*
Lehre, *sab-anā* Stachel, *sar-anā* Befehl, *šab-anā* That, *wāj-anā*
Geschrei u. s. w. Seiner Herkunft nach hat sich dieses Nominalsuffix ohne Zweifel aus der dritten Person der Mehrzahl des
Relativ II praesentis herausgebildet, demnach *dād-anā* was man
eintritt in die Erde (Fussspur), *dez-anā* was man vergeudet,
*dabal-t-anā* womit man sich umgürtet, *faz-anā* wodurch Orga-
nismen sich fortpflanzen, *enšāj-anā* den man sendet (Bote),
*tumbaχō jaχ-anā* womit man Tabak trinkt (Tabakpfeife) u. s. w.
Mittelst Abwerfung von auslautendem -*ā* werden hieraus Plurale
gebildet, wie: *dād-an* Fussstapfen, *dāš-an* Jagdbeute, *faz-an*
Samenkörner, *fuw-ân* Thränen, *gñat-an* Segenssprüche, -worte,
*šab-an* Thaten u. s. w.

100) Durch Anfügung von -*tā* werden wie im Bilin (B. 122 :
-*antā*, Chamir -*atā*, Ch. §. 178) Nomina agentis gebildet, wie:
*bez-antā* Schlüssel, *enχa-š-antā* Wäscher, *fōz-antā* Säemann, *gār-
et-antā*[2] Arbeiter, *gabaz-antā* Räuber, *malt-antā* Wächter, *mu-
wur-antā* Ausmesser (Massstab), *nešg-antā* Bote, *šarab-antā*
Zimmermann u. s. w. Der Plural wird gebildet mittelst Abwerfung von auslautendem -*ā*, als: *malt-ant* (M. 12, 7) die

---

[1] D. i. *qazaf-iñ-z*; vor den Postpositionen *z* und *li* geht vorangehendes *ā*
meist in *i* über.

[2] Von *gār* Arbeit, Geschäft, *gār-et* arbeiten, cf. *gār-et-ûñ* relat., beschäftigt
(momentan), während *gār-et-antā* habituel.

Wächter; synon. gebraucht mit dem Relativ tertiae plur. *malt-ô*
(M. 12, 1. 2. 9); *kat-ant* (Gespr.) die Heiden, vgl. das Relat.
praes. *kat-ô* (M. 15, 28) die Missethäter, und Relat. perf. *kati-û*
(M. 2, 16) die Heiden, d. i. welche abtrünnig geworden sind.
Anmerkung. Das im Bilin und Chamir vorkommende
Nominalsuffix -*ra* (B. §. 135, Ch. §. 173) ist im Quara nur
mehr im Worte *anfa-rā* = Bil. *emfʼā*, Ch. *ieffā, iefʼā, iefa-rā*
Knabe, nachweisbar.

## 5. Das Verbum substantivum.

101) Die Verbindung des Prädicats mit dem Subject wird
durch das inconjugable *gan*[1] bewerkstelligt; z. B. እን፡ገን፡
(M. 6, 50) ich bin es. እንት፡ይኑፈ፡ገን፡ (M. 1, 11) du bist
mein Sohn. እንት፡የደፈ፡እኑፈ፡ገን፡ (M. 3, 11) du bist Gottessohn. እንት፡ክርስቶስ፡ገን፡ (M. 8, 29) du bist Christus. ሰንበ
ትገ፡አደፈ፡ገን፡ (M. 2, 28) er ist der Herr über den Sabbat.
የደፈ፡ይካላስ፡ሼበዕ፡ኗ፡ይዘን፡ገን፡ (M. 3, 34) wer Gottes Willen
thut, der ist mein Bruder. ይሐንስ፡እን፡ዕኸኗስ፡ከበዕ፡እን፡ገን፡
(M. 6, 16) Johannes, dessen Haupt ich abschlug, der ist's. እን፡
ገን፡ይካላዕ፡ይኑፈ፡ (M. 9, 7) dieser ist mein Sohn, den ich
liebe. እን፡ይሣኗ፡ገን፡ (M. 14, 22) das ist mein Fleisch. እን፡
ይብር፡ገን፡ (M. 14, 24) das ist mein Blut. ይሽው፡ሴጊዎን፡ገን፡
አጀው፡ገን፡እንን፡ (M. 5, 9) mein Name ist Legion, denn wir
sind viele. ገፈዋገ፡ዋኗ፡ኗይ፡ገን፡ (M. 4, 15) die auf dem Wege
befindlichen sind diese.

102) Die Negation wird bewerkstelligt mittelst እንላ፡, *enla*[2]
Fl., wie: እንለ፡እንላ፡ (M. 16, 6) er ist nicht hier. ዋገ፡ይፈ
ታዕ፡ክርትዋገዝ፡እንኑፈዕ፡እንላ፡ (M. 2, 22) welcher Wein in
einen alten Schlauch giesst, der existirt nicht. ትብታዕ፡እንላ፡

---

[1] Bil. *gin*, Saho *kin* und *ki*, 'Afar *kin* sein, vgl. Bil. *kīn*, Cham. *kū*, G. ከን፡, كان.

[2] Bil. *il-lā*; das *en* in *en-lā* ist wohl identisch mit dem gleichlautenden Demonstrativ *en* dieser, das, wahrscheinlich eine Nominalbildung aus dem im Saho noch existirenden Verbum substantivum *na* (A. ነው፡) sein. Die Form *en-lā* wird nur im Indicativ gebraucht, während in den Modis, wie bei allen übrigen Verben mittelst -*y* negirt wird, z. B. Relat.: ፍፈ፡ እን.ገ፡እኸኩ፡ (M. 4, 19) er bleibt ohne Furcht, *en-gu* nicht seiend አክ፡እን.ገዕ፡ገፈዎንው፡ (M. 6, 51) sie waren über alles Mass er-staunt; Bil. *en-g-ānⱬ* ohne seiend, *en-g-a-t* Mangel, Abgang.

(M. 4, 22) es gibt nichts verborgenes. ሼሬ፡ዐ፡እንላ፡ላስ፡አገዓ፡
(M. 10, 18) es existirt kein guter ausser einem. ኪ.ይሊ.፡ጕእ፡
እንላ፡ (M. 12, 18) es gibt keine Erstehung vom Tode. አይው፡
ትዛገ፡እንላ፡አንዜሊ.፡በለሻዕ፡ (M. 11, 31) ein anderes vorneh-
meres Gebot als dieses gibt es nicht. የይሬ፡ላዕ፡ገን፡ዩ፡አገዓ፡
አይው፡እንላ፡ (M. 12, 32) Gott ist einzig, ausser ihm gibt es
keinen andern.

103) Ein weiteres Verbum substantivum ist *aǵ* (vor consonantischen Suffixen *ay* und *a*) eigentlich: werden, geschehen,
dann: sein, z. B. ኪ.ስመን፡ቢ.፡ሳዕገ፡አዐኩ፡ (Genes. 27, 39)
dein Wohnsitz wird sein in einem fetten Lande. ኪ.ይሽኗ፡ይዓ
ግሊ.፡አዶ.፡ (Genes. 27, 13) dein Fluch sei über mir! ሰጃ፡ሽ.ኽ፡
አአኩን፡ (M. 8, 9) es sind ihrer viertausend. ዩ፡በሐ.አሬ፡አአ፡
ጋዘገ፡ (M. 4, 10) als er allein war. Die Negation ist regelmässig, wie bei den übrigen Verben, in den Hauptzeiten mittelst
-*lā*, in den Modis mittelst -*y*, als: አንዘ፡ሲ.ንኪ.፡እንተዓ.፡አሊ.፡
(M. 14, 7) ich aber bin nicht immer bei euch. ዩኪ.ው፡ገ፡አደሬ.፡
አላ፡ (M. 12, 27) er ist nicht ein Herr der Todten. እንት፡
የይሬ.፡መንግሥትሊ.፡ከርቲ፡አር፡አይላ፡ (M. 12, 34) du bist nicht
fern vom Reiche Gottes. እን፡ሽረበንቲ፡አለማ፡ (M. 6, 3) ist
dieser da nicht der Zimmermann? እንተን፡ገመሬኗ፡አይንላ፡
(M. 13, 11) nicht ihr seid es, die da reden werden. እንተ፡
ዓገገ፡አ.ጋኪ.፡[1]እንተዓ.፡ገን፡ (M. 9, 40) wer nicht wider euch
ist, der ist mit euch.

104) Zu gleichem Zwecke werden auch *senbī* und *wän* sein,
existiren, gebraucht, z. B. ሲ.ንኪ.፡እንተዓ.፡ስንቢ.ው፡ (M. 14,
49) ich war stets mit euch. እንተሬ፡ናግሬትው-ዓ.፡ስንቢ.ው፡
(M. 14, 67) auch du warst mit dem Nazarener. ዩስማሬ፡አር
ፒገ፡ስንቢ.ው፡ (M. 5, 1) sein Aufenthalt war in einem Grabe.
ይንሊ.፡ስንቢ.ቲ፡ (Joh. 2, 1) sie war dort. በገን፡ሰና፡መልታዕ፡
ሽን፡ሰና፡ስንቢ.ንው፡ (M. 6, 34) sie waren wie hirtenlose Schafe.
ኀናዕሬ፡ስንቢ.ላ፡ (M. 8, 1) es war für sie nichts zu essen da.
በ.እ፡ስንበገን፡ (M. 4, 5) wenn [weil] nicht viel Erde vorhanden
war. እንሊ.፡ትንቢ.ው፡፡ዋነኩን፡ (M. 9, 1) es sind einige, welche
hier sitzen. ይ-ነዝ፡እንተዓ.፡ሲ.ንኪ.፡ዋነኩን፡ — አንዘ፡ሲ.ንኪ.፡
እንተዓ.፡አሊ.፡ (M. 14, 6) Arme sind stets bei euch, ich aber
bin nicht immer bei euch.

---

[1] *a-y-a-kī*, aus *aǵ-ǵā-kī* jeder, der nicht ist.

Anmerkung. Mittelst *senbī* und *wān* drückt das Quaresa den Durativ aus; das eigentliche Hauptverb steht entweder im Particip, Constructus, Synchronos oder im Relativ, wie: አህን፡ ስንበ.ንዉ፡ (Joh. 2, 9) sie wussten. ጠመቅሰነ፡ስንበ.ንዉ፡ (M. 1, 4) sie wurden getauft. ከ.ንሸሰ፡ስንበ.ዉ፡ (M. 1, 4) er lehrte. እንተገዝ፡ይዉስ፡ዋነክ፡ (M. 4, 11) euch ist es gegeben. እንት፡ .ገንጀ.፡ዋጎክ፡ (M. 14, 37) du schläfst. ደርገ፡እን፡ይር፡የደራ፡ እ.ኍራ፡ስንብ፡ዋነክ፡ (M. 15, 39) wahrlich dieser Mann ist Gottessohn. ጎሜና፡ዋሲ፡ዋነቲ፡ (M. 7, 25) sie hatte von ihm gehört. ይት፡ዋነቲ፡ (M. 5, 28) sie hatte gesagt. ከ.ይገ፡ተቲ፡ዋነቲ፡ (M. 5, 23) sie ist am Tode. ይል፡ሸትን፡ዋጎኩን፡ (M. 8, 18) ihr habt Augen u. s. w. vgl. Ch. §. 183, B. §. 93, Anm. 1 und 2, §. 99, Anm. 2, §. 105, Anm.

### 6. Die Frage.

105) Fragepartikeln finden sich in den Texten zwei vor, nemlich: *mā* und *-nī*. Jene ist die häufigst vorkommende und kann an jedes beliebige Wort im Satze angefügt werden, wie: ይጐዝጐሊ.ግ፡ገን፡ሁርሰ፡ዋነሰ፡ (Rut 1, 11) existiren in meinem Leibe noch Söhne? ሰን፡ናሲሜግ፡ (Rut 1, 19) ist diese da die Naomi? እንትግ፡ይዐራ፡ጎሳዉ፡ (Genes. 27, 24) bist du mein Sohn Esau? እንትግ፡አይዉይ፡አሸ፤፡ (M. 15, 2) bist du der Judenkönig? እንት፡ከርስቶስግ፡ (M. 14, 61) bist du Christus? ላስከ.፡ዋንተርሼላግ፡ (M. 15, 4) und ላሰስከ.፡ዋንተርሼላግ፡ (M. 14, 60) antwortest du nichts? ናን፡አአንሸ፡አጎንላግ፡[1]አስ ተዋሊ.ንላግ፡ናን፡አኽንሸ፡እንት፡ለበከ.፡ገነግ፡ደነደን፡ዋናሰ፡ (M. 8, 17) begreift und versteht ihr bis jetzt noch nicht? ist euer Herz bis jetzt noch verstockt? ይከሊ.ከ-ንግ፡ (M. 15, 9) wollt ihr? ከ.አበ፡ከ.ገና፡ዋነኩ-ን-ንግ፡ (Gespr.) leben der Vater und Mutter? ይሸ፡ጐተን፡አዳሲ.ላግ፡ (Genes. 27, 36) mir hast du keinen Segen zurückbehalten? ሸአ፡ደንጐግ፡[2]አነገ፡ (Gespr.) ist er ein Schmied oder Weber? ደንግ፡ግርጊ.አርግ፡ (Gespr.) hast du den Tag gut zugebracht? ደንግ፡ከ.አርግ፡ (ib.) hast du die Nacht gut zugebracht? ላይ.፡ጐተን፡በሒ.ግ፡ኩሸ፡ዋ፤፡ (Genes. 27, 38) ist's nur ein Segen allein, den du hattest?

---

[1] Für *azin-lā-mā*, wie dann: *ostawālin-lā-mā* und *ganā-mā*, da auslautendes *a* vor Suffixen zu *o*, *a* übergeht, wie im Bilin und Chamir.

[2] Für ደንደግ፡ wie in der vorangehenden Note; *šāgū danñā* (Relativ) welcher Eisen anfertigt.

106) Die Fragepartikel -*nі* findet sich in den mir vorliegenden Texten nur in Verbindung mit Nennwörtern und Partikeln, nie an Verba angefügt, als: አው፡ተዘዝኒ፡ዲሊኪሊ፡ጃቤሳ፡ (M. 12, 27) welches ist das erste Gebot? ይን፡ጽሕፈት፡መል ክፈ፡አውሽኒ፡ (M. 12, 16) wem gehört jene Schrift und das Bildniss an? አውኒ፡ኪሺው፡ (M. 5, 9) welches ist dein Name? አውኒ፡ይጋና፡ይዘን፡ (M. 3, 33) wer ist mein Vater und mein Bruder? አትኒ፡ፈሐን፡ስብፈ፡ (M. 14, 14) wo ist ein Ruheplatz? Doch einmal: እንተ፡ከሲ፡ድብተፈ፡ዋኒ፡[1] existirt in eurer Stadt eine Synagoge? (Gespr.). Bei Flad *ni aunli* (= *aû-n-lī*) *entow* whence has he come? (pag. 33). *awin* (= *aw-in*) when? pag. 27. *en au ni* who is this?· pag. 25. *lignalihi au ni* which of both? pag. 25.

## II. Das Nomen.

107) Der Mehrzahl der Nennwörter im Quara liegen nachweislich verbale Radices zu Grunde, aus denen jene nach §. 83—100 abgeleitet worden sind. Nur bei verhältnissmässig wenigen Nennwörtern ist die verbale Radix nicht mehr ersichtlich, wie bei *ag* Oheim, *abā* Vater, *ganā* Mutter, *zan* Bruder u. s. w. Nähere Erörterungen erheischen das Geschlecht, die Zahl- und Casusbildung der Nennwörter.

### 1. Das Geschlecht.

108) Das Geschlecht ist auch im Quaresa ein zweifaches: männliches und weibliches. Alle Nennwörter, welche nicht schon ihrer Natur nach Feminina sind, wie: *ganā* Mutter, *anχā* Mädchen, *ywīnā* Weib, *fınterā* Ziege u. s. w. sind männlichen Geschlechtes. Zu den Femininen gehören auch alle deminutiv aufgefassten Nomina; so ist z. B. *neñ* Haus, masculin (M. 11, 17), aber *šegŭē neñ* kleines Haus, Hütte, feminin wie der weibliche Ausgang am Adjectiv *šeyŭ-ē* klein, deutlich zeigt. Ebenso *kŭārā* Sonne, masc. (M. 1, 32; 4, 6 u. a.), aber: *kŭārā temu-tī* (M. 13, 24) die Sonne verfinstert sich, fem. gen., wie der Verbalausgang -*tī* zeigt; ohne Zweifel deshalb, weil bei Verfinsterung der Sonnenball zu einem kraftlosen Körper sich verringert. Aeusserliche Merkmale des weiblichen Geschlechtes am

---

[1] Verschreibung für: ዋናኒ፡ (aus ዋናዕኒ፡ Relat. tert. sing. masc.).

Nomen, wie solche im Bilin noch vielfach bemerkbar sind,
sind im Quaresa abhanden gekommen; nur *t-adarā* Herrin,
gegenüber *adarā* Herr, zeigt wie im Bilin ein präfigirtes *t*.
Ein Rest von femininem *-ī* (vgl. B. §. 133) ist vielleicht noch
vorhanden in *šēn* (wenn aus *sain*, *šan-i* = Bil. *žān-i*) Schwester,
gegenüber *zan* (Bil. *dān*, Cham. *zin*) Bruder. Das Agau von
Dembea zeigt dafür *-ti* in: *dirua* Hahn, fem.ʼ *dirue·ti* d. i.
*dirua-tī* Henne und *ger* fem. *gel-tī* Kalb (Halévy; vgl. Bil. *gar*
fem. *gar-i* Kalb), und präfigirtes *t* neben suffigirtem *ī* in *t-ayr-ī*
Tante (Bil. *t-eyr-ī* dass., *ejér* Vater); vgl. damit in den Berber-
sprachen prä- und suffigirtes *t*, wie z. B. im Maschigh: *t-akli-t*
Negerin, gegenüber *akli* Neger u. s. w.

109) Das natürliche Geschlecht an Menschen und Thieren
wird entweder durch verschiedene Ausdrücke, wie: *abā* Vater
und *ganā* Mutter, *geruwā* Mann und *yuwinā* Weib, *bīrā* Stier
und *kamā* Kuh u. s. w. oder bei gleichlautenden Gattungsnamen
durch unterscheidende Beisätze ausgedrückt, wie: *bārā* Sclave
und Sclavin, daher *geruwā bārā* Sclave und *yuwina bārā* Sclavin;
*χūrā* Sohn und Tochter, daher auch: *anfarā χūrā* Sohn und
*anχā χūrā* Tochter. Aehnliche Unterscheidungen treten ein,
wenn das Geschlecht einer bestimmten Bezeichnung anhaftet,
z. B. *bātuwā* Mönch, daher *yuwinā bātuwā* Nonne; *bagā* Schaf,
*finterā* Ziege, daher: *bagī jerχā* Widder, Schafbock, *finteri*
*jerχā* Ziegenbock d. i. Männchen des Schafes, der Ziege.

## 2. Die Zahl.

110) Das Quaresa unterscheidet Singular und Plural. Von
der Pluralbildung mittelst vollständiger oder theilweiser Redupli-
cirung des Singularstammes nach Art des Bilin oder der Sprache
von Agaumeder findet sich in den Texten nur ein einziges Beispiel vor in: *yirkū* plur. *yirkū-kū* Zahn. Die gewöhnliche Pluralbildung im Quaresa erfolgt mittelst Anfügung von *-tan*, verkürzt
*-t* an den Singularstamm, wie:

| | | | | | |
|---|---|---|---|---|---|
| *adar-ā* | plur. | *adar-t* Herr | *nān* | plur. | *nān-tan* Hand |
| *ardā* | „ | *arda-tan* Gehilfe | *samāy* | „ | *samāy-tan* Himmel |
| *bāltī* | „ | *bāltī-tan* Witwe | *zan* | „ | *zan-tan* Bruder |
| *mekū* | „ | *mekū-tan* Jüngling | *šēn* | „ | *šēn-t* Schwester |
| *melāk* | „ | *melāk-tan* Engel | *yil* | „ | *yil-tan* Auge. |

111) Dieselbe Endung -*tan* und verkürzt -*an* wird auch den äthiopischen Pluralen angefügt, wie:

| | | | |
|---|---|---|---|
| *kahen* | plur. | *kahen-āt-an* | Priester |
| *makânen* | „ | *mekûānen-tan* | Richter |
| *masfen* | „ | *masāfen-tan* | Richter[1] |
| *nabī* | „ | *nabīy-āt-an*[2] | Profet |
| *sïmgar* | „ | *sīmagal-tan*[3] | Vornehmer |
| *saytān* | „ | *saytan-āt-an* | Teufel. |

Ebenso bilden den Plural auf -*an*: *markab* plur. *markab-an* Schiff, *mazïy* plur. *mazīy-an* Messias, *ṣalāt* plur. *ṣalāt-an* Feind. Auch an Pluralia angefügt, wie: *bag-ā* plur. *bag* und *bag-an* Schaf. Das Wort *gezeñ* Hund, lautet im Plural: *gezeñ-kan*.

112) Stoff- und Gattungsnamen gelten wie im Bilin und Chamir bereits als Pluralia. Das Einzelnwort wird hieraus gebildet durch Anfügung von -*ā* an den Stamm (vgl. §. 93 und 94), wie: *enfar* Dienerschaft, daher *enfar-ā* der Diener; *anχ* Mädchen, daher Sing. *anχ-ā; bag* Schafe, daher *bag-ā* Schaf: *bār* Sclaven, daher *bār-ā* Sclave; *gerû* Männer, daher *geruw-ā* Mann; *jēl*[4] Vögel, daher *jēl-ā* Vogel; *farē* Gericht, daher *faray-ā* der Richter; *fazan* Same, Nachkommenschaft, daher *fazan-ā* Spross, Samenkorn; *kriñ* Steine, daher *keriñ-ā* Stein; *šingerû* Sterne, daher *šingeruw-ā* Stern; *šanp* Sandalen, daher *šanp-ā* Sandale, Fusssohle; *yirāñ* Gefässe, daher *yirāw-ā* Gefäss; *yuwïn* Weiber, daher *yuwïn-ā* Weib u. s. w.

Anmerkung. Das Wort *χūr* bedeutet: Söhne, Töchter oder Knaben, Mädchen, davon Sing. *χūr-ā;* in der Bedeutung Kinder lautet es im Plural *χūr-lā*. Das Wort *yer* (Bil. *ejôr*) lautet im Plural *ī* ( እ.ዩ. geschrieben, Bil. *ik*, demnach ዩ. aus *k*, *g* erweicht).

## 3. Die Casus.

113) Das Quaresa unterscheidet: Subject (Nominativ), Object (Dativ und Accusativ), den Abhängigkeitscasus (Genetiv),

---

[1] G. መhalo፡፡ plur. መኳፘፖቶ፡, መ၈ፘፖ፡ plur. መ၈ፘፖ፡፡, woraus ersichtlich, dass -ፖ aus ቶፘ፡.
[2] G. ፘቢዩ፡ plur. ፘቢ.ዩቶ፡.
[3] Und *sīmagal-t*.
[4] Neben *jakel*, Bil. *jâgal-û* plur. *jâkel*.

den Vocativ und den Ablativ, welcher durch verschiedene Postpositionen, die das Mittel, den Zweck, Richtung oder Ver-
harren u. s. w. bezeichnen, ausgedrückt wird.

## A. Der Nominativ.

114) Das Subject ist durch kein Casuszeichen ausgezeichnet:
die Stellung desselben ist in der Regel vor dem Verbum, entweder unmittelbar oder zu Beginn des Satzes; z. B. ዮሐንስ ፡
ከቢ ፣ኀገ ፡ አጠሞቀዕ ፡ ስንበ.ዉ ፡ (M. 1. 4) Johannes taufte in der
Wüste. Selten steht das Subject nach dem Verb, wie: እንደ.ከ. ፡
ፈ.ዉ ፡ ርዝንቲ ፡ ¹ ርዝየ. ፡ ሙቲ፡ (M. 4, 3) siehe, ein Säemann
ging aus, um zu säen.

## B. Der Genetiv.

115) Die kürzeste und im Quaresa verhältnissmässig sehr
häufig vorkommende Art diesen Casus auszudrücken erfolgt
durch unmittelbare Voransetzung des Nomen rectum vor das
regens, wie: የሱስ ፡ ክርስቶስ ፡ የደፈ. ፡ እጉፈ. ፡ ወንጌል ፡ ዉፅምር ፡
(M. 1, 2) Anfang des Evangeliums Jesu Christi, des Sohnes
Gottes. ሰማይ ፡ ፄል ፡ (M. 4, 4) die Vögel des Himmels. ሰማይ ፡
ስዋሊ. ፡ (Genes. 27, 29) von des Himmels Regen. ፄርን ፡ ብፄ ፡
(Genes. 27, 28) Fülle an Korn. ኩ ፡ እደከ. ፡ (M. 1, 5. 33) alle
Bewohner der Stadt. ኩ ፡ አደርት ፡ (M. 15, 1. 3. 10. 11) die
Grossen des Volkes. ኀአበ ፡ ይስሐቅ ፡ ጋበስ ፡ ዋሰ ፡ ጊዘገ ፡ (Genes. 27,
34) als er seines Vaters Ishaq Rede gehört hatte. ኀአበ ፡ ምዘ.
ኀዝ ፡ (M. 8, 38) in der Glorie seines Vaters. ሙጥምቅ ፡ ዮሐንስ ፡
አጎስ ፡ [ich verlange] das Haupt Johannes des Täufers (M. 6,
24). ዮሐንስ ፡ አርደተን ፡ (M. 2, 18) die Jünger Johannis. ከዘፍ
ተን ፡ ዓላቀ ፡ (M. 2, 26) der Oberste der Priester. በልቲተን ፡
ንፅስ ፡ ኀዉ ፡ (M. 12, 40) welche der Witwen Häuser fressen.
ሲ.ሙገልተን ፡ ሕግ ፡ (M. 7, 12) Gesetz der Aeltesten. አሙ ፡ ዘዉ

---

¹ Für ርዝንፃ ፡, Nomina singularia masculina auf -ā verändern selbes
in -ī, wenn ein besonderer Nachdruck auf das Subject gelegt wird; so
ጊዘ. ፡ für ጊዘ ፡ die Zeit, M. 1, 15; እንክፈ ፡ für እንክፈ. ፡ der Geist,
M. 1, 26; ኪፈ ፡ für ኪፈ. ፡ die Sonne, M. 1, 32; ስብፈ ፡ für ስብፈ. ፡ der
Platz, M. 2, 2; አደፈ ፡ für አደፈ. ፡ Herr, M. 2, 17; ጐዝንቲ ፡ für ጐዘ
ንታ ፡ Bauer, M. 4, 29; ፋፋፈ ፡ für ፋፋፈ. ፡ Quell, M. 5, 29; ሸፈበ
ንቲ ፡ für ሸረበንፃ ፡ Zimmermann, M. 6, 3 u. s. w.; vgl. Sahosprache
(Zeitschr. d. D. M. G., XXXII, 450).

ይ፡ (M. 15, 17) Dornenkrone. ምስዋዕት፡አረስ፡ጕ.ው፡ (M. 2,
26) er ass das Opferbrod. ይሁ·ዳ፡እሲሊ.፡ (Rut 1, 1) aus dem
Stamme Juda. አይሁ·ዳ፡አሻ፡ (M. 15, 12) der Judenkönig.
እስራኤል፡ሕ·ር፡ (Joh. 2, 6) die Söhne Israels. ፈራ፡ስብሪዋ፡
(M. 15, 16) in den Gerichtssaal. ፍጥረት፡ምጅምርሲ.፡ (M. 13,
19) vor Beginn der Schöpfung. ባር፡ገብዝ፡ (M. 4, 1) am Meeres-
strand. የርዳኖስ፡ለንዽሲ.፡ (M. 3, 8) vom jenseitigen Ufer des
Jordan. የይራ፡ናን፡ (Rut 1, 13) Gottes Hand. የይራ፡ገረዋዝ፡
ፈኩ·ም፡ (Gespr.) wandelt er auf dem Wege Gottes? ፈንትር፡
አንዽልስ፡ፍ·ዝ·ቲ፡ (Genes. 27, 16) sie nahm Häute von Ziegen.
ክብንት፡ጸዕር፡ምጅም·ር፡ (M. 13, 8) Anfang der Trübsale und
des Elends. ንዕ፡ሉ·ድ·ዋ፡ (M. 15, 16) in das Innere des Hauses.
ልኩ·ሻይ.፡ (M. 5, 4) Fusseisen. ጕ·ራ፡አበስ፡ (M. 5, 40) den Vater
des Mädchens. ዜት፡ይዋን፡ሕ·ር፡ (Genes. 27, 46) die Töchter
Hets. አንኽ፡ለይ.፡ (M. 14, 66) eine von den Mädchen u. s. w.

Anmerkung. In Folge dieser engen Verbindung des Nomen
rectum mit dem regens wird jenes nicht selten im Auslaut gekürzt, so: ቢ·ዳይዝ፡ (M. 4, 1 für ቢ·አ፡ዳይዝ፡) auf dem Festland,
wörtl.: auf dem hochgelegenen Theile (ዳይ.፡ = A. ይ·ጋ፡) der
Erde. መከና፡ für መይ.፡ከና፡ die Thüre u. s. w. Auch wird
auslautendes -ā vor dem Nomen regens bisweilen zu a, u gekürzt, wie: ገነ፡ከ·፡ (Rut 1, 8) Wohnort der Mutter; ዜአበ፡ገሻሲ.፡
(Genes. 27, 30) vom Antlitz seines Vaters; vgl. Ch. §. 205.

116) Auf -ā auslautende Nomina verändern selbes im Ge-
nitiv singularis häufig in -ī,[1] wie: ፋ·ዽ፡በል፡ (M. 14, 1) das
Pesach- (fāja) Fest. ከበራ፡አለንን፡ (Joh. 2, 15) Strickpeitsche.
ከሺዝ፡ዋሽ፡ (M. 11, 17) Diebshöhle. ይሁ·ዳ፡ከ·፡እይከ.፡ (M. 1,
5) alle Bewohner des Judäalandes. ሲዶዝ፡ገብዝ፡ (M. 3, 8) an
der Gränze Sidons. ይብ.፡ገብዝ፡ (M. 5, 11) an der Berglehne.
መርራ፡ብሕዝዝ፡ (M. 10, 25) durch ein Nadelöhr. ገሊሲ.፡ባር፡
(M. 1, 16) der See Galiläas. ኃዝ.፡ነቤዝ፡ (M. 2, 23) in der Mitte
des Feldes. ገመሲ.፡ሽ·ብከ፡ (M. 1, 6) Kameelhaar. ዋይራ፡ወንጌ፡
መንጋ፡ (M. 5, 11) eine grosse Sauherde. ንስ·ሕ.፡ጥም·ቀት፡ (M. 1,
4) die Taufe der Busse. ናለበከ.፡ይነዘዝ፡ (M. 3, 5) ihre Herzenshärte. መከዝ፡ገሻሲ.፡ (M. 2, 2) an der Vorderseite der Thüre.
አርጢ፡መይ.ሲ.፡ (M. 16, 3) von des Grabes Eingang. ክቢዝ፡
ሰኢ.አ፡ (M. 1, 6) Wüstenhonig u. s. w.

---

[1] Vielleicht aus r, l mouillirt, vgl. Bilinspr. §. 156, Anm.

7

117) Der Genetiv wird ferner noch mittelst Anfügung von ዝ (mit der Postposition *-d*[1] im Bilin identisch) an das Nomen rectum ausgedrückt; auslautendes *ä* geht vor *z* in *ī* über. So haben wir z. B. ፉጂዝ፡በዕል፡ (Joh. 2, 23) neben ፉጂ፡ በል፡ (M. 14, 1) Osterfest. አጅውዝ፡ቤዛ፡ (M. 10, 45) Preis für viele, neben ኒንክሬ፡ቤዛ፡ (M. 8, 37) Preis für seine Seele. ገረ ዊዝ፡ዳግሊ፡ (M. 10, 46) auf dem Wege, neben ቢ፡ዳግሊ፡ (M. 2, 10) auf Erden. ሰንበትዝ፡አዶሬ፡ (M. 2, 28) Herr des Sabbats. ተንኵስምዝ፡አለዊሬ፡ (Joh. 2, 9) und der Meister der Zusammensitzenden. ገሊሊ፡በርዝሬ፡ገብዝ፡ፌንኝ፡ (M. 1, 16) und als er am Ufer des See's von Galiläa wandelte. ዋኽርት ነትዝ፡እንጊያ፡ (M. 15, 20) nach der Verspottung (wörtlich: Rücken der Verspottung). Lautet das Nomen rectum auf einen Consonanten aus, so erhält das *z* nach sich einen kurzen Vocal, *ĕ*, *ĭ*, daher jenes *zĕ*, *zĭ* bisweilen als ዚ geschrieben wird, wie: ዪርንዚ፡ሽዑሬ፡አሊሜለክ፡ዪሰኹ፡ (Rut 1, 2) und der Name dieses Mannes wird Elimelek genannt. Ueber diese Genetivbezeichnung vgl. auch Chamirspr. §. 208.

118) Ist das Nomen rectum ein Femininum, so lautet der Genetivexponent *š*, wie: ናሚሽ፡ንሽ፡ረዕ፡ኪዕዑ፡ (Rut 1, 3) der Naomi ihr Gatte starb. ንሽ፡ሁሬ፡[2]ምኡብያንሊ፡ሊእ፡ይዊን፡ትውሽንዑ፡ላዩሽ፡ንሽዑሬ፡[3]ኡርፋ፡ይሰተ፡ (Rut 1, 4) und ihre Söhne heirateten von den Moabitern zwei Frauen; und der einen ihr Name wird Urfa genannt. ሲሞንሽሬ፡ኒዊና፡ገና፡ጉዚዝ፡ለቢ፡ስንቢተ፡ (M. 1, 30) und Simon's Schwiegermutter war in eine Krankheit gefallen. ንሽ፡ናንስ፡ሺቤው፡ (M. 1, 31) er erfasste ihre Hand.

119) Nicht selten wird das Genetivverhältniss auch dadurch bezeichnet, dass das Nomen rectum als absoluter Nominativ an die Spitze des Satzes gestellt wird und diesem das Nomen regens mit dem Possessivpronomen folgt, z. B. ዪዛን፡ዔሳው፡ ኒሽብኪ፡ብጅዐኡ፡ ((Genes. 27, 11) meines Bruders Esau's Haar ist reichlich — wörtlich: mein Bruder E. sein Haar. Vgl. jedoch

---

[1] Vgl. bei Flad pag. 63: *sandaura* nephew, wohl = *zan-d-aðrā* Brudersohn. In Dembea (bei Halévy) erscheint *z* als Genetivzeichen; so *χurez abba* (= *χŭra-z abbā*) der Vater des Kindes, *χŭrlez abbā* (*χŭr-la-z abbā*) Vater der Kinder u. s. w., wo auslautendes *ā* vor *z* in *a* übergeht.

[2] Für ሁርሬ፡ *hŭr-ri* und die Söhne.

[3] Für ንሽ፡ሽዑሬ፡ und ihr Name.

auch: ዩዑሬጊዝ፡ ኒሒሬ፡ ጕዚ፡ ሒሬ፡ (Genes. 27, 27) meines Sohnes sein Geruch ist Ackergeruch. Ebenso dativisch: ሲሞንሽ፡ ኒዊና፡ ገና፡ (§. 118) dem Simon seine Weibesmutter.

## C. Der Dativ.

120) Wie im Bilin Dativ und Accusativ gemeinschaftlich als Objectscasus auf die gleiche Weise bezeichnet werden, so ist dies vielfach im Quaresa auch noch der Fall, dass das nähere und fernere Object durch die gleichen Exponenten gekennzeichnet sind. In der Regel aber wird der Dativ mittelst des Suffixes *š* (*šĕ*, *šĭ*, dann ሺ geschrieben) ausgedrückt; z. B. ማርያም፡ መግደላዊትሺ፡ ኸልሰው፡ (M. 16, 9) er erschien der Maria von Magdala. ናሊ፡ ሊጋሺ፡ ገለጥሰው፡ (M. 16, 12) er erschien zweien von ihnen. ኒአበሸሬ፡ ሸዕንትኡ፡ (Genes. 27, 31) und er brachte es seinem Vater. ኒገነሽ፡ ዩኡዑ፡ (Genes. 27, 13) er gab es seiner Mutter. ያዕቆብሽ፡ ዩውቲ፡ (Genes. 27, 17) sie gab es dem Jakob. ኈሩሺሬ፡ ዩውው፡ ኈረሬ፡ ንሽ፡ ገነሺ፡[1] ዩውቲ፡ (M. 6, 28) und er gab es dem Mädchen, das Mädchen aber gab es seiner Mutter. ዩሽ፡ ጕተን፡ አዳሲለማ፡ (Genes. 27, 36) mir hast du keinen Segen zurückbehalten? አዚው፡ አውሽኪ፡[2] ገመረግነአ፡ (M. 7, 36) er befahl, sie sollten es Niemandem sagen. ኢዊትው፡ አውሺኪሬ፡ ዌርኪሬ፡ ገመረግነአ፡ (M. 8, 30) er trug ihnen strenge auf, sie sollten Niemandem etwas sagen. ከለከልው፡ ኈልናስ፡ አውሺኪ፡ ገመረግነአ፡ (M. 9, 9) er trug ihnen auf, dass sie das, was sie gesehen hatten, Niemandem sagen sollten.

## D. Der Accusativ.

121) Der Accusativcharakter lautet *-tĭ*, *-t* oder auch *-s*, ohne sichtlichen Unterschied in der Bedeutung, wie: ኪአበስኳ፡ ኪገነቲ፡ ከበርሺ፡ (M. 7, 10) ehre deinen Vater *(aba-s)*, deine Mutter, *gana-tĭ*.[3] ጃሕትኖ፡ መተና፡ ገርሺኩንማ፡ አን፡ ጃሐዕ፡ ጽወስ፡

---

[1] Vgl. jedoch auch: እንተዝ፡ *(enta-z)* ዩውስ፡ ዋነኩ፡ (M. 1, 11) euch ist es gegeben. እንተ፡ ግርው፡ ንዕሊ፡ ፌወን፡ ዩውንተት፡ *(yuwinnta-t* er gebe euch, Rut 1, 9) er gebe euch im Hause eurer Männer eine Erholung!

[2] Vgl. አውዚኪ፡ ዌርኪ፡ ገመርቃ፡ (M. 1, 43; 8. 26) saget Niemandem etwas!

[3] Für *abā-s*, *yanā-tī*, vor Suffixen geht auslautendes *ā* in *a*, *ǝ*, auch bisweilen in *ĭ* über.

**ጠመቅሲኩንማ፡ አን፡ ጠመቅሲ፡ ትምቁቲ፡** (M. 10, 38) könnt ihr trinken den Becher (*ṣewa-s*, für *ṣewā-s*), den ich trinken werde, und getauft werden in Bezug auf die Taufe *(temqat-ti)*, mit der ich getauft werde? **ጽወቲ፡ አን፡ ጃሒቲ፡ ጃሒኩን፡** *ṣewa-tī an jāχê-tī* (M. 10, 39) den Becher, den ich trinke, werdet ihr trinken. **ዒሳው፡ ሴሰቲ፡ ዋእ፡ ንሽ፡ እዐራ፡ ሴእቲ፡ ለሽቲ፡ ያዕቆብስ፡ ሰሽቲ፡** (Genes. 27, 15) sie brachte Esaus Kleid *(sê-tī)*, ihres ältesten Sohnes Kleid und bekleidete Jakob *(Yāqōb-es)*. **ያዕቆብስ፡ ሽን፡ ንሽ፡ ዕኡረስ፡ ክሽእቲ፡** (Genes. 27, 42) sie rief Jakob, ihren jüngsten Sohn. Doch werden Pronominalstämme fast ausnahmslos mit *-t*, *-tī* verbunden, wie **ዪቲ፡** mich (M. 7, 14; 9, 37 u. a.), *kū-t* dich (Genes. 27, 29; M. 2, 11; 15, 32), *nī-t* ihn (Genes. 27, 23; M. 9, 7 u. a.) *ana-t* uns (M. 9, 38), *enta-t* euch (Rut 1, 9) *niya-t* sie (Rut 1, 11), *en-t* diesen (M. 12, 30), *en-s* dieses (Genes. 27, 20; Rut 1, 17; M. 5, 43 u. a.).

Anmerkung. Die Partikeln *-kŭā* und, *-rī* und, ferner *-kī* jeder, alles, werden Casussuffixen, sowie sämmtlichen Postpositionen nachgesetzt; z. B. **አረስኳ፡ ሴስ፡ ይውቲ፡** (Genes. 27, 17) sie gab Brod und Fleisch *(ara-s-kŭā zê-s)*. **አን፡ ኬአዕ፡ ጊዘስሪ፡ አኽሊ፡** (Genes. 27, 2) und die Zeit *(gīza-s-rī)* in der ich sterben werde, weiss ich nicht. **ኒትሬ፡ አሀላ፡** (ib. 27, 23) und er erkannte ihn nicht. **ዓለምስኪ፡ ተረፍሽን፡ ኒንከረስሪ፡ ጎንደልሽን፡** (M. 8, 36) wenn er die ganze Welt *(alam-s-kī)* gewinnt und seine Seele *(nī enkera-s-ri)* schädigt.

122) Der Accusativ erscheint auch sehr häufig ohne Casuszeichen, wie: **ሊእ፡ ዪዋን፡ ትውሽንዐ፡** (Rut 1, 4) zwei Frauen führten sie heim. **ግርው፡ ሁር፡ ክበኔን፡** (Rut 1, 12) wenn ich männliche Kinder gebären würde.

## E. Der Vocativ.

123) Dem Nomen im Vocativ wird **እየ፡**[1] nachgesetzt, wie: **መምር፡ እየ፡ ሹራዕ፡ ግን፡ እንሊ፡ ተንኰስምንን፡** (M. 9, 5) o Meister, es ist schön, wenn wir hier bleiben. **የሱስ፡ እየ፡ የጂራ፡ እጉራ፡** (M. 5, 7) o Jesus, du Sohn Gottes! **አበ፡ አበየ፡** (M. 14, 46) Vater, o Vater! vgl. auch M. 9, 17. 38; 10, 20. 35; 11, 21; 12, 14. 19. 29. 32; 13, 1. u. a.

[1] Amh. **እየ፡** auf denn! Bil. *hay!*

## F. Der Ablativ.

124) Die verschiedenen Fälle, welche die Richtung nach oder von einem Gegenstande oder Orte, das Verweilen an demselben, die Zeit, den Zweck, das Mittel u. s. w. bezeichnen, werden durch Postpositionen ausgedrückt, vgl. §. 144 ff.

## III. Das Adjectiv.

125) Das Quaresa besitzt gleich dem Chamir keine ursprünglichen, sondern nur von Verben oder von Nennwörtern abgeleitete Adjectiva, demnach Relativa auf -*āṅ (-ā)*, fem. -*ê* plur. -*ô* (§. 83 und 90) und denominative Adjectiva auf -*ṅ* fem. *ê* plur. -*ṅ* (§. 85), wie: *bī-ṅ* irdisch, *badal-ṅ*, schädlich, *hayl-ṅ* kräftig, *yadarā-ṅ* göttlich, *yir-ṅ* menschlich u. s. w. Die Stellung derselben ist vor dem Nennwort, wie: አፎአ ፡ እዶ ፡ (Joh. 2, 23) viele Leute, ይትአ ፡ ጊርጋ ፡ (Joh. 2, 12) kurze Zeit, ይትው ፡ ጊርጊሊ ፡ እንጊይ ፡ (M. 2, 1) nach wenigen Tagen, ዋይራ ፡ ቃልጊ ፡ (M. 15, 37) mit lauter Stimme, u. s. w. Nur wenn das Adjectiv prädicativ steht, so nimmt er seinen Platz vor dem Verbum ein, wie: ና፡ንጊ ፡ ዶክ ፡ አይ ፡ ስንበው ፡ (M. 6, 48) der Wind war heftig geworden.

126) Der Comparativ wird mittelst der Postposition -*li* ausgedrückt, welche dem verglichenen Worte nachgesetzt wird, wie: አይው ፡ ትዝገ ፡ እንላ ፡ እንዞሊ ፡ በለሻô ፡ (M. 12, 31) ein anderes Gebot existirt nicht, welches vornehmer ist, als dieses da. ይሊ ፡ በረታô ፡ (M. 1, 7) ein stärkerer als ich. Vgl. auch **Flad**, Falasha language, pag. 27.

127) Der Superlativ wird bezeichnet, indem man jener Postposition *li* das Wörtchen *kī* alles, alle, anfügt; z. B. አው ፡ ትዝገኽ ፡ ኂሊኪ ፡ ኟቤሳ ፡ (M. 12, 28) welches ist das vornehmste Gebot?

## IV. Das Pronomen.

### 1. Das persönliche Fürwort.

128) Für den Nominativ des persönlichen Fürwortes bestehen nachfolgende Formen:

| | |
|---|---|
| *an* ich | *anan* wir |
| *ent* du | *entan, enten* ihr |
| *nī* er, sie | *nāy* sie, |

Vor den Verben werden diese meist weggelassen und nur
dann gesetzt, wenn ein besonderer Nachdruck auf dieselben gelegt werden soll; z. B. እን፡ገን፡ (M. 6, 50) ich bin es. እን፡ይከ
ላአ፡አላ፡እንት፡ይከሊአ፡ዜ፡ (M. 14, 36) nicht wie ich, sondern
wie du willst. እን፡አኑግ፡አጠመቀኩ፡ኒዘ፡መንፊስ፡ቅዱስገ፡
አጠመቀኩ፡ (M. 1, 8) ich taufe mit Wasser, er aber wird mit
dem heiligen Geiste taufen. እንት፡ይኑፊ፡ገን፡ (M. 1, 11) du
bist mein Sohn. ዕንትፊ፡ auch du (Rut 1, 14), እንትዚ፡ du aber
(Joh. 2, 10) u. s. w.

129) Im Constructus bestehen für das Personalpronomen
folgende Formen:

| | |
|---|---|
| *yi* mein | *ana* unser |
| *kī* dein | *enta* euer |
| *nī* sein, *niš* ihr | *nūā, niyā, nā* ihr. |

Diese Formen treten unmittelbar vor das folgende Nennwort und werden mit demselben meist zusammengezogen, wie:
ይዘንስ፡ኩወኩ፡ (Genes: 27, 41) *yi zan-s kuwakū* ich werde
meinen Bruder tödten. እን፡ገን፡ይከላዕ፡ይኑፊ፡ (M. 9, 7) der
ist mein Sohn *(yi ẖrā)*, den ich liebe. ያበየ፡ *y' abāya* =
*abā aya* (Genes. 27, 18) o mein Vater! ኪአብ፡ (Genes. 27, 6)
dein Vater. ኪጕተንስ፡ (ib. 27, 35) deinen Segen. ኪመገን፡
(Rut 1, 16) deine Familie. ኪጕብን፡ (ib. 1, 15) deine Schwägerin.
ኪዘን፡ (Genes. 27, 35) dein Bruder. ኪአጠኣት፡ (M. 2, 5. 9)
deine Sünden. ዚዘን፡ (M. 12, 19) sein Bruder. ዚዘንተን፡ (M. 3,
31) seine Brüder. ዚዋና፡ (Rut 1, 2) seine Frau. ዚውር፡ (Rut 1,
1. 2) seine Söhne. ዚይልተን፡ (Genes. 27, 1) seine Augen. ንሽ
ናንስ፡ሺቤው፡ (M. 1, 31) er erfasste ihre Hand *(niš nān-s)*.
ንሽመዪና፡ (M. 1, 30) ihrer wegen, *niši mênā*. ንሽእንክረዝ፡አኒ
ቲ፡ ንሽውዝሊ፡ ፃኤአ፡ (M. 5, 29) sie fühlte es an sich *(niš
enkra-z)*, dass sie von ihrer Krankheit *(niš señzi-li)* geheilt sei.
ንሽሰመስኪ፡በተንቲ፡ (M. 5, 26) sie hatte all ihr Habe *(niši
sama-s-ki)* vergeudet. ኑፊ፡አብስ፡ፊሽው፡ንሽገንኑፊ፡ (M. 5, 40)
er nahm des Mädchens Vater und ihre Mutter. ዚ፡ፊቲ፡ንሽ
ገንኑፊ፡ይቲ፡ (M. 6, 24) sie aber ging hinaus und sprach zu
ihrer Mutter. ኑፊፊ፡ንሽገንሽ፡ይውቲ፡ (M. 6, 28) und das Mädchen gab es ihrer Mutter. ንሽብር፡ (M. 5, 28) ihr Blut. ንሽፊ
ዘንዋ፡ንሽእምላከዋ፡ (Rut 1, 15) zu ihrem Volke und zu ihrem
Gott. አን፡አይፊ፡ (M. 12, 29) unser Herr. አን፡አብ፡ (M. 11, 10)

unser Vater. **እነጐብሊ.** : (M. 6, 36) an unserer Seite. **እንተማዒና** :
(M. 7, 6) euer wegen. **እንተ : ሕጓ** : (M. 7, 13) euer Gesetz. **እን**
**ተለብኪ ዝ** : (M. 2, 8) in eurem Herzen. **እንተ : ልኩ** : (M. 6, 11)
eure Füsse. **እንተ : ጐነ : ኩዋ : ወንተሪ.** : (Rut 1, 8) kehrt heim
zur Stadt eurer Mutter! **እንተ : ግርዉ : ንዕሊ.** : (Rut 1, 9) im
Hause eurer Gatten. **ኔአቃል** : (Rut 1, 14) ihre Stimmen. **ኔአ** :
**ለደቀስሪ : ጐለቢ ግብኡ.** : (Joh. 2, 15) und ihre Tische warf er um.
**ኔአ : ኩሊ.** : (M. 5, 17) aus ihrer Stadt.   **ኔአ : ለብኪ ዝ** : (M. 2, 6)
und **ናለብኪ ዝ** : (M. 2, 8) in ihrem Herzen. **ነጓ : ደብተሪሊ.** : (M. 1,
39) und **ናደብተሪዝ** : (M. 1, 23) in ihrem Tempel. **ነአጠ.አትዝ** :
(M. 1, 5) über ihre Sünden.   **ኔየ : ሞርብብስ : በርዋ : ድብረነን** :
(M. 1, 16) während sie ihre Netze ins Meer warfen.   **ናአ : ሞር**
**በብስ : ልሺዘነን** : (M. 1, 19) während sie ihre Netze ausbesserten.
**ናሞርክብስ : ቤና : ታዕተልነው** : (M. 1, 18) ihr Schiff verlassend
folgten sie. **ናብስ** : (M. 1, 20) ihren Vater.   **ናጐሽዝ** : (M. 2, 12)
vor ihrem Antlitz.   **ናየሪ : ናናስ : ድብርንው** : (M. 14, 46) und
sie legten ihre Hand an.

130) Die gleichen Formen werden auch angewendet vor
sämmtlichen Postpositionen, nur die zweite Person der Einzahl
bieten statt obigem *kī* früheres *kū* und *kŭ*, sehr sporadisch
auch schon *kī*, demnach:

a) Für den Dativ, wie: **ይሽ** : mir (Genes. 27, 36). **ኩሽ** :
(ib. 27, 29) und **ሁሽ** : (ib. 27, 37) dir. **ኔዋ** : *nī-wā* (M. 2, 4) ihm
[zu ihm]. **ኔት** : (Genes. 27, 45) ihm. **ኔቲ** : ihr (Rut 1, 18). **አነዝ** :
*ana-z* (M. 12, 7, 19) uns, zu uns. **እንተት** : (Rut 1, 9) und **አን**
**ተዝ** : (M. 4, 11. 24; 10, 43) euch. [1]   **ናየዝ** : (M. 6, 42. 48) und
**ናዝ** : (M. 1, 31) ihnen.

b) Für den Accusativ: **ይት** : (Genes. 27, 38; M. 7, 14; 9,
37) mich. **ኩት** : (Genes. 27, 29) und **ሁት** : (M. 2, 11; 15, 32)
dich. **ኔት** : (Genes. 27, 23; M. 9, 7) ihn. **አነት** : (M. 9, 38) und
**አነዝ** : (M. 1, 24) uns. **ናየዝ** : und **ናዝ** : (M. 10, 25; 16, 3) sie.

Anmerkung 1. Der Dativ und Accusativ des persönlichen
Fürwortes wird im Bilin häufig durch Personalsuffixe ausgedrückt, welche an das Verb angefügt werden (B. §. 76). Im
Chamir sind davon keine Spuren erhalten, wohl aber im Quaresa
und zwar folgende: **ቲሽሊ : ኔዕአ** : (Genes. 27, 4) bring' mir zu

---

[1] Vgl. bei Halévy, pag. 162 (Idiom von Dembea): *en yir farzes kezeoyma
enteši* hat euch dieser Mann ein Pferd verkauft?

essen (Bil. *dag-di-la*)! ሁእስ፡ሽቢሉ፡ (Genes. 27, 7) bereite mir (Bil. *habi-la*) ein Essen! ቱሽሌ፡[1]ዳሽንሊ፡ኑቁ፡ (M. 27, 25) reiche mir von der Jagdbeute! ፊወን፡ዩውንቶት፡ (Rut 1, 9) er gebe euch *(yucin-nta-t)* Ruhe! Von den übrigen Personalsuffixen sind in den vorhandenen Texten keine Beispiele zu finden: vgl. jedoch im Idiom von Dembea (bei Halévy): *anet ki-ṣama-li dagina*[2] *ki-mai ki-karni intie kwara, anetki lemdezi dagina* versteck' uns in deinem Zufluchtsort, wenn dein Unwille und dein Zorn kommt, verdeck' uns alle in deinen Schatten!

Anmerkung 2. Der Dativ und Accusativ des persönlichen Fürwortes wird im Quaresa häufig gar nicht ausgedrückt, wie: መንፈስ፡ከቢኒቁ፡ፍዝሁ፡ (M. 1, 12) der Geist führte [ihn] in die Wüste. መላእክትንሬ፡ስሩሰነኻ፡ስንቢነው፡ (M. 1, 13) und die Engel dienten [ihm] u. s. w., vgl. M. 1, 19. 25. 26. 27. 31. 37. 40. 43; 2, 14 u. a.

c) Vor den übrigen Postpositionen, wie: ዩቁ፡ (Genes. 27, 26) zu mir. ዩዳግዚ፡ (ib. 27, 12) oder ዩዳግሊ፡ (ib. 27, 13) über mir. ኪቁ፡ (M. 9, 17) zu dir. ኰሊ፡ (M. 11, 14) von dir. ኩዲ፡ (Rut 1, 10. 16; Joh. 2, 4) mit dir. ኒሊ፡ (Genes. 27, 4. 33) von ihm. ኒዲ፡ (Rut 1, 1 u. a.) mit ihm. ኒቁ፡ (M. 2, 4 u. a.) zu ihm. ንሽሊ፡ (M. 5, 25; 16, 9) und ንሺሊ፡ (M. 4, 28) von, aus ihr. ንሺቁ፡ (M. 11, 2. 13) zu ihr. ኒሽዲ፡ (Rut 1, 15. 18) mit ihr. አነሊ፡ (M. 6, 3; 10, 36) von uns. እንቶሊ፡ (M. 6, 11) von euch. እንተዲ፡ (Rut 1, 8: M. 9, 19) mit euch. ናዩዲ፡ (M. 2, 19: 9, 8) und ናዲ፡ (M. 2, 19) mit ihnen. ናዩቁ፡ (M. 10, 27) und ናቁ፡ (M. 6, 51) zu ihnen. ናሊ፡ (M. 9, 34) aus ihnen.

131) Als pronominale Substantiva finden sich in den Texten vor: እንክሩ፡ Seele, ለበክ፡ Herz, Seele, አዊአ፡ Haupt; wie: ኒንክረቲ፡ክዩ፡ (M. 8, 34) er verleugne sich selbst! ንሽ እንክረገዝ፡አኒቲ፡ (M. 5, 29. 30) sie fühlte es bei sich. ዩለበኪ፡ ዩዳንግኔገዝ፡ገር፡ያው፡ (Genes. 27, 46) ich bin meines Lebens überdrüssig. ኪአዊስ፡ዳንሺ፡ (M. 15, 29) hilf dir selbst! ኒአዊስ፡ ዳንሺአ፡ገርሺላ፡ (M. 15, 31) sich selbst konnte er nicht erretten. ኪአዊስሬ፡ከሀንገዝ፡ፊተንሽ፡ (M. 1, 44) und lass dich durch den Priester untersuchen! ኪማኽለስ፡ዩከሊ፡ኪአዊሰና፡ (M. 12, 31. 33) liebe deinen Nächsten wie dich selbst! እንቶ፡አዊስ፡

[1] D. i. *tēš-la*, *a* durch Hamis ausgedrückt, vgl. §. 8

[2] D. i. *dagī-nā* verberge, schütze uns!

መልሰ፡ (M. 13, 9) hütet euch! Vgl. auch bei Flad pag. 26: myself *anishoo,* thyself *entishoo,* himself *nishoo,* herself *nishiti* = *an išū* u. s. w., vgl. Chamirspr. §. 233.

## 2. Die deutenden Fürwörter.

132) Das Quaresa kennt deren zwei, und zwar je eines für nähere, sowie für fernere Objecte; sie lauten:

en    plur.    *en-zō* dieser
*yin* [1]    „    *yin-zō* jener.

In der Regel finden sich dieselben vor dem Nennwort, selten nach demselben, wie: እን፡እገር፡ሐርላ፡ሰና፡ (Genes. 27, 46) gleich den Töchtern dieses Landes. እን፡ዩብተረስ፡አፈረሳ፡ (Joh. 2, 19) reisst diesen Tempel nieder! ዌፈ፡ምልክት፡ኻል ሼዐ፡እን፡ጋርስ፡ሸቤአ፡ (Joh. 2, 18) welches Zeichen zeigst du [uns], wornach du solches thust? እን፡ዩርስ.፡ፈ፡ (M. 5, 8) fahre aus diesem Menschen aus! እኒ፡ኒሸክር፡ (Joh. 2, 11) dieses sein Wunder. እን፡ምሳሌ፡ (M. 4, 13) dieses Gleichniss. እንድፈ፡ንሸ ኡፈ፡ጌሳው፡ጋቢ.፡ርብቀዋ፡እንትኡ.፡ (Genes. 27, 42) und diese ihres Sohnes Esau Rede kam zu Rebekka. እንዘ፡ኑርስለ.፡ላስ፡ ዩሸውዝ፡ከለብታዕ፡ (M. 9, 37) wer eines dieser Kinder in meinem Namen aufnimmt. — Nachgesetzt, wie: ዩብተፈ፡እን፡ (Joh. 2, 20) dieser Tempel da. ዩርን፡ (R. 1. 2) dieser Mann = *yir en.* — Substantivisch, ohne folgendes oder vorangehendes Nennwort, wie: ወንጌል፡ምጀምር፡እን፡ገን፡ (M. 1, 1) das ist der Anfang des Evangeliums. የሐንስ፡እን፡ኒአኔስ፡ከበዕ፡እን፡ ገን፡ (M. 6, 16) Johannes, dessen Kopf ich abschlug, der ist's. እን፡ገን፡ዩካላዕ፡ዩኑፈ.፡ (M. 9, 7) dieser ist mein Sohn, den ich liebe. ዕን፡ናዕሚዐግ፡ (Rut 1, 19) ist diese da die Naome? አሰብእክ፡እንስ፡ (Joh. 2, 21) sie dachten an das. እንስ፡[2]እንለ.፡

---

[1] In Dembea: *sin* jener (Halévy, pag. 167), *sin-li* dort (ib., pag. 172); als Plural von *sin* gibt Halévy *sinki* an, welches vielmehr = *sin* + *ki* jeder dort. Die gleichen deuktischen Elemente scheinen vorhanden zu sein im Amharischen እንኳ፡ oder ስንኳ፡, abgekürzt እከ፡ ja, ja wohl, in der That, aus *en-kūū, sen-kūū* das, jenes ist, besteht; negat. እንኳን፡ nein, *en-kūū-n* das ist nicht der Fall; mit A. ኳ፡, ከ፡ cf. Cham. *kū* = Bil. *kūn,* G. ከን፡, كُلّ sein. Zu *sin* vgl. Ch. §. 226, Note 3.

[2] Accusat. von *en.* Auch die adjectivischen Demonstrativa nehmen bisweilen Casuszeichen an, wie: እንትፈ፡የዴረስ፡ኪ.ጋስ፡ዩክለ.፡ (M. 12, 30) und diesen Gott deinen Herrn liebe!

ጉዛ፡ (Joh. 2, 16) schafft das von hier fort! ፎ፡ልፃዚ፡ኸላዕ፡ ስንቢ.ሙ፡እንት፡ሺቤእስ፡ኸላዕ፡ (M. 5, 32) er sah sich um, damit er diese sähe, welche es gethan hatte. ዊእ፡ወልሲቧፆ፡እንስ፡ አሪዕ፡ (Gencs. 27, 20) wie fandest du dieses so schnell? እን ስኪ፡ (M. 10, 20) alles das. እንለ፡እንላ፡ (M. 16, 6) er ist nicht hier. እንዘለሪ፡ይዝ፡አምኌውለ፡ላኸስ፡ከትሻዕ፡ (M. 9, 42) und wer einen von diesen, welche an mich glaubten, verführt. የይሪ፡ መንግሥት፡እንዘዝ፡ሰና፡የውዝ፡ገን፡ (M. 10, 14) das Gottesreich ist für die, welche sind gleich diesen; vgl. auch: Gencs. 27, 46; M. 4, 16. 18. 20; 8, 2. 4 u. a.

ይን፡አጉስ፡ታማ፡ጊዘዝ፡ (Joh. 2, 9) als er jenes Wasser gekostet hatte. ይን፡ጊዘዝ፡ (M. 1, 9; 4, 5 u. a.) und ይን፡ጊዛ፡ (Gencs. 27, 30 u. a.) zu jener Zeit. — Nachgesetzt: ይርንዚ፡ ሻዑሪ፡አለ.ሜለክ፡ይሰኩ፡ (Rut 1, 2) und der Name jenes Mannes (yir-in-zi) wird Elimelek genannt. — Substantivisch: ይንለሪ፡ ሻክ፡አሜእ፡ኩታእ፡ተንኮስምንዑ፡ (Rut 1, 4) und dort blieben sie an zehn Jahre. ይንለ፡እንጊያሪ፡ (Gencs. 27, 40) und ይንለ፡ እንጌሪ፡ (Joh. 2, 12) und hierauf. ይንዘዝ፡መይዝ፡ዋና፡ (M. 4, 11) an jene, welche draussen sind.

Anmerkung. Aus diesen Demonstrativen können mittelst der Relativendung -âü, abgekürzt -ā Adjectiva gebildet werden, als: en-ā hier seiend, yin-ā dort seiend; vgl. ዕናዋ፡[1]ቴቲ፡· (Gencs. 27, 21). ይናዋ፡ dorthin, M. 6, 32.

### 3. Die fragenden Fürwörter.

133) Die Frage wer? welcher? wird ausgedrückt mittelst aü, als: አው፡ይሰዕስ፡ዳሰአው፡ (M. 5, 30. 31) wer hat mein Kleid berührt? አው፡ገርሻዕ፡ (M. 2, 7: 10, 26) wer vermag = wer [ist's], welcher im Stande ist? አው፡ክርኸስ፡አርቲ፡መይለ፡ ገለቢዞዕ፡ (M. 16, 3) wer wird den Stein von des Grabes Eingang wegwälzen? Auch wird dem aü noch bisweilen das fragende -nü angefügt, wie: አውኌ፡በሪታዕ፡ (M. 2, 9) was ist schwerer? አውኌ፡ይገና፡ይዘን፡ (M. 3, 33) wer ist meine Mutter und mein Bruder? አውኌ፡ኪሺው፡ (M. 5, 9) welcher ist dein Name? እንት፡አውኌ፡ (Gencs. 27, 18) und እንት፡አዑኌ፡ (ib. 27, 32) wer bist du? አውኌኂ፡እን፡ (M. 4, 41) wer ist denn der da?

---

[1] D. i. enaçwā; vor Postpositionen verkürzt sich -ā zu a und dieses letztere verdumpft sich vor folgendem w zu o; vgl. §. 3, e und §. 124, Note 3.

ሹ፡ረስ፡አሀው፡እንት፡አውኒ፡ (M. 1, 24) ich weiss sehr wohl, wer du bist. — Mit Postpositionen versehen: አውሺ፡ይ.ዋና፡ አኸተ፡ (M. 12, 23) wem wird die Frau angehören? ይን፡ጸሕ ፈት፡መልክሪ፡አውሺኒ፡ (M. 12, 16) wem gehört jene Schrift und das Bildniss an? የደሪ፡መንግሥት፡አውተ፡ተከተ፡ (M. 4, 30) wer ersetzt das Reich Gottes (d. i. wem gleicht)?

Anmerkung. Das Wörtchen *aî* hat auch die Bedeutung: irgend einer, jemand, wie: አውሪ፡ጃብለ.፡አይ.፡መተና፡ይ.ከለን፡ (M. 9, 35) und wenn jemand voran sein will. አውሪ፡አሀይ.፡ መተና፡ይ.ከለ፡ (M. 9, 30; vgl. ibid. 7, 24) und er wollte nicht, dass es jemand wisse. አውሪ፡አll.፡ኍንትሪ.፡ተበከለ፡ድሪ.ዕ፡ ሌ.ዕ፡ዳግለ.፡ (M. 2, 21) und niemand flickt einen neuen Fleck auf ein altes Kleid (wörtlich: und irgend einer flickt nicht). አውተሪ፡ኻልንለ፡ (M. 9, 8) und sie sahen niemanden (und irgend einen sie sahen nicht). አውኪ.፡ wer immer, jedwelcher: አውኪ.፡ይ.ሹ.ው.ጝ፡ሃይ.ል፡ይ.ሽ.፡ሰበ፡ (M. 9, 39) wer immer in meinem Namen eine That vollbracht hat. አውኪ.፡የሪዋ፡ሼው.፡ ትው.ይ.፡መተና፡ቤለ፡ (M. 11, 16) er gestattete nicht, dass irgend wer mit einer Last einträte. አውኪ.፡የን፡ (M. 13, 21) wenn irgend wer sagt. አውኪ.፡ሽ.ይ.ዝ፡ገርሽ.ጋ.ዕ፡ስንቢ.ው.፡ (M. 5, 4) niemand konnte ihn mit Eisen bändigen (auch nur einer konnte nicht). አውዚ.ኪ.፡ለስኪ.፡ገመር:ንለ፡ (M. 16, 8) sie sagten niemandem etwas (sie sagten nicht irgend wem auch nur eines). አውዚ.ኪ.፡ዌርኪ.፡ገመር.ታ፡ (M. 8, 26) sage niemandem etwas! ኢ.ዊትው.፡አውሺ.ኪ.፡ዌርኪ.፡ገመረግነአ፡ (M. 8, 29) es gebot, sie sollten niemanden etwas sagen. አውስኪ.ሪ፡ታኸተልሺ.ለ፡ (M. 5, 37) er liess niemanden mitgehen. አውለ.ኪ.ሪ፡ንእለ.፡ትዋና፡ (M. 6, 10) wo immer ihr in ein Haus eintretet.

134) Die Frage: wann? wird mit *awin* bezeichnet, wie: አዊን፡አኸንሽ.፡ (M. 9, 19) bis wann? አኔንለ፡ገን፡በለ፡ቤት፡ አዊን፡እንተ.አ፡ (M. 13, 25) ihr wisst ja nicht, wann der Hausherr kommt. Die Frage: wo, wohin lautet: *a-t* (Cham. *aî-t*, Accusativ von *aî*), wie: አት፡ሪ.ና፡ይ.ከለ.ኩ.፡ (M. 14, 12) wohin willst du, dass wir gehen? አት፡ሪ.ት፡ስንቢ.አ.፡ (Gespr.) wohin ist er gegangen? አትኒ፡ሪ.ሐን፡ስብሪ፡ (M. 14, 14) wo ist ein Ruheplatz? ኻሎ፡ስንቢ.ንው.፡አት፡እንኍ.ር:ንአ፡ (M. 15, 47) sie hatten gesehen, wohin sie ihn gelegt hatten. Woher? wird mit *a-te-z* ausgedrückt; z. B. አው.ሪ፡አ.ትግ፡እንዘስ፡አአሪ.፡ብት ሽ.ይ.፡መተና፡ገር.ሽ.ዕ፡ (M. 8, 4) wer und woher wäre er im

Stande diese da mit Brod zu sättigen? Zweimal findet sich
hierfür in den Texten *antez* vor; so: እንትዝሬ፡እንተአ፡አሀላ፡
(Joh. 2, 9) und er wusste nicht, woher er gekommen. እንትዝ፡
እንቲ፡ው፡ (Gespr., Amh. Uebersetzung: ከወይኑት፡መጣህ፡) woher
bist du gekommen?

135) Das sächliche Fragewort ist *wi* [1] was? welches?
z. B. ዋ፡ምሳሌዝ፡መሰልናዕ፡ (M. 4, 30) durch welches Gleichniss versinnbildlichen wir es? ዋ፡ስልጣንዝ፡ (M. 11, 29) durch
welche Kraft? ዋሚና፡ warum? (M. 2, 8. 18; 4, 40; 5, 35; 38
u. a.) ዋዝ፡ womit? (M. 9, 50).

136) Dieselbe Frage wird auch durch *wêrā* [2] ausgedrückt,
wie: ሙሴ፡ዌሬ፡አዘው፡ (M. 10, 3) was hat Mose befohlen?
ዌሬ፡ዮረቤናዕ፡ናሊ፡ (M. 9, 16) was wollt ihr von ihnen? ይር
ዝሬ፡ዌሬ፡ጠቀጣ፡ (M. 8, 35) und was nützt es dem Menschen?
ዌሬ፡ይዋ፡ኀንክሬ፡ቤዛ፡ (M. 8, 36) was gibt einer als Preis für
sein Leben? ሁሽሬ፡ዌሬ፡ሽቢዋ፡ (Genes. 27, 37) was soll ich
nun dir thun? ዌሬ፡ሺዋዋ፡ (M. 6, 24) was soll ich begehren?
ዌሬ፡አይ፡ዋናዕ፡ኃዕ፡ጃኸዕ፡ከቲውዲኪ፡አጥአንዲኪ፡ (M. 2, 16)
was (warum) lebt, isst und trinkt er mit allerlei Heiden und
Sündern? ኻላ፡ዌሬ፡ዋሴና፡ (M. 4, 24) seht zu, was ihr höret.
Auch mit folgendem *-nī*, wie: ከይሲ፡ጉአ፡ዌሬዝ፡ (M. 9, 10)
was ist das, vom Tode auferstehen? ዌሬዝ፡እነዋ፡ያ፡ጋበ፡እን፡
አዘ፡ከንሽን፡ዌሬዝ፡ (M. 1, 27) was ist das für ein Ereigniss
und was für eine neue Lehre?

Anmerkung. Das Wort *wêrā* bedeutet auch: irgend
etwas, mit nachgesetztem *-kī* was immer; doch wird selbes
an den Stamm *wêr* angesetzt: *wêr-kī*: z. B. ዌርኪ፡ገመርቻ፡
(M. 1, 43) sage nichts = sage nicht irgend etwas! ዌርኪ፡ወን
ተርሽላ፡ (M. 15, 5) er antwortete nichts. ዌርኪ፡አነበስንላግ፡
(M. 2, 25) habt ihr nicht gelesen? ዋንከርው፡ዌርኪ፡ኻላዕ፡
አአኸን፡ (M. 8, 23) er fragte, ob er etwas sehe. ዌርኪ፡ይሽ፡
ጉተን፡አዶሲላግ፡ (Genes. 27, 36) hast du mir gar keinen Segen
übrig gelassen?

137) Die Frage: wie, wie viel? wird mit ዋኻ፡ oder
ዋአ፡ bezeichnet. Halévy (in Dembea) pag. 161 umschreibt:
*wāiza* combien? und *reinga* comment? Flad: *weyna* how? Im

---

[1] Cf. G. ጣ፡ was?

[2] D. i. *wiyarā* aus *wi dara* (von *was Sache*?) erweicht; vgl. Ch. §. 231

Bilin entspricht hier: *wuri-kuú.* [1] Beispiele: **ዊኽ ፡ ኃሜሊ. ፡ ዮ̈. መሮ ፡ አራው ፡ እን** ፡ (M. 9, 21) seit wie viel Jahren her hat er das bekommen? **ዊኽ ፡ ድሽድና ፡ መተና ፡ ዮ̈ረብነው** ፡ (M. 11, 18) sie suchten, wie sie ihn verderben könnten. **ዊነ ፡ አራ ፡ ዋናዕ** ፡ (M. 8, 5) wie viel Brod ist vorhanden? **ዊነ ፡ መሰብ** ፡ (M. 8, 19. 20) wie viel Körbe? **ኽሊ. ፡ ዊአ ፡ መሰከረናዕ** ፡ (M. 15, 4) siehe, wie sehr sie [dich] beschuldigen! **ዊአ ፡ አስተዋሊንላ*ማ** ፡ (M. 8, 21) wie begreift ihr es nicht? **ዊአ ፡ ሽ ነካዕ** ፡ (M. 10, 23) wie schwer ist es? **ዊያ ፡ አም*ነከና** ፡ (M. 11, 31) wieso glaubtet ihr nicht? **ተስፋ ፡ ሽ.ብሺ.ነው ፡ ዊአ ፡ ዮ.ው.ድናዝ ። ጊዘራ ፡ ዮ̈ረባዕ ፡ ስን ቢ.ው ፡ ዊአ ፡ ሺ.ሽ.አ** ፡ (M. 14, 11) sie liessen Hoffnung machen, wie sie [ihm Geld] geben würden: er aber suchte einen Anlass, wie er ihn fangen liesse. **ኽላራ ፡ ስንቢ.ው ፡ እዮ. ፡ ነኅስ ፡ ፝ዕነ*ገ ፡ ዊአ ፡ ማለነአ** ፡ (M. 12, 41) und er sah, wie viel Geld die Leute in den Opferkasten warfen. **ዊአ ፡ ወልሲ.በተ ፡ እንስ ፡ አራ.ው.** ፡ (Genes. 27, 20) wie fandest du das so schnell? **የደ.ራ. ፡ ገኅስ ፡ ዮር ፡ ዊአ ፡ ኽላዕ** ፡ (Gespr., Amh. Uebers.: **የእ*ጊዘ.አብ.ሑ.ር*ን ፡ ፊ̈ት ፡ ሰው. ፡ እን*ዴት ፡ ያያል** ፡) wie soll ein Mensch Gottes Antlitz schauen?

## V. Das Numerale.

### 1. Die Grundzahlen.

138) Ueber die Zählmethode gilt auch im Quaresa, was bereits im Bilin (B. §. 186) und Chamir (Ch. §. 236) erwähnt worden ist.

Die Grundzahlen lauten im Quaresa also:

| | | | |
|---|---|---|---|
| 1 | *láwā* | 3 | *sihūā, siwā* [3] |
| 2 | *liñā* [2] | 4 | *zajā* |

---

[1] **ው.ረከው.** ፡ und **ው.ረከ** ፡ wörtlich: von was Menge, welche Menge? Aus **ው.ረ** ፡ ist Quar. **ዎ** ፡ und aus **ከው.** ፡ das Quar. **ኽ** ፡, vgl. im Relativ den Ausgang -ā = Bil. -āñ. Der Aussprache von *veiņa* oder *weiņa* entspricht wohl: *weñā*, d. i. **ዊኽ** ፡ oder **ዊአ** ፡ nasalirt; vgl. §. 34.

[2] Flad: *lêņna*, in Dembea (bei Halévy): *liñā*; in den Texten: **ሊ.አ** ፡ (M. 6, 37. 38. 40. 42. 43 u. a.) und **ሊ.ኽ** ፡ (M. 6, 7; 10, 32), auch **ሊ.ᔌ** ፡ (M. 9, 45. 47; 10, 8; 16, 12), vgl. §. 34.

[3] Flad: *sêwa* (pag. 31), *sioa* (pag. 82); in den Texten: **ሲ.ᔌ** ፡ (M. 8, 2; 14, 5), **ᗉ.ᔌ** ፡ (M. 9, 5) und **ሲ.ኽ.** ፡ (M. 3, Ueberschrift), auch **ሲ.ዋ** ፡ (Joh. 2, 6).

| | | | |
|---|---|---|---|
| 5 | *aukua* | 8 | *sâjâtā, sâwâtā* [3] |
| 6 | *wâltu* [1] | 9 | *sassā* |
| 7 | *lañatā* [2] | 10 | *šikā, šekā* [4] |
| 11 | *šikī lā* | 16 | *šikī wâltā* |
| 12 | *šikī liñā* | 17 | *šikī lañatā* |
| 13 | *šikī siwā* | 18 | *šiki sâwâtā* |
| 14 | *šikī zajā* | 19 | *šikī sassā* |
| 15 | *šikī ankūā* | 20 | *lañañ* [5] |
| 21 | *lañañ lā* | 50 | *ankūiñ* |
| 22 | *lañañ liñā* | 60 | *wâltiñ* |
| 30 | *zaweñ* [6] | 70 | *lañetiñ* |
| 31 | *zaweñ lā* | 80 | *sâwâtiñ* |
| 40 | *zajiñ* | 90 | *zassiñ* |
| 100 | *liñ* | 900 | *sassā liñ* |
| 200 | *liñā liñ* | 1000 | *šika liñ; šiχ* |
| 2000 | *liñā šiχ* | 5000 | *ankūā šiχ.* |

139) Die Grundzahlen stehen, wie in den übrigen Agausprachen, in der Regel vor dem Nennwort und werden diesem
nur dann bisweilen nachgesetzt, wenn ein besonderer Nachdruck auf das Numerale gelegt werden soll. Zu bemerken ist
noch, dass das Nennwort nach den Grundzahlen häufiger im
Singular als im Plural vorkommt; z. B. ሊአ፡ከርተማ፡ (Joh. 2,

---

[1] Flad: *wolla*, in den Texten ወለት፡ (M. 2, 9; Joh. 2, 6. 20), über *wâ*
vgl. §. 3, e.

[2] Flad: *langeta* (pag. 32), *lagnala* (pag. 74), Texte: ለአ፡ት፡ (Gespr.), ለ፤፡ት፡
(M. 8, 5. 6. 8; 12, 20) und ለ፟ጅ፡ት፡ (M. 12, 22. 23; 16, 9).

[3] Flad: *sorota* acht, *saroti* Woche; Texte: ሰኾ፡ት፡ (M. 8, Ueberschrift)
acht, ስኾ፡ት፡ Woche (M. 16, 2. 9).

[4] Flad: *sheka*, Texte ፟ሸኽ፡ (Rut 1, 4; Gespr.), ፟ሸ፟ኽ፡ (M. 10, Ueberschr.).

[5] Flad: *lagneng*, Texte: ለየ፡ዕ፡ ((Gespr.), mittelst *P* wie ወ, አ, ፟ኺ häufig
der Laut *ñ* bezeichnet, vgl. §. 34.

[6] Flad: *sawâyne*, Texte: ሙዌ፡ዕ፡ (Gespr.) dreissig, *sâtshang* (Fl.). ሙ፟ጄ፡ዕ፡
(Gespr.) vierzig, *anqning* (Fl.), አ፟ይ፟ኮ፡ዕ፡ (Gespr.) fünfzig, *wolling* (Fl.),
ወለ፡ተ፡ኽ፡ (Gespr.) sechzig, *langaling* (Fl.), ለአ፡ተ፡ኽ፡ (Gespr.) siebenzig,
*sorating* (Fl.), ሰ፟ም፡ተ፡ኽ፡ (Gespr.) achtzig, *sesing* (Fl.), ሙ፟ስ፡አ፡ (Gespr.)
neunzig, *liang* (Fl.), ለ፡አ፡ (Gespr.) hundert, *sheka liang* (Fl.), ፟ሸ፟ከለ፡
(Gespr.), ፟ሸ፟ኺ፡ (M. 5, 13; 8, 19), ፟ሸ፡ኺ፡ (M. 8, 9. 20), ፟ሸ፡ሀ፡ (M. 6, 44)
tausend.

6) zwei Mass, ሲኣ፡ጊዘ። (Genes. 27, 36) zwei Zeiten, zweimal, ሲኣ፡ናን፡ (M. 9, 43) zwei Hände, ሲ፭፡ልኩ። (M. 9, 45) zwei Füsse, ሲ፭፡ይል፡ (M. 9, 47) zwei Augen u. s. w., aber auch ሲኣ፡ይዌን፡ (Rut 1, 4) zwei Frauen; nachgesetzt: ኙዑር፡ሲኣሪ፡ (Rut 1, 1) und seine beiden Söhne. ሲኔ፡ግርጋ፡ (M. 8, 2) drei Tage, ʽኒኔ፡ዳዘ፡ (M. 9, 5) drei Hütten. ውጀ፡ናንዜሲ፡ (M. 13, 27) von den vier Winden, ሰጀ፡ይር። (M. 2, 3) vier Männer. ኣንካ፡ኣረስኣ፡ሲኣ፡ኣዘስሪ፡ሪሽዉ። (M. 6, 40) er nahm die fünf Brode und die zwei Fische. ዉልታ፡ግርጊሲ፡እንጊያ፡ (M. 9, 2) nach sechs Tagen, aber: ዉልታ፡ክርይ፡በረብ፡ (Joh. 6, 2) sechs Steinkrüge. ለፕታ፡ኣረስሪ፡ሪሽዉ። (M. 8, 6) und er nahm die sieben Brode. ለጋታ፡መሰብ፡ (M. 8, 8) sieben Körbe; aber mit dem Plural: ለፕይ፡ሽን፡ (M. 12, 20) sieben Brüder, ለ፭ታ፡ኣጋንንትን፡ (M. 16, 9) sieben Dämonen. ሽኪ፡ለኩጊ፡ ʽኻልሰዉ፡ (M. 16, 14) er erschien den elf. ሽኪ፡ሲኣሪ፡ሽብዉ፡ (M. 3, 14) und er machte (erwählte) die zwölf. ሽኪ፡ሲኣዳ፡ (M. 4, 10) mit den zwölf. ሽኪ፡ሲኣ፡ኣሜሲ። (M. 5, 25) seit zwölf Jahren. ሽኪ፡ኣሜኣ፡ትሪ፡ስንቢ፡ (M. 5, 42) sie war ein Mädchen von zwölf Jahren. ሽኪ፡ሲኻሽሪ፡ከሽህዑ፡ (M. 6, 7) und er rief den zwölften. ሲኣ፡ሲዐጊ፡ድርምጊ፡ (M. 6, 37) um zweihundert Drachmen. Für eins wird ለዋ፡, wie im Chamir, nur in der Aufzählung gebraucht (1, 2, 3 u. s. w.), mit Nennwörtern verbunden, lautet es aber: masc. lā (aus lā-ñ, lā-hǔ, welche letztere Form in den Texten noch vorkommt, Bil. lā-uχ), fem. lā-y (Bil. lā-rī, Cham. la-y), wie: ኩጊ፡ለዐ፡መ·ሲሽ፡ለኹ፡ [1] ኤልያስጊሪ፡ለኹ፡ (M. 9, 5) für dich eine (Hütte), für Mose eine und für Elias eine. ለኹ፡ይር፡ (M. 5, 2) und ይር፡ለዐ፡ (Rut 1, 1) ein Mann. ለኹ፡ያይል፡ሽብኣ፡ግርሽላ፡ (M. 6, 5) er konnte nicht irgend ein Werk vollführen. ለኹ፡እንሽዉ·ሰዐዉ፡ ቤኣዐ፡ስንቢዉ፡ (M. 15, 6) er pflegte einen Gefangenen freizugeben. ለኹ፡ለኹ፡ገረዋጊ፡ለብዉ፡ (M. 4, 4) ein Theil fiel auf den Weg. ለዐ፡ለዐሪ፡ክርኣ፡ዳግሲ፡ለብዉ፡ (M. 4, 5) und ein Theil fiel auf Felsen. ነቢኣትንሲ፡ለኹ፡ (M. 6, 15) einer von den Profeten. Vor Postpositionen: lā-χū-s und lā-s, wie: ኣምኙዉ፡ለኹስ፡ከትሽዐ፡ (M. 9, 42) wer einen von denen, die gläubig waren, verführt. እንዘ፡ትርለሲ፡ለስ፡ከለብታዐ፡ (M. 9,

---

[1] Aus der Schreibung ለዐ፡ = ለኹ፡ ersieht man deutlich die Herkunft von Bil. und Cham. lā aus lā-χū.

37) wer eines dieser Kinder aufnimmt. ላስ ፡ መሕሉ፡ን ፡ የኵ፡ን ፡
(Rut 1, 2) den einen nennen sie Mahalon. ሽኪ ፡ ላ፡ኵ፡ዝ ፡ ኻል
ስው ፡ (M. 16, 14) er erschien den elf [Jüngern]. Dieselbe mas-
culine Form wird auch gesetzt für die Bezeichnung etwas
(synon. *wer*, vgl. §. 136, Anm.), wie: ላስኪ ፡ እረ፡ን ፡ (M. 11, 13)
ob er irgend etwas fände. ላስኪ ፡ ወ፡ን፡ተርሽለማ ፡ (M. 15, 4) antwortest du gar nichts? እው፡ዝኪ ፡ ላስኪ ፡ ገመር፡ን፡ላ ፡ (M. 16, 8)
sie sagten Niemandem etwas. Feminin: ላይ ፡ ይ፡ዋ፡ና ፡ (M. 7, 25)
eine Frau. ላይሽ ፡ ን፡ሽ፡ዐ፡ረ ፡ ኩ፡ር፡ፋ ፡ ይ፡ስ፡ቲ ፡ (Rut 1, 4) und der
einen ihr Name (*niš šeú-rì*) wird Urfa genannt. Die feminine
Form wird auch gebraucht für deminutive Bestimmungen (vgl.
§. 108), wie: ላይ ፡ ገ፡ተ፡ን ፡ (Genes. 27, 38) nur ein Bischen, klein-
wenig Segen. ላይ ፡ ግ፡ር፡ጊ ፡ (ib. 27, 45) an einem einzigen Tage.
ላይ ፡ ፣ስ ፡ (M. 10, 21) eine einzige, unbedeutende Sache.

'Anmerkung. Für *zajiù* vierzig, kommt auch *arbā* (A.
እርስ ፡ እር፡ስ፡ን ፡) vor, in: እርስ ፡ ወል፡ታ ፡ እ፡ሚ፡ዝ ፡ (Joh. 2, 20) in
sechsundvierzig Jahren. እርስ ፡ ግር፡፣ ፡ (M. 1, 13) vierzig Tage.
Für *šika-lìù* (10 × 100) tausend, wird von zweitausend an das
Wort *šiz* gebraucht, als: ሲእ ፡ ሽ፡ኽ ፡ (M. 5, 13) zweitausend,
ስኝ ፡ ሽ፡ኽ ፡ (M. 8, 9, 20) viertausend, እ፡ን፡ኅ ፡ ሽ፡ኽ ፡ (M. 8, 19)
fünftausend.

## 2. Die Ordnungszahlen.

140) Für erster findet sich im Gebrauch: ም፡ጅ፡ም፡ር ፡[1]
Anfang, Beginn (A. ጅ፡መ፡ረ ፡) und ጃ፡በ፡ሳ ፡[2] vorderster, z. B.
ም፡ጅ፡ም፡ር ፡ ግር፡፣ ፡ (M. 16, 2, 9) erster Tag, ም፡ጅ፡ም፡ር ፡ ተ፡ዝ፡ዝ ፡
(M. 12, 30) das erste Gebot, ም፡ጅ፡ም፡ር ፡ ይ፡ዋ፡ና ፡ (M. 12, 20) die
erste Frau; auch nachgesetzt. ነ፡ሽ፡ክር ፡ ም፡ጅ፡ም፡ር ፡ (Joh. 2, 11)
sein erstes Wunder (d. i. seiner Wunder Beginn), ተ፡ዝ፡ዝ፡ኪ ፡
ም፡ጅ፡ም፡ር ፡ እ፡ን ፡ ገ፡ን ፡ (M. 12, 29) das erste Gebot ist dieses
(wörtlich: jeglichen Gebotes Anfang). — እው ፡ ተ፡ዝ፡ዝ፡ኒ ፡ ኒ፡ሊ፡ኪ ፡
ጃ፡በ፡ሳ ፡ (M. 12, 28) welches ist von allen Geboten das erste?
ጃ፡በ፡ስ፡ን ፡ እ፡ን፡ጊ፡ዋ ፡ እ፡በ፡ኵ፡ን ፡ እ፡ን፡ጊ፡ስ፡ን ፡ ጃ፡ብ፡ዋ ፡ (M. 10, 31) die

---

[1] Flad: *matšhemer* origin.

[2] D. i. *jāba-sā*, passives Relativ vom denominativen Verb *jāba-s*; *jāb-ā*
Front, Vorderseite; vor Suffixen wird *-ā* zu *a*, *a*, dann im Quaresa häufig
mit Hamis bezeichnet. Das Verb *jāba-s* findet sich als Particip in M. 16,
9: ጃ፡በ፡ስ ፡ ም፡ር፡ያ፡ም ፡ መ፡ም፡ደ፡ላ፡ዊ፡ት፡ሽ ፡ ኻ፡ል፡ስ፡ው ፡ er erschien zuerst
der Maria von Magdalena (wörtl: er voranthuend zeigte sich der M. M.).

ersten werden zuletzt sein und die letzten zuerst. Ganz wie *jāba-sā* werden aus den Grundzahlen die Ordinalia gebildet, demnach: *liña-sā* zweiter, wie: ዟሁ·ር ፡ ሸ·ዐ·ሪ ፡ ላስ ፡ መሕሉን ፡ የኩ·ን ፡ ሊ.ኤ.ሰስሪ ፡ ከልዮ·ን ፡ (Rut 1, 2) und seiner Söhne Namen, einen nennen sie M., und den zweiten K. ንሽ ፡ ሁ·ሪ ፡ ዋእ·ብያ ንለ. ፡ ሊ.እ ፡ ይዋን ፡ ትው·ሽንዐ· ፡ ላይሽ ፡ ንሽ·ዐ·ሪ ፡ እ·ር፬· ፡ ይስቲ ፡ ሊ. ኤ.ሰሪ ፡ [1] ፬·ት ፡ ይስቲ ፡ (Rut 1, 4) und ihre Söhne führten von den Moabitern zwei Frauen heim: der einen ihr Name nun wird Orfa, und die zweite wird Rut genannt. ሊ.ჰ ፡ ገበዘንት ስሪ ፡ ከከርስንው· ፡ ኂዺ. ፡ ላዕስ ፡ ኂለዋዝ ፡ ሊ.ኤ.ሰስሪ ፡ [2] ኂሽ.ንገበ.ገ ፡ (M. 15, 27) auch zwei Gauner hängten sie mit ihm: den einen zu seiner Rechten und den zweiten zu seiner Linken. — *Sihña-sā*, *siwa-sā* dritter, wie: ሲ.ჰ·ሲ. ፡ [3] ግር.ጊ.ገ ፡ (M. 8, 31: 14, 58) oder ሲ.ჰ·ሲ. ፡ ግር.ጊ.ዝ ፡ (M. 9, 31; 10, 34; 15, 29) und ሲ.ዌ.ሲ. ፡ ግር.ጊ.ዝ ፡ (Joh. 2, 1. 19. 20) am dritten Tage: ebenso: ሲ.ჰ·ሲ.ሪ ፡ (M. 4, 9) und ሲ.ዌ.ሲ.ሪ ፡ (M. 4, 20) und der dritte. — *Zaja-sā* der vierte, wie: ሐሪስ. ፡ ው.ჯ·ሲ. ፡ ስእ·ት·ዝ ፡ (M. 6, 48) in der vierten Stunde von der Nacht. — *Sassa-sā* neunter, wie: ስስስ. ፡ ዚዘዝ ፡ (M. 15, 34) in der neunten Stunde; vgl. auch: ስስ ፡ ዚዛ ፡ (M. 15, 33) die neunte Stunde (Cardinale statt des Ordinale gebraucht). Das Schema für die Ordnungszahlen ist demnach folgendes:

Erster *mejemer, jāba-sā* fem. *jāba-s-e* plur. *jāba-s-an*
Zweiter *liña-sā* „ *liña-s-ē* „ *liña-s-an*
Dritter *sihña-sā, siwa-sā* „ *sihña-s-r* „ *sihña-s-an*
u. s. w.

Anmerkung. Für *liña-sā* zweiter, wird auch *liña-tā* gebraucht (reflexiv-passive Bildung aus *liñā*), wie: ም·ጇ·ም·ር ፡ ይዋና ፡ ትው·ሽ·ው· ፡ ከ.ው·ሪ ፡ ሊ.ჰ·ት·ሪ ፡ ፈ.ሽ·ው· ፡ ከ.ው·ሪ ፡ ሲ.ჰ·ሲ.ሪ ፡ እነዋ ፡ (M. 12, 21) der erste heiratete ein Weib und starb; auch der zweite nahm und starb und der dritte desgleichen. እን ፡ ም·ጇ·ም·ር ፡ ት·ዘዝ ፡ ገን ። ሊ.ჰ·ተ·ሪ ፡ ንሽ ፡ ስና ፡ ይ·ቲ ፡ እን ፡ ገን ፡ (M. 12, 31) dies ist das erste Gebot. Das zweite nun ihm ähnlich lautend ist dieses. ኂናንሪ ፡ ዻንግ ፡ እይ ፡ አዻይ·ቲ ፡ ሊ.ሽ·ተ·ሽ. ፡ ስና ፡

---

[1] Für ሊ.ኤ.ሲ.ሪ ፡, *liñas-ā*, fem. -*ē*, demnach *a* statt Hamis.
[2] *liñasa-s* den zweiten; zu *a* für *ā* vgl. §. 140, Note 3.
[3] *sihñasi* oder *sihñasa*, *ā* zu *a*, *i* verändert vor einem folgenden Nennwort oder Suffix.

8

(M. 3, 5) und seine Hand ward heil gleich der zweiten. ዲ.ርዋ፡
ለ.ጛታ፡ጊሀ፡ዋዕጊ፡ (M. 14, 72) ehe der Hahn die zweite Zeit
gekräht hat ለ.ጊሳ፡ዲ.ርዋ፡ዋዕጊ፡ (ibid.). Dem *liña-ta* (aus
*liña-t-añ*) entspricht Bil. *-liñar* zweiter (aus *liña-r-uχ* verkürzt);
vgl. Bil. *jabu-r-ā* = Quar. *jābu-s-ā* erster. Cham. *liñatrā* zweiter,
ist eine Nominalbildung aus dem Stamm *liña-t* + *rā*, vgl. Ch.
§. 143.

### 3. Die Theilungszahlen.

141) Der Begriff [1] ₂ wird mittelst ግበር፡ Hälfte (M. 6,
23: 12. 5) ausgedrückt. Die übrigen Formen sind in den Texten
nicht belegt.

### 4. Die Multiplicationszahlen.

142. Auch hiefür finden sich in den Texten nur einige
wenige Beispiele vor, nämlich ለ.ዕ፡አሽ.ብ፡ (M. 10, 30, Bil.
ለ.ሽ፡አሽብ፡) hundertmal, -fach, also die Grundzahl mit folgendem: *asibā* Vermehrung, Verdoppelung. Ferner die Grundzahl in Verbindung mit ጊ.ሃ፡ Zeit, als: ለ.ጛ፡ጊ.ሃ፡ (M. 14, 30)
und ለ.አ፡ጊ.ሃ፡ (Genes. 27, 36) zweimal, ለ.ሽ.፡ጊ.ሃ፡ (M. 14, 30)
dreimal.

### 5. Die Umfangszahlen.

143) Sie werden gebildet, indem man an die Grundzahlen
das Wörtchen *kī* [1] alle ansetzt, wie: ለ.ጛከ.ሬ፡ለ.ከ፡፡ሜአ፡አኽ
ኩ-ን፡ገን፡ (M. 10, 8) und alle beide werden ein Fleisch sein.
ለ.ጛታ.ከ.፡ alle sieben (M. 12, 22. 23). Zu bemerken ist, dass die
Casusendung zwischen die Grundzahl und das Wörtchen *kī*
eingefügt wird, z. B. ለ.አታከ.፡ለዩ.፡ግርንገ፡በ.ሰገአ፡ (Genes 27,
45) damit ich nicht aller beider an einem und demselben Tage
beraubt werde.

## VI. Die Postpositionen.

144) Eigentliche nur als Postpositionen vorkommende Elemente besitzt das Quaresa gleich dem Bilin und Chamir verhältnissmässig nur sehr wenige, indem die verschiedenen

---

[1] Bil., Cham. *-k*; ከ. dürfte wohl aus ከዩ.፡ und dieses aus ኻላ፡ entstanden sein.

Bezichungen der Nennwörter durch andere Substantiva in
postpositionaler Stellung näher bestimmt werden. Einfache,
eigentliche Postpositionen sind: -*tī, -t; -dī; -sī, -s; -zī, -z; -šī,
-š; -lī* und -*wā*. Ueber den Gebrauch von -*ti, -t* zur Bezeichnung des Objects vgl. §. 120 und 121, zur Bezeichnung
localer Beziehungen in *a-t* wo, wohin, und *a-te-z* woher, vgl.
§. 134. Ueber -*sī, -s, -šī, -š* ebenfalls §. 120 und 121 und über
-*šī, -š* beim Genetiv §. 118.

145) Die Postposition -*zī, z* haben wir bereits in §. 117
als Genetivzeichen kennen gelernt, ebenso beim Object in §. 120,
Note 1 und 2. Ausserdem kommt dieselbe in Anwendung:

a) Zur Bezeichnung der Richtung nach einem Ziele, wie:
ጊሳውሪ፡ የዕቆብዚ.፡ ቄም፡ ሻው፡ (Genes. 27, 41) und Esau hatte
Groll gegen Jakob. ኩዝ፡ ስዚኩን፡ (ibid. 27, 29) sie werden
sich gegen dich hin, vor dir neigen. ወንጌልዝ፡ አምና፡ (M. 1,
14) glaubt an das Evangelium! — Zur Angabe der Richtung
von einem Orte her nur in *a-te-s* woher? §. 134.

b) Zur Bezeichnung des Verweilens an einem Orte, wie:
ገረዊዝ፡ (Rut 1, 7; M. 2, 23) auf dem Wege. አርጊዝባኅ፡ ድብ.ዝ፡
(M. 5, 5) im Grab und auf dem Berge. ባርዝ፡ (M. 4, 1) auf
dem Meere. ባር፡ገብዚ.፡ቢ.፡ዳይዝ፡ (ibid.) am Seegestade auf
dem Festlande. ቃና፡ገለ.ሊ.ዝ፡ (Joh. 2, 1) zu Kana in Galiläa.
ይዝሪ፡ሽብክ፡ሻለ.፡ (Genes. 27, 11) und an mir habe ich kein
Haar. ክቢ.ረዝ፡ (M. 1, 3. 4) in der Wüste. የርዳና ስዝ፡ (M. 1. 9)
im Jordan. ነቢ.አተንዝ፡ጻፍ.ሲ.ው፡ስና፡ (M. 1, 2) wie es bei den
Profeten geschrieben steht.

c) Zur Bezeichnung der Zeit, wie: ይን፡ጊዘዝ፡ (M. 1. 9.
17. 18 u. a.) zu jener Zeit, ሰንበትዝ፡ (M. 2, 23. 24) am Sabbat.
ሐ.ሪዝ፡ (M. 1, 35) in der Nacht. ኒሪዝ፡ገርኪ.ዝሪ፡ (M. 5, 5)
bei Nacht und Tag. ሲ.ፔሲ.፡ግርጊ.ዝ፡ (Joh. 2, 1) am dritten
Tage u. s. w.

d) Zur Angabe des Mittels, wie: ኔክክረስሪ፡ክርአ.ዝ፡
ክባዕ፡ስንቢ.ው፡ (M. 5, 5) er schlug sich mit Steinen. አን፡አ
ኍዝ፡አጠመቀኩ፡ነዛ፡መንሪ.ስ፡ቅዳ.ስዝ፡አጠመቀኩ፡ (M. 1, 8)
ich taufe mit Wasser, er aber wird mit dem heiligen Geiste
taufen.

e) Zur Angabe der Art und Weise, wie: ዋዕ፡ድምዕዝ፡
ዋዕው፡ (M. 5, 7) er schrie mit lauter Stimme. ኔአቃልስሪ፡ደመ
ሽን፡ፍወንዝ፡ክና፡ይሽነው፡ (Rut 1, 14) und sie erhoben noch-

mals ihre Stimme im Weinen. አያ ፡ እን ፡ አዘ ፡ ኃብ.ገዘ ፡ (Genes. 27, 8) es geschehe nach dem Worte, das ich befehle. ይፈ.ርገዘ ፡ (Rut 1, 18; Genes. 27, 36 u. a.) in Wirklichkeit, wahrlich.

146) Die Postposition -di[1] mit dient zur Bezeichnung der Gesellschaft. wie: ያዕቆብ.ዳ.ኸ ፡ የ.ሐ.ንንዳ. ፡ (M. 1, 29) mit Jakob und Johannes. የሱ.ስዳ ፡ ኂአር.ደ.ተ.ንዳ.ኸ. ፡ (M. 2, 15) mit Jesus und allen seinen Jüngern. ከተ.ው.ዳ.ኸ. ፡ አጥ.አን.ዳ.ኸ. ፡ (M. 2, 16) mit allerlei Heiden und Sündern. ስ.ር.ገ ፡ ናይ.ዳ. ፡ ዋ.ን እ.ን.ን ፡ (M. 2, 19) solange der Bräutigam mit ihnen ist. ኂዳ ፡ ስ.ን.በ.ው.ገ.ዘ ፡ ይ.ው.ኾ. ፡ (M. 2, 26) er gab denen, welche mit ihm waren. በ.ር.ዋ ፡ ፈ.አ.ው. ፡ ኂ.አር.ደ.ተ.ን.ዳ. ፡ (M. 3, 7) er ging hinaus ans Meer mit seinen Jüngern. ነ.በ.ይ. ፡ ኤ.ል.ያ.ስ.ፈ ፡ በ.ገ.ተ.ው. ፡ ው. ሰ.ዳ. ፡፡ የ.ሱ.ስ.ዳ.ፈ ፡ ገ.ሙ.ረ.ነ.ን ፡ ስ.ን.በ.ን.ው. ፡ (M. 9, 4) es erschien der Profet Elias mit Mose und sie redeten mit Jesu. አ.ዋ.ን ፡ አ.ኸ ን.ዥ. ፡ እ.ን.ተ.ዳ. ፡ ስ.ሣ.ዕ ፡ (M. 9. 19) bis wann soll ich bei euch bleiben? እ.ን.ተ. ፡ ዳ.ግ.ዘ ፡ አ.ኃ.ኸ. ፡ እ.ን.ተ.ዳ. ፡ ገ.ን ፡ (M. 9, 40) wer nicht wider euch ist, der ist für (mit) euch. እ.ን.ተ.ለ. ፡ ላ.ዕ ፡ ይ.ዳ. ፡ ኄ.ዕ ፡ (M. 14, 18) einer von euch, der mit mir isst.

147) Die Postposition -li drückt das Verweilen bei einem Gegenstande, an einem Orte aus, in, bei, an, dann auch die Richtung von einem Objecte, den Ausgang aus einem Orte: z. B. ይ.ብ.ተ.ሪ.ለ. ፡ ከ.ሣ ፡ ከ.ዘ.ስ ፡ አ.ሪ.ኸ. ፡ (Joh. 2, 14) im Tempel fand er Viehhändler. ኂ.ተ.ከ.ፈ ፡ ይ.ብ.ተ.ሪ.ለ. ፡ ፍ.ግ.አ. ፡ (Joh. 2, 15) und jeden trieb er aus dem Tempel hinaus. ይ.ን.ስ.ፈ ፡ ከ.በ.ኂ.ለ. ፡ ስ.ን በ.ው. ፡ ዓ.ር.በ. ፡ ገ.ር.ኃ ፡ ሰ.ይ.ጣ.ን.ስ.ፈ ፡ ፈ.ተ.ን.ስ.ን.ን ፡ (M. 1, 13) und dort in der Wüste blieb er vierzig Tage, während er vom Satan versucht wurde. ይ.ር. ፡ ላ.ዕ ፡ ይ.ሁ.ዳ ፡ እ.ሰ.ለ. ፡ ቤ.ተ ፡ ል.ሐ.ም.ለ. ፡ ፈ.ዕ.ው. ፡ ጥ.አ.ብ ፡ በ.ለ. ፡ ተ.ን.ኮ.ስ.ም.ይ.ገ ፡ (Rut 1, 1) ein Mann vom Stamme Juda zog aus Bethlehem aus, um sich im Lande Moab anzusiedeln. ከ.ታ.አ ፡ ስ.ብ.ሪ.ለ.ኸ. ፡ አ.ን.ድ.ረ ፡ ይ.ን.ለ. ፡ ኬ.ከ. ፡ (Rut 1, 17) an welchem Ort immer du sterben wirst, dort werde auch ich sterben. ይ.ን ፡ ጊ.ዘ.ገ ፡ እ.ን.ተ.ው. ፡ የ.ሱ.ስ ፡ ና.ግ.ሬ.ተ.ለ. ፡ ገ.ለ.ለ. ፡ ከ.ው.ለ. ፡ የ.ሐ.ን.ስ.ለ. ፡ የ.ር.ዳ.ና.ስ.ገ ፡ ጠ.ሙ.ቅ.ስ.ው. ፡ (M. 1, 9) damals kam Jesus aus Nazareth, der Stadt Galiläas, und wurde von Johannes im Jordan getauft. ይ.ም.ዕ.ፈ ፡ ስ.ሣ.ይ.ለ. ፡ እ.ን.ተ.ው. ፡ (M. 1, 11) und eine Stimme kam aus dem Himmel. Ueber die grammatische Ueber-

---

[1] Bil. di, ältere Form, -tā, vgl. Bilinspr. §. 187, Anmerk., Amh. ፕ un und vollere Form ፕለ; di dürfte aus dī, day, dal erweicht sein; vgl. auch unten §. 165, Note 2.

einſtimmung von **ዝ** und **ሊ**። vgl. **እንትዝ፥እቲንው** ። **እን፥አገ ርሊ**። (Geſpr., Amh. Ueberſetzung: **ከወደት፥መጣህ ። ኪ.ዘ.ህ፥ አገር**።) woher kommſt du? Antw.: ich bin aus dieſer Stadt; vgl. §. 145, a. Ueber den Gebrauch von -*li* bei der Comparation vgl. §. 126 f.

148) Die Poſtpoſition *-wā* zu, nach, bezeichnet die Richtung nach einem Ziele, wie: **ሞአብ፥ቢዋ፥እንትንው**። (Rut 1, 2) ſie kamen nach Moab. **ገረዋዝሪ፥ሬንዐ፥ይሁዲዋ፥ወንተርድ ዋዝ፥ናዐሚሪ፥ንሸዉር፥ይዋንስ፥ይቲ፥እንት፥ገነ፥ከዋ፥ወንተሪ**። (Rut 1, 7) ſie gingen auf dem Wege, um nach Judäa zurückzukehren; und da ſprach Naome zu ihrer Söhne Frauen: kehret zurück in die Stadt eurer Mutter! **ኩዲ፥ከ.ሪ.ዘንዋ፥ሪነኩ**። (Rut 1, 10) wir gehen mit dir zu deinem Stamme. **እንደከ.፥ከ.ጕብን፥ ወንተሪቲ፥ንሸሪ.ዘንዋ፥ንሸአምላከንዋ**። (Rut 1, 15) ſiehe deine Schwägerin iſt zurückgekehrt zu ihrem Stamme und ihrem Gott. **ይዋ፥ቲቲ**። (Genes. 27, 26) komm her zu mir! **ዐናዋ፥ቲቲ**። (ib. 27, 21) komm hieher! **ኋአበዋ፥ይስሐቅዋ፥ቲትዐ**። (ib. 27, 22) er trat hin zu ſeinem Vater Isaak. **ገሊሊዋ**። (M. 1, 13) nach Galiäa. **ቀናርናሆምዋ**። (M. 1, 20 u. a.) nach Kafernaum. **ይ.በ ተሪዋ**። (M. 1, 21) in den Tempel. **ንዐዋ**። (M. 1, 29 u. a.) in das Haus. **በርዋ**። (M. 1, 16; 5, 13 u. a.) ins Meer, zum Meere hin. **አርፕዋ**። (M. 16, 2. 5) zum Grabe hin. **ለንጀዋ**። (M. 4, 35) ins jenſeitige Land. **በር፥ዳይዋ**። (M. 2, 13) zum Seegeſtade hin. **ወንጊዋ**። (M. 5, 12) in die Heerde hinein. **ንስሐዋ**። (M. 2, 17) zur Buſſe hin u. ſ. w. Folgt dem **ዋ** irgend ein Suffix, ſo geht es in **ወ** über, als: **ይ.በ.ወሪ**። (M. 3, 13) und auf einen Berg, aber **ይ.ቢ.ዋ**። (M. 6, 36) auf einen Berg. **ይ.ብተሪወሪ**። (M. 3, 1) und in den Tempel, **ኋወሪ**። (M. 3, 13) und zu ihm, **ኋዋ**። (M. 2, 4; 3, 8) zu ihm.

149) Zu den Nennwörtern, welche als Poſtpoſitionen verwendet werden, gehören: *aǰan-ši*,[1] welches den Zielpunkt einer Bewegung oder Thätigkeit ausdrückt, z. B. **አዋን፥አሸንሸ**። (M. 9, 19) bis wann? bis wohin? **ናን፥አሸንሸ**። (M. 8. 17) oder **ናን፥አአንሸ**። (ib.), **ናን፥አዐንሸ**። (Joh. 2, 10) bis jetzt. **አዋ፥ አዐሸ**። (Joh. 2, 7) bis oben. Ueber den Gebrauch von *aǰan-ši*, um den Conſecutiv auszudrücken, vgl. §. 70.

---

[1] D. i. *aǰ-an-ši* beim Sein, von *aǰ* ſein, eſſe, vgl. §. 99 und 120, Chamir *aš* (Cham. §. 247).

150) *Gab* bei, neben (eigentlich: Seite), wie: ሰደቀ ፡
ገብጠ ፡ (M. 3, 8) bei Sidon, ባር ፡ ገብጠ ፡ (M. 4, 1) am Meere,
ይብ ፡ ገብጠ ፡ (M. 5, 11) am Berge, an der Berglehne. ዝዬየ ፡
ፈው ፡ ገለሰ ፡ ገበለ ፡ ዋናስ ፡ ኩለክ ፡ (M. 1, 28) sein Ruf drang
in alle Ortschaften um Galiläa.

151) *Gaš* vor, coram (Antlitz), wie: የደፈ ፡ ገሸለ ፡
(Genes. 27, 7) vor Gott, ከገሸዝ ፡ (M. 1, 1, Bil. ሑዤብለ ፡)
coram te, ዝገሸዝ ፡ (M. 3, 11) vor ihm, ናገሸዝ ፡ (M. 2, 11) vor
ihnen, ዝአበ ፡ ገሸለ ፡ ፈው ፡ (Genes. 27, 30) er ging weg von
seinem Vater.

152) *Jâb* vor, ante, mit -z oder -*li* verbunden (Bil.
*jab-il*), wie: ከዤብለ ፡ (M. 1, 2, Bil. ሑዤብለ ፡) vor dir her,
ናዤብዝ ፡ (M. 10, 32) vor ihnen.

153) *Engiyâ* [2] nach, hinten (Rücken); das Nomen rectum
erhält in der Regel die Postposition -*ze* oder -*li*, wie: የሕን
ስፈ ፡ እንሸውስትዝ ፡ እንጊየ ፡ (M. 1, 13) nach der Gefangennahme
von Johannes. ይትው ፡ ግርጊለ ፡ እንጊየ ፡ (M. 2, 1) nach wenigen
Tagen. ወልታ ፡ ግርጊለ ፡ እንጊየ ፡ (M. 9, 2) nach sechs Tagen.
ስሞ ፡ አሸስታእ ፡ ጊዘለ ፡ እንጊየ ፡ (Rut 1, 22) nach der Zeit, in
der die Gerste geschnitten wird. እንለ ፡ እንጊየ ፡ (M. 16, 12)
nach diesem, hierauf. ይንለ ፡ እንጊፈ ፡ (Joh. 2, 12) und nach
jenem. ይንጊለ ፡ *gi 'ngi-li* (M. 1, 7) hinter, nach mir. ዝለክ ፡
እንጊየ ፡ (M. 9, 35) hinter jedem. ዝንጊዝ ፡ (M. 5, 27) *nî 'ngi-z*
hinter ihm.

154) *Awa* [3] auf, über, selten gebraucht. የወዝ ፡ (Gespr.),
*y' awa-z* über mir. Regelmässig in diesem Sinne gebraucht ist:

155) *Dâg* auf, über (Höhe), meist mit der Postposition
-*z* oder -*li* verbunden; z. B. ቢ ፡ ዳግ ፡ (Rut 1, 1) auf dem Lande,
im Lande. ይዳግዝ ፡ (M. 9, 39) und ይዳግለ ፡ (Rut 1, 13) über
mir, gegen (contra) mich. እንተ ፡ ዳግዝ ፡ (M. 9, 40) wider euch.
ሕዝብፈ ፡ ሕዝብ ፡ ዳግዝ ፡ ንኮ ፡ መንንግሥትፈ ፡ መንንግሥት ፡ ዳግለ ፡
(M. 13, 8) und ein Volk wird über das andere aufstehen, und
ein Reich wider das andere. ዝዳግለ ፡ (M. 1, 10; 11, 7) über
ihm. ናናንስፈ ፡ ሸምስ ፡ ዳግዝ ፡ ሸንዞን ፡ (M. 16, 18) ihre Hände
legen sie Kranken auf. ዝናንተን ፡ ዳግለ ፡ ተመተምት ፡ (Genes. 27,
16) sie deckte [die Felle] über seine Hände. Dem Nomen

---

[1] Cham. *gba*, *gûa*, Cham. §. 250.
[2] Bil. *ingerâ*, Cham. *egra*, *grû*.
[3] Bil. *awâg*, Cham. *agá*, vgl. Cham. §. 251.

rectum wird auch oft -*z* angefügt, wie: ገረዊገ ፡ ዳግሊ. ፡ (M. 10, 46) auf dem Wege. ታንኩ፡ገ ፡ ዳግሊ. ፡ (M. 1, 20) auf dem Schiffe.

156) *Saχŭā*[1] unter (Tiefe), fast immer mit der Postposition -*z* oder -*li* verbunden, wie: አርገ፡ሰጐገ ፡[2] unter das Angareb (M. 4, 21). ለምዳ ፡ ሰጐገ ፡ (M. 4, 32) unter dem Schatten. ማዕድ ፡ ሰጐገ ፡ (M. 7, 28) unter dem Tisch. እንተ ፡ ልኩ ፡ ሰጐገ ፡ (M. 6, 11) unter euern Füssen.

157) *Anχā*[3] in, innerhalb (Innerseite), wie: ከኒ ፡ አን ኔገ ፡ (M. 12, 26) im Busch. ከቦ ፡ አንኔገ ፡ (M. 4, 21) im Korb. አጐ ፡ አንኔሊ. ፡ (Gespr.) im Wasser.

158) *Nabiyā*[4] in, mitten, zwischen (Mitte), wie: ገዘ. ፡ ገቤገ ፡ (M. 2, 23) mitten im Felde. እይ ፡ ገቤገ ፡ (M. 5, 27) mitten unter den Leuten. ለ.፮ ፡ ገረዊ ፡ ገቤገ ፡ (M. 11, 4) zwischen zwei Wegen. ናገቤገ ፡ (M. 9, 36) zwischen ihnen. ኩገኚ ፡ ይገቤገ ፡ (M. 5, 7) zwischen dir und mir. መርከብ ፡ በር ፡ ገቤገ ፡ ስንበ.ቲ ፡ (M. 6, 47) das Schiff befand sich mitten auf dem Meere.

159) *May*[5] ausserhalb (Feld, Ebene), z. B. አርፒ ፡ መ ይሊ. ፡ (M. 16, 3) aus dem Grabe. ይርሲ. ፡ መይገ ፡ ዋና ፡ ጋበ. ፡ (M. 7, 15) eine Sache, die ausserhalb vom Menschen ist. ወይ ንሊ.ሪ ፡ መይዋ ፡ ፍገገው ፡ (M. 12, 8) und sie warfen ihn aus dem Weingarten hinaus.

160) *Jiluvā* um, herum (Umgebung), wie: ኒዪ፡ልዊገ ፡ (M. 3, 32. 34; 4, 10) um ihn herum.

161) *Lanj* jenseits, wie: ይርዳኖስ ፡ ለንዦገ ፡ (M. 10, 1) und — ለንዶሊ. ፡ (M. 3, 8) jenseits des Jordan.

162) *Matanā* und verkürzt *mēnā* wegen (Ursache), wie: ሺርአ ፡ መተና ፡ ኒዳ.ሪ ፡ ተንኮስዋ ፡ መተና ፡ (M. 6, 26) wegen des Eides und wegen der bei ihm sitzenden. ተስፉ. ፡ ይሻና ፡ ሚና ፡ (Rut 1, 11) wegen des Hoffnungmachens. ይበ ፡ ሚና ፡ (Genes. 27, 41) wegen meines Vaters. ይር ፡ ሚና ፡ (M. 2, 27) des Menschen wegen. ሰንበት ፡ ሚና ፡ (ib.) wegen des Sabbats. ናለበከ. ፡ ይነዘ ፡ ሚና ፡ (M. 3, 5) wegen ihrer Herzenshärte. ሄርድያዳ ፡ ሚና ፡ ፊልጶስነ ፡ ሂዘን ፡ ይዊና ፡ ሚና ፡ (M. 6, 17) wegen der Herodias,

---

[1] Bil. *suχŭáy*, Cham. *sugá*; cf. bei Halévy (in Dembea) pag. 172: *sirili* unter, wohl = *siji-li*.
[2] D. i. *saχŭa-z*, አወለ. ፡ ሰኣ ፡ አአንሸ. ፡ (M. 15,38) von oben bis unten.
[3] Bil. *anχay*.
[4] Bil. *nabak*.
[5] A. ሚዳ ፡.

dem Weibe seines Bruders Philipp. ዩሚና፡ወንጌል፡ሚኒሪ፡ (M. 8, 35; 10, 29) meiner und des Evangeliums wegen. ሄት፡ ዩዊን፡ሑሩ፡ሚና፡ (Genes. 27, 46) wegen der Töchter Hets. ዊሚና፡ (Rut 1, 11: M. 2, 8. 18 u. a.) weshalb, warum? እንተ፡ ሚና፡ (Rut 1, 13) euer wegen. Ueber den Gebrauch beim Subjunctiv vgl. §. 69.

163) *Sanā* wie, gleich (Bild), wie: ዔሳው፡ናንተን፡ሰና፡ (Genes. 27, 24) gleich Esaus Händen. ያዕቆብሪ፡ዩዊና፡ቴሸን፡ ሄት፡ሑሩሊ፡እንዘገ፡ሰና፡እን፡አገሩ፡ሑሩላ፡ሰና፡ (ib. 27. 46) wenn nun Jakob ein Weib heimführt gleich diesen Töchtern Hets, gleich den Kindern dieses Landes. ስራእ፡ሻገ፡ሰና፡ (M. 1, 22) gleich einem Machthaber. በገን፡ሰና፡መልቃዕ፡ሹኅ፡ሰና፡ (M. 6, 34) wie hirtenlose Schafe. ኪ፡ማኽለስ፡ዩክሊ፡ከአዌስ፡ሰና፡ (M. 12, 31) liebe deinen Nächsten wie dich selbst. ሊኽተሺ፡ሰና፡ (M. 3, 5) gleich der zweiten. ጻፍሲው፡ሰና፡ (M. 1, 2) wie geschrieben ist. ጻፊው፡ሰነሪ፡ (M. 1, 22) und gleich den Gelehrten.

164) *Agadā*[1] ausser, ausgenommen, ohne; wie: አው፡ ገሩሻዕ፡አጢአት፡ወሩ፡ዩሸአ፡ላዕ፡የዩረስ፡አገዳ፡ (M. 2, 7) wer kann Sünden austilgen, ausser einem, nämlich Gott? አውስኪ፡ ተኽተልሺላ፡ጴጥሮስስኳ፡የሐንስስ፡ያዕቆብ፡ዘንስ፡አገዳ፡ (M. 5, 37) er liess Niemand mitgehen ausser Petrus und Johannes, den Bruder Jakobs. ነቢዩ፡ናቅሰላ፡ኒኰገ፡ኒወገንገ፡ኒንዕገሪ፡ አገዳ፡ (M. 6, 4) ein Profet wird nicht missachtet, ausser bei seinem Volke, seinem Stamme und seiner Familie. ናዩገሪ፡ መሩኩብሊ፡ስንቢላ፡ላዕ፡አሩ፡አገዳ፡ (M. 8, 14) sie hatten nichts im Schiffe, ausser ein einziges Brod. ሹራዕ፡እንላ፡ላስ፡አገዳ፡ (M. 10. 18) es ist Niemand gut, ausser einem. ዌሩኪ፡አሪላ፡ አሻ፡አገዳ፡ (M. 11, 13) er fand nichts ausser Blätter. አውቱሪ፡ ኽልንላ፡የሱስስ፡ኒባሒአ፡አገዳ፡ (M. 9, 8) sie sahen Niemanden, ausser Jesum allein. ምሳሌገ፡አገዳ፡ዱዊላ፡ (M. 4, 34) ohne Gleichnisse redete er nicht.

## VII. Die Conjunctionen.

165) Die Verbindung zweier oder mehrerer coordinirter Ausdrücke wird bewirkt mittelst *-derī*, abgekürzt *-rī*[2] und;

[1] Wörtlich: bei nicht-bestand, aus *a (aj)* sein, esse + *g* negativum + *dā*, das wohl dem Nominalausgang *-ta* im Bilin und Chamir gleich sein dürfte; vgl. Agau von Agaumeder: *agita* ohne, ausser.

[2] Bil. *-ger*, vgl. Amh. ተለ-, ተ- und ከለ፡, ከን፡, s. oben §. 116.

z. B. ይስሐቅሪ ፡ ድራእትኡ ፡ ኂይልተንድሪ ፡ ገሬንኡ ፡ ሀልይሲ ፡
(Genes. 27, 1) und Isaak ward alt und seine Augen wurden
schwach zum sehen. ኂሪ ፡ ኂገነሪ ፡ ኂሽንድሪ ፡ ኂእርይ ተንሪ ፡ (Joh. 2,
12) er, seine Mutter, seine Geschwister und seine Jünger. ኂዋ
ኂሪ ፡ ኂሁ ር ፡ ሊእሪ ፡ ኂዲ ፡ (Rut 1, 1) sein Weib und seine beiden
Söhne mit ihr. Anmerkung 1. Postpositionen treten vor die genannten Partikeln, wie: ኩሊ ሪ ፡ መይሊ ሪ ፡ (M. 5, 14) in der Stadt und auf
dem Lande. ይዋነሪ ፡ ንስግርእስሪ ፡ ¹ ንሽሁ ርስሪ ፡ ቢ ሲ ቲ ፡ (Rut 1, 5)
die Frau nun war ihres Gatten und ihrer Söhne beraubt.
Anmerkung 2. Den beiden Partikeln kommt auch die
Bedeutung: auch, nun zu, wie: ክታእ ፡ ስብሪሊ ክ ፡ እንድሪ ፡
ክ ኩ ፡ (Rut 1, 16) wo immer du stirbst, sterbe auch ich. ክ ው
ገንድሪ ፡ ይወገን ፡ (ib.) dein Stamm ist auch mein Stamm. እንሪ ፡
ናወገ ፡ ገን ፡ (M. 14, 69) auch dieser da gehört zu ihrer Sippe.
የሱስ ፡ ገንሪ ፡ ይንሊ ፡ ስምቢ ቲ ፡ (Joh. 2, 1) auch Jesus Mutter war
dort. የሱስሪ ፡ ኂእርይ ተንሪ ፡ ክሽስነው ፡ ክኂዋ ፡ (Joh. 2, 2) auch
Jesus und seine Jünger wurden zur Hochzeit geladen. እንትሪ ፡
(M. 14, 67) auch du, ኂሪ ፡ (Genes. 27, 31) auch er u. s. w. እን
ድሪ ፡ ንሽእ ሪ ፡ ኤሳው ፡ ጋበ ፡ ርብቀዋ ፡ እንትኡ ፡ (Genes. 27, 42)
diese Rede ihres Sohnes Esau nun kam zu Rebekka. ናንድሪ ፡
(ib. 27, 3. 8) jetzt nun, — also.

166) Die gleiche Verbindung wird auch vermittelt mittelst
-kŭā und, auch und wird ebenfalls bei Postpositionen denselben nachgesetzt, wie -deri und -rī, doch wird -kŭā nur dem
ersten zu verbindenden Gliede angefügt; z. B. ጠ ርስወኂ ፡ ሲይ
ኂዋ ፡ (M. 7, 24) nach Tyrus und Sydon. እርዝብኂ ፡ ድቢዝ ፡
(M. 5, 5) im Grabe und auf dem Berge. ኩብኂ ፡ እነገ ፡ (M. 1,
24) dich und uns. ኩብኂ ፡ ይነቤገ ፡ (M. 5, 7) zwischen dir und
mir. ያዕቆብ ኂ ኂ ፡ ዮ ሐንስ ዲ ፡ (M. 1, 29) mit Jakob und Johannes.
እረስኂ ፡ ሜስ ፡ ንሽ ፡ እኡ ሪ ፡ ያእቆብ ሽ ፡ ኂናገግ ፡ ይው ቲ ፡ (Genes. 27,
17) Brod und Fleisch gab sie ihrem Sohne Jakob in seine
Hände. ሲ ሞንዝኂ ፡ እንድርያስገ ፡ ንዕዋ ፡ (M. 1, 29) ins Haus
Simons und von Andreas. ፈሪሳው ያንዝኂ ፡ ኂርድስ ፡ ወገን ፡ እ
ይክ ፡ (M. 12, 13) alles Volk von der Gilde der Pharisäer und
des Herodes. ሐ ሪዝኂ ፡ ገርክ ዝ ፡ (M. 4, 27) = ኂ ሪዝ ፡ ገርክ ዝሪ ፡

<hr />

¹ D. i. niš-gerŭŭâ-s-ri, von gerŭŭā Gatte, Accus. gerŭŭâ-s, indem o nach
ŭ zu â getrübt wird.

(M. 5, 5) bei Nacht und Tag. ናይ፡ብኋ፡ናዝሪ፡ይነዉ፡ (M. 16, 2) und ናይ፡ግኋ፡ናይ፡ግዝ፡ይነዉ፡ (M. 4, 41) sie sprachen zu einander. መንግሥትሪ፡ኂግኋ፡ኂግ፡አይልሰን፡ (M. 3, 24) und wenn ein Reich unter sich getheilt ist. ንዕሪ፡ኂግኋ፡ኂግ፡አይልሰን፡ (M. 3, 25) und wenn ein Haus u. s. w. — Mit der Bedeutung auch: ተስፉ፡ይሽንኋ፡ (Rut 1, 13) wenn ich auch Hoffnung hätte. አዉክ፡ባይርግ፡እንኋ፡ጻንሽይግ፡መተና፡ግርስላ፡ (M. 5, 3) Niemand konnte ihn bändigen, auch nicht mit Ketten.

167) Zur Bezeichnung von: oder dient *wurī* (ዉሪ፡ auch ኡሪ፡ Joh. 2, 6, Bil. ወሪ፡ *wārī*), wie: ሰንበትግ፡ሽሬዕ፡ሺብአ፡ ተገበኩማ፡ዉሪ፡ይክ፡እንክሪ፡ጻንዶማ፡ዉሪ፡ኪ፡ፎ፡ (M. 3, 4) soll man am Sabbat Gutes oder Böses thun? dass die Seele errettet werde oder sterbe? መክረሪ፡አአ፡ጊዘግ፡ዉሪ፡ስይስት፡ (M. 4, 17) und wann Kummer oder Verfolgung eintritt. የዴሪ፡ መንግሥት፡አዉቲ፡ተክቲ፡ዉሪ፡ዊ፡ምሳሌግ፡መሰልናዕ፡ (M. 4, 30) wem gleicht das Reich Gottes, oder durch welches Gleichniss werden wir es versinnbildlichen? ነቢይ፡ግን፡ዉሪ፡ነቢኡተ ንሊ፡ላኩ፡ (M. 6, 15) er ist ein Profet oder einer von den Profeten. ቲዋ፡ለሺንኩንግ፡ክቡ፡እንኂግ፡እንኑርድና፡መተና፡ ዉሪ፡አረግ፡ስኄግ፡ (M. 4, 21) zündet man ein Licht an, um es in einen geschlossenen Korb zu stellen oder unter das Bett? አዉኂ፡በረታዕ፡ሺምሰግ፡ይስዮ፡መተና፡ኪአጠአት፡ወር፡ይዉ፡ ዉሪ፡ይድና፡መጣን፡ጉ፡ (M. 2, 9) was ist schwerer zum Kranken zu sagen: deine Sünde ist ausgetilgt, oder zu sagen: steh' auf!

168) Zur Bezeichnung von: aber, sondern gebraucht man -zā,[1] wie: ኡርፈሪ፡ንሽግርዊ፡ገኑቲ፡ይማይ፡በፉ፡ወንተሪቲ፡ ሩትዛ፡ታአተልቲ፡ (Rut 1, 14) Orfa nun küsste ihres Gatten Mutter und kehrte zurück, Rut aber folgte ihr. ናይዛ፡ሺግም፡ ይነዉ፡ (M. 3, 4) sie aber schwiegen. የሱስዝ፡ባርዋ፡ፈአዉ፡ (M. 3, 7) Jesus aber ging ans Meer. ቅዱስ፡መንዸስስ፡ዛ፡ጆዕአ፡ ዛ፡ (M. 3, 28) wer aber den heiligen Geist lästert. ፍረዛ፡ዜ፡ ዚ፡ዘግ፡ (M. 4, 29) wann aber die Frucht reif geworden ist; vgl. auch M. 5, 8. 19. 33. 36. 40; 6, 16. 19. 24. 37. 38. 49 u. a. Dieselbe Bedeutung kommt auch dem ጋበዛ፡ *gâba-zā* (von ጋበ፡ Wort, Ding) zu, wie: አሺኂሪ፡አጆዉ፡ተክገዉ፡ጋበዛ፡ሺርአ፡ መተና፡ዴሪሪ፡ተንኩስጥ፡መተና፡ግብነስ፡ይክላ፡ (M. 6, 26) der König zwar wurde sehr betrübt; jedoch wegen des Eides und

---

[1] Vgl. Chamirspr. §. 229, Note 1.

seiner Tischgenossen wollte er [die Bitte] nicht abschlagen: vgl.
auch M. 1, 44. 45; 2, 10. 17. 20; 3, 26. 28 u. a.

169) Eine schärfere Sonderung wird mittelst *agadā*[1] bewirkt. Dieses Wort kommt hauptsächlich dann in Anwendung,
wenn die Prämisse eine Negation enthält; z. B. ከትላ፡ጋንጀ፡
አገዳ፡ (M. 5, 39) sie ist nicht gestorben, sondern schläft nur.
ክርኢ፡ክርኢ፡ዳግዘ፡አደኸላ፡ፈረሰኩ፡አገዳ፡ (M. 13, 2) es bleibt
nicht Stein auf Stein, sondern wird zerstört. ይት፡ከለብተላ፡
እንሽክስ፡አገዳ፡ (M. 9, 35) er nimmt nicht mich auf, sondern
den, der [mich] gesendet hat; vgl. auch M. 2, 17. 22; 3, 28; 8,
33; 9, 29 u. a.

170) Ganz so wie *agadā* wird *gê*[2] gebraucht; z. B. እን፡
ይከለአ፡አላ፡እንት፡ይከሌአ፡ዘ፡ (M. 14, 36) nicht wie ich will,
sondern nur wie du willst. ሊአ፡አዕንላ፡ገን፡ላኸ፡፡ሤአዘ፡ (M. 10,
8) sie sind ja nicht zwei, sondern nur ein Fleisch.

Anmerkung. Häufig wird die Adversativpartikel weggelassen, indem die zu trennenden Begriffe unvermittelt an
einander gereiht werden; z. B. ትብታዕ፡እንላ፡ትብት፡አዳአዕ፡
ቲኽ፡እንቲኩ፡ (M. 4, 22) es gibt nichts Verborgenes, das verborgen bleibt, sondern kommt ans Licht.

## VIII. Die Adverbien.

171) Es ist bereits erwähnt worden, dass die Agausprachen
eigentlicher Adverbien entbehren und statt dieser verbale oder
nominale Bildungen in Anwendung bringen[3] und in der That
gibt es nur sehr wenige Adverbien agauischer Herkunft, deren
verbale oder nominale Ableitung nicht schon von selbst in die
Augen fiele. Wir theilen die Adverbien ein in:

a) Adverbien der Zeit, wie: ንይ፡ auch ንኢ፡ und ንዕይ፡[1]
jetzt, heute, ናን፡[5] jetzt, አሙሬ፡ (auch mit Postpos. አሙሪን፡,
አሙሪሽ፡) morgen,[6] *anjūā* (*antshingni* Fl.) gestern,[7] ይን፡ጊዘ፡
damals, ሊንኪ፡ stets, immer.

---

[1] Vgl. oben §. 161.
[2] Bil. *gerā, grā*, B. §. 199.
[3] Vgl. §. 81.
[4] Bei Halévy: *nini* (wohl *niñi*, Idiom von Quara = *neki*, Bil. *niki* aus *niki-ī* femin. Nomen, der jetzige Augenblick), *nangi* (Beke), *naye* (Fl.).
[5] Eigentlich: Hand = zur Stelle.
[6] Bil. *amar-i, amari-si*.
[7] Bil. *anjay, anjay-i*, Cham. *azgñā*.

b) Adverbien des Ortes, wie: እንስ.: hier, ይንስ.: dort, ስ: dort, dorthin (ስፈ.: geh' dorthin!), እንስ.ስ: hier, hieher, ይንስ.ስ: dort, dorthin, ለዋግ: rechts, ሸንገበ.ግ: links, ኟ.በስ.: voran. እንዜስ.: hinten, አመስ.: oben, ስጓስ.: unten, hinab, ስብራስ.ከ.: überall.

c) Adverbien der Art und Weise, wie: እነዋ: (enowa Fl. = enná-wā zu diesem) so, also, እንግዶህ: nun denn, also, ግን: doch, wohl (,es ist'), ገና: (A.) noch, ንስ:, ካስ: und Accusativ ካስስ:, ካስ: (Bil. ንክሲ.:) sehr, ሸረስ: sehr, recht, ይርግ: wirklich, ምንአልበት: (A.) vielleicht, ከንቱ: (A., Bil. kandō) vergeblich, unnütz.

d) Adverbien der Bejahung und Verneinung, wie: አይ: ja, አላ: nein, እንበ.: nein, ich will nicht.

## IX. Die Interjectionen.

172) Hieher gehören: አሃ: (A.) ha! እሠይ.: (A.) ha! o! አየ: (A.) auf denn! o! እስከ.: sieh' da! bitte, quaeso, እንይከ.: siehe! አይ.ግ: pfui! wie dumm! wie hässlich! ወይ.: wehe! ወ.ብ ዋስ: wehé! ይርግ: fürwahr! እልል: Heu! (Freudenruf der Frauen), አሥ: plur. አሣ: da! nimm! nehmt! (was A. እንከ: plur. እንኩ:), ላስ:, ላኹ: plur. ላዋ: he da, her, komm! kommt! ጸቱ: oder ጸቱ:ይ.: plur. — ይ: pst! stille! und so interjectional gebraucht die Mehrzahl der Bildungen in §. 44 und 45.

## Inhalts - Verzeichniss.

# DIE

# QUARASPRACHE

## IN

# ABESSINIEN.

## II.

VON

## LEO REINISCH.

### TEXTPROBEN.

---

WIEN, 1885.

IN COMMISSION BEI CARL GEROLD'S SOHN

BUCHHÄNDLER DER KAIS. AKADEMIE DER WISSENSCHAFTEN.

Aus dem Jahrgange 1885 der Sitzungsberichte der phil.-hist. Classe der kais. Akademie der Wissenschaften (CIX. Bd., I. Hft., S. 3) besonders abgedruckt.

$$\frac{12416}{23/11\ 91} \cdot$$

# I.

## Kapitel XXVII der Genesis.

<table>
<tr><td>Quara.</td><td>Bilin.</td></tr>
</table>

አሪት ፡ ዘልድስት ፡ ምዕራፍ ፡ ለየ
እ ፡ ለእታ ፡
፩ ። ይስሐቅሪ ፡ ድራእትኡ ፡ ኒ
ይልተንድሪ ፡ ገሬንኡ ፡ ሀልዩሊ ፡
ጌሳውስሪ ፡ ዋእ ፡ ኀዑረስ ፡ ከሸዕ
ኩ ፡ ይው ፡ ይኡራየ ። ኀሪ ፡ ይዐ ።
አን ፡ እንደኪ ።
፪ ። ይስሐቅሪ ፡ ይኡ ። እንደኪ ፡
ሸረስ ፡ ድራዕትው ፡ አን ፡ ኬአዕ ፡
ጊዘስሪ ፡ አኽሊ ፡
፫ ። ናንድሪ ፡ ዳሸቲአ ፡ ይረው
ስ ፡ ፈሸ ፡ ኪሸ መርጊነስሪ ፡ ከበኀ
ዋ ፡ ፈ ፡ ዳሸቲ ፡ ቤቱ ፡ ለሸ ።
፬ ። ኀሊሪ ፡ ኁዕ ፡ ሸበ ፡ ይከላእስ ፡
አኽያስ ፡ ቲሸሌ ፡ ኁዕአ ፡ ይዕንክ
ሪ ፡ ጉቲአ ፡ ኪጊ ።
፭ ። ርብቀሪ ፡ ዋሲቲ ፡ ይሳቅ ፡ ኒ
ዑረዝ ፡ ጌሳውሽ ፡ ድወንኝ ። ጌሳ
ው ፡ ከብኀዋ ፡ ፈአው ፡ ዳሸንት ፡ ፈ
ሸዶዝ ፡ ሜና ።
፮ ። ርብቀሪ ፡ ያዕቆብስ ፡ ንሸ ፡ እ
ዑረስ ፡ ይእቲ ፡ እንደኪ ፡ ኪአበ ፡
ኪዘንዚ ፡ ጌሳውሽ ፡ ድወንኝ ፡ ዋ
ስው ፡ የዕንጉሽ ።

Kitáb fiṭìr-uχ-líd fiuǧá XXVII.

*1.* Yisháq ganú, nī 'ilil 'arab-
nú 'Esáû, nī uǵrá nī bàǧer-sí
šúuχ: ,yi uǵrá!" yúǧü-lü. nī-
ǵá: ,m enahán!" yuχ.

*2.* Nī-ǵá: ,an nān gámuǧün,
an kirá kŭára-s ar'illi' yuχ.

*3.* ,Nīn aǵú kŭ šür-dī kŭ qíst-
dī-t adrá kadán farí, láuχ-sī-k
kûrá náqsī!"

*4.* ,Šauq tik yáuχ an inkalá
saná habírō qŭíyá náqsì-la, yi
labaká gaûdiyá-kā kirgì!"

*5.* Rebeqú-ǵā Yisháq nī uǵrá
'Esáû-sī gábū-uηgú-sī wàstī. 'E-
sáû kûró-ǧer náqsiró-ǧer zágaruχ.

*6.* Rebeqá-ǵā nir uǵrá Yā'qób-
sī: ,an nān kŭ eǵér kŭ dān 'E-
sáû-sī gábū-uηgú-sī wàsǧün:

1*

## Quara.

፯ ። ዳሸንቲ ፡ ለሸ ፡ ይካላዕ ፡ ሁአ
ስ ፡ ሸቢሊ ፡ ጉቤዑ ፡ ጕቶአ ፡ የደ
ሬ ፡ ጐሸለ ፡ ኪጊ ።

፰ ። ናን ፡ ድሬ ፡ ይውሬየ ፡ አይ ፡
አን ፡ አዘ ፡ ጋበግ ።

፱ ። መንጉዋ ፡ ፈ ፡ ፈንትሬሬ ፡ ሊ
አ ፡ ሸቶ ፡ ለሸ ፡ ዜአትሬ ፡ ኪአብሸ ፡
ኃዕ ፡ ሸበኩ ፡ ይካለአ ።

፲ ። ኪአብሸሬ ፡ ትውሽኩ ፡ ኃዕ
አ ፡ ጐትዶግ ፡ መተና ፡ ኪጊ ።

፲፩ ። ያዕቆብሬ ፡ ነገንቲ ፡ ይዑ ።
እንዶኪ ፡ ይዘን ፡ ዔሳው ፡ ነሸብ
ኪ ፡ ብዕዖኡ ፡ ይግሬ ፡ ሸብከ ፡ ሸ
ሊ ።

፲፪ ። ያብሬ ፡ ዳሔ ፡ ሀለን ፡ ኃይን
ተኩ ፡ ዋዕዕርታር ፡ ተከገኣ ፡ ኻሊ
ሬ ፡ ይሸና ፡ ለሸኩ ፡ ይዳግዘ ፡ ጐቶ
ሬ ፡ አላ ።

፲፫ ። ኻገንሬ ፡ ይእቲ ፡ ይኡሬየ ፡
ኪይሸኸ ፡ ይዳግለ ፡ አይ ፡ አን ፡ ገ
መሬስ ፡ ዋሊ ፡ ፈ ፡ አን ፡ ያስ ፡ ይዋ ፡
ለሸ ፡ ኻሬ ፡ ፈ ፡ ቤው ፡ ለሸው ፡ ኻገ
ነሸ ፡ ይኡዖ ።

፲፬ ። ኻገንሬ ፡ ኃስ ፡ ሰልሸቲ ፡ ኻ
አብ ፡ ይካላስ ።

፲፭ ። ርብቃሬ ፡ ኻሸሊ ፡ ንዕሊ ፡ ስ
ምቤ ፡ ሸሬ ፡ ሔእቲ ፡ ዔሳው ፡ ሰዕ
ቲ ፡ ዋእ ፡ ንሸእዑሬ ፡ ሔእቲ ፡ ለሸ
ቲ ፡ ያዕቆብስ ፡ ሸንእ ፡ ንሸእኡረ
ስ ፡ ሰሸቲ ።

፲፮ ። ፈንትር ፡ አንጃልስ ፡ ናገ
ቲ ፡ ኻናንተን ፡ ዳግለ ፡ ተመተም
ቲ ፡ ኻውምሊ ፡ ዬመሬው ፡ ብዝታ
እ ፡ ስብረስከ ፡ ከተሟኂቲ ።

፲፯ ። አረስኻ ፡ ሰስ ፡ ንሸ ፡ እኡ
ሬ ፡ ያእቆብሸ ፡ ኻናንገ ፡ ይው
ቲ ።

## Bilin.

7. Kadán-lid zejá náqseró an inkalá šaŋq habí-la, qŭíya-ger, jār gásil kirgi gaûrdiyá-ka-ger yŭg̃ŭ-lü', yití-lu.

8. „Náñer y'uqrá an addladá saná habí!'

9. „Móri-l fardó finṭir-lid laŭá šáqrū náqsī, aŭá kŭ ejersi šaŋq habírī inkalá saná.'

10. „Kŭ ejersi tûstā qŭrō gaûr-dó-kā kirgī.'

11. Yá'qób-ijā nī ganá-t : ‚E-sáŭ yi dān šáĝŭráŭχ gin, aŭá yi geròb hamíl gin' yŭg̃ŭ-lā.

12. „Y'ejér tamadán-la an buŭŭí saná takŭkŭn išená yi šúš-il náqsíyā gin, gaûra-ĝá ájlā.'

13. Nī ganá: ‚yi-l gin kŭ iše-ná, y'uqrá, an yáŭχ-sī-k habí dá-'am, farí šáqrū lāŭχ!' yití-lu. nî-ĝā farŭ náqsuχ, nī ganá-sī 'uwŭĝŭ-lā.

14. Nī ganá-ĝā šaŋq tiksítī nī ejér inkalŭ sáná.

15. Rebeqá-ĝā nir uqrá qaddáĝŭ-r tāŭrinā šeĝárŭχ liŭeli nirdí dŭrŭχ-sí šáqrō nir uqrá šuĝáŭχ Yá'qób-sī sásítī.

16. Fínṭir ganót adró nī nān dáĝ-il dubbáltī, nī kírm-lid an-batáŭχ akán bistáŭχsīk díbsítī.

17. Zānz'á-dì zejá-dī-t nir uqrá Yá'qób-er nán-til 'úti-lu.

| Quara. | Bilin. |
|---|---|
| ፲፰ ። ኒአበዋ ፡ ትውኡ ፡ ይኡ ፡ ያበየ ። ኒሬ ፡ ይዐ ፡ አን ፡ እንደኪ ፡ እንት ፡ አውኒ ፡ ይኡራየ ። | *18. Nī eģer-lí tuwó: ‚abbó!‘ yú̱ģŭ-lī. ni-ģā: ‚an inahán an, awí intí y'u̱qrá?‘ yu̱χ.* |
| ፲፱ ። ያዕቆብሬ ፡ ኒአበስ ፡ ይእኡ ፡ አን ፡ ዔሳው ፡ ኪባእር ፡ ኪኅራ ፡ አዚአገ ፡ ሰና ፡ ይሸኡ ፡ ጐበቶ ፡ ተንክስሚ ፡ ሻውኪ ፡ ዳሸንሊ ፡ ኋእአ ፡ ኪዕንክራ ፡ ጕቴአ ። | *19. Yā'qób-ģā nī eģeríd: ‚an 'Esáû gin kŭ báger. intí yiráu̱χ saná esíuģŭn, ģŭī, kaf yī, an nāqsáu̱χ-lid qŭī, kŭ labaká gaûrdŏ-la!‘ yú̱ģŭ-lī.* |
| ፳ ። ይስሐቅሬ ፡ ኒዐረስ ፡ ይዐ ። ዊአ ፡ ወልሲ ፡ በቶ ፡ እንስ ፡ አሬዐ ፡ ይዐራየ ። ኒሬ ፡ ይዐ ፡ የደራ ፡ አዶናይ ፡ ይዋ ፡ ለሽ ፡ ሌኡኡ ። | *20. Yisháq-er nī u̱qrát: ‚wurá, wålá yidró ins ardù̱χ-nī-lú?‘ yu̱χ. ni-ģā: ‚jār yi-l mu̱qró nāqú̱gu-la‘ yu̱χ.* |
| ፳፩ ። ይስሐቅሬ ፡ ያዕቆብስ ፡ ይሁ ፡ ዕኖዋ ፡ ቴቲ ፡ ዳሰሲዋ ፡ ይዐራየ ። እንት ፡ ይሁራ ፡ ዔሳው ፡ አየን ፡ አዕክርሬ ፡ አየን ። | *21. Yisháq-er Yā'qóbtī: ‚tamadíya-kā sukrí, y'u̱qrá! umín-di-k y'u̱qrá 'Esáû aģráner aģgeráner araríyā‘ yú̱ģŭ-lī.* |
| ፳፪ ። ያዕቆብሬ ፡ ኒአበዋ ፡ ይስሐቅዋ ፡ ቴትዑ ፡ ዳሲአዐ ፡ ይዐ ። ኪቃል ፡ ያዕቆብ ፡ ቃልስ ፡ ተክኩ ፡ ኪናንተን ፡ ዔሳው ፡ ናንተንስ ፡ ተክኩ ። | *22. Yā'qób-ģā nī eģér Yisháqil sú̱kru̱χ. ni-ģā tamadó-lī: ‚helqúm Yā'qób-er helqúm gin, nàntetģá 'Esáwur nántet gin‘ yu̱χ.* |
| ፳፫ ። ኒትሬ ፡ አሀላ ፡ ኒናንተንሊ ፡ አጅዑ ፡ ሽብካ ፡ ስምቢው ፡ ኒዘን ፡ ዔሳው ፡ ናንተን ፡ ሰና ። | *23. Nīt-er ar'ílla-lī, nī nān 'Esáwur nān saná šugúr aģó.* |
| ፳፬ ። ጕትኡ ፡ ይዐ ፡ እንትማ ፡ ይሁራ ፡ ዔሳው ። ይሁሬ ፡ አን ፡ ዔሳው ። | *24. Nīn aģó gaûrú̱ģŭ-lī. ni-ģā: ‚intí umíndik y'u̱qrá 'Esáû-mā?‘ yu̱χ. Yā'qób-ģā: ‚an gin‘ yu̱χ.* |
| ፳፭ ። ይስሐቅሬ ፡ ይዐ ፡ ቴሸሌ ፡ ይዐራየ ፡ ዳሸንሊ ፡ ኍዋ ፡ ይዕንክራ ፡ ጕትቶ ። ቴሸዐሬ ፡ ኒሬ ፡ ኍኡ ። ወይን ፡ ሚገዘሬ ፡ ለሽ ፡ ይዐዐ ፡ ኒሬ ፡ ጃኽዐ ። | *25. Ni-ģā Yisháq: ‚su̱ksí-la y'u̱qrá, nā'wí-lid qŭíyā, yi labakíd gaûrdiyá-kā!‘ yu̱χ. Su̱ksú̱ģŭ-lī, ni-ģā qŭíu̱χ, míd-ģā nāqsàu̱ģŭ-lú jíu̱χ.* |
| ፳፮ ። ይስሐቅ ፡ ኒአበሬ ፡ ይዐ ፡ ይዋ ፡ ቴቲ ፡ ይማይ ፡ ይዐራየ ። ኒሬ ፡ ቴትዐ ፡ ይማይዐ ። | *26. Nī eģér-ģā Yisháq: ‚salamtó-la su̱krí-la y'u̱qrá!‘ yu̱χ. ni-ģā sukró salamú̱ģŭ-lī.* |
| ፳፯ ። ኒሴዕ ፡ ኒረስሬ ፡ ሒርሸው ፡ ጕትዐ ፡ ይዐ ፡ እንደኪ ፡ ይ | *27. Nī sarána-r qíra-s eqáriu̱χ: ‚qŭáli, y'u̱qrár qírā jār gaûráu̱χ* |

## Quara.

ሁረጎ ፡ ኂሐ ፡ ራ ፡ ጐዚ ፡ ሐ ፡ ራ ፡ የዶ ፡ ራ ፡ ጐ ታ ዕ ፡፡

፸፯ ፡፡ የዶራ ፡ ሰማ ዶ ሊ ፡ ስዋ ፡ ሊ አ ፡ ብ ሳም ስ ራ ፡ ፀ ር ን ፡ ብ ጀ ስ ራ ፡ ሚ ዝ ስ ራ ፡፡

፸፰ ፡፡ ገ ጥ ር ከ ፡ ኩ ሽ ፡ ስ ራ ሰ ኩ ን ፡ ከ ራ ዘ ን ከ ፡ ኩ ግ ፡ ሰ ዝ ኩ ን ከ ሸ ን ግ ፡ አ ዶ ራ ዶ ፡ ከ ገ ኝ ፡ ሁ ር ራ ፡ ኩ ግ ፡ ሰ ጌ ድ ኞ ፡፡ ኩ ት ፡ ዶ ሽ ሻ ፡ ዶ ሽ ሽ ታ ዕ ፡ አ ዶ ዶ ፡ ኩ ት ፡ ጐ ታ ዕ ፡ ጐ ት ሳ ፡ አ ዶ ዶ ፡ ጐ ት ሁ ራ ፡፡

፸ ፡፡ ዶ ስ ሐ ቅ ራ ፡ የ ዕ ቆ ብ ስ ፡ ጐ ተ ት ግ ፡ እ ን ጊ ያ ፡ የ ዕ ቆ ብ ራ ፡ ና ን ፡ ኂ አ ብ ፡ ገ ሽ ሊ ፡ ፈ ው ፡ ፉ ት ግ ፡ እ ን ጊ ያ ፡ ዶ ን ፡ ጊ ዛ ፡ ኤ ሳ ው ፡ ዳ ሽ ን ሊ ፡ ወ ን ተ ር ው ፡ ት ው ው ፡፡

፺፩ ፡፡ ኂ ራ ፡ ደ መ ሽ ፡ ዳ ሽ ን ታ ሊ ፡ ቲ ሽ ው ፡ ሁ እ ን ፡ ኂ አ ብ ሽ ራ ፡ ሽ ዕ ን ት ኩ ፡ ኂ አ ብ ስ ራ ፡ ዶ ው ፡፡ የ ብ ፡ ጐ ት ዶ ፡ ኂ ው ራ ፡ ዳ ሽ ን ታ ሊ ፡ ሁ ዶ ፡ ከ ዕ ን ክ ራ ፡ ጐ ቲ አ ፡፡

፺፪ ፡፡ ዶ ስ ሐ ቅ ፡ ኂ አ ብ ራ ፡ ዶ ው ፡፡ እ ን ት ፡ አ ው ኂ ፡፡ ኂ ራ ፡ ዶ አ ፡፡ እ ን ፡ ኤ ሳ ው ፡ ከ ብ ዕ ር ፡ ሁ ራ ፡፡

፺፫ ፡፡ ዶ ስ ሐ ቅ ራ ፡ አ ጀ ው ፡ ኝ ዶ ፡ ን ቶ ፡ ከ ኮ ት ው ፡ ዶ ው ፡ አ ው ኂ ፡ ዳ ሽ ን ፡ ዶ ግ ፡ ዳ ሽ ን ት ፡ ለ ሽ ዕ ፡ ዶ ው ራ ፡ ት ው ሽ ፡ ኂ ለ ክ ፡ ሁ ሽ ዕ ፡ እ ን ት ፡ እ ን ት ክ ፡ ጐ ታ ዕ ራ ፡ ጐ ት ሳ ራ ፡ አ ዶ ፡ ስ መ ኩ ፡፡

፺፬ ፡፡ ኤ ሳ ው ራ ፡ ኂ አ ብ ፡ ዶ ስ ሐ ቅ ፡ ጋ ብ ስ ፡ ዋ ሱ ፡ ጊ ዘ ግ ፡ ዋ የ ራ ፡ ቃ ል ግ ፡ ዋ ዕ ው ፡ አ ጀ ው ፡ መ ራ ኦ ዕ ፡ ዋ ዕ ን ፡ ኂ አ ብ ስ ራ ፡ ዶ ው ፡ ዶ ት ራ ፡ ደ መ ሽ ፡ ጐ ቲ ፡ ያ ብ የ ፡፡

፺፭ ፡፡ ዶ ስ ሐ ቅ ራ ፡ ዶ ው ፡፡ ከ ዘ ን ፡ ድ ክ ኂ ግ ፡ እ ን ት ፡ ቤ ው ፡ ከ ጐ ት ን ስ ፡ ፈ ሽ ው ፡፡

## Bilin.

kulúñ-er qirā saná giñ' yo gaû-rúgju-lū.

28. ,Nin aijó zuwá samáyuχ naígin kŭ-t jār, saqŭárnā beríuχ, bitná ár-uχ mīd-úχ-ǧer!'

29. ,Káwu-k kadamín-kŭt, kaûtāt lom yinīn kŭd, kŭ žäu adará aijí, kŭ ganá-r qŭr kŭd sagadínīn, kŭt išiyáuǧu-k ištáuχ áijin nī, kŭt gaûráuǧŭ-k gawirsáuχ áijin nī!'

30. Yisháq Yā'qób-er gaûrá duñá danbí, ni-ǧā nī eǧér gáš-lid gallaṭó saná nī dān 'Esáû nā'wi-lid wántaró atáyuχ.

31. Ni-ǧer kŭadó nā'wi-lid náqsáuχ-lid šauq sáǧō intó nī eǧer-id: ,y'eǧér gŭin, nī uǧrá-r nā'wi-lid qŭin, kŭ labaká gaûrdóla!' yuχ.

32. Yisháq-er: ,awí inti?' yúǧŭ-lū. ni-ǧā: ,an 'Esáû kŭ uǧrá gin kŭ báǧer' yuχ.

33. Yisháq-er garìuχ-si faṭfaṭ yō: ,awí, awí inúhan nā'wá adó náqsŭuǧŭ-lá? aùá ni-lid inti entu-y-ri qŭingŭn gaûruǧŭn-ǧer-lū, ùáher gawirsáuχ hinbauk' yuχ.

34. 'Esáû-ǧā nī eǧér gáb-si wāssú danbí bahuir qāl kuf yō garíuχ mararáuχ maû'i-d wā' yō nī eǧer-id: ,yít-ǧer gaûrí-lu abbuá!' yuχ.

35. Ni-ǧä Yisháq: ,kŭ dan šúqlí-d entó kŭ gaûráis áduχ' yuχ.

## Quara.

ⱷ፮ ። ዔሳውሪ ፥ ይው ። ደርገ ፥
ያዕቆብ ፥ ይስው ፥ ኒሸው ። ሊኣ ፥ ጊ
ዛ ፥ አሰነከልሸው ፥ ይባዕርኔስ ፥ ፈ
ሸትዝ ፥ እንጊያ ፥ እንደኪ ፥ ንይ፦ ፥
ይጕተስ ፥ ፈሸው ፥ ይውሪ ፥ ዌርኪ ፥
ይሸ ፥ ጕተን ፥ አዳሊለማ ።

ⱷ፯ ። ይስሐቅሪ ፥ ዔሳውሸ ፥ ወ
ንተርሸው ፥ ይው ። እንደኪ ፥ ኪጕ
ያ ፥ ሸብው ፥ ነዘንከ ፥ ነዝ ፥ ባሪ ፥ አ
ዕነኣ ፥ ይውው ፥ ጀርጕዝሪ ፥ ሚዝ
ዝሪ ፥ ኮኮሪ ፥ ይሸው ። ኩሸ ፥ ሪ ፥
ዌሪ ፥ ሸቢዋ ፥ ደውራየ ።

ⱷ፰ ። ዔሳውሪ ፥ ነአበስ ፥ ይው ።
ላይ ፥ ጕተን ፥ ባሔማ ፥ ኩሸ ፥ ዋፄ ፥ ያ
ባየ ። ይትሪ ፥ ደመሰ ፥ ጕቲ ፥ ያባየ ።
ዔሳውሪ ፥ ነቃልስ ፥ ጕዘ ፥ ፍውው ።

ⱷ፱ ። ይስሐቅ ፥ ነአበሪ ፥ ወንተ
ርሸው ፥ ይው ። እንደኪ ፥ ኪስመን ፥
ቢ ፥ ሳየዝ ፥ አዐኩ ፥ ሰማይ ፥ ስዌሊ ፥
አወሊ ።

ⱷ፵ ። ኪ ሸተልዝ ፥ ኍኩ ፥ ኪዘን
ዝሪ ፥ ስሪ ሴኩ ። ይንሊ ፥ እንጊየሪ ፥
ከርዕሴእንን ፥ ኪ ሸሴስ ፥ ኪ ሁም
ሊ ፥ ከሊ ፥ ማሴኩ ።

ⱷ፵፩ ። ዔሳውሪ ፥ ያዕቆብዘ ፥ ኪ
ም ፥ ሸው ፥ ነአበ ፥ ጕታዕ ፥ ጕቲ ፥
ሜና ። ዔሳውሪ ፥ ነለበኪ ዝ ፥ ይ
ው ። ፍወን ፥ ግርኒ ፥ ያበ ፥ ሜና ፥ ቲ
ት ፥ ዋነኩ ፥ ያዕቆብስሪ ፥ ይዘንስ ፥
ከወኩ ።

ⱷ፵፪ ። እንድሪ ፥ ንሸኡሪ ፥ ዔሳ
ው ፥ ጋቢ ፥ ርብቀዋ ፥ እንትኡ ፥ ያዕ
ቆብስሪ ፥ ሸን ፥ ንሸዕኡረስ ፥ ከሸእ
ቲ ፥ ለሸቲ ፥ ይቲ ። እንደኪ ፥ ኪዘን ፥
ቀም ፥ ሸዋነኩ ፥ ኩወኩ ፥ ይቤው ።

ⱷ፵፫ ። ናን ፥ ድሪ ፥ ይውራየ ፥ ይቃ
ልስ ፥ ዋሰ ። ጕብቶ ፥ ይዘንዋ ፥ ላበ
ንዋ ፥ ፌ ፥ ከሪንዋ ።

## Bilin.

36. 'Esáû-ǵer: ‚umín-di-k Yá‛-
qōb nī suǹ šiǹnuɣ: líǹin y'akán-il
daû yō, emáǹā yi qiddiǹti áduɣ,
náǹā yi gaûrás súwuɣ; lā gaûrás yí-t-ǵer danbīsrílla-mā?‛ yuɣ.

37. Yisháqer wántasó: ‚qŭálī,
kŭ adará habìuǵún-ilū, nátik nī
žánsī nī gŭlfát ‛uwuǵŭn-ilū, ár-
dī míd-dī-t derārsuǵún-ilū; náǹā
wurá isīrí-lkā yi uǵrá?‛ yuɣ.

38. 'Esáû-ǵā nī eǵer-id: ‚lā
gaûrá niǵá šáǵrìlla - má abbǽ?
nān yítjer gaûrí-la abbǽ!‛ yō
nī gábsi kibsíuɣ-ǵer siríuɣ-ǵer.

39. Yisháqer wántasó: ‚qŭálī,
kŭ akán berá saqŭaráuɣ-lī áǵin,
zuwá astarúɣ-lid kŭ mánat adí!‛
yuɣ.

40. ‚Kŭ sôtald mandartetó gin,
kŭ dán-lid addassetó gin, danbriǹ
kŭárā enteró gin, nī wàǵdam-si
kŭ kṛmí-lid kardǽ máldāuɣ.‛

41. 'Esáû-ǵā Yā'qóbtī nī eǵér
gaûrá gaûráuǵŭ-d anṭarúǵŭ-lū,
ní-ǵā nī labakíd: ‚y'eǵér-sī siránī
kŭárā táǵtī, danbriǹ yi dān Yá‛-
qōb kŭwíyā gin‛ yuɣ.

42. 'Esáû nir báǵer-d gábas
Rebeqá wāsrǽ Yā'qōb nir šuǵáuɣ-
sī náqsisrǽ: ‚qŭálī, kŭ dān kû-
ró-kā hásabauk‛ yiti-lū.

43. ‚Nīn aǵó y'uǵrá yi gábsī
wásrō gŭī, Lábān yi dán-lī Hā-
rán beríl edyirí!‛

Quara.                  Bilin.

ቛዬ ፨ ይንሊሬ ፣ አጅዉ ፣ ግሮ ፣ ተንክስ፟ሟ. ፣ ከ.ዘን ፣ ክርይ. ፣ ወንተ ርይ. ፣ አዕንሽ ፨

ቛዄ ፨ ከ.ዘን ፣ ክርይ. ፣ ወንተርይ. ሽ ፣ ኔት ፣ ሽቢ.ያስ ፣ ም፟ይ.ይ.ሽ ፣ ይን ሊሬ ፣ እንሽይ. ፣ ለሽኩ ፨ ሊ.አቲ.ከ. ፣ ላይ. ፣ ግርገዝ ፣ ቢ.ሰገእ ፨

ቛዃ ፨ ርብቄሬ ፣ ይ.ስሐቅስ ፣ ይ. ቲ ፣ ይ.ለበከ. ፣ ይ.ዳንግኽገዝ ፣ ገሮ ፣ ያ ው ፣ ኔት ፣ ይ.ዌን ፣ ሐ.ሮ ፣ ም፟ዬና ፨ ያ ዕፍ.ብሬ ፣ ይ.ዌና ፣ ቱሽን ፣ ኔት ፣ ሐ. ሮ.ሊ. ፣ እንዞዝ ፣ ሰና ፣ እን ፣ አገሮ ፣ ሐ.ሮላ ፣ ሰና ፣ ዳንግገዝ ፣ ስም፟እ ፣ ጅ ርበሊ. ፨

44. ,Ni-l-ja ni-di gari kuárā hinbi, kü dán-d ẏẏ̇já dä́krä́sīk!‘

45. ,Nit habrīẏ̇ẏ megirásik ʼan inšä́ꞁé nará nāqsisiyá-kā, ẇurīẏ̇ẏ laẏ̇ù-tilíd-ik ká̇yil kirīyá gin?‘

46. Rebeqá-jā Yisháq-id: ,ʼan tabaçä́luẏ̇jün Ḥĕt-er inqáq matán. Yá̇qōb Ḥĕt-er inqáq-lid, iná berí inqáqsī takáû-lid á̇dan, ẇurá tik-sīró-la gin?‘ yití-lū.

## II.

## Kapitel I des Buches Rut.

Quara.                  Bilin.

ም፟እብ ፣ አዌሳ ፣ ሩትሽ ፣ ንሽ ፣ መ ጽ ሐፍ ፣ ም፟ጅ፟ም፟ር ፣ ም፟ዕሬ.ፍ ፣ ፪ ፨ መ ሳፍን ተገዝ ፣ እሥ፟ሬ.ኤ. ልስ ፣ ስሬ.ም፟ገዝ ፣ ጊዛ ፣ ድክር ፣ አይ. ዑ ፣ ቢ. ፣ ዳግ ፣ ይ.ሮ ፣ ላዕ ፣ ይ.ዑ.ዳ ፣ እሲ.ሊ. ፣ ቤት ፣ ልሐም፟ ሊ. ፣ ሬ.ዕው ፣ ም፟እብ ፣ ቢ.ሊ. ፣ ተንክ ስ፟ም፟ይ.ገዝ ፣ ኒ ዌነሬ ፣ ኹ.ሮ ፣ ሊ.አሬ ፣ ኹ.ዲ. ፨ ፪ ፨ ይ.ሮንዘ. ፣ ሽዑ.ሬ ፣ አሊ.ም፟ለ ከ ፣ ይ.ሰኩ ፣ ኹ.ዌና ፣ ሽዕ ው.ሬ ፣ ናስ ም፟ጊ ፣ ይ.ስቲ ፣ ኹዑ.ሮ ፣ ሽዑ.ሬ ፣ ላስ ፣ መ ሕ.ሉን ፣ የኩን ፣ ሊ.ኤ.ስ ልሬ ፣ ከል የን ፣ የኩን ፨ ኤ.ፍ.ሬ.ታዌ ሽን ፣ ይ. ዑ.ዳ ፣ እሲ.ሊ. ፣ ቤ ት ፣ ል ሐ ም፟ ሊ. ፣ ም፟እብ ፣ ቢ.ዋ ፣ እንትን ፣ ተንክ ስ ም፟ገ ዑ ፨ ፫ ፨ አሊ.ም፟ለክሬ ፣ ናም፟ጊ.ሽ ፣ ንሽ ሬ.ዕ ፣ ከ.ዕዑ ፨ ኹ.ሬ ፣ ንሽ ዑ.ሮ.ዲ. ፣ አ ዳይ.ቲ. ፨

Mōʼáb-rī Rút-er maṣḥáf fẏ̇ẏ̇já jābará.

1. Faradánt Isrä́ʼĕlsī addadanáẏ̇ẏü-d uẇán biril ʼabár á̇ẏ̇ẏ. Lä geruẇá Ayhüd káû-lid Bēta-lehém-lid fíẏ̇ẏ, Mōʼáb biril mandä́rterō, ni-dī nī á̇ĝina-dī laná nī qä́r-dī.

2. In geruẇá-jā nī sẏ̇ẏù Elīmélaẏ̇ yisä́uk, nī ōĝinā nir sẏ̇ẏù-id Nä́ʼómē yisä́tī, nī qä́r suẏ̇ẏù̇ laẏ̇ẏsī Maḥlón, linä́rsī Xilyón yánaẏ̇uk. naû Efrä́tet qẏ̇r, Bēta-leḥém, Ayhüd káû-lid sä́inamauk. Mōʼáb biril intinò mandä́rtenẏ̇ẏ.

3. Elīmélaẏ̇ Nä́ʼómē-r räù kruẏ̇, nirí-jā laẏ̇ẏ́ì nir qä́r-dī danḥittí.

Quara.

ö ። ንሸ ፡ ሁ-ር ፡ ዎእብያንሊ ፡ ሊ
እ ፡ ይዋን ፡ ትውሸንዉ ። ላይሸ ፡ ን
ሸውሪ ፡ ኡ-ርፋ ፡ ይሰቲ ፡ ሊ ኤሰሪ ፡
ሩት ፡ ይሰቲ ። ይንሊ ሪ ፡ ሸክ ፡ እሟ
እ ፡ ኩ ታ እ ፡ ተንኮስምኑ ።

ë ። ንሸ ሁ-ር ይ-ሪ ፡ መሕሉንገ
ኻ ፡ ክልየንገ ፡ ኪ ንኡ ። ኀዌነሪ ፡ ን
ሸግርእስሪ ፡ ንሸ ሁ-ርስሪ ፡ ቢ ሲ ቲ ።

ë ። ኀሪ ፡ ጉ-ቲ ፡ ንሸ ሁ-ር ፡ ይዋን ፡
ሊ እይ ኪ ፡ ዎእብ ፡ ቢ ሊ ፡ ወንቱር
ቶጘ ፡ የደ-ሪ ፡ ኀሕግብስ ፡ መለክ ቱ
እ ፡ እሪስሪ ፡ ይወእ ፡ ዋሰ ው ።

ë ። ኀሪ ፡ ንሸ ሁ-ር ፡ ይዋን ዲ ኪ ፡
ተንኮስምኑ ፡ ስብሪል ፡ ሪ-ቲ ፡ ገ
ረዊግ ሪ ፡ ሬ-ኑ- ፡ ይ ሁ-ዲ ዋ ፡ ወን
ተርድኑግ ።

ë ። ኖ ዕሟ ሪ ፡ ንሸ ሁ-ር ፡ ይዋን
ስ ፡ ይ ቲ ፡ እንተ ፡ ገን ፡ ኮዋ ፡ ወንተ
ሪ ፡ የደ-ሪ ፡ እንተ-ዲ ፡ ሳሁ ፡ ሸ ብዶ ፡
ይዲ ኻ ፡ ኪ ኡ ፡ ይ ሁ-ር ዲ ፡ እንተን ፡
ሸ ቢ ነእ ።

ë ። የደ ረ ሪ ፡ ኖ ይ ግ ፡ እ ኤ ኖ ፡ እ
ንተ ፡ ግ ር ው ፡ ንዕ ሊ ፡ ሪ ወን ፡ ይ
ውንተ ት ፡ ይ ሟ ይ ቲ ። ዋእ ፡ ክል ስ ፡
ክ ኖ ፡ ይ ሸ ኖ ፡ ኖ ው ን ው ።

ï ። ይ ኑ- ፡ ኩ-ዲ ፡ ኪ ሪ ዘ ን ዋ ፡
ሪ ነ ኩ ።

ï ë ። ኖ ዕ ሟ ሪ ፡ ን ያ ት ፡ ይ እ ቲ ፡
ይ ሁ-ር ፡ እ የ ፡ ወን ተ ሪ ፡ ዎ ሟ ኖ ፡
ይ ዲ ፡ ሪ ተ ኖ ፡ ድ ር ፡ ይ ጉ ግ ጉ ሊ ሟ ፡
ገ ኖ ፡ ሁ-ር ላ ፡ ዋ ኖ ዕ ፡ ተ ስ ሪ ፡ ይ ሸ
ኖ ፡ ሟ ኖ ።

ï ë ። ወን ተ ሪ ፡ ይ ሁ-ር ፡ ሪ የ ፡ ድ
ሪ ት ፡ ዋ ኖ ኩ ፡ ት ው ስ ት ኖ ፡ ኒ ዘ ስ ሪ ፡
ደ ው ሸ ፡ ዋ ኖ ኩ ።

ï ï ። ተ ስ ሪ ፡ ይ ሸ ን ኻ ፡ እ ን ፡ ኒ
ሪ ሸ ፡ ጉ-ግ ጉ-ት ፡ ቤ ው ፡ ግ ር ው ፡
ኡ-ር ፡ ክ በ ን ፡ ኖ ይ ፡ ጋ ሸ ድ ኖ ሸ ፡

Bilin.

4. Nir qŭr Mŏ'ăb ŭkŭinlid la-
ĥă keǧāntinīuχ, ōǧinā lárī-r suĥ
Orfā sáĥauk, līmár-er-ǧā Rŭt.
náû-ǧā šiká amará nĭl mandár-
tenuχ.

5. Nir qŭr Maḫlón-dī láĥak
kírnuχ, oǧina-ǧá nir ráĥ-dī laĥá
nir qŭr-dī káyĭl kŭntī.

6. Nirí-ǧā nir qŭr-d ukĥŭin-dī
gŭĭtī, Mŏ'ăb berá-lid wăntártō,
jār nir káĥ-sī bĭtná ár-uχ 'ûĥá-
dī wăsrœ.

7. Nirí-ǧā nir qŭr-d ukĥŭin-dī-k
nir akáĥ-lid tar yitī, Ayĥŭd bi-
rĭl wăntárdinó dárib ádnuχ.

8. Nă'ōmĕ-gā nir qŭr ukĥŭin-
it: ‚intá ganganá lĭĥen-lí wăntará! jār kìsará báĥin intá-t,
intín yi-dī kerîû yi qŭr-di-sī ban-
dená sáná‘ yitī.

9. ‚Entá ráĥtit lĭĥlĭĥe-lí jār
maskáb náqin entát‘ yiró salamtí-
lan. náû-ǧā baĥír qāls kibsinœ
sirínīuχ.

10. Yinŭǧŭ-r-lá nawá yinó: ‚kŭ-
dĭ kŭ kaûl aktásīk farnó gìn.‘

11. Nă'ōmĕ-ǧä: ‚wăntará dá-
‘am y'inqáq! wuriuχ yi-dĭ far-
danáĥǧu-n? emmá yi gŭádugŭ-l
náĥer qŭr intá ráĥtit aǧdenó ĥin-
banauk-má?‘ yiti-lan.

12. ‚Wăntará y'inqáq, fárā!
keǧānsiyá-ǧā an gánuǧŭn.‘

13. ‚Năn an súdan in qīrí-si
gŭádyŭtó nasáĥ qŭr oqŭáran, náĥ
gabtidinásīk çabbartiná-mā? nā

## Quara.

መልቲክንግ ፡ ምክተን ፡ አይድ
ናሽ ፡ ትውሽክኊ ፡ ስሜክንግ ፡ እ
ን ፡ ጋበስ ፡ ይካልትና ፡ ይዑር ፡ እ
የ ፡ ይሰውኑት ፡ እንተ ፡ ሜና ፡ አ፞ኞ
ዑ ፡ ገሪት ፡ ጧኒ ፡ የደሪ ፡ ናንሪ
ይዳግሊ ፡ ፈ ፡ ጧኒ ፡

፲፬ ፡ ኔአ ፡ ቃልስሪ ፡ ደመሽን ፡
ናውንጋ ፡ ከፍ ፡ ይሽንዑ ፡ አ.ርሪ
ሪ ፡ ንሽግርዊ ፡ ገኒቲ ፡ ይማይ ፡ በቶ ፡
ወንተሪቲ ፡ ሩትዝ ፡ ታአተልቲ ፡

፲፭ ፡ ናዕሚሪ ፡ ይእቲ ፡ እንደ
ክ ፡ ክጉብን ፡ ወንተሪቲ ፡ ንሽሪዘ
ንዋ ፡ ንሽ ፡ አምላክንዋ ፡ ዕንትሪ ፡
ከዘ ፡ ኒሽዲ ፡ ወንተሪ ፡

፲፮ ፡ ሩትሪ ፡ ይእቲ ፡ ግይ ፡ ይ
ታ ፡ ቤዋ ፡ መተና ፡ ፈዋ ፡ መተና ፡
ሪታውክ ፡ ፈከ ፡ ተንክስሚያ
ሊክ ፡ ተንክስመኩ ፡ ኩዲ ፡ ክወ
ገን ፡ ድሪ ፡ ይወገን ፡ ክዜሪ ፡ ይ
ጉያ ፡

፲፯ ፡ ክታእ ፡ ስብሪሊክ ፡ አን
ድሪ ፡ ይንሊ ፡ ኬኩ ፡ ኩዲሪ ፡ ደብ
ተኩ ፡ ዕንስ ፡ ሽባዕ ፡ የሪሪ ፡ እንስ
ደመሽዖ ፡ ጉሌሳር ፡ አዕን ፡ ክይ
ግዝ ፡ አንጻ ፡

፲፰ ፡ ናዕሚሪ ፡ ደርገ ፡ ኒሽዲ ፡
ፈአ ፡ ይካሌአ ፡ ሀሊቲ ፡ ኊቲ ፡ ገም
ርእሊ ፡ ግም ፡ ይቲ ፡

፲፱ ፡ ቤቲ ፡ ልሐምዋ ፡ ላብሪ ፡
ዕንትንዑ ፡ አገርዋ ፡ ትውና ፡ ጊዘ
ግዝ ፡ ንያይዪ ፡ ወልስ ፡ ቤው ፡ ፈው ፡
አገር ፡ ዘክ ፡ ይንኡ ፡ ዕን ፡ ናዕሚ
ግ ፡

፳ ፡ ኒሪ ፡ ይእቲ ፡ ናእሚ ፡ ይት
ና ፡ መሪ ፡ እያ ፡ አገጻ ፡ ኊትክ ፡ ሽ
መታአ ፡ የሪሪ ፡ መሪሽ ፡ ጧኩ ፡

፳፩ ፡ አ፞ኦ. ፡ ይር ፡ አይ ፡ ቤው ፡
ፈ ፡ ስምብ.ዑ ፡ የደሪሪ ፡ ይብሽስ ፡

## Bilin.

matán keǧānsiydini hinbitiná-nā?
Ay-fál-kīn, yinqáq! nān járuχ
yi-l gŭæ intá matán garàuχ-si ma-
raràuǧŭ-lá hínbauk.'

14. Náû-ǧā nā helqum-si gŭd-
nuχ, siranás-ǧā dúmnuχ. Orfá
nir nuǧáuǧŭ-t salamrá wắntártī,
Rút-ǧā nirít šáqtī.

15. Nā'ōmé-ǧā: ,qŭálī, kŭ gŭ-
abán nir kấû-dī, nir jár-dī-l wắntártī; intí-ǧer kŭadró nír-dī wắn-
tarí' yití-lū.

16. Rút-ǧā: ,bārò-kī faríyā
gaw-ig-la! inti fardáuχ-lī-k áñer
faríyā, inti mandarterắuχ-lī-k
áñer mandartíyā, kŭ kaû yi kaû
yin, kŭ jár yi jár áǧin!' yirò wắn-
tástī.

17. ,Inti kirdáuχ-lī-k áñer nīl
kiríyā gin, nil-ǧer dabtíyā jara-
bákŭn. Jār ins habín-nā, kiril
aktásīk side-gin-na!'

18. Niri-ǧā Nā'ōmē nírdī far-
ná nir labakú katabsáuχ qŭáldě-
nadí gaûná-lā bártī.

19. Fárnuχ Bēta-leķém-il ǧā'
yidinásīk. 'ērná sauná-ǧā kaû-k
gŭáuχ: ,nīni Nā'ōmé-mā?' yinuχ.

20. Niri-ǧā: ,Nā'ōmē šiñe-gá-
la, Marrá siñá-la, jār merár yit
bámmadí!' yirò wắntastí-lom.

21. ,Intaǧárī wánú fiuǧàn, jár-
ǧā káyā yi kaûl wắnzáǧŭ-la; wŭ-

Quara.             Bilin.

ወንተርሸው ። ዋሚና ፡ ናዕሚ ፡ ይ     *riṉx Nã̔omē šiũdanãṉx-ni-la? jãr*
ተና ፡ የደራ ፡ አዋረድሸ ፡ ዋነኩ ፡     *gamdó-la-ĝer, hazandó-la-ĝer hín-*
ኂትኪ ፡ ገርስታው ፡ አደራ ፡ ተክ     *baṉk.*
ሸ ፡ ዋነኩ ።

፳፪ ። ናዕሚሪ ፡ እንትቲ ፡ ሩትሪ ፡     *22. Nã̔omē-gā wãntártĩ, Rũt-*
ንሸ ፡ እኡራ ፡ ይዋና ፡ ሞአብየሳ ፡     *ĝā nìr qũrá-r ụqñĩ nìrdĩ wãntártĩ*
ሞአብ ፡ ቢሊ ፡ ወንተሬ ፡ ቤተ ፡ ል     *Mõ̔ãb birì-lìd. sìkúm ašrãnũ ụn-*
ሔምዋ ፡ እንትንኡ ፡ ስሞ ፡ አሸስ     *gú-sĩ Bēta-lehémil íntenṉx.*
ታእ ፡ ጊዚሊ ፡ እንጊያ ።

## III.

### Kapitel II des Evangelium Johannis.

የሐንስ ፡ ወንጌል ፡ ምዕራፍ ፡ ሊአ ።

፩ ። ሲዌሲ ፡ ግርጊዝሪ ፡ ኬን ፡ ስምቢ.ው ፡ ቃና ፡ ገሊሊ.ዝ ፡ የሱስ ፡ ገነሪ ፡ ይንሊ ፡ ስምቢ.ቲ ።

፪ ። የሱስሪ ፡ ኂአደተንሪ ፡ ካሸስኡ ፡ ኬንዋ ።

፫ ። ሚዝሪ ፡ ድዛ ፡ ጊዘገ ፡ የሱስ ፡ ገና ፡ ይቲ ፡ ሚዝ ፡ ሸንላ ።

፬ ። የሱስሪ ፡ ይው ፡ ኩዲ ፡ ዌራ ፡ ሸ ፡ ዋና ፡ ይዋና ፡ እንት ፡ ይጊዚ.፡ ገና ፡ እንትዕላ ።

፭ ። ኂገነሪ ፡ ስራሶዝ ፡ ይቲ ፡ ኂያስ ፡ ይሸ ።

፮ ። ይንሊ.ሪ ፡ ወልታ ፡ ክርዮ ፡ ባረብ ፡ ተንክስምን ፡ ስንቢነው ፡ እ ስራኤል ፡ ሐ.ር ፡ ወር ፡ ይሸናስ ፡ ኩታአ ፡ ናይሊ.ሪ ፡ ላዕ ፡ ላዕ ፡ ሊአ ፡ ክር ተማ ፡ ኡ.ሪ ፡ ሲዋ ፡ ገዘ ፡ ስምቢ.ንኡ ።

፯ ። የሱስሪ ፡ ይ.ው ፡ ባረብስ ፡ እኑ ፡ እንሳእ ፡ እዋ ፡ አዕሸሪ ። እን ሳዕንኡ ።

፰ ። ይ.ው ፡ ሕዳእ ፡ እንሊ.ሶ ፡ ተንክስሞዝ ፡ አለቂዝ ፡ ይዋ ።

፱ ። እንሳዕንዑ.ሪ ፡ ተንክስሞዝ ፡ አለቂሪ ፡ ይን ፡ እኑስ ፡ ታማ ፡ ጊ ዘዝ ፡ ሚዝ ፡ አዮ ፡ ለዌሳስ ፡ እንትዝሪ ፡ እንታእ ፡ እህላ ፡ ስራሶዝ ፡ እኑ ፡ እንሳይ.ው ፡ አህን ፡ ስምቢ.ንው ፡ ተንኩስምናዝ ፡ አለቂሪ ፡ ስርጉስ ፡ ካሸ ዕው ፡ ይ.ው ።

፲ ። ይርኪ. ፡ ጃብሊ. ፡ ሸራዕ ፡ ሚዝስ ፡ ለሸኩ ፡ ሰክርና ፡ ጊዛ ፡ ይን ሊ.ሶ ፡ ተዋረድሳስ ፡ እንትዝ ፡ ሸራዕ ፡ ሚዝስ ፡ ናን ፡ አዕንሸ ፡ መልቲ.ው ።

፲፩ ። እኂ ፡ ኂሸክር ፡ ምጅምር ፡ የሱስ ፡ ቃና ፡ ገሊሊ.ዝ ፡ ሸቤ ፡ ኂክ ብርስሪ ፡ ብዝው ። ኂአርደተንሪ ፡ አምንንው ።

፲፪ ። ይንሊ. ፡ እንጌሪ ፡ ቅፍርናሆምዋ ፡ ገምኡ ፡ ኂሪ ፡ ኂገነሪ ፡ ኂሸ ንድሪ ፡ ኂአርዳተንሪ ፡ ይንሊ.ሪ ፡ ተንክስምኡ ፡ ይትኡ ፡ ግር.ጋ ፡ አጅኡ ሪ ፡ አይላ ።

፲፫ ። እስራኤል ፡ ፋጿሪ ፡ ቲት ፡ ስምብኡ ፡ የሱስሪ ፡ ኢየሩሳሌም ዋ ፡ ፌው ።

፲፬ ። ደብተሪሊ ፡ ከማ ፡ ክዞስ ፡ አሪኡ ፡ በገሪ ፡ ርግብ ፡ ለዌውሪ ፡ ተንክስምና ።

፲፭ ። ከበሪ ፡ አለንግሪ ፡ ሸቢኡ ፡ ኔትክሪ ፡ ደብተሪሊ ፡ ፍዝኡ ፡ ከ መስፈሪ ፡ በገስሪ ፡ ለዌው ፡ ሳመስሪ ፡ በተንኡ ፡ ኔአ ፡ ሰደክስሪ ፡ ገለ ቢዝኡ ።

፲፮ ። ርግብ ፡ ክዞስሪ ፡ ይኡ ፡ እንስ ፡ እንሊ ፡ ጉዛ ፡ ያበ ፡ ንዕስ ፡ ክዞ ና ፡ ለዌና ፡ ንዕ ፡ ሸብትና ።

፲፯ ። ኒአርደተንሪ ፡ አሰብንኡ ፡ ጻፍሲ ፡ ዋነአስ ፡ ኪንዕ ፡ ቅንአ ት ፡ ጐኡ ።

፲፰ ። እስራኤል ፡ ሁሪ ፡ ወንተርሸንኡ ፡ ይንኡ ፡ ዌሪ ፡ ምልክት ፡ ሻልሻዕ ፡ እን ፡ ጋርስ ፡ ሸቤአ ።

፲፱ ። የሱስሪ ፡ ወንተርሸው ፡ ይው ፡ እን ፡ ደብተራስ ፡ አፈረሳ ፡ ሲ ዌሲ ፡ ግርገዝ ፡ ጐሸኩ ።

፳ ። እስራኤል ፡ ሁሪ ፡ ይንኡ ፡ አርቢ ፡ ወልታ ፡ አሜገ ፡ ሰርሰኡ ፡ ደብተሪ ፡ እን ፡ እንትማ ፡ ሲዌሲ ፡ ግርገዝ ፡ ጐዚእዕ ።

፳፩ ። ነዛ ፡ ይው ፡ ነሲ ፡ ሜና ፡ ክይሊ ፡ ን ፡ ጊዘዝ ፡ ኒአርደተንሪ ፡ አሰብንኡ ፡ እንስ ፡ ያ ፡ ስምበእ ።

፳፪ ። መጸፍዝሪ ፡ አምንንኡ ፡ ጋቢገሪ ፡ የሱስ ፡ ገመራገ ።

፳፫ ። ኢየሩሳሌምሊ ፡ ዋነዕንጐሪ ፡ ፋጿዝ ፡ በዕል ፡ ግርጊዝ ፡ አ ጆኡ ፡ እይ ፡ ኒሸኡዝ ፡ አምንንኡ ፡ ሸቤ ፡ ሸክርቲ ፡ ሻልና ፡ ጊዛ ።

፳፬ ። የሱስዛ ፡ አምነጋ ፡ ስእምቢኡ ፡ ኔትክ ፡ እሻዕ ፡ ስምባገ ፡ መተና ።

፳፭ ። ጀረበሪ ፡ ስዕምቢኡ ፡ አውክ ፡ ይርገ ፡ መሰክርደ ፡ መተ ና ፡ ኒ ፡ ይርገ ፡ ዋናዕስ ፡ እኻ ፡ ስምቢ ፡ ቤው ።

## IV.

Gespräche, Redensarten u. dgl.

| Quarisch. | Amharisch. |
|---|---|
| ፩ ። ዳንግ ፡ ግርጊአርማ ። | እንዴት ፡ ዋልህ ። |
| ፪ ። ዳንግ ፡ ክአርማ ። | እንዴት ፡ አደርህ ። |
| ፫ ። አንትግ ፡ እንቲው ። | አወዴት ፡ መጣህ ። |
| ፬ ። እን ፡ አገርሊ ። | ከዚህ ፡ አገር ። |

1) Hast du den Tag gut zugebracht? (— guten Abend!). — 2) Hast du die Nacht gut zugebracht? (— guten Morgen!). — 3) Woher kommst du? 4) Ich bin von hier (aus dem Orte).

| Quarisch. | Amharisch. |
|---|---|
| 5̱ ። ኪ አብ ፡ ኪ ገና ፡ ዋነኩንማ ። | እናት ፡ አባትህ ፡ አሉን ። |
| 6̱ ። ሁራ ፡ ከበኂ ፡ ዋኔኩማ ። | ልጅ ፡ ወልደ ያሃልን ። |
| 7̱ ። ዳዕግ ፡ ግርጊ ። | ደህና ፡ ዋል ። |
| 8̱ ። ፈ ። | ሐ ይ ። |
| 9̱ ። ላዕ ። | ና ። |
| 10̱ ። ንዕዋ ፡ ትዋ ። | ወደ ፡ ቤት ፡ ግባ ። |
| 10̱ 1̱ ። ንዕሊ ፡ ፈ ። | ከቤት ፡ ውጣ ። |
| 10̱ 2̱ ። ሰፈ ። | ወዲ ያ ፡ ሐ ይ ። |
| 10̱ 3̱ ። ገብዕ ። | ወጊዩ ። |
| 10̱ 4̱ ። ቤ ። | ተው ። |
| 10̱ 5̱ ። ዮሽ ። | አድርግ ። |
| 10̱ 6̱ ። ዮሽታ ። | አታድርግ ። |
| 10̱ 7̱ ። ሌ ። | ስጠኝ ። |
| 10̱ 8̱ ። አስ ። | እንካ ። |
| 10̱ 9̱ ። አሳ ። | እንኩ ። |
| 18 ። እንደኪ ። | እነሆ ። |
| 18̱ 1̱ ። እንዛ ። | ዮኽስ ። |
| 18̱ 2̱ ። ፈኖ ። | እንሐ ይ ። |
| 18̱ 3̱ ። ወንተርኖ ። | እንመለስ ። |
| 18̱ 4̱ ። እንሊ ፡ ክኖ ። | ከዚህ ፡ እንደር ። |
| 18̱ 5̱ ። ሰፈኖ ። | ወዲ ያ ፡ እንሐ ይ ። |
| 18̱ 6̱ ። እን ፡ አገር ፡ እው ፡ ይሳ ። | ይህ ፡ አገር ፡ ማን ፡ ይባላል ። |
| 18̱ 7̱ ። ዮር ። | ሰው ። |
| 18̱ 8̱ ። ዮዋና ። | እሴት ። |
| 18̱ 9̱ ። ግርዋ ። | ወንድ ። |
| 30 ። ሲ ምገር ። | ሽ ማግሌ ። |
| 30̱ 1̱ ። ሻአ ። | ቆንጆ ። |
| 30̱ 2̱ ። አት ፡ ፈት ፡ ስም ብአ ። | ወዴት ፡ ሐ ደህ ፡ ነበር ። |
| 30̱ 3̱ ። ታኡሳ ፡ ፈ ፡ ስም ብአ ። | ጣቁሳ ፡ ሐ ጀ ፡ ነበር ። |

5) Leben dein Vater und deine Mutter? — 6) Hast du Kinder? — 7) Bring' den Tag glücklich zu! (guten Tag! Adieu!). — 8) Geh'! — 9) Komm'! — 10) Trete ins Haus! — 11) Geh' aus dem Hause! — 12) Geh' dorthin! — 13) Pack' dich! — 14) Gestatte! — 15) Mache! — 16) Mache nicht! — 17) Gib. — 18) Nimm! — 19) Nehmet! — 20) Siehe da! — 21) Der da! — 22) Gehen wir! 23) Kehren wir um! — 24) Uebernachten wir da! — 25) Gehen wir dorthin! — 26) Wie heisst diese Ortschaft? — 27) Mann, Mensch. — 28) Frau, Gattin. — 29) Mann, Männchen. — 30) Adeliger. — 31) Junges Mädchen. — 32) Wohin bist du gegangen? — 33) Ich ging um Eleusine (zu kaufen).

| Quarisch. | Amharisch. |
|---|---|
| ፴፬ ። ኪ፡ዘን ፡ ዳንግማን ። | ወንድምህ ፡ ደህና ፡ ነውን ። |
| ፴፭ ። ጐዘከ፡ማን ። | ያርሳልን ። |
| ፴፮ ። ከማን ፡ ሽ ፡ ዋነኩ፡ማን ። | ላም ፡ አለውን ። |
| ፴፯ ። ነየኩ፡ማን ። | ይነግዳልን ። |
| ፴፰ ። ነየኩ ። | ይነግዳል ። |
| ፴፱ ። ሂሁር ፡ ዳንግማን ። | ልጆቹ ፡ ደህና ፡ ናቸውን ። |
| ፵ ። ዳንግ ። | ደህና ፡ ናቸው ። |
| ፵፩ ። ሽአ ፡ ዳንግማን ፡ አነባ ። | ብረት ፡ ሰራ ፡ ነው ፡ ሽማኔ ። |
| ፵፪ ። አነባ ። | ሽማኔ ፡ ነው ። |
| ፵፫ ። ይር ፡ ድክማ ። | ክፉ ፡ ሰው ፡ ነውን ። |
| ፵፬ ። ይር ፡ ሽርዋ ። | መልካም ፡ ሰው ፡ ነው ። |
| ፵፭ ። ትየንተማ ። | ተጣጋች ፡ ነውን ። |
| ፵፮ ። ትየንተሪ ፡ አላ ። | ተጣዋጋችም ፡ አይዶለ ። |
| ፵፯ ። ኪንት ፡ ዋነኩ፡ማን ፡ እያ ፡ ኪንት ፡ ዋነኩ ። | ተምርዋልን ። አወን ፡ ተምር ዋል ። |
| ፵፰ ። ብሽ ። | እራቁት ። |
| ፵፱ ። ብሽም ፡ ዋና ፡ ሴ ፡ ዋና ። | እራቁቱን ፡ ነው ፡ ለብሰዋል ። |
| ፶ ። ሴ ፡ ዋነኩ ። | ለብሶአል ። |
| ፶፩ ። እንተ፡ከሊ፡ደብተራ፡ዋሂ ። | በአገራችሁ ፡ መስጊድ ፡ አለን ። |
| ፶፪ ። እያ ፡ ዋነኩ ። | አወን ፡ አለ ። |
| ፶፫ ። ሙሴ ፡ አሮን ፡ ሕግስ ፡ ይሽ ኩንማ ። | የሙሴና ፡ የአሮንን ፡ ሥርዓ ት ፡ ታደርጋላችሁን ። |
| ፶፬ ። ከርተማ ፡ ዋነኩ፡ማ ። | ማድጋ ፡ አለን ። |
| ፶፭ ። በረበዛ ። | ጋንሳ ። |
| ፶፮ ። ስሞ ፡ ሬዚ ፡ ዋዜኩ፡ማ ። | ገብስ ፡ ዘርተዋልን ። |
| ፶፯ ። እያ ፡ ሬዚ ፡ ዋነኩ ። | አወን ፡ ዘርቻለሁ ። |
| ፶፰ ። ጀርን ፡ ሬዚ ፡ ዋዜኩ፡ማ ። | ስንዴ ፡ ዘርተዋልን ። |
| ፶፱ ። ታብሪ ፡ ሬገ ፡ ዋነኩ ። | ጤፍም ፡ ዘርቻለሁ ። |

34) Ist dein Bruder gesund? — 35) Ackert er? — 36) Besitzt er eine Kuh? — 37) Treibt er Handel? — 38) Er handelt. — 39) Geht es seinen Kindern gut? — 40) Es geht ihnen gut. — 41) Ist er ein Schmied oder Weber? — 42) Er ist ein Weber. — 43) Ist er ein schlechter Mensch? — 44) Er ist ein braver Mann. — 45) Ist er ein Zänker? — 46) Er ist durchaus kein Zänker? — 47) Studirt er? — Ja, er studirt. — 48) Nackt. — 49) Ist er nackt oder bekleidet? — 50) Er ist bekleidet. — 51) Existirt in eurer Stadt ein Tempel? — 52) Ja, es existirt einer. — 53) Haltet ihr Moses' und Aarons Gesetz? — 54) Ist ein Gefäss vorhanden? — 55) Nur ein Thonkrug. — 56) Säest du Gerste? — 57) Ja, ich säe. — 58) Säest du Weizen? — 59) Nur Tef säe ich.

| Quarisch. | Amharisch. |
|---|---|
| ፚ ፡ አዘርሪ ፡ | ሽንብራም ፡ |
| ፚኗ ፡ ልንን ፡ | ኑግ ፡ |
| ፚዼ ፡ ትርብ ፡ | ተልባ ፡ |
| ፚፒ ፡ ዋን ፡ የ ፡ ስብሪ ፡ ደየ ፡ | ያለህበት ፡ ስፍሪ ፡ ቆላ ፡ ነው ፡ |
| ፚዾ ፡ ደየ ፡ | ደጋ ፡ ነው ፡ |
| ፚጰ ፡ ኮሊሊ ፡ ታብማ ፡ ኌና ፡ ዳ ዑሻ ፡ | ከቆላ ፡ ጤፍን ፡ ትበላላችሁ ፡ ዳ ጉሳ ፡ |
| ፚጘ ፡ አገር ፡ ጤጊ ፡ አደረማ ፡ | አገሩ ፡ ባለ ፡ ጤና ፡ ነውን ፡ |
| ፚጚ ፡ ምንዳርሰ ፡ ዋነኩማ ፡ | ንዳድ ፡ አለበትን ፡ |
| ፚጰ ፡ የደሪ ፡ ገረዊዝ ፡ ፈኩማ ፡ | በእግዚአብሔር ፡ መንገድ ፡ ይ ሔዳልን ፡ |
| ፚዩ ፡ እየ ፡ ፈኩ ፡ | አወን ፡ ይሔዳል ፡ |
| ጬ ፡ ኪሲስ ፡ ስሪኤኩማ ፡ | ሰውነትኽን ፡ ትገዛዋለኽን ፡ |
| ጬኗ ፡ ኪለበክስ ፡ አዙኩማ ፡ | ልብኽን ፡ ታዘዋለህን ፡ |
| ጬዼ ፡ ኪለበኪዝ ፡ የደረዲ ፡ አ ሪስ ፡ ዋኔኩማ ፡ | በልብህ ፡ ከእግዚአብሔር ፡ ጋ ራ ፡ ታርቀኻልን ፡ |
| ጬፒ ፡ የደሪ ፡ ሜና ፡ ኪማኽስሊ ፡ ከቱውስ ፡ በተኩማ ፡ | ስላ ፡ እግዚአብሔር ፡ የባልንጀ ራኽን ፡ በደል ፡ ትተዋለህን ፡ |
| ጬዾ ፡ እየ ፡ ቤኩ ፡ | አዎን ፡ እተዋለሁ ፡ |
| ጬጰ ፡ የደሪ ፡ ካብን ፡ ቤኩ ፡ | እግዚአብሔር ፡ ሊረዳኝ ፡ እተ ዋለሁ ፡ |
| ጬጘ ፡ የደሪ ፡ ካቢንእ ፡ | እግዚአብሔር ፡ ይርዳህ ፡ |
| ጬጚ ፡ የደሪ ፡ አነሊ ፡ ዌሪ ፡ ጀረ ባ ፡ ኔሀግዝ ፡ ሪነን ፡ | እግዚአብሔር ፡ በትእዛዙ ፡ ብ ንሔድ ፡ ይወዳል ፡ |
| ጬጰ ፡ የደሪ ፡ ገሽስ ፡ ይር ፡ ዊእ ፡ ኻላዕ ፡ | የእግዚአብሔርን ፡ ፊት ፡ ሰው ፡ እንዴት ፡ ያያል ፡ |
| ጬዩ ፡ ኔለበክስ ፡ ወር ፡ ይሽን ፡ | ልቡን ፡ ንጹሕ ፡ ቢያደርግ ፡ |

60) Und Kichererbsen. — 61) Guizotea oleifera. — 62) Lein. — 63) Liegt der Ort in der heissen Zone oder im Hochland? — 64) Hochland ist es. — 65) Essen sie im Tiefland Tef oder Dagussa? — 66) Ist die Gegend gesund? — 67) Herrscht dort Fieber? — 68) Wandelt er auf dem Wege Gottes? — 69) Ja wohl. — 70) Beherrschest du dich? — 71) Beherrschest du deine Neigung? — 72) Bist du in deinem Herzen mit Gott ausgesöhnt? 73) Verzeihst du wegen Gott Beleidigungen von Seite deines Nächsten? — 74) Ja, ich verzeihe. — 75) Ich entbehre der Hilfe Gottes. — 76) Gott helfe dir! — 77) Was verlangt Gott von uns, wenn wir nach seinem Gesetze wandeln? — 78) Wie kann der Mensch Gottes Antlitz schauen? — 79) Wenn er sein Herz reinigt.

| Quarisch. | Amharisch. |
|---|---|

፹ ፦ አናብ ፡ አብርሃምስ ፡ ከበ.
ው·ገ ፡ ሰና ፡ ካዘን ፡፡

አባታችነን ፡ አብርሃምን ፡ እን
ደረዳ ፡ በ.ረዳን ፡፡

፹፩ ፦ እያ ፡ ፈት ፡ ስምበ.ው·ማ ፡፡
እያ ፡ ፈ. ፡ ስምበ.ው· ፡፡

ገበ.ያ ፡ ሐ.ደህ ፡ ነበርኸን ፡፡ አወ
ን ፡ ሐ.ጀ. ፡ ነበረ ፡፡

፹፪ ፦ ዋያ ፡ ሸበ.ው·ማ ፡፡
፹፫ ፦ እያ ፡ ሸበ.ው· ፡፡

ዋጋ ፡ አድርገዋልን ፡፡
አምን ፡ አደረገ ፡፡

፹፬ ፦ ዌር ፡ ኇአ ፡ ዋና ፡፡

ምን ፡ ወሬ ፡ አለ ፡፡

፹፭ ፦ አር ፡ ብት ፡ ግርግው·ማ ፡፡
፹፮ ፦ እያ ፡ ብት ፡ ግርግኡ· ፡፡

እህል ፡ ጽ.ጋብ ፡ ዋለን ፡፡
አወን ፡ ጸጋበ ፡ ዋለ ፡፡

፹፯ ፦ ሻይዝ ፡ እንኻዕ ፡ ሸመት
ሳዕ ፡፡

አምስት ፡ ማድ.ጋ ፡ ይሸመታል ፡፡

፹፰ ፦ ብትዕ ፡ ግርግር ፡ ዋነኩ· ፡፡

ጽ.ጋብ ፡ ውልዋል ፡፡

፹፱ ፦ ሸዊ ፡ ዌኳ ፡ ልትዝሳ ፡፡

ጨጩ·ው· ፡ ምን ፡ ያህል ፡ ይቀናል ፡፡

፺ ፦ ሸኪ. ፡ ሠጀረ ፡ ሸኪ. ፡ እንኻ
ረ ፡ ልትዝሰኩ· ፡፡

አሥረ ፡ አራት ፡ አሥረ ፡ አም
ስት ፡ ይቀናል ፡፡

፺፩ ፦ ነይአ ፡ አሐ.ኩ·ማ ፡፡

ንግድ ፡ ታው·ቃለኸን ፡፡

፺፪ ፦ እያ ፡ እኸኩ· ፡፡

አወን ፡ አው·ቃለሁ· ፡፡

፺፫ ፦ ጋር ፡ አሐ.ኩ·ማ ፡፡

ስራ ፡ ታው·ቃለኸን ፡፡

፺፬ ፦ እያ ፡ እኸኩ· ፡፡

አወን ፡ አው·ቃለሁ· ፡፡

፺፭ ፦ ዌረ ፡ አሐ.አ ፡፡

ምን ፡ ታው·ቃለህን ፡፡

፺፮ ፦ ታዊና ፡ ታሸአ ፡፡

ሸማ ፡ መሥሥራት ፡፡

፺፯ ፦ ጕዜኩ·ማ ፡፡

ታርሳለኸን ፡፡

፺፰ ፦ እያ ፡ ጕዘኩ· ፡፡

አወን ፡ አርሳለሁ· ፡፡

፺፱ ፦ ኪ.ንቱ ፡ ዋኔኩ·ማ ፡፡

ተምረያልን ፡፡

፻ ፦ እያ ፡ ኪ.ንት ፡ ዋነኩ· ፡፡

አምን ፡ ተምሬአለሁ· ፡፡

፻፩ ፦ ኪ.አባ ፡ ኪ.ገና ፡ ዋነኩ·ን
ማ ፡፡

እናት ፡ አባትህ ፡ አሉ·ን ፡፡

፻፪ ፦ እያ ፡ ዋነኩ·ን ፡፡

አምን ፡ አሉ· ፡፡

80) Wenn er uns hilft, wie er unserm Vater Abraham geholfen hat. — 81) Bist du auf den Bazar gegangen? Ja, ich war dort. — 82) Hast du gute Geschäfte gemacht? — 83) Ja wohl, die machte ich. 84) Was gibt es Neues? — 85) War viel Getreide da? — 86) Ja, es gab viel. — 87) Fünf Madega kaufte man (für einen Thaler). — 88) Das ist viel. — 89) Wie viel Salzstücke handelt man ein (für einen Thaler)? — 90) Zehn bis fünfzehn Stücke handelt man ein. — 91) Verstehst du den Handel? — 92) Ja, ich verstehe ihn. — 93) Verstehst du ein Handwerk? — 94) Ja, ich kann eines. 95) Was für eines kannst du? — 96) Kleider weben. — 97) Pflügst du? — 98) Ja, ich pflüge. — 99) Studirst du? — 100) Ja, ich studire. — 101) Lebt dein Vater und deine Mutter? 102) Ja, sie leben.

Quarisch.                    Amharisch.

ያ፤ ፡ ዊ'ኻ ፡ ከበኊን ፡ ዋነና ።      ስንት ፡ ወልደዋል ።
ያ፬ ፡ እንኣ ፡ ከበነን ፡ ዋነኩን ።     አምስት ፡ ዋልደዋል ።

103) Wie viel Kinder haben sie? — 104) Sie haben fünf Kinder.


# V.

## Die Zählweise im Quarischen.

ቍጥር ፡ ማለት ፡ ሳበን ።

| | | | |
|---|---|---|---|
| ላዋ ። ፩ ። | | ሽኪ ፡ ወልታ ። ፲፮ ። |
| ሊኣ ። ፪ ። | | ሽኪ ፡ ለኣታ ። ፲፯ ። |
| ሲዋ ። ፫ ። | | ሽኪ ፡ ሰወታ ። ፲፰ ። |
| ሠ̃ ። ፬ ። | | ሽኪ ፡ ሳሳ ። ፲፱ ። |
| እንኣ ። ፭ ። | | ለየዕ ። ፳ ። |
| ወልታ ። ፮ ። | | ሠዌዕ ። ፴ ። |
| ለኣታ ። ፯ ። | | ሠ̃ዕ ። ፵ ። |
| ሰወታ ። ፰ ። | | እንኩዕ ። ፶ ። |
| ሳሳ ። ፱ ። | | ወልቲእ ። ፷ ። |
| ሽክ ። ፲ ። | | ለእቲእ ። ፸ ። |
| ሽኪ ፡ ላዕ ። ፲፩ ። | | ሰዎቲእ ። ፹ ። |
| ሽኪ ፡ ሊኣ ። ፲፪ ። | | ሠሲእ ። ፺ ። |
| ሽኪ ፡ ሲዋ ። ፲፫ ። | | ሊእ ። ፻ ። |
| ሽኪ ፡ ሠ̃ ። ፲፬ ። | | ሊኣ ፡ ሊዕ ። ፻፻ ። |
| ሽኪ ፡ እንኣ ። ፲፭ ። | | ሽክሊ ። ሽ ኽ ። ፲፻ ። |

2

# Quarisch-deutsches Wörterbuch.

## A, e, i, o, u.

-a (Bil. -ā) Verstärkungspartikel, den Subjunctivformen nachgesetzt; vgl. §. 71.

A sein, esse, s. aj.

I subst. plur. Volk, Menge, s. yer.

Abā s. (Demb., Bil., Cham., Saho, 'Afar ábbā, G. አብ፡) Vater,
ኪአብ፡ dein Vater, Genes. 27, 6; ኗአብ፡ sein Vater, Genes. 27, 14. 34. 41; M. 8, 38. Vor Postpositionen und Affixen:
abu, wie: ያብ፡ᎋ᎑Ꮋ፡ wegen meines Vaters, Genes. 27, 41;
ኪአብሽ፡ deinem Vater, Genes. 27, 9. 10; ኗአብሽ፡ seinem
Vater, ib. 27, 31. አብስ፡ den Vater, ib. 27, 31. 38; M. 5,
40. ኗአብዋ፡ተውኡ፡፡ er trat ein zu seinem Vater, Genes. 27,
18. 22. ያብራ፡ und mein Vater, ib. 27, 12; ኗአብራ፡ und sein
Vater, ib. 27, 26. 32. አብ፡አበያ፡ Vater, o Vater! M. 14, 36
und ያብየ፡ o mein Vater! Genes. 27, 18. 34. 38. — Bei Fl.
abu father.

Ibā der Leopord, s. yibā.

Abalā s. (vgl. خلب, daher مخلب Sichel, מַחְלֵף Messer, cf.
χeb, Kopt. ⲭⲣⲟⲃⲓ Sichel, letztere Form aus einem
vorauszusetzenden χeneb entstanden) die Sichel, M. 4, 29.
abela sickle, Fl.

Aben s. (Bil., Cham. abín, Saho, 'Afar ábnā, Bischari ū-amnā)
Fremder, Ausländer: Gast, fremd. አብን፡ከⵯ፡ in ein
fremdes Land, M. 13, 34. — aben foreigner, guest, āben
strange, Fl.

Abbar v. (A. አብራ፡, G. ᎀብራ፡, Bil. habbar) verbinden, -mischen,
-einigen. Davon: ላብራ፡ (Rut 1, 19: M. 6, 22) mit einander,
zusammen, lābrā together, adv., Fl. aus la + abrā in der
Vereinigung, das was A. አብⵯ፡. — Māhabar Versammlung, Fl.

abbara-s Denom., passiv, vereinigt, vermischt werden,
ከርቤዿ፡አብራሳዕ፡ወይን፡ Wein mit Myrrhen vermischt,
M. 15, 23.

*Aberī* s. der Traum, *aberee* the dream, Fl.

*Ibrā* s. (A. ይብራ፡) Gans, *ibra* Fl.

*Ad* s. (G. እሑድ፡, vgl. §. 15) Sonntag, *ad* Fl.

*Ad* v. (G. ኔጠ፡, vgl. §. 15) überreden, beschwatzen, *ado* persuade, Fl.

*Adaǧ* v. (Cham. *iedag*, A. አደገ፡, G. ገደገ፡) zurück-, übrigbleiben, *adaow* remain, Fl. ከርእ፡ከርእ፡ ዳግ1፡አደኸላ፡ es bleibt nicht Stein auf Stein, M. 13, 2. አዳይቲ፡ sie blieb verlassen, übrig, Rut 1, 3. ኔና፡ዳንግ፡አይ፡አዳይቲ፡ und seine Hand blieb gesund geworden, M. 3, 5. ኪአጣእት፡ አዶሰው፡ deine Sünde ist vergeben, M. 2, 6. አይአሰ፡ das was zurückbleibt, -gelassen wird, M. 4, 22. Nom. *adaragna* (Fl.) Ueberbleibsel, wohl = *adaja-ñā*. Eine singulär dastehende Nominalbildung zeigt አዳይ፡ Verzeihung, *adādō y* verzeihen: አዳይ፡አይ፡ verzeihet! M. 11, 25. አዳይ፡ የላ፡ welcher verzeiht, M. 11, 25. አዳይ፡የላ፡ er wird nicht verzeihen, M. 11, 26. አዳአይ፡የከነን፡ wenn ihr nicht verzeihet, M. 11, 26. *aderegnegnayou* forgive Fl.

*adā-š* Causat. hinter-, zurücklassen, ፈዘነሬ፡አዳሸላ፡ und er hinterliess keinen Samen, M. 12, 20. ይሸ፡ጐተን፡ አደሸላም፡ für mich hast du keinen Segen zurückbehalten? Genes. 27, 36. Hieher gehört auch *adēsow* lend Fl. = *adē-z-û* er lieh (Bil. *adaj-d* leihen, überlassen, vgl. Cham. s. v. *eduw*).

*Adal* v. (A. አይላ፡ Saho *hadil*, Cham. *adey*, cf. خزل, حزل, جذر) theilen, austheilen, M. 6, 39. 42. *adelo* piece Fl.

*adal-s* pass., reflex. getheilt werden; sich theilen, uneins werden, መንግሥትሬ፡ነዝኳ፡ነገ፡አደልሰን፡ und wenn ein Reich unter sich uneins wird, M. 3, 24. አደልሰን፡አደል ሰን፡ተንከስምንው፡ sie setzten sich schichtenweise (sich theilend), M. 6, 40. Auch reciproc: ነሴሰስ፡አደልሰንው፡ sein Kleid theilten sie unter sich, M. 15, 24. — *adelsā* piece, Fl. = *adal-s-ā* getheiltes.

*Edmiē* s. (G. ዕድዐኚ፡) das Alter, age, Fl.

*Adanaq* v. erstaunen, s. *danaq*.

*Adōnāy* s. (אדון) Herr, Herrscher, የዴሬ፡አይናይ፡ Gott der Herr, Genes. 27, 20.

*Adarā* plur. *adar-t* s. (Bil. Cham. id.) Herr, አነ፡አዴሬ፡ unser Herr, M. Titel. ነትኪ፡ገርስታው፡አዴሬ፡ der allmächtige

2*

Herr, Rut. 1, 21. **አይፈዖ**: o Herr! M. 9, 24. **ሰይጣናቱን**: **አደረዝ**: durch den obersten der Teufel, M. 3, 22. Plur. **አይሲት**: M. 10, 42; 15, 1. 3. 10. 11. Beachtenswerth der Gebrauch von *adarā* im Compositis, gleich Ar. وَلِي, wie: **ብዜ**:**አደፈ**:**ትሲ**.**አደፈ**:**ጀረበላ**: der gesunde (Herr der Gesundheit) bedarf keines Arztes (Herrn der Arzenei), M. 2, 17. Solche Zusammensetzungen bei Fl.: *ban adara* Schuldner, *farsi adara* Reiter, *gi adara* gehörnt, *gerwe adara* Reisender, *gabi adara* Schwätzer, *gerb adara* Riese, *hatiat adara* Sünder, *shebka adara* behaart, *yuwina adara* verheiratet (Mann), *hegi adara* Jungfrau.

*tadarā* s. fem. die Herrin, Hausfrau, *tetera* housewife, lady Fl., vgl. Bil. s. v. *adará*.

*Edār* s. (A. **እጻር**:, G. **ሀጻር**:) der dritte abessinische Monat, Fl.

*Af* s. (A. G. **አፍ**: Bil. *ab*) Mund, B.

*Afōt* s. (A. **አርኀት**:) Scheide, Schwertscheide, Fl.

*Ag* s. (Demb., Bil. *ay*, Cham. *iy*, A. **አጐት**:) der Oheim, Fl.

*Aj* v. (Bil. *aj* und *a'*, Demb. *ag*, Cham. *aj*, Somali *aḥ*) folgen auf den Wortstamm consonantische Affixe, so verändert sich *aj* zu *ay* zu *ā*. 1) werden, geschehen, **አኸኩ**: M. 4, 11. 19; 10, 7: 11, 23 oder **አዐኩ**: M. 11, 24 und **አአኩ**: M. 13, 8 es geschieht, wird. **አኸቲ**: (Bil. **አአቲ**:) sie wird. M. 4, 32; 12, 23. **አኔዙን**: ihr werdet, M. 13, 12. **አኸላ**: M. 10, 43; 13, 7 oder **አአላ**: M. 13, 29; 14, 2 es geschieht nicht. **አኸ̈ሙ**: M. 2, 27 oder **አይ.ሙ**: M. 1, 9 und **አይሰ**: Rut 1, 1; M. 2, 23 es geschah. **አላ**: er wurde nicht, M. 2, 27; 12, 27 oder **አይላ**: Joh. 2, 12. **አይላ**: du wurdest nicht, M. 12, 34. **አይንላ**: ihr wurdet nicht, M. 13, 11. **አሰንላ**: sie wurden nicht, M. 10, 8. **አይዖ**: Genes. 27, 29; M. 10, 43. 44. und **አዖ**: ib. 27, 8. 12; M. 5, 18 damit es geschehe. **አይንአ**: es geschehe, sei, M. 15, 18. **አአንአ**: damit es nicht geschehe, M. 13, 18. **አኸንን**: M. 6, 23. 56 u. a. und **አአን**: wenn, ob es geschieht, M. 3, 2 oder **አየን**: Genes. 27, 21. **አአንን**: wenn, ob sie sind, M. 12, 6. **አይሙ**: welcher wurde, M. 9, 45. **አይ.ኃሙ**: was nicht geschah, M. 13, 19. **አን**: die welche nicht sind, M. 6, 3. 2) sein, esse, M. 6, 44. 48; 8, 9 u. a. Nomen: **አኸን**: M. 8, 17; 9, 18 u. a. oder **አአን**: M. 13, 30 und **አየአ**: Existenz, das Sein, M. 8. 27. 29.

*Agadā* (Bil. *aǧedá*) 1) Postpos. ausser, ohne, ከ.ይ.ዚ. ፡ አጋ፩ ፡ ausser dem Tode, Rut 1, 17. ም"ሳ&ግ፤ ፡ አጋ፩ ፡ ohne Gleichnisse, §. 164. 2) Partikel, sondern: መ&. ፡ እያ ፡ አጋ፩ ፡ sondern nennt mich Marra! Rut 1, 20; s. §. 169.

*Agal* rad. inus., (cf. G. በቀለ ፡, جلأ collegit, vgl. s. v. *akan*), davon denom. v. *agolegnoo* (i. e. *aġăl-eñ-û*) to umbrace, *agolegna* the umbrace, Fl. — Nom. *agal-an* Verbindung. davon:

*agalan-š* Caus., denom. zusammenbringen, -führen, ዅ ግኋ ፡ አነዝ ፡ ዌር ፡ አገለንሻ ፡ was führt dich und uns zusammen? M. 1, 24.

*agalan-t* reflex., bei sich aufnehmen, empfangen, begrüssen, አገለንትንው ፡ sie empfingen (ihn, begrüssten ihn bei seiner Ankunft), M. 9, 15.

*Agar* s. (A. አጋር ፡, G. ሀገር ፡ Provinz, District, Stadt, አገርዋ ፡ in die Stadt, Rut 1, 19. Davon ein Adj. አገርአ ፡ aus *agar-añ* was zur Stadt, Heimat gehört, oder ist nach §. 98 ein Nomen auf *-eñ*, Bedeutung: Sprache, አዚ. ፡ አገርአ& ፡ ገመ &ኩን ፡ und neue Sprachen reden sie, M. 16, 17 (wenn nicht etwa Verschreibung für ነገር ፡).

*Ajar* s. der Riemen, ኂሻንብ ፡ አክርስ ፡ እንሽ.ዚ.ዋ ፡ dass ich seine Schuhriemen löse, M. 1, 7.

*Agas* rad. inus. (G. በገሠ ፡), nur vorkommend in der semit. Reflexivform:

*tāgas* sich gedulden, ausharren, ታገሰዕ፡ኂ ፡ ፩ነዅ ፡ wer ausharret, wird errettet werden, M. 13, 13.

*Ajij* s. (A. እ&ግ ፡) Menge, Fülle, Volk, አገርዋ ፡ ትውና ፡ ጊዘዚ. ፡ ንያ&.ይ. ፡ ወልስቤው ፡ als sie in die Stadt einzogen, lief ihr Tribus herbei. Davon:

*ajñ* (aus *ajij-ñ*) adj. viel, zahlreich, ይንለ& ፡ ተንክስም ንአ. ፡ ይ.ትአ. ፡ ግር.ጋ ፡ አ&.አ.& ፡ አይላ ፡ und dort blieben sie kurze Zeit und eine lange war es nicht, Joh. 2, 12. አ&.አ. ፡ አይ. ፡ viele Leute, Joh. 2, 23. meist adverbialiter: sehr, bedeutend, አ&.ው. ፡ መ&አሰ ፡ ዋሰን ፡ ein sehr bitterliches Geschrei, Genes. 27, 34. አ&.ው. ፡ ዋይ.& ፡ ስንበ.ው. ፡ er war sehr gross, M. 16, 4.

*Ahā* interject. (A. አሃ ፡) ha! Fl.

*Aχ, ah* v. (A. አወቀ ፡, G. ያቀ ፡) wissen, kennen, ነየአ ፡ አሕ. ኩ"ግ ፡ verstehst du den Handel? እያ ፡ አኸኩ ፡ jawohl ich

verstehe ihn (Gespr. 91). አ፡ኔኩ፡ du weisst, M. 10; 19.
አኽስ፡ ich weiss nicht, Genes. 27, 2; M. 14, 68. አኔንላ፡
ihr wisset nicht, M. 10, 37; 13, 33. 35. አህወ፡ ich habe
erfahren, weiss, M. 1, 23. አህወ፡ er kannte, M. 12, 15.
አኔቲ፡ sie wusste, M. 5, 29. አህንወ፡ wir wissen, M. 12,
14. አህንወ፡ sie erkannten, M. 6, 32. 54. አኔንወ፡ ihr
wisset, M. 10, 42. አህላ፡ er erkannte nicht, Genes. 27, 23;
er wusste nicht, Joh. 2, 9. አኔንላ፡ ihr wisset nicht, M. 12,
24. አሐንለማ፡ und አኔንለማ፡ wisst ihr nicht? M. 7, 18;
8, 17. አአኝ፡ wisset! M. 13, 28. አኽዶ፡መተሩ፡ damit
er wisse, M. 9, 30. አህትሮ፡መተሩ፡ damit ihr wisset, M. 2,
10. አወሪ፡አኽገአ፡ይካለወ፡ er wollte dass es nicht einer
erführe, M. 7, 24. አነ፡ er wissend, fühlend, M. 5, 30. አ
ኔሮ፡ ihr wissend, M. 13, 28. አህን፡ስምበንወ፡ sie wussten
es, Joh. 2, 9. ዘ፡አህዘ፡ ohne dass er es weiss, M. 4, 27.
አኽ፡ዘዘገ፡ als er es erfuhr, M. 8, 17. አህሩ፡ዘዘ፡ als sie
es erfahren hatten, M. 6, 38. ዘ፡ይርዘ፡ዋናዕስ፡አኽ፡ስም
በቤወ፡ er kannte die Menschennatur, Joh. 2, 25. ዘትኪ፡
አኽዕ፡ስምብዝ፡መተሩ፡ weil er jedermann kannte, Joh. 2,
24. አኽን፡ስንበንወ፡ sie waren unwissend, M. 14, 40. ኗዕ፡
ሸበ፡ይካለእስ፡አኪያስ፡ bereite ein Essen, wovon du weisst
meinen Geschmack, Genes. 27, 4. አህይ፡ das Wissen, M. 12,
34. — acheow to know, achna knowledge, achanta magi-
cian, Fl.

*ay-eš* Caus. wissen lassen, አርዶተንስ፡አሕሽ፡ስንበወ፡
er unterwies die Jungen, M. 9, 31. አዘወ፡እንስ፡አሽኪ፡
አሕሽግነአ፡ er befahl, sie sollten dies Niemanden wissen
lassen, M. 5, 43. — *acheshu* to inform, Fl.

*ay-est* Pass. bekannt werden, አኽስታ፡ግርን፡ ein bekannter, bestimmter Tag, M. 6, 21. *achestega* unbekannt, Fl.

*Ayū* s. (Bil. ʿauq, Cham. auq, Demb. ayu. Agaum. aqu und aū
Wasser, cf. خ, ةو, in Hadramaut hauy Thau, Nässe, Z. d.
D. M. G. XXVII, 264, Aeg. 𓈗 ʿauḫ überschwemmen,
ʿaya Wasser der Ueberschwemmung vgl. s. v.
*ayy*) Wasser, በረብስ፡አኑ፡እንሳአ፡ füllet die Krüge mit
Wasser an! Joh. 2, 7. ይን፡አኑስ፡ታማ፡ዘዘዝ፡ als er
jenes Wasser gekostet hatte, Joh. 2, 9. እን፡አኑዝ፡አጠ
መቀኽ፡ ich taufe mit Wasser, M. 1, 8. አኹለ፡ aus

dem Wasser, M. 1, 10. **አጉ·ዋ :** ins Wasser, M. 9, 22. — *achow*, Fl.

*ahodauši* Frosch, Fl., in Demb. (bei Halévy) *aχodaša*; Cham. *dåqŭså* Frosch; mit *daûšå* vgl. **ደፌስ :** stampfen, zermalmen, daher: *aχŭ-daûšå* welcher Wasser stampft. *Ahŭē* und *awē* s. (Demb. *ajŭē*, aus *ajŭay* = Bil. *ajŭar*, Cham. *aûr*) 1) der Kopf, **ዮ·ሐንስ : አን : ኒአጓስ : ከባሪ : እን : ገን :** Johannes, dessen Kopf ich abschlug, der ist's. M. 6, 16. **ዮ·ሐንስ : አጓስ :** M. 6, 24 und — **አዌስ :** M. 6, 25 das Haupt von Johannes; ebenso: **ኒአጓስ :** und **ኒአዌስ :** seinen Kopf, M. 6, 27. 28. Auch Plural so, **ናዌስ : ሳራንሼነን :** während sie ihre Köpfe schüttelten, M. 15, 29. 2) selbst, **ከአዌስ፤ : ከህንገl : ፈተንሽ :** und lass' dich durch den Priester untersuchen! M. 1, 44; s. §. 131. Im Gebrauch auch ein Singular **አዌአ :** Haupt, M. 12, 10. **ማጵ : አዌአ :** (Bil. **ሰ ደቂ : አኵC :**) der Vorsitz bei Tisch, M. 12, 39. *aweya* brain, Fl. Hieraus hat sich entwickelt:

*awā* s. (Bil. *awåy*, Cham. *uĝā*) Obertheil, das obere, **አዋ : አሪሽ :** bis oben, Joh. 2, 7. **አወሊ. : ሰጵ : አአንሽ. :** von oben bis unten, M. 15, 38; vgl. Genes. 27, 39. *awa* up, *awos* (i. e. **አወገl :** *awå-z*) upon, Fl.

*Akab* v. (Bil. *akab*, Cham. *akeb*, Ti **አከስ :**, Ty. **አከስ :**) sammeln, ver-, einsammeln.

*akab-t* reflex. (Bil. *akab-s*) sich versammeln, **መዊዋ : አከብትናወፈ : ደውሽን : ይወኩን :** an die Gemeinde und an die Versammlung (eigentl. Relat. II plur.: wo sie sich versammeln) werden sie [euch] ausliefern.

*Ikal* v. lieben, s. *yekal*.

*Akan* v. (scheint aus *hakan, kakan*, cf. Saho *kahala* sich versammeln, קהל; ähnlich: *ikal, yekal*, Cham. *ieqan*, Saho *kahana* lieben, vgl. oben s. v. *agal*) versammeln zusammenbringen, -rufen, **አክነኩ :** er ruft zusammen, M. 13, 27. **አክነው· :** *akannû* sie versammelten, M. 15, 16.

*akan-s* pass., reflex. sich versammeln, M. 3, 20; 4, 1; 6, 33; 14, 53; 15, 1.

*Ekaš* v. (vielleicht eine Causativform aus **እው·ከት :** + *š* gebildet, s. *awak*) aufrütteln, -wecken, **አከሽ.ነው· :** sie weckten [ihn] auf, M. 4, 38 wahrscheinlich verschrieben für **እው· ከሽ.ነው· :**

*Algā* s. (A. ኣልጋ፡) Bett, Fl.

*Alaqā* s. (A. ኣለቃ፡, Ty. ሕ..) Chef, Meister, Herr, M. 2, 26; Joh. 2, 8. 9.

*Ilil* s. (A. ኣልል፡) Freudengeschrei der Frauen, *ilil y* das Freudengeschrei anstimmen, Fl.

*Alam* s. G. A. die Welt, M. 4, 19; 8, 36; 10, 30. *ālam* und *bialam* (s. *biyā*), Fl.

*Alang* s. (A. ኣላንጋ፡, Ty. ሕ...) die Peitsche, Geissel, Joh. 2, 15. *aleng* scourge, Fl.

*Alāwī* s. (Ti. G. በላዊ፡) Apostat; Rebell, Fl.

*Am* s. (ርይ) Volk, ዓይምዋክ፡ ፈኣ፡ geht zu allen Völkern! M. 16, 15.

*Amā* s. Melone, Fl.

*Amū* s. (Cham. *amí*, Bil. *eyúm*, Agaum. *angu*, vgl. §. 18) Distel, Dorn, M. 4, 7. 18; 15, 17. *amu*, Fl.

*Amp* s. der Schoss, s. *anp.*

*Ambā* s. (A. ኣምባ፡) Berg, Festung, Fl.

*Imbī* adv. (A. ኣንቢ፡) nein, durchaus nicht, ich will nicht, *imbī y* verweigern, abweisen, eine Bitte barsch und kurz abschlagen, Fl.

*Embelāw* v. (Bil. *emblaw*, Cham. *eblaw*, G. ኣንበልበለ፡) warm, heiss werden, — sein, *embelāwā* Hitze; Funke; *nabalbal* Flamme, Fl.

*embelāw-š* Caus. erhitzen, erwärmen, Fl.

*Embiltā* s. (A. ኣምቢልታ፡) die Flöte, Fl.

*Ambir* s. (Cham. *ḥámerá*, Bil. *amrá*, Ty. ሀይምሉ፡) Gemüse, B.

*Imaÿ* v. (Demb. *yimaÿ*, Cham. *iemÿù*, *emÿŭ*, Damot *amaq*, G. ኣይሙን፡ küssen, ومق lieben, ⌐☞⌐ *amaÿu* verehren, lieben) küssen, ይዐስዐወ፡ er küsste, M. 14, 45. ይዐይይ፡ sie küsste, Rut 1, 9. ይዐይይ፡ küsse! Genes. 27, 26. ንሽዓ ር፡ ጎነቲ፡ ይዐይበፉ፡ ወንተፈፈቲ፡ ihres Gatten Mutter geküsst habend kehrte sie um, Rut 1, 14. ይዐጎኣ፡ኒ፡ጎን፡ der den ich küssen werde, der ist's, M. 14, 44. *imaÿna* Kuss, Fl.

*Amlāk* s. Gott, s. *malak.*

*Amen* v. (Cham., Bil. *amen*, G. ኣይምን፡, A. ኣመን፡) glauben, ኣይምንኩ፡ ich glaube, M. 9, 24. ኣይምንኩን፡ sie glauben, M. 7, 7. ኣይንንዑ፡ Joh. 2, 11 und ኣይንንኣ፡ ib. 2, 22. 23 sie glaubten. ኣይንንሉ፡ sie glaubten nicht, M. 16, 11. 13. 14.

አምኊ፡ glaube! M. 5, 36. አምሯ፡ glaubet! M. 1, 15. አምን
ትሯ፡ glaubet nicht! M. 13, 21. ኩት፡አምንነአ፡ wir wollen
glauben! M. 15, 32. አምንፉ፡ damit du glaubest, M. 9, 23.
አምናሰ፡ welcher glaubt, M. 9, 23; 16, 16. = amana Freund,
Fl. d. i. amanā; yamana B., Lefebre, id., d. i. y-amanā
welcher auf mich vertraut. አምነጋ፡ welcher nicht glaubt,
M. 9, 24; Joh. 2, 24. አምንክሯ፡ ihr, die ihr nicht glaubet,
M. 11, 31. አምኊወ፡ welche ihr Vertrauen gesetzt haben,
M. 9, 42; 10, 24; 16, 17. አምንጋ፡ welcher nicht vertraut
hat, M. 9, 19; 16, 16.

amen-s pass. geglaubt werden, amensowana (amensō wānā) gewiss, secure, Fl. amen segu (amense-gā) ungewiss,
unsafe, Fl.

Amarī s. (Bil. amari, Ch. amír id., G. አዓ.ር፡ Tag) der Morgen,
አመሪገ፡ M. 11, 12 und አመሪሽ፡ M. 12, 20 am Morgen.
ameri morning, Fl.

Ams und hams s. (A. አመ·ስ፡, G. ·ነመ·ስ፡) Donnerstag, Fl.

Amōt und hamōt s. (A. አሞት፡ G. ሐሞት፡) die Galle, Fl.

Amiyā s. (Bil. amará, Ch. amerá, G. Ti. ዓመት፡, A. አመት፡)
das Jahr, ሸክ፡አዓአ፡ zehn Jahre, Rut 1, 4. ሸ.ክ.፡ለ.አ፡
ዓዓአ፡ን·ራ·፡ስንበ.ት፡ sie war ein Mädchen von zwölf
Jahren, M. 5, 42. ሸ.ክ.፡ለ.አ፡አዓሄለ.፡ seit zwölf Jahren,
M. 5, 25. አርክ.፡ወልታ፡አዓሄገ፡ in sechsundvierzig Jahren,
Joh. 2, 20. ameya Jahr, ame ames jährlich, entia amia
Zukunft („das kommende Jahr“), Fl.

An I s. (Bil. an plur. ínen) Grossvater, Fl. Für Grossmutter gibt
Fl.: niān = nī-ān seine Grossmutter, oder nī = A. እሯት፡?

An II pron. pers. (Bil. an plur. yin, Ch. an plur. yínne, Demb.
an plur. anan, Agaum. an plur. anā, Saho, 'Afar anú plur.
nanú) ich, Genes. 27, 2. 8. 13. 19. 25. 32; M. 6, 50; 14, 36.
እንዴ·ራ፡ auch ich, Rut 1, 17; M. 11, 33. Plur. አነን፡ wir,
M. 5, 9; 9, 28; 10, 28. 33; 14, 58. አነ፡ unser, M. 6, 36; 11,
10; 12, 29. አነገ፡ M. 1, 24; 12, 7. 19 und አነት፡ M. 9, 38
uns. አነስ.፡ bei, mit uns, aus uns, M. 6, 3; 10, 36.

En I v. defectiv. (Saho, 'Af. na esse, G. ሯሁ·፡ ecce cum, A.
ነወ·፡ er ist) sein, esse, እንሳ፡ (Bil. il-lā) es existirt nicht,
M. 2, 22; 4, 22; 10, 18; 12, 18. 31. 32; 16, 6. እንጋ፡ (Bil.
en-g-āuχ vgl. Cham. s. v. inka-t) welcher nicht existirt,
M. 4, 19; 6, 51; vgl. §. 102.

*En* II pron. demonst. (Demb. *en*, Bil. *in* plur. *inan*, Ch. *ien*, *en* plur. *-zāy*, cf. G. እን ፡) dieser, M. 4, 13; 5, 8 u. a., plur. እንዘ ፡ M. 4, 16; 8, 2. 4 u. a., §. 132. Adj. እና ፡ der hiesige, እዋዋ ፡ ቴቴ ፡ i. e. *enâ-wā tetī* komm' hieher! Genes. 27, 21. *enâ-wā y* (Bil. *nawá y*) auf diese Art, so sagen, M. 1, 7. 27 u. a., so beschaffen sein, M. 9, 29. እንሊ ፡ hier, M. 6, 3; 9, 1. 5 u. a.

*Anab* v. (G. እነመ ፡ ارب, ארב id.,  *'anbu*, und  *'anbu*, das was ارم constrinxit) weben, እነብ ፡ Weber (‚welcher webt'), Gespr. 41 f.

*Anp* s. (was Bil. ሁበጥ ፡) Schooss, die Umarmung, ኒእንፒሊ ፡ ሹቢው ፡ M. 9, 36 und ኒእንፒሊ ፡ እንኑርው ፡ M. 10, 16 er nahm [das Kind] auf seinen Schooss. *amp* lap, Fl.

*Anbīā* s. Heuschrecke, s. *anbiyā*.

*Enbe* s. (A. እንባ ፡, G. እንብዕ ፡) Thränen, Fl.

*Anabab* v. lesen, s. *nabab*.

*Anbiyā* s. (G. Ti. A. እንበጣ ፡, vgl. §. 23 a) Heuschrecke, M. 1, 6.

*Endakī* interj. siehe da! das was A. እነሆ ፡, Bil. እነሀን ፡ Genes. 27, 2. 6. 11. 18. 27. 36. 37. 39; Rut 1, 15; M. 1, 2; 10, 28, 33. *endaki* look! Fl.

*Enfarā* s. (Ch. *ieferá*, *eferá* id., Bil. *imfá*) Bursche, Knecht, Diener, M. 9, 35; 10, 43. 44. Plur. እንፈር ፡ M. 14, 54. 65. — *imfera* servant, *emfera* subject, Fl.

*Engū* s. (Bil. *ungü-i*, Ch. *oq*) Brustwarzen, Busen, Lef.

*Engedēh* interj. (A. እንግዲህ ፡) also, nun denn, wohlan, M. 14, 41.

*Angâragâr* v. murren, s. *gâragâr*.

*Angâžā* s. (A. እንጉዝ ፡), *angosha* Fl. Narbe.

*Ingiyā* s. (Demb. *ingiyā*, Bil. *ingerá*, Ch. *egrá*, *grā*, Agaum. *angir* id., cf. እኅሪ ፡ اخر, אחר) der Rücken, das Hintertheil, nur postpositionaliter: nach, hinter, Genes. 27, 30. 36. 40; Rut 1, 22; M. 1, 7. 13; 2, 1; 4, 28 u. a., §. 153.

*Enjō* s. (cf. A. ጕንጭ ፡) Backe, Wange, Lef.

*Enjaq* oder *enjaū* v. (cf. G. ነሥአ ፡, ተንሥአ ፡, נסע) gehen, wandern, reisen, በር ፡ ዳግዝ ፡ እንጆ ፡ ኸንን ፡ ኻልና ፡ ጊዘዝ ፡ als sie ihn auf dem Meere wandern sahen, M. 6, 49. ኒዳብሊ ፡ እንጆዎ ፡ die welche vor ihm hergingen, M. 11, 9. *entshangna* journey, Fl., i. e. *enjaūā*. *indjeguenta* (i. e. *injaq-antā*) marchand, Lef.

*Anjíñu* s. (Bil. *anjáy*, Demb. *anzini*, Ch. *azuñā*) der gestrige Tag, gestern, *antshingni* yesterday, Fl., *anjéngi*, B.

*Anjālā* plur. *anjāl* s. (Ch. *aggáy* und *ajáy*, *ajĕ*, Bil. *ajá*, cf. Kunama *ayálā*, Nubisch im *k* D. *ajin* id.) Haut, Fell, Genes. 27, 16.

*Anχ* s. (Bil. *anq-í*, Demb. *anχā*, Agaum. *akā*) Mädchen, **እንኽ፡ ላይ፡እንተተ፡** es kam eine Magd, M. 16, 66. **እንኽራ፡ ይመሽ፡ኻለተ፡** und es sah (ihn) abermals eine Magd, M. 16, 69. — *anch*, maid, Fl.

*Anχē* s. (Bil. *anqáy*, Ch. *ajáy*, Demb. *anχē*, G. A. **እንቀር፡**) Inneres, Innertheil, **እንኜለ፡** aus dem Innern heraus, M. 4, 21; 7, 23. **እንዜለ፡** id., M. 7, 21. **ከዚ፡እንኜዝ፡** im Busch, M. 12, 26. **ከቡ፡እንኜዝ፡** in einem Korb, M. 4, 21.

*Enχā* rad. inus. (cf. G. **ለሐሐ፡**, ⸗, **ጥb** nass sein, ⟨⟩ ∿∿∿ ∿∿∿ *reχ*, ⊕ ∿∿∿ ᴘᴀǫᴇ waschen).

*enχa-š* und *enχa-s* Caus. (Bil. *inqā-s*, Ch. *ieqa-s*) waschen, **እንኜስ ጋb፡** welcher nicht wusch, M. 7, 2. Nom. **እንኽ ሽእ፡** *enχašeñā* das Waschen, M. 7, 4. 8. **እንኽሼንተ፡** Wäscher, M. 9, 3. *enchasow* to wash, *enchashenta* washerman, Fl.

*enχē* v. 2 aus *enχa-y* reflex. (Bil. *inqā-r*, Ch. *ieqa-t*, Demb. *enχa-y*) sich waschen, **ናናስ፡እንኜግሸ፡ኻንለ፡** ohne sich die Hände gewaschen zu haben, essen sie nicht, M. 7, 3. 5.

*Enχalχalā* s. (A. **እንቃቅለ፡**, in Kaffa: *engàngilò*) Eidechse, Fl.

*Enχŭr* v. (Ch. *ieqŭr*, *oqŭr*) setzen, legen, **አርቲዝራ፡እንኑcሯው፡** und er legte (ihn) in ein Grab, M. 15, 46. **ሺምስራ፡ አይዝ፡እንሁc፡ስዝቢንው፡** und sie legten die Kranken auf den Marktplätzen nieder, M. 6, 56. **እንይኪ፡ስብራ፡ ኜት፡እንኑcናው፡** siehe den Ort, wo sie ihn hingelegt haben! M. 16, 6. **ኻለ፡ስዝቢንው፡አት፡እንኑcኽእ፡** sie hatten gesehen, wohin sie ihn gelegt hatten, M. 15, 47. **ኜእንኒለ፡እንኑcው፡** er setzte sie auf seinen Schooss, M. 10, 16. **ኜናስ፡እንኑcው፡** er legte seine Hand auf. M. 6, 5. **እዘ፡ሚዝ፡ይራታዕ፡ከcተሚዝ፡እንኑራዕ፡እንለ፡** es existirt Niemand, der neuen Wein in einen alten Schlauch giesst, M. 2, 22. — *onchoro* setzen, stellen, Fl.

*Enχătaynā* s. die Faust, Fl.

*Ankŭā* num. (Bil., Demb., Agaum. *ankuá*, Cham. *akŭá*) fünf, M. 6, 38. 40; 8, 19. *ankŭā šiχ* fünftausend, M. 6, 44. *ankŭasā, -tā* der fünfte, Fl. *ankŭīn* (እንኵዕ፡, Cham. *akŭ-rúen*, Bil. *ankŭa-rúnen*) fünfzig, M. 6, 40.

*Enkerā* s. (Demb. *enkĕra* Bil. *inkirá*) 1) die Seele, እንክራ፡ M. 3, 4. ዕንክራ፡ Genes. 27, 4. 19. 25. 31. 2) Leben, ኒን ክሬ፡ቢዛ፡ als Preis für sein Leben, M. 8, 36. ኒንክረስሬ፡ ዳንሺእ፡ይክላዕ፡ wer sein Leben erhalten will, M. 8, 35. 3) Geist, Dämon, እንት፡ሰረኒ፡እንክራ፡ du unsauberer Geist! M. 5, 8. Plur. ሰረን፡እንክር፡ die unreinen Dämonen, M. 3, 11; 5, 13. 4) selbst, ipse, ኒንክረት፡ክዶ፡ er verleugne sich selbst! M. 8, 34; vgl. M. 5, 29. 30, §. 131. *enkera* Fl.

*Enqŭā* s. (Demb. *enχô*, Bil. *unqŭwá*, Agaum. *enqŭari*, Bischari *anqŭil* das Ohr, cf. A. እንቋቋ፡ dressa les oreilles pour écouter, von einem Stamme ቋቋ፡ = ቀቀረ፡) das Ohr, M. 4, 9. 23; 7, 16. 33. 35. 8, 18; 14, 47. In allen diesen Fällen እንቊ፡ geschrieben und wahrscheinlich *enqo* gesprochen, da *ŭa* häufig wie *o* lautet; Flad schreibt *encho*, Beke *anko*.

*Anan* wir, s. *an*.

*Ensaǵ* v. (Bil. *insaǵ* und *insaṇǵ*, cf. G. ወጽሐ፡ יָצַק, נָסַךְ) anfüllen, eingiessen, እንሳኽት፡ sie füllt voll, M. 4, 28. እን ሳዕንኡ፡ sie gossen ein, Joh. 2, 7. 9. እንሳእ፡ füllet an! Joh. 2, 7.

*entaǵ* reflex. (Bil. *intaǵ*, aus *insaǵ-t*) voll werden, መር ከብ፡እንታዕዩ፡እኸንሸ፡ so dass das Schiff voll ward, M. 4, 37. ሰፍንግስ፡ማሻዕ፡እንታዕው፡ einen Schwamm voll Essig, M. 15, 36; vgl. 6, 43; 8, 19. 20. — *entaow* obtain, *entaro* (i. e. *entaǵô* relativ) fully, *entagna* the fill, Fl.

*Ensesā* s. (G. A.) Thier, vierfüssiges; *insessa* animal, Fl.

*Instakā* s. Gattung, Art, Geschlecht, the kind, Fl.

*Anāṣi* nom. ag. (A. አናጢ፡, G. ሐናጺ፡) Baumeister, Erbauer, plur. አናጺዎን፡ M. 12, 10. *anāṭi* mason, Fl.

*Enš* v. (Bil. *enk, ink*, Ch. *ien, ̣ek* = G. እንቅዐ፡ von ነቅዐ፡) inus.; Bil. *enk* öffnen, auflösen.

*enš-iz* Caus. (Bil. *ink-is* öffnen lassen) öffnen, auflösen, losbinden, befreien; auslegen, erläutern, እንሺዝንው፡ sie banden los, M. 11, 4. ኒሻንብ፡እኽርስ፡እንሺዚዋ፡መተና፡ dass ich seine Schuhriemen aufbinde, M. 1, 7. እንሺዚና፡ ለሻ፡ losgebunden habend bringt mir! M. 11, 2. ጋዘስኪ፡

ኒአርዶተንገ፡እንሽዛዕ፡ስንቢ.ው፡: er erläuterte seinen Jüngern jedes Wort, M. 4, 34. ዌራ፡ሺቤናዕ፡ዶወሪ፡እው፡ረስ፡
እንሺዜናዕ: was macht ihr da ihr das Eselsfohlen los-
bindet? M. 11, 5. — *enshesow* to solve, Fl. Nom. *inshisgna*
absolution, Fl.
    *enš-izt* Pass., refl. (Bil. *ink-ist*) geöffnet werden, offen
sein, ኒላንግ፡እንሺው-ስኢ.፡እንሺጋ፡ትው፡: das Band seiner
Zunge ward gelöst, M. 7, 35. እንሽጋታዕ፡ስብሪገ፡: an einem
offenen Orte. M. 1, 45.
*Enšaj* v. (Bil. *inšaq*, Agaum. *insaχ, inṣaχ*, Ch. *ieṣaq*) senden,
schicken, እንሽ፞ኽኮ፡: ich sende, M. 1, 2. እንሽዕው-፡: er
schickte, M. 6, 7; 11, 1; 12, 4. 5. እንሽንው-፡: sie schickten,
M. 3, 31. እንሽዕዶገ፡መ፡ተና፡: damit er aussende, M. 3, 14.
ይ፡ት፡ከለብተላ፡እንሽ፞ኽስ፡አገዶ: er nimmt nicht mich auf,
sondern den der mich gesendet hat, M. 9, 37. — *enshawo*
to send, Fl. — Nom. እንሽይ: d. i. *enšañ* Botschaft (collect.),
Genes. 27, 45, *enshangna* Fl.; *ensharana* (i. e. *enšajanā*
welchen sie gesendet haben) Bote, Fl., dafür: ይ፞ሽ፞ኽን፞ተ፞
ስ፡እንሽ፞ኽኮ፡: ich sende meinen Boten (*yi 'nšajanta-s*, dürfte
jedoch Verschreibung sein für: *inšaj-s-anta-s*), M. 1, 2.
    *enšā-s* pass. (Bil. *inšaq-s*, Ch. *ieṣaq-š, ieṣa-š*) gesendet
werden; dienen, እንትላ፡እንሽስንኢ፡እንሽስዶገ፡አገዶ: er
kam nicht dass sie (ihn) bedienen, sondern dass er diene,
M. 10, 45. — *inshasaw* to serve, Fl.
*Anšin* s. (Bil. id., cf. חתן) Schwiegervater, -sohn, Verschwäger-
    ter, Fl.
*Enšēw* v. (Bil. *inšaw*, Demb. *enṣiew, enšew*, Ch. *ieẓuw*, Ty. አጸው:,
    G. ዐጸው:. Die Quaraform እንሽው-:, vgl. auch in Dembea
*enṣiew* d. i. እንዴ.ው-፡ führt vermöge dem ሽ, ዴ.: auf ein
früheres *ṣay* und dieses auf *ṣaq* (vgl. §. 29.) Zu diesem
Schlusse führt auch Cham. *mišqá* das Band = *m-ešeq-ā*,
von *ezuw* (aus *eẓuq*) binden. Im Agaumeder'schen gibt
Waldmeier die Form *intzoroi* binden, d. i. *inṣåjū* oder
*inṣåjū*. Hieraus folgt wohl die Herkunft von G. ዐጸው: aus
früherem *'aṣaqŭ*, cf. ዐጠቀ: A. አጠቀ:, vgl. Chamirspr.
§. 69) binden, gefangen nehmen, የሱስረ፡እንሺው-ንው-፡
sie banden Jesum, M. 15, 1. ሄሮድስ፡እንሻም፡ዶሐንስስ፡
ሪሽ፡ስንቢ.ው-፡ Herodes hatte Johannes ergriffen und gefangen, M. 6, 17. — *inshewo* to bind, *ensheow* to tie, *enshowa*

(d. i. *enšâw-ā* welcher fängt) to imprison, *enshona* the tie, Fl.

*enšēû-s* pass. (Bil. *inšaû-s*, Ch. *eẓû-š*) gebunden werden, እንሽ.ው፡ሳб፡ስ?በ.ው፡: er war gebunden gewesen, M. 5, 4. እንሽ.ው-ሳбው፡: ein Gefangener, M. 15, 6. ፚአኔስ፡እንሽ.ው-ሳለ.፡ከ-በው፡: er schlug seinen Kopf im Gefängniss ab (d. i. [Ort] an welchem er gefangen war), M. 6, 27. Nom. እን ሺ.ው-ስእ.፡ d. i. *enšēû-s-iñ* das Gebundensein, -werden, M. 7, 35. Andere Form: *enšēû-st* Gefangenschaft, das Gefangensein, -werden. የ-ሐንስሬ፡እንሽ.ው-ስትገ፡እንጊያ፡ nach der Gefangenwerdung von Johannes, M. 1, 13.

*Enšēwā* s. (Bil. *inšuwā*, Ch. *ieçuwā*, G. እንጴዋ፡, እንጸዋ፡) die Maus, Fl.

*Ant* wo? s. *at*.

*Ent* pron. pers. (Bil. *inti*, plur. *intín*, Demb. *ent* plur. *enten*, Agaum., *int* plur. *antū*, Ch. *kût* plur. *kûten*, Saho, 'Af. *atú* plur. *átin*) du, Genes. 27, 18. 21. 24. 32; Rut 1, 14; M. 1, 11: 5, 8 u. a. Plur. እንተን፡ M. 9, 19; 11, 17; 13, 9. 11 und እንትን፡ M. 4, 40.

*ent-ā* neuer, als Constructus wegen anschliessenden Nomens stets እንተ፡ *enta* geschrieben, Rut 1, 8. 9, 13; M. 2, 8; 6, 11. 31; 7, 6, 13; 9, 40 u. a. እንተዱ.፡ mit euch, Rut 1, 8; M. 9, 19, 40. እንተገ፡ an euch, M. 4, 11. 24 u. a. እንተት፡ euch, Rut 1, 9. እንተለ.፡ von euch, M. 6, 11: 10, 43.

*Ent* v. (Demb. *ent*, Bil. *int*, *ent*, Agaum. *int*, Ch. *iet. et*. A. አተ፡, G. አተው፡) kommen, eintreten, እንቲ:ው፡ du kamst, M. 1, 23. እንትው፡ M. 1, 9. 13: 10, 50 und እንትእ.፡ Genes. 27, 42 oder እንትስ.፡ M. 1, 11, auch እንትбው፡ M. 14, 37 er kam. እንትቲ:፡ sie kam, Rut 1, 22: M. 5, 27: 12, 42; 14, 3 und እንትбቲ:፡ M. 14, 41. እንትንው፡ M. 1, 29; 10, 46 u. a. oder бንትንስ.፡ Rut 1, 19 und እንትንእ.፡ Rut 1, 22. እንትለ.፡ ich bin nicht gekommen, M. 2. 17. እንትላ፡ M. 10, 45 oder እንትእላ፡ M. 7, 19 und እንትбላ፡ Joh. 2. 4 er kam nicht. እንትዶ.፡መተና፡ M. 9, 11 und እንትбዶ.፡መተና፡ M. 10, 32 auch እንትዶ.ሽ፡ M. 9, 1 damit er komme. እንትድና፡ M. 10, 14 und እንትድናገ፡ M. 16, 1 damit sie kommen. እንትኽገእ፡ damit er nicht komme, M. 13, 36. እንተ.፡ er kommend, M. 14, 37. 45; 15, 36. እንት.:በ.ው፡ er kam, Genes. 27, 35. እንት፡ዋነከ፡ M. 1, 38 oder እንትб፡ዋነከ፡

M. 4, 29 er ist da. እንቲ፡በቶ፡ሰኔቲ፡ sie kam und bezeugte ihre Verehrung, M. 5, 33; cf. 7, 25. እንትን፡ቤኖ፡ኹንወ፡ sie kamen und frassen, M. 4, 4. እንትከ፡ du nicht gekommen seiend, Genes. 27, 33. እንተቲ፡ die gekommen ist, M. 11, 10. እንቶ፡ welche gekommen sind, M. 7, 1. እንተዕጋዕ፡ der nicht gekommen ist, M. 11, 13. እንታዕ፡ ጊዘ፡ M. 8, 38 oder እንታ፡ጊዘዝ፡ M. 11, 13 zur Zeit, in der er kam. አዩሊ.ሬ፡እንታስ፡እንኤስገኝ፡ (lesen: enχē-s agadā) ኻንላ፡ das was von den Bazaren kommt, essen sie nicht ohne es gewaschen zu haben, M. 7, 4. Composita: ሸንተወ፡ (= ሽ፡እንተወ፡, Bil. ሻፙ፡እንትኹ፡) er brachte (genommen habend kam er), M. 6, 28. ሽን፡እንትንወ፡ sie brachten, M. 7, 32; vgl. Nuba-Sprache, §. 164, Kunama-Sprache, §. 41, b und 168 ff. Nom. እንትአ፡ entenā das Kommen, እንትአ፡ዩክላዕ፡ wer kommen will, M. 8, 34; intingua coming, Fl. Der Imperativ lautet ላዕ፡ oder ላኹ፡, plur. ላፕ፡ oder ላአ፡, vgl. s. v. lā I.

ent-ē refl. (Bil. inta-r, Ch. iet-et) sich hinbegeben, kommen, nur in Präsensformen gebraucht, እንቲኹ፡ er kommt, M. 1, 7; 2, 20; 4, 15. 22; 9, 12; 12, 9. እንቲኹን፡ sie kommen, M. 13, 6. እንቲንን፡ während er kommt, M. 14, 62: 15, 21. እንቲአወ፡ welcher kommt, M. 11, 9, auch እን ቲአ፡ M. 2, 13 und እንቲአወ፡ M. 10, 30; intia amia future, Fl. (Jahr welches kommen wird). እንቲወ፡ die welche kommen, M. 1, 45. እንቲወ፡ሬወሬ፡ welche kamen und gingen, M. 6, 31. አፕን፡እንቲአ፡ zur Zeit in der er kommen wird, M. 13, 35.

*Entū* pron. indef. (A. እንትን፡, አንተን፡, vgl. §. 18) ein gewisser, un tel, II.

*Entaj* v. voll werden, s. *ensaj*.

*Entar* v. (Bil. *enṭar* id., G. ነጸሬ፡, II አንጸሬ፡ oculos convertere; im Ti. diese Form gebraucht vom feindlichen Fixiren des Gegners, Jemanden mit feindlichem Blick durchbohren) hassen, verabscheuen, *intāru* to abhor; *intariti* abhorrent, adj. fem. (vielmehr *intaritī* sie hasste); *intargna* abhorrence (*intar-ñā*), Fl.

*entar-s* pass. (Bil. *enṭar-s*) gehasst, verabscheut werden, ነገክ.ሬ፡እንተርሲኔ፡አአኔኹን፡ von Jedermann werdet ihr gehasst werden, M. 13, 12. Refl. sich auflehnen, empören,

ሰይጣንሬ፡ኂአዜስ፡እን፡ታርሰን፡ und wenn ein Satan gegen sich selbst sich empört, M. 3, 26.

*Enàwa* so, auf diese Art, s. *en* II.

*Ar* und *arì* v. (Bil. *ar*) finden, erlangen; treffen, begegnen, አሬው፡ M. 5, 1; 14, 40 und አሬአ፡ Joh. 2, 14 er fand. አሬኒ፡ sie fand, M. 7, 30. አሬነው፡ sie fanden, M. 11, 4. አሬኩን፡ ihr werdet finden, M. 11, 2. አሬሳ፡ er fand nicht, M. 11, 13. አሬነሳ፡ sie fanden nicht, M. 6, 31. ላስኪ፡ አሬን፡ ob er etwas fände, M. 11, 13. ዋአ፡ወልሲ፡በቶ፡እ ንስ፡አሬው፡ wie hast du das so schnell gefunden? Genes. 27, 20. አሬው፡ስብሬስኪ፡ an welchem Ort immer er (ihn) findet, M. 9, 18. ዋኸ፡አሜስ፡ዮመር፡አሬው፡እን፡ seit wie viel Jahren ist's, da ihn dies betroffen hat? M. 9, 21.

*Arā* s. (Bil., Ch., Demb. *ar*) Korn, Getreide, Rut 1, 6. Brod, Genes. 27, 17: M. 2; 26: 6, 8. 36—38; 14, 22. *ara* bread, Fl.

*Arē* I v. 2 (Bil. *arak*, Ch. *areq*, G. ዐሬከ፡, ዐሬቀ፡ und ዐሬየ፡, vgl. §. 29) gleich sein, übereinstimmen. *arē-s* Caus. (Bil. *arak-is*, Ch. *arq-es*) aussöhnen, Frieden stiften, *arēshow* to reconcile, Fl.

     *arē-s* Pass. (Bil. *arak-s*, Ch. *arq-eš*) ausgesöhnt werden, — sein, ኪለስኪዝ፡የደሬዳ፡አሬስ፡ዋኟኩማ፡ (Amh. Uebers.: በለብህ፡ከእግዚአብሔር፡ጋራ፡ታርቀኻልን፡) bist du in deinem Herzen mit Gott ausgesöhnt? Gespr. — Nom. *aresgna* (*arēs-ñā*) peace, Fl.

*Arē* II v. 2 (aus *aray*, *arać*, zu ነሬጸ፡, ቀሬጸ፡ zu stellen, vgl. §. 23, a) verwunden, *areau* to wound, *areya* the wound, *area* itch, Fl.

*Arp* s. (Bil. *arb* plur. *arf* und *erb* plur. *erf* id., wohl aus *qarb*, und zu G. ቀበሬ፡ gehörig) das Grab, አርጦዋ፡ M. 16, 2 und አርቷ፡ M. 16, 5 zum Grabe, i. e. *arpī-wā* (vgl. §. 6) und so አርፕዝ፡ im Grabe, M. 5, 5; 15, 36. አርፕስ፡ bei, aus dem Grabe, M. 5, 1; 6, 29: 16, 8, vgl. §. 15, k. አርፕሬ፡ und das Grab, M. 15, 36. አርፕ፡መይ፡ኅዝግ፡ bei der Grabesthüre, M. 15. 36 und አርፕ፡መይስ፡ M. 16, 3.

*Arbā* num. (A. አርበ፡. G. አርበዓ፡) vierzig, nur bei Zeitbestimmungen anstatt *sajū* gebraucht, wie Bil. *arbiyā*, አርበ፡ ግርጋ፡ vierzig Tage, M. 1, 13. አርበ፡ወልታ፡አሜዝ፡ in sechs und vierzig Jahren, Joh. 2, 20. *arbī* Form des Constructus.

*Ard* v. (A. አረደ ፡, G. ሐረደ ፡) schlachten, ፋጆስ ፡ አርያ.ናዕ ፡ ጊ ዘጊ ፡ zur Zeit, in der sie das Pesach schlachten, M. 14, 12. — *ardêgna* slaughter, Fl. (*arde-iiā* Schlachtung), bei Lef. mit *bālārā* ausgedrückt (s. d.).

*Ardā* s. (G. ረድእ ፡ auxilium, plur. አርዳእ ፡ famulus) Gehilfe, Jünger, nur in den Pluralformen አርዳ·ተ·ን ፡ vorhanden, M. 2, 15. 16. 18; 3, 9; 11, 14; Joh. 2, 2. 11. 12. 17; vgl. in Demb. *şiki linga ardiéten* zwölf Apostel, H.

*Arfā* s. (Bil., Ch. *arbá*, Demb., Agaum. *arfā*) Mond; Monat, Fl., B., Lef. *sarfiarfes* (verschrieben für *arfi arfa-z* Monat für Monat?) monthly, Fl.

*Arg* s. (G. ዐረገ ፡ ascendit) der Thron; das Angareb, Bettgestell, M. 2, 3. 4. 9. 11. 12. *arg* throne, Fl.

*Erkŭ* Zahn, s. *yerkŭ*.

*Erkūs* adj. (A. ርኩስ ፡) unrein, *erkus* unclean, Fl.

*Erm* s. (A. አርም ፡) Unkraut, Fl.

*Orīt* s. (A. አሪት ፡) der Octateuch, Flad, The Falashas, London 1869, pag. 4. አሪት ፡ ዘልደ·ስተ ፡ Genesis, vgl. s. v. *za-* und *wālad.*

*Irāwā* Geräth, Gefäss; Fahrzeug, s. *yerāwā.*

*Arwē* s. (G. A. አርዌ ፡) das Wild, Wildthier, Fl.

*Aray* s. (Ch. *arát*, Bil. *arit*, G. ዐረተ ፡, vgl. §. 23, b) das was *arg*, Angareb, Bett, H.

*Ereyā* s. (A. አርያ ፡, G. ሐረው·ያ ፡) das Wildschwein, der Eber, *ereu* pig, Fl.

*Az* I v. (Agaum. *as*, Bil. *ad*, A. ያዘ ፡, G. አኅዘ ፡) nehmen, አስ ፡ das was A. እንኽ ፡ nimm! plur. አሳ ፡ (im A. እንኩ· ፡) nehmt! Gespr., አሣ ፡ id., M. 14, 22. *as* take it, B.

*Az* II v. befehlen, gebieten, s. *azez.*

*Azā* s. (G. ዐሣ ፡) Fisch, Fische, አዛ ፡ M. 1, 16. 17; 6, 38. 42. 43; 8, 7. *áza* B., *aza* Lef., *asa* Fl.

*Esā* s. (vielleicht auf G. ዕፅ ፡ arbor, zu beziehen, wie analog im Bil. *kanā* Baum; Stamm, Tribus) Stamm, Volksstamm, Tribus, ዘር ፡ ላዕ ፡ ይሁ·ዳ ፡ እሲላ. ፡ ein Mann aus dem Stamme Juda, Rut 1, 1. *essa* part, Fl., s. a. *eşā.*

*Asū* adj. (G. ሐስው· ፡) falsch; Lüge, አሱ· ፡ መሰከርታ· ፡ lege kein falsches Zeugniss ab! M. 10, 19. አሱ·ዝ ፡ መሰከርንው· ፡ sie bezeugten in Lüge, M. 14, 57. *asus sherany* perjurer, Fl. (*azū-z šeraíi* das Falschschwören). *ássu* false, B.

*Asab* v. (A. አሰብ :, G. ሐ ↟↟) denken, bedenken, erwägen, አሰ ብላ : du bedenkst nicht, M. 8, 33. አሰቢንለማ : denkt ihr nicht? M. 8, 18. አሰብነው· : M. 2, 6; 11, 31 und አሰብንኡ· : Joh. 2, 17. 21 sie dachten. አሰብላ : sie dachten nicht, M. 6, 52. አሰብትር : denket nicht! M. 13, 11. አሰብ ፡ ቤወ· : er dachte, erinnerte sich, M. 11, 21. ኒሸ ፡ አሰብሰና ፡ አዖ · ᎐ᎉᎅ : damit es geschehe zur Erinnerung an sie, M. 14, 9. ᎉ᎐ᎉᎅ ፡ አሰቤና : warum denkt ihr? M. 8, 17. ᎉ᎐ᎉᎅ ፡ እንስ : እንት ፡ ለብኪᎅ ᎐ ᎐ ፡ አሰቤናዕ : warum denkt ihr das in eurem Herzen? M. 2, 8. እን ፡ ዓለም ፡ አሰብ : das Trachten dieser Welt, M. 4, 19. ዕኽ ፡ አሰብ : böse Gedanken, M. 7, 21. — *usabau* to recollect, Fl. *asab-š* Caus. erinnern Jemanden, *asabsho* to remind, Fl.

*Eskī* interj. (A. እስኪ·:, Ch. *esti*) quaeso, mit Verlaub, M. 12, 6.

*Izim* s. (Demb. *yizim*, G. ᎎᎍᎅ ·) Schlechtigkeit, Schändlichkeit, *izim geruwā* Weg der Sünde, schlechter Lebenswandel; Fl. — *izimnē*, ᎈᎍᎍ᎐ : Bosheit, Niedertracht, M. 7, 22. *izim-s* denom. v. pass. sich auflehnen, — empören, abtrünnig, widerspenstig werden, — sein, Fl.

*Asamām* v. in Einklang bringen, s. *sam*.

*Azmāc* s. A. Heerführer, Fl.

*Asmāt* Zauberei, *asmātañā* Zauberer, s. A., Fl.

*Azar* s. (Ch. *adír*, Bil. ʿatár, Ti. G. ዐተር :, عدس, ⲉⲣⲇⲁ, 𓎛𓄿𓇳 ⲁⲣϣⲁⲛ) Kichererbsen, das was A. ሽንብራ·:, Gespr. 60.

*Isrāēl* n. pr. እስራኤል ፡ ሐC: Israeliten, Joh. 2, 6. 18. 20. እ/ ራኤል : Rut 1, 1.

*Azez, azze* v. (G. A. አዘዘ:) befehlen, አዘወ· : M. 8, 15 und አ ዘ·ወ· : M. 5, 43; 6, 8; 8, 6. 7 er befahl. ኪለብከስ ፡ አዜኩ·ᎅ : = A. ል·ብ'ሸን ፡ ታዝዋለህን :, Gespr. — እን ፡ አዛ ፡ ጋቢ·ᎅ : nach dem Wort, das ich befehle, Genes. 27, 8. አዘ·አዛ : ሰና ፡ ዪሽኢ· : ich that, wie du befohlen hast, ib. 27, 19. ᎍ·᎐· ፡ አዘ·ወ· ፡ ሰና : wie Mose befohlen hat, M. 1, 14. ኒአ ዘስ ፡ አ·ኔኩ· : du weisst, was er befohlen hat, M. 10, 19. Nom. ትዝዝ : Befehl, Macht, M. 1, 27.

*tūzaz-s* pass. (G. ·ተአዘዘ :) gehorchen, ᎉትᎎᎎᎎ ፡ አዘን : ኢጋንንት ፡ ሰረን ፡ ታዝግሰኩ·ን : wenn er mit Macht befiehlt, gehorchen die bösen Dämonen, M. 1, 27; vgl. auch 4, 41,

Bil. *adad-s-anaŭk*. Bei Flad: *tasastu* to obey (*tāzaz-t-ŭ* er gehorchte) und *tasastea* obedience.

*Azzī* adj. (aus A. ሐጽስ፡ ward *ajse*, *azze* und *azzī*, cf. bei Beke *ádzi* neu, bei Fl. *assi* new) neu, jung, አዪ፡ሕግ፡ neues Testament, M. 14, 24. አዪ፡ኪንሽን፡ neue Lehre, M. 1, 27. አዪ፡ኌንትሪ፡ und — ቀኣራጭ፡ neuer Fleck, M. 2, 21. አዪ፡ሚዝ፡ junger Most, M. 2, 22. አዪ፡ክርተማ፡ neuer Schlauch, ib.

*azzi-š* Caus. erneuern, *asishow* to renew, Fl.

*Astawāl* v. A. begreifen, verstehen; beobachten, አስተዋሊንስ ማ፡ begreift ihr nicht? M. 8, 17. 21. አነበበሪ፡አስተዋልንኅ፡ wer es liest, verstehe es! M. 13, 14. እን፡ምሳሌስ፡አስተዋ ልክኔማ፡ዊአሪ፡ምሳሌስኪ፡አስተዋሌነአ፡ versteht ihr dieses Gleichniss nicht? wie werdet ihr also alle andern verstehen? M. 4, 13. — *astaualu* understand, *astauwalegna* understanding, Fl.

*astawāl-š* Caus. mit der Bedeutung wie oben, ይታዕስ፡ አስተዋልሽሊ፡ ich verstehe nicht, was du sagst, M. 14, 68. አስተዋልሽኂ፡ sie bemerkte (ihn), M. 14, 67. አስተዋልሽ ንስ፡ sie verstanden es nicht, M. 9, 32. ይት፡ክብሽ፡አስተ ወልሽ፡ vernehmt und verstehet mich! M. 7, 14. እነወማ፡ እንትንሪ፡አስተወልሽክና፡አሒንስማ፡ so versteht und begreift auch ihr es nicht? M. 7, 18. ኻልና፡ሳበ፡አስተወልሽ ግነአ፡ als sie sahen, dass sie es nicht verstanden, M. 4, 12.

*Essay* interj. (A.) oh! wie schön! Fl.

*Eṣā* s. (A. እዓ፡, G. ዕዓ፡) das Los, እዐሪ፡ማልስንው፡ und sie warfen unter sich das Los, M. 15, 24.

*Ezef* s. (A. ዕዕና፡) Wiederholung, s. *ašibā*.

*Ašā* s. (Demb., Bil. *ašā*, Ch. χaṣā, Agaum. χaṣī, Ty. ፌጽሊ፡, G. ፌጽል፡, vgl. Chamirspr. §. 54) Blatt, Baumblatt, በስ ስሪ፡ክርትግ፡ኻልው፡አሽ፡ሽት፡ስንቤ፡ und er sah in der Ferne einen Feigenbaum, der Blätter hatte, M. 11, 13. ዋር ኪ፡አሪስ፡አሽ፡አገኝ፡ er fand nichts, ausgenommen Blätter, ib. አሽሪ፡ፉ፡ዚዝ፡ und wann die Blätter hervorkommen, M. 13, 28. — *ashu* leaf, herbe, scheet, *ashi worat* harvest, Fl.

*Iš* I v. (Demb. *es*, Bil. *is*, *es*, Ch. *ieš*, *eš*, Saho *is*, *iš*, 'Afar *is*, cf. עשׂה) machen, thun, ይሽአ፡ Genes. 27, 19 und ይሽው፡ 27, 37 ich that. ይሽ፡ (= A. አይርግ፡) thue! ይሽያ፡ thue nicht! Gespr. ይሽፉ፡መተና፡ dass du thuest, M. 10, 35.

3*

ይሸደ፡ መተና፡ dass er thue, M. 15, 8. Auch wie *y*, sagen, gebraucht um an Nennwörter und Partikeln angefügt abgeleitete Verba zu bilden, wie ጸሎት፡ይሸ፡ beten u. s. w. — *yeshooo* to make, Fl.

*Iš* II v. (Agaum. *iš*, Bil. *iší*, Ch. *eṣ*, G. ጸሳ፡ Chamirspr. §. 54) fluchen, verfluchen, ይሸና፡ለሸኩ፡ ich ernte Fluch, G. 27, 12. ከ፡ይሸዝ፡ይዶግለ፡ dein Fluch über mich! ib. 27, 13. *iš-iš* Caus. verfluchen, ኩት፡ይሸሸ፡ wer dich verflucht, Genes. 27, 29. ይሸሼ፡በለስ፡ der Feigenbaum, den du verflucht hast, M. 11, 21. *iš-iš-t* pass. refl. ኩት፡ይሸሸ፡ይሸሸታዕ፡አይዶ፡ wer dich verflucht, sei verflucht! Genes. 27, 29. ይሸሸትአ፡ሸርአሪ፡ ይመርመ፡ er begann sich zu verfluchen und zu schwören, M. 14, 71.

*Išū* pron. (Bil., Ch. *šū* selbst, *yi šū* ich selbst u. s. w., Aeg. 𓂝, Demot. *hū* ⲟⲩ is und sui, sibi, se, cf. A. አሱ፡ = አርሱ፡ is) selbst, *an išū* ich selbst u. s. w., §. 131.

*Ašibā* s. (Bil. *ašib*, Ti. በዕሪ፡, G. በጸሪ፡ duplicare) Wiederholung; mal, ለዕ፡አሺበ፡ (Bil. ለ፡ህ፡አሸበ፡) hundertfach, -mal, M. 10, 30. *ligna ezef* double, *sioa ashaf* threefold, Fl.

*Ašb, ashbeo* to flood, Fl., wenn so richtig, dann vielleicht auf G. ኅበስ፡ zu beziehen.

*Ašed* v. (Bil. *ašer*, Ch. *ayer*, G. በዐይ፡) schneiden das Gras, Korn, mähen.

*ašest* aus *ašed-s* pass. geschnitten werden, ስጦ፡አሸስ ታአ፡ጊዘለ፡አንጊያ፡ nach der Zeit, in welcher die Gerste geschnitten wurde, Rut 1, 22.

*Ašēnā* s. (von A. አጤ፡, G. ሐ፪፡ abgeleitet?) König, አይሁዶ፡ አሺና፡ der Judenkönig, M. 15, 12; vgl. 6, 22. 25. 26; 12, 2; 15, 18. — *ashenê* state, condition; *ashana* king, *ashani* empire, *asheniko* (i. e. *ašēnā ko*) residence, Fl.

*Ašáwā* s. (A. አሸቀ፡) Sand, *ashowa* sand, Fl.

*At* und *ant* pron. interrog. (Ch. *aû-t*, Bil. *ai-d*) wo? M. 14, 12. 14. wohin? M. 15, 47. አትግ፡ woher? M. 8, 4. In den Gesprächen auch die Form እንት፡ wie: እንትግ፡እንት፡ው፡ woher kommst du? Ebenso: እንትዝሪ፡እንትአ፡አዘለ፡ und er wusste nicht, woher er gekommen, Joh. 2, 9. An eine

gleichartige Verschreibung au zwei Stellen ist doch kaum
zu denken.

*It* v. klein, gering sein, s. *yet.*

*Aṭiat* Sünde, s. *haṭiat.*

*Atākelt* s. Garten, s. *takal.*

*Atalal* verführen, täuschen, s. *talal.*

*Aû* pron. interrog. (Demb., Bil., Ch. *aî*, Agaum. *ay*, Bischari
*aû*, *ā*, Saho, 'Afar *ā*, G. አይ፥, ای, እኣ) 1. wer, welcher?
M. 2, 7; 10, 26 u. a. 2. jemand, irgend wer, M. 5, 3. 4
u. a. §. 133.

    *awin* (Bil. *awu-n*, Ch. *aî-n*, cf. ዪን, این) wann, M. 9,
19; 13, 25. Auch mit der Postpos. -*li*, wie: *ni aunli entow*
whence has he come? Fl.

*Awā* Obertheil, das Obere, s. *ahûē.*

*Awē* Kopf, s. *ahûē.*

*Awûā* s. (cf. هواء) Luft, *awoa* air, Fl.

*Aûda-negest* Titel eines Zauberbuches, Fl.

*Awāj* s. A., Herold, Fl.

*Awak* v. (A. አወከ፥, G. ሀወከ፥, vgl. auch s. v. *ekaš*) bewegen,
aufregen. Nom. ሁክት፥ Aufruhr, M. 15, 7.

    *awak-s* refl., pass. (G. ተሀወከ፥, A. ታወከ፥) erregt, auf-
geregt werden, አወከሳስ፡ኻለው፥ er sah, wie sie erregt
wurden, M. 5, 38. Nom. አወከስአ፡ M. 14, 2 und አወከሰሶ፡
M. 13, 8 *(awak-s-iû)* Aufruhr, Tumult. Dieses -*s* auch an
das semitische Reflexiv angesetzt, pleonastisch, in: *tawak-
sena* alarm, Fl. (d. i. *tāwak-s-anā*).

*Awaqī* s. A. Wahrsager, Fl.

*Awâlā* adj. feucht, nass, *awola* moist, *aola* wet, Fl., auf G. በቀለ፡
zu beziehen?

*Eûrā* Kind, Sohn, s. *χûrā.*

*Aweyā* s. Gehirn, s. *ahûē.*

*Ay* rad. inus. (cf. G. አረየ፥ aequalem esse, Bil. in *aré-rāù* Bruder des Gatten, der diesem in Bezug auf sein Weib gleichgestellt ist, da er nach dem Tode des Gatten sein Weib
,erben kann' um Samen zu erregen); adj. *ay-û* fem. -*ī* plur.
-*û* (Bil. *ari-uχ* fem. -*rī* plur. -*û*, Agaum. *elu-wī* fem. *elī-tī*
plur. -*kûe*, Demb. *ay-oχ*) anderer, alius, አይው፡ከፕ፡ in
eine andere Stadt, M. 12, 1. አይው፡በረስ፡ einen andern
Sclaven, M. 12, 4; vgl. auch ib. 4, 7. 8; 10, 12. Auch አይ

'ᎆᎄ ፡ vgl. አᎉ፡ወ፡ሪ ፡ ᎍንስወ፡ ፡ አᎉ፡ᎆᎄ ፡ አᎉ፡ወ ፡ ፡ ᎆ፡.ወ፡ዘገ ፡ ᎆ፡.ወ፡ ሊ.ወ፡ስኪ, ፡ und er heilte viele Kranke, von denen der eine an dieser, der andere an einer anderen Krankheit litt, M. 1, 34. Fem.: አአ.ꭲ፡ ፡ ꭲ፡ወ፡ᎆ፡ᎂ ፡ wer eine andere heiratet, M. 10, 11. Plur. ወᎉ፡ንስ ፡ አᎉ፡ወ፡ግጀ ፡ ᎉ፡ወ፡ክ፡ ፡ er gibt den Weingarten anderen, M. 12, 9; vgl. auch 6, 15; 12, 5; 16, 12. Auch die Form አᎉ፡ᎆ.ወ፡ ፡ in: አᎉ፡ᎆ.ወ፡ ፡ መሪ፡ክበን ፡ andere Schiffe, M. 4, 36.

*Ey* s. Volk, Menge, s. *yer*.

*Ayā* plur. *ay* s. (aus *ayyā*, vgl. §. 23, a; Ch. *aráyā*, Ty. አᎄ.ጋ፡) Marktplatz, Bazar, አᎉ፡ᎄ.ꭲ፡ ፡ ስᎍብ.ወ፡ᎄᎍ ፡ bist du auf den Bazar gegangen? Gespr. 81. አᎉ፡ግᎄ ፡ auf den Bazaren, M. 6, 56; 12, 38. አᎉ፡ᎈ. ፡ von den Bazaren, M. 7, 4. — *aya* Fl., *áia* B. market.

*Aya* interj. (A. አᎉ ፡, Bil. *hay!*) auf denn! zur Bildung des Vocativs gebraucht, indem es dem Wortstamm affigirt wird (Bischari: -*ay*, -*ē* und -*ī*, Almkvist, S. 68, §. 68; vgl. -*ya* im Harari: *ayay-ya* o du! Z. d. D. M. G., XXIII, 468 neben -*ō*, *amir-ō* o Emir! wie im Ge'ez, Dillmann, Grammatik, S. 252 und im Saho: -*ō*, -*ū*, wie: *yi saheb-ö* o mein Freund! *yi báḷā-ú* o mein Sohn! *yi baḷá-ñ* o meine Tochter! Diese *ô* vielleicht aus *aấ* = früh. *ay*, cf. ـ), መᎍᎍᎄ ፡ አᎉ ፡ o Meister! M. 9, 5. ᎉ፡ስ፡ስ ፡ አᎉ ፡ o Jesus, M. 5, 7 u. a. Endigt das vorangehende Wort auf *ā*, so wird der Anlaut von *aya* mit diesem verschmolzen, als: ᎉ፡በᎉ ፡ o mein Vater! G. 27, 18. ᎉ፡ꭲ.ᎄ.ᎉ ፡ o mein Sohn! M. 2, 5; cf. ᎉ፡ꭲ.ᎄ ፡ አᎉ ፡ o meine Kinder! R. 1, 11; s. §. 123.

*Iyā* adv. (Demb. *ayā*, Bil. *yawá*, Ch. *yay*, Saho, 'Afar *yô*) አᎉ ፡ ja, jawohl, M. 7, 28. Gespr. 52, 57. 69 u. a. *iya* Fl., *ía* B. yes.

*Ayyā* interj. pfui, wie albern, wie thöricht! አᎉ፡ጋ ፡ አን ፡ ገን ፡ ᎈᎉ፡ንꭲ፡ꭱ ፡ wie thöricht! ich bin es ja, fürchtet euch nicht! M. 6, 50. *aigana* pisch! Fl.

*Ayẋ* nur im G. Lehnwort *māy ayẋ* (G. ᎂᎉ፡ᎍ ፡) die Sündfluth, Fl.

*Aymiyā* s. (Ch. *aymirá*) Silber, B.

*Ayanā* interj. o weh! woe! Fl.

*Iyenā* adj. (Ch. *iećín* und *ieṭín*, A. ᎈᎍᎉ፡ን ፡, Ti. ᎈᎋ.ን ፡, vgl. §. 23, a; demnach *iyen-ā*, Relativform aus ᎈᎋበን ፡) dünn, leicht, zart, Fl.

*Aynat* s. A., Gattung, Art, Fl.

*Ayar* s. (G. A. አየር ፡, ἀήρ) Luft, Aether, Fl.

## B.

*Bĕ, bŭ* v. 2 (Bil., Ch. *bi,* Saho, 'Afar, Somali *way*) entbehren, nicht im Stande sein, የደራ ፡ ከበን ፡ ቤኩ ፡ ich entbehre *(ba-kū)* der Hilfe Gottes, bin ein Armer (Anrede von Seite der Bettler um ein Almosen), Gespr. 75. ከ፡ዋ ፡ ገለጥሲ ፡ ተ፡ወ፡ አ ፡ ብዶሸ ፡ so dass er nicht öffentlich in die Stadt gehen konnte, M. 1, 45. ገርሺ አ ፡ ብድና ፡ አኽንሸ ፡ so dass sie nicht im Stande waren, M. 3, 20.

*bi-s* pass. (Ch. *bi-t*, Bil. *bi-st*) abhanden kommen, beraubt werden eines Gegenstandes (mit dem Acc. construirt), ይዊነራ ፡ ንሸግርአስራ ፡ ንሸሁርስራ ፡ ቢሲቲ ፡ die Frau war nun ihres Gatten und ihrer Söhne beraubt, R. 1, 5. ሊአቲኪ ፡ ላይ ፡ ግርገዝ ፡ ቢሰገአ ፡ damit ich nicht aller beiden an einem Tage beraubt werde, Genes. 27, 45.

*Bē* I, v. 2 (aus *bay* = Ti. በለ ፡, G. ብሀለ ፡ dicere) nur gebraucht in Verbindung mit einem andern Verb im Constructus, wie ይቤዉ ፡ er sprach, Genes. 27, 42; M. 6, 23; 8, 5; 11, 13. ዋስ ፡ ቤዉ ፡ er hörte, M. 2, 17. አሰብ ፡ ቤዉ ፡ er erinnerte sich, M. 11, 21. ቤቤዉ ፡ er verliess, M. 14, 52, s. *bē* II. ራቤዉ ፡ er ging hin, M. 6, 27. ሺቤዉ ፡ er ergriff, M. 1, 31. ከርት ፡ ቤዉ ፡ er entfernte sich, M. 1, 19. ቲት ፡ ቤዉ ፡ er trat hinzu, M. 1, 31. አንቱ ፡ ቤዉ ፡ er kam, Genes. 27, 35. ሺቤኩን ፡ sie halten, beobachten, M. 7, 8. ጉብቶ ፡ ይዘ ንዋ ፡ ላብንዋ ፡ ራ ፡ erhebe dich und ziehe zu meinem Bruder Laban! G. 27, 43. ጉብቶ ፡ ተንኩስግ ፡ erhebe und setze dich! ib. 27, 19. ዊአ ፡ ወልሲ ፡ ቡት ፡ አንስ ፡ አሪዉ ፡ wie fandest du das so schnell? ib. 27, 20. ኪመኬስ ፡ ልጉግ ፡ ቡት ፡ ኃሲ ፡ ራ ፡ halte dein Maul und fahre aus ihm aus! M. 1, 25. ገን ቲ ፡ ይማይ ፡ ቡት ፡ ወንተራቲ ፡ sie küsste die Mutter und kehrte um, R. 1, 14. ጉራ ፡ ትዊ ፡ ቡት ፡ ከዘዝቲ ፡ das Mädchen trat ein und tanzte, M. 6, 22. አንቲ ፡ ቡት ፡ ኃልኩግ ፡ ለብቲ ፡ sie kam und fiel ihm zu Füssen, M. 7, 25. ብን ፡ በና ፡ wir verlassen habend, M. 10, 28. ጀል ፡ አንትን ፡ ቤና ፡ ኽንወ ፡ die Vögel kamen und frassen, M. 4, 4. ኃብድንስራ ፡ ጉዝን ፡ ቤና ፡

አር፡ኢ.ለ. ፡ ትወ·ሽ፡ነው· ፡ sie nahmen seinen Leichnam und legten ihn ins Grab, M. 6, 29.

*Bë* II, v. 2 (Demb., Agaum. *bay*, Ch. *bar*, Bil. *bār*, vgl. §. 24) lassen, gestatten; unterlassen, ver-, hinter-; frei geben, ቤከ·: ich verzeihe, Gespr. 74. በተከ·ማ: verzeihst du? ib. 73. ቤከ·: er verlässt, M. 10, 7. በተንለ: ihr gestattet nicht, M. 7, 12. ቤአው·: er verliess, M. 1, 31; er gab frei, M. 15, 15. ዋማይና፡በተ·ው·: warum hast du (mich) verlassen? M. 15, 34. የደራ·:ሕግስ፡በተንው·: ihr habt Gottes Gesetz verlassen, M. 7, 9. ቤንው·: sie gestatteten, M. 11, 6. ቤንዐ·: sie verliessen, M. 1, 20. ቤለ: er gestattete nicht, M. 1, 34; 5, 19; 11, 16; er verliess nicht, M. 10, 29; er hinterliess nicht, M. 12, 20. ቤንለ: sie hinterliessen nicht, M. 12, 22. ቤ: gestatte! M. 5, 12; 7, 27. ቤአ: gestattet! M. 14, 6; 15, 36. ግደ·፡ይ፡ታ·:ቤዋ:መተና: nöthige (mich) nicht, dass ich (dich) verlasse! R. 1, 16. አይሁ·ድ·:ንጉ·ሥ·ሥ·:ቤዋ:መተና: dass ich den Judenkönig freilasse, M. 15, 9. ቤን: wenn, ob er freigebe, M. 15, 11. ይዋና·:ንሽግርዋስ:በቶ:አይው·: ተ·ው·ሺን: wenn eine Frau ihren Gatten verlassen habend einen andern heiratet, M. 10, 11. የደራ·:ጋበስ:በተና: ihr, Gottes Gebot verlassen habend, M. 7, 8. 13. አነን:ኒትከ.: በን:በና:ታ·ኸተልነው·: wir haben alles verlassen und sind (dir) gefolgt, M. 10, 28, vgl. oben *bē* I. ቤናራ:ፈንው· : und nachdem sie (ihn) verlassen hatten, zogen sie fort, M. 12, 12. ቤአዕ:ስንበ.ው·: er pflegte freizugeben, M. 15, 6.

*Bô* s. (Ch. *baû*, *bô*) Stirn, Fl.

*Beber* v. (Demb. id., Ch., Bil. *bir*, II *birbir*) verbrennen, intrans., ·በ·በርው·: er verbrannte, M. 4, 6.

*beber-s* pass. verbrannt werden, Fl. *bebersunā* („wo sie sc. die Kohlen, Holzstücke verbrannt werden'), *baberesuna* firepan-place, Fl.

*Bādō* adj. A. leer, Fl.

*Badal* v. A. betrügen, täuschen, Unrecht zufügen, beleidigen; *badal* Schuld, guilt, *badalu* schuldig, guilty, Fl., vgl. §. 125.

*Baden* s. A. der Leichnam, M. 6, 29.

*Baftā* s. A. Baumwollenzeug, Calico, M. 15, 46.

*Bagā* s. A. die trockene Zeit, der Sommer, Fl.

*Bagā* s. coll., plur. *bay-an* (Ch. *begā* plur. *big*, Bil. *baggа* plur. *bagg*, A. በግ:, Ti. G. በግዕ:) das Schaf, በገ: und die

Schafe, Joh. 2, 14. **በጎን ፡ ለሳ ፡** wie Schafe, M. 6, 34. **በጎን ፡ በተንሰኮን ፡** die Schafe werden sich zerstreuen, M. 14, 27. — *baga* sheep, *bagi tshercha* ram, Fl.

*Boǧŭ, boͅw* v. (Bil. *boq y*, Ti. **ብቀ ፡ በለ ፡**, Ch. *mͅaw*, G. **ፆዐ ፡**, *ؠؠؠ*, **מוג**, **מקק**, vgl. auch s. v. *bekͅänä*) fliessen, ausfliessen. Nom. *boͅǧŭ-n, boͅû-n; davon*:

*boͅǧŭn-z* denom. v. causat. ausgiessen, *borongso* to shed, *beonsow* to pour out, Fl.

*boͅǧŭn-t, boͅwŭn-t* refl., pass. zer-, ausfliessen; vergossen werden, **ማ ፡ ጊ ፡ በወንተኮ ፡** der Wein fliesst aus, M. 2, 22. **ይዏሳ ፡ ብር ፡ ንሽለ ፡ በወንታ ፡** eine Frau, von welcher das Blut floss, M. 5, 25. **ይብር ፡ በወንታ ፡** mein Blut, welches vergossen werden wird, M. 14, 24. — *bunto* to melt, *boͅontofiaw* (i. e. **በወንፉ ፡ ፈአወ ፡**) to flow, *bo-onta* stream (i. e. **በወንታ ፡** welcher fliesst), *shegua bonta* rivulet, Fl. (vgl. s. v. *šegŭä*).

*Bāǧer* s. (Bil. *báǧer*, Ch. *baûr*, G. **በኮር ፡**, **בכור**) das erstgeborne Kind, primo genitus, **ከ.ባእር ፡ ጉፈ ፡** G. 27, 32 und **ከ.ባፅር ፡ ሁፈ ፡** 27, 36 dein erstgeborner Sohn. **ባፅርኽ ፡** Erstgeburt, G. 27, 36.

*Biͅā* adj. A. gelb, Fl.

*Bāj* s. Brust, *baji* poitrine, Lef., *bātsh* breast, Fl.

*Bejāǧ, bejā* v. (A. **በዣ ፡**, G. **በዝን ፡**) wachsen, sich vermehren, reichlich sein, **ይዘን ፡ ጌሳወ ፡ ፀሽብኪ ፡ በጀዐአ ፡** meines Bruders Esau sein Haar ist reichlich geworden, Genes. 27, 11. **ፈተንሳፅ ፡ ፀዏአ ፡ ብጀአአ ፡** (Relat., Bil. **በፅ ኽኮ ፡**) dessen Werth hochgeschätzt ist, M. 14, 3. Nom. *bejā*: **ይርን ፡ በጀስ ፡** (Accus.) Fülle an Weizen, G. 27, 28.

*bejā-š* causat. vermehren, **ዏፅኽን ፡ ብጀሽንወ ፡** sie vermehrten das Geschrei, M. 15, 14. **ይነቅስ ኽ ፈ ፡ ብጀሽንወ ፡** und sie vermehrten das Staunen (erstaunten noch mehr), M. 10, 26. **ዏአአ ፡ ብጀ ሽአ ፡ ስንበወ ፡** er schrie noch mehr, M. 10, 48.

*Bohͅŭ* I v. (Bil. *bauq y*, Ti. **በቀ ፡ በለ ፡**, Saho *bauͅk ya* kahl, leer, löcherig werden, A. **በሕ ፡** kahl) leer, kahl, durchlöchert sein, Nom. *bohͅänä* Loch. **ዏርፈ ፡ ብሕ ጊ ፡** durch ein Nadelöhr, M. 10, 25.

*bohͅŭ-z* caus. ausreissen, -raufen, **ማገርስ ፡ ብሕ ጊንወ ፡** sie durchlöcherten die Wand (durch Ausreissen der Strohwände), M. 2, 4. ሰዋ፡ብሐ.ዘኝን፡ስንበ.ንው፡ sie pflückten Aehren ab, M. 2, 23.

*bṓhū-zi* pass., refl. entwurzelt werden, ብሐ.ግተ፡በፈ፡ በርዋ፡ለበ.፡ entwurzle dich und falle ins Meer! M. 11, 23.

*Bōhū* II, v. (G. ቦኍብኈ፡, ذ‎ان) faulen, stinken, *bochwae* adv. fusty, *bochwa* to stink, Fl., beides gleich ብኊ𐎆፡ relat. welches stinkt, fault.

*Bāhey* v. (G. ባሕተው፡, vgl. §. 23, b) allein sein, Relat. ባሕ፮፡ fem. ባሐ.፡ (*bāhiy-ē*) allein, ኒባሕ፮፡ er allein, M. 4, 10. 34; 6, 47; 7, 33; 9, 8. ለ፮.፡ግ፡ተ፡ን፡ባሐ.ꟿግ፡ኩ፭፡ዋ፮፡ ist's nur ein einziger Segen, der dir war? Genes. 27, 38. Doch ist die Form ባሕ፮፡ bereits im Erstarren begriffen, da sie auch mit Pluralien verbunden wird, wie: እንተን፡እንተ፡ብ፪እ፡ ለእ፡ kommt, ihr allein! M. 6, 31. ኒእባሐ.እ፡ sie allein, M. 6, 32: 9, 28 (wörtlich: ihr, eure Einsamkeit; ihr Einsamkeit = was einsam ist). — *bacheya* alone, Fl.

*Bekānā* s. (Bil. *bokūānā* id. = *bokū-ānā*, B. §. 123, Radix *bokū* sich verflüchtigen, zerfliessen, vgl. oben *boju̇*) die Wolke, ብኰ፪ሪ፡ und eine Wolke, M. 9, 7. ብኰ፪ለ.ሪ፡ und aus der Wolke, ib. — *bekona* fog, mist, Fl.

*Baq* v. (A. ብቃ፡, G. በቀ፠ብ፡) genügen, genug sein, B. Fl.

*Baqāl* und *bakāl* v. (G. A. በፈለ፡) wachsen, በኰለኰ፡ er wächst, M. 4, 27. በኰለው፡ er wuchs, M. 4, 5. *beqwel*, H.

*Bāl* s. (A. ባለ፡, G. ባኅለ፡) 1. Fest, festliche Zeit, ፬.፪፡ባለ፡ Osterfest, M. 14, 1. ፪ሪ፡ባለ፡ Fest der ungesäuerten Brode, ib. 2. Herr, ባለ፡ቤት፡ der Hausherr, M. 13, 35; 14, 14. Fem. *baalti*, Fl.

*Bal* v. (Ch. *bil*, Saho *bolol*, A. ባለባለ፡) sieden, *belweow* to seeth, Fl. (= ባለ፡ቤው፡).

*Bel* s. (Ch. *bil*, A. ብለ፡) Motten, Fl.

*Belā* s. (Ch. *bīlā*) Oeffnung, Fenster, Lef.

*Bēlā* s. (Ch. *bī̇qlā*, Bil. *bīqlā*, G. በቀለ፡, vgl. §. 29) Maulesel, -thier, B. Fl.

*Belāhā* plur. *belāh* s. (G. ባለሐ.፡) Soldat, *bela-a* a soldier, Fl.; plur. ብለቡ፡ M. 15, 16.

*Belhāt* s. A. die Kunst, Fl. *belhātañā* Zauberer, Arzt, plur. ብለ ኝተ፟ኝን፡ M. 5, 26.

*Bālārā* s. (= ባለ፡እ፪.፞፡?) Schlächter, Metzger, Lef., vgl. s. v. *ard*.

*Balas* s. A. G. der Feigenbaum, M. 11, 13. 20. 21.

*Balaš* v. (Ty. **በለጸ፥**, A. **በለጠ፥**) vorzüglicher, besser, grösser sein, — werden, **በለሻዕ፥ፈፈ፥** ein günstigeres Urtheil, M. 12, 40. **አይው፥ትዝገ፥እንላ፥እንዚላ.፥በለሻዕ፥** ein anderes Gebot existirt nicht, das vorzüglicher ist als dieses, M. 12, 31; vgl. auch 14, 5. Fem. **በለሽ፥አኽቲ፥** es (das Senfkorn) wird das grösste, M. 4, 32. Plur. **በለሾ፥** die meisten, M. 11, 8. — *balshow* to enlarge; *enta nang yi nangli belesheti* your house is greater than mine, Fl.

*Bāltī* s. f. (A. **በልቲት፥**) die Witwe, **በልቲ፥** M. 12, 42. Plur. **በልቲ፥ተን፥** M. 12, 40.

*Ban* s. (Ch. *bin*, Bil. *banā* plur. *fan*) Schuld, debitum, die man abzutragen verpflichtet ist; Steuer, **ተገበኩማ፥ቄሳርሽ.፥በን፥ይውአ፥** muss man dem Kaiser Tribut geben? M. 12, 14. — *banadara* (= *ban adarā*) debtor, Fl.

*Bār* s. (Ch. *bar*, A. G. **በሕር፥**) See, Meer, M. 1, 16; 3, 7; 4, 1.

*Bārā* plur. *bār* s. (Ch. *bárā*, A. **በርያ፥**) Sclave, Knecht, Genes. 27, 37; M. 12, 2. 4. 5. *geruwa bārā* male slave, *yiweena bara* female slave, *bārnê* bondage, Fl.

　　*bār-s* denom. v. reflex. (Demb. id.) eigentlich: sich der Sclaven bedienen; senden, schicken (analog Bil. *nišqā* Sclave, und *enšaq* senden, vgl. oben s. v. *enšaj*), **በርሰኩ፥** er schickt, M. 4, 29; 11, 3; 13, 27. **በርሰው፥** er schickte, M. 6, 17; 8, 26; 12, 2. 5. 6. **በርሰንው፥** sie schickten, M. 12, 3. 4. 13. **በርሰን፥** wenn ich entsende, M. 8, 3.

*Ber* s. Schale, Rinde, peel, Fl.

*Bir* s. (Ch., Bil., Agaum. *bir*, Saho *bilò*, Bisch. *ū-bōy*) **በር፥** das Blut, M. 5, 24. 25. 28. *bir*, Fl.

*Bīrā* s. (Ch., Bil. *bírā* plur. *bil*, A. **በራ፥**, G. **በዕራይ፥**) der Stier, *bíra* B., *bíra* Lef., Fl.

*Bārabā* s. (A. **በራብ፥**) Thonkrug, Gespr. 55, plur. **በራብ፥** Joh. 2, 6. 7.

*Barabar* v. (A. **በረበረ፥**, Ch. *birbir*, Bil. *barbar*, *wárar*) ausrauben, -plündern, **በረበርኩ፥** er plündert, M. 3, 27.

*Barbarā* plur. *barbar* (Ch. *birberá*, A. **በርበረ፥**) rother Pfeffer, Paprika, Fl.

*Bārūd* s. A. Ar. Pulver, Fl.

*Barig* v. (Bisch. *barak-ya* id., cf. בֿרֿכ) fliegen, Fl.

*Berçeqō* s. A. Trinkglas, Fl.

*Barak* v. (G. A. በረከ፦) auf die Knie fallen; pass. *barak-s* id.,
ኅግር፡በገ፡በረከስኙ፡ሰጊነን፡ስነበ.ነው፦ auf ihre Knie sich
niederlassend bezeugte sie (ihm) ihre Huldigung, M. 15, 19.
*Berelē* s. (Ch. *birili*, A. ብርሌ፦) Glas, -gefäss, M. 14, 3. *berile*, Fl.
*Berānā* s. A. Pergament, Fl.
*Brāndō* s. (Ch. *brind*, A. ብሪ.ንደ.፦) rohes Fleisch, mit Pfeffer
gegessen, Fl.
*Būrnōs* s. A. Oberkleid, Mantel der vornehmern Stände, Fl.
*Bārs* v. (Demb. *bārs*) schicken, senden, s. *bārā*.
*Barat* v. (A. በረት፦) kräftig, fest, hart sein, በረት፦ sei getrost!
M. 10, 49. በረተ.ዐ፦ relat., hart, schwer; stark, M. 1, 7; 2, 9,
*bertu* hard, Fl.

 *barat-š* Causat. bekräftigen, ኂዘ፡ታበስ፡በረትሽ.፡ቤው፦
ይው፦ er aber bekräftigte das Wort und sprach, M. 14, 31.
*Bez* v. (Bil. *bid*, Ch. *biz*, Demb., Agaum. *bez* id., G. ፉ.ዘዘ፦,
ፉ.ርዘዘ፦, cf. ☐ ‿ *ped* und ☐ ◠ *pet* ausbreiten, öffnen,
vgl. s. v. *fantē*) öffnen; offenkundig machen, ኂከበርስረ፡
ብገው፦ und er offenbarte seine Glorie, Joh. 2, 11. ይዊት
ው፡በዘግነአ፦ er gebot, dass sie (ihn) nicht offenkundig
machen sollten, M. 3, 12. አን፡ጋበስረ፡በገ፡ቤው፦ und das
sagte er öffentlich, M. 8, 32. ኂትከረ፡በገ፡ኸአው፦ und er sah
alles klar, M. 8, 25. — *beseu* to manifest, *besu* to open, Fl. Nom.
*besanta* (i. e. በዘንታዐ፦ welcher öffnet) Schlüssel, key, Fl.

 *bez-t* reflex. und pass. sich zeigen, geöffnet werden, offen
sein, ብገትው፦ er erschien, M. 9, 4; es ward geöffnet,
M. 7, 35. ብገት፦ öffne dich! M. 7, 34. ብገታአ፡ስብረስከ.፡
ከተሚ.ት፦ jede offene Stelle deckte sie zu, Genes. 27, 16.
— *bestā* manifest, adj. Fl.
*Bis* v. (Ty. G. ብአስ፦) schlecht, elend sein, relat. *bisā*, Fl.
*Bēzā* s. (G. ቤዛ፦) Preis, Werth, ኂንከረ፡ቤዛ፦ als Preis für sein
Leben, M. 8, 37. አይ̇ው̇ገ፡ቤዛ፦ als Preis für viele, M. 10, 45.

*Beseqā* s. (Bil. *biʼeqā* Speichel, بصق, بسق, بزق spuit, ☐ 𓅽
*pagas*, 𓏤 *pasag* spucre, ᎐ᎪᏨᏨ sputum) Speichel, ኂብ
ስኸስ፡ዌትው፦ er spützte (ihn) an, M. 7, 33. ኅብስኸስ፡ዌት
ኩነ፦ sie werden (ihn) anspeien, M. 10, 34.

 *besiq-et* refl. sich seines Speichels entledigen, ausspeien,
*beshetow* to spit, *erhus* (i. e. *erhū-z*) *beshetow* to spit through
the teeth, Fl.

*Bāzēqā* s. A. Quecksilber, Fl.

*Beš* v. (cf. G. **በከየ፡** vacuum fieri, **በክ፡** vacuitas: nudus. Ueber *š* zu *k* vgl. *enš* = Bil. *ink*) nackt, entblösst sein, Relat. **ብሽ፡** nackt, Gespr. Nom. **ብሽ፡** Nacktheit, **የደራ፡ይብሽስ፡ ወንተርሽው፡** Gott hat meine Nacktheit heimgeführt, R. 1, 21; vgl. M. 14, 52.

*Bet* v. (Demb. *bet*, Bil. *bit*, Ch. *ewet*, Somali *badi* id., cf. G. **ፈድፈደ፡** abundavit) satt, reich werden, — sein, **ብት ነው፡** sie wurden satt, M. 6. 42; 8, 8. **ብትድዋ፡** damit sie satt werden, M. 7, 27. Nom. **ብት፡** Fülle, Reichthum, **አር፡ብት፡** Fülle an Getreide, Gespr. 85. *betgna* (*bet-ña*) satiety, Fl.

    *bet-š* caus. sättigen, **ብትሽዶ፡** damit er sättige, M. 8, 4. — *betshow* satisfied, Fl. (cher to satisfy).

*Betā* s. (Bil. *bitä*, Ch. *bettā*) die Laus, Fl.

*Batan* v. (Bil. *batan*, Ch. *biten*, A. **በተነ፡**) zerstreuen, ausstreuen, vergeuden, -schwenden, **ላዬው፡ሰመስረ፡በተንኡ፡** und das Geld der Wechsler verstreute er, Joh. 2, 15. **ንሽሰመስኪ፡ በተንቲ፡** ihr ganzes Geld hatte sie vergeudet, M. 5, 26.

    *batan-s* pass. zerstreut werden, **በገራ፡በተንሰኮን፡** und die Schafe werden zerstreut werden, werden sich zerstreuen, M. 14, 27.

*Bātiwā* s. (A. **በታዊ፡**, G. **በሕታዊ፡**) Mönch, **ብቲዋ፡** Gespr., *batiwa* clergyman, priest, monk, *yewina batiwa* abbess, Fl.

*Bow* fliessen, s. *boϳŭ*.

*Biyā* s. (Demb. *biyā*, Bil. *birä*, *berä*, *brā*, Saho, 'Afar *balò*, Bisch. *būr*, Galla *biyā*) Erde, Land, **ቢአ፡ስንበገን፡** wenn nicht Erde vorhanden ist, M. 4, 5. **አጅው፡ቤአረ፡ስንበ.ገዝ፡** weil nicht genug Erde vorhanden war, ib. **ሽረዕ፡ብየገ፡** auf gute Erde, M. 4, 8. **ቤራ፡** (i. e. *biya-rä*) **ዝሽለ.፡ፍራ፡ለሽቲ፡** und die Erde bringt aus sich die Frucht, M. 4, 28. Vor Suffixen das auslautende *ā* zu *ī* verändert (*biyā* zu *biyī*, *bī*), **ቢዋ፡** ins Land, R. 1, 2. **ቢለ.፡** im Lande, ib. **ቢዳገ፡** R. 1, 1; **ቢዳገለ.፡** M. 2, 10 und **ቢዳዝ፡** (aus **ቢዳይገዝ፡**, **ቢዳ ገገ፡**) M. 4, 10 auf dem Lande. **ቢ.ገ፡** auf die Erde (= obigem **ብየገ፡**) M. 4, 20; 14, 35. — *bia* earth, land, *biyou* adj. earthen, Fl.

*Bāyrā* s. (Bil. *baϳirā*) Fuss- oder Armspange; Kette, M. 5, 3. 4. *baera* chain, Fl.

## P.

*Paku* y v. (vgl. Bil. s. v. *bajaj*) sich bücken, ፕዛ፦ ፡ ይቤወ፡ ፡ zሽን፡ብ ፡ አ'ክርስ ፡ እንሽ'ዚ.ዋ ፡ dass ich mich bückend seine Schuhriemen löse, M. 1, 7. *fikiow* to stoop, Fl. (= *fik ya*).
*Peleya* s. (Cham. *felṭa*, Bil. *filata*, برغوث, פַּרְעֹשׁ id., cf. G. ፬.ር ፬ጸ፡, vgl. §. 23, b) der Floh, Fl.

## D.

*Da* auf, über, s. *dag*.
*De* v. 2 (G. ይለወ፡)
*dē-š* caus. (G. አይለወ፡) schmeicheln, *tamita gabes deshanta* flatterer, Fl. (= *tām-it-ā gāb-ez dēšantā*).
-*dī* postpos. (Demb., Bil. -*dī*) mit, in Gesellschaft, ይዲ ፡ mit mir, R. 1, 11. ኩዲ ፡ mit dir, R. 1, 10. 16; Joh. 2, 4. zዪ ፡ mit ihm, R. 1, 2. zሽዪ ፡ mit ihr, R. 1, 15. 18. ሁርዪ ፡ mit den Kindern, R. 1, 3. 8. ይዋንዪኪ ፡ mit allen Frauen, R. 1, 7. ያሰፉብዪ'ዟ ፡ ዮ.ሕንስዪ ፡ mit Jakob und Johannes, M. 1, 29.
*Dab* v. (Demb., Bil. *dab*, Ch. *dib* id., vgl. auch s. v. *teb*) begraben, *debeo* inter, Fl. *dab-t* pass. begraben werden, ኩ ዪ.ሪ ፡ ይ.ብተኩ ፡ und mit dir werde ich begraben werden, R. 1, 17.
*Deba* s. (Demb. *debā*, Bil. *dibbā* Berg, cf. G. ይበበ፡) Berg, ይብስ ፡ der Berg, M. 11, 23. Vor den übrigen Postpos. *dibī*-, wie: ይብ.ዋ ፡ auf den Berg, M. 3, 13; 13, 14. ይብ.ጊ ፡ auf dem Berge, M. 5, 5. ይብ.ለ. ፡ vom Berge, M. 9, 9. Ebenso im Constructus: ይብ. ፡ ጎብጊ ፡ am Fuss des Berges, M. 5, 11. *deba*, Fl.
*Debāb* s. A. der Traghimmel, canopy, Fl.
*Dabal* v. (Bil. *dabbal*, G. ይበለ፡) ein Tuch so zusammenlegen, dass es als Leibgürtel getragen werden kann. Nom. ይበላ ፡ (Bil. *dābbalā*, Ty. A. ይበለ፡) Haut, Fell, als Schürze getragen, M. 1, 6. *dabela* skin, Fl. ይብየ ፡ (Bil. *dablā*) Gürtel, ናይ.በ.ጊ ፡ in ihrem Gürtel, M. 6, 8. *debia* girdle, Fl.

*dabal-t* refl. sich schürzen, zየዋጊሪ ፡ ይበላ ፡ ይበል.ታ.ሰ ፡ ስንብ.ወ፡ ፡ und um seine Hüften war ein Fell gebunden, M. 1, 6. *debaltana* (i. e. *dabal-t-anā* womit sie sich gürten) girdle, Fl.

*Daber* s. G. A. Berg, ደብረ፡ዘይትዋ፡ auf den Oelberg, M. 14, 26.

*Deber* v. (Bil. *diber*, Galla *darba*) werfen, wegwerfen, -legen, synon. *māl*, ድብረኩ፡ er wirft hin, M. 9, 18. ድብርቲ፡ sie warf, M. 12, 43. ናናስ፡ድብርንዉ፡ sie legten ihre Hand an, M. 14, 46. ድብሪዋ፡አአንሸ፡ bis ich geworfen habe, M. 12, 36. ኊያ፡መርብብስ፡ባርዋ፡ድብረኽን፡ während sie ihre Netze ins Meer warfen, M. 1, 16. ድብር፡ die welche geworfen haben, M. 12, 43. *debro* reject, Fl.

*Dabtābê* s. A. Schrift, Brief, Fl.

*Dabtarā* s. G. A. Tempel, Synagoge, ደብተረስ፡ den Tempel, M. 14, 58. ደብተሪዋ፡ in den Tempel, M. 1, 21. ደብተሪዝ፡ im Tempel, M. 1, 23. ደብተሪሊ፡ aus dem Tempel, M. 1, 29. 39; Joh. 2, 15. ደብተሪ፡ኩአደርት፡ die Vorsteher des Tempels, M. 5, 22.

*Dabyā* Gürtel, s. *dabal.*

*Dūd* v. (Demb., Bil., Agaum. *dād*, Ch. *dad* treten, cf. ◌◖◌◖§∧ *t'at'a* und ═◖═◖§∧ *t'at'a* stampfen, treten, G. ጣአ ፕአ፡, vgl. דוש) treten; stampfen, niedertreten, *dādeow* treat, *dādan* step, footstep, Fl.

*dād-š* caus. stampfen machen, veranlassen dass Jemand mit den Füssen stampfe, ዳድሽኩ፡ er macht (ihn) stampfen, M. 9, 18. ዳድሽዉ፡ er machte stampfen, M. 9, 26. ዳድሽ፡ ሰበ፡ als er ihn stampfen machte, M. 9, 20.

*Dedā* plur. *ded* adj. (A. ድዳ፡, Agaum., Galla *dūdā* stumm, taub, vgl. Saho, 'Afar *dūd* dumm sein, cf. ذطب, שטע) stumm, ድደሪ፡ und ein Stummer, M. 7, 32. ድድስ፡ Accus. plur. die Stummen, M. 7, 37.

*Dadab* v. (A. ደበደበ፡) misshandeln, ደደብንዉ፡ sie misshandelten (ihn), M. 12, 4.

*Dafar* v. A. G. wagen, sich erkühnen, keck sein, አዉኩ፡ኩ‖፡ ዋንኸርዱ፡ደፈርሰ፡ Niemand wagte ferner zu fragen. M. 12, 34. ደፈር፡ጲላጦስዋ፡ተዉዉ፡ es wagend ging er zu Pilatus ein, M. 15, 43. *dafarau* immodest, *deferna* boldness, Fl.

*Dāg*, Nebenformen *dāy* und *dā*, s. (Bil., Demb. *dāg*, Ch. *dig* id., Pluralform zu A. adj. ደጋ፡) Höhe, nur postpositionaliter gebraucht oder als Adverb, ቢ.ዳግ፡ im, auf dem Lande, R. 1, 1. ኊናንተን፡ዳግሊ፡ auf seine Hände, Genes. 27, 13. ገረዋዝ፡ዳግሊ፡ auf dem Wege, M. 10, 46. ታንኩኑዝ፡ዳግሊ፡

auf dem Schiffe, M. 1, 20. ይዸግዘ፣ gegen, wider mich, M. 9, 39. እንተ፡ዸግዘ፣ wider euch, M. 9, 40. በዸዘ፣ auf dem Festland, M. 4, 1. — *dāg* up, *dāges* upon, *dagwa* upwards (= ይግዎ፡), *dāgsêsa* upper (= *dāg-u-sā*), Fl.

*Dagaf* v. A. stützen, *ta-dagaf* semit. reflex. sich stützen, to lean, Fl.

*Dagar* v. scheiden, entlassen die Frau, s. *dahar*.

*Dāgrā* s. Schild, shield, Fl.

*Degârā* s. Esel, s. *dehârā*.

*Dagaṭ* v. (A. ይነገጠ፡, G. ይንገ0፡) erschrecken, ይገጥትና፡ erschrecket nicht! M. 13, 7.

*Daj* s. (A. ጠዩ፡) Honigwein, Fl.

*Daχūā* s. (Ch. *roqūá* [aus *doqūā*], Bil. *dàrâqŭá*, Kaffa *dengó*, G. ጽንጉን፡) Thon, -erde, Lehm, *dachwa* clay, Fl.

*Deχā* adj. (A. ይኽን፡) arm, ይሕ፡ይዋና፡በልቲ፡ eine arme Witwe, M. 12, 42. ይኽዘ፡ M. 14, 5 und ይሕዘ፡ M. 10, 21 an einen Armen. Nom. ይኽኔ፡ (A. ይኽንት፡) Armuth, M. 12, 44.

*Daχan* errettet werden, s. *dān*.

*Dahar* oder vielleicht eher *dagar* v. (Bil. *dagar*, Ch. *dagar* und *diker*, G. ይሕረ፡) entlassen die Frau, die Scheidung aussprechen, ተገበኩማ፡ሕዋንቲ፡ዸኽርይ፡መተና፡ ist's erlaubt, dass einer seine Frau verstosse? M. 10, 2. ሕዋንቲ፡ዸኽር፡ አእ.ቲ፡ተውኽዕ፡ wer sein Weib entlassen habend ein anderes heiratet, M. 10, 11. Nom. *dahar-iù* Scheidung, መ. ስ፡አዘ.ው፡ዸኽርይ፡መጽሕና፡ጻና፡ቤው፡ዸኽረአ፡ Mose hat befohlen, dass er einen Scheidebrief schreibe, nach welchem er sie dann entlasse, M. 10, 4.

*Dehârā* und *dewârā* s. (Bil. *duqárā*, Ch. *dyqárā*, *daχárā*, Demb. *dugarā*) der Esel, ይናራ፡እኑረስ፡አሬነን፡ ihr werdet ein Eselfohlen finden, M. 11, 2. ይናራ፡አውረስ፡አረንው፡ sie fanden das Eselfohlen, M. 11, 4. ይወራ፡እኑረስ፡ M. 11, 7 und ይወራ፡አውረስ፡ M. 11, 5 id.

*Dek* v. (Ch. *jûj*, Bil. *jûj*) schlecht, böse, nichtswürdig sein, Relat. ይኽ፡ schlecht, M. 3, 4; 6, 48; 7, 21; 9, 39; 15, 14. Nom. ይኽኔ፡ M. 7, 22; 10, 5.

*Deker* s. (Bil. *ûgirá*, Ch. *cegar* id., s. a. unten *šagar*) Hunger, Hungersnoth, ይኽር፡አይው፡በዸግ፡ es entstand Hunger im Lande, R. 1, 1; vgl. auch M. 13, 8. *deker* famine, Hunger, Fl.

*deker-t* den. v. refl. hungrig werden, **ይኸርተዉ፦** er fühlte Hunger, M. 11, 12. **ይኸርታዕ፦ዒዘዝ፦** zur Zeit, da er hungrig ward, M. 2, 25.

*Dīqālā* s. G. A. Bastard, ausserehliches Kind, Fl.

*Dal* v. (Agaum. *dal* id., G. **ይለዉ፦**) genügen, genug sein, *dálela* it is not enough, B.

*Dīl* Atheist, Fl. (cf. G. **መይለዊ፦** hypocrita, von **ይለዉ፦**). *Damā* rad. inus., scheint, wie aus dem Causativ und Passiv zu erschliessen ist, aus *damay, damag* entstanden zu sein (Bil. *düm* und *dagam*, G. A. **ይገመ፦**); daraus:

*dama-š* caus. (aus *damāš, ā* zu *a* verkürzt wegen folgenden Affixes) hinzufügen, wiederholen, **ይመሽ፦ባር፦ዳይዋ፦ ፈዉ፦** (wiederholend) abermals ging er ans Seegestade, M. 2, 13; vgl. auch 1, 27. 38; 2, 26; 3, 19; 8, 38. **ግዝንኸ፦ ይመሽኖ፦ማዕይ፦ሰጐግ፦ኸኩን፦** auch die Hunde essen unter dem Tisch, M. 7, 28. **እንኸፈ፦ይመሽ፦ኻሊ፦ኅ፦** und abermals sah ihn eine Magd, M. 14, 69. **ኤእቃልስፈ፦ይመሽን፦ፍወንዝ፦ ኸፍ፦ይሽኖ፦** und sie erhoben nochmals ihre Stimme im Weinen, R. 1, 14. *damashou* add, Fl.

*damē-s* pass., **ይሚሰኩ፦** es wird hinzugefügt werden, M. 4, 24, 25.

*Dumā* Augenlid, Fl

*Dambā* Hecke, Zaun, Fl.

*Damanā* s. G. A. die Wolke, M. 13, 26; 14, 62.

*Demez* s. (G. **ይምዕ፦** ץמש, Bil. *qimiş*) Schall, Stimme, Laut, M. 1, 3. 11; 5, 7; 9, 7.

*Damaš* wiederholen, s. *damā*.

*Damiyā* s. (Demb. *damiyā*, Bil. *dummú, -rā*, Saho *dummó*, Somali *denmmat*, Ti. Ty. **ይመ፦**, G. A. **ይመት፦**) die Katze, Fl., Lef.

*Dān*, Nebenf. *daχan* v. (A. **ዳነ፦**, G. **ይኅነ፦**) errettet, gesund werden, **ዳነኩ፦** ich werde gesund werden, M. 5, 28. **ዳነኹ፦** er wird errettet, M. 13, 13; 16, 16. **ዳነኩን፦** sie werden gesund, M. 16, 18. **ዳነዉ፦** er ward gesund, M. 8, 25. **ዳንይ፦ መተኅፍ፦** damit er errettet werde, M. 10, 26. **ዳንፉ፦ሜፍ፦** damit sie gesund werde, M. 5, 23. **እኂቲ፦ንሽዉዘ.ሊ.፦ዳ፟ኤእ፦** sie fühlte, dass sie von ihrer Krankheit genesen sei, M. 5, 29. **ሚእ፦ሲእከ.፦ዳንገሸ፦** es würde Niemand (alles rothe Fleisch würde nicht) errettet werden, M. 13, 20. — *dachana* (i. e.

*daχanā* relat.) righteous, *dachangna* (= *daχañā*) justification, *dechent* righteousness, Fl.

*dān-š* caus. retten, erretten, heilen, ዳንሽኩ፡ er errettet, M. 8, 35. ዳንሸው፡ er heilte, M. 1, 34. ኪሃይማኖት፡ዳንሺው፡ dein Glaube hat (dich) errettet, M. 5, 34; 10, 52. አይውስ፡ዳንሺው፡ኒአዌስ፡ዳንሺአ፡ገርሺላ፡ andere hat er errettet, sich selbst konnte er nicht retten, M. 15, 31. ዳንሺ፡ hilf! M. 15, 29. ሰንበትገ፡ዳንሻዕ፡አእን፡ ob er der sei, welcher am Sabbat heilt, M. 3, 2. — *danshow* to save, *danshengna* cure, *dachanso* (d. e. *daχan-z-ū̂*) justify, *dachansa* (= *daχan-z-ā* relat.) justifier, Fl.

*Dīn* s. A. Schwefel, Fl.

*Dānd* v. (cf. Galla *ḍenza* id.) fliehen, entfliehen, ዳንድንው፡ sie flohen, M. 5, 14.

*Danadan* v. (A. ደነደነ፡ G. ደነነ፡) dick, verdickt, fett sein, እንተ፡ለበኪ፡ገነማ፡ደነደን፡ዋናዕ፡ ist euer Herz noch verdickt? M. 8, 17. ናለበኪ፡ደነደና፡ገን፡ ihr Herz war verdickt, M. 6, 52.

*Dāng* s. (ist wahrscheinlich auf G. ጥዕየ፡ zu beziehen und demnach wohl *dāñ* zu schreiben, nämlich *dāġ* und nasalirt *dāñ* vgl. B. §. 16; dem entsprechend schreibt auch Flad *dangny* greeting i. e. *dāñĭ*, obwohl an den übrigen Stellen *dāng* und in den Texten stets ዴንግ፡ und ዳንግ፡ doch einmal in den Gespr. ዳዕግ፡ erscheint, wobei jedoch zu bemerken ist, dass der Translator den Laut *ñ* nicht aufgefasst hat, vgl. §. 34) Heil, Gesundheit, Glück, Segen, Gruss, M. 3, 5; 5, 34; 16, 11 u. a. ዳዕግ፡ግርጊ፡ bringe den Tag glücklich zu! Gespr. 7. Davon ein abgeleitetes Nomen: ዳንግኔ፡ Heil, Seligkeit, Leben, Genes. 27, 46; 9, 43. 44; 10, 17. 30; 15, 18.

*Dengā* s. (Demb. *dingā*, Bil. *díngā*, Agaum. *seg*, Galla *ḍigā*, Somali *dig*) Ader, Blutader, Nerv, Sehne, Fl. Lef.

*Dengat* s. A. Augenblick; plötzlich, auf einmal, ድንገትሬ፡ድልውን፡ auf einmal kehrten sie sich um, M. 9, 8.

*Danχālā* s. (cf. A. ፊኢንገር፡) Stock, Stab, *danchola* staff, Fl.

*Denkūān* s. A. Zelt, Fl.

*Danaq* v. (A. ደነቀ፡) erstaunen, sich verwundern, ደነቀኙ፡ስንቢንው፡ sie waren erstaunt, M. 10, 32. Nom. ድንቅ፡ Wunder M. 12, 11.

*adanaq* A. caus. id., **አደነቅዉ፡** er erstaunte, M. 6, 6.
**አደነቅንዉ፡** sie erstaunten, M. 1, 21. 27; 5, 20; 10, 24.
**አደነቅነን፡ስንቢኑዉ፡** M. 6, 2; 7, 37. *adanak'ow* to marvel, Fl.
*danaq-s* pass. refl. in Erstaunen versetzt werden, erstaunen, **ይርኪ፡ደነቅስዶሽ፡** so dass jedermann erstaunte,
M. 2, 12. Nom. *danaqsiŭ* das Staunen, **ደነቅስከሪ፡ብዳሺ**
**ንዉ፡** sie vermehrten das Staunen (erstaunten noch mehr),
M. 10, 25. **አደነቅንዉ፡አጀዉ፡ደነቅስኣ፡** sie erstaunten ein
grossen Staunen, M. 5, 42. **ንይኔዝኊ፡ደነቅስኣ፡ሺ፡ስንቢዉ፡**
Furcht und Entsetzen hatte sie ergriffen, M. 16, 8. *dana-*
*kaksaw* mindful, *danakaksagaw* mindless, Fl.
   *adanaq-s* id., **ይርኪ፡አደነቅሳዕ፡ስንቢዉ፡** jedermann
war entzückt, M. 11, 18. *danaq-š* caus., Staunen erregen,
*danakshagaba* adj. remarkable Fl. = *danaq-š-ā gābā* Staunen
erregende Sache.

*Danazaz* v. (A. **ደነዘዘ፡**) beharren, **ናለስኪ፡ደነዘዝ፡ሚናና፡** wegen
ihres starrsinnigen Herzens, M. 3, 5. — *danasasau* tenacious;
*densāsê* obstinacy, Fl.

*Dāň* s. Heil, Glück, s. dang.

*Dåňŭ* I v. vorübergehen, s. *dåw*.

*Dåňŭ* II v. (Demb. *diňŭ*, Bil. Agaum. *duň*) vollenden, -bringen,
fertig machen, beendigen; den Garaus machen, **ሽኣ፡ደን**
**ጐማ፡አነበ፡** (Amh. Uebers. **ብረት፡ሰሪ፡ነዉ፡ሽማኔ፡**) ist er
ein Eisenverfertiger oder ein Weber? *shachadangwa* smith,
Fl. (*daňŭ-ā* relat., vor folgendem -*mā* verkürzt zu *a*.)
*deounggnow* to end, Fl. Nom. **ድዉ፡** (für *deňŭ*): **ድዉ፡ገና፡**
**አኸላ፡** das Ende ist noch nicht da, M. 13, 7. davon:
   *deňŭ-s, deû-s* denom. pass. beendet werden, **ጊዘ፡ድዉ**
**ስዉ፡** (Bil. **ዳበን፡ድኝ፡ስትኹ፡**) die Zeit ist vollendet worden,
M. 1, 15. **ግድ፡ሺተለማ፡ድኹስነን፡** hast du keine Macht,
indess wir zu Grunde gehen? M. 4, 38. **ዋሚና፡ድዉሲናዕ፡**
**ፍሰናዕሪ፡** warum seid ihr vernichtet und weinet? M. 5, 39.

*Daňā?* s. (A. **ዳኛ፡**) Schiedsrichter; *degna* arbiter, *dengnia* judg-
ment, Fl.

*Darā* plur. *dar* s. (Demb. *darā*, Agaum. *dar* Sache, *dar-mā*
was? cf. A. **ምንድር፡** was?) Ding, Sache, Ereigniss, Wirklichkeit, Wahrheit, **አረስ፡ደሪ፡ኹይገ፡ገርሺኣ፡ብድና፡አኸ**
**ንሽ፡** so dass sie wirklich (nicht einmal) das Brod nicht
essen konnten, M. 3, 20. **ደር፡ገሙርዉ፡** er hat die Wahr-

heit geredet, M. 7, 6. ደርጝ: in Wirklichkeit, wahrlich,
G. 27, 36; R. 1, 18; M. 4, 21 u. a. — der truth, ders, deres
truly, derse indeed, Fl.

Dārā s. (A. ጸር:, G. ድኍር:) Hintertheil; After, ጸረወረ:ፋኍ:
und es geht hinaus, M. 7, 19.

Derā alt sein, s. darāj.

-derī partik. (Demb. derī) und, auch, G. 27, 1. 3. 8. 42; Rut. 1, 5.
16 u. a., §. 165.

Derāj oder vielleicht nur derā v. (Bil., Demb. darag, Ti. ደረጝ:
fem. ደረግ: plur. ደረጋም: fem. ደረጋት: alt, bejahrt, vielleicht eine erstarrte Reflexivform von እረጝ:) alt sein, ድ
ረ.ስ:ሰ.ስ: ein altes Kleid, M. 2, 21. ሚዝ:ድረስ:ከርተ
መስ:ከለኍ: der Wein zerreisst den alten Schlauch, M. 2, 22.
— dera old, aged, Fl.

derā-t refl. alt werden, እን:ድረ.ስትዉ: ich bin alt ge-
worden, G. 27, 2 ይስሐቅረ:ድረእትኊ: und J. wurde alt,
G. 27, 1. ድረት:ዋንኍ: ich bin alt, R. 1, 12. አዚ:ቁ
ረ.ጭ:ድረታስ:ኸ፡ፀኍ: der neue Lappen zerreisst das alte
(Kleid), M.2, 21. ድረታስ:ከርተሚዝ: in einen alten Schlauch,
M. 2, 22.

Dirīm s. G. Drachme, M. 12, 42.

Dereñ v. (Bil. drīñ, Demb. deren, Agaum. dedeñ cf. G. ደጝ
ደጝ:, ደቀቀ:, ጠቀቀ:) kurz sein, dergna Fl., darínga B.
short.

dereñ-š caus. ab-, verkürzen, የደረ:ይጝ:ወረ.ፄ:ድርስ
ሽጝ: hätte Gott jene Zeit nicht gekürzt, M. 13, 20. ይጝ:
ወረት:ድርኸኍ: (Verschreibung für ድርኸሽኍ:) er kürzt
jene Zeit ab, ib. — derengsho to shorten, Fl.

Dirūā s. (Demb. dirhŭā, diruā pl. dirkŭ, Bil. dirūā plur.
dirū, Ch. jīrūā plur. jírkŭ, Agaum. dūrā, Somali dōrā,
Saho, 'Afar dorhō, Ti. ድርቨ: G. Ty. ደርቨ:, A. ደር:)
das Huhn, die Henne; der Hahn, M. 13, 36; 14, 30. diroa
hen, Fl.; dírua domestic fowl, B.

Deray vor Affixen derē s. (Ch. dray, Bil. derár, G. Ti. A.
ድረር:) Abendessen, Hauptmalzeit; Lebensunterhalt, ንሸ.
ድሬስክ.:ግለ፡ኍ: sie hat ihr Gesammtgut eingelegt, M. 11,
44. Bei Flad: deria supper.

Das y v. (Demb. id., A. ደስ:እለ:, Ch. dis y) sich freuen, ደስ:
ይንዉ: sie freuten sich, M. 14, 11. ደስ:ደፃ:ዋሰንን:ስን

ቢ.ንው፡ sie hörten gerne zu, M. 12, 36. — *daseyou* to re-
joice, *dasya* lusty, Fl.

*das yi-š* caus. erfreuen, *dasyeshu* please, Fl.

*Dez* v. (Demb. *dez*, Ch. *diz*, Bil. *did*, erstarrtes Reflexiv für
*dih-t*, vgl. B. §. 44, Anm. 1) zu Grunde-, untergehen, umkommen, vernichtet werden, ከርተሚሬ፡ድዘኩ፡ und der
Schlauch wird verdorben, M. 2, 22. ሚ ገሬ፡ድዛ፡ ጊዘዝ፡ als
der Wein ausging, Joh. 2, 3, ኊ ፆ ፄ ፡ ድዘ ገ አ ፡ sein Lohn gehe
nicht verloren! M. 9, 41. ለ ፄ ፡ ድ ዘ ጋ ፇ ፡ ins nicht verlöschende Feuer, M. 9, 43. 44. 46. 48. ድ ዘ ጋ ፡ ለ ፄ ፇ ፡ id.,
M. 9, 45. Nom. ፄ ዘ ን ፡ Untergang: ፗ ሚ ና ፡ እ ን ፡ ድ ዘ ን ፡ zu
was diese Vergeudung? M. 14, 4. — *desow* to perish, *desu*
vanish, *desaw* perishable.

*de-š* caus. (Bil. *dih-is*, Ch. *diz*) vernichten, -tilgen, -derben,
መ ል ፉ ስ ፡ ድ ሸ ኩ ፡ er wird die Wächter tödten, M. 12, 9. ድ ሸ
ድ ና ዝ ፡ M. 3, 6 und ድ ሸ ድ ና ፡ M. 11, 18 damit sie (ihn)
verderben könnten. Nom. *deš-iñā*: ድ ሸ ከ ዝ ሟ ፡ እ ን ቱ ው ፡
bist du zum Verderben gekommen? M. 1, 23. — *deshow* to
quench, Fl.

*Dāzā* s. (Bil. *dásā* und *dōsā*, Saho, 'Afar *dāsā*, Ti. ድ ስ ፡ G. ዳ ስ ፡
id., cf. 'Afar *dis*, Somali *dis* bauen, aedificare) Hütte, ዳ ዘ ፡
M. 9, 5.

*Dāsē* v. 2 (aus *dāsay* und dieses = *dāsah*, *dāsas* s. d.) berühren,
anfühlen, betasten, ዳ ሰ አ ው ፡ G. 27, 22 und ዳ ሰ አ ው ፡ M. 1,
41; 7, 33 er rührte an, *daseaw* to feel, Fl. ዳ ሰ ቲ ፡ sie berührte, M. 5, 27. ኊ ሰ ዕ ስ ፡ ዳ ሰ ን ፡ wenn ich sein Kleid berühre,
M. 5, 28. ዳ ሰ ፄ ፡ መ ተ ና ፡ M. 6, 56; 8, 22 und ዳ ሰ ፄ ገ ፡
M. 10, 13, dass er berühre. ፆ በ ሬ ፡ ዳ ሰ ፡ ሀ ለ ን ፡ ን ፄ ን ተ ኩ ፡
und ich fürchte mich, wenn mein Vater betastend es be-
merkt, G. 27, 12. አ ው ፡ ፄ ሰ ዕ ስ ፡ ዳ ሰ አ ው ፡ wer ist's der
mein Kleid berührt hat? M. 5, 30. 31.

*Dāsas* v. (Bil. *dahas*, Ti. ዳ ሕ ስ ፡, Ty. ዳ ሕ ስ ስ ፡, A. ዳ ሰ ሰ ፡ s. oben
*dāsē*) berühren, betasten, ሰ ና ፇ ፡ ቱ ቲ ፡ ዳ ሰ ሰ ፇ ፡ tritt hieher,
dass ich dich betaste! G. 27, 21. Nom. *dāsas-iñā*: ዳ ሰ ስ አ ኝ ፡
zur Berührung, M. 3, 10. *dāsasyna* touch, Fl.

*Dasêt* s. (G. A. ዳ ሰ ት ፡, Agaum. *dasiti*) Insel, Fl.

*Dāš* v. (vielleicht G. ዳ ጐ ዸ ፡ stechen?); davon Nom. ዳ ሸ ን ፡
Jagd, -beute, ዳ ሸ ን ቱ ፡ ለ ሸ ፡ bring' Jagdbeute! G. 27, 7. ዳ ሸ
ን ት ፡ ፪ ሸ ፄ ገ ፡ ሟ ና ፡ damit er Jagdbeute nehme, G. 27, 5.

አውኂ፡ዳሽን፡ይገ፡ዳሽንት፡ለሻዕ፡ wer war's, der die Jagdbeute, mir die Jagdbeute brachte? G. 27, 33. ቲሽሊ፡ይ
ቡሪ፡ዳሽንሊ፡ጉዋ፡ reiche mir mein Sohn, dass ich von
der Jagdbeute esse! G. 27, 25. ዳሽንሊ፡ወንተርዕ፡ er kehrte
von der Jagd zurück, G. 27, 30.

    *dāš-t* refl. jagen, sich auf die Jagd begeben, ዳሽቲ፡በፉ፡
ለሽ፡ gejagt habend bring' her! G. 27, 3. ዳሽቲኦ፡ይረውስ፡
ሪሽ፡ nimm das Geräthe womit du jagst, ib.

*Dâw* und *dâùŭ* v. (Bil. *dâkŭ, daụk*, Ch. *dikŭ*) vorüber-, vorbeigehen, ሰመይግኺ፡ብይገ፡ይወኩ፡ይቃልዛ፡ይወላ፡ Himmel
und Erde vergehen, mein Wort aber nicht, M. 13, 31. ዚዘ
ሪ፡ይውው፡ (Bil. ሐመት፡ደኩሸ፡) und die Zeit ist vorübergegangen, M. 6, 35. ይወንን፡ während er vorbeiging, M. 2,
14. እን፡ትውልድ፡ይወገኣ፡ dieses Geschlecht soll nicht
vorübergehen! M. 13, 30. ይውፉ፡መተና፡ dass sie vorüber-
gehe, M. 14, 35. ገሪዋ፡ይዋዕ፡ welcher des Weges vorbeikam,
M. 15, 21. ይም፡ die Vorübergehenden, M. 15, 29. ሰንበትሪ፡
ይዋ፡ዚዛ፡ (Bil. ሰንበርር፡ይኩ፡ይምቢ፡) als der Sabbat vorüberging (Zeit in welcher u. s. w.), M. 16, 1. ናይገ፡ኂትሪ፡
ይውይገ፡ጀረበዕ፡ስንቢው፡ er wollte für sich an ihnen
vorübergehen, M. 6, 48. — *dai-dowow* (er überschritt die
Grenze) transgress, *dognow* (= *dâù-û*) to pass, Fl.

    *daû-š* caus. vorbei-, vorüberführen, ይውሽ፡ይዋዕ፡ M. 3,
19 und ይውሽ፡ይዋዕ፡ M. 14, 42 welcher überantworten
(vorbeiführend welcher gibt). ይውሽ፡ይውሁ፡ er überantwortet, M. 13, 12. ትውስትና፡ዚዘሪ፡ይውሽ፡ዋነኩ፡
und die Zeit, in der sie geheiratet werden, habe ich vor-
übergebracht R. 1, 12. ይውሽን፡ይውንው፡ sie überlieferten
(ihn), M. 15, 1. ይውሽን፡ይወኮን፡ sie werden (euch) überliefern, 13, 9. ይውሽን፡ይውና፡ዚዘገ፡ wann sie (euch)
überliefern, M. 13, 11. እን፡ጸውቲ፡ይሊ፡ይውሽን፡ er führe
diesen Kelch an mir vorüber! M. 41, 36. — *doushyeou* to
betray, Fl.

*Deû* vollenden, s. *daùñ.*

*Duw* v. (Demb., Bil. *duw*, Ch., Agaum. *duụŭ*, Saho, 'Afar, Somali *dah*, Galla *du*, Bischari *dí*) sagen, ansagen, melden,
ጀብሽ፡ይውው፡ ich habe es vorausgesagt, M. 13, 23. ይር
ስኪሪ፡ይዋቲ፡ sie erzählte den ganzen Sachverhalt, M. 5, 33.
ኔጀ፡ስንቢውግሪ፡ይዋቲ፡ und sie meldete es seinen Jüngern,

M. 16, 10. ድው፡ንው፡ : sie meldeten, M. 5, 16; 6, 30; 16, 13. ድወሊ : ich sage es nicht, M. 11, 33. ድጧስ : er redete nicht, M. 4, 34. ድጵ : berichte! M. 5, 19; 13, 4. ድጵ : meldet! M. 16, 7. ድወን፤ : während er redete, G. 27, 5, 6. ድጧዕ : ስንበ.ው፡ : er verkündigte, M. 2, 2; 4, 33. ድወኣ : wie er gesagt hat, M. 16, 7. ድው-ኣ ፡ ዩመርው፡ : er begann zu verkünden (das Verkünden, *duwiñā*), M. 10, 32. ድወት፤ : እን፤ይ : nach der Rede *(duwât)*, M. 16, 19. — *dowau* herald, Fl.

*Daûšā* s. Frosch, vgl. s. v. *aχu*.

*Dāûšā* s. (Ch. *daûsā, dôsā*, A. ዳጐሰ :) Getreidesorte, Eleusine tocusso, ዳዐሽ : Gspr. 65; ታኡሰ : 6, 33.

*Dāyā* plur. *dāy* und *dā* s. (A. ዳጋ :, s. *dāy*) Hochland, erhöhtes Terrain, በር ፡ ዳይጵ : an das Seegestade, M. 2, 13. በር : ዳይ፤ : am Seegestade, M. 4, 1. ቢዳ፤ : auf dem Festlande, M. 4, 1. ቢዳኡሊ.ሊ.፡ሰመይ፡ዳይ፡ኣኣ፤ሽ. : von der Grenze der Erde bis zur Grenze des Himmels, M. 13, 27.

## F.

*Fe* v. 2 (Bil., Ch., Demb. Agaun. *fi*) gehen, fortgehen, ፋኮ፡ : er geht hinaus, M. 7, 19. 21. 23. ፋ.ቲ : sie geht aus, M. 4, 31. ፍኘኮ : wir gehen, R. 1, 10. ፈው፡ : G. 27, 30; M. 1, 28. 35; 4, 3; 8, 27 und ፈዐው፡ : Rut. 1, 1 er ging. ፈቲ : sie ging, R. 1, 7. ፍኘው፡ : sie gingen, M. 1, 29; 3, 21; 5, 14; 9, 30; 16, 8. ፍፍ : damit du gehest, fortgehest, M. 9. 25. ፍይ : damit er ausziehe, M. 9, 28. ፈ : geh! G. 27, 3; M. 1, 26; 5, 8, plur. ፈይ : R. 1, 12. ፋ፤፤ : während er herausging, M. 1, 10. ፍትጵ ፡ ኣሽ፤ሽ : bis ihr fortgeht, M. 6, 10. ፍጵ : sie gehend (3. pers. plur. partic.), M. 6, 33. ፈ ፡ ቤው፡ : er war im Gehen begriffen, M. 4, 1, 7. ፍ፤ ፡ ቤጵ : als sie auszogen, M. 5, 13. ፋዐ : wer hinausgeht, M. 7, 15. 20. ፋው፡ : welche hinausgingen, M. 1, 14. ፋ.፡ዚዘ፤ : M. 5, 18 und ፋዐ፡ዚዛ : M. 6, 34 zur Zeit, in der er ausging.

*fe-z* v. 1 caus. (Bil. *fi-d*, Ch. *fi-s*) aus-, forttreiben, hinausführen; ablegen (Kleid), ፍዘኮ : er treibt aus, M. 3, 22. ፍ፤ው፡ : er führte hinaus, M. 1, 12; er trieb aus, M. 1, 34. 39; 5, 40; 8, 23; zog aus (Kleid), M. 10, 50. ፍ፤ቲ : sie zog aus (das Kleid), G. 27, 16. ፍ፤፤ው : sie vertrieben,

M. 6, 13; 12, 8; führten hinaus, M. 15, 20. ፍ፡ገዪ፡ መተና፡ damit er austreibe, M. 3, 22; 7, 26. ፍ፡ገፍ፡ መተና፡ damit wir vertreiben, M. 9, 28. ፍ፡ገዪፍ፡ damit sie vertreiben, M. 9, 18. ፍ፡ዘ፡ welcher vertrieben hat, M. 16, 9. ፍ፡ገዪ፡ (feziu) Vertreibung, M. 3, 15.

f-ē v. 2 reflex. (Ch. fi-t, Bil. fa-r) fort-, weggehen, was fē: zu bemerken, dass statt des fünften Vocals oft der erste (also a für ē) geschrieben wird, ፈኸ፡ ich gehe, R. 1, 16. ፈኹ፡ er geht, M. 4, 25. ፈነኹ፡ wir gehen, R. 1, 10. ፈንላ፡ sie gehen nicht, M. 7, 5. ፈአዐ፡ G. 27, 4 und ፈአመ፡ M. 1, 35. 42; 3, 7; 5, 20. 24; 6, 46; 9, 24 u. a. er ging hin. ኽፈአመ፡ genommen habend ging er = er nahm weg, M. 14, 33. ፈዐ፡ M. 5, 42 und ፈዐ፡ M. 6, 24. 25; 16, 10 sie ging fort. ፈነዐ፡ R. 1, 7; M. 6, 32 und ፈነመ፡ M. 1, 20; 9, 15; 11, 4 sie gingen. ኽን፡ፈነመ፡ sie schleppten fort, M. 15, 16. ፈቀ፡ damit ich gehe, R. 1, 16. ፈዪ፡ dass er gehe, M. 5, 17. ፈቅ፡ damit wir gehen, M. 14, 12. 42. ፈቅም፡ sollen wir gehen? M. 6, 37. ፈዴፍ፡ damit sie gehen, M. 6, 36. ፈ፡ geh! G. 27, 13. 43; M. 5, 19 plur. ፈአ፡ M. 11, 2; 16, 7. ፈንን፡ während er ging, M. 1, 16; 2, 23. ፈነን፡ M. 2, 23; 6, 33 oder richtiger ፈነአንን፡ M. 8, 24 als sie gingen. ፈበመ፡ er war im Gehen begriffen, G. 27, 13; M. 6, 27. ፈታመኸ፡፡ፈኹ፡ wo immer du hingehst, dahin gehe ich, R. 1, 16. ኽፈ፡፡ፈአ፡፡ጊዘ፡ als die Sonne aufging, M. 16, 2. ፆምኚፍ፡ዪዴ፡ፈተፍ፡ warum zieht ihr mit mir? R. 1, 11. Nom. ፈአ፡ (fē-uā) M. 12, 38, ፈዪ፡ (fē-u), M. 9, 43. — feow to mount, feaw to trott, feauo to start, feau to walk, quara feti the sun rises, fengna ascension, Fl.

fa-š v. 1 Causativ von fē (wie Bil. fa-s Caus. zu fa-r = Quar. fē; fa-s für fa-r-s) ergreifen, wegnehmen, ፈሽኸ፡ M. 10, 30 auch unrichtig geschrieben: ፈሽኹ፡ M. 4, 15 er nimmt weg. ፈሽኹን፡ (i. e. fašukun) sie nehmen, M. 12, 40. ፈሽዐ፡ G. 27, 36 und ፈሽመ፡ 27, 35 auch ፈሽመ፡ (fašiū) M. 5, 40; 6, 41; 8, 6; 9, 2; 10, 32 u. a. er nahm weg. ፈሽነመ፡ (fašinū) ihr nahmt, M. 8, 19. ፈሽነመ፡ M. 4, 36; 8, 20 und ፈሽነመ፡ 15, 1 sie nahmen fort (fašinū). ፈሽዪ፡መተፍ፡ dass er nähme (fašido), M. 12, 2. 19; 13, 15. 16, ፈሽዪገ፡ id. G. 27, 5. ፈሽፍ፡ dass du nähmest (faši-to), M. 6, 18. ፈሽ፡ nimm! Genes. 27, 3. ፈሽ፡ fasset

an! M. 14, 44. **ፈሸ**: er nehmend, M. 6, 17. **ፈሸፍ**: (fa-
šĭnŏ) sie genommen habend (plur.), M. 12, 8. **ፈሸሳ:ጊዘ**:
zur Zeit, in der sie weggenommen haben (fašĭnā), M. 13,
11. **ፈሸ:ቤው**: (fašĭ-beú) er nahm weg, M. 9, 36. Nom.
**ፈሸኢ**: (fašĭnā) Wegnahme, M. 8, 11. **ፈሸት**: id., **ፈሸትዘ**:
**እንጊያ**: nach der Wegnahme, G. 27, 36. — feshow to
take, Fl.

Fĭdal s. G. A. Buchstabe, Schrift, Fl.

Fāfāq v. (A. **ፉቀ**:, **ፉፉቀ**:) gerben, glätten, **ፉፉቀንታ**: Gerber,
Gespr., fefaqow to polish, Fl.

Fĭfrā s. (Relativf., A. **ፈረፈረ**:, G. **ፈልፈለ**:, Ch. filfil) die Quelle,
**ፉፉረ**: M. 5, 29. fĭfra fountain, source, Fl.

Fājā s. (Bil. fằjịjá, G. **ፉሲh**:) Osterfest, M. 14, 4; Joh. 2, 13.
fatsha easter, Fl.

Fĭhŭ und fĭú v. (Ch. fàú und fĭg y, Bil. fĭụg̣, Agaum. fūχ, fụg̣ŭ
id., Galla bogo-ḍa ausruhen, -schnaufen, fugā Blasrohr, G.
**በኮ ጐ**:, חֵיפ, نَفَخ) blasen, sich ausruhen, -schnaufen, **ይተው**:
**ፈፊ**: ruhet ein wenig aus! M. 6, 31. Nom. **ፈወን**: Ruhe,
R. 1, 9.

Fĭk y v. sich bücken, s. pakŭ y.

Fal v. (Bil. fal, Saho fĭl, Galla fĭla mit dem Kelal die Haar-
locken sondern, in gute Ordnung bringen; cf. G. **ፈለየ**:,
فلى scheiden, فلى perscrutatus fuit caput pediculos eximendi
causa, vgl. 𓄿 🖉 𓏛 wery, Demot. wal, Kopt. ⲟⲩⲗⲁⲓ das
in Lockenform gebrachte Haar) kämmen die Haare mit
dem Kelal, falanā (Bil. id., Saho, Galla fĭlā) der Kelal,
wörtlich: womit sie sich kämmen.

Fanā der Weg, way, trace, Fl., nicht auf G. A. **ፉሳ**: von **ፈነወ**:
zu beziehen, sondern zu fē gehörig = (Ort) wo sie gehen,
Relat. II.

Fĭngiyā s. (Demb. id., Relativform aus fĭng + y = Cham. fĭg
yā Wind, s. oben s. v. fĭhŭ) Wind, Sturm, **ፉንጊያ**: M. 4,
37. Vor Affixen: **ፉንዝ**: i. e. fĭngiya-, **ፉዝንስ**: den Wind,
M. 4, 39. **በኟ:ፉንዝስ**: von den vier Winden, M. 13, 27.
**ፉንዝረ**: und der Wind, M. 4, 39. 41; 6, 51. — fingea wind,
fingêa whirlwind, fingê storm, Fl.

Fanšā s. (Bil. fánžā) der Schaum; Geifer, M. 9, 20.

Fanšar v. (A. **ፈነበረ**:) springen, hüpfen, auseinanderlaufen, Fl.

*Fanšáwä* s. die Peitsche, Geisel, whip, Fl.

*Fanōt* s. (G. ፍኖት፥) der Weg, trace, way, Fl.

*Fantē* v. 2 (Bil. *fantay*, nach §. 23 auf *fantat, fatfat* Radix *fat* zurückzuführen, vgl. □ ×  ̱ ̱ *pet*, □ × ̱ ̱ *ped* ausspannen, -breiten, -strecken, □□ × ̱ ̱ *petpet* zerstreuen, brechen, פתה, G. ፈትፈተ፥ id., cf. Ti. ፈንተየ፥ und ፈንጀ፥ id., analog das Verhältniss zwischen פתה und פתם) trennen, absondern, auseinanderbringen, erweitern, ausstrecken, ይፈንሰ፡ፈንተ፥ ቢሎ፥ und er streckte seine Hand aus, M. 1, 41. ኢፈንስ፥ ፈንተ ።ፈንተ፥አሞ፥ ፥ strecke deine Hand aus! und er streckte sie aus, M. 3, 5. — *fantiaw* to extend, *ni nanes fantiaw* (= *nī nān-es* f.) stretch out the hand, Fl.

*Finterā* plur. *finter* s. (Demb. id., Bil. *finṭirā*, Ch. *fiçerä* Ziege, vgl. oben *fanšar*) die Ziege, G. 27, 9. 16. *fintera*, Fl. *fántira* B.

*Fiñā* oder *fiñä* s. (A. ፍኝ፥) Blase, Blatter, *fingna* bladder, Fl.

*Ferā, frā* s. (Ch., Demb., Bil. id., Ti., G. ፍሬ፥) Frucht, M. 4, 7. 8. 19. 20 u. a. *fera, ferē* fruit, *frē adara* fertile, *fera biso* fruitless, Fl. (= *ferā bi-s-ō* der Frucht beraubt).

*Fir* v. (vgl. *farafar*) bleiben, *firow* to rest, *firogna* (i. e. *firañā*) the rest, *firogna sebra* resting place, Fl.

*Farē* v. 2 (G. ፈረደ፥) richten, ፈረዱሞ፥ sie richteten, M. 14, 64. Nom. *farē* Urtheil, Gericht, በለሳድ፡ፈረ፥ ein mildes Gericht, M. 12, 40. ፈረ፡ስብራቅ፥ zum Richtsaal, M. 15, 16. እየ፡ፈረደ፡ፈረኩን፥ und sie sprechen das Urtheil, M. 10, 34. *ferea* judge (= *farēā* relat. welcher richtet), Fl.

*farē-s* pass. gerichtet werden, ፈረስኩ፥ er wird verurtheilt werden, M. 16, 16.

*Farafar* v. (G. ፍርፋር፥ fragmentum panis) übrig lassen, Reste, Stücke liegen lassen, ፈፈርኝስ.፡ንክን፥ sie essen von dem, was sie (die Leute) übrig gelassen haben (von den Resten), M. 7, 28.

*Faras* v. (Bil. id. Ch. *fireš*, G. ፈረስ፥) zerfallen, verfallen (Gebäude), zerstört werden, ፈረስኩ፥ er verfällt (der Tempel), M. 13. 2. Nom. ፈረስሊ.፥ (*farasiñ*), M. 13, 14.

*afaras* semit. causat. zerstören, አፈረስኩ፥ ich reisse nieder, M. 14, 58. አፈፈረስ፥ reisst nieder! Joh. 2, 19. አፈ ረስ፥ welcher zerstört, M. 15, 19.

*Fursā* s. (Demb. *farzā*, Ch. *fírzá*, Bil. *fardá*, Ti. G. ፈፈስ ፥) Pferd, *farsi adarā* Reiter, Fl.

*Fart* v. (cf. פרט, פרן, פרש) graben, dig, *fartantā* Gräber, digger, Fl.

*Fōz* v. (Bil. *fad*, Ch. *fíz*) säen, ፍዘዪ ፥ መተና ፥ damit er säe, M. 4, 3. ፍዘንን ፥ während er säete, ib. ፍዘሰ ፥ welcher säet, M. 4, 14. Nom. ag. ፍዘንታ ፥ Säemann, M. 4, 3. 14. ፈዘን ፥ Samen, M. 4, 26. 27; semen viri, M. 12, 19. 21. 22. Nachkommenschaft, Geschlecht, Stamm, Volk, G. 27, 29; R. 1, 10. — *fosow* to sow, *yerfasana* mankind, *fazanā* generation, *fasana* seed, Fl.

*fōz-es* pass. gesäet werden, ፍዝሰሰ ፥ ቃልስ ፥ ፈሺኩ ፥ er nimmt weg das gesäete Wort, M. 4, 15. ፍዝሰ ፥ die welche gesäet worden sind, M. 4, 16.

*fōz-t* refl. mit pass. Bedeutung, ቃል ፥ ፍዝታው ፥ das gesäete Wort, M. 4, 15. ፍዝፉ ፥ die welche gesäet worden sind, M. 4, 20 = ፍዝቴው ፥ M. 4, 18. ፍዝቴ ፥ ጊዘዘ ፥ zur Zeit in welcher (das Körnchen) gesäet worden, M. 4, 31. 32.

*Faš* ergreifen, s. *fe, fa-š*.

*Fatan* v. (Bil. id., G. A. ፈተን ፥) prüfen, probiren, ፈተነነእንን ፥ während sie auf die Probe stellten, M. 8, 11. ፈተንድግዝ ፥ damit sie (ihn) versuchten, M. 10, 2. ጥ°ዜና ፥ ፈተዜሰ ፥ warum versucht ihr (mich)? M. 12, 15.

*fatan-š* caus., ፈተንሽ ፥ lass (dich) untersuchen! M. 1, 44.

*fatan-s* pass. ሰይጣንሊ ፥ ፈተንሰንን ፥ während er vom Satan versucht wurde, M. 1, 13. ፈተንሰሰ ፥ ጎዋእ ፥ dessen Preis bewährt ist, M. 14, 3.

*Fatar* v. G. A. schaffen, creare, *fatarā* (relat.) Schöpfer, Fl. ፈጠፈሰ ፥ M. 13, 19. Nom. ፍጥፈት ፥ Schöpfung, Geschöpf, M. 10, 6; 13, 19; 16, 15.

*Few, fuw* v. (Demb. *fû*, Galla *bāwa*) weinen, ፍውው ፥ M. 7, 34; 14, 72 und ፍኦኦ ፥ G. 27, 38 er weinte. ፍውንው ፥ sie weinten, R. 1, 9. ፍውንን ፥ indem sie weinten, M. 5, 38; 16, 10. ፍው ፥ ሰበ ፥ indem er weinte, M. 9, 24. Nom. ፍውን ፥ G. 27, 41; R. 1, 13. — *fewo* to weep, Fl.

*Fīwān* die Ruhe, s. *fīhū*.

*Fawas* v. A. heilen, gesund machen, ፈውሰው ፥ er heilte, M. 6, 5. ፈውሴእ ፥ ዳንፉ ፥ °ዜና ፥ dass sie gesund werde, M. 5, 23.

# G.

-*g*- Negativpartikel am Verb in den Modis (Demb., Bil. -*g*, Ch. -*y*, -*ī*, Bisch. *ka*-), vgl. §. 71. 74. 77. 80. 84. 86. 91. 102, Note 2.

*Ge, gi* v. (Bil. *gi*) reifen, reif werden; gar werden, eine Speise durch Kochen, M. 4, 29. — *gara* adj. ripe, Fl. (= *gar-ā* relat., wonach Rad. *gar*, cf. A. ቀቀለ፡ aus ቀለቀለ፡ Radix ቀለ፡). — *geyau* (= ge-*g*-*āû*, Bil. *ge-g-āuχ*, relat.) unreif, unripe, Fl.

    *gi-š* caus. (Bil. *gī-s*) rösten, braten, *gishow* to roast, Fl.

*Gē* oder vielleicht *giē, giya* Partikel (Bil. *gerá, grā*, cf. A. ቀር፡, በቀር፡) doch, nur, sondern, ሳ'ኩ፡ሜአ፡ ጊ፡ sondern nur ein Fleisch, M. 10, 8. አን፡ይከለአ፡አሳ፡እንት፡ይከሌአ፡ጊ፡ nicht wie ich, sondern nur wie du willst, M. 14, 36.

*Gī* s. (Demb. *gī*, Bil. *gīχ*, Ch. *ji*) das Horn, *gī adarā* gehört (Besitzer eines Hornes), Fl.

*Gŭā* und *kŭā* s. (Bil. *gŭauχ*, cf. G. ቀሐወ፡, חכ) Macht, Stärke, nur adv. sehr, ጎፅ፡አይነቀነው፡ sie erstaunten sehr, M. 1, 21; vgl. 7, 36; 10, 24; 11, 18; 13, 1.

*Gŭe, gŭi* v. (Demb. Bil., Ch., Agaum. *gŭi*, Galla *kaa*, cf. זאנ, غیـ, ⌂𓅀𓏤𓀠 *qa*, ⌂𓅀𓏤𓏤𓀠 *qay*, sich erheben, hoch sein, σω altitudo) sich erheben, aufstehen, ጎኩ፡ er steht auf, M. 4, 26; 9, 31; 13, 8. ጎኩን፡ sie stehen auf, M. 13, 12, 22. ጒው፡ er stand auf, M. 1, 35; 2, 11; 16, 6 und noch ጒኩ፡ M. 4, 39. ጒፈ፡ sie stand auf, R. 1, 6; M. 5, 42. ጒነወ፡ sie standen auf, M. 14, 57. Impr. ጒ፡ M. 2, 9; 5, 41; plur. ጎአ፡ M. 14, 42. ጒፍ፡ damit er aufstehe, M. 8, 31; 9, 9. ጎ፡ዚዘ፡ als er auferstanden war, M. 16, 9. 14. ጒሩ፡ዚዘገ፡ wenn ihr aufsteht, M. 11, 25. ጒሩ፡ዚዘ፡ wenn sie auferstehen; M. 12, 23. 25. ከይለ፡ጒአ፡አንሳ፡ es gibt kein Erstehen vom Tode, M. 12, 18. ጎትዘ፡እንጊፈ፡ nach der Auferstehung, M. 14, 28. — *quiow* to rise, *kegneli quiow* to rise from the dead, Fl.

    *gŭ-z* caus. (Bil. *gŭ-d*, Demb. *gŭ-z*, Ch. *gŭi-s*) aufhelfen, -richten, -stellen, ጒዘኩ፡ ich werde aufstellen, M. 14, 58. ጒዘነወ፡ sie hoben auf, M. 6, 43; 8, 7. ጒዚ፡ heb' auf!

M. 2, 11. — *gusow* to raise, *gusogno* to lift, Fl. *gŭ-š* = *gŭ-z*,
ጉሽ፡ም፡ er richtete auf, M. 1, 31; 9, 27.

*Gab* v. (Bil. *gab*, Ch. *gigeb*) verweigern, abschlagen, verwehren,
-hindern. ገብነኹ፡ wir hinderten, M. 9, 38. ገብትና፡ hindert nicht! M. 10, 14. ሼረ፡ዕ፡አላ፡ኍርላ፡አረስ፡ገብሞ፡ግዝ
ዕክንገ፡ይም፡አ፡ es ist nicht schön, dass sie das Brod den
Kindern vorenthaltend den Hunden geben, M. 7, 27. ገብ
ናስ፡ይካላ፡ er wollte nicht verweigern, M. 6, 26. — *gabā*
(Abweisung) infamy, Fl.

*Gabā* plur. *gab* s. (Bil., Demb. *gabá*, Ch. *gebä*, *gbā*, *gŭā*, A. ጊ፡,
ጊ፡, G. ገበ፡) die Seite, M. 1, 16. 28; 3, 8; 4, 1; 5, 11. *gab-s*
den. v. pass. sich an die Seite jemandens begeben, ምል
ስን፡ገብስንም፡ sie liefen hinzu, begaben sich eilends an
(seine) Seite, M. 6, 23. ገብሲ፡ nach' Platz, weiche, Gespr.

*Gābā* plur. *gāb* s. (Demb., Bil. *gāb*, Ch. *gab*, Saho, 'Afar *yāb*
sprechen) Wort, Rede, Sprache; Sache, Angelegenheit,
G. 27, 12; M. 1, 27; 2, 2 u. a.

*Gŭb* v. (Bil. *gŭb*) schärfen, wetzen, nur in: *gubanach* whetstone,
Fl., zu erwarten: *gŭbanā* womit sie wetzen, doch vielleicht hier noch zufällig die ältere Form erhalten = Bil.
*gŭbanāụχ*.

*Gŭēb* v. (Bil. *gŭawáb*, Ch. *gŭrábā*, Bisch. *krūm* der Morgen)
am frühen Morgen thun, ጊብንን፡ wie es Morgen ward,
M. 15, 1. አዬም፡ጊብሞ፡እንትንም፡ am frühen Morgen
kamen sie, M. 16, 2. ጊበ፡ቤም፡ን፡ገዘ፡ als er früh morgen
sich erhob, M. 16, 9. Nom. ጊብ፡ Morgen, M. 13, 36.

*Gebē* s. (Bil. *gebár* pl. *gefát*, Ch. *gibír*, A. ገበታ፡) hölzerne
Schüssel, M. 7, 4.

*Gábān*, ጉብን፡ = A. ነብን፡ die Schwägerin, R. 1, 15.

*Gabar* s. (G. ገብር፡ servus) Volk, ገብርዝክ፡ für alle Völker,
M. 11, 17; ገብርትዝክ፡ M. 13, 10 id., ገብርት፡አደርት፡
die Fürsten der Völker, M. 10, 42. — *gebera* peasant, Fl.

*Geber* s. G. A. Zoll, Abgabe, Tribut, Fl. *nigbor sanaiyo* (= *nī
geber sanā yuw* er gab nach Massgabe seiner Verbindlichkeit)
to retaliate, Fl.

*Gebar* v. eben, flach sein; nachweisbar nur Caus. *gebar-š* ebnen,
ግበርሽ፡ ebnet (die Wege)! M. 1, 3. Dann refl. *gebar-t*
geebnet sein, *gebarta* the flat (= *gebar-t-ā* was geebnet ist)
und *gebartega* uneven, Fl.

*Gebār* s. (Ch. *gebár*, vgl. §. 24, Note 1 und Chamirspr. §. 45) die Hälfte, M. 6, 23; 12, 5. *gerowi gebar* halfway, *chera gebar* midnight, Fl.

*Gebrā* s. (A. ገብስ ፡, vgl. §. 24, Note 1 und Chamirspr. §. 45) die Gerste, B.

*Gibrā* s. (Bil. *girbá*, Ch. *jirbá*, A. ጀርባ ፡) der Rücken, back, Fl.

*Gabaz* I v. (Ch. *ames*, Bil. *amaç*, G. ዐመፀ ፡) rauben, gewaltthätig sein, Nom. ag. ገበዘንቷ ፡ Verbrecher, M. 15, 26. *gebasow* to ravish, *gebasanta* robber, Fl.

*Gabaz* II v. (Bil. *gabad*, A. ገበዘ ፡) heucheln, ጕበዘን ፡ die Heuchler, M. 7, 6. ጕበዝኔ ፡ Heuchelei, M. 12, 15.

*Gubbat* s. (A. ጉበት ፡, ጉበድ ፡, vgl. auch s. v. *hebšā*) Leber, *gubbet* Lef.

*Ged* Kraft, s. *gedd.*

*Gŭad, gād* v. (A. ጐዳ ፡, G. ጐድአ ፡, Bil. *gŭat* = Ti. ጐጥዐ ፡, G. ቀጸዐ ፡) schaden, schädigen, ኩእ ፡ ጋበሬ ፡ ጀኽኝን ፡ ጐዴላ ፡ und eine tödtliche Sache, wenn sie trinken, wird (ihnen) nicht schaden, M. 16, 18. — *guodo* injury, *quodau* harmful, Fl.

*Gedd*, vielleicht nur *ged* gesprochen, s. (G. A. ግድ ፡) Kraft, Gewalt, Zwang, ገዲ ፡ ሺተለማ ፡ hast du keine Macht? *(geddī)*, M. 4, 38. *gedd y* zwingen, ግድ ፡ ዪው ፡ er zwang, M. 6, 45. ግድ ፡ ዪቷ ፡ zwinge nicht! R. 1, 16. — *gedes* violence (= ግ ድገዝ ፡ mit Gewalt), *gedes woterow* to wrench, *ged you* to force, Fl.

*Gudat* die Zange, tongs Fl. (G. A. ጕጠት ፡).

*Gafē* v. 2 (cf. G. ገፍዐ ፡) berauben, ሠሬፅ ፡ ሐርስ ፡ ገፌንው ፡ das rothe Seidenkleid rissen sie (ihm) herab, M. 15, 20.

*Gegā* s. (Bil. *gáqā* und *geqá*, Saho *góngā*, Ti. ጎቅ ፡, im Samhar ጎጜ ፡) Loch, Grube. Davon *geg-z* denom. v. (Bil. *geq-d, gez-d*) aufgraben ein Loch, ausgraben, ግግገዘው ፡ er grub aus, M. 12, 1.

*Gejā* s. (Bil. *gáqā*) leicht zerbröckelnder Stein, der leicht zerfällt; Staub, ግኽስ ፡ den Staub, M. 6, 11.

*Gagas* v. (cf. G. ጐሻጉሰ ፡, جشى) rauh, holprig, ungangbar sein, ገገሳስ ፡ ግበርሽ ፡ was rauh ist, ebnet! M. 1, 3.

*Gagaz* v. (Bil. *gasas*, Ch. *gis, jis*, G. ገሰሰ ፡) fegen, abwischen den Staub, ገርወስ ፡ ገገዘ ፡ feget den Weg! M. 1, 3. ገገዘፅ ፡ welcher fegt, M. 1, 1. *gigasow* to swerp, Fl.

*Gugut* s. (Ch. *gŭgŭyá*, A. ጕጕት፡) die Eule, Fl.

*Gŭaǵ* und *gŭay* rad. inus. (Demb. *gŭag-in*, Bil. *gŭ'ī* Furcht, cf. G. ጕየ፡ fugere, كاء, كأكأ, جأجأ timidus fuit), Nom. ጓኢኜ፡ Furcht, M. 16, 8 — *quaregnê* (i. e. *gŭaǵeñē*) the fear, *yederas quoenta* (= *yadaras gŭaǵintā* welcher Gott fürchtet) piety, Fl. Davon:

*gŭāǵ-in-t* denom. v. refl. (Demb. *gŭagint*, Bil. *gŭ'ī-t*) sich fürchten, ጓይንተኹ፡ ich besorge, G. 27, 12. ጓይንትነኹ፡ wir fürchten, M. 11, 32. ጓይንትቲ፡ sie fürchtete sich, M. 5, 33. ጓይንትንው፡ M. 9, 32; 12, 12 und ጓኢንትንው፡ M. 5, 15 sie fürchteten sich. ጓይንትታ፡ fürchte nicht! M. 5, 36. ጓይንትና፡ (*gŭāǵint-tenā*) fürchtet euch nicht! M. 6, 50. ጓይንትን፡ግርግንው፡ M. 11, 18 und ጓኢንትን፡ስንቢንው፡ M. 16, 8 sie waren in Furcht. ጓይንታሰ፡ስንቢው፡ er fürchtete, M. 6, 20. ቂማና፡ጓይንቴናሰ፡ warum fürchtet ihr euch? M. 4, 20. Nom. ጓይንትአ፡ *gŭāǵintiñā* das Fürchten, አጅው፡ጓይንትአሪ፡ጓይንተኩን፡ und sie fürchteten sich sehr (ein grosses Fürchten), M. 4, 41. — *guaintow* to fear, Fl.

*gŭayi-š* caus. aus *gŭay* (Bil. *gŭ'ī-s*) in Furcht setzen, *guaeshu* to terrify, Fl.

*Gacaû* relat. (Bil. *gažáu̯χ*) alt, bejahrt, Beke; s. *gaš*.

*Gŭhē* v. 2 verrückt, närrisch sein; wüthen, rasen, relat. *gŭhēā* (vor Suffixen *gŭhê*) Narr, ጕኼስ፡ den Narren, M. 5, 15; Accus. pl. ጕሔውስ፡ M. 1, 32. — *gochegna* rage, *guchuga* mad, madness, Fl.

*Gaχas* v. schluchzen, *gachasna* to sob Fl.

*Gahaš* v. schwer, wuchtig sein, ናይልተንሪ፡ጋኸሺን፡ስንቢንው፡ und ihre Augen wurden schwer, M. 14, 40. — *gahesha* immovably, *gahashgna* heaviness, *gahashega* (*gāhaše-gā* nicht schwer seiend) rasy, Fl. *gaχašag* schwer, H.

*Gålē* v. 2 (Demb. id., Bil. *gallaṭ*) trennen, beiseite-, wegnehmen, ኀሌው፡ er nahm beiseite, M. 7, 33. የጺሬ፡ገጠማስ፡ይር፡ ኀሌጊንአ፡ was Gott zusammengefügt, trenne der Mensch nicht! M. 10, 9. — *goleau* to separate, *golegna* separation Fl.

*gålē-s* pass. refl. ሰይጣን፡ኒአቼስ፡እንታርሰን፡ኀሌሰንሪ፡ wenn ein Satan gegen sich selbst sich auflehnt und uneins wird, M. 3, 26. ይርለሪ፡ኀሌሶ፡ንዕዋ፡ትዋ፡ጊዛ፡ als er sich

von den Leuten getrennt hatte und ins Haus gegangen
war, M. 7, 17. **ጒሌሳC:** der ich getrennt werde, R. 1, 17.
— *golesa* (relat.) single, various, *golesgna* differenze Fl.

*Galab* rad. inus., G. **ቀብለ:** evacuari.

    *galab-iz* caus. (Bil. *galabad* auf Ty. A. **ገለበጠ:** zu be-
zichen, cf. **ቀለብ:, ገንጸለ:**) umstürzen, -wenden: den obern
Theil eines Gefässes zu unterst kehren, ausgiessen, **ኔኣ:**
**ሰደክስሪ:ገለበዞኩ:** und ihre Tische warf er um, Joh. 2,
15; cf. M. 11, 15. **አው:ክርክስ:አርጌ:መያላ:ገለበዘ6:**
wer ist's der wegwälzen wird den Stein von des Grabes
Eingang? M. 16, 3. **መውዩስሪ:ገለበዘ:ስንበጡ:** und (der
Wind) rührte die Wellen auf, M. 4, 37. **ገለበዘጡ:** sie goss
aus, M. 14, 3.

    *galab-is* pass. **ክርኣ:ገለበሰ:** der Stein weggewälzt
seiend, M. 16, 4. **ሚገ:አዘ:ክርተሚገ:ገለበሰኩ:** der
Wein wird in einen neuen Schlauch gefüllt, M. 2, 22.

*Gulaf* v. (A. **ቄለሪ:**) zuschliessen.

    *gulaf-s* pass., *gulafsau* lock Fl. (= was verschlossen ist).

*Galaṭ* v. (Bil. *gallaṭ* A. **ገለጠ:**, Ty. **ገለጸ:**) aufdecken.

    *galaṭ-s* pass. refl. **ገለጥስው:** er erschien, offenbarte sich,
M. 16, 12. **ኩ-ዋ:ገለጥሲ:ትው-ኣ:ብደሽ:** so dass er nicht
öffentlich in die Stadt gehen konnte, M. 1, 45.

*Gam* v. (Demb., Bil. *gam*, Ch. *gim*) herab-, niedersteigen, hinab-
zichen, **ቀፍርናሀምዋ:ገምኣ:** er zog hinab nach K., Joh. 2,
12. **ገሚ:** steig' herab! M. 15, 32. **ገምጊንኣ:** er steige
nicht herab! M. 13, 15. **ገመነን:** während sie herabstiegen,
M. 9, 9. **ኧልው-:መንሪስ:ቅዱስ:ገመንጎሽ:** er sah den
heiligen Geist herabschweben, M. 1, 10. — *gameo* to des-
cend, *gamofeow* (i. e. **ገዋ:ሪኣው-:**) to sink, Fl.

    *gam-s* caus. (Bil. *gam-d*, Demb. *gam-s*, Ch. *gim-s*) herab-
lassen, **ገምስንው-:** sie liessen herab, M. 2, 4. **ገምሰሪ:በፍ:**
**ቲዘ:ትበልው-:** er nahm ihn ab und wickelte ihn in ein
Tuch, M. 15, 46. **ቤኣ:ኻልኚ:ኢልያስ:እንቶ:ገምሳእ6:ኣ**
**ሀን:** lasst uns sehen, ob Elias kommt und ihn herabholt,
M. 15, 16. Anmerkung: während im Quaresa das Causativ
stets mittelst -*š* oder *z* (**ገ:** Bil. -*d*) gebildet wird, erscheint
dasselbe bei *gam* nur mit -*s*; vgl. auch *enχa-s* neben *enχa-š*
waschen.

*Gemb* Thurm, s. *genb*.

*Gamal* s. (Bil. *gimílā*, Ch. *gimíl*, A. ገመል ፡, جمل) Kameel, ገመሊ ፡ ሹብክ ፡ Kameelhaar, M. 1, 6; vgl. 10, 25. *gamel*, Fl.

*Gumberā* s. (Demb. *gumbrā*, Ch. *herbír*, Ti. ሐንብር ፡, G. ሕንብርት ፡  *χep* und  *χerpe-t*, ϩⲉⲗⲡⲉ) der Nabel, Fl.

*Gumfā* s. (Ch. *giffá*, A. ጉንፋን ፡) Erkältung, Husten, Katarrh, Fl.

*Gamanā* s. (Demb., Bil. *gamaná*) der Löwe, Fl. B.

*Gamar* v. (cf. אמר, امر) sprechen, reden, ገመሬኩን ፡ ihr werdet reden, M. 13, 11. ገመረኩን ፡ sie reden, M. 16, 17. ገመረው ፡ du redetest, M. 12, 32. ገመርው ፡ er redete, M. 6, 50; 7, 6. 35; 12, 26. ገመርንላ ፡ sie sagten nicht, M. 16, 8. ገመረ ፡ rede! M. 14, 65. ገመርቃ ፡ sprich' nicht! M. 1, 43; 8, 26. ገመርድኖ ፡ damit sie reden, M. 1, 34. ገመረግነአ ፡ dass sie nicht reden, M. 7, 36; 8, 30; 9, 9. ገመረንኃ ፡ während er redete, M. 5, 35; 14, 43. ገመረነኃ ፡ während sie redeten, M. 9, 4, auch: ገመረነእንኃ ፡ M. 9, 34. ገመሬ ፡ ጊዘገዘ ፡ als er gesprochen hatte, M. 1, 42. እን ፡ ገመሬስ ፡ ዋሲ ፡ höre auf das, was ich sage! G. 27, 13; vgl. Joh. 2, 22. ገመሬናገዘ ፡ አሰብትና ፡ denkt nicht, was ihr reden werdet, M. 13, 11. እንትን ፡ ገመሬኔ ፡ አይንላ ፡ nicht ihr seid es, die ihr reden werdet, ib. ገመረጋዕ ፡ ሰይጣን ፡ ein sprachloser Dämon, M. 9, 17. 25. ገመርኝሊ ፡ ገዘም ፡ ይቲ ፡ sie liess ab vom Zureden, R. 1, 18. — *gamero* to speak, *gameraga* dumb, *gamaragna gershegna* (i. e. *gamarañā garšeñā* Unvermögen für Rede) speechless, Fl.

*Gumārē* und *gumārī* s. A. Flusspferd, Fl.

*Gamaz* v. (G. ገመደ ፡, ገዘመ ፡) in Stücke brechen etwas, አረስ ፡ ገመገዘው ፡ er brach das Brod, M. 6, 41; 8, 6; 14, 22. ገምዘ ፡ ጊዘ ፡ als er (das Brod) brach, M. 8, 19.

*gamaz-t* pass. ገመገዘቃዕ ፡ welches getheilt worden ist, M. 6, 43; 8, 8. 19.

*Gan* inconjugabl. v. subst. (Demb. *gan*, Bil. *gin*, Cham. *kŭ*, Saho, ʻAfar *kīn*, G. ክነ ፡, كان) sein, esse, እን ፡ ገን ፡ ich bin es, M. 6, 50. እንት ፡ ይኍሬ ፡ ገን ፡ du bist mein Sohn, M. 1, 11. ነቢይ ፡ ገን ፡ er ist ein Prophet, M. 6, 15 u. a., §. 101.

*Ganā* adv. (A. ገና ፡) noch, ይጊዚ ፡ ገና ፡ እንትዕላ ፡ meine Zeit ist noch nicht gekommen, Joh. 1, 4; vgl. R. 1, 11; M. 8, 17; 13, 17.

*Ganā* s. (Bil. *ganá*, Ch. *jenā*, Saho, ʿAfar *'iná*, A. እናት፡) Mutter, M. 3, 33, Joh. 2, 3. Dat. ገኘሽ፡ G. 27, 13; M. 6, 28. Acc. ገኘ ቴ፡ G. 27, 10; R. 1, 14; M. 5, 40; 6, 24; 7, 10. Genet. ገኘ፡ G. 27, 29; R. 1, 8. ገኘሬ፡ und die Mutter, G. 27, 13; Joh. 2, 1.

*Genb* und *gemb* s. (A. ግምብ፡) der Thurm, ግንብ፡ M. 12, 1. *gemb* Fl.

*Gend* s. A. Strunk, Holzstrunk, B.

*Gåndal* v. (G. A. ጐደለ፡) ermangeln, entbehren, ohne sein, *gondelo* to miss, *gundolow* to fail, Fl. Nom. *gåndaliṅ*: ናሃ ይማኖት፡ኀንደልይገ፡ ob ihrer Glaubenslosigkeit, M. 16, 14. *gåndal-š* caus., ጊንክረስ፡ኀንደልሸን፡ wenn er sein Leben verliert, M. 8, 36.

*Gānj* v. (Demb. *ganj*, Bil. *ganj*, cf. Ti. ገንዶ፡, G. ጐንደየ፡) schlafen, ጋንጀኩ፡ er schläft, M. 4, 26. ጋንጂ፡ቀኔኩ፡ schläfst du? M. 14, 37. ጋንጂ፡ቀነቴ፡ sie schläft, M. 5, 39. ጋንጅ፡ቤው፡ M. 2, 4 und ጋንጅ፡ሰንበው፡ M. 4, 38 er schlief. ጋንጅኖ፡ M. 13, 36: 14, 37 und fehlerhaft ጋንጂኖ፡ (i. e. *gānjīnā*) 14, 40 ii dormientes. ጋንጂ፡ dormite! M. 14, 41. — *gantshow* to sleep, Fl.

*Gānên* s. A. Dämon, M. 9, 25; plur. አጋንንት፡ M. 1, 27; 16, 9.

*Gāṅ* v. (Bil. *gāṅ*, Agaum. *giṅ*, Galla *guga*, G. ጐጕአ፡) laufen, eilen, ጋሰው፡ er lief, M. 5, 13. ጋዕ፡ቤው፡ (Bil. ጋግኹ፡) er lief, M. 5, 6. — *gaow* to run, *gagna* the run, Fl.

*Gŭaṅ* s. Pfund, Wage, Fl.

*Gŭeṅ* s. (Demb. *gŭeṅ*, Ch. *gŭidín*, A. ጐድን፡, ጐን፡) Seite, Rippe, Fl.

*Gar* I s. (Bil. *gar*, Demb. *gar* id., Agaum. *kāl*, Ch. *cal*, G. ክሀለ፡ posse), Kraftanstrengung, Mühe, Plage; Schwäche, ገር፡ ዪ፡ schwach sein, ሢዘ፡ገር፡ያው፡ገን፡ das Fleisch aber ist schwach, M. 14, 38. ይለብኪ፡ይዳንማኔገ፡ገር፡ያው፡ mein Herz ist meines Lebens überdrüssig, G. 27, 46. *geria* (= *gar yā*) idle, *gerigna* (= *gar y-ṅā*) idleness, Fl.

*gar-š* caus. Kraft, Mühe anwenden, vermögen, können, ገርሺኩ፡ du kannst, M. 1, 40. ገርሺኘኩ፡ wir können, M. 10, 39. ገርሺኹን፡ ihr könnt, M. 14, 6. ገርሺኾንማ፡ könnt ihr? M. 10, 38. ገርሸኩንማ፡ können sie? M. 2, 19. ገርሸላ፡ M. 3, 26 und ገርሺላ፡ (i. e. *garšalā*) M. 3, 27; 7, 15 er kann nicht. ገርሸላ፡ M. 7, 24 und ገርሺላ፡ i. e. *garšīlā* M. 6, 5; 15, 31 er konnte nicht. ገርሺላ፡ i. e. *garšīlā* sie konnte

nicht, M. 6, 19. ７ርሸለግ ፡ ተገፉ ፡ መተና ፡ konntest du nicht
(garšī-la-mā) wachen? M. 14, 37. ７ርሸንላ ፡ garšīnlā sie
konnten nicht, M. 9, 18; wir konnten nicht, M. 9, 28. ７ር
ሽሰ ፡ welcher kann, M. 2, 7; 3, 23; 8, 4; 10, 26. ７ርሺ፤ሥ ፡
M. 9, 3 und ７ርሺ፤ሰ ፡ M. 5, 4 der nicht kann. ７ርሺአ ፡
garšīnā das Vermögen, die Macht, M. 3, 20.

gar-ē v. 2 refl. (Bil. gara-r) sich abmühen, müde, matt,
schwach werden, ይሰውነት ፡ እንተ ፡ ሚና ፡ አጅሁ ፡ ７ረት ፡ ዋ
ኑ፤ ፡ meine Seele ist curetwegen sehr betrübt, R. 1, 13.
አሪቲ ፡ ንሸ፤ረስ ፡ አረግ ፡ ዳግለ ፡ ７ርቲ ፡ በፉ ፡ sie fand ihre
Tochter auf dem Bette ermattet, M. 7, 30. ኒይልተን ፡ ７ሬ
ንኩ ፡ ሀልይለ ፡ seine Augen wurden matt zum Schauen,
G. 27, 1. ７ሬቲ፤ sie hat Unbill erlitten, M. 5, 26. adj. gerea
faint, Fl.

gar-ē-š und gar-a-š caus. — refl. Mühe, Plage machen,
belästigen, ዋሚና ፡ መምርስ ፡ ７ሬሸሰ ፡ weshalb belästigt er
den Meister? M. 5, 35. ዋሚና ፡ ７ረሺናሰ ፡ warum belästigt
ihr (die Frau)? M. 14, 6. — gereshegno to fatigue, Fl.

gar-s pass. (Bil. gara-s) möglich sein; vermögen, in sich
die Kraft haben, ኒኪ ፡ ７ርሰኩ ፡ alles ist möglich, M. 14, 36.
７ርሰን ፡ wenn es möglich ist, M. 13, 22. ７ርሰ ፡ አሽን ፡ M. 9,
22 id. ７ርሰላ ፡ es war unmöglich, M. 2, 19. ይን ፡ መንግ
ሥት ፡ ጸንዶ ፡ መተና ፡ ７ርሰላ ፡ es ist unmöglich, dass jenes
Reich bestehe, M. 3, 24; vgl. 3, 25; 9, 29; 10, 27.

Gar II s. (Demb. gar pl. gal-tī, Bil. gar pl. gal id., A. ግልገል ፡,
Ti. አጕል ፡, im Samhar እ፡ጋል ፡, G. እጕል ፡ pullus) das
Kalb, Fl.

Gār s. (Bil., Saho, Somali gār, Ti. ጋር ፡, cf. G. ７ህረት ፡, vgl.
gar I) Geschäft, Arbeit; Werk, M. 13, 1. 34; Joh. 2, 18.

garī-t den. v. refl. arbeiten, ሚኽ ፡ ዳዘ ፡ ሰርዋ ፡ ጋሪትዋ ፡
wir wollen drei Hütten bauend aufführen, M. 9, 5. — ga-
ritau worker, garetanta labourer, Fl.

Gārā s. (vgl. Bil. girā Berg) Fels, rock, Fl.

Gīrā s. ungesäuertes Brod, M. 14, 1. 12.

Gōr s. (cf. Kopt. ⲕⲟⲩⲣ surdus) Tauber, taub, taubstumm, M. 7,
32. 37; 9, 25.

Gōra-bêt s. G. A. Nachbar, Fl.

Gerb I s. (Bil., Ch., Agaum. girb) Knie, M. 1, 40; 10, 17; 15,
19. gerb, Fl.

*Gerb* II s. (cf. כבב‎, גבר‎) Kraft, Stärke, energy, *gerb adarā* Riese, giant, Fl.

*Gârūdā* s. A. Schwert, B.

*Garaf* v. (Ty. A. ገፈ፡ id., ፎፈፍ፡ Peitsche) geisseln, peitschen, ገፈኩን፡ sie werden geisseln, M. 10, 34. የሱስ፡ገፈፍ፡ ኢሎዉ፡ er geisselte Jesum, M. 15, 15.

*Gergā*, Nebenf. *gerkā* s. (Demb. *gerkī*, Bil. *gárik* und *girgá*, Ch. *girká* und *griyá*, Agaum. *girkā*) Tag, ገርፒ፡ M. 1, 13. 21; 16, 2; Joh. 2, 12. ገርጊዘ፡ am Tage, G. 27, 45; M. 16, 9; Joh. 2, 1. 23. ገርጊላ፡ vom Tage an, M. 2, 1; 9, 2. እፈዘ፡ገርኪ ዘጸ፡ M. 5, 5 und ሐፈዘኳ፡ገርኪዘ፡ M. 4, 27 bei Tag und Nacht.

*gerg* den. v. (Bil. *erg*) den Tag zubringen, ጻዕግ፡ገርጊ፡ bring' den Tag glücklich zu! Gespr. 7. ጻንግ፡ገርጊኦርማ፡ hast du den Tag gut zugebracht? Gespr. 1. ኦር፡ብት፡ገር ገዉማ፡ war viel Getreide den Markttag über (auf dem Bazar) vorhanden? Gespr. 85. Antwort: ብት፡ገርግኦ፡ eine Fülle war da, ib. 86.

*Garam* v. (G. ገፈሞ፡) erstaunt, verwundert sein, ገፈምንዉ፡ sie waren erstaunt, M. 6, 51.

*Garáwā* s. (Bisch. *gerab*) der Weg, Rut 1, 7; M. 1, 2. 3; 2, 23; 4, 4. 15; 6, 8; 8, 3. 27; 9, 33. 34 u. a. *gerowa* road, trace, way, *geruwe adara* passenger, Fl.

*Geruwā* plur. *gerû* s. (Bil. *gìruwá* pl. *gurû*, Ch. *gìluwá* pl. *gilúik*) Mann, Gatte, R. 1, 5. 9. 13. 14; M. 10, 6. 11. — *gerewa* husband, *gerowa* stallion, male, *geruwa bārā* male slave, *geroa shetê* a married woman, Fl.

*Gīzā* s. (G. A. ጊሕ፡) Zeit, ይን፡ጊሃ፡ zu jener Zeit, damals, G. 27, 30. Fast nur gebraucht in Verbindung mit dem Relat. II: ፉ፡ጊዘገ፡ zur Zeit in der er fortging d. i. als er fortging, M. 5, 18; ፉዐ፡ጊዘ፡ id., M. 6, 34. እንታዐ፡ ጊዘ፡ wann er kommt, M. 8, 38. ማጊገ፡ይዛ፡ጊዘገ፡ als der Wein ausging, Joh. 2, 3. ጊዘፈ፡ und die Zeit (für *gīza-rī*, vgl. S. 15), M. 6, 35. — mal: ለኦ፡ጊዘ፡ zweimal, G. 27, 36 oder ለ፝፡ጊዘ፡ id., M. 14, 30. ለኒ፡ጊዘ፡ dreimal, ib. — *gisa* time, Fl.

*Găaz*, *găz* v. (Bil. *găad*, Ch. *găiz*, Galla *kot* id., Massaja lectiones pag. 104, Ty. ኮታ፡ graben, ጉይንይ፡ Grube) ackern, pflügen, ጉዘኩማ፡ (Amh. Uebers. ታርሳለኽን፡) ackerst

du? Antwort: **እያ፡ጐዘኩ፡** (A. **አወን፡አርሳለሁ፡**) ja ich
ackere? Nom. **ጐዛ፥, ጐዛ፡** Acker, Feld, G. 27, 27; M. 2,
23; 10, 29. 30; 13, 16. *gosow* to plough, *gosanta* peasant,
*gosenta* farmer, Fl.

*Gūzā* s. Krankheit, Schwäche, **ጉዚዝ፡ለቢ፡ስንቢ፣ኂ፡** sie war
in eine Krankheit gefallen, M. 1, 30.

*Gŭazgŭ, gɐ̂zgŭ* s. (Demb. *gɐ̂zgŭ*, Bil. *gŭ́idŭg* pl. *gŭázŭk*, Ch.
*gizú*, pl. *gizŭ̄k*, Agaum. *gŭzig*) Leib, Bauch, **ይ፡ጐዝጉሊ፣ማ፡
ገና፡ሁ፡ርለ፡ዋነናዕ፡** existiren noch in meinem Bauche Söhne?
R. 1, 11. **ጐዝጉዋ፡** in den Bauch, M. 7, 19. Adj. **ጐዝጉ፣ዉ፡**
die schwangern, M. 13, 17. — *gosgu* womb, *gosgoo* abdomen,
adj. *gosgoo-oo* abdominal, Fl.

    *gŭazgŭ-t* denom. v. refl. (Ch. *gizu-t*) schwanger werden,
**ጐዝጉ፣ት፡ቤዉ፡ግርዉ፡ሁ፡ር፡ከበን፡** wenn ich schwanger
geworden, männliche Kinder gebären würde, R. 1, 13. —
*gosguite* pregnant, Fl.

*Gezeñ* s. (Demb. *kizin*, Bil. *gidiñ* pl. *gižiñ*, Ch. *giziñ* pl. *-t*) der
Hund, *gesengn* dog Fl. Plur. **ግዝንክ፡** M. 7, 28 und **ግዝዕ
ክን፡** M. 7, 27.

*Gusarā* s. Hexe, witch Fl.

*Gezrat* s. A. Beschneidung, Fl.

*Gaš* I. v. wachsen, gross werden, **ጋሼዙ፡** i. e *gāšukŭ* er wird
gross, M. 4, 27. **ጋሸዉ፡** er wuchs, M. 4, 8. **ናይ፡ጋሸይ
ናሽ፡መልዒኩን፣ማ፡** werdet ihr warten, bis sie erwachsen
sind? R. 1, 13. Nom. **ጋሽ፡** Wachsthum, M. 4, 32. — *gasho*
to grow, Fl. Vgl. *gacañ*.

*Gaš* II. s. (Demb., Bil. *gaš*, Ch. *gaš*, Ti. G. **ገጽ፡**) Gesicht,
Antlitz, G. 27, 7. 30. Spitze, Vorsitz, M. 12, 39. vor, coram,
M. 1, 1; 2, 11; 3, 11; 13, 3; 15, 39. — *gâsh* face, Fl.

*Gāšā* s. (Agaum. *gāšā*, Ch. *gázā* pl. *gaž*, Somali *gašan*, Galla
*gajana*, A. Ty. **ጋሽ፡**) der Schild, *gáshu* B., *gashu* Fl.

*Gŭat, gɐ̂t* v. (Bil. *gaûr*, Ch. *giûr*) segnen, **ጐትዉ፡** G. 27, 27
und **ጐትኢ፡** G. 27, 24; **ጐትዉ፡** M. 6, 41; 8, 6. 7; 10, 16;
**ጐትዉ፡** M. 14, 22. 23 er segnete, pries. **ጐትንዉ፡** sie
priesen, M. 2, 12. **ጐትይዝ፡መተና፡** dass er segne, G. 27,
10. **ጐትቶ፡** damit sie segne, G. 27, 25. **ጐቲ፡** segne! G. 27,
34. 38, **ጐታዕ፡** welcher segnet, gesegnet hat, G. 27, 13.
27. 41. **ጐትኢ፡** welche segnen, M. 12, 38. Nom. **ጐተን፡**

Segen, G. 27, 35. 36. 38. **ጐ፡ተ፡ት፡** id., G. 27, 30. — goteo to bless, goteyna blessing, Fl.

gŭat-s pass. (Bil. gawir-s, Ch. giŭr-š), **ጎ፡ትሳ፡ዕ፡እ፡ጐ፡ራ፡:** der gepriesene Sohn, M. 14, 61. **ኩ፡ት፡ጐ፡ታ፡ዕ፡ጐ፡ት፡ሳ፡አይ፡የ፡:** wer dich segnet, sei ein gesegneter! G. 27, 29. 33. — gotsegau unholy, Fl.

Gŭatē v. 2 (A. **ጐ፡ት፡ት፡:,** Bil. gawad, Ch. gŭit) ziehen, nachschleifen, fortschleppen, **ጐ፡ፈ፡ጎ፡ው፡:** sie schleppten, M. 15, 21.

Gaṭam v. A. vereinigen, -binden, -schliessen, **ገጠ፡ምው፡:** er verschloss, M. 15, 46. **የ፡ያ፡ራ፡:ገጠ፡ምጎስ፡ይ፡ር:ጎ፡ሰ፡ኒ፡ጎ፡አ፡:** was Gott zusammengefügt hat, soll der Mensch nicht trennen, M. 10, 9.

Gaṭer s. (zu A. **ቀ፡ጠ፡ረ፡:** gehörig) die Nachbarvölker, umliegenden Stämme, **ገ፡ፐ፡ር፡ኪ፡:ኩ፡ሽ፡:ስ፡ራ፡ስ፡ኩ፡ጎ፡:** alle Nachbarstämme werden dir dienen, G. 27, 29.

Giya Partikel, sondern, nur, s. gē.

Gŭyā s. (Demb. gŭyā, Ch. gŭriyá, Galla goyta, A. **ጎ፡ታ፡:)** Herr; Gott, **ኪ፡ጎ፡ራ፡:ይ፡ጉ፡የ፡:** und dein Gott ist mein Gott, R. 1, 16. **ኪ፡ጉ፡የ፡:ሽ፡በ፡ው፡:** ich machte (ihn) zu deinem Herrn, G. 27, 37. **ኪ፡ጎ፡ስ፡:** deinen Herrn, M. 12, 30. **ይ፡ጎ፡አ፡:** o mein Herr! M. 7, 28.

## C, ç.

Çegā s. (G. **ጽ፡ጎ፡:)** die Blume, B., s. šegā.

Çigār s. Noth, Mühe, Arbeit, s. šegār.

Çakān adj. A. muthig, kräftig, Fl. (Bil. keğīn id., A. **ጨ፡ኪ፡ጎ፡:,** Ty. **ጨ፡ኪ፡ጎ፡:,** Galla jagna tapfer sein).

Çamat v. A. ruhig, beruhigt sein, **ጨ፡ሐ፡መ፡ፈ፡:** er beruhigt seiend, M. 5, 15.

Çinçā s. (Demb., Ch. ṣeṣá, Agaum. ṣinṣā, Bil. žinžā, Ty. Ti. **ጽ፡ጎ፡ኚ፡ይ፡:,** G. **ጽ፡ጎ፡ጽ፡የ፡:)** Fliege, Mücke, B.

Cenkār s. (Ch. cinkír, Bil. šenkár, A. **ች፡ጎ፡ከ፡ር:)** der Nagel, Fl.

Çanaq v. A. beengen, drängen.

çanaq-š caus. sich drängen, **ጨ፡ሐ፡ነ፡ቀ፡ሽ፡ጎ፡:ስ፡ጎ፡በ፡ጎ፡ው፡:** sie machten ein Gedränge, drängten sich, M. 5, 24. Hiefür auch der semitische Causativus: **ይ፡ር:አ፡ጨ፡ሐ፡ነ፡ቀ፡ኩ፡:** der Mensch drängt sich, M. 5, 31.

Çerχā. Flad gibt an: bagi tshercha ram, und finteri tshercha kid; vielleicht bezeichnet jenes statt Widder eher Lamm und dieses statt Bock eher junges Kitzlein, vgl. Bil. *ç̌arqŭā* ein junges, eben zur Welt gebrachtes Thier, cf. A. **ᓂ᎑ርቄ፥** unreif, G. **ጻሬቅ፥** klein.

*Caî* s. Milch, B.; s. *šab.*

## J.

*Jāb* I s. (A. **ᓂ᎑ፍ፥**) Ast, Zweig, **ከኒ፡ጻብስ፡ከብንው፥** sic hieben Baumäste ab, M. 11, 8. **ንሺ፥ጻብ፡ለለማ፡ዚህ፥** wenn sein Gezweig grün wird, M. 13, 28. **ኔሴሕ፡ጻብ፥** der Rand, Saum seines Kleides, M. 6, 56. — *tshab* twig, *kani tsāb* branch of a tree, Fl.

*Jāb* II s. (Demb., Bil. *jāb* id., vgl. *qaw* und *z̧abusā*) Vorder-, Gesichtsseite, Front, Anfang, **ጻብዋ፥** beim Beginn, zuerst, M. 10, 31. **ኪጻብሊ፥** (Bil. **ዞ፡ጻብል፥**) vor dir, ante, coram te, M. 1, 2. **ናጻብዝ፥** vor ihnen, M. 10, 32.

*jāb-iš* den. v. caus. voraus thun, vorher machen, **ጻብ ሽቲ፥** sie hat vorher gethan, M. 14, 8. **ጻቢሽና፡ፔሬ፡ወን ተርሽና6፡ይትና፥** sagt nicht, was werden wir zuerst (zu-vorthuend) antworten? M. 13, 11. **ጻብሽ፥ይወው፥** ich habe es vorhergesagt, M. 13, 23.

*jāb - es* pass. (**ጻብስ፥** und **ጻቤስ፥** geschrieben, doch scheint dieses eher vom Nom. sing. *jābā*, jenes vom pl. *jāb* gebildet zu sein) voran sein, an der Spitze stehen oder gestellt sein, **ገለሊዋ፡ጻብሰኑ፥** er begibt sich nach Galiläa voraus, M. 16, 17. **ወንኔል፡ጻብስ፡ሰበክስይ፡ተገበኑ፥** das Evangelium muss vorher verkündet werden, M. 13, 10. **ጻቤስ፡ማርያም፡መግደላዊትሽ፡ከልሰው፥** er erschien zuerst der Maria von Magdala, M. 16, 9. Relat. **ጻቤስ፥** der erste, M. 12, 28; plur. **ጻቤስን፥** M. 10, 31. — *tshabêsa* predecessor, *tshabwa* onward, Fl.

*jāb-en-t* refl. (denom. von *jāb-en* Anfang) voraus sein, **ጻብንቶ፡እንትይ፡መተና፥** dass er voraus komme, M. 9, 11. **ጻብንት፡እንቲኩ፥** er kommt voraus, M. 9, 12.

*Jib* v. (Demb., Bil., Ch. *jib*, Agaum. *jeb, jeû*, Saho, 'Afar *ḍam*, Ti **ዘቤ፥**, G. **ዘበየ፥** ¦ᑕᏝ) kaufen, **ይብው፥** er kaufte, M. 15, 46. **ይብንው፥** sie kauften, M. 16, 1. **ይብና፥** dass wir kaufen, M. 6, 37. **ይበው፥** die welche kaufen, die Käufer, M. 11, 15.

*Jībā* s. (Saho *dibō*, 'Afar *dubū* Wüste, Steppe, vgl. oben s. v. *debā*) die Wüste, ጂቢ፡ ሳቢጂ፡ ስንቢው፡ er lebte mit den Thieren der Wüste, M. 1, 13. ጂቢዋ፡ ስብሩ፡ ፌአው፡ er ging an einen wüsten Ort, M. 1, 35.

*Jāfā* s. (Ch. *zaf*, A. ዛፍ፡) Baum, B.

*Jāġ* und wahrscheinlich auch *jāñă* v. (Bil., Demb. *jāġ*, G. ዘንጐጐ፡, زغزغ) lästern, schmähen, verspotten, ኒአበስኳ፡ ኒግንቱ፡ ጃአአዐ፡ wer seinen Vater und seine Mutter lästert, M. 7, 10. ጃዐዎ፡ ስንቢንው፡ sie lästerten, M. 15, 29. Nom. ጃዐን፡ Lästerung, M. 7, 22; 14, 64. — *tshasene* blasphemy, *tshangsow* (i. e. *jāñ-z-û* caus.) to scold, *tshangsanta* abuser, *tshangsegna* scolding, Fl.

*Jeġŭ* und *jeû* v. inus. (G. ሰኰየ፡, Ti. ሰከ፡, שגה, שגג,  *saga*) fliehen, als Flüchtling herumziehen, Nom. ጅው፡ Flucht, M. 13, 18. — *tsherogn* (i. e. *jeġŭ-ñ*) the escape, *tsherogno* to escape.

*jeġŭ-t, jeû-t* v. refl. (Bil. *e-dgi-r*) entfliehen, sich auf die Flucht begeben, ጅውትንው፡ sie flohen, M. 14, 50; 16, 8.

*Jiġā* Erzählung, s. *jiñā*.

*Jagirā* s. (Bil. *jåggú*, *-rā*, Ch. *zăjerá*, A. ዝንጀሮ፡) der Affe, *tshegira* monky Fl.

*Jahŭa, jahů* v. (aus ደከመ፡ abgeschwächt?) verschmachten, ገሪ ዊዝ፡ ጅኆኩን፡ sie werden auf dem Wege verschmachten, M. 8, 3. Nom. ጂኁ፡ (*jīhŭ*) Elend, Noth, M. 10, 30. — *tsheho-o* to languish, Fl.

*Jaχ* v. (Demb. *jaχ*, Agaum., Ch. *seqŭ*, *su̱q*, Bil. *ji'*, Galla *ḍuga* trinken, über die Schreibung ጃሕ፡ mit *ā* vgl. §. 3, c) trinken, ጃኸው፡ er trank, G. 27, 25. ጽዋቴ፡ አን፡ ጃሔቴ፡ ጃሒኩን፡ den Becher, den ich trinke, werdet ihr trinken, M. 10, 39. ጃሕንው፡ sie tranken, M. 14, 23. ጃሕ፡ trinket! M. 14, 23. ጃኸገአ፡ nicht soll ich trinken, M. 14, 25. ጃሕዩ፡ dass er trinke, M. 15, 23. ጃሕትዎ፡ dass ihr trinket, M. 10, 38. ጃኸኅን፡ wenn sie trinken, M. 16, 18. ጃኽዐ፡ ጊዘገ፡ wann ich trinken werde, M. 14, 25. ዊሩ፡ አዩ፡ ዋኖዐ፡ ኳዐ፡ ጃኽዐ፡ warum lebt, isst und trinkt er? M. 2, 16. — *tshachow* to drink, *tombacho tshachana* (d. i. ‚womit sie Tabak trinken') tobacco pipe, *tshachanta* drinker, Fl.

*jaχ-š* caus. tränken, ፯ሕሽ፡ወ፦: er gab zu trinken, M. 15, 36. ፯ሕሽዕኽ: wer immer auch zu trinken gibt, M. 9, 41. — *achow tshachshow* to water, Fl.

*Jélā* plur. *jēl* und *jakel* s. (Demb. *jēlā*, Bil. *jàgalá* pl. *jákal*, Ch. *zílā* pl. *zílk*, cf. Kunama *šúrkā* id.) Vogel, ሰማይ:ደል: M. 4, 4 und ሰማይ:ደከል: M. 4, 32. die Vögel des Himmels. — *tshela* bird, *tsheli nang* nest, Fl.

*Jalab* oder *jeleb* s. (vgl. Bil. *jalaf* fliessen) Diarrhoe, Fl. und davon: *jalab-š* caus. abführen, *tshelebshoo* to purge, Fl.

*Jiluw* v. (Bil., Ch., *jiluw*) die Runde machen, umdrehen, -wenden, ፯ልወወ፦: er wendete sich um, M. 3, 5; 8, 33. ፯ልወን: sie wendeten sich um, M. 9, 8. ፯ልወ:ሰበ: indem er sich umwendete, M. 6, 6. Nom. ፯ልፐ: Umgebung, ኜ፯ልፐዝ: in seiner Umgebung, M. 3, 22. 34; 4, 10; 5, 32. — *tshilawa* rotten, *tshilowa* round, Fl.

*jilû-š* caus., ቀጥረስ:፯ልወሽወ፦: er führte einen Zaun herum auf, M. 12, 1.

*Jim* v. (Demb. *jim*, Bil. *jim* und *jimug*, Somali *gama'* id., cf. هجع und سرح dormivit, vgl. רמד id. und G. ደከመ: erschöpft, müde werden) schlafen, *tshimow* sleep, Fl.

*Jamar* v. A. beginnen, anfangen, ፯መርወ፦: er begann, M. 1, 45; 4, 2; 5, 20; 6, 2. 34 u. a. ፯መርት: sie begann, M. 14, 69. ፯መርንወ፦: sie begannen, M. 5, 17; 6, 54; 8, 11. ፯መር: er beginnend, M. 9, 21. ፯መር:ቤወ፦: ich habe begonnen, M. 10, 20. Nom. ም፯ምር: Anfang, M. 10, 6 u. a., erster: ም፯ምር:ግርጋ: erster Tag, M. 16, 2. 9. ም፯ምር:ትዘዝ: das erste Gebot, M. 12, 30. — *matshemer* origin, Fl.

*Jānā* plur. *jāu*, *jānt* s. (Demb., Bil. *jánā*, entstanden aus *jahnā*, A. ገሀፇን:, Saho, 'Afar *dakánū*, -*ō* plur. *dâkïn*) der Elefant. — *tshana* elephant, *tshant erku* ivory, Fl.

*Jāñ* v. lästern, s. *jâg*.

*Jiñā* und *jigā* plur. *jiñ* s. (Bil., Ch. *jiñá* pl. *jiñ*, G. ዘወዕ:) Erzählung, Bericht; Neuigkeit, ፯ኽስ: den Bericht, M. 13, 7. ኜ፯ደ:ፈወ፦: sein Ruf ging aus, M. 1, 28. — *tshira* (i. e. *jigā*) fable, *tshigna* news, Fl.

*jiñ-š* caus. erzählen, ፯ዕሽንወ፦: sie erzählten, M. 5, 14. ፯ዕሽኽ: (i. e. *jiñšiñā*) ፐኽርሽኽፈ:፯መርወ፦: er begann zu erzählen und zu berichten, M. 1, 45.

*Jir* s. (Bil. *gir, jir* pl. *gilil, jilil,* Agaum. *ser,* Ch. *zillā* pl. *zilil,* Galla *gará*) Darm, Eingeweide, Magen. *tshirr* the gut, Fl.

*Jarab* v. (Demb., Bil. *jarab*) suchen, verlangen, wollen, wünschen, ፫ረበኩ። ich wünsche, M. 6, 25; er wünscht, M. 11, 3. ፫ረ ብንኩን፥ wir wünschen, M. 10, 35. ዶረበኩን። ihr suchet, M. 16, 6. ፫ረበኩን፥ sie suchen, M. 1, 37; 3, 32. ፫ረበላ፥ er begehrt nicht, M. 2, 17; ich will nicht, G. 27, 46. ፫ረ ብነው፥ sie suchten, M. 11, 18; 12, 12. ፫ረበንን፥ indem er bat, M. 1, 40. ፫ረቤንን፥ indem sie trachtete, M. 6, 19. ዶረበንን፥ indem sie trachteten, M. 8, 11; 14, 1. 55. 56. ፫ረ በዕ፥ welcher sucht, M. 6, 48; 14, 11. ጴረ፥፥፫ረቢኣ፥ was wolltest du? M. 10, 51. ጴረ፥፥፫ረቤኖዕ፥ was wünscht ihr? M. 9, 16; 10, 36. — *tsherebow* to seek, Fl.

*jarab-š* caus. ጴረ፥፥፫ረብሶዕ፥ was lässt er suchen? M. 14, 63.

*jarab-s* pass. ላይ፥ጋበ፥፫ረብሶቲ፥፥ eine einzige Sache wird erfordert, M. 10, 21.

*Jaref* s. (A. ||ርዋ፥፥) Rand, Saum, Fl.

*Jarf* s. (Demb. *zalfa*) Finger, B.

*Jargŭā* s. (Demb. *jarigŭā,* Bil. *jargŭá* und *jarkŭá,* Ch. *zirwá,* vgl. Ch. §. 41, Note 1) der Weizen, G. 27, 28. 37; M. 4, 28. — *jargua* B., *tshergua* Fl.

*Jaraqā* s. (G. A. መዝፈቀ፥) Speer, Spiess, Lanze, B.

*Jiray* s. (G. ||ፈኀት፥) die Giraffe, Lef.

*Jeû* fliehen, s. *jeĝŭ.*

## II, χ.

*Xŭā* s. inus. (A. ቀቤ፥, Ti., G. ቀብኣ፥, Ch. *qibbā* und *qibā* Salbe, Oel, Fett).

χ*ŭa-š,* χ*ā-š* denom. v. caus. (Ch. *qa-s, eqa-s,* Bil. *qŭā-s*) salben, ኖሽነው፥ sie salbten, M. 6, 13. ኤተ፥ኖሸድዋገ፥ damit sie ihn salbten, M. 16, 1.

*Xŭe* v. (Ch., Demb., Agaum. χ*ŭe,* Bil. *qŭi*) essen, ኤኩ፥ du wirst essen, G. 27, 40. ኤኩን፥ sie essen, M. 7, 5. 28. ኤንላ፥ sie essen nicht, M. 7, 3. 4. ኍኣ፥ (G. 27, 25 und ኍኣ፥ Joh. 2, 17, ኍነው፥ M. 2, 26 er ass. ኸነው፥ M. 4, 4; 8, 8 und ሁነው፥ sie assen, M. 6, 42. ኤኣኣ፥ iss! G. 27, 19. ኤኣ፥ esset! M. 14, 22. ኍዋ፥ damit ich esse, G. 27, 25. ኍፕ፥ dass du essest, M. 14, 12. ቡይ፥ dass er esse, G. 27, 31.

·ᎀ·ᎁ: dass sie esse, G. 5, 43. ᎁᎁᎁ: dass sic essen, M. 6,
37. ᎁᎁᎁᎀ: er esse nicht! M. 11, 14. ᎁᎁᎁ: während er
ass, M. 2, 16. ᎁᎁᎁ: während sie assen, M. 7, 2; 14, 22.
ᎁᎁ: welcher isst, M. 14, 18; wovon er isst, M. 1, 6. ᎁᎁ:
welche essen, M. 12, 40; gegessen haben, 6, 44. ᎁ·ᎁᎁ:
wo wir essen, M. 14, 14; wovon sie essen, M. 6, 36; 8, 1. 2.
ᎁ·ᎁ: M. 3, 20 und ᎁ·ᎀ᎐: M. 2, 26, ᎁ·ᎁ: (χŭῂ) das Essen,
M. 6, 31; 12, 39. ᎁ·ᎀᎁ: Speise, G. 27, 31. ᎀᎁ·ᎁ: (chogna
meat, Fl. = ḥuῂā) Speise, M. 7, 19.

*Hub* v. (Bil. *kibb y*, Ti. ᎁᎁ:ᎁᎀ:, A. ᎁᎁ:ᎀᎀ:, Saho *haff ya*;
s. a. *kaf y*) sich erheben, aufstehen, die Richtung in die
Höhe einschlagen.

*hub-š* caus. aufrichten, aufsetzen, ᎁ·ᎁᎁᎁᎁ: sie setzten
(ihm die Dornenkrone) auf, M. 15, 17.

*Habašā* Abessinien, Fl.

*Hebšā* s. (G. ᎁᎁᎁ:, cf. ᎁᎁᎁᎁ: ᎁᎁᎁ, vgl. s. v. *gubbat*) Bauch,
Leber, *chebsha* stomach, *hebsha* liver, Fl.

*Habt* v. schaben, bei Fl.: *habta* to scrape und *habta* eunuch
(zu G. ᎁᎁᎁ:, A. ᎁᎁᎁ:, ᎁᎁᎁ gehörig).

*Hedaǵ* v. (Bil. *qadaqŭ*, *qadauͧ*, Ch. *qadaq*, Ti. G. ᎁᎁᎀ:, A.
ᎁᎁ:) schöpfen, ᎁᎁᎀ: schöpfet! Joh. 2, 8.

*Xedir* s. (Ch. *hedír*, A. ᎀᎁᎁ:) Depot, anvertrautes Gut, *χedir
yuῂ* ein Gut ins Depot übergeben, Fl.

*Heg* s. G. A. Gesetz, ᎀᎁ: M. 7, 3. 5. 7. 8. 9. 13. *heg law, hegi
adara* virgin, Fl.

*Xaǵawinā* s. (Demb. id., Bil. *kaǵalŭnā*, Ch. *qalŭnā*) das Ei,
*charawina* Fl.

*Hūkat* Aufstand, s. *awak.*

*Xāl* und *χŭāl*, *hāl* v. (Demb. *χāl*, Bil. *qŭāl*, Ch. *qal, qŭal* und
*χal* id., cf. G. ᎁᎀᎁ: denken, A. ᎀᎁ: sehen) schauen,
sehen, ᎁᎀᎁᎁ: ich sehe, M. 8, 24. ᎁᎀᎁᎁ: du siehst, M. 5,
51. ᎁᎀᎁᎁᎁ: siehst du? M. 13, 2. ᎁᎀᎁᎁᎁ: ihr werdet
sehen, M. 14, 62; 16, 7. ᎁᎀᎁᎁᎁ: sie sehen, M. 13, 26.
ᎁᎁᎀᎁ: M. 1, 10 und ᎁᎀᎁᎁ: M. 1, 16; 6, 41; 8, 25 er
sah. ᎁᎀᎁᎁ: M. 14, 69 und ᎁᎀᎁᎁ: R. 1, 18 sie sah. ᎁᎀᎁ
ᎁᎁ: wir sahen, M. 9, 38. ᎁᎀᎁᎁᎁ: M. 5, 15; 16, 4 und
ᎀᎀᎁᎁᎁ: M. 16, 5 sie sahen. ᎁᎀᎁᎀ: du siehst nicht, M. 12,
14. ᎁᎀᎁᎁᎀᎁ: seht ihr nicht? M. 8, 18. ᎁᎀᎁᎁᎀ: sie sahen
nicht, M. 9, 8. ᎁᎀᎁᎁ: damit ich sehe, M. 12, 15. ᎁᎀᎁᎁ:

dass wir sehen, M. 15, 36. **ኸለ ዩ ና**: dass sie sehen, M. 9, 1.
**ኸለ.**: sieh'! M. 13, 1; 15, 4; pl. **ኸላ**: M. 4, 24. **ሀለን**:
wenn er sieht, G. 27, 12. **ኸሎ**: er sehend, M. 6, 48; 8, 24.
**ኸለ ና**: ii videntes, M. 6, 50. **ኸሌ ፡ አስተዋልሺ ኂ**: (ihn)
ansehend erkannte sie ihn, M. 14, 67. **ኸላ ዕ**: welcher sah,
M. 5, 32. **ኸሎ**: die welche sahen, M. 5, 17; 15, 40. 47.
**ኸላ ዕ ፡ ጊዘገ**: als er sah, M. 5, 22. **ኢሪ ፡ ኸሌ አ ፡ አም ንን ላ**:
sie glaubten nicht, was sie gesehen hatte, M. 16, 11.
**ኸሊ ና ፡ ጊዘገ**: wenn ihr gesehen habt, M. 13, 14. 29. **ኸላ**
**ና ዕ ፡ ጊዘገ**: als sie sahen, M. 2, 16; 3, 11; 6, 49. Nom.
*χāl-iñ*, **ሀለ ዩ**: G. 27, 1; **ኸለ ዩ**: M. 5, 14.

*χāl-š* caus. **ኸለ ሽ ኹ**: er wird zeigen, M. 14, 15. **ኸለ ሽ**:
zeiget! M. 12, 15. **ኸለ ሽ ዕ**: welcher zeigt, Joh. 2, 18. *hal-show* to show, Fl.

*χāl-s* pass. refl. **ኸለ ሰ ዎ**: er erschien, M. 16, 9. 14.

*χālaχāl-s* recipr. **ና ይ ኪ ፡ ኸለ ኸለ ሰ ፡ ስን ቢ ን ዎ**: alle sahen
sich gegenseitig an, M. 8, 16.

*Hūm, χūm* s. (Ch. *kām, χām*, Agaum. *kūm*, Bil. *kirmá, kṛmá*)
Hals, Nacken, **ኹ ም**: M. 6, 17; **ሁ ም**: G. 27, 16; M. 9, 42.
— *chom* gorge, *choom* neck Fl., *kom* nek, throat, B.

*Hūlā* s. (Bil. *dúlā*, A. **ዱ ለ**:) Stock, Stab, M. 14, 43. 48.

*Hamb* v. (aus *hanb*, Ch. *qaref*, A. **ቀሪ ፈ.**:) abschälen, schälen,
*kānī hambā* Baumrinde, Fl.

*Humbā* s. (Bil. *qŭnbā* pl. *qŭnfef*, Bisch. *genúf* pl. *genif*, Ti.
**ዐን ፍ**:, G. **አን ፍ**: اِنْفْ, אַף‎, vgl. Agaum. *kumbi*, Galla
*humbi* der Rüssel) die Nase, Fl., bei Beke: *komba*.

*Hams* Donnerstag, s. *ams*.

*Hamōt* Galle, s. *amöt*.

*Hiñhel* v. (vgl. s. v. *χeñā*) ersticken, -würgen, **ሕ ን ሕ ለ ኹ**: er
erwürgt, M. 4, 19. **ሕ ን ሕ ለ ዎ**: er erwürgte, M. 4, 7.

*Hüenterā* s. (A. **ፌ ነ ጠ ለ**: zerfetzen) Fetzen, Lumpen, Hader,
**ኋ ን ተ ሪ.**: M. 2, 21. *hwentera* rag, Fl.

*Xeñā* s. (A. **አ ን ገ ተ**:, G. **ሕ ል ቀ**:, حلق‎, *χeχ* und
*hengeg*) Hals, Kehle, Schlund, Fl.

*Xañañ* v. (Ch. *haq*, G. **ሕ ቀ ቀ**:) besiegen, siegen, Fl.

*Her* rad. inus., davon *ker-š* caus. knirschen die Zähne, **ዪ ይ ር ኹ**
**ኹ ስ ሪ ፡ ሕ ር ሽ ኹ**: und er macht seine Zähne knirschen,
M. 9, 18.

*Xīrā* und *χerā* I s. (Bil. *qīr*, Demb. *χīrā*, Ch. *χar*, vgl. Ch.
§. 55) die Nacht, **እን፦ኒራሽ**: M. 14, 27 und **እን፦ሐራሺ**:
M. 14, 30 in dieser Nacht. **ኒራዝ፦ገርኪዝራ**: M. 5, 5 und
**ሐራዝኊ፦ገርኪዝ**: M. 4, 26 bei Nacht und Tag; vgl. auch
1, 35; 6, 40. *chera gebar* Mitternacht, Fl.

*Xīrā* und *χērā* II s. (Bil. *qīrā*, Ch. *χárā*, vgl. Ch. §. 55) Geruch,
*dekā χērā* Gestank, Fl.

*χīr-s* denom. v. caus. den Geruch einziehen, riechen
etwas, **ኒሴዕ፦ኒረስራ፦ሐርሽዉ፦ጐትዑ፦ይዑ፦እንደኪ፦ይዑ**
**ረዝ፦ኒሐራ፦ጐዚ፦ሐራ**: er roch seines Kleides Geruch,
segnete und sprach: siehe meines Sohnes Geruch ist ein
Ackergeruch, G. 27, 27.

*Xŭrā, hŭrā* und *e-χŭrā, eŭrā* s. (Bil. *qŭrá, uqŕá*, Ch. *χŭrá, uqŕā*,
Demb. *χŭrā*, Bisch. *'ōr*, Ty. **ꛂል**:, G. **እꛂል**: A. **ገልገል**:,
**χal, ꛂኊ, ꛂቐ**) Kind, Sohn, Tochter, Knabe, Mäd-
chen, **ጐራ**: G. 27, 19, **ዑራ**: G. 27, 32, **እጐራ**: M. 1, 1; 3,
11, **እዉራ**: M. 2, 14; 11, 4. Plur. **ጐር**:, **ሐር**:, **ኹር**:, **ዑር**:
Söhne, Töchter, R. 1, 1. 2. 3. M. 2, 19; 10, 13. 35 u. a.,
aber **ጐርላ**: Kinder, G. 27, 46; M. 7, 27. 28; 9, 37; 10,
24. 29; 13, 12. **ጐርኜ**: Kindheit, M. 9, 21. — *chora* pl.
*yochor* baby, boy, *youwina chora* girl, *yerwi aura* son,
*shugua chora* young child, *hari chora* (i. e. *χŭrī χŭrā* Sohnes
Sohn) grand child, *sandaura (zan-d-aŭrā)* nephew, *chorni*
(i. e. *χŭrnē*) youth, *chora sanaya* (i. c. *χŭrā sanā yā*)
boyish, Fl.

*Harre* s. (A. **ሐር**:, G. **ሐራር**:) Seide, M. 15, 17. 20.

*Herš* v. knirschen, s. *her*.

*Hezb* s. G. A. Volk, die Menge, R. 1, 6; M. 13, 8. *hesb* Fl.

*Xŭaš, χŭš* v. salben, s. *χŭā*.

*Xešī, hešī* s. (Bil. *qešá* pl. *qiš*, Ch. *hesā*, Demb. *χesē*, G. **ዕꛂ**:)
der Wurm, **ኸሽ፦ኬ፟ዖ**: M. 9, 46. 48 und **ዐሽ፦ኬ፟ዖ**: M. 9,
44 der nicht sterbende Wurm. *chashā* worm Fl.

*Xāšen* und *kacen* v. (Demb. *kašen*, Ch. *qasen*, Agaum. *kaṣen*)
stehlen, Nom. *χāšēnā* Dieb, **ኸሽኒ፦ዋሽ**: Diebshöhle, M. 11,
17. *hashena* thief, Fl.

*χāšen-t* refl. stehlen, **ኸሽንትታ**: stehle nicht! M. 10, 19.
**ጐሽንትእ**: (*χašentiñā*) Diebstahl, M. 7, 22. — *chashantu* to
steal, Fl.

*Xatē* v. 2 und χ*atay* (G. ʷጠቀ፡?) zerreissen, etwas, እዚ.፡ቀ፡
ራ·ዒb፡ዩ·ራ·ታ·ስ፡ʾኽ·ፈ:ኛ·: der neue Fleck zerreisst das alte
(Kleid), M. 2, 21. ኒሔዕ፡ʾኽ·ፈ:አው·: er zerriss sein Kleid,
M. 14, 63. — *chategaw* to tear, Fl.
χ*atē-s* pass. zerrissen werden; platzen, ʾኽ·ፈ:ስው·: er
zerriss (der Vorhang), M. 15, 38. ሰማዩ·ተ〉፡ʾኽ·ፈ:ሰ〉〉፡ʾ፟.
ል·ው·: er sah, wie der Himmel sich spaltete, M. 1, 10.
Nom. ʾኽ·ፈ:ስ·ኽ: χ*atesiña* Riss, M. 2, 21.

*Hŭet, wet* v. (Bil., Ch. *qñeṭ, qŭṭ*) feucht, nass sein; roh, sünd-
haft sein; bespritzen, anspeien, ና·ብ·ስ፡ኽ·ስ፡ዌ·ተ·ኩ·〉: sie
werden ihren Speichel (auf ihn) spritzen, M. 10, 34. ኒ·ብ·ስ
ኽ·ስ፡ዌ·ተ·ው·: er spritzte seinen Speichel (auf ihn), M. 7,
33. ኒ·ዩ·ል·ን·ራ·ዌ·ተ·ው·: er spritzte ihm in die Augen, M. 8,
23. ዌ·ተ·〉〉·ስ〉ስ.〉ው·: sie spieen ihn an, M. 15, 19. ዌ·ተ·
አ·ኗ·መ·ር·〉ው·: sie begannen ihn anzuspeien, M. 14, 65. —
*hutani* wet, moist, B. *woetyna (wŭetña)* corruption, Fl.

*Xatas* ernten, to reap Fl.

*Xaṭiat* s. A. G., ·ኗ·ጠ.እ·ት·: M, 2, 10, አ·ጠ.እ·ት·: M. 2, 5. 7. 9 u. a.
Sünde, ·ኗ·ጥ·እ·〉·: M. 2, 15, አ·ጥ·እ·〉·: M. 2, 16; 14, 41 die
Sünder. *hatiat adara* sinner, Fl.

*Hiy* v. (vgl. s. v. *we*) gross sein, *hiawu* great, large B. = *hiyaû*
relativ.

*Hayl* s. G. A. Macht, Kraft, ሃዩ·ል·: M. 6, 5. 14; 9, 39; 14, 62.
·ኗ·ዩ·ል·: M. 5, 30; 91. plur. ሃዩ·ል·〉·: die Kräfte, M. M. 13, 25.

*Hāymānōt* s. G. A. der Glaube, M. 2, 5; 5, 34; 11, 21.

## *K*.

*Kā* rad. inus. (Galla *caa* transire flumen).
*kā-y* refl. (Ch. *kā-t*, Bil. *kā-r*) überschreiten, -setzen
(den Fluss, die Grenze u. s. w.) ከዩ·ና·፡ኂ·ዞ·〉·: zur Zeit, in
der sie hinüberfuhren, M. 6, 53.

*Kē*[1] v. 2 (Ch. *ki-t*, Bil. *ki-r*, Agaum. *ke-r*) sterben, ኪ·ከ·: ich
werde sterben, R. 1, 17. ኪ.ው·: M. 9, 26; 12, 20 und ኪ.
ዕው·: Rut 1, 3 er starb. ከ·ፈ·: sie starb, M. 5, 35; 12, 22.
ከ·ት·ላ: sie starb nicht, M. 5, 39. ኪ.〉አ.: sie starben, R. 1, 5.

---

[1] Vgl. ኪ.ከ·:, ኪ.〉:, ኪ.አ·ዕ·:, ኪ.ኃ·ዕ·:, ኪ.〉·: sonst ist *kē* bereits in *ki*
und *ki, kĕ* übergegangen.

ኪ.ያ.፡ dass er sterbe, M. 7, 10; 8, 31. ኪ.ፉ፡ damit sie sterbe, M. 3, 4. ኬ.ን፡ wenn er stirbt, M. 12, 19. ኪ.ዜ፡ ich nicht gestorben seiend (bevor ich sterbe), G. 27, 4. 7. ኪ.አው·፡ welcher gestorben ist, M. 9, 36. ኪ.ዐ·፡ R. 1, 8 und ኪ.ው·፡ M. 12, 26. 29 welche gestorben sind. ኬ.ጋዕ፡ der nicht stirbt, M. 9, 44. 46. 48. ኬ.ን፡ welche nicht gestorben sind, M. 12, 29. ክታእ፡ስብሪ.ል.ኪ.፡ an welchem Ort immer du sterben wirst, R. 1, 17. አን፡ኬአዕ፡ዜዘስሪ፡አኽሊ.፡ und die Zeit, in welcher ich sterben werde, weiss ich nicht, G. 27, 2. ኪ.አ፡ዜሀሪ፡ und zur Zeit, in der er starb, M. 9, 31. Nom. ኪ.ኅ፡ kīnā (kegna Fl.) der Tod, ኪ.ኽስ፡ den Tod, M. 9, 1, vor den übrigen Affixen ኪ.አ.፡, ኪ.ያ.፡ kīñī, ኪ.አ.ል.፡ M. 6, 14 und ኪ.ያል.፡ M. 8, 31; 9, 9. 10; 12, 18 u. a. vom Tode, ኪ.ያዝ፡ am Tode, M. 5, 23. — *yerki kêku* all men die; *keka* immortal, *keauw* carcass, *kegneli quiow* (i. e. *kīñī-lī gūñ*) to rise from the dead, Fl.

Ki v. (Demb., Bil. *ki*, Ch. *ci*) die Nacht zubringen, ዳንግ፡ኪ.አ ር°ግ፡ hast du die Nacht gut zugebracht? Gespr. 2. — *dankêrma* good morning! Fl.

ke-š caus. beherbergen, die Nacht zubringen lassen, *keshoo* to lodge, Fl.

Kī Suffix (Demb. -kī, Bil., Ch. -k, scheint aus *kiy, kil*, cf. G. ኹል፡, entstanden zu sein) ganz, jeder, alle, ሯያ.ኪ.፡ sie alle, M. 1, 27. 36. ዜዝንኪ.፡ alle seine Brüder, G. 27, 37. ያርኪ.፡ jedermann, Joh. 2, 10 u. a. ዜኪ.፡ alles, M. 9, 49; 10, 27 u. a. Ist das Stammwort mit einer Postposition versehen, so wird dieser das -kī angefügt, wie: ስብሪጎኪ.፡ *sebrī-z-kī* an jedem Orte, M. 16, 20. ያርስኪ.ሪ፡ያዋቲ፡ (*dar-s-kī-rī*) und sie erzählte die volle Wahrheit, M. 5, 33. አው-ዘ.ኪ.፡ *aû-zi-kī* irgend einem, M. 8, 26.

Kī pron. (Bil., Agaum. *kū*, Demb. *ku, ki*, Ch. *kü, kü, ki*) dein, ኪ.አስ፡ dein Vater, G. 27, 6. ኪ.ወገን፡ deine Familie, R. 1, 16. ኪ.ዘን፡ dein Bruder, G. 27, 35. ኪ.ሸው·፡ dein Name, M. 5, 9; §. 129. Vor Postpositionen noch *kū, kü* (s. d.), doch auch schon ኪ.ዋ፡ zu dir, M. 9, 17.

Kô, kû s. (Demb., Bil. *kaû*, Ch. *kiû*) Stadt, Ortschaft, ኮዋ፡ M. 12, 1 und ኮ-ዋ፡ M. 1, 45; 5, 1; 8, 26 in die Stadt. ኮ-ል.፡ aus der Stadt, M. 1, 9; 8, 23. ኮል.ኪ.፡ M. 6, 33 und ኮ-ል.ኪ.፡ M. 1, 28 aus allen Ortschaften. ኮ-ዝ፡ in der

Stadt, M. 6, 4; 8, 26. ኮገዝኪ፡ an jedem Ort, M. 13, 8. ኮ፡ አዶርት፡ die Herren der Stadt, M. 6, 21; 15, 1.

*Kô* rad. inus. (vgl. Bil. *haû y* brennen, G. ሐው፡ Feuer,   *haû-t* id.).

*kô-t* refl. (Bil. *kaû-r*) sich wärmen am Feuer, ኮተንኝ፡ während er sich wärmte, M. 14, 54. 67. *kautanā* (Relat. II, woran man sich wärmt) Wärme, B.

*Kū, kŭ* Pronom. der zweiten Person sing. vor Postpositionen (Bil. *kŭ*, s. oben *kī*), ኩሽ፡ G. 27, 29 und ኵሽ፡ G. 27, 37 dir, ኩት፡ G. 27, 29 und ኵት፡ M. 2, 11; 15, 32 dich. ኵሊ፡ von dir, M. 11, 14. ኩዲ፡ mit dir, R. 1, 10. 16; Joh. 2, 4; §. 130.

*-kŭā* conjunct. (Saho, ʿAfar *ka*, A. ከ-, ኸ- und, auch, mit,  *ka*, κε, σε alius, etiam, et, cf. G. ኪ፡) auch, und, ተስፋ፡ ይሸንኳ፡ wenn ich auch Hoffnung hätte, R. 1, 13. ባይራዝ፡ እንኳ፡ auch mit Ketten (Ketten — mit diese — auch), M. 5, 3. ሒሪዝኳ፡ገርኪገዝ፡ bei Nacht und Tag, M. 4, 27. ኵዝኳ፡አነዝ፡ zwischen dir und uns, M. 1, 24. ናይኳ፡ናይ ዝሪ፡ቀኽርትንው፡ und sie redeten unter sich, M. 1, 27. ሲሞንዝኳ፡እንድርያስዝ፡ንዕቀ፡ in das Haus Simons und des Andreas, M. 1, 29. መንግሥትሪ፡ኒዝኳ፡ኒዝ፡አደልሰን፡ und wenn ein Reich in sich getheilt ist, M. 3, 34. እን፡ዓለም፡አሰብዝኳ፡ክመምኔ፡አተለልይዝ፡አይውሪ፡ሚ፡ይክላዕ፡ und das Trachten dieser Welt und die Verführung des Reichthums und anderes, was das Fleisch liebt, M. 4, 19. vgl. §. 166.

*Kŭā* Macht, Kraft, s. *gŭā*.

*Kab* v. (Bil. Ch., Demb. *kab, kab*, Agaum. *kaw*, cf. جاب, جبّ, كاف, 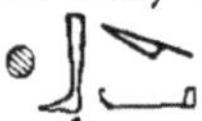 *χeb* id.) schneiden, abschneiden, fällen, abhauen, ኩበው፡ er schlug ab, M. 6, 17; 14, 47. ኩበንው፡ sie hieben ab, M. 11, 8. ክቢ፡ haue ab! M. 9, 43. 45. ክበዕ፡ welcher abschlug, M. 5, 5. 16. — *kabeo* to hew, Fl.

*kab-š* caus. auffassen, begreifen, verstehen, ይት፡ኩበሽ፡ አስተቋልሽ፡ vernehmt und verstehet mich! M. 7, 14. Nom. *kabshegna (kabšeñā)* sense, Fl.

*kab-t* refl., pass. ባይሪሪ፡ኩብቶዕ፡ስንቢው፡ und die Ketten zerbrach er an sich, M. 5, 4. — *kabta* (d. i. abgeschnittenes, Streifen) strip, Fl.

*Kāb* v. (Bil., Ch. *kāb*) helfen, ኽቢውዝ ፡ ሰና ፡ ኽበን ፡ wenn er hilft, wie er geholfen hat, Gesp. 80. ኽቢ ፡ hilf! M. 9, 22. 24. የዴሬ ፡ ኽበን ፡ ቤኩ ፡ ich ermangle der Hilfe Gottes (Anrede des Bettlers), Gesp. 75. የዴሬ ፡ ኽቢንአ ፡ Gott helfe! (Antwort des Angebettelten), Gespr. 76. — *kabo-o* to help, Fl.

*Kupā* s. (Ch. *qabá* und *kabá* pl. *qab, kab* Baumfrucht, Agaum. *kane koppa* Obst, bei Waldmeier, *kúpi* Beke) Obst, Baumfrucht, B.

*Kabab* v. (G. A. ከበበ ፡) umgeben, ኽቡ ፡ *kebb-ū* (das was G. ክቡብ ፡ rotundus, Ch. *kibb-ū*, vgl. Chamirspr. §. 160) der Korb, M. 4, 21.

*Kablungua* Oel, s. *qab.*

*Kaban* v. (Bil. *kaban*, Agaum. *kaman*) gebären, ኽበኝን ፡ wenn ich gebäre; R. 1, 13. ሁሬ ፡ ኽበኚ ፡ ቆኔኩሟ ፡ hast du einen Sohn geboren? Gespr. — *kabangna (kabaňā)* Geburt, birth Fl.

*kaban-s* pass. ኽበንሰገን ፡ wenn er nicht geboren wäre, M. 14, 21. ሄሮድስ ፡ ኽበንሳ ፡ ግሪጋ ፡ der Tag, an welchem H. geboren wurde, M. 6, 21.

*Kebīnā* s. (Agaum. *káwan* B., *kawoni* W.) das was *jībā* Wüste, Wildniss, Steppe, Wald, ሱብሬ ፡ ኽቢና ፡ ገን ፡ der Ort hier ist eine Wüste, M. 6, 35. ኽቢኒቈ ፡ in die Wüste, G. 27, 3. 5; M. 1, 12; 6, 32. ኽቢኒዝ ፡ in der Wüste, M. 1, 3. 4. ኽቢኒሊ ፡ aus der Wüste, M. 1, 13. ኽቢኒ ፡ ሱብሬቈ ፡ an einen Ort der Wüste, M. 6, 31. ኽቢኒ ፡ ሳኢእ ፡ Wüstenhonig, M. 1, 6. — *kebina* Fl., L., *kabína* B.

*Kebent* s. (G. ሡዕንት ፡) Mühe, Noth, Elend, እንሬ ፡ ኩብንት ፡ ጸዕር ፡ ምጅምር ፡ ገን ፡ und das ist der Anfang der Trübsal und des Elends, M. 13, 8. — *kebend* travail Fl.

*Kabar* v. (Ti. G. ኩብረ ፡), Nom. ኩብር ፡ Ehre, Glorie, Herrlichkeit, Joh. 2, 11. — *kaberau* (*kabarāû* relat.) kostbar, precious Fl.

*kabar-š* caus. ኪአብስኳ ፡ ኪገኑ፣ ፡ ኽበርሺ ፡ ehre deinen Vater und deine Mutter! M. 7, 10; 10, 19. እን ፡ ሕዝብ ፡ ኒመኬዝ ፡ ኽበርሸኩ ፡ dieses Volk ehrt (mich) mit dem Munde, M. 7, 6.

*Kabarā* s. (Demb. *kabarā*, Ch. *qabrá*, Bil. *gámar* Ti., G. ኍብር ፡, ሐብል ፡) Strick, Schnur, Seil, ኽበሬ ፡ አለንግሬ ፡ ሸቢኡ ፡ und er machte eine Strickpeitsche, Joh. 2, 15. — *kabara* string, *kebera* rope Fl.

*Kad* v. (A. ከደ ፡, G. ከሕደ ፡) leugnen, verleugnen, ኢንክረቲ ፡ ከፖ ፡ er verleugne sich selbst! M. 8, 34. — *kadow* to deny, Fl.

*Kaf* y v. (vgl. *hub* y) aufstehen, auffahren, ሰማይዋ ፡ ከፋ ፡ ከፋ ፡ ይወ ፡ er fuhr zum Himmel auf, M. 16, 19.

     *kaf yi-š* caus. erheben, ቃልስ ፡ ከፋ ፡ ይሽኖ ፡ ፋውንው ፡ die Stimme erhebend weinten sie, R. 1, 9; vgl. ib. 1, 13.

*Kāy* v. (Demb., Agaum. *kāy*, Bil. *hăgñag*, Saho *hagaga*, Galla *gŭaga*, *yăga*, A. ኢሕ ፡ አለ ፡, Ti. ሕጉገ ፡, G. ቴቀ̈ዐ ፡, *kek* id.) verdorren, -trocknen, ከገኩ ፡ er verdorrt, M. 9, 18. ከግው ፡ M. 4, 6; 5, 29 und ከጊ̈ው ፡ M. 11, 20 er verdorrte. ከጊ̈ቲ ፡ sie verdorrte, M. 11, 21. — *kaga* (i. e. *kāgā* relat.) dry, Fl.

*Kacēn* stehlen, s. *χāšēn*.

*Kāhen* s. G. Priester, Pl. ከሀናትን ፡, M. 2, 26.

*Kŭakŭa, kăkă* v. (Bil. *kōkă* y) schaudern.

     *kŭakŭa-š* caus. schütteln, rütteln, beuteln, ኮኮሽው ፡ er schüttelte (ihn, den Besessenen der Dämon), M. 1, 26.

     *kŭakŭa-t* refl. zittern, beben, schaudern, አጀ̈ው ፡ ንይን ፋ ፡ ኮኮቱ ፡ heftig erschreckt schauderte er zusammen, G. 27, 33. ኮኮቲ̈ቲ ፡ sie zitterte, M. 5, 33. ኮኮትአረ ፡ ጻረ ትአረ ፡ ይመርው ፡ er begann zu zittern und zu zagen, M. 14, 33.

*Kekāy* v. (Bil. *kŭaχ, gŭag*) abschütteln, fegen, abwischen, ግኸስ ፡ ከኸኽ ፡ schüttelt den Staub ab! M. 6, 11.

*Kekemtā* Spross, Sprössling, sprout Fl., eine Relativform von *kekem-t*.

*Kakar* v. (Bil. *karkar*, cf. G. ኮረኮረ ፡) hängen, baumeln, ከከ ርይ ፡ መተፋ ፡ dass er baumle, gehängt werde, M. 15, 15.

     *kakar-š* caus. hängen, *kekersho* to hang, Fl. In den Texten auch mit -s für -z, oder Verschreibung für -š, vgl. ከከርሲ ፡ kreuzige! M. 15, 12. 14. ከከርስንው ፡ sie kreuzigten, M. 15, 25. 27. ከከርስኖ ፡ ጊዘገ ፡ als sie gekreuzigt hatten, M. 15, 24. ከከርስይገ ፡ ፋገገኖ ፡ sie führten ihn hinaus zur Kreuzigung, M. 15, 20.

     *kakar-š* pass. የስስ ፡ ከከርሳስ ፡ ይረቤኮትን ፡ ihr suchet Jesum den ·gekreuzigten, M. 16, 6.

     *kakar-t* refl. hängen, *kekerto* to hang, Fl. ኒዪ ፡ ከከቲ̈ከው ፡ die welche mit ihm hingen, gekreuzigt waren, M. 15, 32.

ከከር፡ተ፡እለ.፡ገሟ. : steige herab vom Kreuze (vom Ort wo du hängst), M. 15, 30. 32.

*Kukeyā* Dach, Decke, Dachstroh, *kukeya* woof, Fl.; *kukewa* thatch, B.

*Kal* v. (Demb. *kal*, Ch. *kil*, Bil. *kar*) brechen, zerreissen etwas, ሚዝ : ድራ.ዕ : ከር፡ተመስ : ከለቱ : der Wein zerreisst den alten Schlauch, M. 2, 22. ከለ.:በፉ: sie (die Frau den Krug) zerbrechend, M. 14, 3.

*kal-t* refl. zerbrechen, ሻይ.ራ : ከልታዕ : ስንበ.ው : und das Eisen zerbrach, M. 5, 4. *kaltā* gebrochen, broken Fl.

*Kōlā* s. (A. ቆላ:) das Tiefland, die Niederung, ከላ : Gespr.

*Kalab* rad. inus. (G. ቀበለ:, ቀለጸ:, A. ቀለበ:).

*kalab-t* refl. (Bil. *kalab-ir*, G. ተቀበለ:) bei, zu sich aufnehmen, እንዞ : ጐርለለ. : ላስ : ይ.ሸው·ዝ፡ከለብታዕ : ይ.ትራ : ከ·ዘ : ከለብ·ት·ው : ከለብ·ታ·ራ : ይ.ት : ከለብ·ተ·ላ : እንሻ·ኻስ : አገ·ዳ : wer eines dieser Kinder in meinem Namen aufnimmt, der hat auch mich aufgenommen, und wer mich aufnimmt, nimmt nicht mich auf, sondern den, der mich gesendet hat, M. 9, 37. ከለ·ብ·ት·ላ : er nahm nicht an, M. 15, 23. አ·ጆ·ው : መከራ.:ከለ·ብ·ት·ይ : dass er viel Leid auf sich nehme, M. 8, 31. ከለ·ብ·ተ·ጋ·ዕ : der welcher nicht empfängt, M. 10, 15. ከለ·ብ·ተ·ጎ : die welche nicht aufnehmen, M. 6, 11. ጋበ : ዋስ : ከለ·ብ·ቶ·ራ : welche das Wort hören und annehmen, M. 4, 20. መከራ.:ከለ·ብ·ት·አ : das Aufnehmen von Trübsal, M. 9, 12. — *qalabtu* accepte, *kalebtu* to take Fl.

*Kelbiyā* s. (A. ቀለበ·ት· :) Ring, *kelbia* Fl. *kilvei* Lef.

*Kalakal* v. (A. ከለከለ:, cf. G. ከልአ:) hemmen, hindern, abwehren, untersagen, ከለከለ·ው· : er untersagte, M. 9, 9. ከለ ከለ·ት·ና· : hindert nicht! M. 9, 38.

*Kŭlālīt* s. A. die Nieren, *kolalit* Fl., *kulalet* Lef.

*Kalam* s. (G. A. ቀለም :) die Tinte, Fl.

*Kamā* s. (Bil., Ch., Agaum. *kim*, Demb. *kem* Rindvieh; Besitz, Habe, vgl. unten s. v. *kamam*) Kuh und collect. Vieh, ከ·ማ : ሽ : ዋ·ነ·ኩ·ማ : (A. Uebers. ላሙ : አለ·ው·ን :) besitzt er eine Kuh? Gespr. 36. ከ·ማ : ከዘ·ስ : አራ·ኡ. : er traf Vieh-händler, Joh. 2, 14. — *kama* cow Fl.

*Kemā* adv. (Bil. *gŭmiš*) vergeblich, eitel, unnütz, umsont, ከ·ማ : አ·ሙ·ነ·ኩ·ን : vergeblich glauben sie, M. 7, 7. *kema* vain, *kemas*

(i. e. **ከማነ ፡**) invain, *kema wana* useless, *kema wanach* gratuitous, *kema amensegna* vain glory, Fl.

*Kim*, dies wahrscheinlich der Stamm zu *kimshau* drohen, threaten Fl., vgl. Saho *kiniš* drohen, das wie *kim-š* ein Causativ zu sein scheint.

*Kōm* s. Hals, Nacken, s. *hūm*.

*Kŭm* v. (Bil. Ch. *kŭn* id., Agaum. *kemani* Abend, Bischari *hemana-ya* Abends verreisen, Galla *qabana* Abend werden) den Abend zubringen, Nom. *kuniñā* Abend, B. *kurgna* (vielleicht *kungna* i. e. *kuña?*), *kuna* eve, evening, *kunis* in the evening, Fl.

*kŭm-s* pass. Abend werden, **ሁምሶ ፡ ዜሃ ፡** M. 15, 42 und **ኩምሶ ፡ ዜሃ ፡** M. 4, 35 auch **ኩምሶበ ፡ ዜሃ ፡** M. 1, 32 und .. **ዜዘገ ፡** M. 6, 35. 47; 11, 11. 18 als es Abend geworden war. Auch refl. *dang kumisiarmā* hast du den Abend angenehm zugebracht? Fl.

*Kamb* s. (Ch. *kiff*, Bil. *kánfe*, G. A. **ክንፍ ፡**) Feder, Flügel, Fl.

*Kamb* und *kanb* v. (Bil. *kanb*, *kamb*, Demb. *kimb*, Ch. *kib*, cf. ⊿ 𓏴 ~~~ *qab*, ⲕⲃⲟ frigus, ⲕⲏϭ, ϧⲏⲃ frigidus) kalt sein, *kamba* cold Fl. = *kambā* relat. welches kalt. *kambou* to wind, Fl. *kamb-eš* caus. erfrischen, *kembeshow* refresh, Fl.

*Kemb* und *kenb* s. (Bil. *genbi*, *gembi*, Agaum. *gumbī*, Ch. *gib*, Gonga und Kaffa *gumbō*) Stock, Stab, **ክንብ ፡** M. 6, 8. *kemb* staff, rod Fl.

*Kombā* die Nase, s. *humbā*.

*Kamad* v. öde sein, davon Caus. *kemedeshow* to waste v. a., passiv *kemedesa* waste adj., Fl.

*Kemaderu* die Mähne, mane Fl., vgl. Ch. *gamā* Mähne.

*Kamam* v. (Bil. *kim*, Demb. *kem* id., vgl. oben s. v. *kamā*) besitzen, mächtig sein, in Achtung stehen. **ከመዐግ ፡** reich, angesehen (relat.), M. 10, 25. *kemema* riche, Fl. Nom. **ከመ ምት ፡** reiche Leute, die vornehme Welt, M. 12, 41. **ከመ ምጽ ፡** Reichthum, M. 4, 19. *kemamne* riches, Fl.

*kamam-š* caus. achten, *kemamshoo* esteem, *kemamshegna* the honouring, *kemamshenta* the honourer, Fl.

*kamam-t* refl. in Ehren stehen, *kemam-t-ow* Fl.

*Kamar* v. (Bil. *kŭammar*, G. **ከመረ ፡**) anhäufen, ansammeln, Nom. *kemer* Haufe, heap Fl.

*Kīmš* drohen, s. *kim.*

*Kānā* s. (Demb., Agaum., Ch., Bil. *kánā* pl. *kān*) Baum, **ኸ፤ :**
**ሰኛ :** wie ein Baum, M. 8, 24. **መይኸኛ :** M. 11, 4; 15, 36,
*mai kana* Fl. Thüre = Baum, Holz der Weite, wodurch
man ins Freie gelangt. — *kani hamba* Baumrinde, *kani*
*tshab* Baumast, *kana* Idol, *kana segea (kānā sagêā)* Götzendiener, *laekana (lay kānā* Feuerholz) Flinte, *kaniser* stalk
(*kānī ser* Baumwurzel), Fl.

*Kên* s. (Ch. *kiyán*, B. *keján*) Hochzeit, **ኸኀ :** Joh. 2, 1. 2.

*Kīn* s. (Bil., Ch., Demb. *kin*) Sitten, Gebrauch, Landessitte.
*kīn-š* caus. (Bil., Ch., Demb. *kin-s*) lehren, unterweisen,
**ኸኀሽዕ : ስኀበ.መ :** er lehrte, M. 1, 4. 7. 21. 39. **ኸኀሽኀኈሬ :**
**ስኀበ.መ :** und er lehrte, M. 1, 21. Nom. **ኸኀሽኀ :** *(kīnšan)*
Lehre, M. 1, 27; 11, 18. **ኸኀሽይ :** *(kīnšiǹ)* das Lehren, M. 1,
22. — *kinsho* teach, *kinsheoo* instruct, *kinshanta*, master,
teacher, *kinshingna* instruction, Fl.
*kīn-t* refl. (Bil., Ch., Demb. *kin-t*) lernen, **ኸኀ፤ : ዋ፤**
**ኩመ :** studirst du? **እይ : ኸኀት : ዋኀክ :** ja, ich studiere,
Gespr. — *kintow* learn, *kinta* learned, Fl.

*Kanb* I s. Flügel, s. *kamb.*

*Kanb* II v. kalt sein, s. *kamb.*

*Kenb* Stab, Stock, s. *kemb.*

*Kanper* s. (Bil. *kinfár*, Cham. *kifír*, Ti. G. A. **ኸኍሬC :**) die
Lippe, Fl.

*Kanakana* s. (Agaum. *kunakuni*) Pflug, B.

*Kunkuǹ* s. (A. **ቀኀቀኀ :**) Motte, *kunkung* moth Fl.

*Kŭankŭ* v. (Bil. *kŭamkŭam*, G. **ኈኀክ :**) einsammeln.

*kŭankŭ-š* caus. sammeln, einsammeln, *quanequshu* gather,
*quanqushenau* (i. e. *kŭankŭšanâû* das was sie ansammeln)
Schatz, Fl.

*kŭankŭ-t* refl. sich versammeln, **ኺኀከት፤ኀመ :** M. 2, 2;
5, 21 und **ኺኀከት፤ኀመ :** M. 6, 30: 7, 1 sie versammelten
sich. **ኺኀከት፤ : ስኀበ.፤መ :** sie waren versammelt, M. 1, 33.
**ኺኀከትክ :** es sammelt sich an, M. 10, 21.

*Kŭanan* v. G. A. richten, *kŭananē* Verurtheilung, condemnation,
Fl. *makŭanen* Richter, plur. **መኺኀኈት፤ :** M. 13, 9.

*Kŭniǹā* s. der Abend, B., s. *kum.*

*Kantā* s. Körnchen, **ሰኛዯ : ኸኀታ :** Senfkorn, M. 4, 31. *kantā*
scheint = *kan-t-ā* zu sein, reflexives relativ.

*Kantu* adv. (G. A. **ክንቱ፡**, Ti. **ክንያ፡**, Bil. *kándō*) vergeblich, unnütz, das was *kemā*; Fl.

*Kantibā* s. A. Chef, Scheech, Ortsschulze, Fl.

*Kār* v. (Bil. *šīr*, Barea und Kurama *gēr*) lang, fern sein.
    *kār-t* refl. sich entfernen, entfernt sein, **ከርተ፡ቤው፡**: er entfernte sich, M. 1, 19; 14, 35. **እንተ፡የደረ፡መንግሥ ትስ፡ከርተአር፡አይላ፡**·du bist nicht fern vom Gottesreich, M. 12, 34. **ኃለበክ፡ዝ፡ይላ፡ከርታዕ፡ግን፡** ihr Herz aber ist entfernt von mir, M. 7, 6. **ከርትዝ፡** in der Ferne, M. 11, 13. **ከርተላ፡** von der Ferne, M. 5, 6; 8, 3; 14, 54; 15, 40. — *karta* remote, Fl.

*Kŭārā* s. (Demb., Bil. *kŭárā*, Ch. *kŭárā*, Somali *koríḫ* Sonne, cf. A. **ጋዋረ፡** Sonnenstrahl) die Sonne, **ኳረ፡** M. 4, 6; 13, 24; 16, 2. **ኳረረ፡ሰበው፡** und die Sonne senkte sich (*kŭāri-rī* für *kŭāra-rī*, vgl. §. 15), M. 6, 35. — *quari fana* (*kŭārī fanā* Sonnenaufgang) Ost, *kuaritona* (*kŭārī tû-na* Sonnen-eingang) West, Fl.

*Kŭrā* s. (Demb., Bil. *kŭrá* plur. *kŭr*, vgl. Ch. *aqŭal*) Fluss, **የርዳዎስ፡ኩረግን፡** im Flusse Jordan, M. 1, 4. — *kurra* river, *kuriday* (i. e. *kurī dāy*) Flussufer, bank, Fl.

*Karbē* s. G. A. Myrrhen, Fl.

*Kŏrbē*, *kŏrbī* s. (A. **ቀርበት፡**) Haut, Leder, Fl., *kŭerbay* Lef.

*Kŏracā* s. A. der Sattel, Fl., B.

*Karakar* v. A. einschneiden, nur refl.: **ተከረከረን፡** während sie disputirten, M. 12, 28; auch pleonastisch mit dem Agauischen Passiv-Reflexivcharakter: **ተከረከርስአ፡ዶመርንው፡** sie fin-gen an sich zu streiten, M. 8, 11.

*Keremt* s. A. Regenzeit, Winter, Fl.

*Kāriñ* s. (Agaum. *kŭaliñ* id., vgl. Ch. s. v. *kŭar*) Zorn, **ከርየ፡** G. 27, 44. 45. *karyne* quarrel, wrath, *karyno* vituperate Fl.
    *kāriñ-š* caus. Zorn, Feindschaft erregen, beschuldigen, **ከረሽንው፡** sie beschuldigten, M. 15, 2. **ከረሽ.ደኛግ፡** damit sie beschuldigten, M. 3, 2. — *atsho karagnshow* to exasperate, *wadera karagnshangna* exasperation, Fl.

*Keriñā* s. (Bil., Demb., Ch. *kriñā* pl. *kriñ*, Agaum. *χariñ*) Stein, **ከርክስ፡** den Stein, M. 9, 42; 16, 3. **ከርአረ፡** und der Stein, M. 15, 36. **ከርአ.፡ዳግለ.፡** auf einem Fels, M. 4, 5. plur. **ከርየ፡** (*keriñ*), M. 4, 16; 12, 10; Joh. 2, 6. — *kergna* stone Fl.

*Krisānā* s. Christ, Fl.

*Kartamā* s. (vgl. A. ከረተሞ ፡) Gefäss; Krug, Schlauch, in den Gespr. Nr. 54 mit A. ማዮ፡ጋ፡ übersetzt; ከርተማ ፡ Joh. 2, 6. ከርተሞሪ፡ und das Gefäss, M. 7, 4. ከርተሞስ፡ den Schlauch, M. 2, 22. ከርተሟጊ፡ in den Schlauch, ib.

*Karaṭīt* s. A. Ranzen für Aufbewahrung von Esswaaren auf der Reise; Geldbeutel, M. 6, 8. *qaratiṭ* pocket, Fl.

*Kas y* v. (A. ቀስ፡አለ፡) sanft, leise sprechen, lispeln, Fl.

*Kāsā* s. A. Ersatz, compensation Fl.

*Kes* v. (Bil. *kas, kis,* Demb. *kis,* Ch. *kiš*) hell, Morgen werden, አጀወ ፡ በ.ክሴሪ ፡ ሐ.ሪጋ ፡ ጉወ ፡ am sehr frühen Morgen noch bei Finsterniss stand er auf, M. 1, 35. *bī kisê* als die Erde hell ward. Nom. *kesinā [kasinga]* der Morgen, B.

*Kez* v. (Bil. *kid,* Demb., Agaum. *Kiz,* Ch. *qey*) verkaufen, ከዘ ፡ verkaufe! M. 10, 21. ከማ፡ከዞስ፡አሪኬ ፡ er traf Viehhändler, Joh. 2, 14. ርግብ ፡ ከዞሪ ፡ ይኬ ፡ und er sprach zu den Taubenhändlern, Joh. 2, 16. ከዞስ ፡ ጀበወስ ፡ ፍግአ ፡ ጀሞ ርወ ፡ er begann die Verkäufer und Käufer auszutreiben, M. 11, 15. ያበ ፡ ንዕስ ፡ ከዞና ፡ ለዌና ፡ ንዕ ፡ ሸብትና ፡ machet meines Vaters Haus zu keinem Haus, in welchem man verkauft und wechselt! Joh. 2, 16. — *kesow* to sell, Fl.

*kez-t* refl. pass. ከገትዷግ ፡ መተና ፡ dass es verkauft werde, M. 14, 5.

*Kiz* v. (Demb. *kīz,* Ch. *cis,* Bil. *kid,* Ti. ኀየስ፡, G. ኀየስ፡) besser sein, ኪዞከ ፡ es ist besser, M. 9, 43. 45. 47; 12, 33. ኪዞ፡ ስንበወ ፡ es wäre besser, M. 9, 42; 14, 21. Nom. ኪግአ ፡ *kiziñā,* M. 15, 11.

*Kūaz, kāz* I v. (Bil. *kuad,* Saho, ʿAfar *os*) hinzugeben, -fügen, darauf, mehr geben, wiederholen. In den Texten nur die Form ከዞ ፡ oder ከዞ ፡ (partic. 3. sing.) mit der Bedeutung: nochmals, auch, ከዞ፡ጓንከርወ ፡ er fragte abermalen, M 15, 4. ከዞ ፡ ስንብትግ፡አይሪ ፡ ገን ፡ er ist auch der Herr über den Sabbat, M. 2, 28. ዕንትሪ፡ከዞ ፡ (für ከግቶ፡) ፈሸዲ ፡ ወንተሪ ፡ kehre auch du mit ihr um! R. 1, 15. Auch mit Femininen und Pluralia verbunden, ይዌና ፡ ከዞ፡ክገ ፡ auch die Frau starb, M. 12, 22. አይኸ.ወ ፡ ሸጓ ፡ ሸገሪ ፡ መርከበን ፡ ከዞ፡ፈዲ ፡ ስንበገወ ፡ es waren noch andere kleine Schiffe mit ihm, M. 4, 36. ከዞሪ ፡ አይሪ ፡ አይወ ፡ ይጓወ ፡ wiederum andere Leute sagten, M. 6, 15.

*Kuaz*, *kāz* II, v. (scheint aus *kôz* = *kaus*, *kurs* entstanden zu sein, cf. אֹבֵר‎, בֹּרֵם‎), Nom. *kŭasanä* Stuhl, Sessel (relat. II tert. pl. ,worauf sie sich setzen, stützen', vgl. Chamirspr. §. 59), II. — Davon:

*kŭazan-t* refl. sich stützen auf etwas, ዘፈ፡ጋንዕ፡ስን በ.ወ·፡ገሽእጓገ.ገኅ፡ዘኈዘርስ፡ኈዘገኅፆ· : er aber schlief auf dem Hinterdeck (,dessen Rücktheil') auf seinem Arm sich stützend, M. 4, 38.

*Kasal* s. A. die Kohle, Fl.

*Kŭazar*, *kŭzar* s. (Ch. *kŭarz*, Bil. *kŭarad*) der Arm, die Elle, ኈዘርር፡ M. 4, 38. *kozar* B., *koser* arm, ell Fl.

*Kazaz* v. (Bil. *kaskas*, Saho *kasas*, 'Afar *kaskas*, Ti. ስስስስ፡, ⌐◌⌐◌ *kaskas*, △∏ △ *ququas*, σοισεε) tanzen, ስዘ ገ፡ገኣ፡ sie tanzte, M. 6, 22.

*Kaš* s. (Bil. *kas*, Ch. *kesá*, Agaum. *kesar* cf. G. ስስዩ፡, vgl. Chamirspr. §. 52) Schulter, Achsel, Fl.

*Kēš* beherbergen, s. *kē*.

*Kešentä* Gemälde, Bild, Fl.

*Kāšin* v. (Demb. id.) rufen, herbeirufen, ·ስሽ.ሽኈ· : er ruft, M. 10, 49; 15, 35. ስሽሐወ·: M. 9, 35 oder ስሽሀሀ·: M. 6, 7: 7, 14; ስሽ.ሐሀ·: M. 3, 13: ስሽዕወ·: M. 3, 23; Joh. 2, 9; ስሽዕወ·: M. 1, 20; ስሽዕኣ·: G. 27, 1; ስሽዕወ·: M. 8, 1: 10, 42; ስሽ.ኣወ·: M. 12, 43 er rief, berief. ስሽኣ·ገ: sie berief, G. 27, 41. ስሽ.ሐገወ·: sie riefen herbei, M. 10, 49. ስሽ.ኣ: ruft! M. 10, 49. Nom. ስሽዩ·: M. 1, 17 oder ስሽ. ገዩ·: (*kāšin*) M. 3, 31. — *kashgnegno* to call, Fl.

*Kat* v. (G. ·ገጥኣ·?) irren, sündigen, revoltiren, abfallen, verleugnen, ኈ·ኣ·ኈ· : du wirst (mich) verleugnen, M. 14, 30. 72. ኈ·ኣ·ኈ·ገ: ihr werdet verleugnen, M. 14, 27. ኈ·ኣ·ስ.: ich werde nicht verleugnen, M. 14, 29. 31. ኈ·ገወ·: er verleugnete, M. 14, 68. 70. ኈ·ኣ·ገገ: wenn sie verleugnen, M. 14, 29. ኈ·ገ·ዩ·ሣ: dass sie irren, M. 13, 22. ኈ·ፆ·: die welche sündigen, Missethäter, M. 15, 28. ኈ·ኣ·ወ·: die welche in Irrthum gefallen sind, die Heiden, M. 2, 16. ኈ·ኣ·ዘ·ስኈ ፍርዏ: seid ihr nicht im Irrthum? M. 12, 24. — *katow* renommée, *katanta* Heide, Fl.

*kat-š* caus. verführen, ኈ·ገ·ሽገገ·ገ: sie verführen, M. 13, 6. ኈ·ገ·ሽ·ገ: wenn er verführt, ein Aergerniss gibt, M. 9,

43. 45. 47. አውኪ፡ከትሺጊንአ፡ dass (euch) niemand verführe, M. 13, 5. ከትሻዕ፡ welcher verführt, M. 9, 42. —
*ketsheow* seduce, *ketshenta* satan, Fl.

*Küt* I v. (Bil. *küt, küs*, Demb. *ked*) verdecken, -hüllen, *kutu*
to veil, *kuhana* (wohl: *kūtanā* womit sie sich verhüllen, der
Schleier, Bil. *kūtanā* Schleier) the veil, Fl.

   *küt-š* caus. ፈገሺለ፡ዙትሺ�፡ታየንን፡ስንበ.ንው፡ nachdem
sie sein Gesicht verhüllen liessen, schlugen sie ihn, M. 14, 65.

*Küt, kūt* II v. (Bil. *kat*) den gleichen Werth vorstellen, gleich
gelten, ሽከ፡አ゚ዜአ፡ኩታአ፡ተንኮስም゚ንው፡ sie blieben (eine
Zeit), welche zehn Jahre vorstellt = blieben ungefähr
u. s. w., R. 1, 4. ሊአ፡ሽኽ፡ዙታም፡ስንበ.ንው፡ es waren
ungefähr zweitausend, M. 5, 13; vgl. Jeh. 2, 6.

*Kitāb* s. A. Ar. Amulet, Fl.

*Katkât* v. (Bil. *q̆aṭq̆aṭ*, cf. G. ገገጸ፡) zittern, sich fürchten, Fl.

*Katal* rad. inus. (Bil. *katal*, A. ከተለ፡), nur in der semit.
Reflexivform:

   *ta-ĝatal* oder vielleicht *tañatal* (cf. *tagnatalegna* to pur-
sue Fl. i. e. *tañataleñā* Nachfolge) folgen, nachfolgen, ታሽ
ተልው፡ er folgte nach, M. 1, 36; 3, 7; 5, 24. ታአተልፒ፡
sie folgte, R. 1, 14. ታ0ተልንው፡ M. 1, 17 und ታኽተል
ንው፡ M. 2, 15; 6, 1 sie folgten. ታኽተልንው፡ wir folgten,
M. 10, 28. አም゚ነውስረ፡እን፡ታም゚ሬት፡ታኽተለፒ፡den Gläu-
bigen folgen diese Zeichen, M. 16, 17. ታኽተሊ፡ folge!
M. 2, 14. ታኽተልይ፡ dass er folge! M. 8, 34. ታኽተለገን፡
wenn (weil) er nicht folgt, M. 9, 38. ታኽተለንን፡ስንበ.ንው፡
sie folgten, M. 10, 32. ታኽተሌ፡ታም゚ሬት፡ das Zeichen,
welches folgt, M. 16, 20. አንት፡ታኽተለጋዕ፡ welcher uns
nicht nachfolgt, M. 9, 38. — *takatoleo* to follow Fl.

   *taĝatal-š* caus., አውስኪሬ፡ተኽተልሺላ፡ und er liess
niemanden mitgehen, M. 5, 37.

*Katam* v. G. A. verschliessen, bedeckten, ከተ゚ሚፒ፡ sie deckte
zu, G. 27, 16. — *katamā* die Stadt, Fl.

*Kaû* die Stadt, s. *kô.*

*Kaû* v. (Ch. *qaû*, vgl. Ch. §. 52) voran sein, Nom. *kaw-in* Anfang.
Davon:

   *kawin-t* denom. v. refl. sich an die Spitze stellen, zuerst sein,
   *kawinto kal sembeu* im Anfang (beginnend) war das Wort, Fl.

*Kawā* s. (G. ቃህም፡?) Ameise, Fl.

*Kuw* v. (Bil., Ch., Agaum. *kuw*, cf. 'Afar *gaf*, Saho *gadaf* id.) tödten, morden, ከወኸ፡ G. 27, 41. 42. und ትወነ፡ M. 14, 27 ich werde tödten. ትወነት፥ sie tödten, M. 9, 31. ትወ ንወ፡ sie tödteten, M. 12, 5. 8. ከወይግl፡ dass er tödte, M. 9, 22. ትዋዩ፥ dass sie tödte, M. 6, 19. ከወና፡ dass wir tödten, M. 12, 7. ትወደፍግl፡ dass sie tödten, M. 14, 1. ትወታ፥ tödte nicht! M. 10, 19. ከወአ፥ M. 15, 7 und ከአ፡ M. 16, 18 welcher tödtet, getödtet hat. ከአወአ፡ (*kuwiñā*) Mord, M. 7, 21. — *kúghu* (B.), *koou* (Fl.) he killed, *kuanta* Mörder, Fl.

*Kuwā* s. (Demb. *kewā*) der Büffel, Fl.

*Kôt* v. sich wärmen, s. *kô*.

*Kāy* übersetzen (den Fluss), s. *kā*.

*Kuyā* die Wolke, B.

*Kiyan* die Hochzeit, s. *kên*.

## Q.

*Qab* s. (Ch. *qiba* und *qibba*, A. ቀቤ፡) Oel, nur in *kablungua* oil (Fl.) = A. ቀበነግ፡ Oel der Guizotia oleifera, s. *lenguā*.

*Qadam* v. G. A. voran sein, ግዶ፡ይወ፡መርከብዋ፡ትወነአ፡ ለንጅወሪ፡ቀደመነአ፡ (Relat. II) er nöthige sie das Schiff zu besteigen und vor ihm hinüberzufahren, M. 6, 45.

*Qadas* v. G. A. heilig sein, ቀዳሰወ፡ወንጌል፡ das hl. Evangelium, M. Titel. *qedūs* adj. G. id., plur. ቀዳሰን፡ M. 8, 38. — *maqdas* der Tempel, Fl.

*Qāl* s. G. A. das Wort, die Stimme, G. 27, 22. 24. 34. 38 u. a., auch ቃአ፡ R. 1, 9.

*Qilbay* der Ring, s. *kelbiyā*.

*Qalāf* adj. A. unbeschnitten, Fl.

*Qalam* s. A. die Tinte, Fl.

*Qalāy* s. A. die Tiefe, der Abgrund, Fl., s. *kôlā*.

*Qim* s. G. A. der Groll, ቀም፡ G. 27, 42; auch ከም፡ G. 27, 41.

*Qamīs* s. G. A. das Hemd, M. 6, 9. — *qamis* shirt, Fl.

*Quānquā* s. A. die Sprache, ቋረሰ፡ቋንቋ፡ die Quarasprache (Bern), *quanqua*, Fl.

*Qunqun* Motten, s. *kunkun*.

*Qenāt* s. A. Eifer, Neid, Joh. 2, 17. *mequñenā* (A. መቀኝነት፡) Neid, Verläumdung, M. 7, 22.

*Qŭārā* n. pr. der abessin. Provinz Quara. Adj. **ቋረሳ** ፡ quarisch.

*Qŭrā* s. G. A. der Rabe, Fl.

*Qŏrbē* die Haut, s. *kŏrbē.*

*Qŭrbān* s. A. Communion, Opfer, M. 12, 33.

*Qŭrāç* s. A. der Lappen, Fetzen, M. 2, 21.

*Qarqarō* s. (A. **ቍርቍር** ፡) das Zinn, Fl.

*Qaraṣ* v. G. A. eingraben, -schneiden, Fl.

*Qaraṭ* v. A. Zoll einheben, **ቀረጠንን** ፡ während er Zölle ein-
nahm, M. 2, 14. Nom. *qarāç* der Zöllner, pl. **ቀሪ-ቤሎን** ፡
M. 2, 15, 16.

*Qas* s. G. der Priester, Fl.

*Qas y* lispeln, s. *kas y.*

*Qazaf* v. (A. **ቀዘፈ** ፡, G. **ቀዸፈ** ፡) rudern, Nom. **ቀዘፉሕ** ፡ *quza-
fiñā* das Rudern, M. 6, 48.

*Qēsār* der Cäsar, Kaiser, M. 12, 14. 16. 17.

*Qeṣer* Umhegung, s. *qeṭer.*

*Qaṭqaṭ* v. G. A. zerreiben, fein stossen, Fl.

*Qeṭer* s. A. Umhegung, Zaun, Ringmauer, **ቀጥር** ፡ M. 12, 1;
**ቀጽር** ፡ M. 13, 14.

*Qaw, qaû* v. der erste sein, voran sein, s. *kaw.*


# L.

*-la* I präpos. G. A. in *l-abrä* zusammen, und vielleicht in *lanj*
das jenseitige Ufer.

*-la* II pron. suffix (Bil. *-la*) mir, **ሽቢሎ** ፡ mache mir! G. 27, 7.
**ቲሽሎ** ፡ reiche mir! G. 27, 4. 25; §. 130 b, Anmerk.

*-lā* negat. partik. am Verb im Präsens und Perfect, vgl. §. 60.
62. 64. 66; B. §. 65, Anmerk.

*Lā* I pl. *lāw-ā!* v. (Bil. *lāux* pl. *láŋjā*, Demb. *lājī*, pl. *lājā*,
Ch. *laû* pl. *líux-tan*, cf. G. Ti. **ነዓ** ፡, A. **ና** ፡ veni! ∿ ∧
*naʿ*, ⲛ︦ⲏⲟⲧ venire) nur im Imperativ: komme! kommt! **ሳ◉** ፡
Gespr., **ሳኸ** ፡ M. 5, 23 komme! pl. **ሳኣ** ፡ M. 1, 17; 6, 31
und **ሳፐ** ፡ M. 12, 17. — *la* come, *eno lang* come here! Fl.
Hiernach vielleicht doch auch die Aussprache: *lañ*, cf. **ሳ◉** ፡
und **ሳኸ** ፡ und §. 34.

*Lā* II, *lā-jū* oder *lā-χū*, *lā-ñū* fem. *lāy* num. (Bil. *lá-ux* fem. *lá-rī*,
Ch. *lā-û* fem. *lā-y*) ein, einer, eine, **ይር** ፡ **ሳ◉** ፡ ein Mann,

R. 1, 1. ላኵ፡ይC፡ id., M. 5, 2. ላኵ፡ሃይሳ፡ ein Werk, M. 6, 5. ላኵ፡እንሽሙሳሙ፡ ein Gefangener, M. 15, 6. ነበ. አተንሳ.፡ላኵ፡ einer von den Profeten, M. 6, 15. ኩንገ፡ ላ0፡ሙሲሽ.፡ላኵ፡ኢልያስገረ፡ላኵ፡ für dich eine (Hütte), für Mose eine und für Elias eine, M. 9, 5. ላ0፡ላ0፡ M. 4, 5; Joh. 2, 6 und ላኵ፡ላኵ፡ M. 4, 4 ein jeder, wofür bei Flad: langlang i. c. lānlān. Vor Affixen lā-, wie: ላስ፡ den einen, R. 1, 2; M. 9, 37; 10, 18. ላስከ.፡ irgend etwas, M. 11, 13; 15, 4; 16, 8. Fem. ላይ.፡ G. 27, 38. 45; ላይ፟ሽ፡ der einen, R. 1, 4.

*Lē* v. 2 (Bil. *nāq̇*, Agaum. *yak*, Ch. *naq*, vor consonant. Suffixen *nay*, Demb. *lē*) geben, ሌአእ.፡ er gab, G. 27, 20. ሌ፡ gib, gewähre! M. 10, 36. ሌ፟ቀ፡ dass ich gebe, M. 6, 22. ይ፟ረበኵ፡ገን፡ላተእ፡ ich wünsche, wonach du gebest, M. 6, 25. ሌአ፡ይቤሙ፡፡ er machte die Zusage, zufolge der er geben wolle, M. 6, 23. ሌአ0፡ der welcher gibt, M. 11, 28.

*la-š* caus. (Bil. *nāq-s*, Ch. *na-s*, Demb. *la-š*) bringen, ለሽኵ፡ ich hole, G. 27, 12. 45; er bringt, Joh. 2, 10. ለሽ፟ቲ፡ sie bringt, M. 4, 28. ለሽ፟ሙ፡፡ ich brachte, M. 9, 17. ለ፟ሽ፟ሙ፡፡ er brachte, G. 27, 13. ለ፟ሽ፟ቲ፡ sie brachte, G. 27, 15. 42. ለ፟ሽ፟ንሙ፡ M. 1, 32 und ለ፟ሽ፟.ንሙ፡ M. 2, 4; 8, 21; 10, 13; 12, 16; 15, 22. ለ፟ሽ፟.ይ፟ቅ፡ dass sie bringen, M. 3, 9. ለ፟ሽ፟፡ bring! G. 27, 3. 7. 9. 13; plur. ለ፟ሽ፟፡ M. 9, 19; 11, 2; 12, 15. ሙ፟ገ፟ን ስረ፡ለ፟ሽ፟፡ይ.ሀ.ሀ.፡፡ auch Wein bringend gab er ihm, G. 27, 25. የ፟ረ፟ረ.፡ይ.ቀ፡ለ፟ሽ፟፡ሌአእ.፡ Gott zu mir bringend gab es mir, G. 27, 20. ለ፟ሽ፟፡ die welche bringen, M. 10, 13. Nom. ለ፟ሽ፟፟ን፡ *lašiñā*, M. 6, 27 das Bringen.

*la-s* pass. ለ፟ሰ0፡እ፟ን፟ቱ፡ሕግገ፡ wegen eures Gesetzes, das gegeben ist, M. 7, 13. ሌ፟ሰስ፡ገሙረኵን፡ ihr werdet reden, was (euch) gegeben ist, M. 13, 11.

*·li* I negat. Part. der ersten Person präs. et perf., s. *-lā*.

*·li* II postpos. (Bil., Ch. *-l*, *-li*, Demb., Agaum. *-li*, G. ለ-) in, auf, በ.ለ.፡ im Lande, R. 1, 1. ይ.በ፟ተ፟ረ፟ለ.፡ im Tempel, Joh. 2, 14. ጸገለ.፡ auf der Höhe, M. 10, 46 u. a. — von, aus, ሰሙይ.ለ.፡ vom Himmel, G. 27, 28. እ፟ን፟.ለ.፡ aus dem Wasser, M. 1, 10; vgl. §. 147.

*Lab* v. (Demb., Bil. *lab*, Ch. *lib*, cf. G. ለበየ፡) sinken, fallen, ለበኵን፡ sie fallen, M. 13, 25. ለ፟በ፟ሙ፡፡ er fiel, M. 4, 4. 5. 7; 14, 35. ለ፟በ፟ቲ፡፡ sie fiel, M. 7, 25. በረ፟ቀ፡ለበ.፡ falle (stürze) ins Meer! M. 11, 23. **ለብይ**: dass er falle, M. 3, 10. **ለበን**: wenn er fiele, M. 9, 42. **ለብጥ**: sie fallend, plur., M. 3, 11. **ለቢ:ስንቢ.ቲ**: sie war gefallen, M. 1, 30. — *labow* wither, *labeyna* (= *labeñā*) the fall, Fl.

*Lobā* s. (A. **ርብ&**:) Mittwoch, Fl..

*Labakā* s. (Demb., Bil. *làbaká* id., vgl. s. v. *nabē* und *nafaq*) das Herz, Accus. **ለበከስ**: Gespr., vor den übrigen Affixen *labakī*, **ለበከ.ዝ**: im Herzen, M. 2, 6. 8; 4, 15; 12, 7, Genetiv **ለበከ.**: M. 3, 5; 16, 14. — *lebeka* heart, mind, *lebekalau* (i. e. *labak-a-la-û* welchem kein Herz ist) unanimous, *lebaka shega* (i. e. *labakā šē-gā*) idiot, Fl.

*Lābrā* adv. (Demb. id.) zusammen, s. *abbar*.

*Led* s. Kind, s. *wâlad*.

*Lêd* s. (Demb. id., vgl. Agaum. bei Waldm. *lešanti* id.) der Hirt, Fl.

*Lūd* s. Inneres, Tiefe, **ናእ:ሉ.ይ.ዝ**: in ihrem Innern (Herzen), M. 4, 17. **ን&:ሉ.ይ.ዋ**: in das Innere des Hauses, in das Haus hinein, M. 15, 16. — *lood* abyss, *loodes* within, *loodu* inwardly, *loodegno* adj. inner, Fl.

*Lidanā* die Garbe, sheaf Fl.

*Lājū* ein, s. *lā* II.

*Lājlā* s. (Bil. *lájlā* pl. *láqel*, Demb. *lājlā*, Ch. *lálā*, Ch. §. 69, cf. ﺍﻟﻨﺤﻞ) die Biene, *laghla* B., *langla* (wohl *láñlā*), Fl.

*Logŭm* v. (G. A. **ለጐመ**:) zügeln, **ኪ.መከ.ስ:ልጐማ.:በፉ:ኔሊ.:ሪ**: halt' dein Maul und fahre aus ihm aus! M. 1, 25. — *logmu* impress, *loguam* (also *logŭām*, G. **ልንም**:) bridle, rein, Fl.

*Lagaz* v. (Demb. *lagaz*, Agaum. *lagas*, Ch. *liges*, Bil. *lagad*) gross, lang, hoch sein, -werden, **ለገዘ&:ይ.በ.ዋ**: auf einen hohen Berg, M. 9, 2. **ለገዘ:ሴ&ዘ**: in langem Gewande, M. 12, 38. — *lagasu* long Fl.

*lagaš* caus. (aus *lagaz-š*) in die Länge ziehen, **ናጸሉ ትስ.ለገሽ**: welche ihr Gebet verlängern, M. 12, 40. — *legeshu* train, Fl.

*Lagat* v. (A. **ለገጠ**:, **ለገይ**:) verspotten, spotten, nur im semit. Caus. **አለገተ.ኩ.ን**: sie werden (ihn) verspotten, M. 10, 34. **አለገተ.ነን:ስንቢ.ነው**: sie spotteten, M. 15, 31. 32.

*Laχ* I s. (Demb. *lag*, Agaum. *leg*, Bil. *laq* feines Mehl, vgl. G. A. **ይ.ቀቀ**: fein reiben, **ይ.ቄ.ት**:, [symbol] oo *duge-t* feines

Mehl, ⟨Hieroglyphs⟩ × *daydag* fein reiben) feines Mehl, *lach* flour, Fl.

*Laχ* II s. (Bil., Ch. *laq*, G. ⟨Ge'ez⟩ : sputum) Gespei, Speichel.
  *laχ-et* v. refl. speien, den Speichel auswerfen, *lachetow* vomit, Fl.

*Lāχū* eins, s. *lā* II.

*Lēχ* v. (Ch. *lilqŭ*, A. ⟨Ge'ez⟩ :) anstreichen, beschmieren, *lēchow* to smear, *lēχna* plaster, Fl.

*-lihi* i. e. *lihī* postpos. (aus *lī* + *hī* = Bil. *-lid*) von, aus, *ligna-lihi au ni* which of both? *ni-lihi* from every where, Fl.

*Lek* s. (Ch. *likek*, A. ⟨Ge'ez⟩ : messen) das Mass, M. 6, 51.

*Lekŭ* s. (vgl. Ch. s. v. *luk*) das Bein, ⟨Ge'ez⟩ : M. 5, 4; 6, 9. 11; 7, 25; 9, 44. ⟨Ge'ez⟩ : M. 5, 22. *leku* foot, leg Fl.

*Laqaq* v. A. klaffen, nur caus. *alaqaq* gähnen, to yawn Fl.

*Lalam* v. (Ch. *lilem*, A. ⟨Ge'ez⟩ :) grün, frisch sein, ⟨Ge'ez⟩ : er grünte, M. 4, 8. ⟨Ge'ez⟩ : (*lelama* fresh, Fl.) grün, M. 6, 39; 13, 28; grünes Gewächs, ⟨Ge'ez⟩ : unter den Gewächsen, M. 4, 32.

*Lalāw* v. (Ch. *lilef*, A. ⟨Ge'ez⟩ :) schwätzen, beschwätzen, ⟨Ge'ez⟩ : sie überredeten, M. 15, 11.

*Lam* I v. (Demb., Agaum., Bil. *lam*, cf. لَسْ, لَقْ, לֵבֵב) eindecken, -flechten das Haus mit Gras, einschliessen, *lemo* to shut, Fl.

*Lam* II v. (A. ⟨Ge'ez⟩ : ⟨Ge'ez⟩ :, ⟨Ge'ez⟩ : ⟨Ge'ez⟩ :) lau, laulich, milde, sanft sein.
  *lam-t* refl. besänftigt sein, *lamtā* sanft, smooth Fl.
  *lam-t-iz* refl. caus. besänftigen, Fl.

*Lōmī* s. (A. ⟨Ge'ez⟩ :) Limonie, Fl. Ueber *lōmī* für *lōmīn* vgl. §. 25.

*Lambdā* s. Schatten, s. *lemdā*.

*Lamad* v. G. A. lernen, sich gewöhnen, *lamadya* (rel. negat. *lamad-y-ā* der sich nicht gewöhnt) unaccustomed, Fl. *lemād* Sitte, Gebrauch, Gewohnheit, ⟨Ge'ez⟩ : ⟨Ge'ez⟩ : nach seiner Gewohnheit, M. 10, 1.
  *lamad-š* caus. gewöhnen, lehren, *lamadshow* exercise, Fl.

*Lemdā* s. (Demb. *lemdā*, Bisch. *lendā*) Schatten, ⟨Ge'ez⟩ : M. 4, 32. *lambda* Fl.

*Lameṣ* s. G. A. Aussatz, M. 1, 42. ⟨Ge'ez⟩ : ⟨Ge'ez⟩ : (Aussatz habend) ein Aussätziger, *lamṣesha* leper, Fl.

*Lengăā* s. (Bil. *lehungŭá*, Ti. **ንሀንዖ** : collect. **ንሀጉ** :, A. **ኑግ** :, Ch. *nuwá* [aus *nehŭā*], ** እየ♀♀Ჿ** *nehŭhŭ*, ** notᲿ** oleum) eine ölgebende Pflanze, guizotia oleifera. **ል፟ንꝫ** : Gespr., vielleicht *lungŭā* gesprochen, vgl. *kablungua* oil, Fl., s. *qab.*

*Lanĵ* s. (scheint ein Compositum zu sein aus *la* + *enĵ* an jenem, jenseitigem Ort, Ch. *ed-rā*, Bil. *enda-rā* dort, jenseitig; zu *enĵ* vgl. Chamirspr. §. 229, Note 1) das jenseitige Ufer, **ለ፟ንፎ** : M. 3, 8; 4, 35; 5, 1. 21; 6, 45; 10, 1.

*Lanχ* s. (Demb. *lanχ, laχ*, Bil. *lánqī*, Ch. *laq*) Zunge, **ለ፟ንꝫ** : M. 7, 35; **ለ፟ንሕ** : M. 7, 33. *lanch* Fl.

*Lāń* 1) v. komme! s. *lā* I. 2) num. ein, einer, s. *lā* II.

*Lïń* num. (Bil., Agaum. *līχ*, Ch. *laḫ*) hundert, **ለ.ፅ** : M. 4, 8. 20; 6, 37. 40; 10, 30. *liang, lieng*, Fl.

*Lïńā* num. (Ch., Demb. *lińá*, Bil. *lańá*) zwei, **ለ.ፇ** : M. 9, 45. 47; 12, 42; 16, 12. **ለ.'ኽ** : M. 6, 7. **ለ.አ** : R. 1, 1. 2. 4 u. a. **ለ.ዚሰ** : M. 4, 20 u. a. **ለ.ሐ.ሰ** : M. 4, 8 u. a., **ለ.ኤ.ሰ** : M. 15, 27 d. i. *lińasā* der zweite; **ለ.ኽቻ** : *lińatā* M. 3, 5 u. a. der zweite. **ለ.ፇኊ** : alle beide, M. 10, 8.

*Lāńla* die Biene, s. *lāĵlā.*

*Lańeń* num. (Bil. *lańaráńin*, Agaum. *lańariń*, Ch. *láren, larn*, Demb. *lińa-tiń*) zwanzig, *lagneng* Fl., **ለዖአ** : Genes. 27, Tit., **ለዖፅ** : M. 5, 20, §. 138.

*Lańatā* num. (Bil., Demb., Agaum. *lańatā*, Ch. *lańtá, lańdá*) sieben, septem, *langeta* Fl., **ለአቻ** : Genes. 27, Tit., **ለ፟ፘቻ** : M. 5, 7, §. 138; **ለፘቻ** : M. 7, Tit.; 8, 5. 6 u. a. *lańatasā* siebenter, *laynatêsa* Fl.

*Laš* v. (A. **ለፙሐ** :) schaben, *leshow* to shave Fl.

*Leš* v. (das was *let*, s. d.) in Ordnung, geordnet sein, in gutem Stand sein.

  *leš-iz* caus. in Stand setzen, ausbessern, **ናአ : መርበ∙በስ** : **ል፟ፘዘ፟ን** : während sie ihre Netze ausbesserten, M. 1, 19.

*Lašan* v. anzünden, **ተ∙ዋ : ለ፟ፘንኩ∙ን፟Ꭷ** : zünden sie ein Licht an? M. 4, 21.

*Let* v. (aus G. **ርኁፅ** : gebildet, vgl. Cham. s. v. *litaq*) genau, recht, in schöner Ordnung sein, *lebeki letni* frankness, *nil-bekileta* honest, *nilebekileta* sincere (= *nī labakī letā* der in Bezug auf sein Herz lauter ist), *letang* straigst, Fl.

*let-z* caus. in Ordnung bringen, zubereiten, ሌትዘኩ: er bereitet zu, M. 9, 12. — *letsow* to prepare, Fl.

*Letan* v. beneiden, to envy, *letanta* jealous, Fl.

*Laû* v. (Bil., Ch. *lāû*) rechts sein, rel. *lawā* (was rechts ist) die rechte Seite, ለዊገ: zur Rechten, M. 10, 36. 40; 14, 62 u. a. *lâwa* right, Fl.

*Låwā* s. (cf. G. ኑፍኑፌ:) der Thau, Fl.

*Låwē* v. 2 (Ch. *laûṭ*, Bil. *lawaṭ*, Ti. Ty. A. ለወጠ:) verändern, tauschen, wechseln, ለዌው: welche wechseln, die Wechsler, M. 11, 15; Joh. 2, 15. ያበ:ንዕስ፣ከዘና:ለዌና:ንዕ:ሹብትና: macht meines Vaters Haus nicht zu einem Haus, in welchem sie verkaufen und wechseln! Joh. 2, 16. Nom. ለዌይ: *lå-wēn*, M. 10, 46. *laweyna* change, Fl.

*låwē-s* pass. ይን:አኊስ:ቷማ:ጊዘገ:ሚገ:አይ:ለዌሳስ፣ als er jenes Wasser gekostet hatte, das zu Wein geworden sich verändert hatte, Joh. 2, 9. Nom. *låwēsnā, loues-gna* alteration, Fl.

*Layā* s. (Bil. *lágā* plur. *lak*, Demb. *layā*, Ch. *lī* plur. *lik* id., cf. G. ረቀየ:, 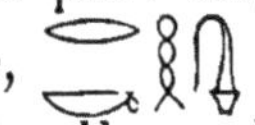 *rakaḥŭ*, ⲣⲟⲕ̄ϩ brennen) das Feuer, ለየሬ: und das Feuer, M. 14, 54. ለይዝ: im Feuer, M. 9, 49. ለይቀ: ins Feuer, M. 9, 22. 45. 47. *leya* furnace, fire, *leikana* postol, *laekana* gun, Fl.

## *M.*

*-mā* interrog. partik. (Demb., Bil. *-mā*, Ch. *-ma*, ما, מה, vgl. §. 105) ዕን:ናዕሚማ: ist diese da die Naome? R. 1, 19. እንትማ:ይዑሩ:ዔሳው: bist du mein Sohn Esau? G. 27, 24. ላስኪ:ወንተርሸለማ: antwortest du nichts? M. 15, 4.

*Mi y* v. aus *mī y* = (Bil. ምሌ:ይ:) verwirrt, verrückt sein, ኒለበኪ:ምይው:ዋንኩ: sein Geist ist verwirrt, M. 3, 21.

*Mô* s. (Ch. *magú, migú*, Galla *môyé* Saho *môgóḍ, môgóḷ*, A. መውገፄ:) der Mörser, pilar Fl.

*Mô* v. *mô-t* tragen, s. *maû*.

*Mābel* s. (G. ማዕበል:) Welle, Woge, Fl.

*Mād* s. (A. ማዴ:, G. ማእዴ:) der Tisch, ማዴ: M. 11, 15; 12, 39. ማዕዴ: M. 7, 28.

*Maftal* s. (A. መፍትያ:, ፈትለ:) das Spinnrad, die Spindel, Fl.

*Magụ̈a* rad. inus. (cf. G. **መከሐ፡**, A. **መከ**፡ rühmen, preisen). *magậ-š* caus. singen, *magoshow* to sing Fl.

*Mogōyō* s. (A. **ም፟ጎ፟**፡) Backofen, Fl.

*Māǰīn* oder *māχīn* s. (wahrscheinlich aus Ty. **መጥሐ፟**፡) der Mühl-, Reibstein, **ማ፟ኗ፟ ፡ ክርኽስ**፡ einen Mühlstein, M. 9, 42. — *maren* mill, *maen* grindstone, Fl.

*Māgar* s. A. Latte welche das Strohdach hält; Seitenwand des Hauses, **ማ፟ገርስ፡ብ፟ሐ፟ዝ፟ጎ፟ው**፡ sie durchlöcherten die Wand, M. 2, 4.

*Magaz* s. A. die Säge, Fl.

*Māgụ̈z* v. (G. **መስቀ፡**?) geschmackvoll, zierlich, elegant, vortrefflich sein, -werden, **መ፟ሥ፟ዋ፟ዕ፟ት፟ኪ፟፡ ሸ፟ዋ፟ገ፟ ፡ መገ-ዘኽ-**፡ jedes Opfer wird durch Salz werthvoll (gewürzt), M. 9, 49.

**ኗ፟ው፟ን፟ተ፟ርሽ፟ይ፟፡ መገ-ዝ፟ኽስ፡ኻ፟ል፟ው**፡ *ni wântarsin magụ̈zi̇nas χālû* er sah die Trefflichkeit seiner Antwort, M. 12, 28. — *mogsa* (relat. *māgzā*) elegant, Fl.; vgl. bei Halévy pag. 168 (Idiom von Dembea): *in guina šeri̇ê, ki-sami megezi-la* diese Frau ist gut, die deine taugt nichts. Ebenso *megez* werth sein, ib.

*māgụ̈š* caus. (für *māgụ̈z-š*) gut, vortrefflich machen, **ጋ፟ብ፟ስ፟ኪ፟፡መ፟ገ-ሸ፟ው**፡ er hat alles sehr gut gemacht, M. 7, 37.

*Mūça̅* s. A. der Gummi, Fl.

*Māḥabar* die Versammlung, s. *abbar*.

*Māχalā* s. (Bil. *mậ'kalậ* zu G. **አከለ**፡ gehörig) Kamerad, Genosse, **ማ፟ኻ፟ላ**፡ (A. Uebers. **በል፟ጅ፟ር፟ራ-**፡) Gespr. **ኪ-ማ፟ኽለስ**፡ **ይ-ከ፟ለ**-፡ liebe deinen Mitmenschen, Nächsten, M. 12, 31. 33. — *machela* fellow Fl.

*Māχīn* Mühlstein, s. *māǰīn*.

*Maχar* v. (Ty. **መ፟ኽ፟ረ**፡, G. A. **መከ፟ረ**፡, Ch. *maχer*) rathen, *mecher* advise v. (vielmehr: der Rath), *machero* to warn, *mecherentu* adviser, Fl.

*maχar-š* pass. refl. **መ፟ኽ፟ር፟ስ፟ን፟ው**፡ sie beriethen sich, M. 3, 6.

*Meherat* s. G. Erbarmniss, *meherat shega* inhumanly (*meherat še-g-ā* welcher kein Erbarmen hat), Fl.

*Mak* v. spinnen, *makow* to spin, *maggna* thread Fl. In Dembea (Halévy pag. 183) *mekwa* Faden, fil; cf. G. **ወቀ፟ሐ**፡

*Makadā* s. A. Kopfkissen, pillow Fl.

*Makānā* die Thüre, s. *may*.

7

*Makáanen* Richter, s. *kiuanen.*

*Mekenyāt* s. A. Ursache, Anlass, M. 12, 40.

*Makar* s. A. die Ernte, M. 4, 29.

*Makara* s. A. Trauer, Kummer, Angst, Elend, M. 4, 17; 8, 31; 9, 12 u. a.

*Makūt* s. (Demb. *mekut*) Jüngling. መኰት፡ M. 14, 50; 16, 5. Plur. መኰተን፡ R. 1, 13; M. 14, 51.

*Makiyā* s. (Demb. *makiyā*, Ch. *mīkā*) Mund, Lippe, *makeeya* Fl., *makya* B. መኪስ፡ (*makiya-s*) den Mund, M. 1, 25. መኪገ፡ im Munde, M. 7, 6.

*Māq* s. A. härenes Gewand, Fl.

*Maqdas* der Tempel, s. *qadas.*

*Meqañenē* Neid, s. *qenāt.*

*Maqraz* s. A. der Leuchter, Lichtständer, መቅረገ፡ M. 4. 21.

*Maqas* s. A. die Scheere, Fl.

*Mal* v. (vgl. Saho, 'Afar *bál-ā* Spion, *bal* sehen; unterscheiden, cf. G. በለለ፡ بَلْ؛ بَر seperare, ‎بَر *bar*, ፀአ Auge) spähen, beobachten, herumschauen, *malanā* Späher, spy Fl.

*mal-s* pass. refl. sich hüten, in Acht nehmen, መልሰ፡ hütet euch! gebt Acht! M. 12, 38; 13, 9. 33.

*mal-t* refl. Wächter sein, hüten, wachen, beobachten, warten, ናይ፡ ጋሽ ደዋሽ፡ መልቱኩንማ፡ werdet ihr zuwarten, bis sie erwachsen sind? R. 1, 13. መልቱው፡ ich habe beobachtet, gewissenhaft gehalten, M. 10, 20. መልቲው፡ du hast aufbewahrt, Joh. 2, 10. መልትትሞገ፡ damit ihr haltet, beobachtet, M. 7, 9. መልተነን፡ ስንቢነው፡ sie passten (auf ihn) auf, M. 3, 2. መልታሪ፡ ስንቢው፡ und er gab (auf ihn) acht, M. 6, 20. በገን፡ ሰና፡ መልታዕ፡ ሽን፡ ሰና፡ wie hirtenlose Schafe (welche nicht haben einen der wacht), M. 6, 34. መልቶ፡ die Wächter (die welche wachen), M. 12, 1. 2. 9. ወንገ.ያ፡ መልቶ፡ die Schweinehirten, M. 5, 14. Nom. ag. *maltantā* der Wächter (vgl. Agaum. bei Waldm.: *mendenti* Aufseher, *mandanti* Wächter, *mandistaia* unbewacht), መልተንተስ፡ ነተወኩ፡ ich werde den Hirten tödten. M. 14, 27. Plur. መልተንት፡ die Wächter, M. 12, 7. — *meltow* watch, defend, await, keep, *meltenta* watchman, Fl.

*Māl* v. (Demb., Bil., Ch. *māl*, cf. G. ወረወ፡, A. ወረወረ፡ id., die Schreibung ማል፡ wahrscheinlich für *māl*, helles *a*, vgl.

§. 3, c) werfen, **ማለከ፡** er wirft weg, M. 8, 35. **ማልዎ፡** er warf nieder, M. 9, 20. 22. **ማልጕ፡** sie warf hinein, M. 12, 42. 44. **ማልጕ፡ዋነኩ፡ነ** sie werfen hinein, M. 12, 44. **ማላዕ፡** welcher wegwirft, M. 8, 35. **ፈዘንስ፡በ.ዳግለ.፡ማላ፡ጊዛ፡** als er den Samen auf die Erde gesäet hatte, M. 4, 26. **ዊአ፡ማለነአ፡** wie sie (das Geld) hineinwerfen, M. 12, 41.

*Māli* s. Hexe, sorceress Fl.

*Milā* s. (Agaum. *mēlā*, Ch. *maylā*, A. **ማሸላ፡**, vgl. Ch. §. 48) Getreidesorte Andropogon sorghum R., L.

*Malak* v. G. possidere, *amlāk* Gott, R. 1, 15.

*Malāk* s. G. A. der Engel, Plur. **መላእክ፡ተነ፡** M. 1, 12; 8, 38; 12, 27 und **መላእከት፡** M. 12, 25. — *melāk* Fl.

*Malakat* v. (A. **መለከተ፡** vgl. Bil. s. v. *mark*) hinblicken, schauen, **መለከተዎ፡** er schaute an, M. 11, 11. **መለከተነዎ፡** sie blickten hin, M. 9, 8; 16, 4. **ጎዋ፡መለከፉ፡** er auf sie blickend, M. 10, 21. **የደፈ፡ጎሕገብስ፡መለከተአ፡አረስፈ፡ይዎአ፡ዋሰ ዎ፡** welche das Gerücht vernommen hatten, wornach Gott sein Volk angeblickt und ihm Korn gegeben habe, R. 1, 6. Inf. **መለከተኻ፡** wie: **መለከተኸፈ፡ሸብዎ፡** und er machte (liess ihn) aufblicken, M. 8, 25. Nom. **ዓመለከት፡** Zeichen, M. 8, 11. 12; Joh. 2, 18. **መለከ፡** Bildniss, Form, Gestalt, M. 12, 16; 16, 12. *malakat* Trompete, Fl.

*Mōlālā* adj. A. länglich, oblong, Fl.

*Malt* beobachten, s. *mal*.

*Malaṭ* v. (A. **መለጠ፡**) nur in der semit. Causativf. entwischen, -schlüpfen, -fliehen, **ናለ.፡አመለጥዎ፡** er entwischte ihnen, M. 14, 52 (מלט entwischen).

*Mamer* s. (G. **መምህር፡**) Meister, Lehrer, **መምር፡**, M. 5, 35; 9, 5. 38; 10, 17. 20. 35; 11, 21.

*Mēnā* präpos. (das was **መተና፡**), **ማኔና፡** wegen, G. 27, 5. 41. 46; R. 1, 11. 13. 21; M. 1, 30; 2, 8. 18. 27 u. a., §. 162.

*Mōnā* adj. (A. **ሞናና፡**) dumm, thöricht, *moni yir* stupid, Fl.

*Manbar* Sitz, Stuhl, s. *nabar*.

*Mangā* s. A. die Herde, G. 27, 9; M. 5, 11.

*Mānqā* s. A. der Löffel, Fl.

*Menālbāt* adv. A. vielleicht, M. 3, 21; 11, 13.

*Mandār* s. (sicher aus *ma-ndād* gebildet, G. A. **ነዳይ፡** febris maligna) das perniciöse Fieber, **መንዳርሲ፡ዋነኩ፡** (A. Uebers.

Kemisch.

ንዴ፡ አለብት፡ ፦). — *mendarsi* ague, Fl. (mit der Accusativ-endung versehen).

*Menče* s. A. Quelle, B.

*Manazar* v. A. (Ch. *minzer*) huren, nur in der semit. Causativ-form: አመንዝርው፡ er hurte, M. 10, 11. አመንዝር፡ት፡ hure nicht! M. 10, 19. አመንገፈ፡አይ፡ሂ፡ sie ward eine Hure, M. 10, 11.

*Mantū* s. G. A. (Bil. *mátta*) Zwilling, Fl.

*Manaṭar* s. A. (Ch. *menaṣer*) Augenglas, Brille, Fl.

*Mār* s. (aus *māur*, G. መኅውር፡) ein Blinder, M. 8, 22. 23; 10, 46. 49. — *mār* Fl.

*Mir* v. (Bil. *wárar*, Ti. ወረ፡, A. ወረረ፡) rauben, plündern. ዓ፤ርዖ፡ dass er raube, M. 3, 27.

*Mare* v. 2 (G. A. መረረ፡) bitter sein, ዋዕዐ፡አጅ፡ዐ፡መሪአዕ፡ ዋዕን፡ er schrie einen Schrei, welcher sehr bitter war. G. 27, 34. *marēnā* Bitterkeit, Fl.

*marē-š* caus. መሬ፡እያ፡አገዳ፡ኔትኪ፡ሸመታአ፡የደሬ፡ መሬሸ፡ዋንኩ፡ nennt (mich) vielmehr die Bittere, denn der allmächtige Gott hat (mich) in Bitterkeit gestürzt, R. 1, 20.

*Mārī* s. A. Führer, Fl.

*Mór* messen, s. *mewûr*.

*Mōréā* die Feile, s. *moreyā*.

*Marbab* s. A. das Netz, M. 1, 16. 19.

*Meräf* s. G. A. Kapitel, Abschnitt, Fl., ምዕፈፍ፡ Genes. Titel.

*Merfā* s. (A. መርፈ፡, G. መርፍአ፡) die Nadel, M. 10, 25: *merfa* Fl.

*Merḫüz* s. (G. መርጉዝ፡, A. መርኩስ፡) Stock, Knüttel, ምርኑዝ፡ M. 15, 19.

*Merk* s. (Ch. *mirqā*, Bil. *mirkú*) der Blitz, B. Fl.
*merk* v. blinzen, *yiles merku* (i. e. *yil-ez merk-û* er blinzte mit den Augen) to wink, Fl.

*Markab* s. G. A. das Schiff, M. 1, 17; 4, 1; 6, 32; 8, 10. 13. 14. *merkeb*, Fl. plur. መርከበን፡ M. 4, 36.

*Maramar* v. A. prüfen, untersuchen, መረመረን፡ indem sie studirten. M. 9, 10. *maramargaa geresteya* (i. e. *maramariā gar-este-ga*) unerforschlich, unsearchable, Fl.

*Merz* s. A. Gift, Fl.

*Marasā* s. (A. መረሸ፡, Ch. *muḥirža* die Pflugschar. Fl.

*Maraṭ* v. A. wählen, auswählen. *meretzo* select, Fl.

*maraṭ-s* pass. **መረጥስ** : M. 13, 22 und (perf.) **መረጥ ሰዉ** : M. 13, 20. 27 die Auserwählten.

*Marâwâ* s. (Bil. *merâwā*, Demb. *merwā*, cf. G. **አረዉ** :) die Schlange, **መረዋ ፡ ሺኩን** : eine Schlange fassen sie an, M. 16, 18. *marowa* adder, serpent, Fl.

*Mōreyā* die Feile (vgl. Ch. *miûrd* feilen, denom. gebildet aus **ዋረዩ** :, **መብረዩ** :, so auch: *mōrē* v. 2 feilen, daraus relat. 2: *mōrē-ā* womit man feilt), *morea* file, Fl.

*Maz* v. (G. **መገለመዘ** :) abwischen, *mesow* to wipe, Fl.

*Mīz* s. (G. **ሚስ** :) Honigwein, Hydromel, **ሚገ** : G. 27, 25; M. 2, 22; Joh. 2, 2. 9. 10. *mis* Fl., Lef.

*Masōb* s. G. A. Korb, M. 8, 8. 19.

*Masfen* Regent, Richter, s. *safan*.

*Masgīd* die Synagoge, s. *sagê*.

*Mesgan* und *mezên* v. (A. **መሰገነ** :) verherrlicht, gepriesen sein. **ምዘ.ና** : Glorie, Herrlichkeit, M. 8, 38; 13, 26. *mesana* (A. **ምስጋና** :) doxology, Fl.

*mesgan-š* caus. preisen, *mesgansho* glorify; *mesanshow* praise, thank, Fl.

*mesgan-s*, *mezên-s* pass. gepriesen werden, **ምዘ.ንሰ** : welcher verherrlicht wird, M. 11, 9. **ደዋት ፡ መንግሥት ፡ ምዘ. ንሰ ፡ ገን** : das Reich Davids ist verherrlicht, M. 11, 9.

*Mazīy* s. Messias, Plur. **መዛ.ከን** : *mazījan*, M. 13, 22.

*Masek* v. (A. **መሰከ** :) wiederkäuen, *maskoo* ruminate, Fl.

*Meskīn* adj. G. A. arm, elend, miserable Fl.

*Masakar* v. A. bezeugen, **መሰከርኑዉ** : sie bezeugten, M. 14, 57. **መሰከርዩ** : dass er Zeugniss gebe, Joh. 2, 25. **አሱ ፡ መሰከርች** : lege kein falsches Zeugniss ab! M. 10, 19. **መሰከረናሰ** : was sie bezeugen, M. 14, 60; 15, 4. Nom. action. **ምስክርአ** : *meskerenā*, M. 13, 9. Nom. abst. **ምስክር** : M. 14, 55. 56: plur. **ምስክረን** : M. 14, 36. **ምስክርኔ** : (= A. **ምስ ክርኑት** :) Zeugniss, M. 14, 56. *masakero* testify, Fl.

*Maskaram* s. A. der erste abessinische Monat, Fl.

*Maskōt* s. G. A. Fenster, Fl.

*Masal* v. G. A. ähnlich sein; vergleichen, **መሰልናሰ** : wodurch sie veranschaulichen, M. 4, 30. Nom. **ምሰሰ.** : Gleichniss, Beispiel, M. 4, 2. 11. 30; 7, 17; 12, 1. *mesalê* Fl.

*Masălĕl* s. G. A. die Stiege, Treppe Fl.

*Mazan* v. G. A. wägen, *masano* Fl. *mizān* Wage, Fl.

*Māzen* s. A. Ecke, Winkel, M. 12, 10.

*Mezĕn* in Glorie stehen, s. *mesyan*.

*Masanqō* s. G. A. die Harfe, Fl.

*Meser* s. (A. ም፡ስር፡, Ch. *bisîr*) Linsen, lens, lentes, Fl.

*Maserat* Gründung, s. *serā*.

*Mōzit* s. (A. መጕዘ.ት፡, ምግዘ.ት፡) Amme, Wärterin, Fl.

*Mesṭir* s. G. A. Geheimniss, Mysterium, M. 4, 11.

*Meswāt* Opfer, s. *saw*.

*Maṣāf* Schrift, s. *ṣāf*.

*Meziyā* s. (A. ም፡ሳ፡, G. ም፡ሳሕ፡) die Mahlzeit, ም፡ዜ.ኣ፡ M. 6, 21. ም፡ዜ.ግ፡ bei der Mahlzeit, M. 2, 15. *mesia* dinner, Fl.

*Māš* v. (G. መበበ፡, A. መጠጠ፡ das *ā* in *māš* scheint nur anzuzeigen, dass hier helles, reines *a*, nicht *a* zu sprechen sei) sauer sein, ማሻሶ፡ das was sauer ist, Essig, M. 15, 36. Accus. ማሻስ፡ i. e. *maša-s* (M. 8, 15) Sauerteig. — *masha* leaven, vinegar, Fl.

*Maši* s. (Bil. *mašŭ*, Ty. A. G. መበወ፡:) Frühling, M. 13, 28. *mishi* summer, Fl.

*Mašabā* s. (Ch. *mazîf*, Bil. *wănšibă* pl. *wănšif*, Ti. Ty. A. ወ፡ ቄቅ፡:, G. ጥበቅ፡:) die Schleuder, Fl.

*Mašenā* 1) Asche, ashes. 2) Pfeiler, Säule, pillar, Fl.

*Mōt* tragen, s. *mań*.

*Maṭmeq* Täufer, s. *ṭamay*.

*Maṭmaqyā* Kelter, s. *ṭamay*.

*Maṭamṭamyā* s. A. Turban, Fl.

*Matanā* und *mēnā* postpos. (Bil. *maṭăn* und *mutăn* Ursache, wegen, G. መጠን፡) wegen, ሽ.ር.ኣ፡ መ፡ተ፡ቍ፡ des Eides wegen, M. 6, 26. — denn, weil, ሳማ፡ሽ.፡ስን.በ.ወ፡፡መ፡ተ፡ቍ፡ weil er Reichthum besass, M. 10, 22. — dass, damit, ኣንሽ.ዘ.ዋ፡ መ፡ተ፡ቍ፡ dass ich bediene, M. 1, 7. ፈ.ይ.፡መ፡ተ፡ቍ፡ dass er fortgehe, M. 5, 17; vgl. §. 162.

*Mań* I der Mörser, s. *mô*.

*Mań* II rad. inus. (Bil. *may*, cf. G. ወከበ፡). *mań-t* und *meń-t*, *mô-t* v. reflex. (Bil. *muyŭ-r*, Ch. *mń-t*) tragen eine Last, ም፡ተ፡ወ፡ er trug, M. 2, 12. መስቀልስ፡ ም፡ው፡ተ፡ይ.፡ er trage das Kreuz, M. 15, 21. ኣር.ግ፡ጥ፡ቶ፡

ሺምሰዕ፡ ይር፡ ein kranker Mann auf einem Bett getragen werdend, M. 2, 3. ኪአርግስ፡ ሞቲ፡ በቶ፡ ፌ፡ dein Bett auf dich genommen habend geh'! M. 2, 9. አዊን፡ አኸንሺ፡ ምውታዕ፡ wie lange soll ich tragen? M. 9, 19. መውትአ፡ ጀመርንው፡ sie fingen an zu tragen (*maûtinā*), M. 6, 55. — *mawtow* (trug) tragen, *mouti* Bürde, Last, Fl.

*Maw y* v. so beschaffen sein, *maw yā* ein so beschaffener, *maowya* such, Fl. Vielleicht die Form durch Gehörfehler entstellt, vgl. s. v. *en* II.

*Mâwā* s. die Versammlung, M. 12, 39; 13, 9; 14, 55; 15, 1. Stall, Fl.

*Mewuā* s. Antilope, Fl., vgl. s. v. *wālā*.

*Maûj* s. (G. A. ሞገዶ፡) Welle, Woge, መውጆ፡ M. 4, 37.

*Mewâr, môr* v. (Bil. *makar*) messen, ምወሬኛጘ፡ ምወሬንተጘ፡ ምወሬኝኩን፡ nach dem Mass, mit welchem ihr gemessen habt, werden sie messen, M. 4, 24.

*mewâr-s* pass. *morsa* (i. e. *môrsā* womit gemessen wird) Mass, measure, Fl.

*Māy* s. (Demb. *māy*, Ch. *mar*, Bil. *mār*, A. ማስ፡, Ti. G. ማእስ፡, vgl. §. 24) Ledersack, Schlauch, Fl.

*Mayā* s. (A. ሜዳ፡) Aussenseite, was ausserhalb dem Gehöfte liegt, Feld, Steppe. *meya* field, outside, plain, *mayes* without, abroad, *nanges qua mayes* (i. e. *nañ-ez küā maya-z*) at home and abroad, Fl. In den Texten nur die Collectivform *may*, መይጘ፡ daraussen, M. 1, 45; 3, 31. 32; 4, 11; 7, 15. 18; 11, 4. መይቀ፡ hinaus, M. 12, 8. ኩለ፡ መይለ፡ aus der Stadt in die Steppe, M. 5, 10; 8, 23; 11, 19. ኩለሬ፡ መይለሬ፡ in der Stadt und auf dem Lande, M. 5, 14.

*may-kānā* መይካኛ፡ M. 11, 4; 15, 36 und መካኛ፡ *makānā*, M. 1, 33; 2, 2; *mai kana*, Fl., *mekana* B. Thüre. አርፒ፡ መይካኒጘ፡ bei der Grabes-Thüre, M. 15, 36, cf. አርፒ፡ መይለ፡ vom Grabeseingang, M. 16, 3.

*Mey* v. refl. (Demb. *mey*, Bil. *megī-r*, Ch. *mi-t*) vergessen, vergesslich, schwachsinnig sein, አሬ፡ ሬሺአ፡ ምይንው፡ sie hatten vergessen Brod zu nehmen, M. 8, 14. ኒት፡ ሸበያስ፡ ምይዮሸ፡ bis er vergessen hat, was du ihm angethan hast, G. 27, 45. — *meyeow* to forget, Fl.

# N.

-*ni* Fragepartikel (Bil. -*nu*, -*n*, G. -ን, cf. ٱ '*an*, ኣን num.) አው :
ትዝገዜ : ኅለ.ክ. : ኛበ.ሳ : welches ist das erste Gebot von
allem? M. 12, 27. አዉዝ : ከ.ሽ.ው : welches ist dein Name?
M. 5, 9; vgl. §. 106.

*Ni* pron. pers. 3. sing. comm. gen., plur. *nāy* (Bil. *ni* fem. *ni-ri*
plur. *naû*, Cham. *ieñ* fem. *ñir* pl. *ñāy*) er, sie, §. 128.
2) pron. poss. *ni* fem. *ni-š* plur. *nā* (Bil. *nī* fem. *nir* plur.
*nā*, Ch. *ñī* fem. *ñir* pl. *ñatā*) sein, ihr, §. 129.

*Nab* v. (Bil. *nab*, cf. G. ረወየ :) saugen, *nabuw* Fl.
*nab-š* caus. säugen, ኑበኝ : die Säugenden, M. 13, 17.
— *nabshow* Fl.

*Nabē* v. 2 (G. A. ነፈቀ :) spalten, *nabeow* (er war in der Mitte)
middle, adj. Fl. Relat. *nabēā* was in der Mitte liegt,
die Mitte (Demb. *nabeā*, Bil. *nàbakā* der mittlere Theil,
plur. die mittleren Partien, die Mitte, *nabak-il* in der Mitte),
ነቤዝ : i. e. *nabia-z* mitten, zwischen, M. 2, 23; 3, 3: 5. 7.
27: 6, 47; 9, 36; 11, 4. ነቤለ. : in die Mitte, M. 14, 60.
— *nabea* centre. Fl.; s. *nafaq*.

*Nabab* v. (Bil. *nabab*, Ch. *nib*, Ty. G. A. ነበበ : sonare).
*anabab* semit. caus. lesen, አነበበ.ንለማ : habt ihr nicht
gelesen? M. 2, 25; 12, 10. 26. አነበበ : welcher liest, M. 13,
14. — *anababu* to read Fl.

*Nabalbal* s. A. die Flamme, Fl., s. *embelāw*.

*Nabar* v. (Bil. *nabar*, G. ነበረ : consedit), scheint zu stecken
in: *niabersanasemba* independence Fl. (i. e. *ni nabar sanā
sembā* der welcher nach seiner Gewohnheit lebt). — *manbar*
Sitz, Stuhl, M. 11, 15. *wambar* chair. Fl.

*Nabiy*, *nabi* s. G. A. Profet, plur. *nabiātan* (G. ነበ.የት :), ነበ.ይ :
ገን : ወረ : ነበ.አተንለ. : ላኸ· : er ist ein Profet oder von den
Profeten einer. M. 6, 15. ነበ.አተንዝ : bei den Profeten,
M. 1, 2. — ትንበ.ት : Profezeiung, ትንበ.ት : ገሙረ : profezeie!
M. 14, 65.

*Nafaq* v. (G. A. ነፈቀ :, s. *nabe*).
*nafaq-s* refl. pass. (G. A. ተናፈቀ :) sich sehnen, to
long Fl.

*Nafes* s. G. A. Seele, Leben, **ነፍስ፡ኩኅውኡ፡** *(kŭwŭñā)* Mord, M. 7, 21. **መንፋስ፡** Geist, M. 1, 8 u. a.

*Naǧ* v. (Bil. *laǧ*, G. **ነከየ፡**, נכה, نكى, ~~~~ ᘓ nak lacdere), Nom. *naǧen* (Bil. *laǧān*, Ch. *ĭeẋán*, Agaum. *laǧan*) die Wunde, *naghin* B., *naren* Fl.

*Naguādǧuād* s. G. A. der Donner, **ነጹጽዽ፡እኅፈ፡** Donnerssohn, M. 3, 16. *nagulguat* the thunder Fl.

*Negūz* s. G. A. König, plur. **ነገሥታተን፡** M. 13, 9. **መንግሥት፡** das Königreich, M. 1, 14. 15; 3, 24: 4, 11.

*Noẋ* nom. pr., Noah Fl.

*Nāẋān* die Lustseuche Fl., *nākana* L., s. *naǧ*.

*Naḥās* und *nās* s. G. A. Kupfer, **ነሷስ፡** Geld, M. 12, 41. *naḥas* cooper Fl., *nās* B.

*Nākā* s. (vgl. Bil. *laǧā* Feuer) die Hölle, **ናኪ.ዋ፡** in die Hölle, M. 9, 43. 45. **ናኪ.፡ለዩ.ዋ፡** in das Höllenfeuer, M. 9, 47. *naka* hell, Fl.

*Nikī* = *nī-kī* jeder, alles (er    jeder), *nĭ-t-kĭ* jeden, *nĭ-s-kĭ* jedes, s. *nĭ* er und *kī* jeder.

*Nakanā* Syphilis, s. *nāẋān*.

*Naǫ* v. (Ch. *naq*, Bil. *māǫ*, A. **ናቀ፡**) missachten, verachten, **ናቅና፡ባርስነው፡** (ihn) missachtend jagten sie fort, M. 12, 4. **እናጺዐን፡ናቅናó፡ክርይ፡** der Stein, den die Bauleute verworfen haben, M. 12, 10. — *nako* despise, reject; *nakgua* (i. e. *nāǫñā*) Verachtung, despite Fl.

*nāq-s* pass. **ነኪ.ይ፡ናቅሰ፡** ein Profet wird nicht missachtet, M. 6, 4. **ናቅሰይ፡** dass er missachtet werde, M. 8, 31. **ናቅስኡ፡** *nāqseñā* das Verachtetwerden, M. 9, 12. — *naksau* wretched Fl.

*Naqaf* v. G. A. ausschelten, -zanken, tadeln, **ነቀፍነው፡** sie tadelten, M. 7, 2.

*Naqaṭ* v. (نقد, נקד) einstechen, einen Punkt machen, Relat. *naqṭā* der Punkt (G. A. **ነቅሣጥ፡**), point Fl.

*Nālā* s. G. Gehirn, Fl.

*Nān* plur. *nāntan* (Demb., Bil. *nān*, Ch. *nan*), Hand, G. 27, 17; R. 1, 13; M. 1, 31; 3, 1. 3. 5 u. a. plur. **ናንተን፡** G. 27, 16. 22. 23. 24. — *nānā* Finger, *nān* Hand Fl.

*Nān* adv. (Demb., Bil. *nān*, Ch. *nan* id., wohl mit obigem gleich: zur Hand, sogleich) jetzt, auf der Stelle, G. 27,

3. 8. 30. 43; M. 6, 25; 8, 17; 13, 35; Joh. 2, 10. — *nān* now, suddenly Fl.

*Neñ* s. (Demb. *niñ*, Ch. *ñiñ*, Agaum. *niñ*, Bil. *liñ* und *liñen* id., cf. אֵשׂ, 𓏤𓏏𓊖 *na'ā* Wohnstätte) das Haus, **ንዐ፡** (G. 27, 15; R. 1, 9; M. 1, 29; 2, 1. 10. 26. Plur. **ንኣተን፡** M. 10, 30. — *neyn* house, *sheyue nany* hut, *tsheli nany* nest, *nayn* floor, *neyneta yera* furniture, Fl. (*neñ-et-ā*, Adj. nach Art von Bilinspr. §. 155, b gebildet).

*Niñū* heute, s. *ney*.

*Nōrā* s. G. A. Kalk, Fl.

*Nās* s. A. Kupfer, B., s. *nahās*.

*Naseh* v. (Bil. *naseh*, G. **ነስሐ፡**) bereuen, fasten, Busse thun, Nom. **ንስሐ፡** M. 1, 4. 15; 2, 17.

*Nāzaz* v. G. trösten, **ተናዘዘ፡** sich gegenseitig trösten, A. die Sünden bekennen, **ናአጥአትገ፡ተናዘዘና፡ሰብ፡** nachdem sie ihre Sünden bekannten, M. 1, 5.

*Nizer* s. (Bil. *nišír*, Ch. *ñičír*) Schwärze, schwarze Farbe, H.

*Nāš* s. (Demb. *nāš*, Bil. *nāž*, Ch. *ñaẓ*) der Knochen, bone Fl.

*Natalā* s. A. einfaches Tuch, — Leibtuch, M. 14, 51.

*Nater* s. A. Pfund, Fl.

*Nawaṣ* v. (A. **ነወጠ፡, ነወፀ፡** 𓏤𓃭𓃻𓈖 *nawaṣ*, насже) nur reil. **ሰማይግ፡ፀሞ፡ፃይለነፈ፡ተናወጸኩን፡** und die Kräfte, welche am Himmel sind, werden zittern, erschüttert werden, M. 13, 25.

*Nay* v. (Ch. *ñer* i. e. *niyer*, Bil. *langar*, Agaum. *lingid*, G. A. **ነገደ፡**) Handelsreisen machen, Handel treiben, **ይየክዎ፡** (A. Uebers. **ይነግዳን፡**) treibt er Handel? Antw.: **ይየክ፡** (A. **ይነግዳ፡**) er handelt, Gespr. — *niya* merchant, Fl. i. e. *nayā* welcher Handel treibt, ein Kaufmann. Nom. **ነይኣ፡** *nayiñā* Handel, **ነይኣ፡አሕኩዎግ፡** (A. Uebers.: **ንግድ፡ታው ቃለሽን፡**) verstehst du den Handel? Gespr. 91.

*Nay* pron. pers. tert. pl. sie, s. *ñi*. — *niyā, nā* ihr, warum, §. 128 f.

*Ney* und vielleicht *niñū* adv. (Bil. *niki*, Demb. *neki*, Ch. *nie*) heute, **ንይ፡** M. 14, 30. **ንኢ፡** M. 15, 32. **ነዐይ፡** M. 10, 30. **ነዐኢ፡** M. 13, 19. **ንይዐ፡** G. 27, 36. — *naye* Fl., *nangi* B., *nini* H.

## *R.*

*-rī* conjunct. (Bil. *-r*) das was *-derī* und, auch; aber, ኩሊሬ፡ መዴሊሬ፡ in der Stadt und auf dem Lande, M. 5, 14. Auslautendes *ā* geht vor *-rī* in *a* über, የዴረሬ፡ und Gott, R. 1, 9. — የሱስ፡ገኅሬ፡ዴንሊ፡ስማቢቲ፡፡ auch Jesus Mutter war dort, Joh. 2, 1. ዴገዘሬ፡ሱብክ፡ሸሊ፡ an mir aber habe ich kein Haar, G. 27, 11; vgl. §. 165.

*Rab* v. (A. ረባ፡, G. ረብሐ፡) von Vortheil sein.

*rab-š* caus. Nutzen machen, -ziehen, *rabshau* to use, Fl.

*rab-s* pass. von Nutzen sein, *rabsegā* unbrauchbar, useless Fl.

*Regeb* s. G. A. Taube, M. 1, 10; Joh. 2, 14. — *regeb* dove, *ergeb* pigeon, Fl.

*Rañ* s. (Bil. *rāñ*, Somali *rag* id., cf. G. ረዐመ፡, רֵעָה) der Gatte, ንሸረዐ፡ኪዐው፡ ihr Gatte starb, R. 1, 3.

## *S, z.*

*-s* 1) Accusativcharakter (Demb., Bil., Ch. *-s*, *-sī*), ዒሳውስሬ፡ ኢዑረስ፡ክሸዕኡ፡ und er rief Esau, seinen Sohn, G. 27, 1; vgl. §. 121. 2) Passisuffix, vgl. §. 51.

*-z*, *-zī* (Bil. *-d*, Ch. *-t*) bei, an, in, zu, von her, auf, ዴገዝ፡ bei, auf mir, G. 27, 11. ገሊሊገዝ፡ in Galiläa, Joh. 2, 1. እንቱገዝ፡ woher? Gespr. ገሬዊገዝ፡ auf dem Wege, R. 1, 7. ጊዘገዝ፡ zur Zeit, R. 1, 19; vgl. §. 145.

*-zä* conj. (vgl. Ch. §. 229, Note 1) aber, እንቱዝ፡ du aber, Joh. 2, 10. ኒዝ፡ er aber, Joh. 2, 21. የሱስዝ፡ Jesus aber, Joh. 2, 24. ሩትዝ፡ Rut aber, R. 1, 14. Verstärkt: ጋበዝ፡ aber, M. 1, 44. 45; 2, 10. 17 u. a., s. §. 168.

*-sō* adv. (Demb. *sō*) Verstärkungspartikel, እንሊሶ፡ hier, jetzt, Joh. 2, 8. ዴንሊሶ፡ dort, dann, Joh. 2, 10. — Dort, dorthin, ሶሬ፡ geh' dorthin! Gespr. 12. — *súa* there, B.

*Sa* rad. caus. (vgl.  *sa* Kleid, סוּה wovon סוּת Kleid, מַסְוֶה Schleier, שִׁית Hülle, Anzug).

*sa-š* caus. (Bil. *sa-s*, Ch. *si-s*) kleiden, bekleiden, ሰሸ.ንው፡ sie bekleideten, M. 15, 17. 20. ሰሸቲ፡ sie bekleidete, G. 27, 15. — *sashegno* to indue, Fl. (= *sa-š-eñ-ñ* denominativ).

*s-ê* refl. v. 2. (Demb. *si-ê*, Agaum. *su-y*, Bil. *su-r*, Ch. *si-t*) sich kleiden, ein Kleid anziehen, **ሰዋነከ፡** er ist bekleidet (A. **ለበሰአል ፡**), Gespr. 50. **ነጠላ ፡ ሰአሰ ፡** (relat. praes.) der ein einfaches Leibtuch anhatte, M. 14, 51. **ሻይ ፡ ትብላ ፡ ሰዎ፡** (relat. perf.) der ein weisses Kleid angezogen hatte, M. 16, 5. **ሰዎ፡** der bekleidet war, M. 5, 15. Nom. *siêü* (Demb. *si-ê-ü*, Ch. *si-r-ü*, Bil., Agaum., Saho, ʼAfar *su-r-ünü*) Kleid, **ሰአ ፡** G. 27, 15. 27: M. 1, 6; 5, 17. 30; 9, 3 u. a. **ሰኧ፡** M. 6, 56. *siegu* Kleid, Fl.

*Zu-* pron. relat. G., **አሪት ፡ ዘለይስት ፡** liber generationis, Genes. Titel.

*Zêü* Fleisch, s. *zeyü*.

*Sǖ* adj. relat. roth, s. *sur* 1.

*Sab* I v. (Demb. *sab*, Bil. *sab*, Ch. *sib* und *śib* id., cf. سَبَّ perfodit, 𓏤 *sab*, ⲧⲥⲟⲃⲱ castigare) stechen, durchstechen, *savow* pierce, Fl. Nom. *sabanü* (Bil. *sab-ánü* eigentlich: womit sie stechen, Relat. II) Stachel, sting, Fl.

*Sab* II v. (G. **ሰሪየ ፡**, A. **ሰኘ፡**) flechten, nähen, Nom. *sabü* die Naht, suture Fl. *sabü* (Bil. *sabü* pl. *saf*, Ti. Ty. **ሰና አ፡**) ein breiter, flacher Korb als Präsentirteller benützt, **ሰቢገ ፡** auf einer Tasse, M. 6, 25. 28.

*Sab* III v. G. **ጸብአ ፡** bellum gerere), *sab-s* refl. pass. (G. **ተጸብአ፡**, **ተጸብአ፡**) bekriegt werden, in den Krieg ziehen, Nom. *sabseüü* Schlacht, **ሰበስኸስኸ ፡ ሰበስጎ ፡ ይአስ ፡ ዋሰ ና ፡ ጊዘ ፡** wann ihr von Schlachten und Gerüchte von Schlachten gehört habt, M. 13, 7. — *sübsi* battle, *sabsegno* to fight, Fl.

*Sab* IV v. (Demb. *sab* id., Agaum. *śef* Zahl, W.) zählen, rechnen, hinzu-, beizählen, *sabow* to sum, to number, Fl. Nom. *sab-en* account, the number, Fl. **ሰበ ፡** Nomen, stets dem Perfect subordinat. i. e. Relat. II nachgesetzt: als, indem, während, nachdem, **ና፡ወ ፡ ሰበ ፡ ይ፡ወ ፡** weinend sprach er, M. 9, 24. **አነወሪ ፡ ይ፡ና ፡ ሰበ ፡** und indem sie also sprachen, M. 14, 4. **ከከርኺ ፡ ይነሰበ ፡ ዋሰነ ወ ፡** sie schrieen, indem sie sagten: hänge (ihn)! M. 15, 12. **ዋሰ ኸን ፡ ብኘኸ ነ ወ ፡ አ ነሰበ ፡ ከከ ርኸ ፡** sie vermehrten ihr Geschrei, indem sie sagten: hänge! M. 15, 14. **ያሰበ ፡** indem er sprach, M. 10, 48. **ኸለነ ፡ ሰበ ፡** nachdem sie gesehen hatten, M. 4, 12.

*Sābī* s. (vielleicht = Ty. **ዝእቤ**: Hyäne) nur in: **ጻቤ:ሰቤ፟ዒ**: mit den Thieren der Wüste, M. 1, 13.

*Zōpī* s. (G. **ዞጲ:**, A. **ዞጲ፟**:) Ebenholz, *sopi kana* ebony, Fl.

*Sābak* v. (Bil. *sabak*, Ty. G. **ሰበከ**:) predigen, **ሰበክንው•**: sie predigten, M. 16, 20. **ሰበክ**: predigt! M. 16, 15.

    *sabak-s* pass. **ወንጌል:ጻብሶ:ሰበክስያ•:ተገበሄ•**: das Evangelium muss zuvor gepredigt werden, M. 13, 10. **እን: ወንጌል:ሰበክሳገሀኪ፟•:ዓለምገሀኪ፟•**: wo immer in der Welt das Evangelium gepredigt werden wird, M. 14, 9.

*Sabanā* der Stachel, s. *sab* I.

*Sabar* I v. (G. A. **ሰበረ**: frangere) zusammenbrechen, erschrecken, zu Tod erschreckt werden, **ሰበርንው•**: sie erschracken, M. 6, 50; 9, 15. Nom. *sabargna (sabariñā)* Bestürzung, confusion Fl.

    *sababar* iterat. sehr erschrecken, **ሰበበርንው•**: sie erschracken sehr, M. 16, 5. **ሰበበርትዓ**: erschreckt doch nicht so! M. 16, 6.

*Sabar* II und *sapar* v. (A. **ሰፈረ**:) sich lagern, **ሰፐርይዓ**: **መተዓ**: damit sie sich lagern, niederlassen, M. 4, 32. *sapareyno* encamp, Fl. Nom. **ስብሬ•**: (A. **ስፍሬ•**:) Lager, Lagerplatz, Aufenthaltsort, Ort, Platz. **ጻቤዋ:ስብሬ•:ፈኣው•**: er ging an einen Ort in der Wüste, M. 1, 35. **ስብሬ:ክቤዓ: ገን**: der Ort hier ist Wüste, M. 6, 35. **ስብሬወሬ:ትው•ው•**: und er trat in das Gemach, M. 5, 40. **ክታእ:ስብሬለኪ•**: an welchem Ort immer du stirbst, R. 1, 17. **ብገታእ:ስብ ረስኪ•:ክተማጊቲ:** sie deckte jede entblösste Stelle zu, G. 27, 16. **ስብሬገሀኪ•**: überall, M. 16, 20; vgl. auch R. 1, 7; M. 1, 45; 2, 2; 6, 31. 35 u. a.   *sebra* place, room. *ni sebres* instead, *ni abu sebres* instead of the father, Fl.

*Sad* v. (Bil. *sadad*, *sid* G. **ሰያያ**:) austreiben, verfolgen.

    *sad-s* pass. Verfolgung erleiden, verfolgt werden, Nom. **ስይስት**: Verfolgung, M. 4, 17.

*Sadajā* s. (A. Ty. **ሰያቃ**:) der Tisch, **ጌኣ:ሰያኽስሬ:ገለቢ•ዘው•**: und ihre Tische warf er um, Joh. 2, 15. — *sādeyā* Fl.

*Safan* v. (G. **ሰፈነ**:) herrschen, regieren, Nom. *masfen* Richter, Regent, plur. **መሰፍንቶን**: (G. **መሰፍንቶ**:), R. 1, 1.

*Saj* I v. (Bil. *saḥ y*, *saχ y*, G. **ሰሕስሕ**:) sich regen, — bewegen. Nom. *sāj-en* (G. **ንስሕሰሕ**: motus) Bewegung.

    *saj-eš* caus. bewegen, *saeshu* to move Fl.

*sāǧen-š* denom. caus. bewegen, schütteln, **ኅዌስ ፡ ሰልን ፡ ኧ፡ነ፡ ፡ ስንበ.ንው ፡** sie schüttelten ihre Köpfe, M. 15, 29. *saranshow* to stir, *saranshoo* to shake Fl.

*sāǧen-t* denom. refl. sich beuteln, — schütteln, erschüttert werden, **ሰልን፡ተ፡ኧ ፡** *sāǧentā* (relat.) Erdbeben, Erschütterung, M. 13, 8.

*Saǧ* II v. (Bil. *saǧ, zaǧ,* Ch. *saq,* Agm. *saǧ,* Demb. *šaǧ* id., cf. G. **ሰክ፡ ፡** *,* **ሠቀፈ ፡,** ** קשׁ,** **שׁוק,** **קקשׁ** texere, plectere) flechten, heften, nähen, *sarow* (i. e. *saǧ-ow*) to sew, *saow* to mend Fl., *saranta* (i. e. *saǧ-antā*) Schneider, tailler Lef.

*Saǧē* v. 2 (Demb. *saǧē,* G. A. **ሰገ፡ ፡**) Verehrung erweisen, anbeten, zu Füssen fallen, **ክ፡ፈ.ህንክ ፡ ፡ ክ-ገ ፡ ሰ� ክ-ን ፡** alle deine Verwandten werden sich vor dir beugen, G. 27, 29. **ሰገ.ኧው ፡** er neigte sich (vor ihm), M. 5, 6; 10, 17. **ሰ�-ት ፡** sie neigte sich (vor ihm), M. 5, 33. **ሰ፡ኧ.ኣ፡ሟ ፡** dass sie sich verneigen, G. 27, 29. — *kana seǧea* (i. e. *kānā saǧē-ā* welcher Holz anbetet) idolator Fl. — Nom. *masǧīd* Tempel, Synagoge, *mesǧid* Fl.

*Seǧā* v. (Demb. *siǔā,* Bil. *suǔ,* Ty. **ሰ፡ን ፡**) verschlingen, -schlucken, *seoow* to swallow Fl.

*Siǧūā* und *sīwā* num. (Bil. *saǧāǔ,* Demb., Agaum. *sāǧā,* Ch. *šakūā*) drei, **ሲ፡ኘ ፡** M. 8, 31; 14, 5. 58. **ሲ፡ኳ ፡** M. 8, 2. **ኈ፡ኳ ፡** M. 9, 5. **ሲ፡ፐ ፡** Joh. 2, 6: Gespr. — *sēwa, sioa* Fl.

*sīǧūa-sā, swa-sā* (Bil. *siǧua-r,* Demb. *šākūa-tā,* Ch. *šākūa-t-rā*) dritter, **ሲ፡ኜሲ ፡ ግ፡ኊ.ገ ፡** am dritten Tag, M. 8, 31; 14, 58. **ሲ፡ኈሲ ፡ ግ፡ኊ.ገ ፡** id., M. 9, 31: 10, 34; 15, 29. **ሲ፡ፐሲ ፡ ግ፡ኊ.ገ ፡** id., Joh. 2, 1. 19. 20. **ሲ፡ፐሰ ፡** dritter, M. 4, 20.

*sāǧūa-tā* (Bil. *sāǧūatā,* Demb. *šāǧatā,* Agaum. *sāχūatā,* Ch. *suhūatā*) acht, M. 8, Tit: Woche, M. 16, 2. 9. *sorota* eiht, *saroti* week, Fl.

*sawaǔ* (Bil. *saǧūarāǔen,* Ch. *sôrǔen,* Demb. *šākūa-tǔ,* Agaum. *šuǧa-sekā* 3 ᳃ 10) dreissig, **ሠፐሰ ፡** Gespr., *sawaǧne* Fl.

*sāǧātǔ, sawātǔ* (Bil. *saǧāatā-rāǔǔ,* Ch. *sôtá-rǔen,* Demb. *šākūa-t-īǔ,* Agaum. *sāǧāti-χkā*) achtzig, **ሰም-ት፡ክ ፡** Texte. 5, 80. *sorotiǔ* (d. i. *sāǧātǔ*) Fl.

*Zaǧāj* v. (A. **ዘ.ኋ፡ ፡**) zubereiten, -richten.

*ta-zaǧāj* refl. semit. in Ordnung sein, **ክ፡ንክፈ.፡ተ፡ዘ.ኋፎ፡ሰ ፡ ገን ፡** der Geist ist willig, M. 14, 38.

*ta-zaqāj-et* refl. vom obigen, bereitet werden, **ናይ፡ገ፡** **ተዘጋጀታገዝ፡አገ፭፡** sondern denen, welchen es zubereitet ist, M. 10, 40.

*Sāǧenš* schütteln, bewegen, s. *saǧ* I.

*Sāǧent* erschüttert werden, s. *saǧ* I.

*Sugar* s. A. Zucker, s. *šunkar*.

*Sāǧiyā, sāgīā* s. (Demb. *sāgē*, Bil. *saǧárā* plur. *saqíl*, Ch. *sárā* und *zárā* Honig, Agaum. *sagarā* die Biene, cf. ⌐⌐⌐ *seχet* Biene; wahrscheinlich hieher gehörig: ⁖ⁱ Honig, etwa aus *sa'ar*, und G. Ti. **መዓር፡, መዐር፡,** wohl aus **ወዐር፡**) Honig, **ክበ.ኂ፡ሰኢ.ኢ፡** Honig der Wüste, M. 1, 6. — *sagia* B., *saea* Fl.

*Sajā, zajā* num. (Demb., Agaum. *sazā*, Bil. *sajá*, Ch. *sisá, sizá, zisá,*) vier, **ሰፄ፡** M. 2, 3; 8, 9; 13, 27. **ሡፄ፡** Gespr. — *satsha* Fl., *sedja* Lcfv.

*saju-sā* (Bil. *saju-r*, Demb. *sazu-tā*, Ch. *sisa-t-rā*) vierter, **ሐሪሊ.፡ሡፄሲ.፡ሰኢትገ፡** in der vierten Stunde der Nacht, M. 6, 48. *sâtshêsa* fourth, Fl.

*saj-īñ* (Demb. *saz-iñ*, Bil. *saju-rûñiñ*, Ch. *sisa-riñiñ*, Agaum. *sisi-skā* + × 10) vierzig, **ሡፄዕ፡** Texte 5, 40; *sâtshang* Fl.

*Saχūā* s. (Bil. *sāqŭáy* und *suqŭáy, suqŭá*, Ch. *zugá, suyá*, Demb. *sigā* id., cf. שׁכב, שׁקע, חשׁת, שׁוח, vgl. s. v. *sek y* II) Tiefe, Niederung, **አወሊ.፡ሰኂ፡አአገሽ.፡** von oben bis unten, M. 15, 38. **ሰኂሲ.፡** unten, M. 14, 66. **ማዕዶ፡ሰኂገ፡** unter dem Tisch, M. 7, 28. **እገተ፡ልኩ፡ሰኂገ፡** unter eueren Füssen, M. 6, 11; s. §. 156.

*Sāḫūē* v. 2 (Bil. *salh*, G. **ሡሀለ፡, ተሣሀለ፡**) sich erbarmen, **ሣኂ፡** erbarme dich, hab' Erbarmen! M. 10, 47. 48. **ይጣ፡የይሪ፡** **ሽበስኪ.፡ሁተሪ፡ሰኂአገ፡** berichte, was alles Gott gethan und wie er sich deiner erbarmet hat! M. 5, 19. Nom. *sāhū* (G. **ሣሀለ፡**) Erbarmniss, **የይሪ፡አገተዴ.፡ሰሁ፡ሽብዴ፡** damit Gott mit euch Erbarmen habe, R. 1, 8. *sacheyna (sāχeñā)* mercy Fl.

*Saχñn* s. (Bil. *suqŭánā*, Ch. *suqŭínā*, Agaum. *sakŭnā* Durst, Radix *suqŭ*, vgl. B. §. 123, cf. צמא dürsten) der Durst, *sachon* thirst Fl.

*Sahar* v. (G. **ሰወሪ፡**) abschaffen, unterdrücken, *saharow* to abolish, suppress Fl.

*Saҳuuɣ* Untertheil, s. *saҳiии.*

*Saka, saka* s. (Ch. *sika*, Agaum. *sinci*) der Bandwurm, *saki kānā* das Kosso, Gegenmittel gegen den Bandwurm, B., *sekā* Bandwurm Fl.

*Sek y* 1 v. (Demb. *ẓeɣɣ*, Bil. *saû*, Saho, 'Afar *sūɣ*, Ty. አ'ጐ'ኸ፥, Ti. G. አ'ጐ.ኸ፥, vgl. s. v. *tankū*) warten, bleiben, zuwarten, *sekyou* to halt, *sekyiu* tarry, *seɣiu* wait Fl.

*Sek y* II v. (wahrscheinlich *zeq y*, A. ግቀ፥ኦለ፥, vgl. s. v. *saҳūā*) niedrig, tief sein, *sekya* adv. low (i. e. *sek yā* welches niedrig ist), *sekyau* abased *(= sek yā, — yā-û)* Fl.

*sek yi-š* caus. senken, erniedrigen, herabsetzen, *sekishoo* abase Fl.

*Sakânā* s. G. A. die Ferse, Fl.

*Sakar* v. (A. ሰኩረ፥, G. ሰኩረ፥) sich berauschen, trunken werden, ሰኩርኘ፥ጊዘ፥ wann sie berauscht sind, Joh. 2, 10. *sakarau* (*sakar-ā û* relat.) berauscht, tipsy Fl.

*Sāl* v. (A. ሰለ፥, G. ሡዐለ፥) malen, zeichnen, *sālo* paint, *sel* Gemälde, picture Fl.

*Sal* I rad. obscur., caus. *sal-š* zubereiten, ኒግረ፥ኧስ፥ሰለሸተ፥ und seine Mutter bereitete ein Essen zu, G. 27, 14. ሰለ ሺ'ቀ፥መተረ፥ dass wir (dir das Pesach) zubereiten, M. 14, 12. ሰለሽ፥ bereitet zu (das Pesach), M. 14, 15. ሰለሺ. ንው፥ sie bereiteten es zu, M. 14, 16.

*Sal* II v. (A. ሰለ፥, G. ሰ.ሰለ፥, vgl. s. v. *šalē*) scharf, schneidend sein, *seluɣ* (wohl ሰለዕ፥ relat.) scharf, sharp Fl. *selat* (A. ስለተ፥) Gelübde, *selat* vow Fl.

*sal-z* caus. schärfen, *selsu* sharpen Fl.

*Zālā* pl. *zālal* s. (A. ዘለ፥) die Aehre, እንዘረ፥ዛለስ፥እንዘረ፥ዛለ ለ.ግ፥ዶ.ርኝ፥እንሳ'ኸተ፥ hierauf die Aehren (bringt die Erde hervor), dann füllt sie in die Aehren das Weizenkorn, M. 4, 28.

*Salac* v. (A. ሰለፕ፥ dégoûter) faulen, verwesen, -modern, *salat-shoo* to rot Fl.

*Salal* v. (A. ሰለለ፥) gelähmt, paralytisch sein, ዶ.ንለ.፥ዶ.ር.፥ስን በ.ው፥ኂናን፥ሰለለው፥ dort befand sich ein Mensch, dessen Hand gelähmt war, M. 3, 1. ኂናን፥ሰለለው፥ዶ.ርስረ፥ዶ.ው፥ und er sprach zum Manne, dessen Hand gelähmt war, M. 3, 3. ሰለለው፥ A. ሰለ፥

*Salām* s. G. Ar. Gruss, *salām yuw* (Bil. *salām 'uw*) Gruss geben, grüssen, *salāmtu* (verschrieben für *salām yuwâ* er grüsste) to salute, Fl. ሰላም ፡ ይውኅ ፡ ሰበ ፡ nachdem sie gegrüsst hatten, M. 12, 38. ሰላም ፡ ይውኅ ፡ ፩መርኀው ፡ sie begannen zu grüssen, M. 15, 18.

*Salaṅā* s. (Bil. *sàlaqá*, Demb. *salayā*, Agaum. *sileǧī*, Ch. *šállā*, Ti. ጕልቃ ፡, A. ጠላ ፡, ፀላ ፡) das Bier aus Durra oder Gerste, auch aus der Poa abessinica bereitet. *selayna* Fl., *salayā* Lef.

*Sales* s. (G. ሣልስ ፡) Dienstag, *seles* tuesday Fl.

*Selat* das Gelübde, s. *sal* II.

*Selṭān* s. G. Ar. die Macht, ስልጣን ፡ M. 2, 10; 11, 28. 29. 33.

*Salayā* Bier, Lef., s. *salaṅā*.

*Sam* I s. (A. ሰም ፡, G. ሠምዕ ፡, Agaum. *samī*) Wachs, *sām* Fl.

*Sam* II rad. inus. (A. ሰᎣ ፡, G. ሰምዐ ፡)
    *asamām-š* (A. አሰማᎣ ፡) in Einklang bringen, *asamamshu* to harmonize, Fl.
    *tasamām-s* (A. ተሰማᎣ ፡) übereinstimmen, ናምስክርኡ ፡ ተሰማምስላ ፡ ihr Zeugniss stimmte nicht überein, M. 14, 56. 59. — *tasamamna* accomodation, Fl.

*Sāmā* I s. Besitzthum, Habe, s. *senb*.

*Sāmā* II s. (A. ሰᎣ ፡) die Nessel, Brennessel, *sama* nettle, *zama* stinging-nettle, Fl.

*Sem* v. sein, bleiben, s. *senb*.

*Zem y* v. (A. ዝም ፡ አለ ፡) schweigen, sich ruhig verhalten, aufhören vom Reden, ገመርኅለ ፡ ዝም ፡ ይቲ ፡ sie liess ab vom Zureden, R. 1, 18. ዝም ፡ ይ ፡ ስንቢው ፡ er verhielt sich schweigend, M. 14, 61. — *semiou* quiet adj. Fl. (i. e. *zem yû* er schwieg). *semya* silent (= *sem yā* relat.) *semimyna* silence, Fl.

*Semō* s. (Bil. *sekúm*, Ch. *sekúm*, Agaum. *simeki*, G. Ti. ስገም ፡, ስገም ፡ hordeum; *semō* scheint aus *semaû*, *sema[k]ū* entstanden zu sein) die Gerste, ስᎦ ፡ R. 1, 22. In den Gespr. ስᎦ ፡ durch A. ገብስ ፡ erläutert; — *semo* Fl., *simu* B. barley.

*Sim* s. (Bil. *sīm*, Ch. *šim*, Ti. Ty. A. ሹም ፡, G. ሥዩም ፡) Chef, Ortsschulze, steward Fl.

*Sāmbā* s. (Agaum. *sambi*, Ch. *sebbá*, Bil. *sanbí*, Ti. G. ስንቡአ ፡, A. ሰምበ ፡) die Lunge, *samba* Fl.

8

*Semb* sein, esse, s. *senb*.

*Sempī* s. (G. ስናኔ ፡) der Senf, Fl., s. *senāfeç*.

*Zamad* s. A. die Art, Gattung, Geschlecht, Familie, ዘመድ ፡ M. 9, 29.

*Simgar* s. (Bil. *simgar* plur. *sīmágal*, Ti. Ty. A. ሽምግሊ ፡) ein Adeliger, Edelmann, ሲ9ም7ር ፡ Gespr., plur. ሲ.መገልተን ፡ M. 7, 2; 11, 27; 15, 1 und ሲ.መገልት ፡ M. 7, 5.

*Samên* s. (G. A. ሰማኔን ፡) der Nord, Fl.

*Samār* v. (A. ሠማሬ.፡, G. ሰም6 ፡ uber fuit).
*samār-s* pass. refl. (A. ተሠማሬ.፡) weiden, grasen, ወንጊ ፡ መንጋ ፡ ሰገርሰንን ፡ ስንበ.ው ፡ es weidete eine Sauheerde, M. 5, 11.
*ta-samār-t* refl. (A. ተሠማሬ.፡) weiden, *tasamartanau* pasture, Fl. (i. e. wo sie weiden, Relat. II).

*Semār* v. (Bil. *semār*, Agaum. *semer*) sich schämen; scheuen sich vor jemand, ኒዝ ፡ ስማሬክ ፡ er schämt sich seiner, M. 8, 38. አው-ትክ ፡ ስማሬላ ፡ du scheuest dich nicht vor irgend jemand, M. 12, 14. ይ.ገ ፡ ስማሬ.ዕ ፡ wer sich meiner schämt, M. 8, 38. ይ.ጉረስ ፡ ስማረው ፡ አአነን ፡ wenn sie doch etwa meinen Sohn respectiren, M. 12, 6. *semargna (semārña)* Schamgefühl, shame; *semaragu (semār-ag-ā* welcher sich nicht schämt, schamlos) impudent Fl.

*Zamaw* v. (G. ዘመወ ፡ huren), ዘማዊ ፡ hurerisch, አን ፡ ዘማዊ ፡ ትውልድ ፡ dieses hurerische Geschlecht, M. 8, 38. ገለሙ-ት ፡ Hurerei, M. 7, 21. — *semawi* adulterer, *semawit* adulteress, Fl.

*Samāy* s. G. A. der Himmel, ሰማይ. ፡ ጀ.ል ፡ die Vögel des Himmels, M. 4, 4. ሰማይ.ሊ ፡ vom Himmel, G. 27, 28; M. 1, 11. ሰማይ.ዋ ፡ zum Himmel, M. 6, 41. Plur. ሰማይ.ተን ፡ M. 1, 10. — *samai* Fl., *semai* plur. *semaiten* B., *samaiawi* heavenly Fl.

*San* s. (Bil. *sanó*, Ch. *sinū*, A. ሰኝ ፡, Ti. G. ስጉ-ይ. ፡) Montag, Fl. *zan* pl. -*tan* und *san*, fem. *sēn* pl. -*t* s. (Bil. *dān* plur. *žān* fem. *žānī* plur. *žān*, Cham. *zin* pl. -*tan* comm. gener., Demb. *zan* pl. *zanezan*, fem. *žen*, Bisch. *san*) Bruder, Schwester, ዘን ፡ G. 27, 6. 11. 35. 41—45; M. 1, 16. 19; 12, 19. Plur. ዘንተን ፡ M. 3, 31; 10, 30 und ኚ.ን ፡ M. 10, 29; 12, 20. Fem. ኚን ፡ M. 3, 34 und so auch pl., M. 6, 3; 10, 30 und plur. ኚ.ንት ፡ M. 10, 29. — *zane* brother, *skênu* (sic! vielleicht: *shên*) sister, *sandaura* (i. e. *zan-d-aūrā* Bruders Sohn)

nephew Fl., *zan* fem. *shena* B., *zen* fem. *šem* (wohl *šēn*)
Lef.

*Sin* s. (Bil. *sīn*) Zeit, *sīnkī* alle Zeit, immer, M. 4, 5; 10, 17.
30; 11, 14; 14, 7; 15, 8. *sinki* ever, *sinki simba* eternal Fl.

*Sanā* s. (Bil., Demb. *saná*) Gleichniss, Ebenbild; wie, gleich,
ርግብ፡ሰና፡ gleich einer Taube, M. 1, 10. ኤሳው፡ናንተን፡
ሰና፡ wie Esaus Hände, G. 27, 24. ጐርላ፡ሰና፡ wie die
Kinder, M. 10, 15. Der verglichene Gegenstand kann auch
das Dativzeichen annehmen, ሊኸተ፟ሺ፡ሰና፡ gleich der
zweiten, M. 3, 5. ስራኡ፡ኻዝ፡ሰና፡ gleich einem Machthaber,
M. 1, 22. Nach Verben: ጸራው፡ሰና፡ wie er geschrieben
hat, M. 1, Tit. ጸፍሊው፡ሰና፡ wie geschrieben ist, M. 1, 2.
ሙሴ፡እዚ፟ው፡ሰና፡ wie Mose befohlen hat, M. 1, 44. እዚ
እዝ፡ሰና፡ይ፟ሽኡ፡ ich that, wie du befohlen hast, G. 27, 19.

*sanā y* v. so beschaffen sein, የደራ፡መንግሥት፡እንዘዝ፡
ሰና፡የውዝ፡ገን፡ das Reich Gottes gehört den also Be-
schaffenen an, M. 10, 14; vgl. 12, 31. Gleichbedeutend ist
*enáwā y.*

*Sanê* s. A. der zehnte abessinische Monat; Juni Fl.

*Senā* s. (Demb., Agaum., Bil. *sená*, Ch. *zená*) die frische noch
nicht zerlassene Butter. *sena* Lef., *senna* Fl.

*Senb, semb, sem* v. (Demb. *sem, sim*, Ch. *sib, zib, zib*, Bil. *hinb,
himb*, Galla *hamba* sein, bleiben. Da sich in einigen Formen
des Quara *senbī* zeigt, so ist wahrscheinlich *senbī* aus *senbē*
entstanden und nach Chamirspr. §. 52 auf A. ሰነብተ፡
bleiben, zu beziehen, wie *f-ē* = Bil. *fa-r*, Ch. *fi-t* weggehen, *s-ē* = Bil. *sa-r*, Ch. *si-t* sich bekleiden u. s. w.) sein,
bleiben.

Formen auf *sem*: ስሞኩ፡ er bleibt, G. 27, 33. ስጜኩ
ንጣ፡ werdet ihr bleiben, warten? R. 1, 13. ስሞን፡ wenn
vorhanden ist, M. 11, 25. ሊ፟ጅ፡ልኩ፡ስሞ፡ ein mit zwei
Beinen seiender, M. 9, 45 (Particip, neben ሊ፟ጅ፡ይል፡ስንበ፡
ein mit zwei Augen seiender, M. 9, 46). አዋን፡አኸንሺ፡
እንተዳ፡ስማፅ፡ wie lange soll ich mit euch bleiben (bis
wann, ich welchem ich bleibe), M. 9, 19. ኊዳ፡ስሞነአ፡
መተና፡ damit sie mit ihm seien (Zweck, nach welchem
sie sind), M. 3, 14. ዳንግገ፡ስምአ፡ *(sem-ña)* ጀረበለ፡ ich
will nicht am Leben bleiben, G. 27, 46. ኺስማራ፡አርገግ፡
ስንበው፡ und sein Aufenthalt *(semā)* war im Grabe, M. 5,

1. **ኪ.ስሞን** : dein Wohnsitz, Aufenthalt *(seman)*, G. 27, 39.
**ሰሚ** : M. 5, 26 und **ሳሚ** : M. 3, 27; 10, 22. 23. 24; 12, 17; Joh. 2, 15 Besitz, Habe, Geld, Reichthum. — *semeo* währen, dauern, to last (i. e. *seme-û* er blieb), *semnā* abode, Aufenthalt und *semnā* habitation, *sama* goods, possession, *seman* state, condition, Fl.

Formen mit *senb*, *semb*: **ስንቢ.ው** : ich war, M. 14, 49. **ስንቢ.ው** : du warst, M. 14, 67. **ስንቢ.ው** : M. 1, 4; 5, 1; 8, 7, u. a.; **ስም.ቢ.ው** : G. 27, 23; Joh. 2, 1; **ስእም.ቢ.ኡ** : Joh. 2, 24; **ስም.ቢ.ኡ** : Joh. 2, 13. **ስዕም.ቢ.ኡ** : Joh. 2, 25 er war. **ስንቢ.ት** : M. 5, 42 und **ስም.ቢ.ት** : Joh. 2, 1 sie war. **ስንቢ. ንው** : M. 1, 4; 6, 34. 43 u. a., **ስንቢ.ንዑ** : Joh. 2, 6 und **ስም.ቢ.ንዑ** : Joh. 2, 9 sie waren. **ስንቢ.ላ** : es war nicht, M. 8, 1. 14. **ስንብ** : bleibet! M. 14, 34. **ስንብ** : er seiend, M. 9, 46 (s. oben **ስሞ** :). **ስንበነን** : wenn nicht vorhanden ist, M. 4, 5. **ስን.ብ : ዋነኩ** : es ist existirend, M. 15, 39 oder **ስም.ቢ. : ቤው** : id., Joh. 2, 25. **ስንቤ** : M. 11, 13 oder **ስም.ቤ** : G. 27, 15 die welche war. **ዘዲ : ስንቢ.ው** : die welche mit ihm waren, M. 5, 40. **አሰብንኡ. : እንስ : ያ : ስም.በእ** : sie dachten an das, was er gesagt habend war, Joh. 2, 21. **ዘትኪ. : አኸዕ : ስም.በገ : መ.ተና** : Ursache, durch welche er jeden kennend war, Joh. 2, 24. **እጅው : ቤእ : ስንቢ.ገገ** : bei dem Umstande, nach welchem viel Erde nicht existirte, M. 4, 5. — *sembeu* er war, *sembiti* sie war, *sinki simba* was ewig ist, *simyibegna* (i. e. *simbi-beñā*) Abwesenheit, Fl. — Ueber die Construction von *senb* mit einem Verb im Particip, Constructus oder Relativ I vgl. §. 104, Anmerk.

*Zanabal* v. (A. **ዘነበለ** :) neigen, *sanabalu* incline Fl.

*Sanābat* v. (A. **ሰናበተ** :, Ch. *sib*, Bil. *sib*), nur:

sanabut-š caus. (Ch. *sib-s*, Bil. *sib-d*) verabschieden, entlassen, hinausgeleiten den weggehenden Besucher, **ያርሰ6 : ሰነበትሽ.ው** : er verabschiedete die Leute, M. 4, 36.

*a-sanābat* semit. caus., Bedeutung wie oben, **አሰናብ ትው** : er verabschiedete, M. 8, 9. **ዘእይስ : አሰናብትይሸ** : bis er die Leute verabschiedet habe, M. 6, 45. **አሰናብት** : verabschiede! M. 6, 36.

*Sanbat* s. (Demb. *sanbat*, Bil. *sánbar* pl. *sanábet*, Ch. *sinbit*, Ti. G. A. **ስንበት** :, سَنْبِت ,שבת) der Sabbat, Samstag, M. 1, 21; 2, 3. 24. 27. 28. *sanbat* Fl., *sánbat* B.

*Zandō* s. (A. **ዘንደ ፡**) Drache, Riesenschlange? Gottheit der Agau vor ihrer Bekehrung zum Judenthum, Fl.

*Sanaf* v. A. thöricht, dumm sein, Nom. **ስንፍና ፡** Dummheit, M. 7, 22.

*Senāfeç* s. A. und *sempī* s. G. (s. d.) der Senf, **ስናፍጮ ፡** M. 4, 31.

*Sanāfil* s. A. kurze Beinkleider der Priester, Fl.

*Senχ* v. seufzen, *senchow* to sigh Fl.

*Sanakal* v. A., nur in: *a-sanakal-š* caus. (A. **አሰናከለ ፡**) hintergehen, betrügen, **ለኢ ፡ ጊዛ ፡ አሰነከልሽ ፡** zweimal hat er (mich) betrogen, G. 27, 36.

*Sinkān* s. A. Schnupftabak, Fl.

*Sankūātā* s. (Bil. *sănkūată*) die Axt, Hacke, das Beil, *sanquota* axe Fl.

*Santā* s. (A. **ስንጣቄ ፡** ?) Loch, Ritze, gap Fl.

*Siéñ* das Kleid, s. *sa*.

*Sar, zar* I v. (Bil., Agaum. *sar*, Demb. *şar*, Ch. *ẕar, zar* roth, schön sein, cf. **ሣረየ ፡** colorare) roth, schön, vornehm, adelig sein, Relat. *sarā* roth, **ሰራ.ዕ ፡ ሐር ፡** rothes Seidenkleid, M. 15, 17. **ሠራ.ዕ ፡ ሐር ፡** id., M. 15, 20. **ሣኅ ፡ ሲ. አኪ ፡** alles rothe Fleisch, die gute Gesellschaft, vornehme Menschheit, M. 13, 20 (*sīa-kī* für **ሰራ.ኪ ፡**, zunächst aus *sayā, sēā* erweicht).

*Sar* II v. (Demb. *saraĝ*, A. **ሰራ. ፡**, G. **ሰርሐ ፡**) bauen, erbauen, machen, thun, **ሰርመ ፡** er baute, M. 12, 1. **ሰርኖ ፡** wir bauend, M. 9, 5. **ሰራአር ፡** der du aufgebaut hast, M. 15, 29. — *hatiat seraw* to sin; *maserat* foundation, Fl.

*sar-s* pass. **አርበ. ፡ ወልታ ፡ አሜዝ ፡ ሰርስአ. ፡** in sechsundvierzig Jahren ist er erbaut worden (der Tempel), Joh. 2, 20. **አን ፡ አን ፡ ደብተረስ ፡ አፈረሰኩ ፡ ናን ፡ ሰርሳስ ፡ ሲ.ኼሲ. ፡ ግ ርጊዝራ ፡ አይመ. ፡ ጕዘኩ ፡ ናንዝ ፡ ሰርስጋዕ ፡** ich reisse diesen Tempel, der durch Hände erbaut ist, nieder und stelle in drei Tagen einen andern auf, der nicht mittelst Händen erbaut ist, M. 14, 58.

*Ser* s. (Bil. *zir* plur. *zilíl*, Ch. *zir* pl. *zír-re*, Ti. Ty. A. **ሥር ፡**, G. **ሥርመ. ፡**), Wurzel. **ሰር ፡** M. 4, 16; 5, 6; 11, 20. — *kaniser* stalk, Fl. (*kānī ser* Baumwurzel).

*Serā* regieren, s. *seraĝ*.

*Sūrā* s. (Bil. *súrrī*, Ti. Ty. A. **ሰራ ፡**) Hosen, Beinkleid, *sura* Fl.

*Sārdā* s. (Bil. *sárdā*, Ch. *zárdā*) Rasiermesser, razor Fl.

*Seraǵ* v. (A. ሰረ፡, G. ሡርዐ፡) herrschen, regieren, gebieten, ኪሲስ፡ሰረኢኩማ፡ beherrschest du dich (dein Fleisch)? Gespr. ሰረኽኩን፡ sie regieren, M. 10, 42. ሰረአ፡ሻዝ፡ሰና፡ wie ein Machthaber (*serāǵā* Macht), M. 1, 22. ሰረዎዝ፡ጊዜ፡ zur Zeit, in welcher regierten, R. 1, 1. — *seraow* to govern, *serā-anta* ruler, govenor, *seraat* the rule, *serāt* maxime, Fl.

*serā-s* pass. gehorchen, dienen, ኪዘንገዘረ፡ሰረሲኩ፡ und deinem Bruder wirst du dienen, G. 27, 40. ኩሻ፡ሰረሰኩን፡ sie werden dir dienen, G. 27, 29. መላእክትንረ፡ሰረሰነኚ፡ ሰንቢንው፡ und die Engel dienten ihm, M. 1, 12. ሰረሶ፡ ሰንቢንው፡ sie dienten, M. 15, 41. ኒገነረ፡ሰረሶዝ፡ዩቴ፡ und seine Mutter sprach zu den Dienern, Joh. 2, 5. — *serasaga* rebel, Fl.

*Sergū* s. (Bil. *sirgūi, s̱urgi,* Ch. *zri* pl. *zúrgūe, zürge* Braut, G. ሰርግው፡ ornatus, fem. ሰርጉት፡) Bräutigam, ሰርጉ፡ M. 2, 19. 20; Joh. 2, 9. *yewina sergo* (*yewīnā sergū* Braut) bride, Fl.

*Sarχaṭ* v. (Bil. *an-jalhaṭ,* Ti. G. ዶኀዐ፡, Ti. ዶሐዐ፡, A. ዳዐ፡, ዳጠ፡) ausgleiten, *serchetgna* to slip Fl. (vielmehr: *sarχaṭnā* das Ausgleiten).

*Zarkā* s. (A. ጨረቃ፡) der Mond, ሡርከረ፡ኒብርሃንስ፡ዩወላ፡ und der Mond wird sein Licht nicht geben, M. 13, 24. — *serka* B., Fl.

*Saran* und *saranā* s. (G. ሰሰን፡ lascivia, A. ሴሰነ፡ lascivus fuit, ሰሰነ፡ fornicari, vgl. §. 24. Note 1) unrein, unkeusch sein, ሰረና፡ጋኔን፡ ein unreiner Dämon, M. 9, 25. ሰረኒ፡እንከሬ፡ ein Geist der Unsauberkeit, M. 1, 26; 5, 8; 7, 23. Davon eine Pluralform *saran* id., ሰረን፡እንከር፡ die Geister der Unlauterkeit, M. 3, 11; 5, 13. Nom. derivat. ሰረኔ፡ (A. ሴሰኝነት፡) Unlauterkeit, M. 7, 22; 13, 14. — *sarena* filthiness, *sareny* abominableness, Fl.

*saran-š* caus. (A. አሴሰነ፡) verunreinigen, ሰረንሸኩ፡ es verunreinigt, M. 7, 23. ሰረንሻሶ፡ welches verunreinigt, M. 7, 15. 19. ሰረንሸአ፡ገርሸላ፡ es kann nicht verunreinigen, M. 7, 15. ሰረንሺአ፡ገርሸገአ፡ was nicht verunreinigen kann, M. 7, 18.

*Sôrtā* s. (Ch. *sórtā* pl. *sort,* Demb. *sugŭrtā,* Bil. *sugŭrti,* Ti. ሾጕርት፡ collect., sing. ሾጕርታዩ፡, Ty. ሽጕርት፡, A. ሽን ጕርት፡) Zwiebel, *sorta* Fl.

*Sarāwit* s. A. die Armee, das Heer, Fl.

*Zāz* v. (A. ሣሣ፡, G. ሠሠዐ፡ aus ሠዐሠዐ፡) gierig, unersättlich sein, ሣሣ.ት.አ፡ (*zāzit-ñā*) Völlerei, M. 7, 22. — *sessit* (A. ሥሥት፡) Gierigkeit, *sessetam* (A. ሥሥታም፡) gierig, *sesitna* (A. ሥሥትኛ፡) gierig, Vielfrass, Fl. *yewina sasaya* weibisch, Fl. dürfte eher sein: Frau welche gierig ist.

*Sesχā* s. (Bil. *sidíq*, Agaum. *siski*) der Schweiss, *sescha* the sweat Fl.
*sesǵa-t* denom. v. refl. (Bil. *sidiq-r*) schwitzen, *sesretow* to sweat Fl.

*Sassā* num. (Bil. *sassā* aus *sas-tā* = [5] + 4 + und, Agaum. *sastā*, Demb. *sassā*, Ch. *saycā*) neun, ሰሳ፡ M. 15, 33. *sesā* Fl.
*sassa-sā* (Demb. id., Bil. *sassa-r*, Ch. *sayca-t-rā*) neunter, ሰሰሰ.፡ጊዘዝ፡ um die neunte Stunde, M. 15, 34.
*sass-īñ* (Demb. id., Bil. *sassa-ráñin*, Ch. *sayca-rñin*, Agaum. *sasti-skā*) neunzig, ሠሲ.አ፡ Texte 5, 90.

*Sasit* v. (A. ተሳሳተ፡, von ሳተ፡, G. ስሕተ፡, *sasit* offenbar betrachtet für *sas-it*, gleichsam von einem Stamm *sas*) sich irren, missverstehen, *sesitu* to mistake, Fl.

*Sīsāy* s. G. A. die Speise, Nahrung, Fl.

*Zāẓen* s. G. A. Kasten, Kiste, Truhe, ሣዕን፡ M. 12, 41. 43.

*Sāt* s. A. die Stunde, ሰአት፡ M. 6, 48.

*Saû* I s. A. Mensch, ዴ.ሰወነት፡ meine Persönlichkeit = ich, R. 1, 13.

*Saû* II v. (Ch. *zauq*, *zôq*, Bil. *sūk*, G. ሠወዐ፡) opfern, *sauwa* sacrifice Fl. = *sauwā* was man opfert, relativ. *meswā* Altar, Fl., ምስዋዕት፡ M. 2, 26, *maswaet* Fl. das Opfer. መስዋዕት፡ (A. ምዕዋት፡) das Almosen, M. 12, 33.

*Saû* III v. (Ch. *saw*, A. ሰባ፡, G. ሠብሐ፡) fett sein, *sawā* relat. was fett ist, fett, Fette, ቢ.፡ሳያዝ፡ in einem fetten Lande, G. 27, 39. የዴሬ፡ሰማይ.ሊ.፡ስዋ፡ሴአ፡ቢ.፡ሳዎስሪ፡ Gott gebe vom Himmel Regen und Fette (*sāwâ-s*) der Erde! G. 27, 28. — *sawa* fat, *sawatyna* fatness Fl.

*Seû* verschlingen, s. *seǵū*.

*Sewī* s. (wenn nicht Verschreibung für ሠዊ.ት፡, dann = *sewy*, Ch. *šūr*, Bil. *zūr*) Aehre, ስዊ.፡ብሖዘነን፡ሰንቢ.ነው፡ sie pflückten Aehren, M. 2, 23.

*Sīwā* drei, s. *sīǵūā*.

*Suwā* s. (verkürzt aus *sūwā*, Demb., Bil. *zuwā*, Cham. *zôwā*, vgl. Chamirspr. §. 59) der Regen, ስዋ፡ G. 27, 28. 39. *soa* Fl., Lef.

*Zaûd* s. A. Krone, Diadem, **አሙ፡Ⅱውዩ፡** Dornenkrone, M. 15, 17.

*Sawar* v. (A. **ሰወረ፡**) verdecken, -bergen, **ብከⁱዩረ፡ውወር፡ስን ጸ.ው፡** und eine Wolke verhüllte sie, M. 9, 7.

*sawar-s* pass. **ውወርስን፡ጥንኸርነው፡** sie fragten heimlich, M. 13, 3. **ሰወርስአ፡ገርሸላ፡** er konnte nicht verborgen bleiben *(sawarsiña)*, M. 7, 24.

*Sâwâtiñ* achtzig, s. *sûjûâ.*

*Say* s. Vormittag, *saee* fornoon Fl.

*Zeyâ* s. (Demb. *zeyâ*, Ch. *ziyâ*, Bil. *zeĝâ*, Ti. A. G. **ሥጋ፡**) Fleisch, Leib, Körper, **ⁱዚአ፡** M. 10, 8; 13, 20. Accus. **ሲስ፡** G. 27, 17. **ⁱዚሥ፡** M. 15, 43. 45. **ⁱዚዘ፡** das Fleisch aber, M. 14, 38. **ነሲ፡ⁱዚና፡** wegen seines Leibes, Joh. 2, 21.

*Siyâ, sîâ* adj. relat. rot, s. *sar* I.

*Sayf* s. G. A. das Schwert, **ሰዩፍ፡** M. 14, 43. 47. 48. *saif* Fl.

*Zayt* s. G. A. das Oel, **ⅡዩትⅡ፡** mit Oel, M. 6, 13. **ደብረ፡Ⅱዩ ትዋ፡** auf den Oelberg, M. 14, 26.

*Saytân* s. G. A. Satan, Teufel, **ሰዩጣን፡ኸፁ፡ዩር፡** ein Besessener, M. 1, 23. **ሰዩጣንስ.፡** vom Teufel, M. 1, 13. Plur. **ሰዩጣና ተን፡** (G. **ሰዩጣናት፡**) die Teufel, M. 1, 34.

## S̩, z̩.

*Zâbasâ* erster, s. *jâbasâ, jâb. tsabesa* first, Fl.

*S̩âdeq* adj. G. gerecht, plur. **ጸዩቃን፡** M. 2, 17.

*S̩âf* v. (A. **ጸፈ፡**, G. **ጸሐፈ፡**) schreiben, **ጸፍው፡** M. 10, 5 und **ጸፈው፡** *sâfîû*, M. 12, 19 er schrieb. **ጸር፡** (Relat. I präs.) M. 9, 11 und **ጸፈው፡** (Rel. I perf.) M. 11, 18 die Gelehrten. *sâfî* plur. **ጸፈአን፡** M. 2, 6; 14, 33; 15, 1 und **ጸፍያን፡** M. 14, 53 die Schreiber, Gelehrten, auch **ጸሐፈአን፡** id., M. 3, 22. **ጸሐፍት፡** die Gelehrten, M. 12, 35. **ጸፈ፡ቤው፡** er hat geschrieben, M. 10, 4. **ጸሐፈት፡** Schrift, Inschrift, M. 12, 16. **መጸሐፍ፡** M. 10, 4; 12, 10. 26 und **መጸፍ፡** Joh. 2, 22 Schrift, Buch, plur. **መጸሐፍተን፡** M. 14, 49. — *zafau* write (eigentl. welcher schreibt), *zafanta* writer, Fl.

*sâf-s* pass. **ጸፍሲ፡ስንበው፡** constructus, M. 15, 26 es war aufgeschrieben. **ጸፍሰ፡ጥነከ፡** relat., M. 14, 27 es ist geschrieben. **ጸፍሲው፡ሰና፡** Relat. II perf., wie geschrieben ist, M. 1, 2; 9, 12. 13.

*S̩agâ* s. A. Anmuth, Grazie, Fl.

Ṣālāt s. A. Feind, pl. ጸላቶን ፡ M. 12, 36.

Ṣalay v. G. beten, ጸለየው· ፡ er betete, M. 14, 39. ጸለይዋ ፡ dass ich bete, M. 14, 32. ጸለይደ ፡ dass er bete, M. 6, 46. ጸለይ ፡ betet! M. 13, 33; 14, 38. ጸሎት ፡ Gebet, M. 1, 35; 9, 29; 11, 17. 24, Accus. ጸሎቲ ፡ ṣalōt-tī M. 14, 39.

Zamad v. A. nur in der semit. Causativform: አበመደ ፡ ስንበ.ን ው· ፡ sie waren fangend (Fische), M. 1, 16. ይርስ ፡ አበመደኒ አ ፡ ሺበኩ·፡ ich mache (euch) zu Menschenfängern, M. 1, 17.

Ṣan v. (A. ጠና ፡, G. ጸነ0 ፡) hart, fest sein, እን ፡ መንግሥት ፡ ጸንደ· ፡ መተና ፡ ገርስላ ፡ ein solches Reich kann nicht bestehen, M. 3, 24; cf. 3, 25. Nom. ጽናት ፡ Härte, M. 16, 14.

ṣan-š härten, bekräftigen, bändigen, ናቃልስረ ፡ ታ ኽ ተ ለ ፡ ታምራ·ትዘ. ፡ ጸንሸ0 ፡ ስንበ.ው· ፡ und er bekräftigte ihre Worte durch darauffolgende Wunder, M. 16, 20. አው·ኪ. ፡ በይሪገዘ ፡ እንኳ ፡ ጸንሺ.ዶ.ግ ፡ መተና ፡ ገርስላ ፡ niemand konnte ihn auch nicht mittelst Ketten bändigen, M. 5, 1. — lebeka zanshena consolation, Fl.

Ṣār v. (A. ጣረ ፡, G. ጸ0ረ ፡) traurig, bekümmert sein.
ṣār-it refl. traurig werden, Nom. ṣāritiñā, ጸሪትአ ፡ ጀ መ ርው· ፡ er fing an bekümmert zu werden, M. 14, 33.

Ṣāt s. (Demb. ṭāt, A. ጸት ፡, Ti. ጽብዓት· ፡, G. አጸብዕት· ፡) der Finger, Fl., leko ẓāt Zehe, Fl.

Ṣaṭ y v. (A. ጸት ፡ አለ ፡) still, ruhig sein, -werden, በርስረ ፡ ይው· ፡ ሺግም ፡ እይ. ፡ ጸጥ ፡ እይ. ፡፡ ናንገረ ፡ ሺግም ፡ ይ.ው· ፡ ዋ0 ፡ ጸጥትረ ፡ አኺ.ው· ፡ und zum Meere sprach er: schweig und beruhige dich! und der Sturm schwieg und eine grosse Stille entstand, M. 4, 39. ናንገረ ፡ ጸጥ ፡ ይው· ፡ und der Sturm beruhigte sich, M. 6, 51.

Ṣewā s. (A. ጽዋ ፡, G. ጽዋ0 ፡) Becher, Kelch, Accus. ጸው·ቲ ፡ M. 10, 39; 14, 36 oder ጸውስ ፡ M. 10, 38; 14, 23.

# Š.

-š, -ši Dativzeichen (Demb. -ši, Ch. -sī, -š, Bil. -sī), ይሽ ፡ mir, G. 27, 36. ኩሽ ፡ dir, G. 27, 37. አበሽ ፡ dem Vater, G. 27, 9. ለጃኺ. ፡ zweien, M. 16, 2. ·ተረኺ. ፡ der Tochter, M. 6, 27; s. §. 120.

Šē v. 2 (Demb. šē, šāγ, Ch. ṣaγ, ẓaγ, vor consonant. Affixen ṣay, Bil. šāγ, G. ጠ0ቀ ፡, ጽህቀ ፡, ሰቴቴ ፡) anfassen, -packen, ergreifen, nehmen: haben, besitzen, ሕግስ ፡ ሽተኩን ፡ ihr haltet das Gesetz, M. 7, 8. ሽኑን ፡ sie fangen, M. 16, 18. ሽለ. ፡ ich habe nicht, M. 10, 40 und ሻለ. ፡ id., G. 27, 11. እረ ፡ ሽንለ. ፡ wir haben kein Brod, M. 8, 17. ስር ፡ ሽንላ ፡ sie haben keine Wurzel, M. 4, 17. ወይን ፡ ሽንላ ፡ sie haben keinen Wein, Joh. 2, 3. ሻው ፡ (shaow, to take, Fl.) er nahm, M. 8, 23. 32; 9, 27; er hatte, G. 27, 41. ሽው ፡ er ergriff, -fasste, M. 5, 41 = *sheyaw* to size, Fl. ሽንው ፡ sie nahmen gefangen, M. 12, 3; 14, 46. 51. ግዴ ፡ ሽትለግ ፡ hattest du keine Macht? M. 4, 38. ሽትንላ ፡ ihr habt nicht gefangen, M. 14, 49. ኣሬረ ፡ ሽንላ ፡ und sie hatten nichts zu essen, M. 8, 2. ሽድሮ ፡ መተፉ ፡ dass sie ergreifen, M. 14, 1. ሻእ ፡ fanget! M. 14, 44. ስር ፡ ሽገን ፡ wenn (weil) er keine Wurzel hat, M. 4, 6. ሽፉ ፡ du haltend, M. 9, 43; vgl. jedoch: ፌንትረረ ፡ ለ.እ ፡ ሽፉ ፡ ለሽ ፡ und zwei Ziegen genommen habend bringe her! G. 27, 9. ሽፉ ፡ sie haltend (3. sing.), M. 14, 3. ሽትሯ ፡ ihr haltend, M. 14, 48. ሽሯ ፡ sie (pl.) haltend, M. 14, 43. 53. ሽቤው ፡ er ergriff, M. 1, 31. ሽ ፡ ስንቤ.ው ፡ er hatte erfasst, M. 16, 8. ቄም ፡ ሽዋነኩ ፡ er hat Groll, G. 27, 42. ከወግ ፡ ሽዋነኩ.ወግ ፡ hat er eine Kuh? Gespr. በል ፡ ዜቡል ፡ ሽዋነኩ ፡ er hat den Belzebub, M. 3, 22. ሽፈአው ፡ er nahm fort (genommen habend ging er fort), M. 14, 33. ሽንትው ፡ er brachte (genommen habend kam er), M. 6, 28. በለስ ፡ አሽ ፡ ሽት ፡ ስንቤ ፡ ein Feigenbaum der Blätter hatte, M. 11, 13. ይል ፡ ሽትን ፡ ዋነኩን ፡ ihr habt Augen, M. 8, 18. እንዬረ ፡ ሽትን ፡ ዋነኩን ፡ und ihr habt Ohren, ib. ሽን ፡ ፈንው ፡ sie schleppten fort, M. 15, 16. ሽን ፡ እንትንው ፡ sie brachten, M. 7, 32. ሻስ ፡ welcher besitzt, M. 4, 9; 10, 23 u. a. ሻው ፡ id., M. 1, 40. ሽው ፡ welcher hatte, M. 11, 16 u. welche hatten, M. 3, 21. ሽገ ፡ welcher nicht hat, M. 4, 25. ሽገ ፡ welche nicht haben, M. 6, 34. 36. እረ ፡ ሽግና ፡ መተና ፡ Ursache, zufolge welcher wir nicht genommen haben, M. 8, 16. ዋእ ፡ ህይመግሞት ፡ ሽከ ኀግ ፡ wie habt ihr keinen Glauben? M. 4, 40. ሽግነአ ፡ wodurch sie nicht nehmen sollten, M. 6, 9. ሽይ ፡ *šēñ* das Halten, M. 14, 48. *shewoy* scare, Fl.

*šē-š* caus. ሽሻስ ፡ der (ihn) fangen liess, M. 14, 44. ጊዘረ ፡ ይረባስ ፡ ስንቤ.ው ፡ ዋእ ፡ ሽሻእ ፡ er suchte Gelegenheit, wie er (ihn) fangen liesse, M. 14, 11.

Šab I s. (Demb., Bil. *šab, šabb*, Ch. *șab, zab*, Agaum. *saf*, Ty.
ጸብ፡) die Milch, Lef., bei B. *caŝ*.

Šab II v. (Ch. *zab, sab, sab*, Agaum. *zab*, Demb. *žab*, Bil. *hab*,
Saho, 'Afar *ab*) machen, thun, ሸበኩ፡ ich mache, bereite
zu, G. 27, 9. ሺበኩ፡ id., M. 1, 17. ሺቤከን፡ ihr machet,
M. 7, 13. ሸበኩን፡ sie machen, M. 4, 20. ሸበዉ፡ ich machte,
G. 27, 37. ሸበዉ፡ M. 3, 14; 8, 25; ሸበ.ዉ፡ Joh. 2, 15;
ሺበ.ዉ፡ M. 7, 35 er machte. ሸበ.ፕ፡ sie machte, M. 14,
8; ሺበ.ፕ፡ id., M. 14, 6. ሸበ.ንዉ፡ ihr machtet, M. 11, 17.
ሺበንዉ፡ sie machten, M. 9, 13. ሸበ.ዋ፡ dass ich mache,
G. 27, 37; ሺበ.ዋ፡ id., M. 10, 17; 15, 12. ሺብፉ፡ dass du
machest, M. 11, 28. ሺብይ፡ dass er mache, M. 7, 12; 9,
3; ሸብይ፡ id., R. 1, 8. ሸበ.፡ mache! G. 27, 4; ሸበ.ሉ፡
mache mir! G. 27, 7. ሸብተና፡ machet nicht! Joh. 2, 16.
ለ.አ፡ለ.አ፡ሺበ.፡እንሳዕዉ፡ zu zwei und zwei ordnend
schickte er (sic) aus, M. 6, 7. ኂይዋና፡ሺበ.፡ስንበ.ዉ፡መ
ተና፡ weil er sie zu seinem Weibe gemacht hatte, M. 6, 17.
ሺበዕ፡ der welcher macht, M. 3, 34. ኩዉአ፡ሺበዕ፡ der
einen Mord begangen hatte, M. 15, 7. ሺበአ፡ das was ich
thue, M. 11, 33. ኂት፡ሸበ.ያስ፡ምዩዶ፡ሸ፡ bis er vergessen
hat, was du ihm angethan hast, G. 27, 45. እንስ፡ዌሪ፡ስል
ጣንዝ፡ሺቤአዕ፡ durch was für Macht thust du das? M. 11,
28. ምዜአ፡ሸበ፡ጊዘ፡ als er eine Mahlzeit zubereitete,
M. 6, 21. ሲንከ.፡ሺበዕ፡ሰና፡ wie er stets gethan hatte,
M. 15, 8. አነበበ.ንላማ፡ዳዊት፡ሺባስ፡ habt ihr nicht gelesen,
was David that? M. 2, 25. ድዋ፡የዴሪ፡ሺባስከ.፡ melde,
was alles Gott gethan hat! M. 5, 19. ከ.ንሸአ፡ዮመርዉ፡
የሱስ፡ኂዝ፡ሸበገከ.፡ er begann zu berichten, was alles
Jesus an ihm gethan hatte, M. 5, 20. አኂ፡ኂሸከር፡ምጅምር፡
የሱስ፡ሸቤ፡ das ist sein erstes Wunder, das Jesus gewirkt
hat, Joh. 2, 11. ሸቤ፡ሸክርቲ፡ኻልና፡ጊዘ፡ als sie das
Wunder sahen, dass er gewirkt hatte, Joh. 2, 23. ኻላዕ፡
ስንበ.ዉ፡እንት፡ሺቤአስ፡ er sah sich nach derjenigen um,
die das gethan hatte, M. 5, 32. ዊሜና፡እነዋ፡ሺቤናዕ፡
warum macht ihr es so? M. 11, 3. ዌሪ፡ሺቤናዕ፡ was macht
ihr? M. 11, 5. ሸበ.ነአ፡ das was ihr gethan habt, R. 1, 8.
ሺበናስ፡ኻለ.፡ siehe, was sie treiben! M. 2, 24. ኂተሪ፡ድዉ
ንዉ፡ሺብናስከ.፡ und sie meldeten ihm, was sie alles gethan
hätten, M. 6, 30. ሺብአ፡ገርሸላ፡ er konnte nicht machen

*(šabiñā)*, M. 6, 5. ሽራ፡ዕ፡ሽ.ብኣ፡ተገብኩ.ማ፡ darf man Gutes thun? M. 3, 4. ይ.ክ፡ሽ.ብይ.ገ፡ገርሽላ፡ er kann nicht Böses thun *(šabiñ)*, M. 9, 39.

*šab-š* caus. machen liessen, ሽ.ብሽ.ንው፡ sie lassen machen, M. 14, 11.

*šab-s* pass. gemacht werden, ሽ.ብስከ፡ es wird gemacht, M. 6, 14. ሽ.ብስይ.ገ፡ dass es gemacht werde, M. 11, 23. ሽ.ብሰን፡ wenn gemacht wird, M. 9, 42. ሽ.ብሲ.ው.ስ፡ኣ.ኒ.ኣገ፡ መ.ተ.ና፡ weil sie wusste, was geschehen war, M. 5, 33.

*Šibab* v. (G. ጸብ፡, A. መበበ፡, ወ..) enge, beengt sein.

*šibab-š* caus. beengen, -drängen, ሽ.በ.ብሽ.ግነኣ፡ damit sie (ihn) nicht bedrängten, M. 3, 9.

*Šebkā* s. (Demb., Bil. *šebká*, Ch. *ṣefqá*, Agaum. *sifhā* Haar, G. ጸራ.ቀ፡, A. ጨሬ.ቀ፡ dicht sein) Haar, ይ.ዘን፡ጊ.ሳው.፡ኒ.ሽ ብከ.፡ብ.ጻ.ዕኣ.፡ይ.ገሬ፡ሽ.ብከ፡ሽ.ለ.፡ meines Bruders Esau Haar ist reichlich, an mir aber habe ich kein Haar, G. 27, 11; cf. 27, 23. ገመ.ለ.፡ሽ.ብከ፡ Kameelhaar, M. 1, 6. *shebka* hair, *shebka adara* hairy, *bagi shebka* wool, Fl.

*Šaj* oder vielleicht *šajü* v. (Bil. *šaqü*, *šaṳq*, Ch. *ṣaqü*, Bischari *toküe*) kochen, *shachnang (saχ nan* Kochhaus) kitchen, *shagosaye* cookery Fl. Nom. *šaj-en* das Kochen, davon: *šajen-t* refl. kochen, ሁ.ኣን፡ኒ.ኣብሽ.ሬ፡ሽ.ዕ.ን.ተ.ው፡ er kochte seinem Vater eine Speise, G. 27, 31.

*Šājā* I s. junges Mädchen, ሽኣ፡ (Amh. Uebers. ፉን.ጀ፡), Gespr. 31, vgl. *šejü*.

*Šājā* II s. (Bil. *šājā*, Demb. *šāgā* id., gehört zu *šāj* besitzen, s. oben *šē*) Besitz, Habe; Waffen, Eisen; Geld, Silber, ሽኣ፡ጻንገ.ማ፡ኣነበ፡ ist er ein Schmied (Waffenverfertiger) oder Weber? Gespr. 41. ልክ.፡ሽ.ይ.፡ Fusseisen, M. 5, 4. — *shara (šājā)* iron, *shaga* silver, *shachadangwa* smith, Fl., *shaga* iron, B.

*Šājê* s. (Demb. *šājī*, Agaum. *ṣejī*, *šejī*, Ch. *jā*, Bil. *šiq* id., cf. G. ሲ.ከ፡) die Regenzeit, der Winter, ሽ.ይ.ገ፡ im Winter, M. 13, 18. — *sharê* Fl., *shaghia*, *caghi* B.

*Šejā* s. (G. ጸ.ዝ፡, vgl. s. v. *šankā*) Blume, Fl., *ṣejā* B.

*Šegü*, *šigu* v. (Demb. *šigu*, Bil. *šug*, Ch. *šiqü* und *šiṣew* [i. e. *šišejü*, vgl. s. v. *dereñ*], A. መ.ቃ፡, G. መቀቀ፡, ይ.ግይ.ገ፡) klein, unbedeutend, gering, wenig sein; der jüngste sein, ሽ.ገ.ተ.፡ es ist klein (das Senfkorn), M. 4, 31. ሽ.ነኣ፡ንሽኣ

ኡ.ረስ፡ሰሸቲ፡፡ sie bekleidete ihren jüngeren Sohn, G. 27,
15. ሸꝗ፡ꝗሸዐኡረስ፡ከሸእቲ፡ sie rief ihren jüngeren Sohn,
G. 27, 42. ሸ፤፡ይ.ኍረ.፡ meine jüngste Tochter, M. 5, 23.
ሺ፤፡ኍረ.፡ eine junge Tochter, M. 7, 25. ሸ፤፡ታꝗኸ፡
ein kleines Schiff, M. 3, 9. እይከ.ው፡ሺꝗ፡ሺ.ꝗረ፡መርከበꝗ፡
ከ-ዘ፡ኒዳ.፡ስꝗቢ.ꝗው-፡ es waren noch andere kleine Schiffe
mit ihm, M. 4, 36. — *shugwa* small, *shegwa* least, *shegua
bonta* rivulet, *shuga fingye* breeze, *shegue nang* hut, Fl.
Šigem y v. (G. ሰገመ፡) schweigen, ሺ.ግም፡ይ.ው-፡ er schwieg,
M. 4, 39. ሺ.ግም፡ይ.ꝗው-፡ sie schwiegen, M. 3, 4; 9, 34.
ሺ.ግም፡ይ.ዳ.፡ሣኗ፡ damit er schweige, M. 10, 48. ሺ.ግም፡
እይ፡ schweige! M. 4, 39.
Šagar v. (A. ቸገረ፡) in Verlegenheit, Bedrängniss sein, schwer,
schwierig sein. Nom. *segār* Elend, misery, Fl.
    *sagar-š* caus., *shegershow* to trouble, Fl. ገመለ.፡ተው-እ.፡
    ሺገርሺላ፡ምርረ.፡ብሒኒገ፡ das Eingehen des Kameels durch
    ein Nadelöhr ist nicht schwerer, M. 10, 25.
    *sagar-s* pass., *shegersa* distress Fl. = *sagarsā* in Ver-
    legenheit gebracht.
Šiχ num. (Bil. *šiχ*, *šiχ*, A. ሸሀ፡) tausend, ሺ.ከ፡ M. 8, 9. 20.
    ሸ'ከ፡ M. 5, 13; 8, 19; ሺ.ሀ፡ M. 6, 44.
Šikā num. (Bil. *šiká*, *šeká*, Ch. *ṣiká*, Demb. *ṣikā*, *çikā*, Agaum.
    *sikā*) zehn, ሸከ፡ R. 1, 4. ሺ.ከ፡ M. 4, 10; 5, 25. 42; 6, 7
    u. a., *sheka* Fl.
Šakâl v. (A. ቸከ-ለ፡) eilen, *shokalo* (i. e. *šâkal-û*) to hasten,
    *shekolenta* (i. e. *šakâl-antā* eilig, Eiler) diligence Fl.
Šeklā s. A. Topf, *šeklā sari* Töpfer, potter Fl.
Šeker, *šiker* s. (G. ዝከር፡?) Wunder, Mirakel, ሸከር፡ Joh. 2,
    11. 23. ሺ.ከር፡ M. 6, 52. *shaker* miracle Fl.
Šale v. 2 (s. *sal* III) scharf sein, *šale-ā* (was scharf ist) Messer,
    Schärfe, sharpness Fl.
Šilēā s. 1) Adler, eagle Fl., cf. ለ. ሬሌላቀሁ፡ 2) Joch, yoke Fl.
Šalam v. (A. ሸለመ፡) schmücken, zieren.
    *šalam-z* caus. id., *shelemsu* garnish, *shelemsan* splendour, Fl.
    *šalam-s* pass. *shelemsa* ornament, Fl. (= *šalam-s-ā* ge-
    schmücktes).
Šamā s. A. Oberkleid, Mantel, Fl.
Šamē v. 2 (Demb. id., vgl. A. ዘመተ፡) vertreiben, -jagen,
    ሺ.ው-ኍ፡ከ-ለ.፡መይዋ፡ሺ.ሣገእ፡ er bat, er möge (ihn)

nicht aus der Stadt hinaustreiben, M. 5, 10. — *shemeaw* persecute Fl.

Šām v. (Demb., Bil. *šūm*, Ch. *sum*, Agaum. *ṣōm*, G. ጸመ፡) fasten, ሸ·መኩ·ን፡ sie fasten, M. 2, 18. 20. ሸ·መንላ፡ sie fasten nicht, M. 2, 18. ሸ·መነን፡ wenn sie fasten, M. 2, 19. *šūm* das Fasten, M. 9, 29. — *shumow* to faste, *shum* the fast, Fl.

Šāmb s. (s. *šānpā*) Pantoffel, Sandalen, Fusssohle, Fl.

Šamp ,adj. sole, Fl.' wohl = *šāmb*.

Šemd s. (Bil. *šimer*, Ti. G. A. ፀምድ፡) ein Paar, pair Fl.

Šaman v. (Demb. id., cf. G. ጸመን፡, ፃዕም) schwarz sein, *šamanā* schwarz, Fl. Vielleicht hiezu als Reflexivformen gehörig: *shementoo* rust, *shementa* rust, spot, *shementina* dirt, Fl.

Šemargīnā die Lanze, der Speer; Krieg, ሸመርጊ፡ G. 27, 3, Lanze. *shamergina* lance, spear, 'shemergina war, Fl.

Šams v. (G. ዐሰስ፡, ዐወስ፡, s. unten *šiñz*) krank sein, ሺምሰዕ፡ ein Kranker, M. 2, 4; 3, 10. ሺምሰው·፡ id., M. 2, 17. ሸምሰ፡ id., M. 2, 5. 9. 11. ሺምሰ፡ die Kranken, M. 1, 32; 3, 15; 6, 5; 16, 18. — *shamsiwanaku* to be sick, Fl. (= *šamši wānakū* ich bin krank, oder: er ist krank).

Šamat I. v. (A. ሸመተ·፡) Handel treiben mit Getreide, Fl. — *šamat-s* pass.. Gespr. 87.

Šamat II v. (A. ፈበመት·፡) vollkommen, gut sein, ኈትኊ፡ሸመ ታእ፡የፈሪ·፡ der allgütige Gott, R. 1, 20.

Šan Brüder, *šen* (aus *šāin* = Bil. *šānī*) die Schwester, s. *zan*.

Šān v. (Bil. *ça'an*, Ch. *şan*, A. Ꭶጸን፡, G. ጸበን፡) beladen, auf-legen, ሸነሥን፡ sie legen auf, M. 16, 18. ሸነው·፡ er legte auf, M. 7, 33; 8, 23. 25; 10, 16. ሸነው·፡ *šannū* sie legten auf, M. 11, 7. ሸንየ·፡ dass er auflege, M. 7, 32. ሸ**ዸ**፡ lege auf! M. 5, 23. — *shanow* saddle, *shansu* to impose (= *šān-z-ū* Causativ) Fl.

Šānpā, *šāmbā* pl. *šamp* s. (Demb. *šafā*, Bil. *šāfa* und *žānfī*, Ch. *šabu*, Agaum. *çāmmu*, A. ᎦጸᎵ·Ꮇ፡ id., cf. ⨎ Ꝙ *kap*, ᴛᴏᴜ. ᴩᴢ Fusssohle und خَفْ, G. ከ·ፍ፡. Somali *kab*, Galla *koba* Schuh, Sandale, wofür Aeg. ꝥ ꝥꝥ *teb-ti*, ᴏᴏᴛᴜ. ᴛᴏᴏᴠᴇ) Fusssohle, Sandale, ሸንᎩ·ᵞ·፡ M. 12, 36. Phur. ሸንᎩ·ᵞ·፡ M. 6, 9 und ሸን·በ፡ M. 1, 7. *šamp, šamb* Fl.

*Šinbel* s. (vgl. Somali *dabail* bei Hunter, ضبايل bei König, id.)
Sturm, ሺንብልፕ፡ፍንጊያ፡ፀደሬ። ein grosser Wind bei
(mit) Sturm, M. 4, 37.

*Šeng* v. (G. መንቀቀ።).
    *šengā-t* den. v. refl. Bedenken tragen, wankend werden,
ሺንኃተኩን፡ sie werden wankend, M. 4, 17. ሸንኃተነን፡
ስንቢነው። sie waren unwillig, bedenklich, M. 6, 3.

*Šangab* s. (Demb., Bil. *šángab*, Agaum. *zanyab*, Ch. *şagíb*, G.
ፀ.ንም፡, شام, ⌂ *samehi*) die linke Seite, *šangabā*
(sing.), ኪ.ሺንገቢ.ገ፡ zu deiner Linken, M. 10, 36. 40; 15,
26. — *shangebes* to the left, Fl.

*Šangobat* das Kinn, B., cf. ጸሕም፡

*Šingruvā* s. (Demb., Bil. *šingruvá*, Agaum. *segnlwā*, Ch. *şegluvá*)
Stern, Plur. ሸ.ንግርው።፡ M. 13, 25. — *shengerowa* star, *gueb*
*shingerwa* morning star, Fl. — Das Wort *šingruvā* ist
sicher ein Compositum aus *šīn* + *gruvā*, letzteres Mann
bedeutend; fraglich ist *šīn*. Dass die Agau, Bilin die Sterne
für Männer halten, davon konnte ich mich genugsam
überzeugen.

*Šonxolā* s. (G. A. ጸሕል፡) Pfanne, pan, kettle Fl.

*Šanak* v. (A. ፉሏነቀ።) enge, beengt sein, schwierig sein, መከ፤፡
ገሻሊ.፡ፕሩፅ፡ስብሬ፡ሺንከይ.፡አ.ሽንሽ.፡ so dass der Ort vor
der Thüre zu enge war, M. 2, 2. ዋአ፡ሽንካ፡ M. 10, 23
und — ሺንካ፡ 10, 24 wie schwer ist es!

    *šanak-s* pass. ሺ.ንክሰንን፡ኻለ።፡ er sehend wie sie be-
drängt wurden, M. 6, 48. — *shanagseyna* difficulty Fl.

*Šankā* s. (Demb. id., Bil. *šánkā*, Ch. *şáyyā*, Ti. ጸን.ኃይ.፡, Ty.
ሤይንኃይ.፡ Gras, G. ጸዝ፡ (los) Gras, ሽንከ፡ M. 4, 28. —
*shanka* gross, straw Fl., *canka* B.

*Šunkar* s. 1) Zucker (A. ሽንኩ፡C.፡, ሰከር፡), auch *sugar* Fl. 2)
Hexe (A. መንቄይ.፡, von መነቄል።); *shunkar* sorceress, Fl.

*Šaü* v. (Bil. *šaĝ*, Demb. *šay*, Agaum. *çaĝ*, Ch. *çaq*, cf. شاخ)
harnen, pissen, *shaynow* to urine, *shany* the urin Fl.

*Šur* I v. (Demb., Bil. *šar*, Ch. *zar*, Agaum. *sir*, Somali *dar*)
schwören, ሽርው።፡ er schwur, M. 6, 23. Nom. action. ሽርአ፡
Schwur, Eid, M. 6, 26; 14, 71. *sherow* to swear, *shera* oath,
*asus sherang* perjurer, Fl.

*šar-š* caus. einen Eid auftragen, **የ፰ረገ፤ : ሸርሸኩ :** ich lasse dich bei Gott schwören, M. 5, 7.

*Šar* II (Demb. *šar* id., A. **፝ፎር :**, Ti. **ከር :**, G. **•ኄር:**, خير gut) gut, schön, vortrefflich sein, **ሸሬ፟ፆ :** M. 4, 8. 20; 7, 27; 9, 5. 50; 10, 17 u. a., fem. **ሸሬ :** G. 27, 15 gut, schön. Nom. **ሸር : V**ortrefflichkeit, **ይር : ሸርቀ :** (A. **መልከም : ሰዉ : ነዉ :**) er ist ein braver Mann, Gespr. 44. — *sherwayer* (= *šer-wā yer* Güte — mit — Mann) kind, adj. Fl.

*šara-s* denom. v. pass. vortrefflich, gut gemacht werden, **መጽሐፍ : ሸረሰዉ :** die Schrift ist erfüllt worden, M. 15, 28. **ሸረስዶ : አኽ፝ጝሸ : ታገሳፅ : ጎ : ፳ነኩ :** wer bis ans Ende ausharret, wird selig, M. 13, 13. **መጽሐፍ•ተጝ : ሸረስድፍ : መ•ቱፍ : ገጝ :** es ist damit die Schriften erfüllt werden, M. 14, 49. **ሸረሰ : አመጝዘርዉ :** er ist schon ein Hurer geworden, M. 10. 11. **ሸረስ : አሁዉ : አጝት : አዉጎ :** ich weiss gut, wer du bist, M. 1, 23. **አጝ : ሸረስ : ይራፅተዑ :** ich bin schon alt geworden, G. 27, 2. **ሸረስ : ኪዉ :** er ist schon gestorben, M. 9, 26. **ሸረስ : አጝተዉ :** er ist schon gekommen, M. 9, 13.

*Širō* s. A. Suppe mit Pfeffer gewürzt, Fl.

*Šarab* v. (Bil. *šarab*, Demb. *çarab*, Ch. *şareb*, G. **ጸረስ :**) hacken, mit dem Beil hauen, Nom. agent. **ሸረስጝታ :** Zimmermann, M. 6, 3. *sherebenta* Fl.

*šarab-s* pass. **አርፕ : ሸረስሰ : ስጝቢዉ : ከርኢሊ :** das Grab war in einen Fels gehauen, M. 15, 46.

*Šaraχ* v. (A. **ፀረቀ :**) spalten das Holz.

*šarχ-es* pass. gespalten werden, *kānī šarχesā* Splitter, Holzsplitter, Fl.

*Šaremo* s. Ahle, Pfriem, punch, Fl.

*Šaraw* v. besudeln, Fl.

*Šašā* s. (Bil. *žažā*, A. **•ፁጝፁጊ :**) Kieselstein, Fl.

*Šeš*, *shesho* inflame Fl., vgl. Bil. *sākūs* heiss sein; brennen, anzünden; *šeš*, wohl *šaš* ist eine Causativform.

*Šōtal* s. A. Säbel, Schwert, G. 27, 40, *shotal* Fl.

*Šittū* s. A. Spezereien, Wohlgeruch, M. 14, 4; 16, 1.

*Šeū*, *siū* I v. (Bil. *siū*, Ch. *jiū* und *juū* id., Radix *jeǧū*, *šeǧū*, A. **ሴሎዉሕ :**, **ሬሌኽ :**, G. **ጸዉ•ሀ :**, הבש, היצ, שוש, [hebrew] *sabaḥ*) 1) schreien, bitten, verlangen, **ሸዉ•ኣ :** M. 5, 10,

ሽ.ው·ው·: M. 5, 18 er bat. ሽ.ው·ት: sic bat, M. M. 6, 25.
ሽ.ው·ነው·: sie baten, M. 5, 12; 8, 22. ሽ.ዋ: verlange!
M. 6, 22. ሽ.ዋ: betet! M. 13, 18. ዌሬ·: ሽ.ዋዋ: um was
soll ich bitten? M. 6, 24. ሽ·ው·ይ·ዋ: መ·ተ·ና: dass sie bitten
sollten, M. 15, 11. ሽ.ወ·ንን: ስ·ንበ.ው·: er bat, M. 5, 23. ሽ.ዌ
ንን: ስ·ንበ.ት: sic bat, M. 7, 26. ሽ.ዌ·አስ: ሌ·አ: ይ.: ቤ·ው·:
er hatte gesagt, er werde geben, um was sie bitten würde,
M. 6, 23. ሽ.ው·ናስ: ይ.ሽ·ፉ: መ·ተ·ና: dass du thuest, um was
wir bitten, M. 10, 35. ሽ.ዌ·ናስ: አ·ኔ·ንላ: ihr wisst nicht,
was ihr bittet, M. 10, 36. ሽ.ዌ·ናስኪ.: um was immer ihr
bittet, M. 11, 24. ሽ.ው·አ·ሪ: ይ·መ·ር·ነው·: und sie fingen
an zu bitten *(šiûñā)*, M. 5, 18: 15, 8. ሽ·ው·አ.ገ: *šiûñī-z*
zum betteln, M. 10, 46. — *sheow* to pray, *shongna* prayer,
*shewon* hymn, song, Fl. 2) rufen, nennen, benennen, Nom.
ሽ.ው·: M. 3, 16; 5, 9. 22; 9, 37. 39. 41: 13, 13: 16, 17:
ሽ.ο·: G. 27, 36; R. 1, 1. 4; ሽ.ፅ·ው·: R. 1, 2; ሽ.አ.: Joh. 2, 23,
der Name, *sheow* name, Fl. (Bil. *suñ*, *zuñ*, Ch. *zuñ*, *žuñ*
Name).

*Šiû* II v. (G. ስ.ሐ·ስ:, A. ስ·ስ:?) ziehen.
    *šiû-z* caus., mit der Bedeutung von oben: ziehen, wahr-
scheinlich nur, um das Wort von *šiû* I zu unterscheiden,
ስ·ይ·ና·: ሽ.ው·ገ·ለ·ው·: er zog das Schwert, M. 14, 47.

*Šawā* I s. (Bil. *šaqñá*, Ch. *șawā*) Mist, Dünger, *shewa* dung Fl.

*Šawā* II plur. *šañ* s. (Cham. *šéwā*, Bil. *šákā*, G. ጸ.ይ.ሐ:, vgl.
Chamirspr. §. 74) Feld, Landschaft, Bezirk, ·ት·ት: ቤ·: ሽ·ዋ·:
(für *šaw-wā*) in die benachbarten Bezirke, M. 1, 38.

*Šiwā* s. (Bil. *šuwá*, Ch. *ṣuwá*, Ti ጭ·ዋ·:, Ty. A. ጭ·ው·:, G.
ጄ.ው·:) Salz, ሽ.ዋ: M. 9, 49. 50. *shewa* Fl.

*Šáwarar* v. (A. ሽ·ወ·ሬ·ሬ:) schielen, Fl.

*Šiûz* v. (Ch. *șūs*, Demb. *šegûs*, Bil. *šuqis*) krank sein, vgl. G.
ስ.ኸ·ስ: abnehmen, zu Ende gehen, የ·ወ·ስ: schwachgliedrig
sein, የ·ስ·ስ: schwach sein, leiden, krank sein, s. oben *šams*)
krank sein, *sheos wanaku* I am ill, *shosanta* sick, adj.,
*sheosa* illness, *showsa* sickness Fl. ሽ.ው·ዞ·ገ: ሽ.ው·ሲ.ው·ስኪ.:
ዳ·ንሽ·ው·: er heilte alle an einer Krankheit erkrankten,
M. 1, 34. ·ን·ሽ.ው·ዚ.ሬ: ቤ.አ.ው·: und ihre Krankheit *(niš-*
*šiûzī-ri)* verliess sie, M. 1, 31.

    *šiûz-t* refl. (Bil. *šuqis-t*) krank werden, *shostaku* to get sick
Fl. = *šiûz-t-akū* ich bin krank geworden, oder: er ist u. s. w.

Šay v. (Ch. *šar*, Bil. *ça'ed*, G. ጸዐይ‧ወ፡, vgl. §. 23, b) weiss
sein, Relat. ሽይ፡ welches weiss, *shaya* white, adj. Fl. ሽይ፡
ት‧ብሳ፡ ein weisses Kleid, M. 16, 5; vgl. auch 9, 3.

# T.

-t, -tī Accusativzeichen (Bil., Demb., Ch. -tī, -t), ሽክር‧ኬ፡ das
Wunder, Joh. 2, 23. ጥም̈ቀት̈፡ *temqat-tī* die Taufe, M. 10,
38. 39. እንት፡ diesen, M. 12, 30. Auslautendes *ā* geht vor
-tī in *a*, *a* über, wie: ጽወ‧ኬ፡ den Becher, M. 10, 39; 14,
36. ገኅ̈፡ die Mutter, G. 27, 10; R. 1, 14; M. 10, 7. ይ̈ቋ
ኅኬ፡ die Frau, M. 10, 2. 11; vgl. §. 121.

Tẽ v. 2 (Bil. *taĝ*, Ch. *tak* und *ṭaḳ*, Agaum. *diy*, Galla *ḍih*,
Somali *daw*, Saho *day* nahe sein, cf. Ty. ጥ̈ቭ̈፡ Rand,
neben, ◠⋀ *tek*, ◠᠁⋀ *teken* sich nahen) nahe sein.

tẽ-š caus. (Bil. *taĝ-iš*, Ch. *tak-s*) nahe bringen, darreichen,
ቲሽኦ፡ er brachte, reichte hin, G. 27, 25. 31. ቲሽንው፡
M. 8, 6 und ቲሽንው‧፡ M. 9, 20 sie brachten, reichten dar.
ቲሽ፡ bringe dar! M. 1, 14. ቲሽሌ፡ reiche, bring' mir!
G. 27, 4. 25. ቲሽድሳ፡ damit sie darreichten, M. 8, 6. ቲሽ
ኅስ፡ *tẽšanā* das was sie darbringen, M. 6, 41; 8, 7. ቲሽ
ሽ‧ገ፡ *tẽšiñ-z* bei dem Darreichen, M. 2, 4. — *teshoow* to
offer, Fl.

tẽ-t refl. (Demb. *tiẽ-t*, Bil. *taĝa-t*, Ch. *tak-et*) sich nahen,
hintreten zu Jemandem, ኊ̈ፐ‧ቲ‧ት̈ኦ‧፡ er trat auf ihn zu,
M. 14, 45. ይስሐቅፐ‧ቲ‧ት̈ኦ‧፡ er trat hin zu Isaak, G. 27,
22. የደሬ፡መንግሥ̈ት̈ሬ፡ቲ‧ቲ‧ኬ፡ und das Reich Gottes ist
nahe gekommen, M. 1, 15. የሱስወሬ፡ቲ‧ት̈ንው‧፡ sie traten
zu Jesum, M. 5, 15; 10, 35. ይ̈ፐ፡ቲ‧ኬ፡ tritt herbei zu mir!
G. 27, 26. ፍ̈ወን፡ግር̈ጊ፡ቲ‧ት̈፡ፐ̈ኅኩ‧፡ der Tag des Weinens
ist nahe, G. 27, 41. ቲ‧ኬ፡ፐ̈ኅኬ፡ sie ist nahe, M. 5, 23.
ፉ̈ጀ̈ሬ፡ቲ‧ት̈፡ስም̈ቢ‧ኤ‧፡ und das Pesach war nahe, Joh. 2, 13.
ቲ‧ት̈፡ቤ̈ው‧፡ er nahte sich, M. 1, 31. ቲ‧ት̈ሬ፡ጊ̈ዘ፡ als sie
in die Nähe gekommen waren, M. 11, 1. ቲ‧ት̈ስ፡ *tẽtanā*
das nahen, M. 13, 28. — *tẽt aeyu* near Fl. = er war nahe.

Teb v. (Bil. *tib*, *dib*, vgl. oben s. v. *dab*) verbergen, -hüllen.
In der Grundform nicht belegbar.

teb-š caus. verbergen, *tebsheo* to conceal, *tefshoo* to
hide, Fl.

*teb-t* refl. sich verstecken, verborgen sein, ተብያሰ፥
እንላ፥ተብት፥አዳአሰ፥ es gibt nichts Verborgenes, das verborgen bleibt, M. 4, 22. — *tebtow* to waylay (auflauern,
sich verstecken), *tebtaw* secretly, *tebtena* refuge, Fl.

*Tābā* s. (Ch. *tāb, ṭāb*, A. ጤፍ፥, Ty. ጣፍ፥) der Tef, Getreidesorte poa abessinica, Gespr.

*Tabak* v. (Bil. *takab* und *ṭaqab*, Ty. G. ጣቀበ፥, A. ጣቀሙ፥)
nähen, flicken, heften, አውራ፥አዚ፥ኌንትራ፥ተበከላ፥ድራሰ፥
ሴሰ፥ዳግሊ፥ und Niemand flickt einen neuen Fleck auf
ein altes Kleid, M. 2, 21.

*Tebel* v. (vgl. oben *dabal*) einwickeln, ተብልሙ፥ er wickelte
ein, M. 15, 46. *teblow* to wrap in, Fl. ተብላ፥ Relat. II,
in welches man sich einwickelt, Leibtuch, ሸያ፥ተብላ፥ ein
weisser Mantel, M. 16, 5.

*tebel-s* pass., *tebelsa* the roll, Fl. = *tebelsā* Gewickeltes,
Gerolltes.

*Tabārar* v. melken, *tebarero* to milk, Fl.

*Tebīt* s. (A. ተቢት፥, G. ተሰቢት፥) Hochmuth, ተቢት፥ M. 7, 22.

*Tebyā* s. A. der Staub, Fl.

*Tadagaf* sich stützen, s. *dagaf*.

*Tadarā* s. fem. Hausfrau, Herrin, s. *adarā*.

*Tag* v. (A. ተጋ፥, G. ተግሀ፥, Ch. *tigah*, Bil. *takāḥ y*) wachen,
ተጋ፥ wachet! M. 13, 35. 37; 14, 34. 38. ተግፉ፥ሙተኝ፥
dass du wachest, M. 14, 37. ተገአ፥አዚሙ፥ er befahl zu
wachen *(tagaña)*, M. 13, 34. — *metegi begna* carelessness,
Fl. = *ma-tagī be-ña* Mangel an Sorge, Sorglosigkeit.

*Tagab* v. (Demb. *tagab*, cf. A. ጣቀሙ፥) geziemend, vortheilhaft
sein, sich schicken, ተገበኩ፥ es geziemt sich, M. 13, 7. 10.
ተገበኩም፥ ist's erlaubt, schicklich? M. 3, 4; 10, 2; 12, 14.
ተገበላ፥ es geziemt sich nicht, M. 1, 7; 6, 18; 12, 14. ፉራ
ንሙ፥ኪአ፥ተገበአ፥ sie fällten das Urtheil, nach welchem
der Tod gebühre, M. 14, 64; vgl. 9, 11. ተገበጋ፥ስብሪዋ፥
zu einem unerlaubten Ort, M. 13, 14. ሺበናስ፥ኻሊ፥ሰንበ
ትዝ፥ተገበጋስ፥ sich' doch, was sie machen, was sich am
Sabbat nicht geziemt, M. 2, 24; vgl. 2, 27. — *tagabaya*
indecent, Fl.

*Tāgas* ausharren, sich gedulden, standhaft sein, s. *agas*.

*Tagatal* folgen, s. *katal*.

*Tǐḫŭ*, *tǐû* v. (cf. ⌂𓀀𓊪 *teqŭ* ᴛᴵᴷ Licht, Flamme) licht sein,
— werden, ኒሰ፡ዐሬ ፡ ፕ፡ውው ፡ und sein Kleid ward licht,
M. 9, 3. Relat. *tǐḫŭû* welches leuchtet, licht ist, daher Nom.
Licht, ፕ፡ዋ ፡ ein Licht, M. 4, 21. ፕ፡ኊዋ ፡ እንፕ፡ከ ፡ es kommt
ans Licht, M. 4, 22.

*Tuχē* v. 2 (vgl. G. ደ፡ሐዖ ፡) mahlen, reiben, *tuchaow* to rub, Fl.

*Taχŭlā* s. (Bil. *tǎqlā*, A. ፕ፡ኮላ ፡) Wolf, *tachola* Fl.

*Taχes* v. (vgl. A. ፕ፡ከ፡ሰ ፡ comburere, s. *takǎs*) rauchen, *taχsū*
der Rauch, Fl.

*Tāχsās* s. G., A. der vierte abessinische Monat, Fl.

*Tak* v. (Bil., Ch. *tak*, A. ፕ፡ከ ፡) ersetzen jemanden, gleich
kommen, gleichen; scheinen, den Anschein haben, ከ፡ቃል ፡
ያዕቆብ ፡ ቃልስ ፡ ፕ፡ከከ ፡ ከ፡ናንፕን ፡ ዔሳው ፡ ናፕንስ ፡ ፕ፡ከከ ፡
deine Stimme gleicht der Stimme Jakobs, deine Hände
gleichen Esaus Händen, G. 27, 22. ከ፡ኃበ፡ሬ፡ናኃበስ ፡ ፕ፡ከኮ ፡
und dein Dialect gleicht ihrem, M. 14, 70. የደ፡ሬ ፡ መንኃ
ሥፕ ፡ አውፕ ፡ ፡ ፕ፡ከፕ ፡ wem gleicht das Reich Gottes? M. 4,
30. ሰይ፡ጣን ፡ ፕ፡ከው ፡ ናይ፡ዝ ፡ er schien ihnen der Teufel
zu sein, M. 6, 49. አጅ፡ው፡ሬ ፡ እንስ ፡ ፕ፡ከሰ ፡ ሺቤከን ፡ und
vieles dergleichen machet ihr, M. 7, 8. ኒ ፡ ፕ፡ከኃሬ ፡ ይው ፡
und er sprach in Gleichniss, M. 3, 23. ፕ፡ከኃአ ፡ der ich nicht
den Anschein habe, G. 27, 12. — *takaku* to suppose (Präs.),
*takaw* to seem, resemble, *taksembiou* presuppose, *takae* em-
blem, example, Fl.

*Takal* v. G. A. pflanzen, bauen, ፕ፡ከላው ፡ ፡ er pflanzte, M. 12, 1.
*takalo* to plant, *atākelt* (Plur. v. ፕ፡ከላ ፡) Garten, Fl.

    *takal-s* pass., *takelsan* (wohl Verschreibung für *takalsā*
was gepflanzt wird, — wurde) the plant, Fl.

*Takǎs* v. (A. ፕ፡ከ፡ሰ ፡) heiss sein; anzünden; abschiessen das
Gewehr, *tokuso* (i. e. *tǎkǎs-û*) to fire, *takosow* (i. e. *takǎs-û*)
to shoot, *tokosā* (i. e. *tǎkǎsā* was warm ist) the warms,
*tokosaku* adj. (i. e. *tǎkǎsakû* es ist warm) Fl.

*Takez* v. (G. A. ፕ፡ከዘ ፡) traurig sein, — werden, bemitleiden (traurig sein über Jemand), አን፡አይ፡ እንዘኃ ፡ ፕ፡ከዘከ ፡ ፡ ich habe
Mitleid mit diesen Leuten, M. 8, 2. ፕ፡ከኃዘው ፡ er wurde traurig, M. 1, 41; 6, 26. 34; 8, 12 u. a. ፕ፡ከዘ ፡ er betrübt seiend,
M. 3, 5; 10, 22. ፕ፡ከዘዝን ፡ während sie trauerten, M. 16, 10.
ደ፡ንከሬ ፡ ፕ፡ከሲ ፡ ዋናፕ ፡ meine Seele ist betrübt, M. 14, 34.

*Takatal* folgen, nachfolgen, s. *katal*.

*Telā* s. (Bil., Ch. *telá*) Arzenei, *tela* Fl., *telá* B., ትሊ፡ አደራ፡ Arzt, M. 2, 17.

*Telī* s. (A. ትሌ፡) Haut, Fell, H.

*Tŭled* Geschlecht, Familie, s. *wálud*.

*Talal* v. A., nur in der semit. Causativform: *atalal* täuschen, verführen, Nom. *atalaliñ:* ከመምኜ:አተለልይ: die Verführung des Reichthums, M. 4, 19.

*Tāllā* s. A. Bier, Fl., vgl. s. v. *salañā*.

*Talm* s. A. Streif, Strich, stripe Fl.

*Telās* v. in die Tiefe fallen, s. *ṭalaq*.

*Tām* v. (Bil., Demb. *ṭām*, Ch. *ṭām*, G. ጥዕመ:) schmecken, kosten, ታዐግ:ጊዘገ: als er gekostet hatte, Joh. 2, 9. ኪ ኽስ:ታመነ: welche den Tod nicht schmecken werden, M. 9, 1. ሺዋዣ:ታዐጊጋዕ:አኪዶ:ዋገ: ታዐጊአ: wenn aber das Salz unschmackhaft wird, womit würzest du? M. 9, 50. — *ṭamo* to taste, *tamen* morsel Fl.

*tām-eš* caus. versüssen, würzen, *tameshow* Fl.

*tām-it* refl. pass. ኒኪ:ለይገ:ታዐጊተኩ:ገኙ: alles wird ja mittelst Feuer schmackhaft gemacht, M. 9, 49. — *tamita gabes deshanta* flatterer, Fl., vgl. s. v. *dē*.

*Tem* v. (Ch. *temá* Finsterniss, vgl. Bil. s. v. *šámä* I) finster sein, — werden, ኒራ:ተመቲ: die Sonne wird sich verfinstern, M. 13, 24. ተም:አአይው: es entstand eine Finsterniss, M. 15, 33. *tem* dark Fl.

*Tamb* v. (Bil. *ṭa'anb*, Ch. *ṭab*) schlagen, dreschen, *tambeǧna* (i. e. *tambeñā* das Dreschen) thrashing Fl.

*Tombaχō* s. Tabak, *tombacho tshachana* (i. e. t. *jaχanā* womit sie Tabak trinken) Tabakpfeife Fl.

*Temkehet* s. G. A. Prahlerei Fl.

*Tāmrāt* s. G. A. Zeichen, Wunder.

*Timtā* s. (Bil. *timtā*, Ch. *címtā*) junger Stier, steer Fl.

*Tamatam* v. (A. ጠመጠመ:, vgl. Bil. s. v. *çamam* I) ein-, zusammenwickeln, ተመተምቲ: sie umwickelte, G. 27, 16.

*Teñ* partik. (Demb. *teñ* treffen, vgl. s. v. *tē*) nur verbaliter: *teñ bē* v. 2 hinzutreten, da stehen, — sein, ነቤለ:ተነ በው: er trat in die Mitte, M. 14, 60. ተነበው: er blieb stehen, M. 10, 49. መይገራ:ተነበኙው: und sie standen

draussen, M. 3, 31. ትንቢ.ተዞሩን፡ ihr werdet hintreten,
M. 13, 9. ትንቢ.፡ነቤጋ፡ tritt in die Mitte! M. 3, 3. ትንቢ.፡
ስንቢ.ው፡ er stand da, M. 15, 39. እንለ.፡ትንቢ.ው፡ዋኙኩን፡
es existiren hier (einige), welche dastehen, M. 9, 1. እየ፡
ትንቢ.ው.ለ.፡ von Leuten, die dastanden, M. 15, 35. ትንቢ.
ው.ለ.፡እየ.፡ einige von den Anwesenden, M. 11, 5. ትንቤ
ው.ለ.፡ለዕ፡ einer von den Dastehenden, M. 14, 47.

*ten be-š* caus. ናነቤጋ፡ትንብሽ.ው.፡ er stellte (ihn) in
ihre Mitte, M. 9, 36.

*Tanāyā* s. (Bil. *ta'ānye*, Ty. ታሀነግ፡, in Hamas. ተንሀግ፡, A.
ተናግ፡) der Gaumen, Lef.

*Tanyal* s. (Bil. *tānkal*) der Arm, *tíngal* B.

*Tankŭ* v. (Demb. *tenkŭ*, Bil. *saň*, Saho, 'Afar *sūg*, G. Ti. ጸንሐ፡,
Ty. in Hamas. ጸንኽ፡ woraus zunächst Bil. *saň* aus *sanj*,
vgl. B. §. 16) kommt nur in Verbindung mit *sem* (s. d.)
vor, *tenkŭ senb* d. i. *tenkŭa sem*, *senb* (aus *tenkŭā sem* verkürzt: [in] der Sitzung begriffen sein) sitzen, bleiben; sich
setzen, ተንኮስምው፡ er setzte sich, M. 12, 41; 16, 19.
ተንኮስምንው፡ M. 6, 40. 53, ተንኮስምነ.፡ R. 1, 4, ተን
ኮስምንአ.፡ Joh. 2, 12 sie setzten sich, blieben. ተንኮስ
መኩ፡ ich werde bleiben, R. 1, 16. ተንኮስሚ፡ G. 27, 44;
M. 12, 36 und ተንኮስሚ፡ G. 27, 19 setze dich, bleibe!
ተንኮስግ፡ setzet euch! M. 14, 32. ተንኮስምዶ.ገ፡ dass
er sich ansiedle, R. 1, 1. ተንኮስምሮ፡ dass wir sitzen,
M. 10, 36. ተንኮስምንን፡ wenn wir bleiben, M. 9, 5. ተን
ኮስሞ፡ er dasitzend, M. 2, 14; 16, 5. ተንኮስምሮ፡ sie
(partic. plur.) dasitzend, bleibend, M. 8, 2 und ተንኮስምሮ፡
id., Joh. 2, 14. ተንኮስም፡ዋንን፡ als er sass, M. 2, 15;
13, 3. ተንኮስምን፡ስንቢ.ንው.፡ M. 2, 15; 3, 32 und ተን
ኮስምን፡ስንቢ.ንው.፡ M. 2, 6 sie sassen da. ተንኮስግዕ፡ስን
ቢ.ው.፡ er sass da, M. 10, 46. ተንኮስሞገ፡አለቂራ፡ und
der Meister derjenigen, welche beisammen sassen, Joh. 2, 9.
ኔዶ.፡ተንኮስሞ፡መተና፡ wegen derjenigen, die mit ihm beisammen sassen, M. 6, 26. ተንኮስሚ.ያለ.ኪ.፡ተንኮስመኩ፡
wo immer du bleibst. bleibe ich, R. 1, 16. ተንኮስምናዕ፡
ስብራለ.፡ራ.ት፡ sie zog ab vom Orte, an welchem sie gewohnt hatten, R. 1, 7. ድሙራ፡እንረስ፡አራኩን፡ዶርለ.፡
አውኩ.፡ተንኮስም.ገው.፡ ihr werdet ein Eselsfohlen finden,
auf welchem noch nie Jemand gesessen hat, M. 11. 2.

ተንኰሰምዕኘ፡ *tankåsemiñā* das Sitzen, M. 10, 40; ተንኰሰምእ፡ id., M. 12, 39. — *tankosemi* sit down, Fl.

*tankåsem-š* caus. setzen, sitzen lassen, ተንኰሰምሸኘ፡ *tankåsemšiñā* das Setzen, M. 6, 39. — *tankosemsho* to set, Fl.

*Tānkŭā* s. (A. ታንኳ፡, Bil., Saho, 'Afar *dónik* plur. *dåwánik*) Schiff, besonders kleines Ruderschiff, Floss, Boot, Nachen, ሸጌ፡ ታንኳ፡ ein kleines Schiff, M. 3, 9. ታንኳዝ፡ M. 1, 19 und ታንኰዝ፡ M. 1, 20 im Schiff.

*Tankålañā* s. A. Geschicklichkeit, Schlauheit, Fl.

*Tanaqaq* achtgeben, s. *ṭanaqaq*.

*Tañatal* folgen, s. *katal*.

*Tar* v. *tarow* to stamp, Fl. vielleicht verschrieben statt: *dād-ow*, s. *dād*.

*Terbā* s. (Ch. *ṭrbá*, A. ተልባ፡) der Lein, Leinsamen, Gespr., Fl.

*Taraf* v. G. A. übrig bleiben, überflüssig sein, ተረፈ፡ was übrig bleibt, Ueberfluss, -schuss, M. 12, 44. ትርፍ፡ Rest, M. 8, 8. — *terefow* to abound, Fl.

*taraf-š* caus. Gewinn haben, ዓለምስኪ፡ ተረፍሸን፡ wenn er die ganze Welt gewinnt, M. 8, 36.

*Taragåm* v. A. übersetzen, erläutern, ትርጉም፡ Erklärung, Bedeutung, M. 3, 16. Davon v. caus. denom. *fergumshu* to translate, (l. *tergūm-š-ū* er übersetzte); *astergumshea* interpretation, Fl.

*taragåm-s* pass. ወንጌል፡ ቅዱስ፡ ማርቆስ፡ ከተበ፡ ሰና፡ ቋረሳ፡ ቋንቋዋ፡ ተረገሙምሰው፡ Evangelium wie es St. Marcus geschrieben hat, übersetzt in die Quarasprache.

*Tarīk* s. A. Ar. Geschichte, Erzählung, Fl.

*Tarmūz* s. A. Glasflasche, Fl.

*Tart* v. (Bil. *tart*, Ti. ተርተ፡, ተርተረ፡) in der Reihe stehen, *tartā* Reihe, *tertis* row Fl. i. e. *tart-iz* in der Reihe.

*Tertis* to trot, Fl., vielleicht *tertis y* = A. ቱስቱስ፡ አለ፡ trotten, traben; vgl. §. 24, Note 1.

*Tas* v. besprengen, -streuen, *tasow* to sprinkle, Fl.

*tas-t* pass., *tasta* sprinkled, Fl.

*Tazā* s. (Bil. *ṭerá* baumwollener Faden, collect. *ṭir* Baumwolle = A. ጥጥ፡, G. ጠጥ፡, طوط) der Faden, B. s. *teyā*.

*Tasfā* s. G. A. Hoffnung, R. 1, 11; M. 14, 11. *tasfa* hope, Fl. *tasfabegna* (i. e. *tasfā beñā* Hoffnung-Entbehrung, Hoffnungslosigkeit) despair Fl.

*Tasamām* übereinstimmen, s. *sam*.

*Tasamār-t* weiden, grasen, s. *samār*.

*Tisan* s. (Agaum. *tisini*, Ch. *tásñā* Eiter, *tās*, *tays* einstechen) Eiter, Geschwür Fl.

       *tisan-t* refl. (Agaum. *tesen-r*) eitern, Fl.

*Tezāz* Befehl, s. *azez*.

*Tāš* v. (Ch. *tays*, *tās*) weben, ጋር ፡ አሐኩም ፡ እ ያ ፡ ታዋና ፡ ታ ሸአ ፡ verstehst du ein Geschäft? Ja wohl, das Kleider- weben, (A. Uebers.: ሸግ ፡ መሥሬት ፡), Gespr. 96. — *tashan- gna* to weave (i. e. *tāšeñā*, ታሸአ ፡ das Weben), *tāwina tashany* weaver (i. e. vielmehr Kleidwebung), *tashanta* maker (Weber), Fl.

*Tešibñā* Heimlichkeit, *teshibgna* secrecy, Fl.

*Tetā* v. (A. ታታ ፡ dicht flechten), Nom. *tetañ* dichtes Geflecht, davon:

    *tetāñ bē* dicht flechten, አሙ ፡ ዘውድስ ፡ ትታዕን ፡ ቤና ፡ ኒዳግዝ ፡ ሁብሸንው ፡ eine dichte Dornenkrone geflochten habend setzten sie (ihm selbe) auf, M. 15, 17. — *tetangsae* to plait, Fl. (Stamm hier wohl: *tetāñ-z* denom. v. caus.).

*Tuc*, *tiû* licht sein, leuchten, s. *tĕḥū*.

*Tuw* v. (Demb., Bil., Ch., Agaum. *tuw*) eintreten, hineingehen, ትወላ ፡ er geht nicht hinein, M. 10, 15. ትውው ፡ M. 1, 21; 2, 26; 3, 1; 7, 24 u. a.; ትውዕ ፡ M. 2, 1; ትውአ ፡ G. 27, 18; ትዕዕ ፡ G. 27, 30 er trat ein. ትውንው ፡ sie traten ein, M. 1, 20; 5, 13. ንዕዋ ፡ ትዋ ፡ geh hinein in das Haus! Gespr. ትዋ ፡ geht ein! M. 1, 15. ትውታ ፡ geh nicht hinein! M. 8, 26; 9, 25. ትውጊንአ ፡ er trete nicht ein! M. 13, 15. ትውዩ ፡ መተና ፡ dass er eintrete, M. 11, 16. ትውና ፡ መ ተና ፡ dass wir einziehen, M. 5, 12. ትውይና ፡ መተና ፡ dass sie eintreten, M. 6, 12. ትወን ፡ wenn er hineingeht, M. 7, 15. 18. ትዋን ፡ wenn du eingehst, M. 9, 43. 45. 47. ኪሬ ፡ ትወንን ፡ als die Sonne unterging, M. 1, 32. ትዋና ፡ ihr eintretend, M. 6, 10. ትዋ ፡ በፉ ፡ ከዘገተ ፡ sie trat ein und tanzte, M. 6, 22. ትዋ ፡ ጊዘገ ፡ zur Zeit, in der er eintrat (als er eintrat), M. 9, 28. ትዋና ፡ ጊዘገ ፡ wenn ihr ein- getreten seid, M. 11, 2. ትውና ፡ ጊዘገ ፡ als sie einzogen, R. 1, 19; M. 16, 5. ጸለያ ፡ መከሬዋ ፡ ትወከነአ ፡ betet, in Folge dessen (damit) ihr nicht in Versuchung gerathet, M. 14, 38. ትውአ ፡ *tucnña* das Eintreten, M. 10, 23. ትውአሊ ፡ *tuwu-*

*nī-lī* vom Eintreten, M. 10, 25.. — *tuogna* entering *teuugno* (sic!) to enter, Fl.

*tû-š* caus. hineinführen; heiraten (der Mann die Frau, sie einführen ins Haus), ኪ.አበሸሪ፡ቱውሺኩ፡ und deinem Vater wirst du (die Speise) hineinbringen, G. 27, 10. ቱውሸንላ፡ sie heiraten nicht, M. 12, 25. ቱውሺው፡ er heiratete, M. 12, 20. ቱውሺንው፡ M. 12, 22 und ቱውሸንዑ፡ R. 1, 4 sie heirateten. አርጥሊ፡ቱውሸንው፡ sie legten (ihn) in ein Grab, M. 6, 29. ይዊና፡ቱሸን፡ wenn er eine Frau heimführt, G. 27, 46. አይው፡ቱውሺን፡ wenn sie einen andern heiratet, M. 10, 11 (grammatisch aber nicht sachlich richtig, müsste አይውሊ፡ቱውሴን፡ lauten, d. i. wenn sie von einem andern Manne heimgeführt wird). ቱውሾ፡ er hineinbringend, G. 27, 23. ቱውሸክኒ፡ስሚኩንማ፡ werdet ihr unverheiratet bleiben (ohne dass sie euch heimführen)? R. 1, 13. አኢቴ፡ቱውሻዕ፡ welcher eine andere heiratet, M. 10, 11. — *tushu* to wed, *tushengna* *(tûšeñā)* marriage, Fl.

*tû-s* pass. eingeführt werden, heiraten (die Frau den Mann), ቱውሰነላ፡ sie werden nicht geheiratet, M. 12, 25. ቶውስትና፡ጊዘስሪ፡ደውሽ፡ዋንኩ፡ und über die Zeit des Heiratens bin ich hinaus (und die Zeit, in der [Frauen] geheiratet werden, bin ich zurückgelegt habend), R. 1, 12,

*Tûled* Geschlecht, s. *wâlad*.

*Tāwīnā* s. (Demb. id., Bil. *tāwīnā* pl. *tákŭīn*) Kleid, Gewand, in den Gespr. ታዊና፡ mit A. ሸማ፡ übersetzt; *tāwina* Fl., *táuwina* B.

*Tāûsā* s. Eleusine, s. *dāûšā*.

*Ṭāy* v. (Demb. *tāy*, Cham. *ṭay*, *ṭaq*, G. ጠቅዐ፡) schlagen, ታይው፡ er schlug, M. 14, 47. ታይንው፡ sie schlugen, peitschten, M. 12, 3. 4. 5. ታየንዃ፡ስንቢንው፡ sie schlugen, M. 14, 65; 15, 19. — *tāiow* to whip, *tayoo* to beat, *tayow* to strike, *taena* Hammer, Fl. (*tāyanā* womit sie schlagen).

*tā-s* pass. ታሴዡን፡ ihr werdet gestäupt werden, M. 13, 19. Eine ältere Form in ተክሸ፡ዋንኩ፡ (wohl Verschreibung für ተክስ፡ —) ich bin geschlagen, R. 1, 21.

*Tey* v. (cf. A. ጸየሬ፡) anklagen, einen Process machen, zanken, rebelliren, Nom. ag. ትየንትዷ፡ mit den Aufrührern, M. 15, 7. ትየንተማ፡ (A. Uebers.: ተሻጋች፡ነወን፡) ist er ein

Zänker? Antw.: **ትየንተሪ፡አላ፡** (A. **ተጥዋ ጋችም፡አይዶላ፡**)
nein, Gespr. 45 f.

*Teya* vielleicht eher *ṭeyā* s. (Ch. *ṭeṭá*, A. **ጥጥ፡**) die Baumwolle,
*téa* B., s. *tazā*.

*Ṭayrī* und *tèr* s. (Bil. *t-egrī* und *ta-gr-ī*) die Tante, Schwester
des Vaters, H.

# Ṭ.

*Ṭabab* v. G. A. weise, einsichtig sein, *ṭebab* Einsicht, Weisheit,
*ṭabīb* weise, Fl.

*Ṭeffer* s. A. Nagel, unguis, Lef.

*Ṭagūr* s. A. Wolle, H.

*Ṭaxan* v. (Bil. *ṭa'an*, Ty. **በሐነ፡**) mahlen, reiben, *tachano* to
gind, *yerkus tachano* (er rieb die Zähne, knirschte mit
den Zähnen) to gnash, Fl.

*Ṭaqam* v. A. nützen, nützlich sein, **ይርገሪ፡ዌሪ፡በቀግ፡** was
nützt es dem Menschen? M. 8, 36. Nom. *ṭeqem* Nutzen, Gewinn, *dakamakau* unprofitable (*ṭaqamagāñ* was nicht Nutzen
hat), *ṭeqemt* der zweite abessinische Monat, Fl.

    *ṭaqam-s* pass., **ዌሪሪ፡በቀም ስላ፡** es wurde ihr nicht ge-
holfen; M. 5, 26.

*Ṭal* s. G. A. der Thau, H.

*Ṭalaq* v. A. tief sein, **በለቃ፡ቢአ፡** tiefe Erde, M. 4, 5.

    *telā-s* denom. v. pass. in die Tiefe stürzen, **በርዋ፡ትለ
ስንም፡** sie stürzten sich in die Tiefe des Meeres, M. 5, 13.

*Ṭamaq* v. G. A. taufen, meist in der semit. Causativf.: **አን፡
አንግ፡አጠመቀኩ፡ኝዘ፡መንሪስ፡ቅዱስግ፡አጠመቀኩ፡** ich
taufe mit Wasser, er aber wird mit dem heiligen Geist
taufen, M. 1, 8. **አጠመቃዕ፡ስንበው፡** er taufte, M. 1, 4.
**ጥምቀት፡** Taufe, M. 1, 4; 10, 38. 39. **መጥምቅ፡** Täufer,
M. 6, 14.

    *ṭamaq-s* pass., **በመቅስው፡** er wurde getauft, M. 1, 9.
**ይጥምቀኒ፡በመቅሴኩን፡** ihr werdet nach meiner Taufe
getauft werden, M. 10, 39. **በመቅስነን፡ስንበንው፡** sie
wurden getauft, M. 1, 4. **በመቅሳሪ፡** und der, welcher getauft wird, — wurde, M. 16, 16. **በመቅሴኩንግ፡አን፡በ
መቅሲ፡ጥምቀኒ፡** werdet ihr getauft werden nach der Taufe,
mit der ich getauft werde? M. 10, 38.

*maṭmaqyā* s. A. Kelter, **መጥመቄስ፡ግግዘው፡** er grub eine Kelter (*maṭmaqiya-s*) aus, M. 12, 1.

*Ṭamazaz* v. A. spannen, ausdehnen, Fl.

*Ṭēnā* s. A. Gesundheit, **ጤኒ፡አደሪ፡** ein Gesunder, M. 2, 17. *têna* health, Fl.

*Ṭanaqaq* v. A. sich in Acht nehmen, vorsichtig sein, *ṭanaqaqnā* Vorsicht, Fl.

*ṭanaqaq-s* pass.-refl. id., **ጠነቀቅሳ፡** nehmt euch in Acht! M. 8, 15; auch **ተነቀቀሲ፡** nimm dich in Acht! M. 1, 43. *ṭanaqaqsa* prudent, *tanaqaqesna* prudence, *danakaksaw* (*ṭa-naqaqsāû* relat., wie oben *ṭanaqaqsā* aufmerksam) mindfull, *danakaksagaw* (*ṭanaqaq-s-eg-āû* unaufmerksam) mindless, Fl.

*Ṭār* v. A. Schmerz empfinden, leiden Fl.

*Ṭerā* s. (A. **ጥለት፡**) der Russ, *têra* Fl.

*Ṭerūr* s. A. Brustharnisch, Fl.

*Ṭaraṭar* v. A. argwöhnen, zweifeln.

*ṭarāṭar-s* pass.-refl. (A. **ተጠሪጠረ፡**) zweifeln, wankel-müthig sein, **ኒለበከ፡ጠሪጠርሷ3ዕ፡** dessen Herz nicht wankt, M. 11, 23.

# W.

-*wā* postpos. (Demb. -*wa*, -*wâ*, Bil. *wā*, Ch. -*wā*, *gûā*, *gbā*) be-zeichnet die Richtung nach einem Objecte hin, **ባርዋ፡** ins Meer, M. 1, 16; 5, 13. **ንዕዋ፡** ins Haus, M. 1, 29; 2, 26. **መይዋ፡** in die Wüste, M. 5, 10. **ይዋ፡** zu mir, G. 27, 20. 26. **ኒዋ፡** zu ihm, M. 2, 4; 3, 8 u. s. w. Vorangehendes *ā* geht vor -*wā* zu *a* (beziehungsweise wegen folgendem *w* zu *â*) und auch zu *i* über, **አበዋ፡** zum Vater, G. 27, 18. 22. **ዕኛዋ፡** *enâ-wā* hieher, G. 27, 21. **ይህዲዋ፡** nach Judäa, R. 1, 7. **ገሊሊዋ፡** nach Galiläa, M. 1, 13; 16, 7. **ይበተሪዋ፡** in den Tempel, M. 1, 21. **ንስሕዪዋ፡** zur Busse, M. 2, 17. Vor folgenden Affixen verändert sich -*wā* zu -*wâ*, **ይመሪ፡** und zu mir, G. 27, 33. **ኒመሪ፡** und zu ihm, M. 3, 13. **ይብ ተሪመሪ፡** und in den Tempel, M. 3, 1.

*Wā* brennen, heiss sein, s. *wān y*.

*We* rad. inus., Nebenf. *hiy* (Ch. ȝ*ay* aus ȝ*uay*, G. **ዐብይ፡**, vgl. Chamirspr. §. 68 u. 80) gross sein, nur in der Relativform *wā* (Demb. *wag* fem. *wē*) gefunden, **ኍሊ፡አው፡ዋዕ፡** wer

von ihnen der grosse sei, M. 9, 34. **ዋዕ፡ቃልጊ**: mit lauter
Stimme, M. 1, 26. **ዋእ፡ንሽእ0·ረ**: ihr älterer Sohn, G. 27,
15. **ዋእ፡ኔ0·ረስ፡ከሽዕእ**: er rief seinen älteren Sohn,
G. 27, 1.

*Wē* und *wī* interject. (G. A. **ዋይ**:, s. *wāy y*) weh! **ዌብዋዕ፡
ይኝ፡ይርጊ**: wehe jenem Manne! M. 14, 21. **ዋብዋ፡ጕጊ
ጕ·ው·ጊ**: wehe den Schwangern! M. 13, 17. Zusammen-
setzung wohl folgende: *wē* + *bē* sagen (wie A. **ዋይ፡አለ**:
weheschreien), verkürzt zu *bĕ* im Nomen, also: Wehegeschrei, -ruf ÷ *wā* gross, s. oben *we*.

*Wī* pron. interrogat. (Demb. *wī*) welcher, was, **ዌስልጣንጊ**:
M. 11, 29 und **ዌር፡ስልጣንጊ**: M. 11, 33 auch **ዌረ፡ስልጣ
ንጊ**: durch welche, wessen Macht? **ዌም·ሳሌጊ**: durch
welches Gleichniss? M. 4, 30. **ዌ·ሜሩ**: wesshalb? R. 1, 11,
21; M. 2, 8. 18; 4, 40; 5, 35. 38 u. a. **ዌጊ**: womit? M. 9,
50; vgl. §. 135.

*Wēbuwā* wehe! s. *wē*.

*Wādar* v. (Agaum. *wādal* id., aus *gŭadal*, cf. G. **ጓደለ**:, **ኔ፡·**:,
das *ā* in *wādar* nach §. 3, c) gross sein, Relat. und Subst.
*wādarā* plur. *wādar-t*, **ዋደረ·፡ቃልጊ**: G. 27, 34; M. 15, 37
und **ዋደረ፡ቃልጊ**: (mit Stimme der Grösse), M. 15, 34
mit lauter Stimme. **ዋደረ·፡ወንጊ፡መንጋ**: eine grosse Sauheerde, M. 5, 11. **ዋደረ·፡ጋር**: ein grosses Werk, M. 13, 2.
**አጄው·፡ዋደረ·፡ስንበ·ው·**: er war sehr gross, M. 16, 4.
**ዋደረ·፡አኸኩ·**: er (der Riss) wird grösser, M. 2, 21. Plur.
**ዋደርት**: die Grossen, Vornehmen, M. 10, 42. — *wadera*,
*wādara* gross, vast, *waderni* (= **ዋደርኔ**:) Grösse, Fl.

*Wāfar* v. A. dick, umfangreich sein, relat. *wāfarā*, *wofara*
thick Fl.

*Wāǧ*, *wā̊* v. (Demb. *wag*, Ch. *wāǧ*, Bil. *wā' y*, G. **ወው·0**:,
Stamm **ወ0**:, 𓀀 𓂀 *wā'*) schreien, laut schreien, **ዋዕው·**:
M. 1, 23; 5, 7 oder **ዋዕ0·**: G. 27, 34; M. 1, 26 er schrie,
**ዋዕንው·**: sie schrieen, M. 6, 49; 15, 8. 13. **ዳርዌ፡ስ·ጀ·ት**:
**ኔዘ፡ዋዕኔ**: ehe der Hahn zum zweiten Male gekräht hat,
M. 14, 72; auch **ዋዕንኔ**: ehe er gekräht hat (noch nicht
gekräht habend), M. 14, 30. **ይም·ዕ፡ኪ.ብ.ኔጊ፡ዋእዕ**: eine
Stimme, welche in der Wüste ruft, M. 1, 3. **ዋአእው·፡ስን
በ.ው·**: er schrie, M. 5, 5. **ዋዕም·ስንበ.ንው·**: sie schrieen,

M. 3, 11. Nom. *wāǧan*, **�̄በን ꞉ ብኧ̌ሽ̣ንው꞉** sie vermehrten das Geschrei, M. 15, 14. **�̄በ꞉ኣይ̌ዐ꞉መ ረኣ b ꞉ ꞉ ቀ b ን꞉** er schrie ein sehr bitteres Geschrei, G. 27, 34. — *wagna* roar Fl.

*Wāǧā* Gedärme, s. *wāṅā*.

*Wāganā*, collect. *wāgan* s. A. Gattung, Art, Geschlecht, Stamm, Volk, die Angehörigen, **ውገ ና ꞉** M. 1, 24; 2, 6; 14, 69. 70. **ውገን ꞉** R. 1, 16; M. 3, 21; 6, 4.

*Wāǧar*, *waṅar*, *wār* v. (Cham. *wār*, *ewār*) sprechen, reden; scherzen, spielen; Spott treiben, ausspotten, verreden Jemanden, Nom. *wiriṅā*, **ቀ ረ ኣ ꞉ መሲኸ ን ꞉** falsche Messiase (M. zum Gespött), M. 13, 22. **ቀ ረ b ꞉ ነ በ ኣ ት ን ꞉** falsche Profeten (*wiriṅ* grosses Gespött, Intensiv- oder Pluralform), M. 13, 22. **ቀ ረ ꞉** (l. **ቀ ረ b ꞉**) zum Gespött, M. 13, 9. — *wageri* the play, *warari* scorn, *waren* sound, Fl.

*wāǧar-š* caus. **ይ̌ ዐ ሽ ኣ ꞉ ቀ ኸር ሽ̣ ኣ ረ ꞉ ይ̌ መ ር ꞉ ው ꞉** er fing an zu erzählen und zu melden, M. 1, 45 *(wāǧarśiṅā)*. — *wagnarshenta* talker, Fl.

*wāǧar-t* refl. **ና ይ ግ ኻ ꞉ ና ይ ግ ረ ꞉ ቀ ኸ ር ት ን ው ꞉** und sie redeten unter sich, M. 1, 27. **ቀ ኸ ር ት ነ ት ግ ꞉ ኣ ን ጊ ያ ꞉** nach der Verspottung, M. 15, 20. — *wāǧertu* to play, *wārtu* to mock, *wārtanta* midwife (sic!), *wagnartu* to talk, Fl.

*Wāqā* die Hyäne, s. *wāyā*.

*Wāl* rad. inus. (Bil. *wālá y* sich beeilen, — sputen, G. **መ ኣ በ ꞉**). *wolisi* (Demb. *walisi*) quickly, B. d. i. *wāli-sī*, Accus. v. *wālā* Eile.

*wāl-s* pass.-refl. sich beeilen, **ውኣ ለ ው ꞉** er beeilte sich, M. 15, 36. **ኗ ቀ ꞉ ውኣ ለ ው ꞉** er eilte auf ihn zu, M. 10, 17. **ውኣ ለ ꞉** er sich beeilend, M. 9, 39. **ውኣ ለ ሶ ꞉ ፍ ን ው ꞉** (Bil. **ውኣ ꞉ ይ ድ ሶ ꞉ ፍ ን ኸ ꞉**) eilends gingen sie hinaus, M. 16, 8. **ዊ ኣ ꞉ ውኣ ለ ሲ ꞉ በ ፉ ꞉ ኣ ን ስ ꞉ ኣ ረ ዐ ꞉** wie fandest du das so schnell? G. 27, 20. **ን ያ ዴ ያ ꞉ ውኣ ለ ስ ꞉ ቤ ው ꞉** ihr Volk (*ajiṅ* die Menge) eilte herbei, R. 1, 19. **ውኣ ለ ሲ ꞉ ረ ጊ ꞉ ꞉** sie ging schnell, M. 6, 25. **ኗ ው ረ ꞉ ውኣ ለ ስ ን ꞉ ረ ን ው ꞉** und sie gingen schnell zu ihm, M. 9, 15. **ውኣ ለ ስ ን ꞉ ገ በ ስ ን ው ꞉** eilend liefen sie zu, M. 6, 33. — *wolso* quick, speedily, *wolskarente* passionate (s. *kāriṅ*), *wolsengna* instant, activity, *wolsenteku* soon, Fl. (wenn richtig, dann wohl: *wālseṅ-takū* er beeilt sich, reflex. denominat. v.).

*Wālā* s. A. Antilopensorte, capra walya Rupp., *wala miwa* roe
Fl. *(miwa?)*, vgl. s. v. *mewuā*.

*Wālad* v. G. A. parere, gignere, ተወልደ። Geschlecht, Familie,
M. 7, 26: 8, 12. 38. ለድ፡ Kind, davon:

ለድስ፡ v. denom. gigni, geboren werden, und Nom.
ለድስት፡ generatio, አሪት፡ዘለድስት፡ liber generationis,
Genes. 27, 1 Titel.

*Wāltā* num. (Demb., Bil., Ch. Agaum. *wāltā*) sechs, ወልታ፡
M. 9, 2; Joh. 2, 6. 20.

*wāltīñ* (Bil. *walta-ráñen*, Ch. *walta-rúñ*) sechzig, ወል
ቲዐ፡ M. 4, 8. 20. ወልቲአ፡ Texte V, 60 pag. 17.

*Wulāy* s. *(wulágha* bei Beke, cf. Agaum. *wutághi* ib.) Ebene,
Feld, Wiese, ለለማዕ፡ውላይ፡ዳግለ፡ auf die grüne Wiese,
M. 6, 46.

*Wemb* v. (denom. aus A. ወንፊት፡, G. መንፊ፡ gebildet) sieben,
cribare, *wembow* Fl.; vgl. *wantab*.

*Wambar* Sitz, Stuhl, s. *nabar*.

*Wān* v. (Demb., Bil. *wān*, Ch. *win*, Saho, 'Afar *mār*, A. ቀለ፡,
G. ወዐለ፡) weilen, sich aufhalten, sein, existiren, ከአበ፡
ከ.ገና፡ቀነኩንግ፡ existiren, leben dein Vater und deine
Mutter? Gespr. Meist mit einem vorhergehenden Verb im
Constructus verbunden, ድሪት፡ቀነኩ፡ተውስትና፡ዚዘስሪ፡
ደውሽ፡ቀነኩ፡ ich bin schon alt und über die Zeit des
Heiratens hinaus, R. 1, 12. እንት፡ቀነኩ፡ ich bin da (gekommen), M. 1, 38. ጋንጀ፡ቀዜኩ፡ du schläfst, M. 14, 37.
የደሪ፡እንሪ፡ስንብ፡ቀነኩ፡ er ist Gottes Sohn, M. 15, 39.
ከ.ዘን፡ቀይም፡ሽቀነኩ፡ dein Bruder hegt Groll, G. 27, 42.
ጋንጀ፡ቀነቲ፡ sie schläft, M. 5, 39. ከይገዝ፡ቲቲ፡ቀነቲ፡ sie
ist am Tode, M. 5, 23; vgl. §. 104.

*Wān* y (denom. gebildet *wā-n* Hitze, von *wā* = G. ወዐየ፡
uri) heiss sein, ቀንይ፡ስብሪ፡ከለማ፡ደየ፡ die heisse Zone
ist dies das Nieder- oder das Hochland? (A. Uebers. የለ
ህበት፡ስፍሪ፡) Gespr. 63.

*Wāngiyā* s. (Bil. *wānkira*, Kunama id., cf. G. ሐንዘር፡. خنزير
 חזיר) Schwein, Wildschwein, ወንጊያ፡መልዱ፡ die Sauhirten,
M. 5, 14. Collect. *wāngi*, ወንጊሪ፡ und die Schweine, M. 5,
13. ወንጊቀ፡ in die Schweine, M. 5, 12. 13. ወንጊ፡መነገ፡
eine Heerde von Schweinen, M. 5, 11.

*Wanẏar* v. (Demb. *wanẏar*, Bil. *wânẏar*, Ch. *waqer*, cf. G. መ
ከረ ፡, בקר, בחר) untersuchen, forschen, fragen; verlangen,
bitten, ዋንኸርው ፡ er fragte, M. 5, 9; 8, 5. 23. 27; 9, 16,
33 u. a. ዋንኸርንው ፡ sie fragten, M. 4, 10; 7, 17; 9, 11.
28. ዋንኸርዶ ፡ መተና ፡ dass er frage, M. 12, 34. ዋንኸር
ድኖዝ ፡ ንይንትንው ፡ sie fürchteten sich zu fragen, M. 9,
32. — *wankero* to inquire, examine, *woachereow* to ask, *awa-
charegna* question, Fl.

*Wânš* v. (wohl aus *wânkš* verkürzt, G. ሐንከሰ ፡) hinken, lahm sein,
relat. ወንሽ ፡ hinkend, lahm, M. 9, 43. 45. — *wonsha* lame, Fl.

*Wantab* s. (Bil. *wântabâ* plur. *wântaf*, Ch. *wâṭebâ*, A. ወንጠፍት ፡,
G. መንጠፍት ፡) das Sieb, sieve Fl., vgl. *wemb*.

*Wântar* v. (Demb. *wantar*, Bil. *wântar*, Ch. *water*) zurück-,
umkehren, ወንተርው ፡ er kehrte zurück, G. 27, 30. ወንተ
ረቲ ፡ sie kehrte um, R. 1, 14. 15. ወንተርዶ ፡ dass er umkehre, G. 27, 44. 45. ወንተርቶዝ ፡ dass sie zurückkehre,
R. 1, 6. ወንተርድኖዝ ፡ dass sie zurückkehrten, R. 1, 8.
ወንተርጊንአ ፡ er kehre sich nicht um! M. 13, 15. ወንተር
ግኽአ ፡ dass sie nicht umkehren, M. 4, 12. ወንተረ ፡ kehre
um! R. 1, 15. ወንተረ ፡ kehret um! R. 1, 8. 11. 12. ወን
ተሬ ፡ sie welche zurückgekehrt war, R. 1, 22. *wontara* re-
venge, *wuntera* answer, Fl.

*wântatar* iterat. hin- und zurückgehen, ወንተተረንን ፡
während er herumwandelte M. 11, 27.

*wântar-š* caus. zurückgeben, -führen, antworten, የዶረረ ፡
ይብሽስ ፡ ወንተርሽው ፡ und der Herr hat meine Nacktheit
heimgeführt, R. 1, 21. ወንተርሽው ፡ G. 27, 37. 39 und
ወንተርሽው ፡ M. 5, 9; 7, 6 auch ወንተርሽ.ው ፡ M. 3, 33;
6, 36; 8, 29; 9, 12. 17. 19. 38; 11, 28 u. a. er antwortete.
ወንተርሽቲ ፡ sie antwortete, M. 7, 28. ወንተርሽንአ ፡ Joh. 2,
18 und ወንተርሽ.ንው ፡ M. 8, 4. 28 sie antworteten. ወንተ
ርሽለግ ፡ antwortest du nicht? M. 14, 60; 15, 4. ወንተር
ሽ.ላ ፡ *wântaršîlâ* er antwortete nicht, M. 14, 61; 15, 3. 5.
ወንተርሽ ፡ antwortet! M. 11, 29. 30. ዌረ ፡ ወንተርሽናሰ ፡
ይትና ፡ sagt nicht, was werden wir antworten (*wântaršînâ*),
M. 13, 11. ወንተርሽናስረ ፡ አኸን ፡ ስንቢንው ፡ und sie wussten
nicht, was sie antworten sollten (*wântaršanā-s*), M. 14, 40.
ወንተርሽአ ፡ M. 12, 34 und ወንተርሽይ ፡ M. 12, 28 das Antworten. — *wontershow* to return, restore, turn Fl.

*Waä* schreien, s. *waǧ.*

*Waäā* oder *wāǧā* s. (cf. רָחַם, ﺭﺣﻢ, 𓄹 *maʻzel*, ᎐ᎈᎠᎀ viscera) Gedärme, Magen, **ሕ·ʼከስሬ፡ወʼከስሬ፡ወር፡ይሽʼኩ·፡** es purgirt· die Speisen und die Eingeweide, M. 7, 19.

*Wiuā* pron. interrog. (Ch. *wurāiuā = wurā iuā* was Sache?) wie, wie viel? **ⷨʼገ፡** M. 9, 21; 11, 18. **ⷨʼገ፡** M. 8, 5. 19. 20. **ⷨኤ፡** G. 27, 20; M. 2, 26; 8, 21; 10, 23 u. a. **ወʼይ፡** M. 11, 31: s. §. 137. — *wegna* how? Fl.

*Waüar* erzählen, s. *waǧar.*

*Wār* erzählen, s. *wāǧer.*

*Wâr y* v. (Cham. *wir y* id.; auf die Fährte der Herkunft von *wâr, wir* führt Saho, 'Afar *ūr* genesen, heil, rein werden, *ūru-s* heilen [Bischari *en-ēr* genesen], das mit *ure,* Somali *ur,* Gaila *ūla* Geruch, Wohlgeruch, Räucherung, in Verbindung steht, indem Räucherungen als Reinigungs- und Heilmittel angewendet werden. Hiernach steht wohl *wâr, wir* mit χirā II in Zusammenhang) rein, gesund sein, — werden, **ወር፡ይ·ወ·፡** er ward gesund, M. 1, 42. **ከ·ኤጠ·ኤʼተ·፡ ወር፡ይ·ወ·፡** deine Sünde ist gereinigt, vergeben, M. 2, 9. **ይ·ከለʼኩ·፡ወር፡ኤይ·፡** ich will, werde gesund! M. 1, 41. — *worea* saint (*warya* Licht; Beke = Relat. *wâr yā*), *woriga* unchaste (Relat. neg. *wâr y-gā*), *worigua (wâr yuā)* brightness, *woryou* holiness (vielmehr *wâr yâ* er ward rein), *woreauy* pure (*wâr yeû* das was *wâr yuā*), Fl.

*wâr y-š* caus., **ወር፡ይ·ሽʼኩ·፡** er reinigt, M. 7, 19. ᎐ለበ **ከስ፡ወር፡ይ·ሽʼገ፡** wenn er sein Herz läutert, Gespr. ·ʼጠ· **ኤተ፡ወር፡ይ·ሽʼይ·፡መ·ተʼꞬ·፡** dass er die Sünden austilge, M. 2, 10. **ወር፡ይ·ሽʼሬ፡ገመ·ር·ʼወ·፡** und er redete vernünftig, recht, M. 7, 35. **ኤወ·፡ገ·ርʼሽʼሲ·ኤጠ·ኤʼተ·፡ወር፡ይ·ሽʼኤ፡** wer kann Sünden vergeben? M. 2, 7. — *weroshow* to purify, Fl.

*Wērā* pron. interrog. (Demb. *wērā,* aus *wī durā* was, von was Sache, Bil. Cham. *wūrā*) was? welches? **ⷨሬ·፡ሽ·በⷨ·፡** was soll ich thun? G. 27, 37. **ⷨር፡ስለጠʼገʼዝ·፡** durch was für eine Macht? M. 11, 23; s. §. 136. **ⷨርከ·፡** was immer, **ⷨርከ·፡ገመ·ርʼʼተ·፡** sage nicht irgend eines, sage nichts! M. 1, 43. — *wēra* what? *werki* nowise, *wereki eulu* nought, Fl.

*Črā* Kind, Sohn, s. χūrā.

*Wurī, ūrī* conjunct. (Demb., Bil. *wârī*) oder, **ው·ሬ:** M. 2, 9;
3, 4; 4, 17. u. a., **ኡ·ሬ:** Joh. 2, 6; vgl. §. 167.

*Wârad* v. (Bil. *wârad*, G. Ty. A. **ወረደ:**, Ti. **ወርደ:**, ירד, 𓂃
𓃾 *warad*) hinabsteigen.

    *awārad-š* caus. (A. **አወረደ:**) erniedrigen, demüthigen,
**የደራ:አውረድ·ሽ:ዋንኩ·:** Gott hat (mich) gedemüthigt,
R. 1, 21.

    *tawârad-s* pass. (A. **ተወረደ:**) erniedrigt, geringer sein,
**ይርኪ:ጀብለ.:ሽራ·ዕ:ማ.ግብስ:ለሽኩ·:ሰክርና·:ጊዛ:ይንለ.ሰ:
ተወረድ·ሳስ:** Jedermann bringt zuerst den guten Wein,
wann sie aber trunken sind, dann den geringeren, Joh. 2, 10.

*Wârkā* s. (Demb., Agaum. *wârkā*, Bil. *wârqâ*, Ch. *wirqâ*, G. Ti.
Ty. A. **ወርቅ:**) Gold, -stück, **ወርክስ:ኸልሽ:** zeigt her ein
Goldstück! M. 12, 15. — *wárka* B., *worka* Gold, *workao*
(i. c. *wârkā-û*) golden, Fl.

*Wâraqat* s. A. Ar. Papier, Fl.

*Wereñā* s. List, Betrug, Lüge, *weregna* deceit; liar (sic!); *wireng*
lie, Fl., s. *wāǵar*.

*Wâras* v. G. A. erben, **ወረሲዋ:** damit ich erbe, M. 10, 17.
**ወረሰዕ:እን:ገን:** dieser ist der Erbe (welcher erbt, *wore-
saw* heir, Fl.), M. 12, 7. **እርስት:** (G. **ርስት:**) das Erbe,
Erbgut, M. 12, 7.

*Wârât* s. (Bil. *wârtîk* = *wârt-tī-k* zu jeder Zeit, stets, immer,
*wârât* Thätigkeit, Arbeit, Ch. *witrí-k*, G. **ወትር:** jede Zeit,
immer, s. a. *wâtar*) Zeit, **ይን:ወራ·ት:** M. 8, 1; 13, 19 oder
**ይን:ወራ·ት·ሽ:** M. 13, 17. 24 und **ይን:ወራ·ቲ:** *wârât-tu*
M. 13, 20 zu jener Zeit. — *ashi worat* (Blätterzeit) Herbst,
harvest Fl.

*Wās* I v. (Bil., Demb. *wās*, Ch. *waz, wâj*, Bischari *māsu*, Barea
*wâs*) hören, **ዋሲንለማ:** hört ihr nicht? M. 8, 18. **ዋስ·:**
ich hörte, G. 27, 6. **ዋስ·:** er hörte, M. 6, 14. **ዋሲ·ቲ:**
sie hörte, G. 27, 5. **ዋስን·:** wir hörten, M. 14, 58. **ዋሲ.
ን·:** ihr hörtet, M. 14, 68. **ዋስን·:** sie hörten, M. 2,
1; 11. 14. 18. **ዋስደ:** dass er höre, M. 4, 9. **ዋሲ·:** höre!
G. 27, 13. 43. **ዋስ·:** höret! M. 4, 3; 9, 7. **ዋስን·:** er höre!
M. 4, 23. **ዋሰነን:ስንብ.ን·:** sie hörten zu, M. 12, 37.
**ዋስኛ:** sie hörend (particip. plur.), M. 3, 21. **ዋስ:ቤው·:**
er hörte, M. 2, 17. **ዋሰዕ:** welcher hört, M. 4, 9. 23.

ዋሶ፡ welche hören, M. 4, 20. ዋሰጎ፡ welche nicht hören, M. 6, 11. ዋሲው፡ welche gehört haben, R. 1, 6. ኻላ፡ ዊሬ፡ዋሲና፡ seht zu, was ihr hören werdet M. 4, 24. ዶሚሰኩ፡እንተገ፡ዋሲኔገ፡ es wird hinzugegeben euch, die ihr höret, M. 4, 24. ጎርስ፡ዋሰነአ፡ሸቢው፡ die Tauben hat er hören gemacht (hat gemacht, wodurch sie hören), M. 7, 37. ዋሳዕ፡ጊዘገ፡ M. 10, 47 oder ዋሳ፡ጊዘገ፡ G. 27, 34 und ዋሳ፡ጊዘ፡ M. 6, 16 zur Zeit, in der er hörte; als er gehört hatte. ዋሲአ፡ጊዘ፡ als sie hörte; M. 5, 26. ዋሲና፡ጊዘ፡ wann ihr gehört habt, M. 13, 7. ዋስና፡ጊዘገ፡ als sie hörten, M. 3, 8; 4, 15; 6, 2. 29; 16, 11. ዋስነስ፡ ዋስና፡ሳበ፡ nachdem sie gehört hatten, was sie gehört hatten, M. 4, 12. — *waso* to hear, hearken, *woasi* heark! *wasegau* (B. *wasgau, wasgaw*) insensible, *wasgna (wāsnā)* the sense, Fl.

*wās-t* refl. pass., *wastega* unheard *(wās-te-gā)*, Fl.

*Was* II v. (A. ዋሰ፡, G. ወሐሰ፡) bürgen, Bürgschaft leisten.

*wās-t* refl. pass. (A. ተዋሰ፡) verbürgt werden, *wasda* surety Fl. (i. e. *wās-t-ā* was verbürgt, sicher gestellt ist).

*Wåsfāt* s. A. Eingeweidewürmer, B.

*Wåṣ* s. Ty. A. Pfeffersuppe, Fl.

*Wāšā* s. A. Loch, Höhle, ከሺኒ፡ዋሻ፡ Diebshöhle, M. 11, 17. *woasha* cave Fl.

*Wušāg* v. (Ch. *waṣaq*, G. ወጥሐ፡, שטח, שטח) aufbreiten die Haut, auf welcher man schläft, ውሻዕንው፡ sie breiteten auf, M. 11, 8. Nom. *wušaṅā (wushagna)* beed Fl. Aufbreitung, spez. die gegerbte Kuhhaut, welche man um darauf zu schlafen aufbreitet, das Bett (Bil. *wåšaqá* plur. *wåšaq*, Ch. *waṣá* plur. *wáṣeq* id., cf. 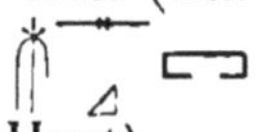 *masaq* Lagerstätte, Bett, 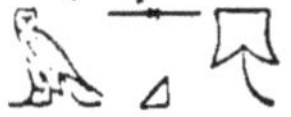 *masaq* die Haut).

*Wet* feucht, nass, sein, s. *hüet*.

*Wâtar* v. (Bil. *wâtar*, Ty. G. ወተረ፡, وتر, יתר,  *wadan* id., vgl. s. v. *wårāt*) ziehen, anspannen, *woterow* to pull. *gedes woterow* (i. e. ግዴገ፡ወተርው፡ er zog mit Gewalt, riss an) to wrench, Fl.

*Wāy y* v. (A. ዋይ፡አለ፡, s. oben *wē*) wehschreien, -klagen, M. 5, 38.

*Wāyā* I plur. *wāy* s. (Demb. id., A. **ዋ.ን** :) Preis, Werth, **ዋይ.** :
Gesp. 82; Bezahlung, Lohn, **ዋኢ.** : M. 9, 41. **ዋኢ.** : M. 14,
3. — *waya* worth, reward, *wayayeo, wayayo* (i. e. *wāyā yñ*
er gab die Bezahlung) to reward, *niwaesyna* (*nī wāya-s yñā*
oder eher — *yûnā* die Ausfolgung seines Preises) to pay,
*ni wae dauga* (dessen Bezahlung nicht vorüberkam) un-
paid, Fl.

*wāy-t* denom. v. refl. (Demb. *wāy-t*) kaufen, seinen Preis
geben, **አሬ** : **ዋይትድኖ** : **መተና** : damit sie Brod kaufen,
M. 6, 36. — *waetow* to purchase, Fl.

*Wāyā* II s. (Demb. *wuyā*, Bil. *wíkā* und *wåkā*, Ch. *wíkā*) die
gefleckte Hyäne, h. crocuta, *wíia* B., *wea* Lef., *woya* Fl.;
Halévy gibt für das Idiom von Quara die Bezeichnung
*woqa.*

*Wiyā* wie, wie viel? s. *wíñā.*

*Wâyn* s. G. A. Wein, G. 27, 25. Weingarten, M. 12, 1. 2. 8.
9. — *woín* grape Fl.


## Y.

*Y, ye* I v. 2 (Bil., Ch., Demb. *y, yí,* 'Afar *ī*, vor folgenden
Vocalen *īy*, Somali *ay*, Ty. A. **አለ** :) sagen, sprechen, ** የኩ** :
ich sage, M. 5, 41; 9, 1; 11, 23. 24. 29. **ይተዙኞ** : du sagst?
5, 31. **የኩ** : er sagt, M. 2, 11; er wird sagen, M. 11, 30.
**ይተኩን** : ihr saget, M. 7, 11. **የኩን** : sie sagen, M. 8, 28;
9, 11; sie nennen, R. 1, 2. **የሳ** : er wird nicht sagen, M. 11,
25. **ይተው** : du hast gesagt, M. 15, 2. **ይዐ** : G. 27, 1. 10.
20. 21. 24—27 u. a. M. 6, 31 oder **ይእኢ.** : G. 27, 19, **ይኢ.** :
G. 27, 2. 18. 22 und **ይው** : G. 27, 1; M. 1, 38. 44 u. a. er
sprach. **ይእቲ** : G. 27, 6. 13 und **ይቲ** : G. 27, 42. 46; M. 6,
4. 25 sie sprach. **ይንኹ** : M. 1, 37, **ይንኢ.** : Joh. 2, 18. 20;
**ይንው** : M. 3, 22; 6, 15; 11, 33 sie sagten. **ይይ** : dass er
sage, M. 10, 48. **ይድኞ** : dass sie sagen, M. 2, 9; 9, 26.
**አይ** : sage! M. 1, 41. **አያ** : saget! R. 1, 20; M. 11, 3. 25.
**ይተና** : saget nicht! R. 1. 20; M. 13, 11. **የን** : wenn er
sagt, M. 11, 3; 13, 21. **የንን** : wenn wir sagen, M. 11, 31.
32. **የክንን** : wenn ihr nicht sagt, M. 11, 25. **የንን** : indem
er sagte, M. 1, 11. 14. 30; 3, 11; 5, 25. **ይዐንንኡሽ** : id., G. 27,
6. **ይተንን** : indem sie sagte, M. 6, 25. **የንን** : indem sie

sagten, M. 2, 12. ይ.ትሏ፥ ihr sagend, M. 8, 17. ይ፡ቤዉ፥ er sagte, M. 6, 23; 11, 13. ይ፡ዋነኩ፥ er sagt, hat gesagt, M. 7, 10; 12, 36. ይ.ት፡ዋኑቲ፥ sie hatte gesagt, M. 5, 28. ይ.ን፡ስንበ.ነዉ፥ sie sagten, M. 3, 21. የዉ፥ welcher sagt, M. 11, 23. ይ.ቲ፥ welche sagt, M. 12, 31. የዉ፥ welche sagen, M. 10, 14; 12, 18. ያ𝑏፡ስንበ.ዉ፥ er sprach, M. 5, 8; 6, 18; 15, 14. አን፡ያስ፡ይ.ዋ፡ለሽ፥ bring mir, was ich sage! G. 27, 13. እ𝑛ት፡ይ.ታ𝑏ስ፡አስተዋሺለ.፥ ich verstehe nicht, was du sagst, M. 14, 68. ዋ𝑚ኔ𝑛፡ሺሬ𝑏፡ይ.ታ𝑏፥ warum nennst du (mich) gut? M. 10, 18. ያ𝑏ከ.፥ alles was er sagt, M. 11, 23. ኀያስ፡ይ.ሽ፥ thuet, was er sagen wird! Joh. 2, 5. ያስ፡አ'ከላ፥ er weiss nicht, was er sagt, M. 9, 6. ዌ𝑧.፡ይ.ተ𝑛𝑏፥ was sagt ihr (was dasjenige, was ihr sagt)? M. 8, 29. እ𝑛፡ይ.ርስ፡ይ.ተ𝑛𝑏ስ፡አ'ክ𝑛አ፥ dass ich diesen Mann, den ihr nennet, nicht kenne, M. 14, 71. ይ.ተ𝑛𝑏ዝ፥ dem, von welchem ihr saget, M. 15, 12. ዋ𝑚ኔ𝑛፡𝑛𝑏𝑚ኂ፡ይ.ተ𝑛፥ was Ursache, wornach ihr (mich) N. nennet? R. 1, 21. ዌ𝑧.፡የ𝑛𝑏፡አይ.፥ was ist's, was die Leute sagen? M. 8, 27. እ𝑛ትዉ፡ኀሺ.ዉ-ስ፡ያይርስ፡የ𝑛𝑏፥ es kam einer, dessen Namen sie Jairos nennen, M. 5, 22. የ𝑛𝑏፥ den man heisst, nennt, M. 15, 7. 22. ዊአ፡የ𝑛፡ጸሐፍ.ት፥ wie sagen die Gelehrten? M. 12. 35. ይ.አ፡ጀ𝑚ር𝑏-፥ M. 10, 28; 12, 1; 13, 5 und ይ.ክ፡ጀ𝑚ር𝑏-፥ M. 10, 47 er begann zu sagen (yeñä). Ueber den Gebrauch von *y* zur Bildung denominativer Verben s. §. 44.

*yi-š* caus., *yishow* to persuade, Fl.; vgl. die Causativa s. v. *das y*, *kaf y*, *wâr y*.

*yi-s* pass., ይ.ስኩ፥ er wird genannt, R. 1, 2. ይ.ስቲ፥ sie wird genannt, R. 1, 2. 4. ይ.ስይ.፡𝑚ተ𝑛፥ dass gesagt werde, M. 2, 9. እ𝑛፡አ𝑛ር፡አዉ፡ይ.ሳ፥ wie heisst diese Ortschaft? Gespr. 26. ይ.ሳ𝑏፡𝑛ብስ፡ዋሳ𝑏፡ኂ፤ als er das Wort, das gesagt worden war, gehört hatte, M. 5, 36. ይ.ሳ𝑏፥ welcher genannt wurde, M. 15, 21. ስሬ𝑛ስ፡ሐሲ.𝑛፥ ኂ፤፡ንበ.ይ.፡𝑛𝑛አ.ል'𝑛፡ይ.ሲ.ቲ፥ wenn ihr die Unlauterkeit sehet, welche beim Profeten D. namhaft gemacht wird (*y-sa-ti*), M. 13, 14.

*Y, yi* II pronom. pers. prim. sing. in den abhängigen Casus (Demb., Bil., Ch., Saho, 'Afar *yi*) 1) possessiv, ይ.ዘ𝑛፥ mein Bruder, ይ.ሐ.ር፥ meine Söhne, ይ.𝑛ክ𝑧.፥ (ይ.አ𝑛ክ𝑧.፥) meine

Seele, ያብ : (ይአብ፡) mein Vater u. s. w., s. §. 129. 2) vor Postpositionen, ይሸ፡ mir, ይት፡ mich, ይዲ ፡ mit mir, ይሲ ፡ von mir u. s. w., s. §. 130.

Yibā s. (Demb., Bil. yibā, cf. ⟨hieroglyph⟩ abī id.) der Leopard, Panther, iba Fl.

Yadarā s. (Demb. yadarā, Ch. iederá, vgl. wādar) Gott, የደራ፡ አ ገራ ፡ Gottes Sohn, M. 1, 1. የደራ፡መንግሥት፡ das Gottesreich, M. 1, 14. 15. የደራ፡ንፀፑ ፡ in das Gotteshaus, M. 2, 26. የደረዲ፡ mit Gott, Gespr. — yedera Fl. yadarā-û adj. was Gottes ist, የደራው፡ M. 8; 33; 12, 17; auch mit Schwächung des auslautenden ā vor der Adjectiv- endung: የደረፓገ፡ኚኪ፡ገርሰኮ ፡ bei dem was Gott be- trifft (yadara-wâ-z, cf. ይርፑ፡ das auf den Menschen be- zügliche, Relat. vom Verb aý, a sein, aw-ā seiend) ist alles möglich.

Yejāýā s. (Bil. eýáýā plur. eýāý, Agaum. bei Waldm. erari d. i. eýāýû, cf. A. ቅኡ፡) Hagel, Schnee, ይኻሎ፡ሰና፡ wie Schnee, M. 9, 3. — yerara hail, snow Fl.

Yeχŭ rad. inus. (Bil. enqŭ-ā Gelächter, Stamm: enqŭ, vielleicht aus henqŭ, senqŭ, cf. G. ሰለቀ፡, demnach enqŭā = ስለቀ፡). yeχŭ-ē refl. v. 2 (Demb. yiχŭa-y, Bil. enqŭa-r, Agaum. iχŭa-r, Ch. oqa-t) lachen, ጂበሊረ፡ይኽንው፡ und sie lachten über die Rede, M. 5, 40. — yechuao to laught, yechegua to smile Fl. (vielmehr Verbalnomen yeχŭeñā).

yeχŭi-š caus. lachen machen, yiquishow to tickle, kitzeln Fl.

Yekāl v. (Demb. yekal und yekel, demnach: yekal, Bil. enkal, Agaum. inkan, Ch. ieqan, eqan, Saho, 'Afar kahan, Bisch. kehan) lieben, wollen, wünschen, begehren, ይከለኩ፡ ich will, M. 1, 41. ይከሊኩ፡ du willst, M. 14, 12. ይከሊኩንግ፡ wollt ihr? M. 15, 9. ኩግ፡ይከሎ፡ dich habe ich in Liebe erfasst, M. 1, 11. ይከሎው፡ er wollte, M. 7, 24. ይከሊ፡ yekāl- lā er wollte nicht, M. 6, 26; 9, 30. ይከልቶ፡ dass du liebest, M. 12, 33. ይከሊ ፡ liebe! M. 12, 30. 31. ይከልትና፡ begehret nicht! R. 1, 13. ይከሊግ፡ wenn du liebst, M. 12, 33. ይከለግ፡ wenn er will, M. 9, 35. ይከሊር፡ ich der ich liebe, M. 1, 11. ይከላ ፡ welcher will, M. 8, 34. 35. ይከሎ፡ die welche lieben, M. 12, 38. 39. አግ፡ገግ፡ይከላ ፡ይ ገራ ፡ dieser ist mein Sohn, den ich liebe, M. 9, 7. ይከላ ፡ ሁ-

አስ : ሺ.በ.ሲ. : bereite mir eine Speise, die ich liebe, G. 27, 7.
ንአ : ይካለአ : አላ : እንት : ይካሲ.አ : ዘ : nicht wie ich will,
sondern wie du willst, M. 14, 36. ይካሲ.አስከ. : ሺ.ዋ : verlange, was immer du wünschtest, M. 6, 22. የዴ.ሬ. : ይካላን :
ሺ.በዕ : wer thut, was Gott will, M. 3, 34. ኣስ : ሰልሺ.ት : :
ኤአበ : ይካላስ : sie bereitete eine Speise, die sein Vater
liebte, G. 27, 14. ይካሱ-ስ : diejenigen (Accus.), welche
er wollte, M. 3, 13. ይካልናስ : den, welchen sie wünschten,
M. 15, 6. ይካልናስከ.ሬ : ሺ.በ3ው- : und sie machten, was
immer sie wollten, M. 9, 12. — yekalu to love, ekaleyna
affection, ikalyna favour, grace, Fl.

Yequ v. (vgl. s. v. fāfāq) gerben, yekewow to scratch, yequiau
to tan (wohl Relat. I welcher gerbt), Nom. agent. yequonta
tanner, Fl. (d. i. yeqŭ-āntā Gerber).

Yaqātīt s. A. der sechste abessinische Monat, Februar, yeka-
tīt Fl.

Yil s. (Demb. yil, il, Ch. iel, el, Bil. 'il, vgl. Ch. §. 12 und 50)
Auge, ይል : M. 8, 18. 23. 25. ኒ.ል : M. 9, 47. Plur. ይል
ተ3 : G. 27, 1; M. 14, 40. yil Fl., il Lef., yeel showsa eye
sickness, Fl.

Yemteñ s. (scheint aus G. አ*ጠቀ : exaltere, abgeleitet zu
sein) Freude, ይም-ት-ዕገ : M. 6, 20 oder ይም-ት-ይገ : M. 4, 16
in Freude. — yemteng joy, pleasure, Fl.
yemteñ-s̆ caus. denom. Freude bereiten, ሕገ-በስ : ይም
ት-ዕሺ.ይ.ገ : መ-ተ-ና : ይካልው- : er wünschte, dass er das Volk
erfreue, M. 15, 15. ይ3ሬ : ዜ.ርድስስኳ : ላበ.ሬ : ተንኮ-ስም-ስ :
ይም-ት-ዕሺ.ው- : und jenes erfreute Herodes und die (mit
ihm) beisammen Sitzenden, M. 6, 22.

Yin pron. demonst. (Demb. sin) jener, ይ3 : ዘI : jene Zeit,
ይ3 : ዘ-ዘI : zu jener Zeit, ይ3 : አ-ና- : jenes Wasser u. s. w.
ይ3ሲ. : dort. Plur. ይ3I : jene, s. §. 132.
yin-ā adj. dort befindlich, ይናዋ : yinā-wā dorthin,
M. 6, 32.

Yinī s. (vgl. iyenā) der Samstag, Sabbat, yini sanbat sabbath,
yini sanbat saturday, Fl. Demnach yini wohl ein Genetiv.

Yeñ v. (Demb. yiñ, Agaum. iñ, cf. G. ሐ.ስ :, خنص) beissen,
yequeqno to bite Fl. (yeñeñ-ū redupl. Form des Perfects).

Yuñ und yuw, yiw rad. inus. (Demb. yuñ, Bil. uñ, cf. G. ገኗ.ሕ :
superbum et vehementer se praebere, acriter increpare).

*yu̱ñi-t, yu̱wī-t, yiwi-t* denom. v. refl. (aus *yu̱ñā* gebildet, Demb. *yu̱ñī-t*) anherrschen, sich erzürnen gegen Jemanden, auszanken, strenge verweisen, **ይፀትዐ**: M. 1, 25 und **ይፀ ትዉ**: M. 1, 43; 3, 12; 4, 39; 8, 33; 9, 25; 16, 14 und **ኢፀትዉ**: M. 8, 30 er herrschte an, **ይፀትኘዉ**: sie herrschten an, M. 10, 13. 41. 48. **ይፀትዝ**: in Zorn, M. 3, 5.

*Yer* pl. *ey, ī* s. (Demb. *yir*, Ch. *iejir̄, ejir̄*, Bil. *egir̄*, plur. *ik*, vgl. Ch. §. 173) Mensch, Mann, **ይር**: R. 1, 2. 2; M. 1. 17; 2, 3. 4. 10. 28 u. a. Auch collect. **ይር**: Menschen, M. 3, 7. 8 u. a. **ይርኪ**: Jedermann, Joh. 2, 10. Plur. **እይ**: Leute, M. 2, 6; 3, 6. 10. 32; 4, 1. — *yer* man, person, *i-ik* folk (d. i. vielmehr: alle Leute), *yerow ra* freeman, Fl. (= *yer uwrā, -eûrā* Menschensohn).

*yer-û* adj. (Bil. *egir̄-u̱χ*) menschlich, M. 8, 33. *ī-û, y-û* (Bil. *ikā-û*) was zu den Leuten gehört, **ከይዉከ**: M. 1, 33 und **ከኦኢዉከ**: alles was zu den Leuten des Dorfes gehört.

*Yerku̱, erku̱* s. (Demb. *yirku̱*, Bil. *irku̱i*, Ch. *eru̱k* s. d.) 1) Zahn, *yerkoo, erku* Fl., Plur. **ይርኩከ**: M. 9, 18. 2) Kinnlade, *yerku* jaw, Fl.

*Yerāwā* plur. *yeraû* s. (Demb. *yirwā*, Bil. *erāku̱ā* plur. *eru̱u̱k*) Geräth, Gefäss; Fahrzeug, **ይፈጵ**: ein Gefäss, M. 11, 16. **ይፈዉ**: Geräthe, G. 27, 3. — *irawa* vessel, *yerawa* tool, *negneta yera* furniture, Fl., vgl. s. v. *neñ.*

*Yisān* v. denom. (Demb. *idan*, Aganm. *esan*, Bil. *idān*) weit, breit, umfangreich sein.

*yisān-š* caus. erweitern, *yisanshow* to widen, Fl.

*Yet, it* v. (Demb. *yit*, Ch. *wit*, Bil. *o̱qt*, cf. G. **ኅኔሰስ**:) klein, wenig, gering sein, kleine Zahl. Adj. **ይትዉ**: (Demb. *yit-oy*, Ch. *wit-û*, Bil. *o̱qt-u̱χ*) klein, wenig, M. 1, 19; 2, 1; 6, 5, 31; 8, 7; 14, 35. **ይትኢ**: id., Joh. 2, 12. — *yetowo* little, *itegno* few Fl. (wohl aus einem Nomen *yteñ* gebildet, *yteñ-û* wenig).

*Yuwī* s. (Bil. *yaû* pl. *yô-tet*, Ch. *yu̱*, vgl. Ch. §. 69) Hüfte, Lenden, **ኣይፀጓ**: um seine Lenden, M. 1, 6. — *yewi* loin Fl., *yawi* back, B.

*Yuw* v. (Demb. *yew, yû*, Bil. '*uw*, Ch. *ew, uw, iew*, Saho, 'Afar *hawa*, Ti. **ሀበ**:, G. **ወሀበ**:) geben, **ይወከ**: er gibt, M. 2, 26; 12, 9; 13, 12. **ይወቡኘ**: sie geben, M. 13, 9. **ይወከኘ**: id., M. 10, 33. **ይወለ**: er wird nicht geben, M. 13, 24.

ዩዑዑ፡ ich gab, G. 27, 37. ዩዑዑ፡ G. 27, 25 oder ዩኡዑ፡ G. 27, 13 und ዩውው፡ M. 4, 8; 5, 41; 6, 28 er gab. ዩውቷ፡ sie gab, G. 27, 17; M. 6, 28. ዩውንው፡ sie gaben, M. 15, 1. 23. ዩቒ፡ gib! M. 10, 21. ዩቁ፡ gebet! M. 5, 43; 6, 37; 12, 17; Joh. 2, 8. ዩውንቶት፡ *yuwun-nta-t* er gebe euch! R. 1, 9. ዩቒቁ፡ dass ich gebe, M. 10, 40. ዩውዩግ፡ dass er gebe, M. 14, 10. ዩውኖ፡ dass wir geben, M. 6, 37. ዩውዱኖግ፡ dass sie geben, M. 14, 11. ዩው፡ቤው፡ er gab, M. 12, 2. ዩቍዕ፡ welcher gab, M. 3, 19; welcher geben wird, M. 14, 42. ዩውና፡ጊዘግ፡ wann sie geben, M. 13, 11. ዩውኦ፡ *yûñā* das Geben, M. 12, 14. — *yiwuo* to give, *younga* (*yûñā* Gabe) gift, Fl.

*yû-s* pass.. ኖንወሬ፡ዩውሰኩ፡ und er wird in die Hände geliefert werden, M. 10, 33; 14, 41. ዩውሰላ፡ es wird nicht gegeben, M. 8, 12. ዩውሰዮግ፡ሙተና፡ dass gegeben werde, M. 14, 5. እንተግ፡ዩውስ፡ወነኩ፡ euch ist es gegeben, M. 4, 11.

*Yuwīnā* pl. *yuwīn* und *kŭan, kân* s. (Demb. *kŭīnā*, Bil. *ogīnā* pl. *ukŭin*, Ch. *iûnā* pl. *iokŭn*, Agaum. *χŭnā*) Frau, Weib, Gattin, ዩቒና፡ R. 1, 2; M. 6, 18; 16, 29 u. a. Plur. ዩቒን፡ R. 1, 4. 6—8 u. a. und ኩን፡ M. 10, 30. — *yuwina* Fl.

*Yuwit* zornig sein, anherrschen, s. *yuu*.

# DIE

# QUARASPRACHE

## IN

## ABESSINIEN.

### III.

VON

## LEO REINISCH,

WIRKLICHEM MITGLIEDE DER KAIS. AKADEMIE DER WISSENSCHAFTEN.

DEUTSCH-QUARISCHES WÖRTERVERZEICHNISS.

WIEN. 1887.

IN COMMISSION BEI CARL GEROLD'S SOHN

BUCHHÄNDLER DER KAIS. AKADEMIE DER WISSENSCHAFTEN.

Aus dem Jahrgange 1887 der Sitzungsberichte der phil.-hist. Classe der kais. Akademie der Wissenschaften (CXIV. Bd., II. Hft. S. 639) besonders abgedruckt.

12416
———
23|¹¹9¹

## A.

A! *ahā!*

Aas *baden, kiāñ.*

Abend *kŭniñā, kŭñā.* zubringen
den — *kŭm,* Abend werden
*kŭm-s.*

Abendessen *deray.* das — zu
sich nemen *derē-s χŭ,* das
— bereiten *derē-s šab.*

Abendstern *kŭniñī šiñgruwā.*

Aber *-zā, gê.*

Abessinien *Habašā.*

Abfallen, untreu werden *kat,*
zum Abfall verleiten *kat-š,*
abgefallener *katā, katantā.*
abfallen, herabfallen (Blätter
vom Baum u. dgl.) *lab.* Abfall *labeñā.*

Abfüren, Diarrhoe haben *jalab-š.*

Abgabe, Steuer *geber.* Abgaben
einheben *qaraṭ.*

Abgebraucht *derātā,* — sein
*derā-t.*

Abgehen, nicht vorhanden sein
*bi-s,* ab-, weggehen *fē.*

Abgeneigt sein *entar.*

Abgenützt, s. abgebraucht.

Abgreifen *dāsas, dāsē.*

Abgrund *qalāy, lūd.*

Abhanden kommen *bi-s.*

Abhauen *kab.*

Abkürzen *dereñ-š.*

Ablassen von etwas *adaǰ, bē.*

Ablegen, nieder — *gam-s;* ablegen, ausziehen ein Kleid
*fe-z.*

Abmühen sich *gara-š.*

Abmühung *garašiñā.*

Abneigung *entarñā.*

Abpflücken *bohŭ-z.*

Abputzen *gagaz, ḳekāǰ, maz.*

Abreisen *fē.*

Abrichten *aχ-eš, kīn-š, lamad-š.*

Abschaffen bestehendes *sahar.*

Abschälen *hamb.*

Abschätzen *sāb.*

Abscheu *entarñā,* — haben vor
jemanden *entar.*

1

Abschiessen das Gewer *takâs*.

Abschlagen die Bitte *imbī y, gab*.

Abschneiden *kab*.

Abschnitt, Capitel *meráf*.

Abschütteln *kekáǵ*.

Abseits nemen *gâlē*.

Absolviren *euš-iz*.

Absolution in der Beichte en-*sizíā*.

Absondern *fantē*.

Abstammen von *led-es*.

Abstammung *ledest*.

Abstehen von *adaǵ, bē*.

Abtrennen *fantē, gâlē*.

Abtrünnig *kat-ā, -antā; —* sein *kat, izim-s;* abtrünnig machen *kat-š*.

Abwaschen *euẑā-š*.

Abweisen *gab, kalakal*.

Abweisung *gabā*.

Abwesend sein *sembī be*.

Abwesenheit *sembī beǐā*.

Abwischen *gagaz, maz, kekáǵ*.

Abzalen *wāy-t*.

Ach *wāy, wē, wī; wēbuwā!*

Achsel *kaš*.

Acht haben, s. achtsam sein.

Acht (octo) *sâgūatā, sâgâtā, sâ-wâtā*. achtmal *sâgūâtā gīzā,* — *ašibā*. achter (octavus) *sâgūâtasā*. achthundert *sâ-gūâtā lia*.

Achten *kamam-š;* in Achtung stehen, geachtet sein *kamam, -t*.

Achter, der, das Hinterteil des Schiffes *tānkūī engiyä*.

Achtsam *ṭanaqaq-s-āû,* unachtsam *ṭanaqaqsagāû;* achtsam sein *ṭanaqaq, -s, mal-t*.

Achtsamkeit *ṭanaqaqnā*.

Achtzehn *šikī sâwâtā;* achtzehnter *šikī sâwâtasā*.

Achtzig *sâgūatīū*.

Acker *gâzā*.

Ackern *gâz, gŭaz*.

Ackersmann *gâzantā*.

Adelig, von adeliger Abkunft sein *sar, zar*. Die adelige Welt *sarā sīā*.

Adeliger, Edelmann *sīmgar, sa-rāû*.

Ader *dengā*.

Adler *silēā*.

Advocat *gābī adarā*.

Affe *jagirā*.

After *dārā*.

Aehre *zālā, sewī*.

Ale, Pfriem *šaremō*.

Alle *-kī,* alles *nīkī*.

Allein *bâẖyā, gâlēsā; —* sein *bâhey, gâlē-s*.

Allgütig (Gott) *nītkī šamatā*.

Allmächtig *nītkī garšā*.

Almosen *maswāt; —* geben *m. uw*.

Als *gīzā, sâbā* jenes mit dem vorgesetzten Verb in der zweiten Relativform, dieses mit dem im Perf. subord. construirt.

Also *-sō, enâ-wā, engedēh*.

Alt, bejart *derā, derātā, gaçâû;* abgebraucht *derātā*. alt werden *derā-t*. — sein *derāt wān, derāǵ*. älter sein *we,* der ältere *wā,* der — Son *wā ẖŭrā*.

Altar, der *meswā*.
Alter, das *edmiē*.
Ameise *kawā*.
Amme, säugende *nabšay;* Kindswärterin *môzīt*.
Amtmann *sīm*.
Amulet *kitāb*.
An -z, -*lī*.
Anbeten *sagē*.
Anbeter *sagēā*.
Anbetungsort, Tempel *masgīd*.
Anblasen *fihŭ, fĭú*.
Anblicken *malakat*.
Anbrechen der Morgen *gŭēb*.
Anderer, alius *ay-û*.
Andropogon sorghum *mīlā*.
Aneignen sich *šē*.
Anfang *jāb, jāben, mejemer, kawin, qawin*.
Anfangen *jāben-t, jamar, kaû, qaû, qadam*.
Anfassen *šē*.
Anfeinden *entar*.
Anfülen *dāsas, dāsē*.
Anfüllen *ensaý*.
Anfüren *kaû, qaû*.
Anfürer *marī*.
Angareb *arg, aray*.
Angehören *aý*.
Angehörigen, die *wâganā*.
Angelegenheit *gābā*.
Angenem *šarā;* — sein *šar*.
Angeschen *gaçāû, wā,* — sein *we*.
Angreifen *dāsas, dāsē;* feindlich — *sab-s*.
Angriff, feindlicher *sabsiûā*.
Angst *makarā, gŭāginê, gŭāgintiûā,* Angst bekommen *gŭāgint,* in Angst setzen *gŭay-iš*.

Aengstlich *gŭagintā*.
Anhäufen *kamar*.
Anherrschen *yŭûī-t, yuwī-t*.
Anklagen *tey*.
Ankläger *teyantā*.
Ankommen *ent, int;* Ankömmling *entēaû, intīāû*.
Ankunft *intiûā, enteûā*.
Anlass *mekenyāt*.
Anleihe geben, gewären *adē-z (adaý-z)*.
Aenlich *sanā yā,* — sein *sanā. y, masal*.
Aenlichkeit *mesālê, sanā*.
Anmut *şaýā*.
Anpacken *šē*.
Anrecht *hegge, heg*.
Anrufen *šeû*.
Anrüren *dāsas, dāsē*.
Ansage *duwiûā,* ämtliche — *awāj*.
Ansagen *duw*.
Ansammeln *kamar*.
Ansammlung *kemer*.
Anschauen *malakat*.
Anschein, den — haben *tak*.
Ansiedeln sich *sapar, sabar*.
Ansiedelung *sebrā*.
Anspeicn *laχ-et, hŭet, wet*.
Anstand *kibre*.
Anständig *sarā,* — sein *sar*.
Anstatt *sebra-z,* — seines Vaters *nī abā sebraz*.
Anstreichen *lêχ*.
Antilope *mewuā;* capra *walija wālā*.
Antlitz *gaš*.
Antwort *wântaršiû*.
Antworten *wântar-š*.

Anwalt *gābī adarā.*
Anwesend sein *ten bē, tankŭ.*
Anziehen ein Kleid *sē.*
Anzünden *lašan, šeš, takãs.*
Apfelsine *lōmī.*
Apostat *alāwī.*
Apostel *ardā.*
Arbeit *gār, çigār, šegār.*
Arbeiten *gār-it.*
Arbeiter *gār-it-antā, gāritāñ, gabarā.*
Aerger, der *kāriñ, yuñīt, yuwīt.*
Aergerlich *yuñītā.* — machen *kāriñ-š.*
Aergern sich *yuñī-t, yuwī-t.*
Aergerniss *atalaliñ,* ein — bereiten *kat-š, atalal.*
Argwönen *taratar, tarātar-s.*
Argwönisch *taratarā.*
Arm, der *tangal, kŭazar.* Armring, -spange *bāyrā.*
Arm, bedürftig *meskīn, deχū.*
Armee, die *sarāwīt.*
Armut *deχnē.*
Arsch *dārā.*
Art, Weise *sanā;* Gattung *aynat, instakā, zamad, tûled, wãlad, wãganā.*
Arznei *telā.*
Arzt *telī adarā, belhātañā.*
Asche *mašenā.*
Ast *jāb,* Baumast *kānī jāb.*
Atem *fīhũā.*
Atheist *dīl.*
Aether *ayar.*
Atmen *fīhñ, fiñ.*
Auch *-derī, -rī, -kŭā.*
Auf *-z, daχ-z, dāχ, -li.*
Auf! *aya.*

Aufbinden, -lösen *enš-iz.*
Aufblicken *malakat.*
Aufbrausend sein *yuñū-t, yuwī-t.*
Aufbreiten *wušāĵ.*
Aufdecken *galat.*
Aufenthalt *sebrā, seman;* — nemen *sapar, sabar.*
Auffaren *hub, kaf y.*
Auffassen, begreifen, verstehen *kab-š, astawāl.*
Auffassung *astawāleñā.*
Aufgang der Sonne *kŭārī feñā.*
Aufgeben, ablassen von *adaĵ, bē;* aufgeben, mer geben *kñaz.*
Aufgehen die Sonne, der Mond, die Sterne *fe;* aufgehen, Korn, Gras *baqãl.*
Aufgraben *geg-z.*
Aufhalten sich, bleiben *fir, senb, semb, sem, tankŭ, wãn.*
Aufhängen *kakar-š,* — sich *kakar-t,* aufgehängt werden *kakar-s.*
Aufheben einen Gegenstand *kaf yi-š, hub-š, gŭ-z, gŭ-š,* eine Last — *mañ-t, mô-t;* aufheben ein Gebot *sahar.*
Aufhorchen *wãs.*
Aufhören *adaĵ, bē, zem y.*
Aufklären, erläutern *tergūm-š.*
Aufklärung *tergūm.*
Aufladen *šān.*
Auflegen *šān.*
Auflenen sich *entar-s, izim-s.*
Auflösen *enš-iz.*
Aufmerken *wãs.*
Aufnemen jemanden *agalant, kalabt.*

Aufregen *awak;* aufgeregt sein
*awak-s.*
Aufregung *awaksiñ.*
Aufrecht sein *gŭe.*
Aufreissen *fantē.*
Aufrichten *gŭ-z, gŭ-š, kaf yi-š,*
*hub-š.* aufrichten sich *gŭe,*
*kaf y, hub.*
Aufrichtig, lauteren Herzens *nī*
*labakī letā.*
Aufrur *awaksiñ, hūkat.*
Aufrürer *alāwī, teyantā.*
Aufrürerisch sein *awak-s.*
Aufrütteln *ekaš.*
Aufschauen *malakat.*
Aufseher *maltantā.*
Aufstand, s. Aufrur.
Aufstehen *gŭe, kaf y, hub.*
Aufstellen, s. aufrichten.
Aufstreichen ein Pflaster, eine
Salbe *lêχ.*
Aufwecken *ekaš.*
Aufwigeln *awak.*
Auge *yil, il.*
Augenblick *dengat.*
Augenglas, Brille *manaṭar.*
Augenkrankheit *yil šeûzā.*
Augenlid *dumā.*
Aus *-lī, -lihī.*
Ausbessern, *tabak, leš-iz.*
Ausbleiben *adaǰ.*
Ausbreiten *bez, fantē;* ausge-
breitet *beztā.*
Ausdenen *ṭamazaz.*
Auseinanderlaufen *fanšar.*
Auserwälen *maraṭ,* auserwält
*maraṭsā,* — werden *maraṭ-s.*
Ausfliessen *boǰŭ, boǰŭ-n-t.*
Ausforschen *maramar.*

Ausfragen *wanχar.*
Ausfüren, hinaus — *fe-z.*
Ausgang *feñā.*
Ausgeben, exire *fe;* ausgehen,
-fallen die Haare *bohŭ.*
Ausgiessen *boǰŭnz, galab-iz.*
Ausgleiten *sarχaṭ.*
Ausgleitung *sarχaṭñā.*
Ausgraben *geg-z.*
Ausharren *t-aqas.*
Auslachen *yeχŭ-ē, lagat, waǰar,*
*wār.*
Ausland *aben kô.*
Ausländer *aben.*
Auslassen *adaǰ, bē, enš-iz.*
Auslegen *tergūm-š, enš-iz.*
Auslegung *tergūm.*
Auslifern *dañ-š.*
Auslugen *mal-t.*
Ausmessen *mewār, môr.*
Ausplündern *barabar, mir, gafē.*
Auspressen *ṭamaq.*
Ausrauben, s. ausplündern.
Ausraufen *bohŭ-z.*
Ausrecken *fantē.*
Ausreissen *bohŭ-z.*
Ausrufen *šeû.*
Ausruhen *fihŭ, fiû.*
Ausrutschen *sarχaṭ.*
Aussatz *lamṣe.*
Aussätzig *lamṣe šāû,* — sein
*lamṣe šē.*
Ausschelten *naqaf.*
Ausschnaufen, s. ausruhen.
Ausschütten *galab-iz.*
Aussenseite *mayā.*
Ausser *agadā.*
Aussercheliches Kind *dīqālā.*
Ausserhalb *may-z.*

Aussinnen *asab.*
Aussönen *arē-š.*
Ausspähen *mal-t.*
Ausspannen *ṭamazaz.*
Ausspeien *besǧ-et, laχ-et.*
Ausspotten *waǧar, wār.*
Ausstrecken *fantē.*
Ausstreuen *batan.*
Austeilen *adal.*
Austreiben *sad, fe-z.*
Austreibung *sedest, feziñ.*
Auswanderer *alāwī.*
Auswandern *fē.*
Auswanderung *feñā.*
Auszalen *way-t.*
Auszanken *naqaf, yuñī-t, yuwī-t.*
Ausziehen, weggehen *fe;* ausziehen. ablegen das Kleid *fe-z;* ausziehen das Kleid mit Gewalt *gafē.*
Axt, die *sankŭātā.*
Aya, s. Amme.

## B.

Baar *agadā;* — sein *be.*
Bach *šegŭā boǧŭntā.*
Backe, die *enjō.*
Backen *šaǧ, šaǧŭ.*
Backofen *mogōgō.*
Bald *wâlī-sī.*
Bälde *wâlā.*
Balg s. Schlauch.
Balken *māgar.*
Band *makŭā, tazā.*
Bändigen *ṣan-š.*
Bandwurm *sakā;* Mittel gegen den — *saki kānā.*
Bankert *dīqālā.*

Barbiren *laš.*
Barbirmesser *sārdā.*
Barke *tānkŭā.*
Barmherzigkeit *meherat, sāhŭ;* — üben, barmherzig sein *meherat šē.*
Bart, s. Kinn.
Bastard *dīqālā.*
Bau *maserat.*
Bauch *gŭazgŭ, gâzgŭ, hebšā.*
Bauen ein Haus *sar;* bauen, pflanzen *takal;* ackern *gŭaz, gâz.*
Bauer *gâzantā.*
Baumeister *anāšī.*
Baum *kānā, jāfā;* fruchttragender — *frê adarā, frê šā kānā:* Baum one Frucht *frê bisô kānā.*
Baumast *kānī jāb.*
Baumblatt *ašā.*
Baumeln, hängen *kakar, -t.*
Baumfrucht *kānī kūpā.*
Baumrinde *kānī hambā.*
Baumstrunk *gend.*
Baumwolle *teyā.*
Baumwollenzeug, Calico *baftā.*
Baumwurzel *kānī ser.*
Bazar *ayā.*
Beachten *mal-t, ṭanaqaq.*
Beaufsichtigen *mal-t.*
Beben, zittern *kŭakŭa-t, katkât, nawaṣ,*
Becher *ṣewā, berelē.*
Bedecken *katam.*
Bedenken, erwägen *asab;* Bedenken tragen, unschliessig sein *šengā-t.*
Bedeutung, Erklärung *tergūm.*

Bedrängen *çanaq, šagar-š.*

Bedrängniss *šegār,* in — sein *šagar-s,* in — bringen *šagar-š.*

Beeilen sich *wĭl-s, wĭl-s-eṅ-t, gāṅ, šakĭl.*

Beendigen *dĭṅṅ.*

Beengt, enge sein *šibab, šanak;* beengen *šibab-š.*

Befehl *tezaz,* obrigkeitlicher — *awāj.*

Befehlen *azez.*

Befinden sich, s. aufhalten sich; wie befindest du dich *dāṅq gergĭarmā?*

Befolgen *tāzaz-s.*

Befreien *enš-iz.*

Befürchten *gŭāĝ-in-t.*

Befürchtung *gŭāĝintiṅā.*

Begegnen *ar.*

Begeren *jarab, yekal,* das — *yekalṅā.*

Beginn *mejemer.*

Beginnen *jamar, kawint, jābent, qadam.*

Begraben *dab,* — werden *dab-t.*

Begreifen, verstehen *astawāl, kab-š;* anfülen *dāsas, dāsē.*

Begrüssen bei der Ankunft *agalant, kalabt;* begrüssen von Seite der Frauen durch Geschrei *ilil y;* begrüssen, grüssen *salām yṅ.*

Begrüssung *salām.*

Behaart *šebkā adarā.*

Beharren *danazaz.*

Beharrlich *danazazāṅ.*

Beharrlichkeit *danzāzē.*

Beherbergen *ke-š.*

Beherrschen *azez, serāĝ.*

Beherrscher *serāĝantā.*

Behüten *mal-t.*

Behutsam, s. achtsam.

Bei *-z, -lī, -wā.*

Beichten *ta-nāzaz.*

Beide *līṅā-kī.*

Beil *sankŭātā.*

Bein *lekū, lekŭ.*

Beinkleid *sanāfīl, sūrā.*

Beiseite nemen *gĭlē.*

Beisetzen, ins Grab legen *arpi-z enχŭr.*

Beispil *mesālê, sanā.*

Beistehen *kāb.*

Beizälen *sab.*

Beissen *yeṅ.*

Bejart *derā, derātā, gaçāṅ;* — werden *derā-t,* — sein *derāĝ, derāt wān.*

Bekannt *aχestā,* unbekannt *aχestagā;* bekannt sein *aχ-est,* — machen *aχ-eš, bez.*

Bekanntmachung, ämtliche *awāj.*

Bekennen die Sünden, s. beichten.

Bekleiden jemanden *sa-š,* — sich *sê.*

Bekleidungsstück *siēn, sên, tāwīnā.*

Bekommen *ar.*

Bekräftigen *barat-š, san-š.*

Bekümmerniss *sāritṅā.*

Bekümmert sein *sār,* — werden *sār-it.*

Beladen das Saumtier *šān;* beladen werden *šān-s,* — lassen *šān-š.*

Beleidigen *badal.*

2*

Belustigen *wǎjar, wār*, — sich *wǎjar-t.*

Bemerken *astawāl.*

Bemitleiden *takaz* (traurig sein über jemand), ich habe Mitleid mit diesen Leuten *an ey enzō-z takazakū.*

Bemühen jemanden *gar-ē-š,* — sich *gar-ē.*

Beneiden *letan.*

Benennen *šeñ.*

Beobachten *mal, astawāl.*

Beobachter *malanū.*

Beobachtung *astawāleñā.*

Beraten jemanden *maχar,* — sich *maχar-s.*

Berater *maχarantā.*

Beratungsplatz der Gemeinde *māhabar.*

Berauben *barabar, mir, gafē;* beraubt sein einer Sache *bi-s.*

Berauscht *sakarāñ;* — sein, werden *sakar.*

Berechnen *asab.*

Bereiten, machen *iš, šab,* zubereiten ein Mal, Fest *sal, zagaj.*

Bereitet, in Ordnung sein *tazagaj.*

Bereuen *naseh.*

Berg *debū, daber, ambā;* am Fuss des Berges *debī gab-ez.*

Bericht *jigā, jiñā.*

Berichten *jig-š, jiñ-š, wǎjar-š.*

Bersten *kab-t, kal-t.*

Berufen, herbeirufen *kāšiñ.*

Beruhigen *lam-t-iz.*

Beruhigt sein *çamat, lam-t.*

Berümt, s. bekannt.

Berüren *dāsas, dāsē.*

Berürung *dāsasiñā.*

Besänftigen *lam-t-iz.*

Besänftigt sein *lam-t.*

Beschäftig *gār-itāñ,* — sein *gār-it.*

Beschätzen *sāb.*

Beschmieren *lēχ.*

Beschmutzen *šaraw.*

Beschneidung *gezrat.*

Beschuldigen *kāriñ-š.*

Beschwatzen *lalaw, ad.*

Beschwerlich, s. schwer.

Besessen sein vom Teufel *saytān šē.*

Besiegen *χañañ.*

Besingen *magā-š.*

Besitz, Habe *samā, šāgā, kemamnê.*

Besitzen *kamam, šē.*

Besitzer *kamamā.*

Besprechen sich *wǎjar-t.*

Besprengen *tas.*

Besser sein *balaš, kīs.*

Bestreichen *dāsas, dāsē;* — mit einer Salbe *lēχ.*

Bestreuen *tas.*

Bestürzt sein *sabar,* sehr — *sababar.*

Bestürzung *sabarñā.*

Besudeln *šaraw.*

Betasten *dāsas, dāsē.*

Betastung *dāsasiñā.*

Beten *salay, salōt iš, sagē.*

Beter *sagēā.*

Betrübt sein *takez, sār;* — werden *sārit.*

Betrübniss *sāritiñā.*

Betrug *wereňā.*
Betrügen *badal, sanakal.*
Betrunken, s. berauscht.
Bett *algā, wušaňā.*
Bettgestell, bewegliches, das Angareb *arg, aray.*
Betteln *šeů.*
Beugen sich *pakŭ y, fik y,* — vor jemand aus Vererung *saqē.*
Beute *fašeňā,* — machen *fa-š.*
Beutel für Geld *karaṭit.*
Beuteln *kŭakŭu-š, kåkå-š.*
Bevor *jāb;* — tun *jāb-iš.*
Bewachen *mal, mal-t, ṭanaqaq.*
Bewegen *awak, saǵ-eš, saǵ-en-š,* — sich *saǵ.*
Bewegung *sāgen, hůkat.*
Bewilligen *bē.*
Bezalen *wāy-t.*
Bezalung *wňyā, bēzā.*
Bezämen *logŭm.*
Bezeugen *masakar.*
Bezirk *šawā, kň.*
Bibel, die, s. Buch.
Bier *tāllā, salaňā, salayā.*
Bild, Form, Gestalt *malk,* Gemälde *kešentā.*
Binde, Turban *maṭamṭamyā.*
Binden *enšēw.*
Bine, die *lāǵlā, laňlā.*
Bis zu *-wā.*
Bitte *šuňā, wanẓareňā.*
Bitten *šeň, wanẓar.*
Bitter *marā,* — sein *marē.*
Bitterkeit *marēňā,* — erregen, verursachen *marē-š.*
Blase, Blatter *fiňā, fiňā.*
Blasen *fihŭ, fiň.*

Blatt *ašā.*
Blatter, s. Blase.
Bleiben, sich aufhalten *fir, senb, semb, sem, tankŭ, wān;* bleiben, warten *sek y,* übrig-, zurückbleiben *adaǵ.*
Blicken *malakat.*
Blind *mār.*
Blinzen mit den Augen *merk, yil-ez merk.*
Blitz *merk.*
Blos, nur *giya, gê;* nackt *bešā,* — sein *beš.*
Blösse *beš.*
Blume *ẓegā, šegā.*
Blut *bir.*
Blutader *dengā.*
Blutsverwandtschaft *wāqanā.*
Blüte, s. Blume.
Boa constrictor *zandō.*
Bock *ẓerẓā,* Schafbock *baqī ẓerẓā,* Zigenbock *finterī ẓerẓā.*
Böse, s. zornig.
Boshaft *dekā,* — sein *dek, izim-s.*
Bosheit *deknê, izim, izimnê.*
Bot, das *tānkŭā.*
Bote *enšaǵanā, enšaǵsantā, duwāā.*
Botschaft *enšaňā, duwiňā, duwňt;* königliche — *awāj.*
Bracelet, Armspange *bāyrā.*
Brachland, Steppe *mayā, šawā.*
Braten *kamad, gi-š;* gebraten *kamadesā, garā.*
Brant *yewīnā sergů.*
Bräutigam *sergů.*
Brav *šarā,* ein braver Mann *šer-wā yer.*

Brechen *sabar, kab-t, kal-t;*
brechen etwas *kab, kal, ga-maz.*

Breit sein *yisān;* — machen *yisān-š.*

Brennen *beber, wa, wän y;*
brennen etwas (activ) *beber-š.*

Brennnessel *sāmā.*

Brief *dabtäbë;* Scheidebrief für
die Frau *daharen mashaf.*

Brille, Augenglas *manatar.*

Bringen *la-š, tē-š;* — das *lašin.*

Bringer, der *lašu.*

Brod *ara;* ungesäuertes — *gīrā.*

Bruder *zan.*

Brust *bāj.*

Brustharnisch *terūr.*

Brustwarze *engū.*

Buch *kitāb, mashaf, masāf;*
das alte Testament, eigentlich der Octateuch *ōrit,* die
Genesis *orīt za-ledest;* das
Buch Rut *Rūt-š niš mashaf.*
das neue Testament *azzī hegge.*
Titel eines bestimmten Zauberbuches *aûdā-neyest.*

Buchstabe *fadal.*

Bücken sich *pakū y, fik y.*

Büffel *kuwā.*

Bundeslade *tābot.*

Bürde, Last *maûti.*

Bürgen, Bürgschaft leisten *wās;*
verbürgt *wastā,* — werden
*wäs-t.*

Bursche, Diener *enfara.*

Busen *anp, engu.*

Busse *neshā,* — tun *naseh.*

Butter *sawa,* frische noch nicht
zerlassene Butter *sena.*

## C.

Calico *baftā.*

Capitel *meräf.*

Cäsar, der römische Imperator
*qēsār.*

Casse *zāzen.*

Casserole, Pfanne *šānžāla.*

Castrat, Eunuch *habta.*

Cercopithecus, s. Affe.

Citrone *lōmī.*

Chef *alaqā, kantība, sim.*

Christ *krisānā.*

Christus *kristōs.*

Communion *qūrbān.*

Concubine, s. Hure.

## D.

Da, hier *en-lī.*

Dach *kukeyā.*

Dachstul *māgar.*

Damals *yin gīzā.*

Dämon *ganên, enkerā, manfas.*

Dank *mezênā.*

Danken *mesgan-š.*

Dann *yin gīzā.*

Darbieten *tē-š, la-š.*

Darlehen geben *adr̄-z (adaj-z).*

Darm *jir, wäjā, wänā.*

Darreichen *teš, la-š.*

Darreichung *tesinā, tešanā.*

Dein *kī.*

Demütigen *a-wärad-š;* gede-
mütigt *ta-wäradsā,* — werden
*ta-wärad-s.*

Denken *asab.*

Depot *žedir,* in — geben *žedir
yû.*

Deuten *tergūm-š.*
Deutung *tergūm.*
Diadem *zaûd.*
Dialekt *qŭānquā.*
Diarrhoe *jalab,* — haben *ja-lab-š.*
Dich *kū-t, kŭ-t.*
Dick, umfangreich *wâfarā,* — sein *wâfar;* dick, fett sein *danadan, saû.*
Dieb *χašanā.*
Diebstal *χašantiña.*
Dienen *enšā-s, serā-s.*
Diener *enfarā, serāsā.*
Dienstag *sales.*
Dieser *en.*
Ding *darā, yābā.*
Dir, tibi *kū-š, kŭ-š,* mit dir *kū-dī,* von dir *kū-lī,* zu dir *kī-wā.*
Disputiren *ta-karākar.*
Distel *amū.*
District *ayar, kô, kŭ, šawā.*
Dolch *šôtal.*
Donner *nagŭādgñād.*
Donnerstag *hams, ams.*
Dorf *kô kŭ.*
Dorfschulze *kô adarā, sīm.*
Dorn *amū.*
Dornenkrone *amū zaûd.*
Dort *yin-lī.*
Dortig, der dortige *yiñā.*
Doxologie *mesānā.*
Drache *zandō.*
Drachme *dirīm.*
Dreck *šawā.*
Drei *sījŭā, šūrā.*
Dreimal *sījŭā gīzā.*
Dreissig *sāwañ.*

Dreist, frech *dafaraû,* — sein *dafar.*
Dreistigkeit *dafarnā.*
Dreizehn *šikī šūrā.*
Dreschen *tamb;* das — *tambeñā.*
Dritte, der *sŭjŭasa, sūrasā.*
Drohen *kimš.*
Du *ent.*
Dumm *mōnā,* — sein *sanaf.*
Dummheit *senfenā.*
Dünger *šawā.*
Dunkel sein, — werden *tem.*
Dunkelheit *tem.*
Dünn, fein *iyenā.*
Durchbohren, -stechen *sab.*
Durchlöchern *bohŭ-z,* durchlöchert sein *bohŭ.*
Dürr, trocken *kāyā,* — sein, werden *kāy.*
Durst *saχân.*

**E.**

Eben, flach *gebartā,* uneben *gebartegā,* eben sein *gebar,* geebnet sein *gebar-t.* ebnen, flach machen *gebar-š.*
Ebenbild, Gleichniss *sanā, mesālê;* als Ebenbild dienen *sanā y, masal.*
Ebene, die *wulay.*
Ebenholz *zōpī.*
Eber, Wildschwein *ereyā, wân-gŭyā.*
Ebnen *gebar-š.*
Ecke, Winkel *māzen.*
Edelmann *sīmyar.*
Ehe, bevor *jab.*
Ehe, die *qālkidān.*

Ehefrau *yuwinā, geruwā šetê.*
Ehegatte *rañ, geruwā.*
Ehre, s. Ere.
Ei *χajawina.*
Eid *šareñā,* einen — ablegen
*šar,* einen — auftragen, ab-
legen lassen *šar-š;* ein falscher
Eid *asū-z šareñā.*
Eidechse *enχalχalā.*
Eifersucht *qenāt.*
Eifersüchtig *letantā,* — sein
*letan.*
Eigensinn *danzāzê.*
Eigensinnig *danazazāñ,* — sein
*danazaz.*
Eile *wālseñā, wālā.*
Eilen, s. beeilen sich.
Eilig *wāl-s-ā,* — sein *wāl-s.*
Eilf *šikī lā.*
Ein *lājū, lā* fem. *lāy.*
Einbüssen *bi-s.*
Eindecken das Haus mit Gras
*lam.*
Einengen *šibab-š.*
Einfältig, s. dumm.
Einführen *tū-š.*
Eingang *may kānā, ma-kānā.*
Eingehen *tū, tuw.*
Eingeweide *jir, wāǧā, wāñā.*
Eingeweidewürmer *wāsfāt.*
Eingiessen *ensaj.*
Eingraben, -schneiden *qaraç,*
*qaraŝ,* begraben *dab.*
Einheben Zoll, Steuer *qaraṭ.*
Einheimsen, s. einsammeln.
Einheit *lā.*
Einholen *ar.*
Einige *ey, ī.*
Einmal *lā gīzā.*

Einklang, in — bringen *asa*
*mām.*
Einpflanzen *takal.*
Einritzen *qaraṣ.*
Eins *lājū, lā.*
Einsam *bāheyā,* — sein *bāhey.*
Einsammeln *akab, kamar, kūan-*
*kŭ-š.*
Einschenken *ensaǧ.*
Einschliessen *lam, qaṭar.*
Einschneiden *karakar.*
Einsehen *astawāl, kab-š.*
Einsicht *ṭebab.*
Einsichtig *ṭabīb,* — sein *ṭabab.*
Einsperren *enšēw.*
Einst, früher *dāwā gīzā.*
Einstechen *naqaṭ.*
Einstich *naqṭā.*
Eintauchen *ṭamaq.*
Eintreten, intrare *ent, tuw.*
Eintritt *enteñā, tuwuñā.*
Einwickeln *tebel, tamatam.*
Einzeln *lājū lājū, gālēsā,* —
sein *gālē-s.*
Einzig *bāheyā,* — sein *bāhey.*
Eis *yejāǧā.*
Eisen *šāǧā,* -schmid *šāǧā dañūā.*
Eitel, vergeblich, zwecklos *ke-*
*mā, kantū.*
Eiter *tisan.*
Eitern *tisan-t.*
Elefant *jānā.*
Elfenbein *jan-t erkū.*
Elegant *māgzā,* — sein *māgūz,*
— machen *māgūš.*
Elend, Not, Plage *çigār, šegār;*
s. auch Armut. Elend, Kum-
mer *makarā.*
Eleusine tocusso *dāñšā.*

Elle, die *kŭazar*, *kâzar*.

Empfangen, aufnemen *agalan-t*, *kalab-t*; empfangen, concipere, schwanger werden *gŭazgŭ-t*.

Empören sich *entar-s*, *izim-s*, *gâlē-s*.

Empörer *alāwī*.

Empörung *gâlēsñā*.

Ende, das *dŭñ*; zu Ende gehen *deñŭ-s*, ein Ende machen *dâñŭ*.

Enge sein *šibab*, *šanak*, — machen *šibab-š*.

Engel *malāk*.

Enkel *χŭrī χŭrā*.

Entberen *be*, *gândal*.

Entberung *gândaliñ*.

Entblösst *bešā*, — sein *beš*.

Entblössung *beš*.

Entfernen sich *kār-t*.

Entfernt *kārtā*.

Entfernung *kārt*.

Entfliehen *dānd*, *malaṭ*.

Entgelt *wāyā*, *bēzā*.

Entgelten *wāy-t*.

Entlassen, verabschieden *sanabat-š*, *a-sanābat*; entlassen die Frau *dahar*.

Entscheiden *kŭanan*.

Entsenden *enšaǧ*, *bār-s*.

Entstehen *aǧ*.

Entweder — oder *wurī* — *wurī*.

Entwurzeln *bohŭ-z*, entwurzelt werden *bohŭ-zt*.

Entzückt sein *a-danaq-s*.

Er *nī*.

Erbarmen sich *sāhñē*.

Erbarmniss *sāhŭ*, *meherat*.

Erbarmungslos *meherat šēgā*.

Erbauen ein Haus *sar*.

Erbauer *anāṭī*, *anāṣī*.

Erbe, der *wârasāñ*, — das *erest*.

Erben *wâras*.

Erde *biyā*.

Erdbeben *sāǧentā*.

Erdrosseln *hînhel*.

Ere, die *keber*; in Eren stehen *kabar*.

Ereignen sich *aǧ*.

Ereigniss *darā*, *aǧan*.

Eren *kabar-š*.

Erfaren *aχ*.

Erfarung *aχnā*.

Erforderlich *jarabsā*, — sein *jarab-s*.

Erfrechen sich *dafar*.

Erfreuen *das yi-š*, *yemteñ-š*.

Erfreut *das yā*, — sein *das yi*.

Erfrischen *kamb-eš*.

Ergötzen, das *wāǧari*; — sich *wāǧar-t*, — jemanden *wāǧar-š*.

Ergreifen *fa-š*, *šē*, *az*.

Ergreifung *fašiñā*.

Erhärten *barat-š*, *ṣan-š*.

Erheben sich *gŭe*, *hub*, *kaf y*; erheben die Stimme *qāl-s kaf yi-š*.

Erhitzen *embelŭw-š*.

Erinnern *asab-š*, — sich *asab*; erinnert werden *asab-s*.

Erinnerung *asabsanā*.

Erkältung *gŭmfā*.

Erkannt *aχestā*, — werden *aχ-est*.

Erkennen *aχ*.

Erkenntniss *aχeñ*, *aχnā*.

Erklären *taragâm*, *tergum-š*, *enš-iz*, *bez*.
Erklärung *tergūm*.
Erkundigen sich *wanzar*.
Erkundigung *wanzareña*.
Erkünen sich *dafar*.
Erlangen *ar*.
Erlauben *bē*.
Erlaubt sein *tagab*, erlaubt *tagaba*, nicht erlaubt *tagabagā*.
Erläutern, s. erklären.
Erlich *nī labakā letā*.
Ermangeln *be, gândal*.
Ermangelung *gândaliñ*.
Ermatten *gar-ē*.
Ermattet *garēā*.
Ermorden *kī-š*.
Ermüden, s. ermatten.
Erneuern *azzī-š*.
Ernidrigen *a-wārad-š*.
Ernidrigt *tuwāradsā*, — sein, werden *ta-wārad-s*.
Ernte *makar*.
Eruten *χatas*.
Erntemonat *tāysās*.
Erntezeit *ar ašestā ñizā*.
Erproben *fatan*, — lassen *fatan-š*.
Erprobt *fatansā*, — werden *fatan-s*.
Erregen *awak*.
Erregt *awaksā*, — sein *awak-s*.
Erregung *awaksēña*.
Erreichen *ar*.
Erretten *dan-š, daχan-z*.
Erretter *daχanzā*.
Errettet werden *dān*.
Errettung *dānšeña*.
Ersatz *kāsā*.

Erschaffen *fatar*.
Erschaffer *fatara*.
Erschaffung *fitrat*.
Erscheinen, sich zeigen *bez-t, galat-s, χāl-s*.
Erschrecken *dagat, sabar*, heftig — *sababar*.
Erschüttert sein *tunawas*.
Ersetzen jemanden in einer Stellung *tak*.
Erstatten *wāntar-š*.
Erstattung *wāntaršiñ*.
Erstaunen, sich verwundern *danaq, garam*; in Erstaunen setzen *danaq-š*; das Erstaunen *danaqsiñ*.
Erstaunlich *danaqsā*.
Erster *jābesā, zabesā, mejemer*; — sein *jab-es, qaw-in-t, qadam*.
Erstgeborner *bājer*.
Erstgeburt *bājernê*.
Ersticken, s. erwürgen.
Erstrecken sich *kār-t*.
Erwachsen, gross werden *lagaz, gaš*; adj. *lagazā*.
Erwägen *asab*.
Erwärmen *embelâw-š*.
Erwecken *ekaš*.
Erweitern *yisān-š, fantē*.
Erwürgen *hinhel*.
Erzälen *wajar-š, jiq-š, jiñ-š, duw*.
Erzäler *wajaršantā*.
Erzälung *wajaršiñā, jiqa, jiñā, tarik*.
Erzieherin *mōzīt*.
Erzürnen jemanden *kāriñ-š*.
Erzürnt sein *yuñī-t, yuwī-t*.

Erzwingen *gedd y.*

Esel *degârā, dehârā, dewârā;*

Maulesel *bēla.*

Eselsfollen *dehârī χŭrā.*

Essen, odere *χŭe,* — das *χŭŭń;* was man isst, Speise *χŭŭā.*

Essig *māśa.*

Etwa *menālbāt.*

Etwas *yetâ.*

Evangelium *wângēl.*

Euch, vos *enta-t,* vobis *enta-z;* mit euch *enta-dī,* von, aus euch *enta-lī.*

Euer *entā.*

Eule *gugut.*

Eunuch *habtā.*

Euter *engū.*

Ewig, semper *sīn-kī;* sempiternus *sīnkī senbā.*

Ewigkeit *sīnkī.*

Excremente *śawā.*

Existenz *seman, ağan, ağā.*

Existiren *senb, semb, sem, wān, ağ, a, gerg, bē.*

## F.

Fade *tāmegā.*

Faden *makŭā, tazā.*

Fähig *garśā,* unfähig *garśegā;* fähig sein *gar-ś.*

Fähigkeit *garśińā.*

Fall *labeńā.*

Fallen *lab.*

Fällen einen Baum *kab.*

Falsch *asū,* falsches Zeugniss *asū masakart.*

Falschheit *wereńā.*

Familie *wâganā, wâlad, tûled, zamad, fazan, bēt.*

Familienvater *bala bēt.*

Fang *faśińā.*

Fangen *fa-ś, śē, a-zamad.*

Fänger *a-zamadā.*

Farbe *qalam.*

Färte *dād-an.*

Farzeug *yerāwā, irāwā.*

Fasten *śūm,* das *—śūm.*

Faul, träge *gar yā,* — sein *gar y,* — werden *gar-ē.*

Faulen, verwesen *bŭhŭ, salac.*

Faulend *bŭhŭā.*

Faulheit *gar yińā.*

Faust *enχâtaynā.*

Feder *kamb.*

Fegen *gagaz, maz.*

Feige, mutlos *labakalāâ, gŭagĵntā,* — sein *gŭagĵ-in-t.*

Feigenbaum *balas.*

Feigheit *gŭagĵintińā.*

Feile *mōreyā.*

Feilen *mōrē.*

Fein, zart *iyenā.*

Feind *ṣālāt.*

Feindschaft *kāriń,* — erregen, stiften *kāriń-ś.*

Feld *gâzā;* bebauen das — *gâz.*

Feld, die Steppe *maya.*

Feldarbeiter *gâzantā.*

Feldfrüchte, s. Getreide.

Felen *kat.*

Feler *aṭiat.*

Fell *anĵālā, teli, qârbē.*

Fels *gārā.*

Fenster *belā, maskōt.*

Fern *kārtā,* — sein *kār, kār-t.*

Ferne *kārt.*

Ferse *sakắnā*.

Fertigen, fertig machen *dằñŭ:*
fertig werden *deñŭ-s*.

Fest, kräftig *bartŭ*, — sein
*burt, ṣan*.

Fest, das *bāl*. Osterfest *fājī bāl*.

Fest der ungesäuerten Brote
*gīrī bāl*.

Festigkeit *ṣenāt*.

Festland *dāg, dā, biyā*.

Festung *ambă*.

Fett, pinguis *sawā*, — sein *saŭ;*
Fett, das *sawā*.

Fettigkeit *sawateñā*.

Fetzen, Hader, Lumpen *qŭrāç,*
*hŭenterā*.

Feucht *awằlā*, — sein *hŭet, wet*.

Feuchtigkeit *hŭtani*.

Feuer *laya*, im Feuer *lay-z,*
ins Feuer *lay-wā*.

Feuerflamme *nabalbal*.

Feuerplatz *bebersanā*.

Feuerstahl *bulūd*.

Ficus pseudocarica *balas*.

Fieber, das perniciöse *mandār*.

Finden *ar*.

Finger *jarf, nānā, ṣāt*.

Finster sein, — werden *tem*.

Finsterniss *tem*.

Fisch *azā*.

Fischen *aza ẓamad*.

Fischer *azā ẓamadā*.

Fischnetz *marbab*.

Fläche *gebartā*.

Flach *gebartā*, — sein *gebar,*
*-t;* flach machen *gebar-š*.

Flamme *nabalbal*.

Flechten *sab, saj;* dicht flechten
*tetāñ-z, tetāñ bē*.

Flechtwerk *sabā, tetāñ*.

Flek, der *qŭrāç*.

Fleisch *zeyā;* rohes Fleisch mit
Pfeffer gegessen *brŭndō*.

Fleischer, Fleischhauer *bālārā,*
*ardeñā*.

Flicken, ein Kleid ausbessern
*tabak;* das Netz flicken *mar-*
*bab-is leš-iz*.

Fliege *çinçā*.

Fliegen *barig*.

Fliehen *dānd, jeǰŭ, jeŭ, malaṭ*.

Fliessen *bogŭ*.

Flinte *lay kānā*.

Floh *peleyā*.

Floss, kleines Schiff *tānkŭā*.

Flöte *embiltā*.

Fluch *išnā*.

Fluchen *iš*.

Flucht *jeŭ*.

Flüchtling *alāwī*.

Flügel *kamb*.

Fluss *kŭrā, boǰŭntā;* kleiner —
*šeǰŭā boǰŭntā*.

Flusspferd *gŭmārē*.

Flusssand *ašằwā*.

Flussufer *kŭrī dāy*.

Flöte *embiltā*.

Flüstern *kas y, qas y*.

Folgen, nachgehen *katal, ta-*
*gatal;* folgen, gehorchen *wās,*
*tāzaz-s*.

Follen, das vom Esel *dehằrī*
*χŭrā*.

Form, Gestalt *malk*.

Forschen *wanχar*.

Forschung *wanχareñā*.

Fortgehen *fe*.

Fortjagen *šamē*.

Fortschleppen *g̃uaṭē.*
Fortlaufen *dānd, malaṭ.*
Fortschicken *enšaǵ, bār-s,* — die Frau, ihr die Scheidung geben *dahar.*
Frage, die *wanχareñā.*
Fragen *wanχar.*
Frau *yuwinā.*
Frech *dafarāñ,* — sein *dafar.*
Frechheit *dafarnā.*
Frei *beztā, enšiztā,* — sein *bez-t, enš-izt,* — machen *bē, bes, enš-iz.*
Freimütig *labaki letā.*
Freimütigkeit *labaki letni.*
Freisprechen bei Gericht, in der Beichte *enš-iz.*
Freisprechung *enšizñā.*
Freitag *arib.*
Fremder *aben.*
Fremdland *aben kô.*
Fremdvolk *gaṭer.*
Freude *dastā, yemteñ,* — bereiten *das yi-š, yemteñ-š.*
Freudengeschrei der Weiber *ilil,* anstimmen das — *ilil y.*
Freudig *das yā.*
Freuen sich *das y.*
Freund *amanā.*
Friede *arēšñā,* Frieden stiften *arē-š,* geschlossen werden der Friede *arē-s.*
Friedlich sein *arē.*
Frisch *kanbā, kambā,* — sein *kanb,* — machen *kanb-eš;* frisch, grün *lalamā,* — sein *lalam.*
Froh, s. freudig.
Front, die *jāb.*

Frosch *dañšā, ahö-dañšā,* — *dāšā.*
Frost *kambā.*
Frucht *ferā,* Baumfrucht *kāni kupā,* Feldfrucht, s. Getreide. Tragen, hervorbringen Frucht *ferā la-š.*
Fruchtbar *frê adarā.*
Fruchttragender Baum *kānā frê adarā.*
Früher *dåwā gīzā.*
Frühling *maši.*
Fülen *aχ, wās.*
Fülle *ajiǵ, entañā, bejā, bet, kemer.*
Füllen, an — *ensaǵ.*
Füllen, das, s. Follen.
Fünf *ankñā,* fünftausend *ankñā šīχ.*
Fünfmal *ankñā gīzā.*
Fünfter *ankñasā.*
Fünfzehn *šiki ankñā.*
Fünfzig *ankñiñ.*
Funke *embelåwā.*
Für *-z.*
Furcht *g̃uāǵinê, g̃uāǵintiñā,* in Furcht setzen *g̃uāy-iš.*
Fürchten sich *g̃uāǵin-t.*
Furchtsam *g̃uāǵintā.*
Füren *qaw, kaw.*
Fürer *mari.*
Fürst *adarā, alaqā;* s. auch König.
Fuss *lekñ;* — des Berges *debi gab.* Zu Füssen fallen aus Vererung *sagē.*
Fusseisen, -fessel *lekñ šāǵā.*
Fussfärte, -spur *dādan.*
Fussring der Frauen *bāyrā.*

Fusssolen šámp, šāmb.
Fusstritt dādan.
Fusszehe lekū ṣāt.

# G.

Gabe yūnā.
Gabel šōkā.
Galgen masqal.
Galle hamōt, amōt.
Gänen, klaffen laqaq, oscitare alaqaq.
Gang enjanā.
Gans ibrā.
Ganz -kī, nīkī.
Gar, reif, gekocht garā; gar werden die Speise durch Kochen, reif werden die Frucht ge, gar machen gi-š.
Garaus, den — machen dānn.
Garbe lidanā.
Garten atākelt.
Gast aben.
Gatte ran, gerunā.
Gattin yunīnā.
Gattung aynat, instakā; s. auch Geschlecht.
Gaumen tanāgā.
Gazelle nālā.
Gebären kaban.
Geben yun, lē; gegeben werden yū-s.
Geber lēā.
Gebet, das ṣalōt, das — verrichten ṣalōt iš, ṣaluy.
Geboren kabansā, — werden kaban-s, led-es.
Gebrauch, Sitte kūn, lemād, nabar.

Gebüren, schicklich sein tagab.
Gebürend tagabā, ungebürlich tagabagā.
Geburt kabanā.
Geburtstag kabansā gergā.
Gedächtniss asabsanā.
Gedanke asab; böser — dekā asab.
Gedärme jir, nāǧā, nānā.
Gedenken asab.
Gedulden sich tāgas.
Gefangen enšēnsā, — werden enšen-s; gefangen nemen ēnšēn, fa-š.
Gefangenschaft enšēnsin, enšēnste.
Gefärte, der ardā, māχalā.
Gefäss yerānā, irānā, kartamā.
Gegen, wider dāg, wider mich yi dāg-ez, — euch enta dāgez.
Gegenstand gābā.
Geheim sanarsā, — sein sanar-s.
Geheimniss misṭīr.
Gehen fe, enjaǧ.
Gehilfe ardā.
Gehirn aneyā, nālā.
Gehorchen tāzaz-es, serā-s, enšā-s, nās.
Gehör nāsenā.
Gehörnt gī adurā.
Gehorsam serāsā, nāsā, ungehorsam serāsagā, nāsagā.
Gehorsamkeit tāzazteā.
Geier šilēn.
Geifer fanšā.
Geige masanqō.
Geisel, Peitsche halangā, alangā, fanšānā; geflochtene — kabari halangā.

Geiseln *gavaf.*
Geist *manfas, enkerā.*
Gelämt, paralytisch *salalāû,* —
  sein *salal.*
Gelb *biçā.*
Geld *šāĝā.* Drachme *dirīm.*
  Kupfergeld *nahās, nās.*
Geldbeutel *karaṭit.*
Gelerter *ṣāfāû, ṣāfî.*
Gelübde *selat.*
Gemälde *kešentā, sel.*
Gemeinde *mâwā.*
Gemeinschaft *lā.*
Gemeinschaftlich *labrā.*
Gemischt *abbarsā,* — werden
  *abbar-s.*
Gemüse *ambir.*
Gemüt *labakā.*
Genau, recht *letā, lešā,* — sein
  *let, leš.*
Genesen *dāū, wâr y.*
Genesis, das erste Buch Mosis
  *ōrît za-ledest.*
Genesung *dāû, wâr yeû.*
Genosse *ardā, māχalā.*
Genug sein *baq, dal;* es ist
  nicht genug *dalelā.*
Geordnet, in Ordnung, in gutem
  Zustand sein *let, leš.*
Geräte *yerāwā, irāwā.*
Gerben *fāfāq, yeqû.*
Gerber *fāfāqantā, yeqûântā.*
Gerecht *nī labakī letā, ṣādeq.*
Gericht *dañā, farē.*
Gering *šegûā, yetû, itrûû,* —
  sein *šegû, yet, it, ta-wārad-s.*
Gerste *semō, gebrā;* Zeit des
  Gerstenschnittes *semō ašestā*
  *gīzā.*

Geruch *χērā, χīrā,* schlechter
  — *dekā χrā;* den Geruch
  einziehen, riechen *χīr-š.*
Gerücht, fama *jiûā.*
Gesalzen *šūwīz mâgûzā,* — wer-
  den *šūwīz mâgûz.*
Gesang *mesānū.*
Geschäft *gār;* ein — treiben
  *gār-it.*
Geschäftsmann *gāritantā.*
Geschehen *aĝ, šab-s.*
Geschehniss *aĝan, gābā.*
Geschenk *yâûā.*
Geschichte *tarīk;* eine — er-
  zälen *waĝar-š.*
Geschicklichkeit *tankâlañā.*
Geschlecht, Familie *wâganā, za-*
  *mad, wâlad, tûled, fazan.*
Geschlechtlichen Umgang pfle-
  gen *manazar.*
Geschmack *tāman,* — empfin-
  den *tām-it.*
Geschmackvoll, schön sein *mâ-*
  *gûz.*
Geschöpf *fiṭir.*
Geschrei *wāĝan;* ein — er-
  heben *wāĝ.*
Geschwister, die *šan.*
Geschwür *tisan.*
Gesetz *hegge;* der Octateuch
  *ōrīt.*
Gesicht *gaš.*
Gespei *laχ, beseĝā.*
Gespenst *manfas.*
Gespile *māχalā.*
Gestade *dāyā,* Seegestade *bâr*
  *dāyā;* Flussufer *kûrī dāy.*
Gestalt *malk.*
Gestank *dekā χērā.*

Gestatten *bē*.

Gestern *anjiñ*.

Gesund *ṭēnī adarā*, — sein *wâr y*, — werden *dān*, — machen *dān-š*, *fawâs*, *wâr yi-š*.

Gesundheit *dâñ*, *wâr yeñ*.

Getrauen sich *dafar*.

Getreide *ar*. Durra, Sorghum *ar*. Weizen *jargŭā*. Gerste *semō, gebrā*. Andropogon sorghum *mīlā*. Poa abessinica *ṭābū*. Eleusine tocusso *dāñša*. Linsen *meser*. Kichererbsen *azar*.

Gewächs, Pflanze *lalamā, takalsā*.

Gewalt *gidde, gedde*; — anwenden *gedd y*.

Gewalttätig *gabazantā*, — sein *gabaz*.

Gewand *sêñ, tāwīnā*, härenes — *maq*.

Gewären *bē, lē*.

Gewinnen *taraf-š*.

Gewiss *aχestā, amensā, amensō wānā*, ungewiss *aχestagā, amensagā*; gewiss sein *aχ-est, amen-s*.

Gewisser, ein *entū*.

Gewönen sich *kīn-t, lamad*; gewönen jemanden *kīn-š, lamad-š*.

Gewonheit *kīn, lemād, nabar*.

Gewont *kīntā, lamadā*, ungewont *lamadgā*.

Geziemen sich *tagab*.

Geziemend *tagabā*, ungeziemend *tagabagā*.

Gibel *ahñē, awe*.

Gier *zezet*.

Gierig *zezetām, zezetñā*, — sein *zaz*.

Giessen, aus — *bojñ-n-z, galab-iz*, ein — *ensaj*.

Gift *merz, kāā gābū*.

Gipfel *ahūē, awē*.

Giraffe *jiray*.

Glas *berelē*, Trinkglas *berçeqō*, Glasflasche *tarmūz*.

Glätten *fāfāq, yeqŭ*.

Glatze, s. kal.

Glaube *hāymānōt*.

Glauben *amen*.

Glaubenslosigkeit *hāymānōt gândaliñ*.

Gläubig *amenā*, ungläubig *amenagā*.

Gleich, flach sein *gebar*; gleich, änlich sein *sanā y, masal*, gleichwertig, gleichgestellt sein *kŭt, arē, tak*.

Gleichniss *sanā, mesālē*.

Gleichwie *sanā*.

Glorie *mesgān, mezên*.

Gold *wârkā*.

Golden *wârkāñ*.

Gott *yadarā, gñyā, amlāk, adōnāy*. Gott der Agau vor ihrer Bekerung zum Mosaismus *zandō*.

Gottesfürchtig *yadaras gŭajiñtā*.

Göttlich *yadarāñ*.

Götzendiener *kānā sagrā*.

Grab *arp*; ins Grab legen *arpi-z enχŭr*.

Graben *fart*; s. auch aus-, begraben.

Gräber, der *fartantā*.
Gram *makarā, ṣaritiñā*.
Grämen sich *ṣar, ṣar-it*.
Gras *šankā*; mähen das Gras *ašed*.
Grasen, weiden *samār-s, ta-samar-t*.
Grasplatz *tasamartanāû*.
Grazie *ṣagā*.
Greis *derātā, gaçāû*.
Grenze *dāyā*.
Groll *qīm, kīm*.
Gross *wā, hiyāû, wādarā*, gross geworden, erwachsen *lagazā*; gross sein *hiy, we, wādar, lagaz*.
Grösse *wādarnê*.
Grösser *balašā*, — sein *balaš*.
Grossmutter *niān* (?).
Grossvater *an*.
Grube *gegā*, eine — ausgraben *gege-z*.
Grün *lalamā*, — sein *lalam*.
Gründen *ṣar*.
Gründung *maserat*.
Gruss *salām, dāñ*.
Grüssen *salām yû*.
Guizotia oleifera *lengūā, lyngūā*.
Gummi *mūçā*.
Gürtel *dabyā, dabaltanā*.
Gürten sich *dabal-t*.
Gut, das *sāmā, šāǵā, kemamnê*; in Aufbewarung gegebenes Gut *ɣedir*.
Gut, bonus *šar-ā* fem. *-ê, mågzā, šamatā*; — sein *šar, mågžz, šamat*.
Güte *šer, mågūziñā*.

## II.

Ha! *ahā!*
Haar *šebkā, ṭagūr*. Kamelhaar *gamalī šebkā*. Behaart *šebkā adarā*.
Haarnadel, der Kelal der Männer *falanā*.
Haarpomade *senā*.
Habe, Besitz *samā, šāǵā, kemamnê*.
Haben *šē*; nicht haben *be*.
Hacke *sankūātā*.
Hacken, mit der Hacke hauen *šarab*.
Hag, Hecke, Umzäunung *qeṭer, qeṣer, dambā*.
Hagel *yeǵāǵā*.
Halb, s. Hälfte.
Hälfte *gebār*, der halbe Weg *garāwī gebār*, die halbe Nacht *ɣērā gebār*.
Hals *ɣeñā, hūm, kōm*.
Halten *šē*.
Hammer *tāynā*.
Hämmern *tāy*.
Han, der *diruwā*.
Hand *nān*; auf den Händen *nāntan dāglī*.
Handel *nayiñā*, — treiben *nay*, Handel treiben mit Getreide *šamat*.
Handelsmann, Händler *nayā*.
Handelsreisen machen *nay*.
Härenes Gewand *māq*.
Harfe *masanqō*.
Harn *šañ*.
Harnen *šañ*.
Harnisch *ṭerūr*.

3

Hart *baratā*, — sein *barat*, *ṣan*.
Härte *ṣenāt*.
Härten *ṣan-š*.
Harz *māçā*.
Hass *entareñā*.
Hassen *entar*.
Hauch *fihūā*, *fuçā*.
Hauchen *fihū*, *fiû*.
Hauen *šarab*.
Haufe *kemer*, einen Haufen machen, — ansammeln *kamar*.
Haupt *ahūē*, *awē*.
Häuptling, s. Fürst, König.
Haus *neû*.
Häuschen *šeguē neû*.
Hausfrau *tudarā*, *bāltī*.
Hausgeräte *neñetā yerā*.
Hausherr *neû adarā*, *bāla-bēt*.
Haut *anjālā*, *qârbē*, *kârbē*, *telī*, *wušañā*.
Hecke, s. Hag.
Heer *sarāwit*.
Heften, nähen *sab*, *saj*, *tabak*.
Heide *katāû*, *katantā*.
Heil *dāû*.
Heilen *dān-š*, *fawûs*, *wâr yi-š*.
Heilig *gâtsā*, *qedūs*, *wâr yā*; unheilig *gâtsegā*, heilig sein *qadas*, *wâr y*.
Heiligtum *maqdas*.
Heimat *kô*.
Heimführen *wântar-š*.
Heimkeren *wântar*.
Heimlich *sawârsā*, — sein, geschehen *sawâr-s*.
Heimlichkeit *sawârseñā*, *tešibeûā*.
Heimwesen *ereste*.
Heirat *kiyau*, *kên*.

Heiraten der Mann *tû-š*, — von der Frau *tû-s*.
Heiss *takâsā*, *wâu yā*, — sein *embelâw*, *wân y*; — werden *takâs*.
Held *çakân*.
Helfen *kâb*, *dân-š*.
Hell, licht werden am Morgen *kes*.
Helle *keseûā*.
Hemd *qamīs*.
Hemmen *kalakal*, *gab*.
Hemmniss *gabā*.
Henne, die *diruwā*.
Herabfallen *lab*.
Herabnemen, -lassen *gam-s*.
Herabreissen die Kleider vom Leib *gafē*.
Herabsteigen *gam*, *gamū fē*.
Herausziehen das Schwert aus der Scheide *šiû*.
Herbe *marā*, — sein *marē*, — machen *marē-š*.
Herber Geschmack *mareûā*.
Herbeirufen *kašiû*.
Herbst *ašī wârāt*.
Herde *mangā*. *
Herold *awâj dâwâû*.
Herr *adarā*, *gûyā*, *bāl*; Herr, unser Gott *yudaru*, *adōnāy*.
Herrin *tudarā*.
Herrlichkeit *mesyan*, *mezên*.
Herrschaft *serāt*.
Herrschen *seraj*.
Herrscher *serayantā*.
Hertragen *la-š*.
Herumschauen *mal*.
Herumwandeln, -ziehen *wântatar*.

Herz *labakā.*

Herzlos *labakā šēgā.*

Herzog *azmac.*

Heu, s. Gras.

Heuchelei *gebeznê.*

Heucheln *gabaz.*

Heuchler *gebūz, gebzanā.*

Heulen *wāy y.*

Heuschrecken *anbiyā.*

Heute *niňī, ney.*

Hexe *šunkar, gusarā, māli.*

Hieher *enā-wā.*

Hier *en-li.*

Hilfe *kūban,* — finden *ṭaqam-s.*

Himmel *samāy;* der Traghimmel bei Prozessionen *debāb.*

Himmlisch *samāyāwī.*

Hin und her wandeln *wāntatār.*

Hinabsteigen *gam, gamō fē, wārad.*

Hinaufblicken *malakat.*

Hinausfüren *fe-z.*

Hinausgeleiten *sanabat-š, a-sanābat.*

Hinschauen *malakat.*

Hindern *gab, kalakal.*

Hinderniss *gabā.*

Hineingehen, s. eintreten.

Hinken *wānš.*

Hinkend *wānšā.*

Hinfallen *lab.*

Hinlegen *gam-s.*

Hinreichen, s. darreichen, genug sein.

Hinten, hinter *engiyā, engī-li.*

Hintergehen *sanakal, badal.*

Hinterlassen *adaj, bē.*

Hinterlist *wereňā.*

Hinterteil *engiyā.*

Hintreten *ten bē.*

Hinzufügen *kňaz, kāz.*

Hinzurechnen *sab.*

Hippopotamus *gůmārē.*

Hirt *lêd.*

Hirtenpfeife *embiltā.*

Hitze *embelňwā, wān.*

Hoch *lagazā,* — sein *lagaz.*

Hochland *dāg, dāyā.*

Hochmut *tebīt.*

Hochzeit *kiyan, kên.*

Hoffnung *tasfā.*

Hoffnungslosigkeit *tasfā beňā.*

Höhe *dāg, dāyā.*

Hüle, Loch *wāšā.*

Hölle *nākā.*

Höllenfeuer *nākī layā.*

Holprig *gagasā,* — sein *gagas.*

Holz *kānā.*

Holzschüssel *gebē.*

Holzsplitter *kānī šaryesā.*

Holzstrunk *gend.*

Honig *sāgiyā,* wilder — *kebīnī sāgiyā.*

Honigwein *daj, mīz.*

Horchen *wās.*

Horn *gī,* gehörnt *gī adarā.*

Hören *wās.*

Hosen *sanāfīl, sūrā (sūrrā?).*

Hüfte *yawī.*

Hügel *šejňā debā.*

Hülsenfrucht, s. Kichererbsen, Linsen.

Hun, das *diruwā.*

Hund *gezeň.*

Hundert *līň, lieň, līχ.*

Hundertmal *līχ ašibā.*

Hundsaffe *jagirā.*

3*

Hunger *deker*.
Hungern *deker-t*.
Hungrig *dekertā*.
Hüpfen *fanšar*.
Hure *amanzerā, zamāwīt*, eine
— werden *amanzerū ay*.
Huren *manazar, a-manazar*.
Hurer *zamāwī*.
Hurerei *zemūt*.
Hut, die *ṭanaqaqnā*.
Hüten *mal-t, ṭanaqay*.
Hüter *maltāú*.
Hütte *šeǧǔë neú, dāzā*.
Hyäne *wâqā, wâyā*.
Hydromel *mīz, daj*.
Hymnus *mesānā*.

## J.

Ja *iyā*.
Jagd *dāšan*.
Jagdbeute *dāšan*.
Jagen *dāš-t*.
Jähzornig sein *yuúī-t, yuwī-t*.
Jammern *wāy y*.
Jar, das *amiyā*; das kommende
Jar *entiā amiyā*.
Jareszeiten, Regenzeit, Winter
*keremt, šâǧê*. Frühling *mašī*.
Sommer, trockene Zeit *bāǧā*.
Herbst *ašī wârāt*.
Järlich *amē amēz*.
Ich *an*, ich selbst *an išú, yi
saúnat*.
Jeder *-kī*.
Jederman *yer-kī*.
Jemand *aú*.
Jener *yin, sin*.
Jenseitig *lanj*.

Jesus *Yasūs*.
Jetzt *nān*.
Ihr, vos *entan, enten*; ihr, sua
*ni-š*, eorum *nā*.
Immer *sīn-kī*.
In *-z, -lī*.
Indem *gīzā, sābā* mit vorge-
setztem Verb in der zweiten
Relativform oder im Perf.
subordinatum.
Inneres *anχē, lūd*.
Innerhalb *anχēz, lūdez*, — *lī*.
Insel *dasēt*.
Insgeheim, s. heimlich.
Joch Ochsen, Paar *šemd*; Joch,
jugum *šilēā*.
Johannes *Yōhannes*.
Irdisch *biyû*.
Irgend wer *aú*.
Irreführen *kat-š*.
Irren *kat, sasit*.
Israel *Isrāēl*.
Israeliter *Isrāēl hârā*.
Jude *Ayhūdā*.
Jugend *hârnê*.
Jung *šegú-ā* fem. *-ē*; jung,
neu *azzī*, junger Most *azzī
mīz*.
Junges, pullus *χūrā, hūrā*.
Jünger, Schüler *ardā*.
Jungfrau *hegi adarā (?)*.
Jüngling *makút*.

## K.

Kaiser *qēsār* (nur biblisch).
Kal *bohūī*. — sein *bohū*.
Kalb *gar*.
Kalk *norā*.

Kalt *kanbā, kambā*, — sein
   *kanb, kamb.*
Kälte *kanbā.*
Kamel *gamal.*
Kamelhaar *gamalī šebkā.*
Kamerad *māχalā.*
Kamm *falanā.*
Kämmen *fal.*
Kammer *dāzā.*
Kasten *zāẓen.*
Katarrh *gŭmfā.*
Katze *damiyā.*
Kaufen *jib, wāy-t.*
Käufer *jibāñ.*
Kaufmann *nayā.*
Kaufpreis *wāyā.*
Keck *dafarāñ,* — sein *dafar.*
Keckheit *dafarnā.*
Kelch *ẓewā.*
Kele, die *χeñā.*
Kelter *maṭmaqiyā.*
Kennen *aχ.*
Kenner *aχantā.*
Kenntniss *aχeñ.*
Kette *bāyrā.*
Kichererbsen *azar.*
Kind *χŭrā, hŭrā, eŭrā, led;*
   kleines — *ṣŭgŭā χŭrā;* männ-
   liches — *gerwī χŭrā;* unehe-
   liges — *dīqālā.* Kindeskind
   *χŭrī χŭrā.*
Kindheit *χŭrnē.*
Kindisch *χŭrā sanā yā.*
Kindeswärterin *môzĭt.*
Kinn *šangâbat.*
Kinnlade *yerkŭ.*
Kieselstein *šašā.*
Kissen, das *makadā.*
Kiste *zāẓen.*

Klage füren vor Gericht *tey.*
Klagen, s. jammern.
Kläger *teyantā.*
Klaue *ṭeffer.*
Kleid *siĕñ, sêñ, tāwīnā;* Saum
   des Kleides *sêñ jab.* härenes
   — *māq.* Leibtuch *teblā, na-*
   *ṭalā.* Oberkleid, Mantel *būr-*
   *nos, šamā.* Beinkleid *sanāful,*
   *sūrā.* Leibgürtel *debyā.*
Kleiden jemanden *sa-š,* — sich
   *sê.*
Klein *šegŭā,* — sein *šegŭ.*
Klemme *šegār, çegār;* in die
   — geraten *šagar-s,* — bringen
   *šagar-š.*
Klug *ṭabīb,* — sein *ṭabab.*
Knabe *χŭrā, gerwi χŭra.*
Knecht *enfarā, bārā, gabarā.*
Knechtschaft *bârnê.*
Knie *gerb;* auf die Knie fallen,
   anbeten *barak.*
Knirschen mit den Zänen *her-š,*
   *yerkŭ-s ṭaχan.*
Knochen *nāš.*
Knüttel *merḫūz.*
Kochen, coquere *šaj, šajeut;*
   die Arbeit des Kochens *šaj-eu.*
Kochen, gar werden *gi.*
Koffer *zāẓen.*
Kole *kasal.*
Kommen *ent;* komm! *lāuχ, lā,*
   *lāu.*
König *ašenā, negūz.*
Königreich *mangezt, ašani.*
Königsstadt *ašeñ kô.*
Können *gar-š,* nicht — *be; gar-*
   *ši-lā* er konnte nicht.
Kopf *ahŭē, awē.*

Kopfkissen *makada.*
Kopfbund *maṭamṭamya.*
Korb *kebbu, masob;* flacher Korb als Teller benützt *saba.*
Korn *ar;* s. auch Getreide.
Körnchen *kantā,* Senfkörnchen *sanafeç kantu.*
Körper *zeyā.*
Kosten, schmecken *tām.*
Kostbar, wertvoll *kabarāú.*
Kot, Dünger *šawā.*
Kraft *gidde, gūā, kūā, hayl, gerb;* Kraft anwenden *gar-š.*
Kraftaufwand *gar.*
Kräftig *bartū, gerb adarā, garsā;* — sein *bart, gar-s.*
Krähen der Han *wāj.*
Krank *šamsāû, šiûzā, šiûzantā;* — sein *šams, šiûz,* — werden *šiûz-t.*
Krankheit *gûzä, šiûzā.*
Krätze, die *arēā.*
Kratzen *arē.*
Kreuz, crux *masqal;* hängen am Kreuze *kakar, -t.*
Kreuzigen *kakar-š;* gekreuzigt werden *kakar-s.*
Krieg *sabsiñā, šemergīnā,* ziehen in den Krieg *sab-s.*
Kralle *teffer.*
Krone *zañd.*
Kröte *daûšā, dašā, aho-daûšā.*
Krug *bārabā.*
Küche, die *šaj neñ.*
Kuh *kamā.*
Kül, s. kalt.
Kummer *makarā, ṣaritiñā.*
Kün * çakān.*
Kunst *belhāt.*

Künstler *belhatañā.*
Kupfer *nakās, nās.*
Kurz *dreñā,* — sein *dereñ,* — machen *dereñ-š.*
Kuss *imañā.*
Küssen *imaj.*

## L.

Lachen *yeχü-ē.*
Lage, Zustand *seman.*
Lager, Lagerplatz *sebrā.*
Lagern sich *sapar, sabar.*
Lam *wânšā,* — sein *wânš.*
Lamm *çerχā?*
Lampe *qandīl.*
Land *biyā,* auf dem Lande *bi dāg,* vom Lande *bi-li.*
Landesbrauch, s. Sitte.
Landschaft *šawā.*
Lang *kārtā,* — sein *kär-t.*
Länge *kärt.*
Länglich *mōlālā.*
Lanze *šemargīnā, jaraqā.*
Lärm, s. Geschrei.
Lassen *bē.*
Last *maûti.*
Laster *izimñê,* der Weg des Lasters *izim gerâwā.*
Lästern *jāj.*
Lästerer *jājantā.*
Lästerung *jājen.*
Latte welche das Strohdach hält *māgar.*
Lau, laulich *lamtä,* — sein *lam,* — werden *lam-t,* — werden lassen *lam-t-iz.*
Lauf, der *gäñnā, wâla.*
Laufen *gāñ, sakâl, wâl-s.*

Laus *betā*.

Laut, der *demez*, adj. *wā*, mit lauter Stimme *wā qāl-z*.

Lauter *letā*, *wår yā*.

Läutern *wår yi-š*.

Leben, vivere *wān*.

Leben, das *nafes*, *enkerā*, *dāñ*.

Lebenshauch *fīhuā*.

Lebensunterhalt *deray*.

Lebenswandel, schlechter *izim geruwā*.

Leber, die *gubbat*, *hebšā*.

Leder *qårbē*.

Lederriemen *ajar*.

Ledersack, Schlauch *māy*.

Leer *bādō*; — werden *bohŭ*, — machen *bohŭ-s*.

Legen *enžŭr*.

Leib *gŭazgŭ*, *gåzgŭ*, *zeyā*.

Leibgürtel *dabiyā*.

Leiblich *gåzgŭŭ*.

Leibtuch *naṭalā*.

Leichnam *baden*, *kiāñ*.

Leicht *iyenā*.

Leiden, Schmerz empfinden *ṭar*.

Leidenschaftlich *wålskārantā*.

Leihen *adē-z* (*udaj-z*).

Lein *terbā*.

Leise sprechen *kas y*.

Leiter *masālēl*.

Lem *dažŭā*.

Lemkrug *bārabā*.

Lenden *yawī*.

Leopard *yibā*, *ibā*.

Lere, die *kīnšan*.

Leren *až-eš*, *kīn-š*.

Lerer *kīnšantā*, *mamer*.

Lernen *kīn-t*.

Lesen *a-nabab*.

Leser *anababa*.

Leuchten *tīhŭ*, *tuî*.

Leuchter *maqraz*.

Leugnen *kād*.

Leute *ey*, *ī*.

Licht werden am Morgen *kes*. die Erde wurde hell, es ward Morgen *biyā kesŭ*.

Licht, das *tīhŭ*, *tuî*.

Liebe *yekaleñā*.

Lieben *yekal*.

Limonie *lōmī*.

Links, die linke Hand, — Seite *šangabā*.

Linsen *meser*.

Lippe *kanper*, *makiyā*.

Lispeln *kas y*.

List *badal*, *wereñā*, mit List hintergehen jemanden *sanakal*.

Lob *mesgan*, *mezên*.

Loben *mesgan-š*, *mezên-š*.

Loch *wāšā*, *gegā*, *bohånā*; machen ein Loch *gege-z*.

Löcherig werden *bohŭ*.

Löffel *mānqa*.

Lon, Bezalung *wāyā*, *bēzā*.

Los, das *eṣā*, werfen das Los *eṣā māl*.

Lösen *enš-iz*.

Löwe *gamanā*.

Luft *awuā*, *ayar*.

Lüge *asū*.

Lumpen *qŭrāç*, *hŭeuterā*.

Lunge *sāmbā*.

Luft *yemteñ*.

Lustig *das yā*, — sein *das y*.

Lustseuche *nāžān*, *nakanā*.

Lyra *masanqō*.

## M.

Machen *iš, šab, sar*.
Macht *kŭä, giu, garšiňä, selṭan, gidde, gerb, kemamnê*.
Mächtig *garšä*, — sein *gar-š, kamam*.
Mädchen *anχ*, junges — *šajä*.
Magd *anχ, yuwinä bārā*.
Magen *jir*.
Mähen *ašed*.
Mais *mīlā*.
Mal, vices *ašibā, gizu*; zweimal *liňä gīzā*, — *ašibā*.
Malen, pingere *sāl*.
Malen das Getreide *tuχē, ṭaχan*.
Malstein *māǰin, marχin*.
Malzeit *mezīyā, deray*.
Mäne, die *kemaderū*.
Mangel leiden *be*.
Mann *geruwā, yer*.
Männlich *geruwā*, männliches Kind *geruwā χurä*.
Mantel *būrnōs, šamä*.
Marcus, der Evangelist *Mārqōs*.
Maria *Māryām*.
Mariateresientaler *šājā*.
Marktplatz *ayä*.
Mass *lek, môrsä*.
Masse *kemer*.
Matt *garēä*, — werden *gar-ē*, — machen *garē-š*.
Maulesel *belä*.
Maus *enšēwā*.
Medizin *tela*.
Meer *bär*.
Meeresgestade *bär dāyä*.
Meerschiff *markab*.
Mein *yi*.

Meineid *asŭ-z šaraň*.
Meister *alaqä, mamer*.
Mel, feines *laχ*.
Melden *duw, jiň, wäjar-š*.
Meldung *duwiňä, jiňä*.
Melken *tabārar*.
Melone *amā*.
Menge, Masse *kemer*, *ajiǰ*; Menge, Volk *ey, ī*.
Mensch *yer, saŭ*.
Menschen *ey, ī*.
Menschlich *yerŭ*.
Mer geben *kŭaz, käz*.
Messen *mewar, môr*.
Messer *šalēā*.
Messias *mazīχ*.
Metzger *bālārā, ardeňä*.
Mich *yi-t*.
Milch *çaŭ, šab*.
Milde, sanft *lamtä*, — sein *lam, lam-t*.
Mir *yi-š, -la*.
Mischen *abbar*; gemischt *abbar-sä*, — werden *abbar-s*.
Missachten *nāq*.
Missachtet *nāqsā*.
Missachtung *nāqseňä*.
Missetäter *katāŭ, katantä*.
Misshandeln *dadab*.
Missmutig sein *angâragâr*.
Missverstehen *sasit*.
Mist, Dreck *šawä*.
Mit, in Gesellschaft *-d*, mittelst *-z*.
Mitleid haben *takez*.
Mittag *gerki, gebär*.
Mitte *gebär, nabeä*.
Mitten, zwischen *nabē-z*; mitten sein *nabē*.
Mitternacht *χērä gebar*.

Mittwoch *luba*.

Modern, ver- *salac*.

Möglich *garsā*, — sein *gar-s*; es ist nicht möglich *garsalā*.

Monat *arfā*. Namen der Mondmonate: 1. *maskaram*. 2. *ṭeqemt*. 3. *edār*. 4. *tāχsās*. 5. *ṭir*. 6. *yekātīt*. 7. *magābīt*. 8. *miyazyā*. 9. *gembōt*. 10. *sanê*. 11. *hamlê*. 12. *nahasê*.

Mönch *bātūwā*.

Mond *arfā, zarkā*.

Montag *san*.

Mord *kuwiñ, nafes kuwiñ*.

Morden *kuw*.

Mörder *kuwāntā*.

Morgen *amarī*.

Morgen, der *amarī, gñēb*; am Morgen tun, Morgen werden *gñēb*.

Morgenstern *gñēb śingeruwā*.

Mörser *mô*.

Moses *Mūsē*; die Bücher Moses *ōrīt*.

Most *mīz*, junger — *azzī miz*.

Motten *bel, kñnkññ*.

Mücke *çinçā*.

Müde *garēā*, — werden *gar-ē*, — machen *garē-š*, — sein *gary*.

Müdigkeit *gar*.

Mühe *gar, śigār, kebent*; Mühe geben sich *gar-ē*.

Mülstein *māǰīn, māχīn*.

Mume *tayrī*.

Mund *makiyā, af*.

Mundart *gābā*.

Murren *angāragār·*

Mut *labakā*; fasse Mut *baratī!*

Mutig *bartū*, — sein *barat*.

Mutlos *labakā śēgā, gñaǰintā*.

Mutlosigkeit *gñaǰinê, gñaǰintiñā*.

Mutter *ganā*.

Myrrhen *karbē*.

Mysterium *misṭīr*.

## N.

Nabel *gñmberā*.

Nach, zu, hinzu -*wā*; post *engiyā*.

Nachbar *gōra-bet*.

Nachbarvolk *gaṭer*.

Nachdenken *asab*.

Nachen, kleines Schiff *tānkñā*.

Nachfolgen *katal, ta-ǰatal*.

Nachkommenschaft *fasan, zamad, wāganā, wālad, tūled*.

Nachricht *ǰiǰā, ǰiñā*; — geben *duw, ǰiñ, waǰar-š*.

Nacht *χērā, χirā*, Mitternacht *χērā gebar*; die Nacht zubringen *ki*.

Nacken *hñm, kōm*.

Nackt *beśā*, — sein *beś*.

Nacktheit *beš*.

Nadel *merfā*.

Nadelör *merfī behānā*.

Nagel, unguis *ṭeffer*; clavus *cenkār·*

Nahe sein ·*tē*; nahe bringen *tē-š*.

Nahen sich *tē-t, tē-t bē, ten bē*.

Nähen *sab, saǰ, tabak*.

Naht, die *sabā*.

Name *śeñ*.

Narbe *angāžā*.

Narr *gūhra*.
Narrheit *gūheüa*.
Närrisch sein *guhe, mi y*.
Narung *sisáy*.
Nase *kombā, humbā*.
Nass *awálā;* — sein *hūet, wet*.
Nässe *hūtani*.
Nebel *bekánā*.
Neben *gabī-z*.
Neffe *zan-d-aūrā*.
Neger *bārā, geruwā bārā*.
Negerin *bārā, yuwīnā bārā*.
Neid *meqañenē, qenāt*.
Neidisch *letantā,* — sein *letan-t*.
Neigen *zanabal*.
Nein *imbī;* nein sagen *imbī y*.
Nemen *az, fa-š, šē*.
Nennen *šeū*.
Nerv *dengā*.
Nessel *sāmā*.
Nest, Vogelnest *jēli neñ*.
Netz *marbab*, ausbessern das Netz *marbab-is leš-iz*.
Neu *azzi*, neuer Fleck *azzī qūrāç*, neuer Schlauch *azzī kartamā*, neues Testament *azzī hey*.
Neuigkeit *jiñā;* eine — mitteilen *jiñ-š, wajar-š*.
Neun *sassā*.
Neunmal *sassā gīzā, -ašibā*.
Neunter *sassasā*.
Neunzehn *sikī sassa*.
Neunzig *sassūñ*.
Nicht *-y, -lā*.
Nichtswürdig *dekā,* — sein *dek*, sich betragen — *izim-s*.
Nichtswürdigkeit *izim, deknē*.
Nider, hinab *saxña ajan-su*.

Niderlegen *gam-s*.
Niderreissen *a-faras*.
Niderschlagen *kuw*.
Nidertracht *izimnē, deknē*.
Niderträchtig *dekā,* — sein *dek, izim*.
Nidertreten *dād*.
Niderung *kōlā*.
Nidrig *zek yā,* — sein *sek y, seq y*.
Nieren *kūlālīt*.
Noah *Nōx*.
Noch *ganā*.
Nochmals *kŭazō, damašō,* — tun *damā-š*.
Nonne *yuwīnā batīwā*.
Nord *samēn*.
Not, Mühe *çigār, šegār, kebent*.
Nun *-sō*.
Nur *giya, gê*.
Nutzen *ṭeqem;* Nutzen ziehen *rab-š*, von Nutzen sein *rab-s*.
Nützlich *ṭaqamā, ṭaqamāū, rabsā*, unnütz *rabsegā, ṭaqamagāū*.
Nutzlos, vergebens *kemā, kantū*.

## O.

O! *aya!* o Meister *mamer aya!*
o, ah! *ahā!* o wie schön *essay!*
o wie hässlich *aygā!* o weh *ayanā!*
Oase *dasēt*.
Oben, oberhalb *awā, awā-z, dāy-z*.
Oberhaupt, s. Fürst, König.
Oberkleid *burnōs, šamā*.
Oberst, Oberster *alaqa*.
Oberteil *awa, dāyā*.

Obst kupá, kānī kupá.

Obstbaum kānā firê adará, firê šā kānā.

Octateuch ōrĭt.

Oder wurī, ûrī.

Oede, wüst kamadesā.

Oede, die jĭbā.

Offen enšiztā, beztā, — sein enš-izt, bez-t, gataṭ-s.

Offenkundig machen bez, galaṭ.

Oeffentlich, s. offen.

Oeffnung bēlā.

Oheim ag.

Oel qab, kab, kablungŭā, zayt.

Oelberg dabra zayt.

Oelpflanze, guizotia olcifera lungŭā.

One agadā, — sein be, gândal.

Onkel ag.

Or enqŭā.

Oer behânā, Nadelör merfĭ behânā.

Opfer qŭrbān, maswāt.

Opfern saû.

Ophtalmie yil šeûzā.

Ordnung, in — sein let, leš, ta-zagāj, in Ordnung bringen, ordnen let-z, leš-iz.

Ort kô, sebrā.

Ortsvorsteher kô adará, sīm, kantībā.

Ost kŭārī fanā.

Osterfest fājī bāl.

Ostern fājā.

## P.

Paar šemd.

Packen fa-š, sē, a-zamad.

Panter yĭbā, ĭba.

Papa abă.

Papier wâraqat.

Paprica barbará.

Paralytisch salalāû, — sein salal.

Pavian jugirā.

Pein çegār, šegār, kebent.

Peinigen garē-š.

Peitsche fanšâwā, garaf, halangā, alangā; geflochtene Peitsche kabarī alangā.

Peitschen garaf.

Pergament berānā.

Person saûnat.

Pfad garâwā, fanā, fanōt.

Pfanne sânχâlā.

Pfauchen fĭhŭ, fiû.

Pfeffer, roter barbará.

Pfeffersuppe šīrō, wâṣ.

Pfeife, s. Tabakpfeife; Flöte.

Pfeiler, Säule mašenā.

Pferd farsā; Besitzer eines Pferdes farsī adará.

Pflanze šankā.

Pflanzen takal, gepflanzt takalsāû, takalsā.

Pflanzung atākelt.

Pflaster lêχnā, aufstreichen ein — lêχ.

Pflegen, gewont sein kīn-s.

Pflegerin von Kindern môzīt.

Pflücken bohŭ-z.

Pflug kŭnakŭnā.

Pflügen kŭaṭ, gâz.

Pflugschar mārasā.

Pforte, s. Türe.

Pfrieme šaremō.

Pfui aygā, ayganā!

Pfund nater.

Pissen šañ.

Plage çigār, šegār, kebent.

Plagen sich gar-ē, plagen jemanden gare-š; geplagt gareā.

Platz sebrā, — machen gab-es.

Platzen χate-s.

Plötzlich dengat.

Plündern burabar, mir.

Poa abessinica tābā.

Posaune malakat.

Pralerei temkehet.

Predigen sabak, gepredigt werden sabak-s.

Preis, Wert wayā, bēza; Preis, Lob mesgan, mezên.

Preisen mesgan-š, mezên-š; geprisen mesgansā, — werden mesgan-s.

Pressen ṭamaq.

Priester kāhen, qas.

Probe, s. prüfen.

Proclamation awāj.

Profan, unheilig gâtsega.

Profession gār, treiben eine — gār-it.

Professionist gāritantā, gāritaû.

Profet nabiy.

Profezeien tenbīt gamar.

Profezeiung tenbīt.

Provinz agar.

Prozess machen tey.

Prüfen fatan, maramar; geprüft fatansā, — werden fatan-s.

Prüfung maramareûā.

Publik sein, werden galaṭ-s, bez-t, — machen galaṭ, bez.

Pulver bārūd.

Punkt naqṭā, einen — machen naqaṭ.

**Q.**

Qual çegār, šegār, kebent.

Quälen garē-š.

Quara, die abessinische Provinz — Qŭārā.

Quarisch qŭārasā.

Quecksilber bāzēqā.

Quelle fifrā, mençe.

Quetschen ṭamaq.

**R.**

Rabe qŭrā.

Rachen, der χeñā.

Rand jāb, jaraf.

Ranzen, kleiner Schlauch für Geld und Wertsachen karaṭit.

Rasen, toben gŭhe.

Rasend gŭhēā.

Raserei gŭhēñā.

Rasiren laš.

Rasirmesser sārdā.

Rat meχer.

Raten maχar.

Ratgeber maχarantā.

Ratplatz mākabar.

Ratte enšēwā.

Raub fašeñā.

Rauben fa-š, gabaz, burabar, mir.

Räuber gabazantā.

Rauch taχsā.

Rauchen taχes; Tabakrauchen tombaχō jāχ; ein Tabakraucher tombaχo jāχanā.

Rauh, ungangbar, holprig *ga-gasā*, — sein *gagas*.

Rauschig *sakarāñ*, — werden *sakar*.

Rebell *alāwī, serāsagū, teyantā, katantā*.

Rebellion *awaksiñ*, — machen *tey, kat*.

Rechnen *sab*.

Rechnung *saben*.

Recht, das *hegge, heg*.

Recht, in Ordnung sein *let, leš*.

Rechte, die rechte Seite, — Hand *lāwā*.

Rechts sein *lāû*.

Rede *gāb*.

Reden *gamar, wājar*, — unter sich *wājar-t*.

Regen *suwā*.

Regenzeit, Winter *keremt, šāǵê*.

Regieren *azez, seraj*.

Regierer, Regent *serāǵantā, masfen*.

Regierung *ašēnī*.

Reiben das Getreide auf dem Reibstein *tuχē, ṭaχan*.

Reibstein für das Getreide *māǵin, māχīn*.

Reich, imperium *mangezt, ašani*.

Reich, dives *betā*, — sein *bet, kamam*.

Reichen, s. geben.

Reichlich sein *bejāǵ*.

Reichlichkeit *bejā*.

Reichtum *kemamnē, kemamt, samā, šājā, bet, beteñā*.

Reif, der *yeǵāǵā*.

Reif *garā*, unreif *ge-g-āû*; reif werden *ge*.

Reihe *tartā*, in Reihe stehen *tart*; reihenweise sich setzen *adal-s tankña-simb*.

Rein *wâr yā*, — sein *wâr y*.

Reinigen *wâr y-iš*.

Reise *enjañā*.

Reisen *enjañ, enjaǵ*.

Reisender *enjaǵantā, gerâwī adarā, aben*.

Reiter *farzī adarā*.

Residenz *ašēnī kô*.

Rest, Ueberbleibsel *adaǵanā, farafarnā*, Ueberschuss *terf*.

Retten *dān-š*.

Retter *daχanzā*.

Rettung *dānšeñā*.

Reue *neshā;* bereuen *naseh*.

Richten *farē, kŭ̂man*.

Richter *farēā, makŭ̂ānen, masfen, dañā*.

Richterspruch *kŭnamnē*.

Richtsaal *farē sebrā*.

Riemen *aǵar*.

Riese *gerb adarā*.

Riesenschlange *zandō*.

Rind *kamā*.

Rinde *ber, hambā*, Baumrinde *kānī hambā*.

Ring *qilbay, kelbiyā*.

Ringmauer *dambā, qeṭer;* mit einer — umgeben *jilû-š, dambīz jilûš*.

Rippe *gŭeñ*.

Ritze *santā*.

Rösten *gi-š, kamad*, geröstet *garā, kamadesā*.

Rot *sarā, sīā*, — sein *sar, zar*.

Rücken *engiyā, gibrā*.

Rudern *qazaf*.

Ruf *šeû, kāšiû.*
Rufen *šeû, kāšiû.*
Ruhe *fûrân,* Stille *ṣaf.*
Ruhen *fihû, fiû.*
Ruhig, beruhigt sein *çamat,* still sein *zem y. ṣāf y, šigem y.*
Rund *kebbū.*
Runde, die — machen *kabab, jiluw.*
Russ *ṭerā.*
Rütteln *kñakûa-š, saij-eš, saij-en-š, awak;* — sich *saij, saij-en-t.*

## S.

Sabat *sanbat.*
Säbel *šôtal, sayf, gârādā.*
Sache *gābā, darā.*
Sack von Leder *māy, kartamū, karaṭit.*
Säen *fōz.*
Säemann *fōzantū.*
Säge *magaz.*
Sagen *duw, bē, y.*
Salbe *qab.*
Salben *χûā-š.*
Salz *šiwī.*
Salzen *šiwīz mâgūz.*
Samen *fazan.*
Sammeln *akab, akan, kamaw.*
Sammelort der Rinder *mâwā.*
Sammlung *kemer.*
Samstag *yinī sanbat.*
Sand *ašâwā.*
Sandalen *šaub;* die Riemen zu den Sandalen *ajar.*
Sanft *lamtū,* — sein *lam, lum-t,* besänftigen *lamt-iz.*
Satan *sayṭāu, katšautā.*

Satt *betū,* — sein, werden *bet.*
Sattel *kōracā.*
Satteln *šân.*
Sattheit *bet.*
Sättigen *bet-š.*
Sauber, rein *wâr yā,* — sein *wâr y.*
Säubern *wâr y-iš.*
Sauer *māšā,* — sein *māš.*
Sauerteig *māšā.*
Saugen *nab.*
Säugen *nab-š.*
Säugamme *nabšay.*
Säule *mašenā.*
Saum *jūb, jaref,* Saum des Kleides *šeû jūb.*
Schaben *habt, laš.*
Schädel *ahûē, awē.*
Schaden, der *badalā,* Schaden zufügen *badal, gŭad, gâd.*
Schädlich *gŭadâû.*
Schaf *bagā.*
Schafbock *bagī çerχā* (?)
Schafwolle *bagī šebkā,* — *ṭagûr.*
Schaffen *faṭar.*
Schale, Rinde *ber, hambā.*
Schälen *hamb.*
Schämen sich *semār.*
Schamgefül *semāreiā.*
Schamhaft *semārā.*
Schamlos *semāragā.*
Schändlich *dekā,* — sein *dek.*
Schändlichkeit *izim, izimnē, deknē.*
Scharf, schneidig *salâû, šalēā,* — sein *sal, šalē.*
Schärfe *šalēā.*
Schärfen *gŭb, sal, šalē.*
Schatten *lemdā.*

Schätzen, bestimmen den Wert *sāb.*

Schatzkiste *zāẓen.*

Schaudern *k̆uak̆ŭa-t.*

Schauen *χāl, hāl, malakat;* — das *χāliñ.*

Schaum *fanšā.*

Scheere *maqas.*

Scheide des Schwertes *afōt.*

Scheidebrief für die Frau *dā-gariñ maṣhaf.*

Scheiden, trennen *adal, gamaz;* scheiden lassen, hinausge-leiten *sanabat-š;* scheiden die Frau, ihr die Scheidung ge-ben *dağar, dahar.*

Scheidung für die Frau *dağa-riñ, dahariñ.*

Scheitel *ahŭē, aẅē.*

Schelten, aus- *yuñīt, yuẅīt.*

Schenkel *yaẅī.*

Scherz *ẅāriñ.*

Scherzen *ẅāğar, ẅār.*

Scheuen sich, s. fürchten.

Schicken *enšağ, bār-s.*

Schicklich *tagabā,* unschicklich *tagabagā;* schicklich sein *ta-gab.*

Schielen *šaẅarar.*

Schiesspulver *bārūd.*

Schiff *markab,* kleines — *tān-k̆ŭā;* auf dem Schiffe *tānk̆ŭz dāglī.* Hinterteil des Schiffes *tānk̆ŭ engiyā.*

Schild *dāgrā, gāšā.*

Schlacht *sabseñā;* eine — schla-gen *sab-s.*

Schlachten *ard.*

Schlächter *ardeñā, bālārā.*

Schlafen *gānj, jim.*

Schlafhaut, Haut um darauf zu schlafen *ẅušañā.*

Schlafstätte *arğ, arağ.*

Schlag *tāynī.*

Schlagen *tāy, tamb.*

Schlange *marñẅā;* die Boa *zandō.*

Schlauch, Ledersack *māy, kar-tamā, karaṭit.*

Schlauheit, s. Hinterlist.

Schlecht *dekā, bisā,* — sein *dek̆, bis;* schlechter sein *ta-ẅā-rad-s.*

Schlechtigkeit *izim, izimnē, dek-nē.*

Schleier *k̆ŭtanā.*

Schleifen das Messer, s. schär-fen.

Schleppen *gŭatē, gŭtē.*

Schleuder *mašabā.*

Schliessen *gŭlaf.*

Schluchzen *gaχas.*

Schlummern *jim.*

Schlund *χeñā.*

Schlüssel *bezantā.*

Schmackhaft *tāmītā,* — sein *tām-it, mñgŭz,* — machen *tām-eš, mñgŭš.*

Schmal, s. enge.

Schmalz *saẅā.*

Schmecken *tām.*

Schmeicheln *dē-š.*

Schmeichler *dešantā, tāmītā gāb-ez dešantā.*

Schmelzen, zerfliessen *bŏjŭ-n-t, bŏẅunt.*

Schmerz *šiûzā,* — empfinden, leiden *ṭar.*

Schmid *šāǧā daħūā.*
Schmuck *šalamsā,* geschmückt werden *šalam-s.*
Schmücken *šalam,* — lassen *šalam-z.*
Schmutz *šamantenā.*
Schmutzig *šamantā,* — werden *šaman-t,* — sein *šaman.*
Schnaufen *fīhū, fiû.*
Schnee *yeǧāǧā.*
Schneiden *kab,* — das Korn, Gras *ašed.*
Schneider *saǧantā.*
Schnell *wâlsā,* — sein *wâl-s.*
Schnelligkeit *wâlā.*
Schnupftabak *sinkān.*
Schnur *kabarā.*
Schon *šara-s.*
Schön *sarā, sīā,* — sein *sar, zar, mâgûz.* o wie schön *essay!*
Schönheit *mâgûzinā.*
Schöpfen *hedaǧ.*
Schöpfer, creator *faṭarā.*
Schöpfung *fiṭrat;* Geschöpf *fiṭir.*
Schoss, der *anp, amp.*
Schössling *kekemtā.*
Schrecken, s. erschrecken.
Schreiben *ṣâf.*
Schreiber *ṣâfi, ṣâfâû.*
Schreibfeder *qalam.*
Schreien *wâǧ, wâû.*
Schreiten *dâd.*
Schrift *dabtābē, maṣâf.*
Schritt *dâdan.*
Schuh *šânpā, šâmbā.*
Schuhriemen *aǧar.*
Schuld, Unrecht *badal;* debitum *ban.*

Schuldig *badalu.*
Schuldner *ban adarā.*
Schüler *kīntā, ardā.*
Schulter *kaš.*
Schulze *sīm, kantībā.*
Schürze *dabalā, dabiǧā, dabaltanā.*
Schürzen sich *dabal-t.*
Schüssel *gebē.*
Schütteln *kñakña-š, saǧ-eš, saǧ-en-š, awak,* — sich *kñakña-t, saǧ, saǧ-en-t, awak-s.*
Schwach *gar yâû, garēā;* — sein *gar y,* — werden *gar-ē.*
Schwäche *gar, gūzā.*
Schwächen *garē-š.*
Schwachsinnig *lamadgā,* — sein *mey.*
Schwägerin *gâbān.*
Schwamm *sefnag.*
Schwanger *gûazgûtê,* — werden *gûazgû-t.*
Schwarz *šamanā,* — sein *šaman.*
Schwärze *niṣer.*
Schwatzen *lalâw.*
Schwätzer *gâbī adarā.*
Schwefel *dīn.*
Schweigen *zem y, ṣaṭ y, šigem y.*
Schwein *wângīyā;* Wildschwein *ereyā.*
Schweiss *sesχā.*
Schwer *gahašā, buratā,* — sein *gahaš, barat.*
Schwert *gârādā, sayf;* ziehen das Schwert *šiû-z.*
Schwertscheide *afōt.*
Schwester *šēn.*
Schwiegerson, -vater *anšīn.*
Schwitzen *sesǧa-t.*

Schwören *śar*, — lassen *śar-ś.*

Schwur *śareñā*, — falscher *asū-z*
*śerañā*; einen Schwur auftragen *śar-ś.*

Sechs *wâltā.*

Sechster *wâltasā.*

Sechzehn *śikī wâltā.*

Sechzig *wâltīñ.*

See *bār.*

Seegestade *bār dāyā.*

Seele *enkerā, manfas.*

Segen *gŭatan, gŭatat.*

Segnen *gŭat, gât,* gesegnet werden *gŭat-s.*

Sehen *χāl, hāl, χŭāl;* das —
*χāliñ;* sehen lassen *χāl-ś.* gesehen werden *χal-s,* einander
sehen *χāla χāl-s.*

Sehkraft *χāliñ.*

Sehne, s. Sene.

Seide *harre.*

Seil *kabarā.*

Sein, existiren *aǰ, a, en, gan,*
*wān;* das — *aǰan.*

Sein, suus *nī.*

Seite *gŭeñ;* bei — nemen jemanden *gâlē,* sich an jemandens Seite begeben *gab-s.*

Seitenwand des Hauses *māgar.*

Selbst *iśū, enkerā, saûnat, nafes.*

Seligkeit *dāñ.*

Sendbote *enśaǰsantā, enśaǰanā,*
*duwāû.*

Senden *enśaǰ, bār-s.*

Sendung *enśañ.*

Sene, die *dengā.*

Senen sich *nafaq-s.*

Senf *senāfeç, sempī.*

Senfkörnchen *senāfeç kantā.*

Ser *aǰû (aǰiǰ), gŭñ, kua.*

Scriba *mâwā.*

Sessel *kŭazanā, manbar, wâm-*
*bar.*

Setzen *enχŭr.*

Seufzen *senχ.*

Sichel *abalā.*

Sie, ea *nir.*

Sie, ii *nāy.*

Sieb, das, cribrum *wantab.*

Sieben, cribrare *wemb.*

Sieben, septem *lañatā.*

Siebenter *lañatasā.*

Siebenzehn *śikī lañatā.*

Siebenzig *lañatīñ.*

Sieden, brodeln *bal,* kochen
activ *gi-ś.*

Siegen *χañañ.*

Siehe! *endakī.*

Sifilis *nakanā, nāχñn.*

Silber *aymiyā.*

Singen *magâ-ś.*

Sinken *lab,* das — *labeñā.*

Sintflut *ayχ.*

Siphilis, s. Sifilis.

Sippe, s. Geschlecht.

Sitte *kīn, lemād, nabar.*

Sitz *manbar, wâmbar, kŭazanā.*

Sitzen *fir, senb, semb, sem, tankŭ,*
*sek y.*

Sklave *bārā, geruwā bārā.*

Sklavin *bārā, yuwīnā bārā.*

So *enâ-wā, engedēh,* so sein
*maw y.*

Sogleich *nān.*

Soldat *belāhā.*

Sommer *bagā.*

Sondern, sed *gê;* sondern, s.
scheiden.

4

Sonne *kŭārā*.
Sonnenaufgang *kŭārι fanā*.
Sonnenuntergang *kŭārī tûnā*.
Sonntag *ad*.
Sorge *saritŭā*.
Sorglosigkeit *matayĭ beñā*.
Spähen *mal*.
Späher *malanā*.
Spalten *sarαχ, χatĭ, nabē*.
Spange *bāyrā*.
Spannen *ṭamazaz*.
Spazieren *wănṭaṭar*.
Speer *jaraqā, šemαrgīnā*.
Speichel *laχ, beseĝā*, auswerfen
den Speichel *laχ-et, besĝ-et,
hŭet, wet*.
Speien *laχ-et, besĝ-et*.
Speise *χñeñ*.
Speisen *χŭe*.
Spezereien *šittū*.
Spiel *wāreñ*.
Spielen *waĝar, wār*.
Spiess, s. Speer.
Spinnen *mak*.
Spinnfaden *makñā*.
Spinnrad, Spindel *maftal*.
Spion *malanā*.
Spionieren *mal*.
Spitze *ahŭē, awē*.
Splitter *šarχesā*, Holzsplitter
*kānī šarχesā*.
Spott *wīriñā*.
Spotten *wāĝar, wāñar, wār, laĝat*.
Spötter *wāĝaranṭā*.
Sprache *ĝŭānĝŭā, ĝāb, aĝαrāñ?*
Sprachlosigkeit *gαmαrαñā gαr-
šeñā*.
Sprechen *gαmar, dαw, wāĝαr,
wār*.

Sprecher *ĝābī αdαrā, dαwāû,
dαwānṭā*.
Springen, hüpfen *fañšar*; bre
chen *sabar*.
Spross, Sprössling, Trieb *ke-
kemṭā*.
Spur, Fuss- *dādαn*.
Sputen sich *wǎl-s, wǎlseñ-t*.
Stab *danχǎlā, hūlā, kenb,
kemb*.
Stachel *sabanā*.
Stadt *aĝαr, kô, kǎ, katamā*.
Stadthauptmann *kantībā, sīm*.
Stall für das Vih *mǎwā*.
Stamm, Tribus *esā, wăĝanā*.
Stampfen *dād*.
Stand, Amt *ašēnā*; im Stande
sein, können *gαr-š*, nicht im
Stande sein *be, bĭ*, in Stand
setzen, ordnen *let-š, leš-iz*.
Stange, s. Stab.
Stark *barṭū*, gerb *adarā*, stark
sein *barat, bart*.
Stärke *gerb, hayl*.
Stärken *barat-š, ṣan-š*.
Starrsinn *danzāzê*.
Starrsinnig *danαzazāû*, — sein
*danαzaz*.
Stätte *kô, sebrā*.
Staub *tebyā, geĝā*.
Staunen *danaq*, das — *danαq-
siñ*, in — setzen *danαq-š*;
staunenswerte Sache *danαqšā
ĝābā*.
Stechen *sab*.
Stehen *teu bē*.
Stein *kerñā*, leicht zerbröckeln-
der — *geĝā*.
Stelen, *furari χαšαn, -t*.

Stelle, *sebrā*, auf der Stelle, sogleich *nān*.

Stellen, s. aufrichten, setzen.

Steppe *kebīnā*, *jībā*.

Sterben *kê*.

Stern *šingruwā*; Morgenstern *gŭēb šingruwā*. Abendstern *kŭniñī šingruwā*.

Stets, immer *sūnkī*.

Steuer *geber*, *ban*, — einheben *qaraṭ*.

Steuereinnemer *qarāç*.

Stiege *masālêl*.

Stier *bīrā*, junger — *timtā*.

Still *zem yā*, *ṣaṭ yā*, *šigem yā*, — sein *zem y*, *ṣaṭ y*, *šigem y*.

Stille *zem*, *ṣaṭ*, *šigem*.

Stimme *qāl*, *kāl*.

Stinken *bohŭ*, *salac*; stinkend *bohŭā*.

Stirn *bô*.

Stock *merhŭz*.

Stolz *tebīt*.

Stossen, zerreiben *qaṭqaṭ*.

Strafen *bochso* fl. = *bāqŭ-s*, ✝ ⵏ ⵢ ⵍ ?

Strasse *fanā*, *fanôt*, *garâwā*.

Streif, ein *talm*.

Streifen *gŭatē*, *gâtē*.

Streiten, zanken *ta-karākar*, kriegen *sab-s*.

Strich *talm*.

Strick *kabarā*.

Strom *bojūntā*.

Strömen *bojŭ*.

Strunk, Holz- *gend*.

Stück *kabtā*.

Studieren *maramar*.

Studium *maramarñā*.

Stul, Sitz *kŭazanā*, *manbar*, *wânbar*.

Stumm *dedā*, *gamaragā*.

Stunde *sāt*.

Sturmwind *fingiyā*, *šinbel*.

Stützen *dagaf*, — sich *ta-dagaf*, *kŭaz-an-t*.

Suchen *jarab*.

Sünde *haṭiat*, *aṭiat*, *izim*; zur — verleiten *kat-š*.

Sünder *haṭiat adarā*, *katā*, *katantā*.

Sündflut, s. Sintflut.

Sündigen *haṭiat sar*, *kat*.

Suppe mit Pfeffer gewürzt *šīrō*, *wâš*.

Süss *tāmitā*, — sein *tām-it*, versüssen *tām-eš*.

Synagoge *dabtarā*, *masgīd*, *maqdas*. Vorsteher der Synagoge *dabtarī kâ adarā*.

## T.

Tabak *tombaχō*, Schnupftabak *sinkān*; Tabak rauchen *tombaχō jāχ*, Tabak-Raucher *tombaχō jāχā*.

Tabakpfeife *tombaχō jāχanā*.

Tabernakel *tābôt*.

Tadeln *naqaf*.

Tag *gerkā*, *gergā*; am Tage *gergīz*, vom Tage an *gergīlī*; bei Tag und Nacht *χīrīz-kŭā gerkīz-rī*. Den Tag zubringen *gerg*; guten Tag *dâng gergī*! *dâng gergīarmā*? (geht es dir wol?). anbrechen der Tag *kes*.

Tagesanbruch *kesiñā*.

Tagewerk *gar*.

Taler *šaǰi*.

Tante *tayrī*.

Tanzen *kazaz*.

Tapfer *çakān*.

Tat *gār*.

Tau, der *lāwā*, *ṭal*, das Tau *kabarā*.

Taub, taubstumm *gor*.

Taube, die *reǵeb*.

Taufe *ṭemqat*.

Taufen *ṭamaq*, *aṭamaq*; getauft *ṭamaqsā*, — werden *ṭamaq-s*.

Täufer *maṭmeq*.

Tausch *lāwēñā*.

Tauschen *lāwē*, getauscht werden *lāwē-s*, tauschen lassen *lāwē-š*.

Täuschen *badal*, *a-talal*.

Täuschung *atalaliñ*.

Tausend *šiχ*.

Tausendmal *šiχ ašibā*.

Teil *adalsā*.

Teilen *adal*, *gamaz*, *kab*, *kal*; geteilt werden *adal-z*, *gamaz-t*, *kab-t*, *kal-t*.

Teller *sabā*.

Tempel *dabtarā*, *masǵid*, *maqdas*.

Testament, das alte — *ōrit*, das neue *azzī heǵ*.

Teufel *sayṭān*, *katšantā*.

Thon, -erde *daχñā*.

Thonkrug *bārabā*.

Tief *ṭaluqā*, *zeq yā*, tiefe Erde *ṭalaqñ biyā*. tief sein *ṭalaq*, *zeq y*, *zek y*.

Tiefe, die *saχñā*, *qalāy*; in die Tiefe fallen *ṭalā-s*. von der Höhe zur Tiefe *awā-li saχñā aǵanšī*.

Tiefland, Niderung *kōlā*, *qōlā*, *qñālā*.

Tier *ensesā*, Wild- *arwe*.

Tinte *kalam*, *qalam*.

Tisch *mād*, *sadaǵā*.

Toben *gñhē*.

Tobsüchtig *gñhēā*.

Tochter *anχ*, *hñrā*, *yuwīnā hñrā*.

Tod, der *kīñā*.

Todt *kñî*.

Tödten *kuw*.

Todtschlag *kuwiñ*.

Todtschläger *kuwāntā*.

Toll *gñhēā*, — sein *gñhē*.

Tollheit *gñhēñā*.

Tölpel *mōnā*.

Topf *šeklā*.

Töpfer *šeklā šarī*.

Tor, das *may kānā*, *ma-kānā*.

Tor, der *mōnā*.

Torheit *senfeñā*.

Töricht *mōnā*, — sein *sanaf*.

Tragen *mañ-t*; hertragen *la-š*.

Träger *mañtā*.

Traghimmel bei Prozessionen *debāb*.

Trampeln *dād*.

Träne *enbe*; Tränen vergiessen *few*, *fuw*.

Tränken *jaχ-s*.

Trauer *makarā*.

Trauern *takez*, *ṣār*.

Traum *aberī*.

Traurig sein *ṣar*, traurig werden *ṣārit*.

Traurigkeit *ṣaritiñā*.

Treffen, begegnen *ar*.

Trennen *gâlō, fantē;* — sich
*gâlē-s*.

Trennung *gâlēñā, gâlēsñā*.

Treppe *masālêl*.

Treten *dād*.

Treu *letā*, — sein *let*.

Treulos sein *badal*.

Tribus, s. Stamm.

Tribut *geber*, — einheben
*qaraṭ*.

Trieb, Schössling *kekemtā*.

Trinken *jāχ;* zu trinken geben
*jāχ-š*.

Trinker *jāχantā*.

Trinkglas *berçeqō*.

Tritt, der *dādan*.

Trocken *kāgā*, — sein, werden
*kāg;* die trockene Jareszeit
*bagā*.

Trompete *malakat*.

Tron, Tronstul *arg*.

Trost *ṣanšenā*.

Trösten *labakā ṣan-š*.

Trott, der *tertis*.

Trotten *tertis y*.

Trübe, s. schmutzig.

Trübsal, s. Trauer.

Truhe *zāẓen*.

Trunken *sakarāû*, — werden
*sakar*.

Tücke *wereñā*.

Tuch *naṭalā*.

Tumult *awaksiñ*.

Tun *iš, šab*.

Turban *maṭamṭamyā*.

Türe *may kānā, ma-kānā*.

Turm *genb, gemb*.

## U.

Uebel *deknē, izim, badal*.

Uebeltäter *dekā*.

Ueber *awâ-z, dāg-lī, dāg, dāy-z*.

Ueberall *sebrī-z-kī*.

Ueberantworten *daû-š*.

Ueberbleiben *adaǵ*.

Ueberbleibsel *adaǵanā, fara-
farñā*.

Uebereinstimmen *arē, ta-sa-
mām-s;* in Uebereinstimmung,
Einklang bringen *a-samām-š*.

Ueberliefern *daû-š*.

Ueberlisten *sanakal*.

Ueberreden *ad, lalâw*.

Ueberschwemmen *ašeb*.

Ueberschreiten *kāy*.

Ueberschuss *terf*.

Uebersetzen *taragâm*.

Uebersetzung *tergūm*.

Uebertreten, local und mora-
lisch, *dâw, dâñû*.

Uebrig bleiben *taraf*.

Uebrig lassen *farafar*, *adā-š
(adaǵ-š)*.

Ufer *dāyā*.

Umarmung *anp*.

Umfang *jiluwā*.

Umfangreich *wâfarā*, — sein
*wâfar*.

Umgeben *kabab*.

Umgebung *jiluwā*.

Umhegen, mit einem Hag umgeben *jilû-š*.

Umhegung *dambā, qeṭer*.

Umker *wunterā*.

Umkeren *wântar*.

Umkommen *dez, deñû-s*.

Umstürzen *galab-iz.*

Umwickeln *tebel, tamatam.*

Unbarmherzig *meherat šēgā.*

Unbekannt *aχestegā.*

Unbescheiden *dafarāū.* — sein *dafar.*

Unbescheidenheit *dafarnā.*

Unbeschnitten *qālāf.*

Und *-kūā, -rī, -derī.*

Uneins *adalsā,* — sein *adal-s.*

Unerforschlich *maramarūā garestegā.*

Unersättlich *zezetām, zezetūa,* — sein *zāz.*

Unersättlichkeit *zezet.*

Ungangbar sein *gagaz.*

Ungebildet *lamadgū.*

Ungemach, s. Uebel.

Ungesäuertes Brod *gīrā.*

Ungewiss *aχestegā.*

Unglaublich *amensegā.*

Unglück *makarā.*

Unkeusch *saranā,* — sein *saran.*

Unkeuschheit *saranē.*

Unkraut *erm.*

Unmöglich *garsagā.*

Unnütz *kemā, kantū.*

Unrecht *badal;* adj. *badalū.* Unrecht zufügen *badal.*

Unrein *erkūs, saranā,* — sein *saran,* — machen *saran-š.*

Unreinheit *saranē.*

Uns *ana-z, ana-t,* bei uns *ana-lī.*

Unser *ana,* unser Vater *anābā (ana abā).*

Unsterblich *kēkā.*

Unter, unterhalb *saχūa-z, saχūa-sī.*

Unterdrücken *sahar.*

Untergebener *gabarā.*

Unterjochen *χaūaū.*

Untergehen die Sonne, der Mond, die Sterne *tū;* untergehen, umkommen *dez, deūū-s.*

Unterhalten, vergnügen sich *wāgar, wār, wāgar-t.*

Unterlassen *bē, adaj.*

Unterreden sich *wāgar-t.*

Unterricht *kīnšan.*

Unterrichten *aχ-eš, kīn-š.*

Untersagen *imbī y, kalakal, gab.*

Unterstützen *dagaf.*

Untersuchen *futan, maramar, wanχar.*

Untersuchung *maramarūā, wanχareūā.*

Unterweisen, s. unterrichten.

Unvermögen *beūā.*

Unvermögend sein *be, bi.*

Unverschämt *dafarāū,* — sein *dafar.*

Unverschämtheit *dafarnā.*

Unverstand *senfeūā.*

Unverständig *lubakā šēgā, mōnā,* — sein *sanaf.*

Unwillig werden *šengā-t.*

Urin *šaū.*

Uriniren *šaū.*

Ursache *mekenyāt.*

Ursprung *fitir.*

Urteil *kūnannē,* sprechen das — *farē.*

# V.

Vater *abā.*

Verabscheuen *entar.*

Verabschieden *sanabat-š, a-sa-nābat,* — die Frau *dajar, dahar.*

Verabscheut *entarsā,* — werden *entar-s.*

Verachten *nāq.*

Verachtet *nāqsā,* — werden *nāq-s.*

Verachtung *nāqñā, nāqseñā.*

Verändern *lâwē.*

Verändert *lâwēsā,* — werden *lâwē-s.*

Veränderung *lâwēñū, lâwēsñā.*

Veranlassen *iš, bē.*

Veranstalten *iš, šab, zagāj.*

Verbergen *sawar, teb-š.*

Verbieten *imbĭ y, gab, kalakal.*

Verbinden *abbar, gaṭam.*

Verbindung *agalan.*

Verbittern *marē-š.*

Verborgen *tebtā,* — sein, werden *teb-t.*

Verbot, das *gabā.*

Verbrechen, das *badal, izim, deknē.*

Verbrecher *dekā.*

Verbrennen, intrans. *beber,* — etwas *beber-š.*

Verdecken *kŭt.*

Verderben, das *dazan.*

Verderben, umkommen *dez, deñĭ-s,* — jemanden, etwas *deš, dâñĭ.*

Verdoppeln *ašib.*

Verdoppelung *ašibā.*

Verdorren *kāq.*

Vereinigen *abbar, gaṭam.*

Vereinigt *abbarasā,* — werden *abbara-s.*

Vereinigung *lābrā.*

Verfall *farasiñ.*

Verfallen in Ruinen *faras.*

Verfaulen *bohŭ, salac.*

Verfault *bohŭā.*

Verfinstern sich *tem.*

Verfinsterung *tem.*

Verfluchen *iš, iš-iš.*

Verflucht *išištā,* — werden *išiš-t.*

Verfluchung *išiñā, išñā.*

Verfolgen *sad, šamē.*

Verfolgung *sedest,* — leiden *sad-s.*

Verfüren *a-talal, kat-š.*

Verfürer *katšantā.*

Verfürung *atalaliñ.*

Vergangenheit *dâwā gīzā.*

Vergeben *adaj.*

Vergeblich, unnütz *kemā, kantū.*

Vergebung *adādō.*

Vergehen die Zeit *dâw, dâñŭ.*

Vergelten *wāy-t.*

Vergeltung *wāyā.*

Vergessen *mey.*

Vergeuden *batan.*

Vergeudet *batansā,* — werden *batan-s.*

Vergiessen *bojŭ-n-z.*

Vergleichen *masal.*

Vergnügen, das *yemteñ.*

Vergnügen sich *yemteñ-t, das y.*

Vergnügt *das yā,* — sein *das y.*

Vergossen *bojŭntā, bowŭntā,* — werden *bojŭ-n-t, bowŭ-n-t.*

Vergraben *dabtā,* — werden *dab-t,* vergraben einen Gegenstand *dab.*

Vergrössern *lagaš (lagaz-š).*

Verhältniss *masâlê*.

Verhasst *entarsā*, — werden
*entar-s.*

Verheimlichen *sawar.*

Verheimlicht *sawarsā*, — werden *sawar-s.*

Verheiratet (Mann) *yuwīnā adarā*, verheiratete Frau *geruwā sētē*.

Verherrlichen *mesgan-š*, *mezên-š.*

Verherrlicht *mesgansā*, *mezênsā*, — werden *mesgan-s*, *mezên-s.*

Verhindern *gab*, *kalakal.*

Verhönen, s. verspotten.

Verhüllen *kŭt.*

Verhüllung *kŭtanā.*

Verhungern, s. verschmachten.

Verjagen *šamē.*

Verkaufen *kez.*

Verkäufer *kezāû.*

Verkauft *keztā*, — werden *kez-t.*

Verkürzen *dereñ-š.*

Verlangen *jarab*, *yekal.*

Verlangen, das *yekalūā.*

Verlangt *jarabsā*, — werden *jarab-s.*

Verlassen, relinquere *bī*, *adā-š (adaǵ-š)*, — sein *adaǵ*, s. a. einsam.

Verlaub, mit *eskī!*

Verläugnen *kād.*

Verlegenheit *çegār*, *šegār*; in — sein *šagar-s.*

Verleiten, s. verführen.

Verleugnen *kād.*

Verlieren *gândal-š.*

Verloren gehen *bi-s.*

Verlust *gândaliñ.*

Vermeren *bejā-š*, *damā-š*, *kŭāz*, *kāz*; — sich *bejāǵ.*

Vermerung *bejā.*

Vermischen *abbar.*

Vermodern *salac.*

Vermögen, das *samā*, *šāǵā*, kemamnē.

Vermögen, kennen *gar-š.*

Verneinen *imbi y.*

Vernemen *wās.*

Vernichten *deš*, *dâñŭ.*

Vernichtet *dezū*, — werden *dez*, *deñŭ-s*, *deû-s.*

Vernichtung *dŭñ*, *duw.*

Vernunft *labakā.*

Verrat *dañ-š yûñā.*

Verraten *dañ-š yuw*; — werden *dañš yû-s.*

Verräter *dañ-š yuwāñ.*

Verrecken *kī.*

Verreisen *fē.*

Verrichten *iš*, *šab.*

Verrichtung *išnā*, *gūr.*

Verrückt *gŭhēā*, — sein *gŭhē*, *mi y.*

Verrücktheit *gŭhēñā.*

Verruf *gabā.*

Versammeln *akab*, *akan*, — sich *akab-t*, *akan-s.*

Versammelt *akabtā*, *akansā.*

Versammlung *akabtenā*, *māhabar*, *mâwā.*

Verschliessen *katam*, *gŭlaf.*

Verschlingen, s. verschlucken.

Verschlossen *gŭlafsā*, — sein, werden *gŭlaf-s.*

Verschlucken *sejŭ.*

Verschmachten *jahŭā*, *jahd.*

Verschmachtung *jihû.*

Verschollen gehen *bi-s.*
Verschönern *šalamš, mâgūš.*
Verschwägert *anšin.*
Verschweigen, s. schweigen.
Verschwenden *batan.*
Verschwendet *batansā,* — werden *batan-s.*
Verschwinden *dez.*
Versönen *arē-š.*
Versönt *arēsā,* — werden *arē-s.*
Versönung *arēšnā, arēsnā.*
Verspotten *lagat, wāgar, wānar, wār.*
Verspottung *wirinā.*
Verstand *labakā, astawalenā.*
Verständig *tabīb,* — sein *tabab.*
Verstecken *sawar, teb-š, kŭt.*
Verstehen *astawāl, kab-š, aχ.*
Verstockt *danazazāû,* — sein *danazaz, danadan.*
Verstocktheit *denzāzê.*
Verstossen die Frau *dahar, dagar.*
Verstossung *daharin.*
Versuchen *fatan.*
Versucher *katšantā.*
Versucht *fatansā,* — werden *fatan-s.*
Vertauschen, s. tauschen.
Verteilen *adal.*
Verteilt *adalsā,* — werden *adal-š.*
Vertilgen, s. vernichten.
Vertrauen *amen.*
Vertreiben *šamē.*
Verunreinigen *saran-š.*
Veruntreuen *badal.*
Verurteilen *farē.*

Verurteilt *farēsā,* — werden *farē-s.*
Verweigern *imbī y.*
Verweigerung *imbī yinā.*
Verweren *gab, kalakal.*
Verwerung *gabā.*
Verwesen *salac.*
Verwirrt sein *mi yāû wān,* sein Geist ist verwirrt *nī labakā mi yāû wānākū.*
Verwittern *faras.*
Verwitterung *farasin.*
Verwunden *arē.*
Verwundung *arēā.*
Verwundern sich *danaq, adanaq.*
Verwundert *adanaqsā,* — sein *adanaq-s.*
Verwüsten *kamad-eš.*
Verwüstet *kamadesā,* — sein, werden *kamad-es.*
Verzeihen *adag, bē, adādō y.*
Verzeihung *adādō.*
Verzieren *šalam-š, mâgūš.*
Vetter *zan-d-aûrā.*
Vier *sajā.*
Viermal *sajā gīzā,* — *ašibā.*
Vierter *sajasā.*
Vierzehn *šīkī sajā.*
Vierzig *sajin, arbā.*
Vih, das *kamā.*
Vihhändler *kamā kezā.*
Vihhof *mâwā.*
Vil *ajû,* — werden *bejag.*
Villeicht *menālbāt.*
Vilmer *agadā.*
Visitiren, s. untersuchen.
Vogel *jēlā.*
Vogelnest *jēlī nan.*

Volk *ey. i, ajij, am, gabur,*
*hezb;* benachbartes Volk *ga-*
*ter.*

Volksstamm, s. Stamm.

Voll *entajāū,* — werden, sein
*entaj.* — machen *ensaj.*

Vollenden *duñū.*

Vollendet *duñūsā,* — werden
*duñū-s.*

Vollendung *duñ.*

Vollstopfen *ensaj.*

Von *-lī.*

Vor, coram *gaš-lī, jāb-lī;* ante
*jāb-lī, jāb.*

Voran *jāb-uwā.*

Voran sein *jāb-es, jāb-en-t, kañ,*
*qañ, kaw-in-t, qaw-in-t, qadam.*

Vorbeigehen *dañ.*

Vorderseite *gaš, jāb.*

Vorenthalten *gab.*

Vorfaren, die *anen.*

Vorhanden sein *gerg.*

Vorher *jāb-lī,* — tun *jāb-eš.*

Vormittag *say.*

Vornem *sīmgar, sarāū,* die Vor-
nemen der Stadt *kū adart.*

Vorsitz bei Tisch *gaš.*

Vorsteher *adarā, alaqā, sīm.*

Vorübergehen *dāūñ, daw.*

Vorwürfe machen *nāq.*

Vorzüglicher *balašā,* — sein
*balaš.*

## W.

Wachen, wach sein *tag;* wachen,
hüten *mal-t.*

Wachs *sam.*

Wachsam *tanaqaqsā,* — sein
*tanaqaq-s.*

Wachsen, gross werden *gaš,*
wachsen (Gras, Bäume u. s. w.)
*baqāl, bakāl;* wachsen, sich
vermeren *bejaj.*

Wachstum *gaš.*

Wächter *maltāū,* ein — sein
*mal-t.*

Waffe *yerawā.*

Wage *mīzān.*

Wägen *mazan.*

Wagen, sich getrauen *dafar.*

Wald *kebīnā, jībā.*

Wand *māgar.*

Wandeln *wāntatar.*

Wandern *enjaj, enjañ.*

Wanderer *enjañantā.*

Wanderung *enjañā.*

Wange *enjō.*

Wankelmütig *taratarā,* — sein
*taratar,* — werden *tarātar-s,*
*sengā-t.*

Wann *awin.*

Wansinn *gūhēñā.*

Wansinnig *gūhēā,* — werden
*gūhē, mi y.*

Wanzen *tukān.*

Würend *gīzā, sābā* mit vorangehendem Verb im zweiten
Relativ oder im Perf. subordinatum.

Warheit *darā.*

Warlich *amen, dar-z.*

Warsager *awaqī.*

Warm *wān yā,* — sein *wān y,*
*embelāw, takās.*

Wärme *kûtanā, embelāwā.*

Wärmen *embelāw-š;* — sich *kô-t.*

Warten, zuwarten *sek y, tankū.*

Wärter, s. Knecht.

Wärterin für Kinder *môzīt*.

Warum *wī mēnā*.

Was *wī, wērā*.

Waschen *enχa-š*, — sich *enχē*.

Wäscher *enχašantā*.

Wasser *aχū, ahū, aû*.

Wasserkrug aus Thon *bārabā*.

Wasserschlauch *kartamā*.

Weben *anab, tāš*.

Weber *anabā, tāšantā*.

Wechsel *lâwēňā*.

Wechseln *lâwē*.

Wechsler *lâwēâû*.

Weg, der *fanā, fanōt, garâwū*; auf dem Wege *garâwīz dāglī*.

Wegbleiben *adaǰ*.

Wegen, propter *mēnā, matanā*.

Weggehen *fē*.

Weglegen *deber, māl*.

Wegnemen *az, fa-š*.

Wegschicken *enšaǰ, bār-s*.

Wegtreiben *šamē, sad*.

Wegwälzen *galab-iz*.

Wegwerfen *deber, māl*.

Wehe *wāy, wē, wī, wēbuwā!* wehe schreien *wāy y, wē bē*.

Wehegeschrei *wēbuwā*.

Weib *yuwīnā*.

Weiblich *yuwīnā*.

Weich sein, werden *gi*, weich machen durch kochen *gi-š*.

Weichen, s. fliehen.

Weihrauch *šittū*.

Weilen *senb, tankū, wān*.

Wein *wâyn*.

Weinen *few, fuw*, das — *fuwân*.

Weise, die *sanū*.

Weise, adj. *ṭabīb*, — sein *ṭabab*.

Weisheit *ṭebāb*.

Weiss *šāyā*, — sein *šāy*.

Weit, s. breit, fern.

Weite, die *mayā, kebīnā*.

Weizen *jargūā*.

Welcher? *aû, wī;* welches? *wêrā*.

Welle *maûj, mābel*.

Welt *biyā, alam, bī-alam*, die vorneme — *kemamt*.

Wenig *yetâ, iteiûâ*, — sein *yet, it*.

Wenn -*an*.

Wer *aû*.

Werden *aǰ, a*.

Werfen *deber, māl*.

Werk *gār*.

Wert, der *wāyā, bēzā*.

Wertvoll *kabarâû*.

Wesshalb *wī mēna*.

West, der *kūārī tûnā*.

Wetzen *sal-z, gûb*.

Wetzstein *gûbanāuχ*.

Widder *bayī çerχā (?)*.

Widerholen *damā-š*.

Widerholung *ežef, ašibā*.

Widerkäuen *masek*.

Widerkeren *wântar*.

Widerspenstig sein *izim-s*.

Wie, gleichwie *sanā;* wie? *ant*.

Wie vil? *wiňā*.

Wild, Wildtier *arwē, jībī sābī*.

Wildniss *jībā, kebīnā*.

Wildschwein *ereyā*.

Willig *tazagājā*, — sein *ta-zagāj*.

Wind *fingiyā;* Sturmwind *šinbel*.

Winkel *māzen*.

Winken mit den Augen *merk*.

Winter *keremt, šājê*.

Wir *anan*.

Wirklich *dar-z*.

Wirklichkeit darā.
Wissen aχ, ah; das — aχeñ, aχnā.
Wissend aχāñ, aχā, aχantā.
Wissenschaft aχnā.
Wittwe bāltī.
Wo at, ant.
Woche sağñatā, Sonntag ad, Montag san, Dienstag salesō. Mittwoch lobā. Donnerstag hams, ams. Freitag arib. Samstag sanbat, yiñī sanbat.
Woge, die mañj, mābel.
Woher at-iz, ant-iz.
Wohin at, ant.
Wolan! engedēh.
Wolbefinden, das dāñ; — sich dāñ gerg.
Wolf taχŭlā.
Wolgeruch šittū.
Wolke bekānā, damanā, kuyā.
Wolle šebkā, ṭagŭr; Schafwolle bagī šebkā, — ṭagŭr.
Wollen jarab, nicht wollen imbī y.
Wolschmeckend tāmitā, — sein tām-it, — machen tām-eš.
Womit wī-z.
Wonen fir.
Wonort firoñā sebrā.
Wort qāl, kāl, gābā.
Wortfürer gābī adarā.
Wunde areyā, najen.
Wunder denq, šeker, tāmrāt.
Wünschen jarab.
Wurm χešī; Eingeweidewürmer wäsfāt.
Wurzel ser.
Würzen tām-eš.

Wüst, öde kamadesā, — sein kamad-es.
Wüste, die jibā, kebīnā.
Wüstenhonig kebīnī sājīyā.
Wüstentiere jibī sābī.
Wüten, rasen gŭhē.
Wütend gŭhēā.

# Z.

Zagen gŭaj-in-t.
Zaghaft gŭajintā, — machen gŭay-iš.
Zaghaftigkeit gŭajinê, gŭajin-tiñā.
Zal saben.
Zalen wāy-t.
Zälen sab.
Zalreich ajŭ (ajŭj-ū).
Zan yerkŭ, erkŭ; Elefantenzan jan-t erkŭ. Knirschen mit den Zänen her-š, yerkŭ-s ṭaχan.
Zange gudat.
Zanken ta-karākar.
Zart iyenā.
Zauberbuch añda-negest.
Zauberei asmāt.
Zauberer asmatañā, belhatañā, aχantā.
Zauberin gusarā.
Zaum logŭām.
Zäumen logŭm.
Zaun dambā, qeṭer, qeṣer, einen — um ein Gehöfte auffüren dambī-z jilŭ-š.
Zea mais mīlā.
Zehe lekŭ ṣāt.
Zehn šikā.
Zehnmal šika asibā, gezā.

Zehnter *šikasā*.
Zeichen *melket, tāmrāt*.
Zeichnen *sāl*.
Zeichnung *sel*.
Zeigen *χāl-š, aχ-eš*.
Zeit *sīn, wārāt, gīzā, sāt;* die
Zeit zubringen *senb.* Jeder-
zeit *sīnkī*.
Zelt *denkŭān*.
Zerbrechen *kab-t, kal-t,* — einen
Gegenstand *kab, kal*.
Zerbrochen *kabtā, kaltā*.
Zerfall *farasiñ*.
Zerfallen *faras*.
Zerfliessen, -gehen *bojŭ-n-t, bo-*
*wu-n-t*.
Zerreiben *ṭaχan, tuχē*.
Zerreissen *χatē*.
Zerrissen *χatesā,* — werden
*χatē-s*.
Zerstören *a-faras, deš (dez-š)*.
Zerstört *farasāŭ,* — werden
*faras*.
Zerstossen, fein stossen *ṭaṭqaṭ*.
Zerstreuen *batan*.
Zerstreut *batansā,* — werden
*batan-s*.
Zerteilen *gamaz*.
Zerteilt *gamaztā,* — werden
*gamaz-t*.
Zeuge *mesker*.
Zeugenschaft, Zeugniss *meske-*
*reñā,* — ablegen, geben *ma-*
*sakar*.
Ziehen *gŭatē,* — das Schwert
*šiŭ*.
Zier, s. Schmuck.
Zierlich *mꞁgŭzā,* — sein *mꞁgŭz*.
Zige *finterā*.

Ziegenbock *finteri çerχā (?)*.
Zimmern *šarab*.
Zimmermann *šarabanta*.
Zinn *qarqarō*.
Zittern *kŭakŭa-t, kakŭt, nawaχ*.
Zoll *geber, ban;* einheben den
Zoll *qaraṭ*.
Zöllner *qarāç*.
Zorn *kāriñ, yuñŭt, yuwŭt*.
Zornig werden *yuñī-t, yuwī-t,*
— machen *kāriñ-š*.
Zu *-wā*.
Zubereiten *iš, šab, let-z, zagaj*.
Züchtigen, s. strafen.
Zucker *šunkar, šñgar*.
Zudecken *katam, kŭt*.
Zueignen sich *az, fa-š*.
Zuerst *jāb-wā, jāb-uwā;* zuerst
sein *jāb-es, jāb-ent, qaw-en-t,*
*kaw-en-t;* zuerst tun, machen
*jāb-eš*.
Zugeben, gestatten *adaj, bē*.
Zügel *logŭām*.
Zügeln *logŭm*.
Zugetan sein, s. lieben.
Zulegen, mer geben *kŭaz, kꞁz*.
Zunge *lanχ*.
Zurückbehalten *adā-š*.
Zurückbleiben *adaj*.
Zurückgeben *wꞁntar-š*.
Zurückkehren *wꞁntar*.
Zurücklassen *adā-š (adaj-š), bē*.
Zurückweisen *gab, kalakal*.
Zurückweisung *gabā*.
Zusammen *lābrā*.
Zusammenbringen, -füren *agal-*
*an-š*.
Zusammenkommen, s. versam-
meln sich.

| | |
|---|---|
| Zusammenlegen, falten *dabal.* | Zweimal *liña giza,* — *ašiba.* |
| Zusammenrufen *akan.* | Zweiter *liñasā.* |
| Zusammentreffen mit *ar.* | Zwibel *sôrta.* |
| Zusammenwickeln *tebel, tama-* | Zwilling *mantā.* |
| *tam.* | Zwingen *gedd y.* |
| Zwang *gidde, gedde.* | Zwinkern mit den Augen *merk.* |
| Zwanzig *lañañ.* | Zwirn *makŭā, tazā.* |
| Zwei *liñā.* | Zwischen *nabē-z.* |
| Zweifeln *ṭarāṭar-s, šeñyā-t.* | Zwölf *šikī liñā.* |
| Zweig *jāb.* | Zwölfter *šikī liñasā.* |

―――――――

Ausgegeben am 31. October 1887.